**Schwerpunkte Band 2**
Westermann/Bydlinski/Weber · BGB – Schuldrecht Allgemeiner Teil

## Schwerpunkte

Eine systematische Darstellung der wichtigsten Rechtsgebiete anhand von Fällen
Begründet von Professor Dr. Harry Westermann †

# BGB – Schuldrecht Allgemeiner Teil

Begründet von
**Dr. Harm Peter Westermann**
o. Professor an der Universität Tübingen

Bearbeitet von
**Dr. Peter Bydlinski**
o. Professor an der Universität Graz

und
**Dr. Ralph Weber**
o. Professor an der Universität Rostock

6., neu bearbeitete Auflage

C. F. Müller Verlag
Heidelberg

Bibliografische Information der Deutschen Nationalbibliothek
Die Deutsche Nationalbibliothek verzeichnet diese Publikation in der Deutschen Nationalbibliografie; detaillierte bibliografische Daten sind im Internet über http://dnb.d-nb.de abrufbar.

ISBN 978-3-8114-8014-8

© 2007 C.F. Müller, Verlagsgruppe Hüthig Jehle Rehm GmbH,
Heidelberg, München, Landsberg, Berlin

Jede Verwertung außerhalb der engen Grenzen des Urheberrechtsgesetzes ist ohne Zustimmung des Verlages unzulässig und strafbar. Das gilt insbesondere für Vervielfältigungen, Übersetzungen, Mikroverfilmungen und die Einspeicherung und Bearbeitung in elektronischen Systemen.

www.cfmueller-verlag.de

Satz: Textservice Zink, Schwarzach
Druck und Bindung: Kessler Druck + Medien, Bobingen

Printed in Germany

# Vorwort

Die fünfte Auflage dieses Schwerpunkte-Bandes aus dem Jahre 2003 war von der Notwendigkeit geprägt, das umfangreiche Schuldrechtsmodernisierungsgesetz in die Darstellung einzuarbeiten, was durch den vorübergehenden Einsatz dreier Autoren erleichtert wurde. Nun ist der Begründer des Werkes, Prof. Dr. *Harm Peter Westermann*, als Verfasser vollständig ausgeschieden. Den ersten Teil des Buches (§§ 1 bis 10) verantwortet seit dieser Bearbeitung *Ralph Weber*, den zweiten Teil (§§ 11 bis 19) nunmehr zur Gänze *Peter Bydlinski*. Da Konzept und Text aber immer noch auf Gedanken Westermanns aufbauen und einzelne Kapitel sogar nach wie vor Formulierungen des Begründers enthalten, wird sein Name dem Band noch über mehrere Auflagen erhalten bleiben.

In der Vorauflage war es dringend notwendig, auch auf die vor der Schuldrechtsmodernisierung geltende Gesetzeslage näher einzugehen: Viele Benutzer hatten ihre Ausbildung ja noch im „alten" Recht begonnen. Nach fünf Jahren „neuem" Schuldrecht konnten solche – nunmehr rechtshistorischen – Exkurse deutlich reduziert werden; in der nächsten Auflage werden sie wohl ganz entfallen. Inhaltlich intensiver überarbeitet, zum Teil sogar neu geschrieben, wurden die einleitenden §§ 1 bis 4 (*Weber*), wobei § 4 (zur Generalklausel des § 242 BGB) überhaupt neu aufgenommen wurde, sowie § 17 zum Zessionsrecht (*Bydlinski*). Dass die wichtigste neue Judikatur, aber auch vor allem für die Ausbildung bedeutsame Literatur eingearbeitet wurde, versteht sich nahezu von selbst. Hinsichtlich der Gesetzgebung befindet sich das Buch auf dem Stand vom 1.1.2007. Damit sollte es allen, die dieses Werk zur Hand nehmen, wieder möglich sein, sich aktuell, systematisch und verlässlich in den nach wie vor ganz zentralen Prüfungsstoff des allgemeinen Schuldrechts einzuarbeiten; sei es erstmals, sei es im fortgeschrittenen Stadium zu Wiederholungs- und Vertiefungszwecken.

Für vielfältige Hilfe bei der Neuauflage, vor allem für Materialsammlung, Registererstellung und kritisch-begleitende Inhaltskontrolle, danken wir insbesondere den Herren Mag. *Peter Vollmaier* (Graz), Dr. *Stephan Madaus* und *Christopher Nadolny* (Rostock), für die formale Texterstellung des ersten Teils Frau *Hiltrud Bahlo* (Rostock). Kritik und Anregungen – am besten per E-Mail (zu den §§ 1 bis 10 an hiltrud.bahlo@uni-rostock.de, zu den §§ 11 bis 19 an peter.bydlinski@uni-graz.at) – werden wir gerne aufgreifen.

Graz, Rostock, im Januar 2007

*Peter Bydlinski*
*Ralph Weber*

# Inhaltsverzeichnis

|  | Rn | Seite |
|---|---|---|
| *Vorwort* . . . . . . . . . . . . . . . . . . . . . . . . . . . . . . . . | | V |
| *Abkürzungsverzeichnis* . . . . . . . . . . . . . . . . . . . . . | | XXII |
| *Verzeichnis abgekürzt zitierter ausgewählter Literatur* . . . . . . . | | XXVI |

## Teil I
## Das Schuldverhältnis

| | Rn | Seite |
|---|---|---|
| **§ 1 Das Recht der Schuldverhältnisse** . . . . . . . . . . . . . . . | 1/1 | 1 |
|   I. Das Schuldverhältnis . . . . . . . . . . . . . . . . . . | 1/1 | 1 |
|     1. Das Schuldverhältnis als Sonderverbindung . . . . . . | 1/1 | 1 |
|     2. Schuldverhältnis und Anspruch . . . . . . . . . . . . | 1/8 | 3 |
|       a) Anspruch . . . . . . . . . . . . . . . . . . . . . | 1/8 | 3 |
|       b) Schuld und Haftung . . . . . . . . . . . . . . . . | 1/10 | 4 |
|       c) Naturalobligation und unvollkommene Verbindlichkeit . . . . . . . . . . . . . . . . . . . | 1/12 | 5 |
|       d) Obliegenheiten . . . . . . . . . . . . . . . . . . | 1/14 | 6 |
|   II. Grundprinzipien des Schuldrechts . . . . . . . . . . . . | 1/15 | 6 |
|     1. Obligatorische Berechtigung . . . . . . . . . . . . . | 1/15 | 6 |
|     2. Relativität des Schuldverhältnisses . . . . . . . . . . | 1/17 | 7 |
|     3. Privatautonomie . . . . . . . . . . . . . . . . . . . | 1/19 | 7 |
|       a) Inhalt . . . . . . . . . . . . . . . . . . . . . . . | 1/19 | 7 |
|       b) Begrenzung . . . . . . . . . . . . . . . . . . . . | 1/22 | 8 |
|     4. Das Allgemeine Gleichbehandlungsgesetz . . . . . . . | 1/25 | 9 |
|     5. Prinzip der „Formfreiheit" . . . . . . . . . . . . . . | 1/30 | 11 |
|   III. Systematik . . . . . . . . . . . . . . . . . . . . . . . . | 1/33 | 12 |
|     1. Entwicklung und Inhalt des Schuldrechts . . . . . . . | 1/33 | 12 |
|       a) Inhalte und Systematik des Allgemeinen Schuldrechts . . . . . . . . . . . . . . . . . . . . . | 1/34 | 12 |
|         aa) Inhalte . . . . . . . . . . . . . . . . . . . . . | 1/34 | 12 |
|         bb) Systematik . . . . . . . . . . . . . . . . . . . | 1/36 | 13 |
|       b) „Aufspaltung" durch das Verbraucherrecht . . . . . | 1/37 | 13 |
|       c) Die weitere Entwicklung . . . . . . . . . . . . . | 1/41 | 16 |
|     2. Das Verhältnis des „Allgemeinen Schuldrechts" zum Besonderen Teil des Schuldrechts . . . . . . . . . . . | 1/42 | 16 |
|       a) Inhaltliche Ordnung . . . . . . . . . . . . . . . . | 1/42 | 16 |
|       b) Ausgrenzungen . . . . . . . . . . . . . . . . . . . | 1/45 | 17 |
|       c) Systematik . . . . . . . . . . . . . . . . . . . . | 1/47 | 18 |
|       d) Gesetzliche Schuldverhältnisse . . . . . . . . . . | 1/48 | 18 |
|     3. Verhältnis des Schuldrechts zum Sachenrecht . . . . . | 1/49 | 19 |

| | | |
|---|---|---|
| 4. Schuldrechtliche Regelungen in anderen Büchern des BGB | 1/50 | 19 |
| 5. Das Verhältnis des Schuldrechts zum übrigen Privatrecht | 1/51 | 20 |
| **§ 2 Die Arten der Schuldverhältnisse und ihre Inhalte** | **2/1** | **21** |
| I. Grundunterscheidung der Schuldverhältnisse | 2/1 | 22 |
| 1. Rechtsgeschäfte | 2/2 | 22 |
| a) Übersicht | 2/2 | 22 |
| b) Die gegenseitigen (synallagmatischen) Schuldverhältnisse | 2/6 | 23 |
| aa) Prinzip | 2/6 | 23 |
| bb) Die synallagmatische Verknüpfung | 2/8 | 24 |
| cc) Die Einrede des nichterfüllten Vertrages | 2/10 | 24 |
| c) Unvollkommene zweiseitig verpflichtende Schuldverhältnisse | 2/16 | 26 |
| d) Einseitige Schuldverhältnisse | 2/21 | 29 |
| 2. Gesetzliche Schuldverhältnisse | 2/23 | 29 |
| 3. Schuldverhältnisse aus vorvertraglichem Kontakt und vertragliche Pflichten nach Vertragsbeendigung | | |
| a) Schuldverhältnisse aus vorvertraglichem Kontakt | 2/26 | 30 |
| b) Vertragliche Pflichten nach Vertragsbeendigung | 2/27 | 31 |
| 4. Gefälligkeitsverhältnis | 2/28 | 31 |
| a) Begriff | 2/28 | 31 |
| b) Leistungs- und Schutzpflichten | 2/29 | 31 |
| c) Abgrenzung | 2/32 | 32 |
| d) Haftungsmilderung im Deliktsrecht | 2/34 | 33 |
| 5. Zusendung unbestellter Leistungen | 2/36 | 35 |
| II. Inhaltsbestimmung | 2/37 | 35 |
| 1. Vertragstypen des BGB | 2/37 | 35 |
| a) Hauptleistungspflichten | 2/37 | 35 |
| b) Nebenpflichten | 2/38 | 35 |
| aa) Leistungsbezogene Nebenpflichten | 2/38 | 35 |
| bb) Nicht leistungsbezogene Nebenpflichten | 2/39 | 36 |
| 2. Gemischte und atypische Verträge | 2/43 | 38 |
| a) Begriff | 2/43 | 38 |
| b) Konkrete Inhaltsbestimmung | 2/44 | 38 |
| 3. Neue Vertragstypen | 2/49 | 40 |
| 4. Inhaltsbestimmung außerhalb des Vertragsschlusses | 2/50 | 40 |
| a) Gesetzliche Verweisung auf „die übliche Vergütung" | 2/51 | 41 |
| b) Leistungsbestimmung durch eine Vertragspartei | 2/53 | 42 |
| c) Leistungsbestimmung durch Dritte | 2/54 | 42 |
| 5. Die Vertragsstrafe | 2/56 | 43 |

| | | | |
|---|---|---|---|
| III. Klausurgliederung Fall 3 | | 2/58 | 43 |
| IV. Klausurgliederung Fall 6 | | 2/59 | 44 |

### § 3 Gegenstand und Art der Leistung ... 3/1 45

- I. Art der Leistung .................... 3/1 45
  - 1. Stückschuld, Gattungsschuld und Vorratsschuld .... 3/1 45
    - a) Begriff ...................... 3/1 45
    - b) Folgen der Unterscheidung ........... 3/4 47
    - c) Konkretisierung ................. 3/7 48
      - aa) Begriff .................... 3/7 48
      - bb) Erfordernisse der Konkretisierung ....... 3/8 49
      - cc) Rückgängigmachung der Konkretisierung ... 3/14 50
  - 2. Besonderheiten der Geldschuld ............ 3/16 51
- II. Zeit und Ort der Leistung ................ 3/21 52
  - 1. Leistungszeit .................... 3/21 52
    - a) Problemstellung ................. 3/21 52
    - b) Dispositivität der gesetzlichen Regelung ...... 3/22 53
    - c) Erfüllbarkeit .................. 3/23 53
    - d) Besondere Problemfälle ............. 3/24 54
    - e) Fälligkeit ................... 3/25 54
  - 2. Fixgeschäft ..................... 3/26 55
    - a) Relatives Fixgeschäft .............. 3/26 55
    - b) Absolutes Fixgeschäft .............. 3/28 55
  - 3. Ort der Leistung .................. 3/29 55
- III. Die Person des Leistenden ................ 3/31 56
  - 1. Grundsatz: Drittleistung möglich ........... 3/31 56
  - 2. Ausnahmen ..................... 3/36 57
    - a) Privatautonome Regelung ............. 3/36 57
    - b) Gesetzliche Regelung .............. 3/37 58
    - c) Aus der Natur des Schuldverhältnisses ...... 3/38 58
  - 3. Qualifizierte Drittleistung .............. 3/39 58
- IV. Klausurgliederung Fall 7 ................ 3/41 59

### § 4 Die Generalklausel des § 242 ................ 4/1 60

- I. Grundsätzliches .................... 4/1 60
- II. Funktionen des § 242 .................. 4/2 61
- III. Konkrete Anwendung der Generalklausel des § 242 ... 4/5 62
  - 1. Problemstellung ................... 4/5 62
  - 2. Die so genannte Konkretisierung durch Fallgruppen .. 4/6 63
    - a) Grundidee ................... 4/6 63
    - b) Einzelne Fallgruppen .............. 4/10 64
  - 3. Systembildung und Rechtssicherheit .......... 4/17 67
  - 4. Dogmatische Fundierung der Fallgruppenmethode .. 4/19 68

|  |  |  |
|---|---|---|
| 5. Gefahr der Überhöhung der Fallgruppe zu Ersatztatbestandsmerkmalen . . . . . . . . . . . . | 4/20 | 69 |
| a) Abstrahierung vom Einzelfall . . . . . . . . . . | 4/20 | 69 |
| b) Von der Fallgruppe zum Typus . . . . . . . . . | 4/22 | 70 |
| IV. Dogmatische Kritik der Fallgruppenmethode . . . . . . | 4/23 | 71 |
| 1. Vorbemerkung . . . . . . . . . . . . . . . . . . | 4/23 | 71 |
| 2. Systemgerechtigkeit . . . . . . . . . . . . . . . | 4/24 | 72 |
| 3. Fallgruppen und Lückenfüllung? . . . . . . . . . . | 4/25 | 72 |
| 4. Fallgruppen und Gewaltenteilung? . . . . . . . . . | 4/26 | 73 |
| a) Begriff und Funktion der Gewaltenteilungslehre . | 4/26 | 73 |
| b) Überschreitung der Rechtssetzungsmacht durch Fallgruppenbildung . . . . . . . . . . . . . . . | 4/28 | 74 |
| 5. Gefahr des Rechtsprechungspositivismus . . . . . . . | 4/30 | 75 |
| a) Bindungswirkung der Fallgruppensysteme . . . . | 4/30 | 75 |
| b) Richterrecht als Rechtsquelle? . . . . . . . . . . | 4/32 | 76 |
| c) Präsumtive Verbindlichkeit? . . . . . . . . . . . | 4/34 | 77 |
| 6. Gesellschaftliche Kritik an der Fallgruppenmethode . | 4/36 | 78 |
| a) Vorbemerkung . . . . . . . . . . . . . . . . . | 4/36 | 78 |
| b) Funktion der Generalklauseln innerhalb der Rechtsordnung . . . . . . . . . . . . . . . . | 4/37 | 78 |
| V. Methodisches Arbeiten mit Generalklauseln . . . . . . . | 4/43 | 80 |
| 1. Methodische Hilfsfigur . . . . . . . . . . . . . . | 4/43 | 80 |
| 2. Billigkeitswillkür . . . . . . . . . . . . . . . . . | 4/44 | 81 |
| 3. Wertungsrecht im Einzelfall . . . . . . . . . . . . | 4/48 | 82 |

Teil II
**Die Leistungsstörungen**

|  |  |  |  |
|---|---|---|---|
| § 5 | Überblick über das Recht der Leistungsstörungen . . . . | 5/1 | 84 |
|  | I. Begriff . . . . . . . . . . . . . . . . . . . . . . . . . | 5/1 | 84 |
|  | II. Neuorientierung des Leistungsstörungsrechts . . . . . . | 5/3 | 86 |
|  | 1. Der frühere Grundsatz: Differenzierung nach Störungsursachen . . . . . . . . . . . . . . . . . | 5/3 | 86 |
|  | 2. Der neue Grundansatz: Einheitlicher Maßstab der Pflichtverletzung . . . . . . . . . . . . . . . . | 5/7 | 88 |
|  | 3. Bewertung . . . . . . . . . . . . . . . . . . . . . | 5/12 | 90 |
|  | 4. Neue Prüfungsreihenfolge . . . . . . . . . . . . . | 5/18 | 91 |
|  | III. Die Systematik des Allgemeinen und des Besonderen Schuldrechts . . . . . . . . . . . . . | 5/20 | 92 |
| § 6 | Die Verantwortlichkeit des Schuldners . . . . . . . . . . | 6/1 | 92 |
|  | I. Haftung für eigenes Verschulden . . . . . . . . . . . | 6/1 | 93 |
|  | 1. Der Verschuldensgrundsatz . . . . . . . . . . . . . | 6/1 | 93 |

| | | |
|---|---|---|
| a) Die Bedeutung des Verschuldenskriteriums | 6/1 | 93 |
| b) Differenzierung nach dem Grad der Verantwortlichkeit | 6/3 | 93 |
| aa) Vorsatz und Fahrlässigkeit | 6/4 | 93 |
| bb) Fahrlässigkeit | 6/5 | 94 |
| cc) Weitere Differenzierungen | 6/8 | 95 |
| 2. Rechtswidrigkeit | 6/12 | 96 |
| a) Bedeutung des Kriteriums Rechtswidrigkeit | 6/12 | 96 |
| b) Rechtfertigungsgründe | 6/14 | 97 |
| c) Individuelle Zurechnung | 6/16 | 97 |
| 3. Grenzen der Verschuldenshaftung | 6/20 | 98 |
| II. Die Haftung für fremdes Verschulden | 6/21 | 99 |
| 1. Haftung für Erfüllungsgehilfen, § 278 | 6/21 | 99 |
| a) Haftungskonzeption | 6/21 | 99 |
| b) Begriff des Erfüllungsgehilfen | 6/23 | 99 |
| c) Tätigwerden in Erfüllung der Schuldnerpflicht | 6/28 | 100 |
| d) „Verschulden" des Gehilfen | 6/29 | 101 |
| e) Zweifelsfälle | 6/30 | 101 |
| 2. Haftung für den gesetzlichen Vertreter, § 278 | 6/36 | 102 |
| 3. Haftung für technisches Versagen | 6/40 | 103 |
| 4. Abgrenzung zur Haftung für Handeln des Verrichtungsgehilfen, § 831 | 6/41 | 103 |
| III. Einstehenmüssen ohne Verschulden | 6/45 | 104 |
| 1. „Unechte" Fälle | 6/45 | 104 |
| 2. Kraft Vereinbarung | 6/46 | 104 |
| 3. Gefährdungshaftung | 6/47 | 105 |
| 4. Aufopferungsansprüche | 6/48 | 105 |
| 5. Garantiehaftung | 6/49 | 105 |
| a) Rechtsgeschäftlich übernommene Garantie | 6/49 | 105 |
| b) Gesetzliche Garantiehaftung | 6/51 | 106 |
| aa) Überblick | 6/51 | 106 |
| bb) Beschaffungsrisiko | 6/52 | 106 |
| cc) Geldschuld | 6/55 | 106 |
| **§ 7 Die Unmöglichkeit der Leistung** | 7/1 | 108 |
| I. Scheinbare Reformbedürftigkeit des Unmöglichkeitsrechts | 7/1 | 109 |
| II. Begriff der Unmöglichkeit | 7/6 | 110 |
| 1. Systematische Einordnung | 7/6 | 110 |
| 2. Grundbegriff der Unmöglichkeit, § 275 I | 7/10 | 111 |
| a) Physische (naturgesetzliche) Unmöglichkeit | 7/11 | 111 |
| b) Rechtliche Unmöglichkeit | 7/14 | 112 |
| c) Qualitative Unmöglichkeit | 7/15 | 112 |
| d) Zweckfortfall und Zweckerreichung | 7/17 | 113 |

| | | |
|---|---|---|
| 3. Faktische (praktische) Unmöglichkeit, § 275 Abs. 2 S. 1 | 7/18 | 113 |
| a) Regelungsgegenstand | 7/18 | 113 |
| b) Systematik | 7/22 | 115 |
| c) Rechtsfolge | 7/24 | 115 |
| 4. Persönliche Unmöglichkeit, § 275 Abs. 3 | 7/25 | 116 |
| a) Begriff | 7/25 | 116 |
| b) Maßstab | 7/28 | 117 |
| c) Abgrenzung zur sittlichen Unmöglichkeit | 7/30 | 117 |
| 5. Besonderheiten bei Gattungs- und Geldschulden | 7/32 | 118 |
| a) Unmöglichkeit bei Gattungsschulden | 7/32 | 118 |
| b) Unmöglichkeit bei Geldschulden | 7/35 | 119 |
| aa) Geldsummenschuld | 7/35 | 119 |
| bb) Geldschuld als Stückschuld | 7/37 | 119 |
| III. Auswirkungen der Unmöglichkeit auf die primäre Leistungspflicht | 7/40 | 120 |
| 1. Wegfall des Leistungsanspruchs nach § 275 Abs. 1 | 7/41 | 120 |
| 2. Leistungsverweigerungsrechte aus § 275 Abs. 2 und 3 | 7/43 | 121 |
| a) Regelung | 7/43 | 121 |
| b) Folgefragen | 7/45 | 121 |
| 3. Anspruch auf das stellvertretende Commodum, § 285 | 7/47 | 122 |
| IV. Auswirkungen der Unmöglichkeit der Primärleistung auf die Gegenleistungspflicht, § 326 | 7/50 | 123 |
| 1. Systematik | 7/50 | 123 |
| 2. Grundsätzliche Unterscheidung nach dem Umfang der Unmöglichkeit | 7/51 | 123 |
| a) Vollständige Unmöglichkeit | 7/51 | 123 |
| aa) Grundsatz: Wegfall der Gegenleistungspflicht, § 326 Abs. 1 S. 1 | 7/51 | 123 |
| bb) Ausnahme, § 326 Abs. 3 | 7/52 | 124 |
| cc) Rückforderung, § 326 Abs. 4 | 7/53 | 124 |
| b) Teilweise Unmöglichkeit | 7/54 | 124 |
| c) Qualitative Unmöglichkeit | 7/57 | 125 |
| d) Vorübergehende Unmöglichkeit | 7/57a | 125 |
| 3. Regelung bei anfänglicher Unmöglichkeit | 7/58 | 126 |
| 4. Besonderheiten bei nachträglicher Unmöglichkeit | 7/59 | 127 |
| a) Von keiner Partei zu vertretende Unmöglichkeit | 7/60 | 127 |
| aa) Grundsatz: Freiwerden nach § 326 Abs. 1 S. 1 | 7/60 | 127 |
| bb) Ausnahmen | 7/60 | 127 |
| b) Vom Schuldner zu vertretende Unmöglichkeit | 7/70 | 130 |
| c) Vom Gläubiger zu vertretende Unmöglichkeit | 7/71 | 130 |
| d) Von beiden Seiten zu vertretende Unmöglichkeit | 7/75 | 131 |

| | | |
|---|---|---|
| V. Sekundäransprüche | 7/77 | 132 |
| 1. Systematik | 7/77 | 132 |
| 2. Anfänglich-objektive Unmöglichkeit | 7/78 | 133 |
| a) Schuldverhältnis ohne primäre Leistungspflicht, § 311a Abs. 1 | 7/78 | 133 |
| b) Schadenersatzanspruch, § 311a Abs. 2 | 7/79 | 133 |
| c) Aufwendungsersatzanspruch, § 284 | 7/87 | 135 |
| d) Rücktritt, § 326 Abs. 5 | 7/88 | 136 |
| e) Anspruch auf das negative Interesse aus § 122 | 7/89 | 136 |
| 3. Anfänglich-subjektive Unmöglichkeit (anfängliches Unvermögen) | 7/91 | 137 |
| a) Gleichstellung der Rechtsfolgen zum anfänglich-objektiven Unvermögen, § 311a Abs. 1 | 7/91 | 137 |
| b) Nachweisproblematik | 7/92 | 137 |
| 4. Nachträgliche Unmöglichkeit | 7/93 | 138 |
| a) Systematik | 7/93 | 138 |
| b) Von keiner Partei zu vertretende Unmöglichkeit | 7/94 | 138 |
| c) Vom Schuldner zu vertretende Unmöglichkeit | 7/95 | 138 |
| d) Vom Gläubiger zu vertretende Unmöglichkeit | 7/98 | 140 |
| e) Von beiden Seiten zu vertretende Unmöglichkeit | 7/99 | 140 |
| VI. Lösung Fall 13 | 7/100 | 140 |
| **§ 8 Verzug** | 8/1 | 141 |
| I. Vorbemerkung | 8/1 | 142 |
| II. Der Schuldnerverzug | 8/3 | 143 |
| 1. Voraussetzungen | 8/4 | 143 |
| a) Nichtleistung trotz Möglichkeit der Leistung | 8/4 | 143 |
| b) Fälligkeit | 8/9 | 144 |
| c) Mahnung | 8/15 | 146 |
| aa) Begriff | 8/15 | 146 |
| bb) Zeitpunkt | 8/18 | 147 |
| d) Entbehrlichkeit der Mahnung | 8/19 | 147 |
| aa) Kalendermäßige Bestimmung | 8/20 | 147 |
| bb) Kalendermäßige Berechnung | 8/23 | 148 |
| cc) Leistungsverweigerung | 8/25 | 148 |
| dd) Salvatorische Klausel | 8/26 | 149 |
| ee) Besonderheit bei Entgeltforderungen | 8/28 | 149 |
| ff) Verzicht auf die Mahnung | 8/34 | 151 |
| e) Verschulden | 8/35 | 151 |
| 2. Folgen des Schuldnerverzugs | 8/36 | 151 |
| a) Verzögerungsschaden | 8/36 | 151 |
| aa) Mindestschaden | 8/42 | 153 |
| bb) Höhere Verzugszinsen | 8/44 | 154 |
| cc) Weiterer Schadenersatz | 8/46 | 154 |

## Inhaltsverzeichnis

|  |  |  |
|---|---|---|
| b) Schadenersatz statt der Leistung | 8/47 | 154 |
| aa) Grundsatz | 8/47 | 154 |
| bb) Voraussetzungen | 8/48 | 155 |
| c) Erlöschen der Primäransprüche | 8/60 | 157 |
| d) Aufwendungsersatz, § 284 | 8/63 | 158 |
| e) Rücktritt | 8/64 | 158 |
| aa) Gegenseitiger Vertrag | 8/65 | 158 |
| bb) Nichtleistung trotz Fälligkeit | 8/66 | 158 |
| cc) Erfolglose Nachfristsetzung | 8/68 | 158 |
| dd) Kein Ausschluss des Rücktritts | 8/71 | 159 |
| ee) Rücktrittserklärung | 8/72 | 159 |
| f) Sonstige Folgen der Leistungsverzögerung | 8/73 | 159 |
| aa) Haftungsverschärfung | 8/73 | 159 |
| bb) Verzinsung des Wertersatzanspruchs | 8/76 | 160 |
| III. Gläubigerverzug | 8/77 | 160 |
| 1. Schuldrechtsmodernisierung | 8/77 | 160 |
| 2. Voraussetzungen | 8/79 | 161 |
| a) Leistungspflicht | 8/80 | 161 |
| b) Erfüllbarkeit | 8/84 | 163 |
| c) Ordnungsgemäßes Angebot | 8/86 | 163 |
| aa) Grundsatz: Tatsächliches Angebot, § 294 | 8/86 | 163 |
| bb) Wörtliches Angebot, § 295 | 8/88 | 164 |
| cc) Entbehrlichkeit eines Angebots, § 296 | 8/90 | 164 |
| dd) Gläubigerverzug trotz Angebot, § 298 | 8/91 | 165 |
| d) Leistungsbereitschaft des Schuldners | 8/92 | 165 |
| e) Nichtannahme der Leistung | 8/94 | 166 |
| 3. Folgen des Gläubigerverzugs | 8/95 | 166 |
| a) Fortbestehende Leistungspflicht | 8/95 | 166 |
| b) Haftungserleichterung | 8/98 | 166 |
| c) Übergang der Leistungsgefahr bei Gattungsschulden | 8/100 | 167 |
| d) Übergang der Preisgefahr | 8/104 | 168 |
| e) Ausschluss des Rücktrittsrechts | 8/105 | 168 |
| f) Ersatz der Mehraufwendungen, § 304 | 8/106 | 169 |
| g) Weitere Rechtsfolgen | 8/108 | 169 |
| IV. Lösung Fall 17 | 8/111 | 170 |
| **§ 9 Verletzung von Nebenpflichten** | 9/1 | 171 |
| I. Entstehungsgeschichte | 9/1 | 171 |
| II. Anwendungsbereich | 9/5 | 172 |
| 1. Abgrenzung zu Unmöglichkeit, Verzug und vorvertraglichen Pflichtverletzungen | 9/6 | 173 |
| 2. Abgrenzung zum Gewährleistungsrecht | 9/8 | 173 |

| | | |
|---|---|---|
| III. Arten der Nebenpflichten | 9/12 | 174 |
|    1. Leistungsbezogene Nebenpflichten | 9/13 | 175 |
|    2. Sonstige Verhaltenspflichten nach § 241 Abs. 2 | 9/15 | 175 |
| IV. Rechtsfolgen der Nebenpflichtverletzung | 9/19 | 177 |
|    1. Schadenersatz neben der Leistung, § 280 Abs. 1 | 9/20 | 177 |
|    2. Schadenersatz statt der Leistung | 9/23 | 178 |
|    3. Rücktritt, § 324 | 9/28 | 180 |

**§ 10 Rückabwicklung von Schuldverhältnissen** ... 10/1 181

| | | |
|---|---|---|
| I. Einleitung | 10/1 | 181 |
| II. Anwendungsbereich der §§ 346 ff | 10/2 | 181 |
| III. Die Ausübung des Rücktritts | 10/7 | 182 |
|    1. Rücktrittsrecht | 10/8 | 183 |
|    2. Rücktrittserklärung | 10/10 | 183 |
|    3. Keine Unwirksamkeit des Rücktritts | 10/11 | 183 |
| IV. Rechtsfolgen des Rücktritts | 10/12 | 184 |
|    1. Rückgewährschuldverhältnis | 10/12 | 184 |
|    2. Rückgabeansprüche auf das Geleistete | 10/15 | 184 |
|    3. Wertersatzansprüche bei Störungen im Rückgewährverhältnis | 10/20 | 186 |
|      a) Verhältnis zum Herausgabeanspruch aus § 346 Abs. 1 | 10/21 | 186 |
|      b) Voraussetzungen des Wertersatzanspruchs aus § 346 Abs. 2 | 10/23 | 186 |
|      c) Ausschlussgründe des Wertersatzanspruchs, § 346 Abs. 3 | 10/31 | 189 |
|         aa) Mangel tritt erst während der Verarbeitung oder Umgestaltung auf, § 346 Abs. 3 S. 1 Nr 1 | 10/32 | 189 |
|         bb) Mangel ist vom Rückgewährgläubiger zu vertreten, § 346 Abs. 3 S. 1 Nr 2 | 10/34 | 189 |
|         cc) Wahrung eigenüblicher Sorgfalt durch Rücktrittsberechtigten, § 346 Abs. 3 S. 1 Nr 3 | 10/35 | 190 |
|         dd) Rechtsfolgen | 10/39 | 191 |
|    4. Nutzungsersatzansprüche wegen Nutzung der herauszugebenden Sache | 10/42 | 193 |
|    5. Schadenersatz wegen Rückgewährpflichtverletzung | 10/45 | 194 |
|    6. Der Anspruch auf das stellvertretende commodum | 10/52 | 196 |
|    7. Verwendungsersatzansprüche des Rückgewährschuldners | 10/53 | 197 |
|      a) Notwendige Verwendungen | 10/54 | 197 |
|      b) Sonstige Aufwendungen | 10/57 | 197 |
| V. Lösung Fall 22 | 10/58 | 199 |

## § 11 Haftung aus geschäftlichem Kontakt (culpa in contrahendo) ........ 11/1 201
### I. Die Grundlagen des Rechtsinstituts .......... 11/1 201
1. Entstehung und Problematik ............. 11/1 201
2. Dogmatische Einordnung ............... 11/4 203
3. Grundsätzliches zu Pflichten und Haftung ...... 11/5 204
### II. Die Haftungsvoraussetzungen im Einzelnen ....... 11/7 205
1. Die gesetzlich geregelten Fälle ........... 11/7 205
   a) Aufnahme von Vertragsverhandlungen ...... 11/8 205
   b) Vertragsanbahnung ................. 11/12 207
   c) Ähnliche geschäftliche Kontakte ......... 11/13 207
   d) Einbeziehung „vertragsfremder" Dritter ...... 11/14 208
2. Pflichtwidrigkeit und Verschulden .......... 11/19 210
3. Schaden und Schutzbereiche ............. 11/20 210
### III. Rechtsfolgen der schuldhaften Verletzung vorvertraglicher Pflichten ................ 11/24 211
1. Allgemeines ...................... 11/24 211
2. Vertrauens- und Nichterfüllungsschaden ....... 11/25 211
3. Schadenersatzformen ................. 11/29 213
4. Mitverschulden .................... 11/32 214
### IV. Das Verhältnis zu anderen Regelungskomplexen .... 11/33 214
1. Willensmängel .................... 11/33 214
2. Gewährleistung .................... 11/34 215
3. Verletzung vertraglicher Schutzpflichten ....... 11/35 216
4. Verhältnis zum Minderjährigenschutz ........ 11/36 216
### V. Lösung Fall 24 ...................... 11/37 217

## § 12 Störung der Geschäftsgrundlage (§ 313 BGB) ....... 12/1 218
### I. Die Entwicklung des Rechtsinstituts .......... 12/1 218
### II. Die Regelung im Rahmen der Schuldrechtsmodernisierung ..................... 12/5 221
### III. Die Störung der Geschäftsgrundlage im Einzelnen ... 12/6 222
1. Grundsätzliches .................... 12/6 222
2. Nachträgliche Störungen der Geschäftsgrundlage (§ 313 Abs. 1) ..................... 12/7 222
3. Ursprüngliche Geschäftsgrundlagestörungen (§ 313 Abs. 2) ..................... 12/9 224
### IV. Rechtsfolgen von Störungen der Geschäftsgrundlage .. 12/11 225
1. Anspruch auf Vertragsanpassung (§ 313 Abs. 1) ... 12/11 225
   a) Grundsätzliches .................. 12/11 225
   b) Durchsetzung ................... 12/14 226
   c) Anspruchsinhalt .................. 12/15 226
   d) Folgen der Anpassung .............. 12/17 227

|  |  |  |
|---|---|---|
| 2. Vertragsauflösung (§ 313 Abs. 3) | 12/18 | 227 |
| V. Die wichtigsten Fallgruppen und ihre rechtliche Behandlung | 12/21 | 228 |
| 1. Problemdarstellung | 12/21 | 228 |
| 2. Beiderseitiger Irrtum | 12/23 | 230 |
| 3. Äquivalenz- und Zweckstörungen | 12/24 | 230 |
| 4. „Große Geschäftsgrundlage" | 12/25 | 231 |
| VI. Das Verhältnis von § 313 zu anderen Normen und Rechtsinstituten | 12/27 | 232 |
| 1. Anfechtungsrecht | 12/27 | 232 |
| 2. „Faktische" und „persönliche" Unmöglichkeit (§ 275 Abs. 2 und Abs. 3) | 12/28 | 233 |
| 3. Gewährleistungsrecht | 12/29 | 233 |
| 4. Recht zur außerordentlichen Kündigung (§ 314) | 12/30 | 234 |
| VII. Lösung der Ausgangsfälle | 12/31 | 235 |

## Teil III
## Schadenersatzrecht

|  |  |  |
|---|---|---|
| **§ 13 Funktionen und Grundelemente des Schadenersatzrechts** | 13/1 | 236 |
| I. Die Funktionen des Schadenersatzrechts | 13/1 | 236 |
| 1. Prinzipien und Problematik | 13/1 | 236 |
| 2. Grundstruktur | 13/5 | 239 |
| II. Die Kausalität | 13/8 | 241 |
| 1. Äquivalenztheorie | 13/8 | 241 |
| 2. Adäquanztheorie | 13/11 | 242 |
| 3. Schutzzweck der verletzten Norm | 13/13 | 244 |
| 4. Rechtmäßiges Alternativverhalten | 13/16 | 247 |
| 5. Tätermehrheit | 13/17 | 248 |
| 6. Sonderformen der Kausalität | 13/18 | 248 |
| III. Lösung Fall 28 | 13/22 | 251 |
| **§ 14 Schadensbegriff, Schadensberechnung und Arten des Ersatzes** | 14/1 | 252 |
| I. Begriff und Arten des Schadens | 14/1 | 253 |
| 1. Begriff | 14/1 | 253 |
| 2. Schadensarten | 14/2 | 254 |
| II. Das System der Ersatzansprüche | 14/5 | 256 |
| 1. Inhalt der Schadenersatzpflicht | 14/6 | 256 |
| 2. Schadensberechnung | 14/17 | 262 |
| III. Anspruchsmindernde Faktoren | 14/19 | 263 |

|  |  |  |
|---|---|---|
| 1. Mitverschulden | 14/20 | 264 |
| 2. Vorteilsausgleichung | 14/27 | 267 |
| IV. Problemfälle zur Abgrenzung von Vermögens- und Nichtvermögensschaden | 14/30 | 270 |
| 1. Ausfall der Arbeitskraft | 14/32 | 271 |
| 2. Nutzungsausfall beim Kfz | 14/35 | 273 |
| 3. „Kind als Schaden" | 14/38 | 275 |
| V. Lösung Fall 33 | 14/39 | 276 |

## Teil IV
**Einbeziehung Dritter in das Schuldverhältnis**

### § 15 Vertrag zugunsten Dritter

|  |  |  |
|---|---|---|
| § 15 Vertrag zugunsten Dritter | 15/1 | 277 |
| I. Grundstruktur und Hauptfälle des Vertrags zugunsten Dritter | 15/1 | 278 |
| 1. Problematik | 15/1 | 278 |
| 2. Echter und unechter Vertrag zugunsten Dritter | 15/3 | 279 |
| 3. Struktur | 15/9 | 282 |
| 4. Formvorschriften | 15/10 | 283 |
| II. Abwicklung der verschiedenen Rechtsbeziehungen | 15/13 | 285 |
| 1. Einwendungen des Versprechenden | 15/14 | 285 |
| 2. Leistungserbringung trotz Einwendungsrechts | 15/16 | 286 |
| 3. Leistungsstörungen | 15/18 | 287 |
| III. Lösung Fall 34 | 15/20 | 289 |

### § 16 Vertraglicher Drittschutz und Drittschäden

|  |  |  |
|---|---|---|
| § 16 Vertraglicher Drittschutz und Drittschäden | 16/1 | 290 |
| I. Die Problematik des vertraglichen Drittschutzes | 16/1 | 290 |
| 1. Problemdarstellung | 16/1 | 290 |
| 2. Lösungsmöglichkeiten | 16/3 | 291 |
| II. Vertrag mit Schutzwirkung zugunsten Dritter | 16/4 | 292 |
| 1. Rechtliche Einordnung | 16/4 | 292 |
| 2. Voraussetzungen | 16/9 | 295 |
| a) Tatsächliche Leistungsnähe des Dritten („Gefahrenbereich" des Vertrages) | 16/10 | 295 |
| b) Interesse des eigentlichen Vertragsgläubigers am Schutz des Dritten | 16/11 | 295 |
| c) Erkennbarkeit (und Zumutbarkeit) für den Schuldner | 16/13 | 297 |
| d) Besonderes Schutzbedürfnis des Dritten | 16/14 | 297 |
| 3. Rechtsfolgen | 16/15 | 297 |
| III. Drittschadensliquidation | 16/16 | 298 |
| 1. Begriff | 16/16 | 298 |

|  |  |  |
|---|---|---|
| 2. Voraussetzungen und gesetzliche Anhaltspunkte | 16/18 | 299 |
| 3. Fallgruppen | 16/20 | 300 |
|    a) Handeln für fremde Rechnung | 16/21 | 300 |
|    b) Obligatorische Gefahrentlastung | 16/22 | 301 |
|    c) Obhutsverhältnisse | 16/24 | 302 |
| 4. Rechtsfolgen | 16/26 | 303 |
| IV. Drittgerichtete Ausdehnungen des vorvertraglichen Schutzbereichs (§ 311 Abs. 2 und 3) | 16/28 | 303 |
| V. Lösung Fall 36 | 16/29 | 304 |

## § 17 Abtretung     17/1    305

|  |  |  |
|---|---|---|
| I. Begriff, Voraussetzungen und Hauptfälle der Abtretung | 17/1 | 306 |
| 1. Grundsätzliches | 17/1 | 306 |
| 2. Der Abtretungsvorgang | 17/3 | 307 |
| 3. Praktische Bedeutung | 17/6 | 308 |
| 4. Wirksamkeitsvoraussetzungen | 17/10 | 310 |
|    a) Grundsatz | 17/10 | 310 |
|    b) Das Bestimmtheitsproblem | 17/11 | 310 |
| 5. Beschränkung und Ausschluss der Abtretung | 17/12 | 311 |
|    a) Gesetzliche Einschränkungen | 17/12 | 311 |
|    b) Rechtsgeschäftliche Einschränkungen | 17/14 | 312 |
| 6. Die Wirkungen der Abtretung | 17/17 | 314 |
| II. Schuldnerschutz bei der Zession | 17/18 | 314 |
| 1. Ausgangslage | 17/18 | 314 |
| 2. Einwendungen des Schuldners | 17/19 | 315 |
| 3. Schuldbefreiende Zahlung an den Altgläubiger | 17/21 | 316 |
| III. Die Abtretung als Kreditsicherungsinstrument | 17/22 | 318 |
| 1. Die Rechtsstellung des Sicherungsnehmers | 17/24 | 318 |
| 2. Rechtslage bei Zurückführung der gesicherten Forderung | 17/26 | 320 |
| 3. Vorausabtretung und Bestimmbarkeit | 17/29 | 322 |
| 4. Gültigkeitsschranken bei der Globalzession | 17/31 | 323 |
| IV. Klausurgliederung Fall 39 | 17/33 | 324 |

## § 18 Schuldnerwechsel und Schuldnermehrheit     18/1    325

|  |  |  |
|---|---|---|
| I. Vorbemerkung | 18/1 | 326 |
| II. Schuldübernahme | 18/2 | 326 |
| 1. Begriff | 18/2 | 326 |
| 2. Voraussetzungen | 18/3 | 327 |
| 3. Rechtsfolgen | 18/7 | 329 |
| 4. Schicksal von Sicherheiten | 18/9 | 330 |
| 5. Genehmigungsverweigerung | 18/10 | 330 |
| III. Schuldbeitritt | 18/11 | 331 |

|  |  |  |
|---|---|---|
| 1. Begriff | 18/11 | 331 |
| 2. Abgrenzung | 18/13 | 332 |
| 3. Rechtliche Behandlung | 18/15 | 333 |
| 4. Gesamtschuldverhältnis | 18/17 | 334 |
| 5. Gesetzlicher Schuldbeitritt | 18/18 | 334 |
| IV. Schuldnermehrheit und Gesamtschuldnerausgleich | 18/19 | 335 |
|    1. Erscheinungsformen der Schuldnermehrheit | 18/19 | 335 |
|    2. Teilbare Schulden | 18/20 | 336 |
|    3. Entstehung von Gesamtschuldverhältnissen | 18/21 | 336 |
|       a) Gesamtschuldverhältnisse kraft vertraglicher Vereinbarung | 18/22 | 336 |
|       b) Gesamtschuldverhältnisse kraft gesetzlicher Anordnung | 18/23 | 336 |
|    4. Abgrenzung | 18/25 | 338 |
|       a) Gemeinschaftliche Schuld und Gesamtschuld bei unteilbarer Leistung | 18/26 | 338 |
|       b) Gesamthandschuld | 18/27 | 338 |
|    5. Merkmale der Gesamtschuld | 18/28 | 339 |
|       a) Identität des Gläubigerinteresses | 18/29 | 339 |
|       b) Zweckgemeinschaft? | 18/30 | 340 |
|       c) Gleichstufigkeit | 18/31 | 340 |
|       d) Gleicher Rechtsgrund? | 18/32 | 341 |
|    6. Außenverhältnis | 18/33 | 341 |
|    7. Innenverhältnis | 18/38 | 343 |
|    8. „Unechte" Gesamtschuld | 18/46 | 347 |
|    9. Legalzession | 18/48 | 349 |
|    10. „Gestörter" Gesamtschuldnerausgleich | 18/49 | 349 |
| V. Lösung Fall 41 | 18/52 | 351 |

Teil V
**Erlöschen von Schuldverhältnissen**

|  |  |  |
|---|---|---|
| **§ 19 Erfüllung und Erfüllungssurrogate** | 19/1 | 353 |
| I. Erfüllung und Erfüllungsersatz | 19/1 | 353 |
|    1. Erfüllungswirkung | 19/1 | 353 |
|    2. Erlöschensgründe | 19/2 | 354 |
|    3. Beteiligung Dritter | 19/11 | 358 |
|    4. Erfüllungssurrogate | 19/15 | 359 |
| II. Die Aufrechnung | 19/22 | 362 |
|    1. Begriff und Zwecke | 19/22 | 362 |
|    2. Aufrechnungslage | 19/24 | 362 |
|    3. Aufrechnungserklärung | 19/29 | 364 |
|    4. Aufrechnung durch Vertrag | 19/30 | 365 |

|  |  |  |
|---|---|---|
| 5. Wirkungen der Aufrechnung | 19/31 | 365 |
| 6. Gesetzliche Aufrechnungsausschlüsse | 19/34 | 367 |
| 7. Aufrechnungsausschlussvereinbarungen | 19/35 | 367 |
| 8. Zusammenfassung | 19/37 | 368 |
| III. Lösung Fall 44 | 19/39 | 368 |
| *Sachverzeichnis* |  | 371 |

# Abkürzungsverzeichnis

| | |
|---|---|
| aA | anderer Ansicht |
| aaO | am angegebenen Ort |
| Abl EU | Amtsblatt der Europäischen Union |
| Abs. | Absatz |
| AcP | Archiv für die civilistische Praxis |
| aE | am Ende |
| aF | alte Fassung |
| AG | Aktiengesellschaft; Amtsgericht |
| AGB | Allgemeine Geschäftsbedingungen |
| AGG | Allgemeines Gleichbehandlungsgesetz |
| aM | anderer Meinung |
| Anm. | Anmerkung |
| Anw-Komm | Anwaltskommentar |
| AP | Arbeitsgerichtliche Praxis |
| AT | Allgemeiner Teil |
| AtomG | Atomgesetz |
| Aufl. | Auflage |
| AuslInvestmentG | Gesetz über den Vertrieb ausländischer Investmentanteile und über die Besteuerung der Erträge aus ausländischen Investmentanteilen |
| BAG | Bundesarbeitsgericht |
| BauR | Baurecht |
| BayObLG | Bayerisches Oberstes Landesgericht |
| BB | Betriebsberater |
| Bd | Band |
| Begr. | Begründer/Begründung |
| BGB | Bürgerliches Gesetzbuch |
| BGBl | Bundesgesetzblatt |
| BGH | Bundesgerichtshof |
| BGHZ | Entscheidungen des BGH in Zivilsachen |
| BKR | Zeitschrift für Bank- und Kapitalmarktrecht |
| BörsG | Börsengesetz |
| BR | Bürgerliches Recht |
| BR-Drs. | Bundesrats-Drucksache |
| BRAGO | Bundesgebührenordnung für Rechtsanwälte |
| BSHG | Bundessozialhilfegesetz |
| BT | Besonderer Teil |
| BT-Drs. | Bundestags-Drucksache |
| BVerfG | Bundesverfassungsgericht |
| BVerwG | Bundesverwaltungsgericht |
| bzw | beziehungsweise |
| ca. | circa |
| cic | culpa in contrahendo |
| CMR | Übereinkommen über den Beförderungsvertrag im internationalen Straßengüterverkehr |
| DAR | Deutsches Autorecht |

| | |
|---|---|
| DB | Der Betrieb |
| ders. | derselbe |
| dh | das heißt |
| DNotZ | Deutsche Notar-Zeitung |
| DStRE | Deutsches Steuerrecht – Entscheidungsdienst |
| DZWiR | Deutsche Zeitschrift für Wirtschafts- und Insolvenzrecht |
| EFZG | Entgeltfortzahlungsgesetz |
| Einl. | Einleitung |
| EuGH | Gerichtshof der Europäischen Gemeinschaften |
| f, ff | folgend(e) |
| FamRZ | Zeitschrift für das gesamte Familienrecht |
| FG | Festgabe |
| Fn | Fußnote |
| FS | Festschrift |
| G | Gesetz |
| GG | Grundgesetz |
| ggf | gegebenenfalls |
| GmbH | Gesellschaft mit beschränkter Haftung |
| GS | Großer Senat; Gedächtnisschrift |
| hA | herrschende Ansicht |
| HB | Handbuch |
| HGB | Handelsgesetzbuch |
| HaftPflG | Haftpflichtgesetz |
| HK | Handkommentar; Heidelberger Kommentar |
| hL | herrschende Lehre |
| hM | herrschende Meinung |
| Hrsg. | Herausgeber |
| IBR | Immobilien- und Baurecht |
| idS | in diesem Sinn |
| insb. | insbesondere |
| InsO | Insolvenzordnung |
| iSd | im Sinne (des; der) |
| iVm | in Verbindung mit |
| JA | Juristische Arbeitsblätter |
| JGG | Jugendgerichtsgesetz |
| JherJB | *Jherings* Jahrbuch für die Dogmatik des bürgerlichen Rechts |
| JR | Juristische Rundschau |
| Jura | Juristische Ausbildung |
| JuS | Juristische Schulung |
| JZ | Juristenzeitung |
| KAGG | Gesetz über Kapitalanlagegesellschaften |
| Kfz | Kraftfahrzeug |
| krit. | kritisch |
| leg cit | legis citatae (der zitierten Vorschrift) |
| LG | Landgericht |

| | |
|---|---|
| Lkw | Lastkraftwagen |
| LM | Lindenmaier/Möhring, Nachschlagewerk des BGH |
| LuftVG | Luftverkehrsgesetz |
| | |
| MDR | Monatsschrift für Deutsches Recht |
| Mot. | Motive zum Entwurfe eines BGB für das Deutsche Reich Bd. II, Berlin/Leipzig 1898 |
| MünchKomm | Münchener Kommentar |
| mwN | mit weiteren Nachweisen |
| | |
| nF | neue Fassung |
| NJ | Neue Justiz |
| NJW | Neue Juristische Wochenschrift |
| NJW-RR | NJW-Rechtsprechungs-Report, Zivilrecht |
| Nr | Nummer |
| NZA | Neue Zeitschrift für Arbeitsrecht |
| NZV | Neue Zeitschrift für Verkehrsrecht |
| | |
| oä | oder ähnliche |
| OLG | Oberlandesgericht |
| OLG-Rp | OLG-Report |
| | |
| PartGG | Partnerschaftsgesellschaftsgesetz |
| PflVersG | Pflichtversicherungsgesetz |
| pFV | positive Forderungsverletzung |
| ProdHaftG | Produkthaftungsgesetz |
| PKW | Personenkraftwagen |
| Prot. | Protokolle der Kommission für die 2. Lesung des Entwurfs des BGB, Hrsg. Reichsjustizhauptamt Berlin 1897 |
| pVV | positive Vertragsverletzung |
| | |
| RegE | Regierungsentwurf eines Schuldrechtsmodernisierungsgesetzes, BT-Drs. 14/6040 |
| RG | Reichsgericht |
| RGZ | Amtliche Sammlung von Entscheidungen des Reichsgerichts in Zivilsachen |
| Rn | Randnummer |
| Rspr | Rechtsprechung |
| | |
| S. | Satz; Seite |
| s. | siehe |
| SGB | Sozialgesetzbuch |
| SMG | Schuldrechtsmodernisierungsgesetz |
| sog | so genannt, -e, -er, -es |
| SR | Schuldrecht |
| StGB | Strafgesetzbuch |
| StVG | Straßenverkehrsgesetz |
| | |
| UmweltHG | Umwelthaftungsgesetz |
| usw | und so weiter |
| uU | unter Umständen |

| | |
|---|---|
| VerbrKrG | Verbraucherkreditgesetz |
| VerkProspG | Wertpapier-Verkaufsprospektgesetz |
| VersR | Versicherungsrecht |
| vgl | vergleiche |
| VOB Teil A/B | Verdingungsordnung für Bauleistungen, Teil A/B |
| Vorbem. | Vorbemerkungen |
| VVG | Gesetz über den Versicherungsvertrag |
| WG | Wechselgesetz |
| WHG | Wasserhaushaltsgesetz |
| WM | Wertpapier-Mitteilungen |
| WpHG | Wertpapierhandelsgesetz |
| zB | zum Beispiel |
| ZBB | Zeitschrift für Bankrecht und Bankwirtschaft |
| ZEuP | Zeitschrift für europäisches Privatrecht |
| ZEV | Zeitschrift für Erbrecht und Vermögensnachfolge |
| ZfBR | Zeitschrift für deutsches und internationales Baurecht |
| ZfIR | Zeitschrift für Immobilienrecht |
| ZfS | Zeitschrift für Schadensrecht |
| ZHR | Zeitschrift für das gesamte Handelsrecht und Wirtschaftsrecht |
| ZIP | Zeitschrift für Wirtschaftsrecht |
| ZMR | Zeitschrift für Miet- und Raumrecht |
| ZPO | Zivilprozessordnung |
| ZRP | Zeitschrift für Rechtspolitik |
| zT | zum Teil |
| z.Z. | zurzeit |

# Verzeichnis abgekürzt zitierter ausgewählter Literatur

| | |
|---|---|
| *Allmendinger/Tilp* | Börsentermin- und Differenzgeschäfte² (2002) |
| *Assmann/Schütze* (Hrsg) | Handbuch des Kapitalanlagerechts² (1997) + Loseblattergänzungsband (2002) |
| *Bamberger/Roth* | Kommentar zum BGB (2003) |
| *Baumbach/Hopt* | HGB³² (2006) |
| *Bechtold* | Kartellgesetz³ (2002) |
| *Beurskens* | Grundriss Schuldrecht (2002) |
| *Brox/Walker* | Allgemeines Schuldrecht³¹ (2006) |
| *Bülow* | Recht der Kreditsicherheiten⁶ (2003) |
| *Bydlinski, Peter* | Die Bürgschaft im österreichischen und deutschen Handels-, Gesellschafts- und Wertpapierrecht (1991) |
| *Canaris* | Bankvertragsrecht⁴ (2005) = Bankvertragsrecht³ Bd I (1988) |
| *Canaris* | Handelsrecht²⁴ (2006) |
| *Canaris* | Schuldrechtsmodernisierung (2002) |
| *Dauner-Lieb/Heidel/ Lepa/Ring* (Hrsg) | Anwaltskommentar zum Schuldrecht (2002) |
| *Dauner-Lieb/Heidel/ Lepa/Ring* (Hrsg) | Das neue Schuldrecht (2002) – zit.: *Autor*, in: Dauner-Lieb, SR |
| *Dauner-Lieb/Konzen/ Schmidt* (Hrsg) | Das neue Schuldrecht in der Praxis (2003) |
| *Deutsch* | Allgemeines Haftungsrecht² (1996) |
| *Deutsch/Ahrens* | Deliktsrecht⁴ (2002) |
| *Ehmann/Sutschet* | Modernisiertes Schuldrecht (2002) – zit.: SR |
| *Eickmann et al* | Heidelberger Kommentar zur Insolvenzordnung⁴ (2006) |
| *Emmerich* | BGB-Schuldrecht Besonderer Teil¹¹ (2006) – zit.: Schuldrecht Besonderer Teil |
| *Emmerich* | Das Recht der Leistungsstörungen⁶ (2005) |
| *Emmerich* | Kartellrecht¹⁰ (2006) |
| *Enneccerus/Lehmann* | Recht der Schuldverhältnisse¹⁴ (1954) |
| *Erman* (Begr) | Handkommentar zum Bürgerlichen Gesetzbuch¹¹ (2004) |
| *Ernst/Zimmermann* (Hrsg.) | Zivilrechtswissenschaft und Schuldrechtsreform (2001) |
| *Esser/Schmidt* | Schuldrecht Bd I, Allgemeiner Teil, Teilband 1⁸ (1995) – zit.: SR I/1 |
| *Esser/Schmidt* | Schuldrecht Bd I, Allgemeiner Teil, Teilband 2⁸ (2000) – zit.: SR I/2⁸ |
| *Esser/Weyers* | Schuldrecht Bd II, Besonderer Teil, Teilband 1⁸ (1998) – zit.: SR II/1⁸ |
| *Esser/Weyers* | Schuldrecht Bd II, Besonderer Teil, Teilband 2⁸ (2000) – zit.: SR II/2⁸ |
| *Fikentscher* | Methoden des Rechts in vergleichender Darstellung, Bd 4 (1977) |
| *Fikentscher/Heinemann* | Schuldrecht¹⁰ (2006) – zit.: SR¹⁰ |
| *Flume* | Allgemeiner Teil des Bürgerlichen Rechts, Bd 2⁴ (1992) – zit.: AT II⁴ |
| *Gernhuber* | Das Schuldverhältnis (1989) |
| *Gernhuber/Grunewald* | Bürgerliches Recht⁷ (2006) |
| *Gernhuber* | Die Erfüllung und ihre Surrogate² (1994) |
| *Heck* | Grundriss des Schuldrechts (1929, 3. Neudruck 1994) |
| *Heß* (Hrsg) | Wandel der Rechtsordnung (2003) |
| *Hirsch* | Allgemeines Schuldrecht⁵ (2004) |
| *Huber, Christian* | Das neue Schadenersatzrecht (2003) |
| *Huber/Faust* | Schuldrechtsmodernisierung (2002) |

*Huber, Ulrich*     Leistungsstörungen, Bd 1 und 2 (1999)
*Hübner, Heinz*     Allgemeiner Teil des Bürgerlichen Gesetzbuches[2] (1996) – zit.: BGB AT[2]
*Hueck/Canaris*     Recht der Wertpapiere[12] (1986)
*Jauernig* (Hrsg)     Bürgerliches Gesetzbuch[11] (2004) – zit.: BGB[11]
*Kohte/Micklitz/Rott/ Tonner/Willingmann*     Das neue Schuldrecht – Kompaktkommentar (2003)
*Köhler*     BGB – Allgemeiner Teil[29] (2005)
*Kötz/Wagner*     Deliktsrecht[10] (2005)
*Kötz/Zweigert*     Einführung in die Rechtsvergleichung auf dem Gebiete des Privatrechts[3] (1996)
*Lange/Schiemann*     Schadenersatz[3] (2003)
*Larenz/Canaris*     Lehrbuch des Schuldrechts Bd 2, Besonderer Teil, 2. Halbband[13] (1994) – zit.: SR II/2[13]
*Larenz/Wolf*     Allgemeiner Teil des Bürgerlichen Rechts[9] (2004) – zit.: BGB AT[9]
*Larenz*     Lehrbuch des Schuldrechts Bd 1, Allgemeiner Teil[14] (1987) – zit.: SR I[14]
*Larenz*     Geschäftsgrundlage und Vertragserfüllung[3] (1963)
*Laufs/Uhlenbruck*     Handbuch des Arztrechts[3] (2002)
*Lieb*     Arbeitsrecht[8] (2003)
*Looschelders, Dirk*     Schuldrecht, Allgemeiner Teil[4] (2006) – zit.: SR AT
*Lorenz/Riehm*     Lehrbuch zum neuen Schuldrecht (2002) – zit.: SR
*Medicus*     Bürgerliches Recht[20] (2004) – zit.: BR[20]
*Medicus*     Allgemeiner Teil des BGB[8] (2002) – zit.: BGB AT[8]
*Medicus*     Schuldrecht I, Allgemeiner Teil[17] (2006) – zit.: SR AT[17]
*Medicus*     Schuldrecht II, Besonderer Teil[13] (2006) – zit.: SR BT[13]
MünchKommBGB     Münchener Kommentar zum Bürgerlichen Gesetzbuch[5], Bd 1 (2006), 2 (2007)
    Münchener Kommentar zum Bürgerlichen Gesetzbuch[4], Bd 3 (2004), 5 (2003)
MünchKommHGB     Münchener Kommentar zum Handelsgesetzbuch, Bd 7a (2000)
*Musielak*     Grundkurs BGB[9] (2005)
*Mugdan*     Die gesammten Materialien zum Bürgerlichen Gesetzbuch für das Deutsche Reich Bd 1(1899)
*Nörr/Scheyhing/ Pöggeler*     Sukzessionen[2] (1999)
*Olzen/Wank*     Die Schuldrechtsreform: Eine Einführung (2002)
*Otto/Schwarze*     Die Haftung des Arbeitnehmers[3] (1998)
*Palandt*     Bürgerliches Gesetzbuch[65] (2006)
*Rimmelspacher*     Kreditsicherungsrecht[2] (1987)
*Rittner, Fritz*     Wirtschaftsrecht[2] (1987)
*Schack/Ackmann*     Höchstrichterliche Rechtsprechung zum Bürgerlichen Recht[5] (2004)
*Schack*     BGB-Allgemeiner Teil[11] (2006)
*Schimansky/Bunte/ Lwowski* (Hrsg)     Bankrechts-Handbuch Bd 1[2] (2001)
*Schlechtriem/Schmidt- Kessel*     Schuldrecht, Allgemeiner Teil[6] (2005) – zit.: SR AT[6]
*Schulze* (Hrsg)     Bürgerliches Gesetzbuch: Handkommentar[5] (2006)
*Schulze/Schulte-Nölke* (Hrsg)     Die Schuldrechtsreform vor dem Hintergrund des Gemeinschaftsrechts (2001)
*Schwab/Witt* (Hrsg)     Examenswissen zum neuen Schuldrecht[2] (2003)
*Schwintowski/Schäfer*     Bankrecht[2] (2004)

| | |
|---|---|
| *Soergel* | Bürgerliches Gesetzbuch mit Einführungsgesetz und Nebengesetzen Bd 2 (1999), Bd 2a[13] (2003) |
| *Staudinger* | Kommentar zum Bürgerlichen Gesetzbuch mit Einführungsgesetz und Nebengesetzen[13] (seit 1993) – teilweise Neubearbeitungen |
| *Ulmer/Brandner/ Hensen* | AGB-Recht[10] (2006) |
| *Wagner, Gerhard* | Das neue Schadenersatzrecht (2002) |
| *Weber, Ralph* | Sachenrecht I (Mobiliarsachenrecht) 2004 |
| *Weber, Ralph* | Sachenrecht II (Immobiliarsachenrecht) 2005 |
| *Westermann, H.P.* | Das neue Schuldrecht 2002 (2002) |
| *Westermann, H./ Westermann, H.P.* | Sachenrecht[7] (1998) |
| *Westermann, H.P.* | BGB-Sachenrecht[11] (2005) |
| *Wieacker* | Privatrechtsgeschichte der Neuzeit[2] (1967) |
| *Zöllner* | Wertpapierrecht[14] (1987) |

Teil I
# Das Schuldverhältnis

## § 1 Das Recht der Schuldverhältnisse

**Fall 1:** Frau W lässt sich vom Modeschöpfer M ein Abendkleid entwerfen, das sie auf dem Bundesfilmball tragen will. M sagt ausdrücklich zu, dass Frau W als Einzige dieses Kleid tragen solle. Das Kleid wird nicht rechtzeitig fertig. Außerdem stellt Frau W fest, dass M einer anderen Kundin ein ganz ähnliches Kleid gemacht hat. Welche Ansprüche hat Frau W?

**Fall 2:** In einer Bahnhofshalle steht ein vom Bahnhofsgastwirt B aufgestellter Automat, in dem ua Flaschenbier angeboten wird. G, der kurz vor Abfahrt seines Zuges eine Flasche Bier aus dem Automaten geholt hat, möchte in der seitlich an dem Automaten angebrachten Öffnungsvorrichtung diese Flasche öffnen, stellt jetzt aber fest, dass die Vorrichtung verbogen und daher unbrauchbar ist. Nach einigen Tritten gegen den Automaten, die nicht helfen, betritt er wutentbrannt die Bahnhofsgaststätte und fordert in barschem Ton den B, der gerade eine Reihe wartender Gäste bedienen will, auf, ihm schnellstens mit einem normalen Flaschenöffner die gekaufte Flasche aufzumachen. B, der sich über den Ton des G ärgert, weigert sich mit der Begründung, mit einem solchen Flegel, der sich dazu noch unverschämt vordränge, wolle er nichts zu tun haben. Zu Recht?

### I. Das Schuldverhältnis

#### 1. Das Schuldverhältnis als Sonderverbindung

Das zweite Buch des BGB behandelt Inhalt und Erfüllung verschiedener Arten von Rechtsverhältnissen, die unter dem Oberbegriff des „Schuldverhältnisses" zusammengefasst werden. Wie § 241 Abs. 1 es ausdrückt, versteht man darunter eine rechtliche **Sonderverbindung**[1], kraft derer die eine Seite, der Gläubiger, von der anderen Seite, dem Schuldner, eine Leistung verlangen kann, die (Satz 2) auch in einem Unterlassen bestehen kann. Auf jeder Seite des Schuldverhältnisses stehen somit eine oder mehrere Personen, die eben durch dieses Schuldverhältnis zu einer „Sonderverbindung" verbunden werden. Das Besondere dieser Verbindung besteht in dem Recht, vom Partner dieser Verbindung ein Tun oder Unterlassen verlangen zu können (Anspruch), das er ohne diese Sonderverbindung nicht einfordern könnte.

1/1

Beruht diese Sonderverbindung auf einer Willenseinigung der Partner, so spricht man im **Fall 1** bei der Bestellung des Kleides von einem **rechtsgeschäftlichen Schuldverhältnis** (siehe §§ 433 Abs. 1, 631 Abs. 1). Beruht die Sonderverbindung dagegen nicht auf einer entsprechenden Willenseinigung der Partner, sondern darauf, dass das Gesetz an ein tatsächliches Geschehen bestimmte Pflichten eines Beteiligten knüpft

1/2

---
1  *Larenz*, SR I, § 2 I; *Medicus*, SR AT[16], Rn 1 ff.

§ 1 *Das Recht der Schuldverhältnisse*

(etwa Schadenersatzpflicht bei Eigentumsverletzung nach § 823 Abs. 1), so spricht man von einem **gesetzlichen Schuldverhältnis**.

**Beispiel:** Hansi verfehlt beim Fußballspielen das Tor, trifft und zerstört aber die Fensterscheibe des Nachbarn. Hier kommt es ohne Willenseinigung und ohne dass es auf den Willen der Beteiligten ankäme, allein wegen des tatsächlichen Geschehens einer Eigentumsverletzung kraft gesetzlicher Anordnung (§ 823 Abs. 1) zu einem Schuldverhältnis, welches Hansi zur Leistung von Schadenersatz verpflichtet. Da es ohne Rücksicht auf den Willen der Beteiligten allein kraft gesetzlicher Anordnung zustande kommt, nennt man es ein gesetzliches Schuldverhältnis.

1/3 Durch diese Sonderverbindung unterscheidet sich das Schuldverhältnis von Rechten, die einem **jeden Rechtssubjekt** gegenüber jedem Angehörigen der Rechtsgemeinschaft zustehen, etwa des Inhalts, dass jedermann die Rechtsgüter des Anderen zu respektieren hat, sie also nicht zerstören oder beschädigen darf (so durfte G im **Fall 2** den Automaten auch dann nicht mit Fußtritten bearbeiten, wenn dies zu keinen Schäden führt). Insbesondere gilt dies für die sog angeborenen Rechte wie etwa Wahrung der Menschenwürde und der Persönlichkeitsrechte.

1/4 Die aus einem Schuldverhältnis entstehenden Pflichten werden als **obligatorische** bezeichnet, was zweierlei bedeutet: einmal binden sie nur die am Schuldverhältnis Beteiligten (näher unten Rn 17 f), zum anderen verändert ihre Existenz die Zuordnung von Gütern zu Personen noch nicht; dies geschieht erst durch die im Sachenrecht des BGB (s. §§ 929 ff, 873 ff) geregelten, „dinglich" wirkenden Verfügungen. Jedem Anspruch eines Partners des Schuldverhältnisses entspricht auf Seiten des Anderen die Schuld, für deren **Erfüllung** er aufzukommen hat. Das im Folgenden dargestellte Recht der Schuldverhältnisse hat es wesentlich mit den Folgen des Umstands zu tun, dass diese Erfüllung nicht oder nicht pflichtgemäß geschieht. Wenn dagegen ein am Schuldverhältnis Beteiligter den daraus für ihn entstandenen Pflichten (freiwillig oder unter Rechtszwang) nachgekommen ist, bildet die damit erfüllte Pflicht für denjenigen, der die Leistung zu fordern hatte, einen Rechtsgrund zum Behaltendürfen iS des § 812 Abs. 1, der Schuldner kann die Leistung also nicht mehr zurückverlangen.

1/5 Eine Sonderstellung in diesem System hat die durch die Schuldrechtsmodernisierung 2002 eingeführte Norm des **§ 241 Abs. 2**. Sie betrifft obligatorische Pflichten der an einem Schuldverhältnis Beteiligten, die „bestehen können", woraus man den Schluss ziehen könnte, dass sie nicht immer bestehen. Daran ist indessen nur so viel richtig, dass sie nicht immer sichtbar werden und den Parteien auch nicht stets bewusst sein müssen, auch in aller Regel nicht eigens vereinbart sind, so dass sie häufig erst ins Bewußtsein treten, wenn sie verletzt worden sind[2].

**Beispiel:** So ist etwa in **Fall 1** M verpflichtet, bei der Anprobe aufzupassen, nicht mit den hierbei verwendeten Nadeln seine Kundin körperlich zu verletzen; einer diesbezüglichen Abrede bedarf es nicht.

§ 241 Abs. 2 fasst diese in nahezu jedem Schuldverhältnis neben die **primären Leistungspflichten** tretenden verschiedenartigsten **Nebenpflichten** normativ zusammen,

---

[2] Kompaktkommentar-*Willingmann/Hirse*, § 241 Rn 9.

jedoch lassen sich diese aber auch ohne Bindung an die Formulierung des § 241 Abs. 2 durch Auslegung aus dem Vertrag entnehmen, wobei die Maßstäbe sich aus §§ 157, 242 ergeben. Kriterien für die Herausbildung solcher Nebenpflichten sind in diesem Zusammenhang die Erfüllung des Vertragszwecks und die gebotene Rücksichtnahme auf die Belange, die der Vertragspartner mit seiner eigenen Beteiligung am Vertrag berechtigterweise verfolgt.

**Beispiel:** Im **Fall 2** kann eine Auslegung der Vertragserklärungen beider Parteien nach § 157 (oder eine Bestimmung des Leistungsinhalts nach § 242) ergeben, dass den B eine Nebenpflicht trifft, mit einem gewöhnlichen Öffner die Flasche zu öffnen.

§ 241 Abs. 2 betrifft im Wesentlichen **Schutz- und Obhutspflichten** für die Rechtsgüter, die der Partner eines Schuldverhältnisses eben wegen dieses rechtsgeschäftlichen Kontakts dem Anderen zur Gefährdung preisgibt.

Zu beachten ist weiter, dass diese Schutz- und Obhutspflichten über Rechte, Rechtsgüter und Interessen des anderen Teils nach **§ 311 Abs. 2** auch in einem Stadium bestehen können, in dem es (noch) nicht zu einem Vertragsschluss gekommen ist, die Parteien aber in **Verhandlungen** über einen Vertrag stehen, in dessen Zusammenhang der eine Teil tatsächliche Einwirkungsmöglichkeiten auf die Rechte, Rechtsgüter und Interessen des Anderen hat.

**Beispiel:** So erweitert § 241 Abs. 2 in **Fall 1** den Schutz von Frau W auch dahingehend, dass während der Anprobe kein Angestellter von M schnell eine „Spritztour" mit ihrem Sportwagen dreht, ohne diesen zu beschädigen, und über § 311 Abs. 2 darf die W auch schon vor Vertragsschluss, etwa beim Aussuchen des Stoffes, auf diesen Schutz vertrauen.

Dogmatisch freilich ist die aus § 311 Abs. 2 ersichtliche Vorstellung, dass ein rechtsgeschäftliches „Schuldverhältnis" außer durch Vertrag (§ 311 Abs. 1) schon durch die bloße Aufnahme von Vertragsverhandlungen (§ 311 Abs. 2 Nr 1) oder durch sonstige Anbahnungshandlungen (§ 311 Abs. 2 Nr 2) entstehen soll, **nicht** völlig **bedenkenfrei**. Entweder nämlich läuft diese Vorstellung auf eine sehr weite Verallgemeinerung des Begriffs des Schuldverhältnisses hinaus oder man muss aus den in § 311 Abs. 2 genannten Umständen an sich ein gesetzliches Schuldverhältnis ableiten, das man wegen der Nähe zum Vertrag durchaus auch als vorvertragliches Vertrauensverhältnis bezeichnen kann.

## 2. Schuldverhältnis und Anspruch

### a) Anspruch

Das **Schuldverhältnis als Ganzes** steht dabei auf einer anderen Ebene als die aus ihm resultierende einzelne Forderung oder der daraus herzuleitende Anspruch. Man spricht insoweit oftmals von einem **Schuldverhältnis im weiteren Sinne**. Diese sprachliche Unterscheidung ist zunächst schon an sich verwirrend und wird zudem im Gesetz nicht immer genau durchgehalten. So meint § 241, insbesondere sein Abs. 2, das Schuldverhältnis im weiteren Sinne, während das aus ihm entspringende Recht, eine Leistung oder ein Unterlassen zu verlangen, in § 194 Abs. 1 als „**An-**

spruch" bezeichnet ist. Hingegen bestimmt § 397 Abs. 1, dass das Schuldverhältnis, also nicht nur ein einzelner Anspruch, erlischt, wenn der Gläubiger dem Schuldner durch Vertrag die Schuld erlässt. Statt des Anspruchs ist für das einzelne aus einem Schuldverhältnis folgende obligatorische Recht auch bisweilen von einer **Forderung** die Rede, s. etwa § 398 zur Abtretung oder § 387 zur Aufrechnung. Zur terminologischen Klarstellung sollte die Unterscheidung in ein Schuldverhältnis im weiteren oder engeren Sinne aufgegeben und die Bezeichnung Schuldverhältnis für das Rechtsverhältnis genutzt werden, aus welchem die einzelnen primären Leistungspflichten und die vielgestaltigen Nebenpflichten abgeleitet werden. Anspruch ist dann das diesen Pflichten korrespondierende Recht, vom anderen Partner der Sonderbeziehung ein Tun oder Unterlassen zu verlangen, so wie § 194 Abs. 1 dies auch beschreibt. **Forderungen** schließlich nennt man diejenigen Ansprüche, die auf eine Geldzahlung gerichtet sind.

1/9 Was aus einem solchen Schuldverhältnis an einzelnen Ansprüchen **gefordert werden kann**, hat das Gesetz in allgemeiner Form nicht festgelegt. Die einzelnen Ansprüche, Forderungen und Verhaltenspflichten, Rückgewähr- und Ersatzansprüche müssen aus der gesetzlichen oder vertraglichen Regelung des jeweiligen Schuldverhältnisses entnommen werden. Das ist wichtig, um zu wissen, wann das Schuldverhältnis durch **Erfüllung** gem. § 362 erlischt (genauer unten § 19). Der Gläubiger kann die Übereignung von Sachen, Geldzahlung, ein sonstiges Tun, in anderen Fällen Unterlassung verlangen. Stets erschöpft sich aber das Schuldverhältnis in einem Leistungsbefehl, es verleiht keine Herrschaft über die Person des Schuldners, wie es sie in früheren Ordnungen gegeben hat (Schuldturm).

### b) Schuld und Haftung

1/10 Mit dem Anspruch des Gläubigers geht die Verpflichtung des Schuldners einher, diesen Anspruch zu erfüllen. Dieses **Verpflichtetsein** wird als „**Schuld**" bezeichnet und meint hier keine persönliche Verantwortlichkeit (Verschulden), sondern den eigentlichen Leistungsbefehl, das „**Leistensollen**"[3].

1/11 Seine Durchschlagskraft gewinnt dieser Leistungsbefehl durch das Moment der **Haftung**. Meist stellt die Rechtsordnung dem Gläubiger den staatlichen Sanktionsapparat zur Durchsetzung seiner Ansprüche zur Verfügung. Er kann Klage auf Herausgabe (§ 812) oder Lieferung (§ 433) von Sachen, auf Zahlung von Geld oder Unterlassung gewisser Handlungen erheben. Obsiegt er dabei, so kann er aufgrund des erstrittenen Urteils **Zwangsvollstreckungsmaßnahmen** einleiten, wobei er auf das ganze Vermögen des Schuldners zugreifen kann. Das bedeutet, dass der Schuldner für Verbindlichkeiten mit seinem gesamten Vermögen haftet; mangelnde finanzielle Leistungsfähigkeit entlastet ihn nicht von seiner Schuld, ist insbesondere kein Fall von Unvermögen iS des § 275 Abs. 1[4], sondern wird erst in der Zwangsvollstreckung in Gestalt von Pfändungsfreigrenzen, dh bei dem für den Unterhalt des Schuldners und seiner Fami-

---

3 *Medicus*, SR AT[15], Rn 7.
4 Rn 7/35.

lie benötigten Einkommen des Schuldners, desgl. bei der Unpfändbarkeit bestimmter ihm gehöriger Sachen (§§ 811 ff, 850 ff ZPO) berücksichtigt. In einer scharf klingenden Formulierung lautet der Grundsatz „Geld hat man zu haben."[5] Manchmal ist allerdings die primäre Leistungspflicht zwar einklagbar, aber nicht durch Vollstreckungsmaßnahmen erzwingbar (zB § 888 Abs. 2 ZPO). Dann bleibt der Gläubiger, wenn der Schuldner nicht freiwillig leistet, auf Ersatzansprüche beschränkt, die er allerdings wiederum einklagen und vollstrecken lassen kann. Somit liegt eines der bezeichnenden Elemente der schuldrechtlichen Pflicht darin, dass der Gläubiger auf Grund des Leistungsbefehls den Anspruch als Vermögenswert in seine eigene Kalkulation einsetzen kann[6]. Haftung bedeutet in diesem Zusammenhang also „staatlichen Rechtszwang", dem das Vermögen des Schuldners bei Nichterfüllung der Verbindlichkeit ausgesetzt ist[7].

### c) Naturalobligation und unvollkommene Verbindlichkeit

Manche Schuldverhältnisse ergeben allerdings nur „unvollständige" Forderungen, worunter recht unterschiedliche Regelungen zu verstehen sind, die auch nicht mehr durchweg als zeitgemäß empfunden werden. Die rechtliche Problematik ist nichtsdestoweniger bedeutsam.

1/12

Bisweilen steht hinter einer Schuld keine Haftung, da der Anspruch zwar besteht, aber nicht mit Zwangsmitteln durchgesetzt werden kann und auch nicht mit einem Ersatzanspruch bewehrt ist. Man spricht von **„Naturalobligation"** und **„unvollkommener Verbindlichkeit"**, meint aber damit nicht immer genau dasselbe[8]. ZB besteht eine verjährte Forderung weiter, sie kann auch eingeklagt werden und ist nur dann nicht mehr durchsetzbar, wenn der Schuldner die Verjährungseinrede erhebt (§ 214 Abs. 1). Der Gläubiger darf aber nach § 214 Abs. 2 eine zur Befriedigung eines verjährten Anspruchs erbrachte Leistung behalten, wie sich auch aus § 813 Abs. 1 Satz 2 ergibt. Die Forderung stellt somit einen Rechtstitel zum Behalten der Leistung dar. Andere als Naturalobligationen bezeichnete Verbindlichkeiten wie zB Spiel- und Wettschulden (§ 762 Abs. 1) begründen nach verbreiteter Ansicht schon gar keine rechtliche Verbindlichkeit. Doch da auch derartige „Ehrenschulden" immerhin so weit rechtliche Anerkennung genießen, dass eine einmal erbrachte Leistung nicht wegen des Mangels eines Forderungsrechts zurückverlangt werden kann (§ 762 Abs. 2 Satz 2), sollte man besser von zwar bestehenden, aber nicht mit dem Schutz des staatlichen Sanktionsapparats ausgestatteten Forderungen sprechen.

Davon abzugrenzen sind sog **Haftungsbeschränkungen**. Die Beschränkung besteht in diesen Fällen nicht in einer Abschwächung des Leistungsbefehls, sondern in einer

1/13

---

5  *Medicus* AcP 188, 489, 494 ff; *ders*. SR AT[16], § 31 IV.
6  BGH NJW 1964, 546; *Esser/E. Schmidt*, SR I/1[8], § 26 IV 2; a.M. *Brox/Walker*, SR AT[31], Rn 18; *Larenz*, SR I[14], § 2 III.
7  Vgl *Looschelders*, SR AT[4], Rn 31.
8  Zum Begriff der Naturalobligation und der unvollkommenen Verbindlichkeit Palandt/*Heinrichs*, BGB[65], Einl. vor § 241 Rn 10; MünchKomm/*Kramer*, BGB[5], Einl. vor § 241 Rn 49.

Beschränkung der Zugriffsrechte des Gläubigers auf bestimmte Vermögensgegenstände.

**Beispiel:** Die Haftung des Erben für Nachlassverbindlichkeiten ist auf Nachlassgegenstände beschränkt (vgl § 1976).

#### d) Obliegenheiten

1/14 Abzugrenzen sind die vorgenannten Naturalobligationen und unvollkommene Verbindlichkeiten von den **Obliegenheiten**. Während Erstere zwar Ansprüche hervorbringen, deren Durchsetzbarkeit jedoch eingeschränkt ist, folgt aus einer Obliegenheit **kein Anspruch auf** deren **Erfüllung**. Die Rechtsordnung stellt es dem Adressaten vielmehr frei, ob er eine Obliegenheit beachtet oder nicht[9]. Bei Nichterfüllung der Obliegenheit muss deren Adressat allerdings gewisse Rechtsnachteile hinnehmen,

**Beispiel:** Beachtet der Kaufmann die gesetzliche Untersuchungs- und Rügeobliegenheit bzgl der Kaufsache aus § 377 HGB nicht, verliert er für Sachmängel seine Gewährleistungsrechte.

handelt aber weder rechtswidrig noch macht er sich schadenersatzpflichtig. Es handelt sich daher um „Verhaltensanforderungen geringerer Intensität"[10]. Solche Obliegenheiten können sich aus dem Gesetz ergeben, aber auch vertraglich vereinbart sein.

**Beispiel:** Schadenanzeigepflicht in vielen Versicherungsverträgen

## II. Grundprinzipien des Schuldrechts

### 1. Obligatorische Berechtigung

1/15 Aus dem Schuldverhältnis erwachsen dem Gläubiger ausschließlich obligatorische Rechte, bei Ansprüchen auf Sachleistungen als Rechte **auf** eine Sache, die vom dinglichen Recht **an der Sache** zu unterscheiden sind.

**Beispiel:** Wenn im **Fall 1** M das fertige Kleid einer anderen Kundin verkauft, begeht er eine Vertragsverletzung und macht sich uU ersatzpflichtig, aber verfügt über seine eigene Sache und verletzt keine dinglich abgesicherte Rechtsposition, etwa Eigentum der Frau W.

Der Kaufvertrag begründet also nur eine Verpflichtung des Verkäufers, dem Käufer Eigentum an der Sache zu verschaffen (**Verpflichtungsgeschäft**). Die dingliche Rechtslage selbst ändert sich aber erst, wenn dem Käufer die Kaufsache nach §§ 929 ff übereignet wird (**Verfügungsgeschäft**). Beide Rechtsakte sind strikt voneinander zu trennen und rechtlich voneinander unabhängig (**Abstraktions- und Trennungsgrundsatz**, dazu genauer unten Rn 1/49).

1/16 Der Gläubiger trägt somit immer das **Risiko**, dass der Schuldner nicht erfüllt und Schadenersatz wegen mangelnder **Zahlungsfähigkeit** nicht leisten kann. Dies ist die Schwäche obligatorischer Rechte, die in zahlreichen Situationen des Alltags das Be-

---

9 Vgl zur Struktur von Obliegenheiten MünchKomm/*Kramer*, BGB[5], Einl. vor § 241 Rn 50 ff.
10 So *Looschelders*, SR AT[4], Rn 26.

dürfnis nach dinglicher Sicherung der Ansprüche hervorruft. So pflegen etwa Warenlieferanten, die befürchten müssen, vom Schuldner das zu einem späteren Zeitpunkt versprochene Geld nicht zu erhalten, sich das Eigentum an ihren Waren vorzubehalten (§ 449) und sich darüber hinaus die Forderungen des Käufers gegen seine Abnehmer im Voraus abtreten zu lassen (näher unten § 17 III).

## 2. Relativität des Schuldverhältnisses

Das Schuldverhältnis wirkt relativ, dh es bindet **nur die beteiligten Personen**.

Wenn im **Fall 1** eine andere Kundin das von M für Frau W entworfene Kleid kaufen möchte, so geht der zwischen M und Frau W geschlossene Vertrag sie nichts an.

Eine schuldrechtliche Forderung richtet sich allein gegen den Schuldner und steht nur dem Gläubiger zu, wenn nicht gemäß den vom Gesetz eingerichteten Formen am Schuldverhältnis auf Gläubiger- oder Schuldnerseite mehrere Personen teilhaben oder nachträglich darin einbezogen werden[11]. Diese Relativität des Schuldverhältnisses ist der entscheidende Unterschied gegenüber den im Sachenrecht geregelten dinglichen Rechten (zB Eigentum). Diese begründen keine Ansprüche gegen einzelne Personen, sondern eine Herrschaftsmacht über Sachen, die von jedermann zu beachten ist[12].

In **Ausnahmefällen** kann es vorkommen, dass eine Forderung oder der Bestand eines ganzen Schuldverhältnisses Wirkung auch gegenüber nicht daran beteiligten Personen entfaltet. Bekanntestes Beispiel ist **§ 566**, der den Eintritt des Erwerbers eines vermieteten Objekts in den Mietvertrag anordnet; („Kauf bricht nicht Miete"); dahinter steht ein nachvollziehbarer Gedanke des Mieterschutzes. Auch beim Vertrag zugunsten Dritter (§§ 328 ff) erhält der am Vertrag unbeteiligte Dritte ein unmittelbares Recht auf die Vertragsleistung, kann diese aber nach § 333 zurückweisen (vgl genauer unten § 15).

## 3. Privatautonomie

### a) Inhalt

Die Privatautonomie war und ist die **„tragende Säule des Schuldrechts"**[13]. Sie wird geprägt von der Vorstellung, dass der Einzelne die ihn betreffenden Rechtsverhältnisse durch Willensäußerungen in eigener Verantwortung soll frei gestalten und dabei selbst entscheiden können, **ob** und **mit wem** er einen Vertrag schließen oder nicht schließen will. Ergänzt wird diese sog **Abschlussfreiheit** durch die Freiheit zur inhaltlichen Ausgestaltung (= **Inhaltsfreiheit**). Danach können die Parteien zwischen den verschiedenen, im BGB geregelten Vertragstypen wählen, Verträge inhaltlich abweichend vom Gesetz ausgestalten oder abändern oder dem Gesetz völlig unbekannte Vertragstypen kreieren.

---

11  Dazu unten §§ 15, 16.
12  *Looschelders*, SR AT[4], Rn 3.
13  *Westermann*, Vorauflage Rn 1/21.

**1/20** Dazu gehört die Vorstellung, dass einem in Ausübung der **Vertragsfreiheit** von geschäftsfähigen Personen geschlossenen Vertrag ohne Weiteres rechtliche Verbindlichkeit in Form von Klagbarkeit und Vollstreckbarkeit zukommt. Dem von beiden Vertragsteilen gewollten formfrei gestalteten Vertrag kommt daher ein **hoher Gerechtigkeitswert** zu; die beiderseitigen Leistungsinhalte gelten als gleichwertig[14].

**1/21** Nach ursprünglicher Vorstellung sollte daher in Ansehung eines frei geschlossenen Vertrages **keine Kontrolle der „Vertragsrichtigkeit"** oder der Angemessenheit des Verhältnisses von Leistung und Gegenleistung stattfinden, solange es sich nicht um Extremfälle eines Missbrauchs der Vertragsfreiheit handelt. Im Gegensatz zu den Verträgen des Familien- und Erbrechts, aber auch des Sachenrechts, hat das BGB den Typus des Schuldvertrages weitgehend dem Belieben der Parteien unterstellt, sodass mit schuldrechtlicher Wirkung innerhalb der großzügig gespannten Grenzen zwischen den gesetzlichen Verboten (§ 134) und der Generalklausel der Sittenwidrigkeit (§ 138) fast alles vereinbart werden kann, soweit nicht, was an einigen Stellen geschieht, **zwingende** oder jedenfalls nicht zum Nachteil einer Seite abdingbare **Normen** die Freiheit einschränken (siehe etwa §§ 276 Abs. 3, 723 Abs. 3, 475 Abs. 1). Innerhalb dieser Grenzen und mit diesen Instrumenten können die Beteiligten – so die Vorstellung einer Privatautonomie gewährenden Rechtsordnung – am flexibelsten auf die Bedürfnisse und die Erfordernisse ihres konkreten Geschäfts eingehen und es interessengerecht gestalten. Man unterscheidet Abschlussfreiheit, inhaltliche Gestaltungsfreiheit, Aufhebungs- und Partnerwahlfreiheit.

### b) Begrenzung

**1/22** Eine Beschränkung der Abschluss- und der Partnerwahlfreiheit findet in den nicht mehr häufigen Fällen eines **gesetzlichen Kontrahierungszwangs** statt. Er gilt hauptsächlich für **öffentliche Versorgungsträger** (s. zB §§ 6 EnergieWG, 21 Abs. 2 LuftVG, 90 GüKG, 453 HGB). Grundgedanke ist zum Teil die Angewiesenheit des anderen Partners der entsprechenden Leistungsbeziehung auf die Leistung, zum Teil (siehe etwa § 5 Abs. 2 PflVG) auch nur die Verpflichtung jedes Halters eines KfZ zum Abschluss einer Haftpflichtversicherung, die dazu führt, dass ihm Versicherungsschutz gewährt werden muss[15].

**1/23** Wer ferner unter Ausnutzung eines Monopols, zur Ausschaltung von Wettbewerbern oder zur Durchsetzung unangemessener Vertragsbedingungen einen Vertragsabschluss verweigert, kann im Zuge einer schon früh vom RG gefundenen Anwendung des **§ 826** zum Vertragsschluss verpflichtet sein[16]. Der Vertragsabschluss ist dann als

---

14 Vgl grundsätzlich *Flume*, AT II⁴, § 1.
15 Übersicht und Würdigung durch *Kilian* AcP 180, 47 ff; zur Dogmatik des Kontrahierungszwangs *F. Bydlinski* AcP 180, 1 ff.
16 RGZ 48, 127. Immer noch bedeutsam dazu *Nipperdey*, Kontrahierungszwang und diktierter Vertrag (1920). Str. ist der Kontrahierungszwang für andere als wirtschaftliche Unternehmen, etwa Kultureinrichtungen: RGZ 133, 388 ff (Theaterkritiker); zur Aufnahme eines Journalisten in die Landespressekonferenz OLG Stuttgart JZ 1972, 490 mit Anm. *Kübler*, Die Aufnahme eines Anwalts in einen Anwaltsverein abl. BGH NJW 1980, 186.

Schadenersatz in Natur (§ 249) zu verstehen, wobei der begehrte Vertrag im Wesentlichen dem Gesetz oder einem verbreiteten, gegebenenfalls auch einem vom Verpflichteten sonst verwendeten Muster entnommen werden kann.

**Beispiel:** Der einzige in einer verkehrsmäßig schlecht angebundenen großen Neubausiedlung ansässige Lebensmittelhändler weigert sich, eine ihm wegen nachlässiger Erziehung ihrer Kinder missliebige Hausfrau zu beliefern. Hier zeigt sich auch, dass die Gründe für die Abschlussverweigerung nicht ohne Bedeutung sind: Stört den Händler der Umstand, dass die Kundin stets „anschreiben lässt" und ihre Schulden nicht zahlt, kann ihr zugemutet werden, auf einen anderswo ansässigen Händler auszuweichen; wieder anders, wenn der Grund für die Diskriminierung in ihrer Nationalität oder Hautfarbe liegt[17].

Von ähnlichen Maßstäben hängt die Anwendung des in **§ 20 Abs. 2 GWB** niedergelegten Verbots für Unternehmen ab, die Marktmacht besitzen, andere Unternehmen in einem ihnen üblicherweise zugänglichen Geschäftsverkehr ohne sachlich gerechtfertigten Grund zu behindern oder zu diskriminieren[18]. Das Verbot trifft **marktbeherrschende Unternehmen**, bestimmte Vereinigungen von Unternehmen sowie solche, die ihre Preise gebunden haben, schließlich (§ 20 Abs. 2 Satz 2 GWB) solche Unternehmen, von denen andere in einer Weise abhängig sind, dass sie nicht auf weitere Lieferanten ausweichen können. Diese Marktteilnehmer dürfen allerdings wohl aus sachlich gerechtfertigten Gründen Unternehmen, die mit ihnen in Geschäftsbeziehung treten wollen, anders behandeln oder vom Bezug ausschließen; in der Beurteilung des sachlichen Grundes liegt neben der Entscheidung, wann eine Abhängigkeit vorliegt, das ausschlaggebende Kriterium. Durchgesetzt wird das Diskriminierungsverbot durch einen Anspruch auf Abschluss eines nicht diskriminierenden Vertrages, § 35 GWB. Insgesamt sind somit marktbeherrschende Unternehmen in nicht unerheblichem Umfang in der privatautonomen Gestaltung ihrer Lieferbeziehungen beschränkt; damit hat der Erlass des GWB im Jahre 1957 die praktische Bedeutung des über § 826 BGB vermittelten Kontrahierungszwanges auf den nicht wettbewerbsrechtlich-wirtschaftlichen Bereich begrenzt.

1/24

### 4. Das Allgemeine Gleichbehandlungsgesetz[19]

Aufgrund der notwendigen Umsetzung der Antirassismusrichtlinie der EG[20] und drei weiterer EG-Richtlinien, denen gemeinsam die **Verhinderung von Benachteiligun-**

1/25

---

17 Nach *F. Bydlinski* AcP 180, 1, 44 kommt hier als Lösung auch ein Anspruch auf Genugtuung für die in der Diskriminierung liegende Persönlichkeitsverletzung in Betracht, dies insbesondere nach der Einführung dieses letzteren Begriffs in das BGB; dazu näher *Adomeit* NJW 2002, 1622; weitere Untersuchungen zur Gesetzgebung gegen Diskriminierung von *Säcker* ZRP 2002, 286–290, *Reichold*, Europäische Freizügigkeit und nationales Arbeitsrecht, 1997, II 6b); *ders.* ZEuP 1998, 434–459 ua.
18 Darstellung bei *Rittner*, Wirtschaftsrecht, § 21; *Emmerich*, Kartellrecht, § 19.
19 Vgl zum Inhalt genauer etwa: *Bauer/Thüsing/Schunder* NZA 2006, 774 ff; *Korell* Jura 2006, 1 ff; *Maier-Reimer* NJW 2006, 2577 ff; *Richardi* NZA 2006, 881 ff.
20 Vom 29.6.2000, Richtlinie 2000/43/EG, ABl. EG Nr L 180 S. 22, abgedruckt bei Palandt/*Heinrichs*, BGB[65], Anh. nach § 319.

gen aus bestimmten Gründen ist[21], hat inzwischen nach heftigen politischen Kontroversen und umsetzungstechnisch deutlich verspätet ein weiteres Gesetz schwer in das gewachsene Gefüge des BGB und dessen Grundsätze eingegriffen – die Folgen sind noch gar nicht absehbar und werden „durch jede Menge sprachliche Ungenauigkeiten, Widersprüche und offene Fragen"[22] weiter verschärft. Gemeint ist das am 18.8.2006[23] in Kraft getretene **Allgemeine Gleichbehandlungsgesetz (AGG)**, mit welchem ohne Not die schon sehr weitreichenden europarechtlichen Vorgaben, wonach **Unterscheidungen nach Rasse und ethnischer Herkunft, Religion, Weltanschauung, Behinderung, des Alters oder der sexuellen Ausrichtung**[24] untersagt werden sollten, durch eine Kombination des weiten sachlichen Anwendungsbereichs der Antirassismusrichtlinie mit dem weiten Katalog unzulässiger Differenzierungsgründe der an sich nur das Arbeitsleben betreffenden Beschäftigungsrichtlinie unnötig und unsinnig erweitert wurden[25].

1/26   Des Weiteren wird der Anwendungsbereich dieses Gesetzes im zivilrechtlichen Bereich dadurch noch erheblich vergrößert, dass das AGG statt des Ausdrucks „Diskriminierung" allgemein von **Benachteiligungen** spricht und damit auch solche Fälle erfasst, in denen anscheinend neutrale Kriterien eine der oben genannten Gruppen dadurch faktisch besonders betrifft, weil diese den größten Teil der tatsächlich Betroffenen ausmacht. Man spricht dann vom sog **mittelbaren Benachteiligungen**.

**Beispiel:** Eine Differenzierung zwischen Voll- und Teilzeitbeschäftigten knüpft an ein objektiv neutrales Kriterium an, ist aber eine mittelbare Benachteiligung nach dem Geschlecht, weil tatsächlich ca. 85 % der Teilzeitbeschäftigten Frauen sind.

1/27   Weiter erschwerend wirkt sich die **Beweislastregelung** dieses Gesetzes in § 22 AGG aus[26]. Denn wenn jemand einer im Katalog der Benachteiligungsverbote erfassten Gruppe angehört, geht das Gesetz bei dessen vertraglicher Nichtberücksichtigung von einer entsprechenden Benachteiligung aus, wenn der Übergangene nur irgendwelche **„Indizien"** verträgt, die eine Benachteiligung wegen einer der Verbotsgründe aus § 1 AGG denkbar erscheinen lassen. Dabei sollen nach dem Willen des Gesetzgebers sogar bloße Statistiken ausreichen[27]. Durch diese **Quasi-Vermutungsregelung** legt das AGG damit dem Vertragspartner die Last der Widerlegung dieser „Vermutung" auf. Gelingt dies nicht, entsteht für den so Benachteiligten ein verschuldensunabhängiger Anspruch auf Entschädigung – obwohl dem Betroffenen realiter kein Schaden entstanden ist. Entscheidend wird es daher sein, dass die Rechtsprechung beim Umgang

---

21   Das sind die Richtlinien 2000/78/EG des Rates vom 27.11.2000 („Beschäftigungsrichtlinie"), ABl. EG Nr L 203 vom 2.12.2000, S. 16; 2002/73/EG des Parlaments und des Rates vom 23.9.2002 (betreffend die Änderung der Geschlechtergleichstellungsrichtlinie), ABl. EG Nr L 269 vom 5.10.2002, S. 15; 2004/113/EG des Rates vom 13.12.2004 (Gleichbehandlung von Männern und Frauen beim Zugang zu und bei der Versorgung mit Gütern und Dienstleistungen), ABl. EU Nr L 373 vom 21.12.2004, S. 37.
22   So *Bauer/Evers* NZA 2006, 893.
23   BGBl. I 2006, 1897.
24   Heißt im AGG jetzt „sexuelle Identität".
25   Diese weitergehenden Diskriminierungsverbote beruhen auf der EG-Richtlinie 2000/78/EG, ABl. EG Nr L 303 S. 16 vom 27.11.2000, die nur für den arbeitsrechtlichen Bereich Geltung verlangt.
26   Dazu genauer *Grobys* NZA 2006, 898 ff.
27   Vgl BT-Drs. 16/1780 S. 47.

mit diesem Gesetz, insbesondere bei der Beweislastfrage und der Festsetzung der Höhe der Schadenersatz- und Entschädigungsansprüche „Augenmaß"[28] beweist und einer möglichen Missbrauchsgefahr bereits im Ansatz begegnet.

Dazu gehört auch der Mut der angerufenen deutschen Gerichte, **in Einklang mit der traditionellen deutschen Rechtskultur zu entscheiden**, auch wenn das zugrunde liegende Gesetz deutschem Rechtsdenken nicht entspricht. Ansonsten droht angesichts des „Zündstoffes", der im AGG angelegt ist, nicht nur eine „rekordverdächtige Anzahl von Vorabentscheidungsverfahren des EuGH"[29], sondern noch mehr Ungemach für unser Rechtssystem.     1/28

Insgesamt wird durch die Gesamtheit der Reglementierungen des AGG das **Fundamentalprinzip des Zivilrechts, die Privatautonomie, die gerade auch die Freiheit zur Ungleichbehandlung umfasst**, solange diese nicht die Gleichwertigkeit des anderen als Person negiert und damit gegen die guten Sitten (§ 138) verstößt[30], in ihrem Kern betroffen. Jedenfalls ist damit **nicht gelungen**, was *Reichold* noch zu Anfang des Jahres 2006 dem deutschen Gesetzgeber zutraute und was anderen europäischen Ländern gelungen ist, nämlich „eine **Umsetzung der Richtlinien mit Rücksicht auf die nationale Rechtstradition**"[31]. Damit nicht genug wird dieses Gesetz von dem Wunsch oder besser „der sozialtechnokratischen Phantasie"[32] getragen, dass es „ein Umdenken in der Gesellschaft bewirken soll"[33], beinhaltet also die Vorstellung, die Regierung könne per Gesetz „ein **Staatsmandat zur Umerziehung**"[34] für sich in Anspruch nehmen – ein Wunsch, der sich hoffentlich nicht erfüllen wird. Denn: „Nachdem die Raucher, die Kiffer und die Transsexuellen ihre parlamentarischen Fürsprecher gefunden haben, drängt sich die Frage auf, wer sich der Säufer, der Veganer und der Besitzer von Kampfhunden annimmt. Schließlich besteht die Gesellschaft insgesamt aus lauter Minderheiten, die allesamt auf Gleichstellung warten, mit wem auch immer. Für entschlossene Gleichstellungspolitiker öffnet sich da ein weites Feld."[35]     1/29

## 5. Prinzip der „Formfreiheit"

Im gesamten Bereich des Vertragsrechts lag dem deutschen Gesetzgeber von jeher daran, die geschäftlichen Transaktionen tunlichst von **Formalien** und staatlichen Genehmigungen freizuhalten. Die privaten Rechtsgeschäfte sind deshalb außerhalb der – allerdings sehr bedeutsamen – **Beurkundungspflicht von Grundstücksgeschäften** § 311b formfrei gültig. Ebenfalls wegen der besonderen Bedeutung trifft dieselbe Beurkundungspflicht nach § 311b Abs. 3 solche **Verträge**, durch die sich jemand ver-     1/30

---

28 *Bauer/Thüsing/Schunder* NZA 2006, 774, 777.
29 *Bauer/Thüsing/Schunder* NZA 2006, 774, 778.
30 So zutreffend *Richardi* NZA 2006, 881.
31 *Reichold* NJW-Editorial Heft 4/2006.
32 So *Reichold* NJW-Editorial Heft 4/2006.
33 Vgl die Begründung des Regierungs-Entwurfs BT-Drs. 329/06 zum „Reformbedürfnis in Deutschland".
34 So *Richardi* NZA 2006, 881, 887.
35 *Konrad Adam* in der „Welt" vom 21.8.2006.

pflichtet, sein **gegenwärtiges Vermögen** oder Bruchteile davon zu übertragen oder ein umfassendes Nutzungsrecht am Vermögen zu bestellen. In neuerer Zeit gibt es ferner eine Tendenz zu einem deutlich verstärkten Formalismus beim Vertragsschluss im Bereich der Darlehensverträge und der wirtschaftlich vergleichbaren Geschäfte wie Finanzierungsleasing (§ 500), Teilzahlungsgeschäfte zwischen einem Unternehmer und einem Verbraucher (§ 492), ähnlich beim Teilzeit-Wohnrechtevertrag (§ 484). Dem liegt der Gedanke zu Grunde, den informationsbedürftigen Verbraucher von übereilten Vertragsabschlüssen zu schützen. Dies reiht sich in die im Schuldrecht zunehmend neben das Prinzip der Privatautonomie tretenden Bestrebungen zur Verstärkung des Verbraucherschutzes ein, die wie ein „Trojanisches Pferd" mehr und mehr um sich greifen und ungeachtet aller Binnensystematik die wohldurchdachte „Zitadelle des Schuldrechts" gefährdet.

1/31 Die Nichteinhaltung solcher gesetzlicher Formvorschriften führt nach § 125 Satz 1 grundsätzlich zur **Nichtigkeit** der Vereinbarung. Umgekehrt steht es den Parteien aber auch frei, die Notwendigkeit einer bestimmten Form vertraglich zu vereinbaren; man spricht von einem **gewillkürten Formzwang**. Die Nichteinhaltung dieser vereinbarten Form führt nach § 125 Satz 2 im Zweifel zur Nichtigkeit des Rechtsgeschäfts, dh also sofern der individuelle Parteiwille nichts anderes erkennen lässt.

1/32 Oftmals sieht das Gesetz bei Formmängeln sog **Heilungsvorschriften**[36] vor. Danach wird die aufgrund des Formmangels eintretende Nichtigkeit des Vertrages durch die Bewirkung der formgebundenen Leistung geheilt. Grund dafür ist entweder, dass mit der Einhaltung des Formgebotes für die dingliche Übereignung der Schutzzweck der vertraglichen Formvorschrift erfüllt ist (zB bei Grundstücksgeschäften § 311b Abs. 1 Satz 2 [Auflassung und Eintragung]) oder dass durch die reale Leistungsbewirkung der Warnzweck der Formvorschrift erfüllt wird.

### III. Systematik

#### 1. Entwicklung und Inhalt des Schuldrechts

1/33 Innerhalb des BGB ist dem Schuldrecht das 2. Buch (§§ 241–853) gewidmet, das wiederum in 8 Abschnitte untergliedert ist. Dabei regeln die ersten 7 Abschnitte Fragen, die für alle Schuldverhältnisse von Bedeutung sein können und bilden so den **Allgemeinen Teil des Schuldrechts**. Erst der 8. Abschnitt regelt in den §§ 433–853 dann einzelne Schuldverhältnisse und wird daher als **Besonderer Teil des Schuldrechts** bezeichnet, ohne dass diese Begriffe allerdings im BGB selbst verwendet werden.

##### a) Inhalte und Systematik des Allgemeinen Schuldrechts

1/34 **aa) Inhalte.** Die **Spannbreite** der Bestimmungen des Allgemeinen Schuldrechts (§§ 241–432) ist erheblich, gerade weil die hier zu regelnden Fragen bei all den verschiedenen besonderen Vertragstypen ebenso auftreten können wie auch bei den ge-

---

36 Vgl §§ 311b Abs. 1 Satz 2, 518 Abs. 2, 766 Satz 3.

setzlichen Schuldverhältnissen. Das hat zwar einerseits zu einer recht **abstrakten Normierung** geführt, die ähnlich wie im Allgemeinen Teil des BGB die Gefahr in sich birgt, dass sich einzelne Regeln für die verschiedenen Anwendungsfälle als zu eng oder zu weit gefasst erweisen können. Andererseits hat sich aber gezeigt, dass gerade wegen der abstrakten Regelungsweise das Schuldrecht **offen** ist **für neue gesellschaftliche Entwicklungen** und diese in seine Regelungsmaterie und -systematik einpassen kann. So hat das Schuldrecht für praktisch wichtige Sondergebiete wie Arbeits- und Baurecht, teilweise sogar für das Gesellschaftsrecht, jedenfalls die Grundelemente der neuen Regelung, wenn auch nicht immer ausgeformte gesetzliche Grundlagen für die Rechte und Pflichten der Beteiligten geliefert.

Inhaltlich regelt das allgemeine Schuldrecht im Wesentlichen die Fragen, die sich bei **Störungen in der Abwicklung** eines Schuldverhältnisses ergeben. Diese werden mit der Schuldrechtsmodernisierung unter der umfassenden Bezeichnung „**Pflichtverletzung**" zusammengefasst, was sich dem Gesetz selbst aber nur in § 280 entnehmen lässt. Darunter fasst man die Fälle zusammen, in denen der Schuldner die versprochene Leistung nicht erbringen kann (= **Unmöglichkeit der Leistung**) oder zu spät erbringt (= **Schlechterfüllung**). Auch von diesen klassischen Unterteilungen findet sich als Gesetzesüberschrift aber allein der Verzug des Gläubigers mit einem eigenen Titel (§§ 293 ff) wieder, während die praktisch sehr wichtigen Regelungsbereiche des Unmöglichkeitsrechts und der Schlechterfüllung im 1. Titel (§§ 241–292) unter der Überschrift „Verpflichtung zur Leistung" verborgen sind.

1/35

**bb) Systematik.** Rechtssystematisch finden die Vorschriften des Allgemeinen Schuldrechts grundsätzlich auf **alle Schuldverhältnisse** Anwendung – allerdings mit einigen aus Studentensicht tückischen **Ausnahmen**. So ist der räumlich kurze, aber inhaltlich gewichtige Titel „Gegenseitige Verträge" (§§ 320–326) nur für die sog **synallagmatischen Schuldverhältnisse** (dazu genauer unten § 2 Rn 6 ff) und auch dort nur dann anzuwenden, wenn sich die Pflichtverletzung auf eine **Hauptleistungspflicht** dieser Vertragskategorie bezieht. Ebenso hat der Gesetzgeber im 3. Abschnitt „Schuldverhältnisse aus Verträgen" (§§ 311–359) diejenigen Vorschriften zusammengefasst, die nur dann zur Anwendung kommen können, wenn das Schuldverhältnis auf einem Vertrag beruht. Das bedeutet, dass diese Vorschriften auf gesetzliche Schuldverhältnisse (dazu unten § 2 Rn 23 ff) und einseitige Rechtsgeschäfte (dazu unten § 2 Rn 4) keine Anwendung finden dürfen! Diese **Binnensystematik** ist deshalb tückisch, weil sie nur versteckt aus dem Gesetzesaufbau deutlich wird, ihre Verkennung aber als sog Systemfehler in Klausuren und Hausarbeiten meist besonders negativ vermerkt wird.

1/36

**Also Vorsicht:** Stets zuerst prüfen, ob die Sonderregeln der §§ 320–326 eingreifen, sodann die §§ 311–359 heranziehen und erst danach das übrige allgemeine Schuldrecht abarbeiten!

**b) „Aufspaltung" durch das Verbraucherrecht**

Unter der Maxime des „Verbraucherrechts" sind allerdings in den beiden letzten Jahrzehnten immer mehr Rechtsmaterien in das gesetzliche System des Schuldrechts weniger integriert als **hineingepresst** worden, durch die die **systematische Einheit des**

1/37

**Schuldrechts** doch zu einem erheblichen Teil **aufgehoben** wurde, da diese Neuerungen nicht mehr vom Leitbild des in freier Selbstbestimmung des Bürgers (privatautonom) geschlossenen und deshalb vom Recht anerkannten und mit staatlicher Hilfe durchsetzbaren Rechtsgeschäfts ausgehen, sondern bei Vertragsabschluss und -durchführung ein **Übergewicht einer Partei** als vorhanden ansehen, das den Gesetzgeber und die Gerichte zur **Kontrolle der Vertragsinhalte** und der Rechtsausübung veranlasst. Anlass zu solchen Eingriffen in die Privatautonomie gab zum Teil die Annahme, dass eine Seite typischerweise auf Grund ihres Angewiesenseins auf die Leistung der anderen Seite in der Gefahr schwebe, inhaltlich unangemessene Vertragskonditionen zu akzeptieren, sich zumindest über die Gunst oder Ungunst eines Angebots nicht genügend zu informieren, insbesondere die Möglichkeiten am Markt für Konkurrenzprodukte nicht zu sondieren, dies zum Teil auch wegen der unzureichenden Transparenz der Angebote. Dies gehörte zu den rechtspolitischen Grundideen des (früheren) VerbrKrG und des HausTWG, die sowohl im Hinblick auf den Vertragsabschluss als auch auf die Bindung an frei **abgegebene Vertragserklärungen** deutlich von den eigentlichen Vorgaben des BGB abweichen. Nach dem Vorbild des früheren Haustürgeschäftswiderrufsgesetzes hat die Schuldrechtsreform für „Besondere Vertriebsformen" in den §§ 312–312 f Platz geschaffen, die die Besonderheiten der Haustür- wie der Fernabsatzgeschäfte sowie für Verträge im elektronischen Geschäftsverkehr durch spezielle Widerrufsrechte und Informationspflichten zusammenstellen[37].

1/38    Der **rechtspolitische Grund** für solche Entscheidungen ist die Annahme, dass das dem Schuldrecht des **BGB** zugrunde liegende **Modell einer Gesellschaft** von grundsätzlich gleich informierten und durchsetzungsfähigen Individuen sich als **verfehlt** erwiesen habe. Verbraucherschutz bedeutet dann, den gegenüber diesem Modell als schutzbedürftig erkannten Vertragsteil durch Formerfordernisse mit Warnfunktion, durch Möglichkeiten erleichterter Lösung vom Vertrag, durch zwingende oder „halbzwingende" Bestimmungen über den Vertragsinhalt, durch eine flexible Inhaltskontrolle, schließlich auch durch einen Schutz vor schwerwiegenden Folgen von vertraglichen Pflichtverletzungen, Erleichterung gegenüber den gewöhnlichen Konsequenzen privatautonomer Bindungen zu verschaffen.

1/39    Noch darüber hinausgehende Tendenzen in der modernen Verbraucherschutzgesetzgebung wollen über solche „äußeren Merkmale" hinaus eine **generelle Berechtigung zur Inhaltskontrolle** von Verträgen bereits **aus** der **verschiedenen ökonomischen, sozialen oder auch intellektuellen Durchsetzungsfähigkeit der Vertragsparteien** unter dem Stichwort so genannter **„Ungleichgewichtslagen"** ableiten. Zwar hat sich dieser Gedanke auch im Verbraucherschutzrecht noch nicht vollständig durchgesetzt, aber es steht zu befürchten, dass er weiter an Boden gewinnt und so den Grundgedanken der Privatautonomie auch im Schuldrecht völlig verdrängen wird, wenn dem kein energischer dogmatisch-rechtspolitischer Widerstand entgegengebracht wird. Neben dieses systematische Argument tritt gleichgewichtig noch folgendes: Die Gefahr, die bei einer ständigen Ausweitung derartiger Sonderregeln für „Verbrauchergeschäfte"

---

37  Vgl dazu *Grigoleit* NJW 2002, 1151 ff.

nicht zu übersehen ist, besteht zum einen in einer manchmal als „Paternalismus" empfundenen Bevormundung ganzer Kreise an sich mündiger Bürger, zum anderen – bisher weniger beachtet – in einer ungleichen Behandlung vergleichbarer Rechtslagen.

**Beispiel:** Dr. V, Vorstandsvorsitzender der X-AG, bestellt am Vormittag bei dem Automobilhändler A namens der Gesellschaft seinen neuen Dienstwagen; das ist kein Verbrauchergeschäft, weil ein Unternehmer bei einem Unternehmer kauft. Auf dem Nachhauseweg nach seiner Arbeit lässt Dr. V bei dem Kaufmann A anhalten und kauft 5 Dosen Hundefutter – das ist ein Verbrauchergeschäft, weil Dr. V für seine privaten Zwecke bei einem Unternehmer gekauft hat. Zuhause angekommen, erwartet ihn der Student S, der gehört hat, dass Dr. V seinen gebrauchten PC verkaufen will, was dann auch vereinbart wird – hier handelt es sich um ein Geschäft nur unter Privatleuten, somit kein Verbrauchergeschäft. Schließlich verkauft Dr. V seinen Dienstschreibtisch namens der Gesellschaft an Prof. Dr. E, der an der Universität Bürgerliches Recht lehrt – das ist ungeachtet des ungleichen Fachwissens ein Verbrauchergeschäft.

Zu solchen Konsequenzen muss sich aber eine Rechtsordnung bekennen, wenn sie durch Berücksichtigung der konkreten wirtschaftlichen und sozialen Rolle der an sich gleichgestellten „Bürger" das einheitliche Privatrecht aufspaltet[38].

Äußerlich dasselbe gilt für das nunmehr **systemwidrig**[39] im zweiten Abschnitt des Schuldrechts geregelte **Recht der allgemeinen Geschäftsbedingungen (AGB)**, dessen Grundgedanken, Herkunft und praktische Bedeutung aber über einen ins BGB integrierten Verbraucherschutz weit hinausgehen. Es gab seit 1976 ein besonderes Gesetz zur Regelung des Rechts der Allgemeinen Geschäftsbedingungen (AGB-Gesetz)[40], das eine genaue Regelung der Einbeziehung der von einem Verwender (einseitig) gestellten AGB in einen Vertrag und die Grundlagen für eine **Inhaltskontrolle** enthielt, hierbei aber nicht an die Qualität eines der Vertragspartner „als Verbraucher" anknüpfte und in zentralen Teilen auch auf das Verhältnis unter Kaufleuten erstreckt wurde (§§ 9, 24 AGBG). Daran hat sich durch die jetzige Einbeziehung ins BGB nichts geändert (§ 310 Nr 3), der Anwendungsbereich der AGB-Inhaltskontrolle ist durch die Neufassung des § 310 Abs. 4 sogar auf Teilgebiete des Arbeitsrechts erweitert worden. Auch dieses Gesetz ist durch die ihm zeitlich nachfolgende Europäische Richtlinie über missbräuchliche Klauseln in Verbraucherverträgen, deren Spuren sich jetzt in § 310 Abs. 3 finden, nicht wesentlich modifiziert worden. Dennoch ist die Aufnahme des AGB-Rechts ins Schuldrecht des BGB Gegenstand einer **rechtspolitischen Kontroverse** gewesen, die zum geringen Teil dem künftigen Standort im Gesetz galt (gedacht war auch an eine an sich systematisch richtigere Integration in den Allgemeinen Teil), vorwiegend aber auf der Befürchtung beruhte, die Aufnahme in das traditionell auf Privatautonomie und Selbstverantwortung aufbauende BGB-Schuldrecht könne die Prinzipien der AGB-Inhaltskontrolle verwässern, jedenfalls insoweit, als nicht Rechtsverhältnisse zwischen Unternehmern und Verbrauchern in Rede stehen[41].

1/40

---

38 Siehe hierzu bereits *H.P. Westermann* JZ 2001, 530 ff; *Müller* NJW 2003, 1975.
39 Dazu *Hirsch*, SR[5], Rn 30.
40 Vom 9. Dezember 1976 (BGBl I S. 3317).
41 Vgl *Roth* JZ 2001, 475 ff; *Ulmer* JZ 2001, 491 ff.

### c) Die weitere Entwicklung

**1/41** Wie aufgezeigt befand und befindet sich das Schuldrecht in einer **Umbauphase**[42]. Ausgehend und angestoßen vom Europäischen Recht wird mehr und mehr die Privatautonomie als klassische Bestimmungsgröße des Schuldrechts durch immer neue und oftmals in sich fragwürdige Ungleichgewichtslagen zugunsten eines „Verbraucherschutzrechts" verdrängt, welches weder systematisch noch inhaltlich in das gewachsene deutsche Schuldrecht passt. Derselbe Bürger, den unsere Verfassung für mündig genug hält, um als Wähler oder Abgeordneter mit 18 Jahren die Geschicke des Volkes zu leiten und zu lenken (es wird ja sogar die Herabsetzung des Wahlalters auf 16 Jahre diskutiert), der Gesundheit und Leben als Wehrpflichtiger einsetzen darf und ggf muss, der haftungsrechtlich schon allzu früh wegen des Erziehungsziels zum „mündigen Bürger" aus der Aufsichtshaftung von Eltern bzw Aufsichtspersonen entlassen wird und der auch sonst von staatlicher Seite und damit in einem klassischen Über-Unterordnungsverhältnis, einer echten Ungleichgewichtslage, stets als Bürger und Steuerzahler ernst genommen und entsprechend auch behandelt wird, muss nur einem privaten Gewerbetreibenden, einem sog Unternehmer, gegenüberstehen, um plötzlich aller Mündigkeit beraubt dazustehen und für nicht in der Lage gehalten zu werden, ein Zeitschriften-Abonnement an der Haustür oder andere Alltagsgeschäfte in ihrer Tragweite zu übersehen. Diesem **Paradigmenwechsel vom in seiner privatautonomen Freiheit waltenden Bürger zum bevormundeten Verbraucher**, der zu tiefen Einschnitten in das Recht der Schuldverhältnisse geführt hat, gilt es endlich **Einhalt zu gebieten** und das **Schuldrecht wieder zur Privatautonomie hinzuführen**. Hinzu kommt eine ebenfalls gefährliche Tendenz ins Internationale, allzu viele Schritte auf dem Weg zu einem europäischen Schuldrecht. Auch dies beeinflusst die aktuelle Entwicklung unseres Schuldrechts und muss sorgfältig beobachtet und bedacht werden.

## 2. Das Verhältnis des „Allgemeinen Schuldrechts" zum Besonderen Teil des Schuldrechts

### a) Inhaltliche Ordnung

**1/42** Der Gang vom „Allgemeinen zum Besonderen" besteht hier darin, dass einer Ordnung der einzelnen lebenstypischen Schuldverhältnisse wie Kauf (§§ 433 ff), Miete (§§ 535 ff) oder Werkvertrag (§§ 631 ff) eine allgemeine Regelung von Fragen vorausgeht, die grundsätzlich in jedem Schuldverhältnis vorkommen können: Die Art der Erfüllung, die Abtretung der Ansprüche, die Begründung in der Hand mehrerer Gläubiger und – am wichtigsten – die Störungen bei der Abwicklung hat das Allgemeine Schuldrecht **generell** zu normieren versucht.

**1/43** Für die besonders wichtigen Verträge (Kaufvertrag, Werkvertrag und Mietvertrag) finden sich sodann im Besonderen Teil des Schuldrechts neben den generellen Regeln zu Art, Inhalt und Zustandekommen dieser Verträge noch besondere Regelungen, die

---
42 So zutr. *Westermann*, Vorauflage, Rn 1/20.

sich mit den speziellen Folgen einer Lieferung von mit Sach- und Rechtsmängeln behafteten Sachen beim Kauf (§§ 437 ff) und beim Werkvertrag (§§ 634 ff) bzw einer entsprechend schadhaften Mietsache (§§ 535 ff) beschäftigen. Man bezeichnet dies als **„spezielles Gewährleistungsrecht"**. Auch dort aber wird häufig auf die Rechtsregeln des Allgemeinen Schuldrechts zurückgegriffen und damit das Gewährleistungsrecht nach System und Rechtsfolgen in das allgemeine Leistungsstörungsrecht integriert. Zu einer ausgesprochenen Sondermaterie hat sich allerdings das **Mietrecht** entwickelt, soweit es die Wohnungsmiete angeht, was mit der starken sozialen und gesellschaftspolitischen Befrachtung der Materie zusammenhängt (im Einzelnen Schwerpunkte Schuldrecht BT § 7).

Dem folgt sodann eine Darstellung anderer Schuldverhältnisse, denen kein solches besonderes Gewährleistungsrecht zugeordnet ist. Hier müssen die Rechte und Pflichten bei Schlechtleistung den Vorschriften des Allgemeinen Teils des Schuldrechts entnommen werden. Dieser Grundgedanke ist freilich nicht überall konsequent durchgeführt und auch nicht überall durchhaltbar[43]. Dies gilt schon deswegen, weil die Besonderheiten solcher Schuldverhältnisse, die sich nicht in einem einmaligen Leistungsabtausch erschöpfen, sondern über einen längeren Zeitraum hinweg durch Leistungen und allgemeines Verhalten erfüllt werden, im BGB nicht hinlänglich berücksichtigt sind. So gibt es für den Dienstvertrag, aber auch für die heute zunehmend wichtigen Geschäftsbesorgungen keine eigenen Gewährleistungsregeln.

### b) Ausgrenzungen

Die zentrale Kodifikation des Schuldrechts im BGB ist im Verlaufe der Jahre seit der Schaffung des Gesetzes durch zahlreiche Regelungen schuldrechtlichen Inhalts in **Sondergesetzen** ergänzt worden, ohne dass hierdurch die große Zahl von Vertragstypen, die sich ohne Regelung durch das BGB oder andere Gesetze herausgebildet haben, auch nur annähern erfasst worden wäre. So **verfließen die Grenzen** zum Allgemeinen Teil des BGB ein wenig, indem etwa § 311b den Entstehungsvoraussetzungen eines Vertrages ein zusätzliches Erfordernis hinzufügt, während Bestimmungen wie §§ 312, 312d einem „Verbraucher" nach Abschluss bestimmter Arten von Geschäften ein **Widerrufsrecht** einräumen, obwohl an sich ein nach den Regeln des Allgemeinen Teils wirksam geschlossener Vertrag vorliegt, sodass der Vertragsschließende sich aus der Beziehung nicht ohne die Voraussetzungen und die Folgen eines Erklärungs- oder Inhaltsirrtums (§§ 119, 122) lösen könnte.

Dem vorsichtigen Versuch einer Rückführung von allein auf privatautonomer Basis entwickelten vertraglichen Schuldverhältnisse (**Leasing, Factoring, Franchising**) zurück in die gesetzliche Regelung des BGB ist bislang nur zögernd vorangetrieben worden, hat aber neuerdings etwa durch die Aufnahme des **Reisevertrages** (§§ 651 ff), der **Fernabsatzverträge** (§ 312b) sowie von Finanzierungsgeschäften einschließlich des **Finanzierungsleasing** (§ 500) neuen Antrieb gefunden. Die vielen

---

43 Krit. zur Systematik *Wieacker*, Privatrechtsgeschichte der Neuzeit, S. 486 ff; *Larenz*, SR I[14], § 3; *Hubert/Faust*, Schuldrechtsmodernisierung, 1. Kap. B. III.

Erweiterungen des Regelungsgehalts, besonders die Einbeziehung bisheriger Sondergesetze in die Kodifikation, haben allerdings die systematische Einheit der Materie „strapaziert"[44].

### c) Systematik

1/47 Dieser **systematische Aufbau** des Gesetzes zwingt häufig dazu, die eine Fallsituation regelnden Vorschriften aus seinen verschiedenen Abschnitten zusammenzusuchen. So verweist, wie schon gezeigt, § 437 für die praktisch wichtige Reaktion des Käufers auf die Lieferung einer mit Mängeln behafteten Sache auf die §§ 323 ff, 280 ff, wobei der Rücktritt zu einer in den §§ 346 ff im Einzelnen geordneten Rückabwicklung der beiderseitigen Leistungen führt. Was „Schadensersatz" ist, bestimmen im Einzelnen nicht die §§ 280 ff, obwohl auch hier wichtige materielle Bestimmungen über das Verhältnis des Schadenersatzanspruchs zu anderen Rechten des Gläubigers vorhanden sind (siehe etwa § 281 Abs. 4). Vielmehr gibt es insoweit eine allgemeine Regelung in §§ 249 ff, die gleichermaßen für vertragliche wie für deliktische Ersatzansprüche gilt. Immerhin ist die Aufteilung in ein „allgemeines" und ein „besonderes" Schuldrecht, die den Umgang mit dem Gesetz erheblich beeinflusst, erhalten geblieben. Für das Verhältnis dieser Regelungen zueinander gilt der sog **Spezialitätsgrundsatz**, wonach die speziellere Regelung die allgemeine in ihrer Anwendung verdrängt (lex specialis derogat legi generali). Dies führt für die konkrete Anwendung zu der Faustformel, bevor man eine Norm des allgemeinen Schuldrechts anwendet, ist stets zu prüfen, ob es nicht eine speziellere Norm im Besonderen Teil gibt. *Medicus* drückt dies in dem Satz aus, man müsse „das BGB von hinten lesen"[45].

### d) Gesetzliche Schuldverhältnisse

1/48 Quasi als **dritten Teil des Schuldrechts** mag man die genauere Regelung der **drei wichtigen gesetzlichen Schuldverhältnisse**, nämlich der **Geschäftsführung ohne Auftrag** (§§ 677 ff), des Rechts der **ungerechtfertigten Bereicherung** (§§ 812 ff) und des **Rechts der unerlaubten Handlung** (§§ 823 ff) bezeichnen. Auch insoweit hat es zwar einige Ergänzungen gegeben. Insbesondere als Erweiterung der deliktischen Haftung sind hier die Schadenersatzpflichten aus dem Gesichtspunkt der (verschuldensunabhängigen, also aus dem bisherigen System des BGB herausfallenden) **Gefährdungshaftung** zu erwähnen. Hier sind neben schon älteren Gesetzen, wie dem ReichshaftpflichtG vom Jahre 1887, das ua Schäden beim Betrieb von Eisenbahnen betrifft, oder dem StVG, das die Haftung des Kraftfahrzeughalters regelt, auch die neueren Vorschriften über die Haftung des Warenherstellers (ProduktHG) sowie über die Umwelthaftung (UmwHG) wichtig. Im Wesentlichen jedoch ist es hier bei der klassischen Regelung verblieben.

---

44 So von *Westermann* in der Vorauflage vorsichtig formuliert.
45 *Medicus*, SR AT[16], Rn 36.

## 3. Verhältnis des Schuldrechts zum Sachenrecht

Die Abgrenzung des Schuldrechts zum dritten, das Sachenrecht behandelnden Buch des BGB wird vom **Trennungs- und Abstraktionsgrundsatz** bestimmt. Er besagt, dass dinglich wirkende Rechtsgeschäfte (Verfügungen) auch in einheitlichen Lebenssachverhalten von ihren obligatorischen Grundlagen getrennt betrachtet werden (Trennungsgrundsatz)[46] und dass sie in ihren Gültigkeitsvoraussetzungen von zugrunde liegenden schuldrechtlichen Geschäft gelöst (abstrahiert) sind, sodass Mängel des Verpflichtungsakts nicht ohne weiteres die Unwirksamkeit des Verfügungsgeschäfts nach sich ziehen[47]. Diesem Grundsatz liegt somit die für das **gesamte Zivilrecht wesentliche Unterscheidung** zwischen Verpflichtungsgeschäften und Verfügungen zugrunde, die wiederum auf das Streben zurückgeht, dem Rechtsverkehr, der sich auf erkennbare dingliche Rechtspositionen verlässt, die Prüfung der jeweiligen schuldrechtlichen Erwerbsgrundlage zu ersparen. Die Rückabwicklung nach Maßgabe des **Bereicherungsrechts** (§§ 812 ff), die nötig ist, wenn das schuldrechtliche Geschäft Mängel aufweist, interessiert prinzipiell nur die am Leistungsverhältnis Beteiligten und ergänzt den Abstraktionsgrundsatz **als schuldrechtliche Ausgleichsregelung**.

1/49

> Wenn im **Fall 1** der Werkvertrag zwischen Frau W und M nichtig ist, besteht zwar keine Liefer- und Zahlungspflicht und keine Unterlassungspflicht des M. Wenn er aber das Kleid angefertigt und an Frau W übereignet hat, so erwirbt sie unter den Voraussetzungen des Sachenrechts (§§ 929 ff) das Eigentum und sieht sich allenfalls einem Herausgabeanspruch des M aus dem Gesichtspunkt der ungerechtfertigten Bereicherung (§ 812) gegenüber.

Das Abstraktionsprinzip wird bisweilen als überspitzt empfunden und ist in seiner strengen Ausprägung auch im Vergleich zu anderen Rechtsordnungen eher eine Ausnahme[48], die sich allerdings bis heute auch im internationalen Vergleich bewährt hat[49].

## 4. Schuldrechtliche Regelungen in anderen Büchern des BGB

Leider ist es den Vätern des BGB nicht gelungen, die schuldrechtlichen Regelungen im Zweiten Buch abschließend zu regeln. So finden sich auch in **sämtlichen anderen Büchern** des BGB originär schuldrechtliche Regelungskomplexe. Als besonders gewichtig zu nennen ist hier aus dem Allgemeinen Teil etwa die **Haftung des Vertreters ohne Vertretungsmacht** (§ 179), die aus Gründen des Sachzusammenhangs mit dem Vertretungsrecht schon im Allgemeinen Teil mitgeregelt wird. Dasselbe betrifft

1/50

---

46 Zum Trennungsgrundsatz (nicht dasselbe wie Abstraktionsgrundsatz) *Köhler*, BGB AT[29], § 5 Rn 15; *H. Westermann/H.P. Westermann*, SR I, § 4 I.
47 Dazu umfassend *Weber*, Sachenrecht I § 4 Rn 18 ff mwN sowie *ders.* JuS 1993, L 73 ff.
48 Rechtsvergleichend *Kötz/Zweigert*, Einführung in die Rechtsvergleichung II S. 146 ff; zu den Versuchen, das Abstraktionsprinzip de lege lata zu überwinden, s. *H. Westermann/H.P. Westermann*, SR, § 4 IV 2, 3; zur Einführung *Schreiber/Kreutz* Jura 1998, 617.
49 Vgl dazu ausführlich *Stadler*, Gestaltungsfreiheit und Verkehrsschutz durch Abstraktion (1996).

im Sachenrecht das Rechtsverhältnis zwischen Eigentümer und Finder (§§ 965 ff) und besonders wichtig das „eigentlich vierte" gesetzliche Schuldverhältnis zwischen **Eigentümer und unrechtmäßigem Besitzer** (§§ 987 ff). Im Familienrecht betrifft dies sämtliche **Unterhaltsansprüche**, also zwischen Ehegatten, gegenüber Kindern und anderen Verwandten (§§ 1360 ff, 1569 ff, 1601 ff) sowie aus dem Erbrecht den **Anspruch des Vermächtnisnehmers** gegen die Erben (§ 2147).

### 5. Das Verhältnis des Schuldrechts zum übrigen Privatrecht

1/51 Schuldrechtliche Normen können für sich allein einen Lebenssachverhalt nicht erfassen. Vielmehr bedarf es schon zur Bewältigung einfacher Vorgänge einer Aufdeckung der Verbindungslinien zum Allgemeinen Teil (dazu unten oben 2.) sowie zum Sachenrecht (dazu oben 3.). So gesehen bilden der **Allgemeine Teil, das Schuld- und das Sachenrecht den Kern des „bürgerlichen" Vermögensrechts**. Seine an sich für alle Privatrechtssubjekte geltenden Regeln werden für die Personen und Personengruppen, die als Gewerbetreibende Kaufleute iS des HGB sind, nicht – wie in einigen anderen Rechtsordnungen – durch die Regeln des Handelsrechts ersetzt, sondern in einigen Belangen ergänzt. **BGB und HGB** müssen daher für das Vertragsrecht der Kaufleute als sich **ergänzende Teile einer einheitlichen Vertragsordnung** verstanden und nebeneinander angewandt werden. Aber selbst in das Schuldrecht als das eigentliche „Kerngebiet" des BGB haben Unterschiede im Hinblick auf den Anwendungsbereich seiner Normen für die „Bürger" Eingang gefunden. So gibt es im Kaufrecht einen Untertitel (§§ 474–477) mit Vorschriften für den Kauf einer beweglichen Sache durch einen „Verbraucher" (§ 13) von einem „Unternehmer" (§ 14). Ein „Verbraucher" wird bei Säumnis mit der Begleichung gegen ihn gerichteter Entgeltforderungen besonders behandelt (§ 286 Abs. 3 Satz 1 2. Halbs.) und hat, wenn er in Verzug geraten ist, geringere Zinsen zu zahlen (§ 288 Abs. 1 gegenüber Abs. 2). Diese Aufspaltung des nach klassischer Definition für alle Privatrechtssubjekte geltenden „bürgerlichen" Rechts ist aus systematischer Sicht höchst problematisch, muss aber heute im Zuge insbesondere der ohne Rücksicht, ja oft sogar in grober Unkenntnis der deutschen Rechtssystematik erfolgenden Einwirkungen des europäischen Rechts auf das nationale Privatrecht als unumgänglich hingenommen werden, jedenfalls solange Differenzierungen dieser Art stets nur abgrenzbare Einzelpunkte betreffen. Noch immer nämlich bleibt es für das deutsche Recht bisher im Rahmen des Schuldrechts bei einem einheitlichen „Obligationenrecht", während einige andere Mitgliedsstaaten der EU für die Geschäfte zwischen einem Verbraucher und einem Unternehmer, weitgehend unabhängig vom Vertragsgegenstand, ein „Verbrauchergesetzbuch" geschaffen haben[50].

---

50 Zum französischen Recht: *Calais-Auloy*, Les clauses abusives en droit francais, REDC 1988, 187 ff; *Calais-Auloy/Steinmetz*, Droit de la Consommation; zum österreichischen Recht: *Schuhmacher*, Verbraucher und Recht in historischer Sicht, 1981.

# § 2 Die Arten der Schuldverhältnisse und ihre Inhalte

**Fall 3:** Frau O, Opernsängerin in Luzern, schließt für die kommende Spielzeit einen Vertrag mit der Stadt Münster/Westfalen ab, wo sie am Stadttheater als erste Sopranistin tätig sein soll. Da die Verhandlungen sich länger hingezogen haben, muss ihr Umzug von Luzern nach Münster rasch vor sich gehen, damit sie zum Saisonbeginn anwesend ist. Der Spediteur S, ein begeisterter Anhänger der O, der sich im Kulturausschuss des Rats der Stadt Münster stark für das Engagement der O eingesetzt hat, bietet an, den Umzug „nur gegen Kostenerstattung" durchzuführen. Damit ist die O einverstanden. Die Leute des S erscheinen in Luzern, laden ein und fahren mit dem gesamten Hausrat der O nach Münster, wo sie an einem Sonnabend um 17.00 Uhr vor der neuen Wohnung der O eintreffen. Als die O die nötigen Anweisungen für das Ausladen geben will, erklärt der Fahrer F des S, die Benzinkosten und die Autobahngebühren in der Schweiz hätten 350 € betragen, und er habe Anweisung, die Möbel nicht abzuladen, bevor dieser Betrag bezahlt sei. Die O hat das Geld nicht zur Hand. Da die Möbel nicht ausgeladen werden, muss sie bis zum Montag in einem Hotel übernachten und will die hierfür entstandenen Kosten von S ersetzt haben. Zu Recht? **Lösung Rn 2/58**

**Fall 4:** Oberstudienrat O, der auch politisch aktiv ist, ist für die Übernahme eines Bundestagsmandats im Gespräch. Da ihn dies zu zahlreichen öffentlichen, insbesondere Fernseh-Auftritten zwingen würde, außerdem sein Bild auf den Wahlplakaten seiner Partei erscheinen müsste, überlegt er, ob er seine in der Jugendzeit bei einem Fahrradunfall verbogene Nase, um derentwillen ihn seine Schüler heimlich den „Nasenbär" nennen, in der Klinik für plastische Chirurgie des Dr. P operieren und so sein Äußeres verbessern lassen soll. Nach einer sorgfältigen Untersuchung erklärt sich Dr. P zu der Operation bereit, doch müsse O einige Tage in der Klinik stationär aufgenommen werden. Über den dabei anfallenden Tagessatz unterrichtet ein dem O bei dieser Gelegenheit überreichtes Faltblatt; über die Kosten für die Operation wird nicht gesprochen. O, der hierbei politisches Aufsehen vermeiden möchte, will privat und ohne Einschaltung der Krankenkassen behandelt werden. Der Eingriff wird durchgeführt und gelingt zur Zufriedenheit des O, der jedoch entsetzt ist, als er drei Wochen später von Dr. P eine Honorarrechnung über 20 000 € erhält. Er erkundigt sich bei verschiedenen Fachärzten und Organisationen und kommt zu dem Schluss, dass bei einer Operation dieses Schwierigkeitsgrades ein Honorar von 10 000 € angemessen gewesen wäre. Muss er die Rechnung ganz oder teilweise bezahlen?

**Fall 5:** Die Eheleute E sind einer Wohnungsgenossenschaft beigetreten, deren Zweck es ist, aus den gesammelten Beiträgen Wohnungen zu errichten, die die Mitglieder (Genossen) zuerst zu tragbaren Bedingungen sollen mieten und später kaufen können. Für die Eheleute E ist nach dem Bauplan eine bestimmte Wohnung vorgesehen, da mit dem Bau demnächst begonnen werden soll; allerdings wird ein die Einzelheiten festlegender Vertrag noch nicht geschlossen. Kurz nach Beginn der Bauarbeiten erhält Herr E ein Angebot, auf einen erheblich besser bezahlten Arbeitsplatz zu wechseln, was allerdings mit einem Umzug verbunden wäre. Auf die Frage, ob sie aus dem Vertrag entlassen werden können, erwidert die Genossenschaft den Eheleuten, dies sei ausgeschlossen, da der Bau wie geplant durchgeführt werden müsse. Daraufhin sagt Herr E die ihm angebotene Stelle ab. 6 Monate später, als das Gebäude so gut wie fertiggestellt ist und die Eheleute E wegen eines Miet- bzw Kaufvertrages nachfragen, erhalten sie die Antwort, soeben habe der Vorstand beschlossen, sie bei der Zuteilung nicht zu berücksichtigen, da sie mit einem – allerdings geringen – Zinsbetrag für verspätete Beitragszahlungen im Rückstand seien und ihnen überdies nachgesagt werde, als Mieter unangenehm zu sein. Die Eheleute E möchten hiergegen vorgehen.

> **Fall 6:** Tierarzt Dr. K kauft von Dr. V eine Tierarztpraxis in E. In E gibt es außer der verkauften Praxis noch eine weitere, die der alteingesessene Dr. S betreibt. Dr. K lässt sich in E nieder und praktiziert einige Monate mit gutem Erfolg. Allerdings wandern einige der bisher von Dr. V betreuten Kunden zu Dr. S ab. Kurz darauf lässt sich Dr. V in einer 10 km entfernten Ortschaft als Tierarzt nieder mit der Folge, dass ein großer Teil der bäuerlichen Kundschaft seine Tiere wieder von dem allseits beliebten Dr. V behandeln lässt. Welche Ansprüche hat Dr. K?
> **Lösung** Rn 2/59

## I. Grundunterscheidung der Schuldverhältnisse

2/1 Aus Rechtsgeschäften (§ 311 Abs. 1), aber auch aus tatsächlichen Vorgängen, an die gesetzliche Vorschriften Rechtsfolgen knüpfen (s. etwa § 823 Abs. 1), sowie aus vorvertraglichem Kontakt (§ 311 Abs. 2) entstehen Schuldverhältnisse. Dementsprechend sind die **Rechtsgeschäfte** nach Inhalt und anwendbaren Rechtsnormen von den **gesetzlichen Schuldverhältnissen** und den **Schuldverhältnissen aus vorvertraglichem Kontakt** (dazu genauer unten § 11) zu unterscheiden.

### 1. Rechtsgeschäfte

#### a) Übersicht

2/2 Unter den Rechtsgeschäften ragen sowohl von der tatsächlichen Bedeutung als auch von der rechtlichen Dogmatik her die **gegenseitigen Verträge** hervor (§§ 320 ff). Bei ihnen verpflichten sich beide Parteien im Sinne eines **„do ut des"** zu den jeweiligen Leistungspflichten. Der eine Vertragsteil erbringt sein Leistungsversprechen (nur und ausschließlich deshalb), um auch und gerade das Gegenleistungsversprechen des anderen Vertragsteils zu erhalten. Zu ihnen gehören die meisten der alltäglichen Umsatzgeschäfte wie etwa Kauf, Miete oder Werkvertrag.

2/3 Neben diese „echten Verträge" treten die **unvollkommen zweiseitig verpflichtenden Rechtsgeschäfte**. Bei ihnen können – müssen nicht – für beide Parteien Verpflichtungen entstehen; jedenfalls aber besteht kein Austauschverhältnis der beiderseitigen Verbindlichkeiten. Der eine Teil verspricht seine Leistung nicht, um die Gegenleistung zu erhalten. Ein Beispiel hierfür bietet etwa der Auftrag: Der Beauftragte, der unentgeltlich handelt (§ 662), übernimmt die ihm obliegende Aufgabe nicht wegen des ihm evtl. geschuldeten Aufwendungsersatzes (§ 670); das ändert aber nichts am Bestand der entsprechenden Verpflichtung des Auftraggebers. Die Erstattung der Aufwendungen wird auch dadurch nicht zur Gegenleistung, dass „Kostenersatz" ausdrücklich bedungen wird.

2/4 Schließlich gibt es noch die **einseitigen Rechtsgeschäfte**, die aber nur eine geringe Rolle spielen. Bei diesen übernimmt nur eine der Vertragsparteien eine Verpflichtung, die gegenüber dem anderen Vertragspartner oder sogar gegenüber einem Dritten (§ 328) bestehen kann. Die Bevorzugung des zweiseitigen Rechtsgeschäfts als Quelle schuldrechtlicher Pflichten erklärt sich zwanglos durch den Umstand, dass hierbei der

Schuldner an der Begründung seiner Verbindlichkeiten selbst teilnimmt, so dass der gegenseitigen Austarierung von Leistung und Gegenleistung ein hoher Gerechtigkeitswert innewohnt. Dieser Grundsatz findet seinen Niederschlag auch in einigen anderen Vorschriften: So hat derjenige, dem eine (womöglich sogar unentgeltliche) Zuwendung gemacht werden soll, das Recht sie zurückzuweisen (§§ 333, 516 Abs. 2).

Es gibt auch **Mischungen** zwischen vollkommen und unvollkommen zweiseitigen Verträgen. Dies kann sich daraus ergeben, dass einer der an sich als unvollkommen zweiseitig vorgesehenen Vertragstypen wie der Auftrag als gegenseitiger ausgestaltet wird, indem etwa der Auftrag entgeltlich besorgt werden soll, was ihn zum Geschäftsbesorgungsvertrag iS des § 675 macht: Hier stehen der Anspruch auf Tätigwerden und derjenige auf Vergütung der Tätigkeit im Gegenseitigkeitsverhältnis. Dies bezieht sich aber nicht ohne weiteres auch auf die Ansprüche auf Herausgabe (§ 667) und Aufwendungsersatz (§ 670). Wenn etwa der „Entleiher" in einer „Leihbücherei" wie üblich ein Entgelt (in Wirklichkeit also eine Miete) schuldet, ist er zur Rückgabe der entliehenen Bücher verpflichtet, diese Verpflichtung steht aber nicht im Gegenseitigkeitsverhältnis zur Gebrauchsüberlassung[1].

2/5

### b) Die gegenseitigen (synallagmatischen) Schuldverhältnisse

**aa) Prinzip.** Das Bestreben, für seine Leistung ein Äquivalent zu erhalten und Leistung und Gegenleistung gegeneinander auszutauschen, charakterisiert den gegenseitigen oder **synallagmatischen Vertrag**. Jeder Partner ist hier wechselseitig Schuldner und Gläubiger von Pflichten. Es handelt sich um den praktisch wichtigen Grundtyp des Schuldverhältnisses. Man spricht auch von **vollkommen zweiseitigen** Verträgen. Dieses Bild des Austausches beherrscht Kauf, Miete, Pacht, Werk- und Dienstvertrag. Hierher gehört seit der Schuldrechtsmodernisierung auch das Gelddarlehen, bei dem, wie sich aus § 488 Abs. 1 ergibt, die Verpflichtung des Darlehensgebers, einen Geldbetrag zur Verfügung zu stellen, mit einer Verpflichtung des Darlehensnehmers verbunden ist, einen geschuldeten Zins zu zahlen und bei Fälligkeit das zur Verfügung gestellte Darlehen zurückzuerstatten. Wie hieraus ersichtlich ist, ist also die Zinszahlungspflicht Gegenleistung für die Zurverfügungstellung (Valutierung) des Darlehens; dies gilt aber nicht für die Pflicht zur Rückgabe der geliehenen Summe, die schon bei unbefangener Betrachtung nicht als Entgelt für die Zurverfügungstellung des Darlehens angesehen werden kann, also nicht im Gegenseitigkeitsverhältnis steht.

2/6

Dem **Gedanken der Privatautonomie** (oben § 1 II 3) entspricht die Vorstellung, dass der gegenseitige Vertrag **Gerechtigkeit** durch ein **Gleichgewicht von Leistung und Gegenleistung** vermittelt. Diese Vorstellung ist allerdings in der Realität problematisch, wenn einer der Partner in der schwächeren Verhandlungsposition und deshalb faktisch gezwungen ist, seine Leistung für eine Gegenleistung zu erbringen, die den Wert der Leistung nach seiner eigenen Überzeugung nicht erreicht[2]. Auf dieser Erkenntnis beruht das inzwischen allerdings „ausufernde" Verbraucherschutzrecht und

2/7

---
1 Dazu näher Erman/*H.P. Westermann*, BGB[11], Vor § 320 Rn 5.
2 Dazu näher Staudinger/*Otto*, BGB[13], Vor § 320 Rn 7; Erman/*H.P. Westermann*, BGB[11], Vor § 320 Rn 7.

Rechtsprechung, die früher ungeahnte **"reale oder vermeintliche Ungleichgewichtslagen"** zu erkennen glaubt und daraus die Rechtfertigung ableitet, mitunter contra legem Ergebniskorrekturen herbeizuführen. Dazu bleibt zu betonen, dass nach der Grundkonzeption des BGB entscheidend der von den Parteien erklärte Wille ist, die Vertragsbindung jedenfalls um der vereinbarten Gegenleistung willen einzugehen. Es genügt also die subjektive Einschätzung der Parteien vom Wert der versprochenen Leistungen, es kommt nicht auf irgendeine objektiv zu ermittelnde Äquivalenz an[3]. Gegenseitiger Vertrag kann demnach auch ein Vertrag mit ungleichwertigen Leistungen sein. Grenzen zieht hier schon das BGB selbst, die sich zum einen aus den nicht allein von den objektiven Wertverhältnissen abhängigen Voraussetzungen des Wuchers (§ 138 Abs. 2) ergeben. Es kann ferner auch sein, dass ein Vertragsschluss, der zu einem extremen Missverhältnis der Werte von Leistung und Gegenleistung führt, schon im Sinne des § 138 Abs. 1 als sittenwidrig angesehen wird, so dass es auf die (subjektiven) Voraussetzungen des § 138 Abs. 2, die in der Regel nicht leicht nachweisbar sind, nicht ankommt.

2/8  bb) **Die synallagmatische Verknüpfung.** Die Verknüpfung der Vertragspflichten durch das **Austauschziel** ist die engste, die das Schuldrecht kennt. Sie beginnt mit der Begründung des Schuldverhältnisses (man spricht vom genetischen Synallagma) und beherrscht seine Abwicklung, indem die vertraglichen Hauptleistungen grundsätzlich nur Zug um Zug auszutauschen sind (§ 320), ferner indem die Unmöglichkeit der Erfüllung eines Anspruchs auf die Verpflichtung zur Erbringung der Gegenleistung einwirkt (§ 326 Abs. 1 [im Einzelnen dazu unten § 7 IV]).

2/9  Nicht ins Gegenleistungsverhältnis gehören die vertraglichen Nebenpflichten, etwa diejenigen aus § 241 Abs. 2. Das ändert allerdings nichts daran, dass auch wegen einer bloßen Nebenpflichtverletzung der Gläubiger das Recht haben kann, nach § 324 vom Vertrag zurückzutreten oder nach § 282 Schadenersatz zu verlangen. Im Übrigen ergeben sich die Folgen aus einer Pflichtverletzung, soweit es um Schadenersatz geht, aus den §§ 280 ff; dazu näher unten §§ 7 V, 8 II 2, 9 IV, 11 III.

2/10  cc) **Die Einrede des nichterfüllten Vertrages.** Die Gegenseitigkeit von Vertragspflichten[4] führt zu einem besonderen **Leistungsverweigerungs-** oder **Zurückbehaltungsrecht** hinsichtlich der jeweiligen Hauptpflichten bis zur Bewirkung der Gegenleistung, der sogenannten Einrede des nichterfüllten Vertrages aus § 320.

> Hierauf spielen im **Fall 3** möglicherweise S oder F an, obwohl § 320 für unvollkommen zweiseitige Verträge wie den Auftrag nicht gilt. Anders dagegen, wenn ein Werkvertrag geschlossen worden wäre; dann bleibt allerdings zu prüfen, ob angesichts der Umstände (Nichtauslieferung der Möbel wegen eines verhältnismäßig geringfügigen Betrages) die Geltendmachung des Zurückbehaltungsrechts gegen Treu und Glauben (§ 242) verstößt, weil sie etwa übermäßig ist (s. dazu näher § 3 IV).

---

3  Das römische Recht kannte die Figur einer Ungültigkeit des Vertrages wegen krasser Störung des Gleichgewichts (laesio enormis); zur subjektiven Äquivalenz *Bartholomeyczik* AcP 166, 30.
4  Vgl dazu *Ernst* AcP 199 (1999), 485 ff.

Natur und Wirkung des Rechts aus § 320 Abs. 1 sind streitig. Das Gesetz spricht deutlich von einem Leistungsverweigerungsrecht, das der Schuldner ausüben kann. Er soll damit eine Sicherung in die Hand bekommen, nicht seine eigene Schuld erfüllen und dann seinerseits auf die Gegenleistung warten zu müssen. Seine Geltendmachung lässt einen Schwebezustand entstehen, der nur durch Leistung Zug um Zug (s. § 322) beendet werden kann. Dies ist die herrschende so genannte **Einredelösung**[5]. Bisweilen wird demgegenüber die Ansicht vertreten, jeder Leistungsanspruch bestehe von vornherein nur materiell-eingeschränkt durch die Verpflichtung, ihn Zug um Zug gegen die Gegenleistung abzuwickeln[6], so dass § 320 Abs. 1 **rein prozessuale Bedeutung** habe. Wenn der Schuldner das Leistungsverweigerungsrecht nicht geltend macht, wird er nämlich im Prozess uneingeschränkt auf Erfüllung verurteilt; wenn er von der Einrede Gebrauch macht, hat dies nach **§ 322** zur Folge, dass er zur Leistung **Zug um Zug** verurteilt wird.

2/11

Davon zu unterscheiden ist die materiell-rechtliche Frage, ob der Gläubiger, um den Gegner in **Verzug** zu setzen (s. § 286) und ihm Verzugsschäden anlasten zu können (s. § 288), seinerseits die Erfüllung seiner Leistung anbieten muss. Wenn man bedenkt, dass Verzug nicht ohne Verschulden eintreten kann (§ 286 Abs. 4), und wenn man weiter anerkennt, dass der Schuldner, dem die Gegenleistung nicht angeboten wird, seinerseits nicht zu leisten braucht, so liegt auf der Hand, dass bereits die reine Möglichkeit des Schuldners, das Leistungsverweigerungsrecht geltend zu machen, seinen Verzug ausschließt. Also muss der Gläubiger, wenn er die Voraussetzungen des Verzuges herbeiführen will, seine eigene Leistung anbieten[7]. Das gilt für beide Seiten, wenn beiden Parteien das Leistungsverweigerungsrecht zusteht[8]. Der Schuldner, dem das Leistungsverweigerungsrecht zusteht, schuldet also auch keine Fälligkeits- oder Prozesszinsen[9].

2/12

Das Zurückbehaltungsrecht besteht in Bezug auf (beiderseits) **fällige Hauptleistungsansprüche**, wobei aber die Leistung des Fordernden noch nicht oder nicht vollständig (§ 320 Abs. 2) erbracht sein darf. Obwohl Voraussetzung des Leistungsverweigerungsrechts ein fälliger Anspruch auf die Gegenleistung ist, schließt dessen **Verjährung** die Einrede aus § 320 nicht aus, wie schon die frühere Rechtsprechung bestätigte[10] und jetzt aus § 215 folgt.

2/13

Als weiteres Erfordernis negativer Art kommt hinzu, dass der Schuldner, der sich auf das Zurückbehaltungsrecht berufen will, **nicht vorleistungspflichtig** sein darf. Im täglichen Leben werden zahlreiche Umsatzgeschäfte nämlich nicht Zug um Zug abgewickelt, sondern es bestehen gesetzliche oder vereinbarte Vorleistungspflichten.

2/14

---

5 Siehe näher *Ernst*, Die Einrede des nichterfüllten Vertrages, 2000, S. 113 ff; *Gernhuber*, Das Schuldverhältnis, § 13 II 1; MünchKomm/*Emmerich*, BGB[5], Vor § 320 Rn 12 ff; gegen das Verständnis als „echte" Einrede aber Jauernig/*Vollkommer*, BGB[11], § 320 Rn 15.
6 Siehe dazu etwa *Jahr* JuS 1964, 292, 297; auch *Esser/E. Schmidt*, SR I/2[8], § 16 II 2 c.
7 RGZ 126, 280, 285; BGH NJW 1992, 556; 1994, 3351; MünchKomm/*Emmerich*, BGB[5], § 320 Rn 46; Erman/*H.P. Westermann*, BGB[11], § 320 Rn 17.
8 Dazu *Gernhuber*, Das Schuldverhältnis, § 14 VI 1; a.M. aber OLG Hamburg MDR 1991, 1039.
9 BGHZ 55, 198; 60, 319, 323.
10 BGHZ 53, 122, 125.

> **Beispiel:** So bestimmt § 641 als Fälligkeitszeitpunkt für die Vergütung beim Werkvertrag die Abnahme des Werks. Ähnliche Vorleistungspflichten des Vertragspartners begründet § 579 (Fälligkeit der Miete für ein Grundstück, ein Schiff oder bewegliche Sachen), § 614 (Vergütung der Gegenleistung für Dienste). Nicht minder wichtig sind vertragliche Abreden über eine Vorleistung, die wirtschaftlich einen Kredit darstellen. So bei der gebräuchlichen Vertragsklausel „Kasse gegen Faktura" oder „cash against document"[11]; ähnlich, wenn bei größeren Lieferungen für bestimmte Zeitpunkte Abschlagszahlungen vereinbart werden.
>
> Ginge man im **Fall 3** davon aus, dass O und S einen Werkvertrag geschlossen haben, so wäre die Vergütung erst nach Abnahme (§ 641) fällig, S wäre bezüglich des Transports und der Ablieferung der Güter vorleistungspflichtig.

2/15 Das Vertrauen, das in der Übernahme einer Vorleistungspflicht liegt, beruht auf einer bestimmten **wirtschaftlichen Grundlage**. Wird sie durch unvorhergesehene Ereignisse **gefährdet**, entfällt auch die Vorleistungspflicht, der Vertragspartner kann gem. **§ 321** mit der so genannten **Unsicherheitseinrede** doch wieder auf das Zurückbehaltungsrecht zurückgreifen. Dies entspricht allgemeinen Überlegungen. § 321 macht das Leistungsverweigerungsrecht von einer Gefährdung des Anspruchs auf die Gegenleistung abhängig, die durch mangelnde Leistungsfähigkeit des anderen Teils begründet ist. Das bedeutet auch, dass eine bloße Leistungsunwilligkeit des Schuldners nicht genügt, obwohl verständlich ist, wenn sich der Vorleistungspflichtige gegenüber einem solchen Schuldner Sorgen macht, ob er seine eigene Leistung erhalten wird. Diese Leistungsunfähigkeit muss nach Vertragsschluss erkennbar geworden sein, war sie schon bei Vertragsschluss bekannt, so kommt die Unsicherheitseinrede nicht mehr in Betracht, weil demjenigen, der sich zur Vorleistung verpflichtet, zugemutet werden kann, die Leistungsfähigkeit und die daraus folgende Gefährdung seiner eigenen Ansprüche bei Vertragsschluss zu prüfen[12]. Die Unsicherheitseinrede kann auch erhoben werden, wenn nach Abschluss des Vertrages eine schon bei Vertragsschluss bestehende, zu diesem Zeitpunkt aber noch nicht erkannte mangelnde Leistungsfähigkeit des anderen Teils erst deutlich wird[13].

### c) Unvollkommene zweiseitig verpflichtende Schuldverhältnisse

2/16 Definitionsgemäß fehlt bei den unvollkommen zweiseitig verpflichtenden Schuldverhältnissen die synallagmatische Verbindung der jeweiligen Vertragspflichten. Dies bedeutet, dass der primären Leistungspflicht des Vertragsschuldners keine ebensolche primäre Leistungspflicht des anderen Vertragsteils entgegensteht, also eine typische **Gegenleistung gerade fehlt**. Oft muss zwar auch der Nutznießer dieses Vertrages eine Leistung erbringen, doch stellt diese niemals ein Entgelt dar, sondern ist stets nur Nebenleistung.

---

11 Siehe dazu die Urteile BGHZ 41, 221; 55, 342; BGH NJW 1987, 2435.
12 So die RegBegr BT-Drucks 14/6040 S. 179.
13 Dies ist zwar aus dem Text des neuen § 321 nicht zweifelsfrei ersichtlich, entspricht aber dem Willen der Gesetzesverfasser, s. RegBegr BT-Drucks 14/6040 S. 178 ff.

**Beispiel:** Wenn die B, um ihren Ehemann bei der abendlichen Heimkehr mit einem Kuchen zu überraschen, zur Zubereitung drei Eier von der Nachbarin N „borgt", so handelt es sich dabei um einen **unentgeltlichen Leihvertrag** (bei Miete wären dieselben drei Eier zurückzugeben, die inzwischen aber als Teil des Kuchens verarbeitet sind). Danach hat B einen Anspruch aus § 598 auf den unentgeltlichen Gebrauch der Leihsache, muss aber nach § 604 diese oder Stücke derselben Gattung nach Ablauf der Leihfrist an N zurückgeben. Diese Rückgabepflicht der B ist echte Vertragspflicht, steht aber nicht im Synallagma mit der Entleihung – denn niemand verleiht eine Sache, um diese alsbald zurückzubekommen.

Da somit beide Vertragspartner aus dem Vertrag haften, ohne dass dies jedoch synallagmatisch verbunden sind, spricht man von **unvollkommen** zweiseitig verpflichtenden Schuldverhältnissen.

**Weitere Beispiele:** zinsloses Darlehen, § 488
  Schenkung, § 506
  Auftrag, § 662
  Bürgschaft, § 765.

Dementsprechend kann der eine Teil die vertragsgemäße Leistung des Anderen hier auch nicht über § 320 Abs. 1 erzwingen.

Im **Fall 3** würde S, da er sich zum Transport im Rahmen eines Auftrags (§ 662) verpflichtete, das Zurückbehaltungsrecht gemäß § 320 wegen des ihm geschuldeten Aufwendungsersatzes (§ 670) nicht geltend machen können, er hätte also keine Sicherheit, diese ihm geschuldete Leistung zu erhalten.

So gravierend soll aber der Unterschied zwischen gegenseitigen und unvollkommen zweiseitigen Verträgen nach dem Willen des Gesetzes nicht ausfallen. Der Gegensatz wird abgemildert durch das **allgemeine Zurückbehaltungsrecht nach § 273**. Seine Voraussetzungen sind weiter gespannt, seine Wirkungen gehen trotzdem kaum weniger weit als die der Einrede des nichterfüllten Vertrages. Auch dieses Recht ist daher praktisch sehr wichtig.

2/17

Auch hier steht dem Schuldner ein Leistungsverweigerungsrecht zu, wenn er „aus demselben rechtlichen Verhältnis, auf dem seine Verpflichtung beruht", eine noch nicht erfüllte fällige Forderung hat. Man spricht vom Erfordernis der **Konnexität**, das an die Stelle des Gegenseitigkeitsverhältnisses im Rahmen des § 320 tritt. Dem entspricht auch, dass der Begriff des „rechtlichen Verhältnisses" in § 273 weit verstanden wird[14]. Das geschieht, indem man es ausreichen lässt, wenn sich beide Forderungen aus einem **einheitlichen Lebensvorgang** ergeben[15]. Es muss sich also nicht um ein und dasselbe Vertragsverhältnis handeln.

2/18

Im **Fall 3** steht dem S die Einrede nach § 273 wohl zu. Es genügt aber auch, wenn der Schuldner, der zum Gläubiger in dauernder Geschäftsverbindung steht und aus der Rückabwicklung eines früheren Schuldverhältnisses noch einen Geldanspruch hat, die Begleichung einer späteren Rechnung verweigert.

---

14 BGHZ 92, 194, 196; 115, 99, 103.
15 BGHZ 24, 122, 125; 92, 194, 196; 115, 103; *Keller* JuS 1982, 665.

Dabei genügt es, dass der Anspruch, um dessentwillen eine Leistung zurückgehalten wird, in dem Augenblick entsteht, in dem die Leistung zu erbringen gewesen wäre. Unter diesen Voraussetzungen können auch solche Gegenrechte ein Leistungsverweigerungsrecht ergeben, die sachenrechtlicher, familien- oder erbrechtlicher Natur sind. Das Zurückbehaltungsrecht aus § 273 hat also ganz allgemein den Zweck einer **Sicherung der Interessen des Schuldners**, dessen Forderungen es Nachdruck verleiht. Eine gewisse Ähnlichkeit mit der Aufrechnung von Forderungen (§§ 387 ff) liegt auf der Hand, wobei die Aufrechnung im Unterschied zum bloßen Leistungsverweigerungsrecht bereits die Befriedigung ermöglicht (näher § 19 II). Praktisch wirkt das Zurückbehaltungsrecht nach § 273 wie die Einrede des nichterfüllten Vertrages, indem der die Einrede erhebende Schuldner zur Erfüllung Zug um Zug zu verurteilen ist (§ 274). Die Ausübung des Zurückbehaltungsrechts kann aber durch Sicherheitsleistung abgewendet werden (§ 273 Abs. 3).

2/19 Wichtig ist noch der Hinweis auf die in **§ 273** ausdrücklich genannte Einschränkung, dass sich nicht aus dem Schuldverhältnis etwas Abweichendes ergeben darf. Hier ist einerseits an die **Vorleistungspflichten** gedacht, wie sie sich auch der Geltendmachung der Einrede des nichterfüllten Vertrages entgegenstellen können (oben Rn 14), ferner daran, dass bestimmte Ansprüche ihrem Sinn und Zweck nach nicht durch die Geltendmachung des Zurückbehaltungsrechts gehemmt werden dürfen. So ist die Einrede gegen einen Unterhaltsanspruch so wenig gegeben wie gegen einen Anspruch auf Arbeitsentgelt in Höhe des unpfändbaren Teils (dem liegt eine Analogie zu § 394 zugrunde)[16].

2/20 Auch insoweit stellt sich wiederum die Frage, ob bereits das nur bestehende Zurückbehaltungsrecht aus § 273 den **Verzugseintritt** verhindert oder ob der Schuldner sich hierauf ausdrücklich berufen kann. Man könnte das Problem von der Frage her angehen, ob § 273 eine **echte Einrede** gewährt. Die hM nimmt dies an. Der Schuldner muss dann die Einrede geltend machen, um die Verknüpfung zwischen beiden Forderungen zu Stande zu bringen, die ihm die Zurückbehaltung gestattet[17]. Demgemäß gerät der Schuldner, wenn er die Einrede nicht erhebt, möglicherweise in Verzug[18]. Richtig daran ist, dass angesichts der weiten Auslegung des Erfordernisses der Konnexität der Gläubiger, der die ihm geschuldete Leistung einfordert, mit der Erhebung eines Gegenrechts nicht zu rechnen braucht. Andererseits kann man dem Schuldner, der sich im Vertrauen auf sein Gegenrecht nicht leistungsbereit hält, den für den Verzug nötigen Schuldvorwurf in diesen Fällen nach anderer Ansicht nicht machen. Eine vermittelnde Ansicht will dies zumindest dort, wo eine enge Verbindung zwischen beiden Forderungen besteht, so dass die Möglichkeit der Geltendmachung des Zurückbehaltungsrechts auf der Hand liegt, so sehen und daher von Fall zu Fall auf die Verzugsvoraussetzungen, insbesondere ein schuldhaftes Verhalten (§ 286 Abs. 4) abstellen. Der Rechtsklarheit halber verdient jedoch die hM den Vorzug.

---

16 RGZ 152, 73, 75. Zu § 394 BGB s RGZ 85, 108, 110; BAG AP Nr 11 zu § 394 BGB; BGH NJW 1980, 450; zum Ganzen *Medicus*, SR AT[16], Rn 216 (allerdings mit Differenzierung zwischen sinngerechter Auslegung des Schuldverhältnisses und Verstoß gegen Treu und Glauben).
17 *Larenz*, SR I[14], § 16 II 1 b; Staudinger/*Löwisch*, BGB[13], § 284 Rn 14.
18 BGH WM 1971, 1020 f; MünchKomm/*Krüger*, BGB[5], § 273 Rn 93.

### d) Einseitige Schuldverhältnisse

Bei den einseitigen Rechtsgeschäften fehlt der an sich schuldvertragstypische Konsens beiderseitiger Willensbekundungen; er wird durch das **öffentlich bekannt gemachte Leistungsversprechen** einer Partei ersetzt.

2/21

Klassisches Beispiel hierfür ist die praktisch nahezu bedeutungslose Auslobung (§ 657).

**Beispiel:** Biete 200 Euro Belohnung für denjenigen, der meine entlaufene schwarz-weiß-gefleckte Katze wiederbringt.

Der Anspruch auf die ausgelobte Leistung setzt hier keinen Willenskonsens, sondern schlicht die Vornahme der erbetenen Handlung voraus. Dabei ist es auch gleichgültig, ob der Handelnde von der Auslobung überhaupt Kenntnis hatte. Ein weiteres Beispiel ist etwa das Vermächtnis (§ 2174) sowie die Gründung einer Einmann-GmbH (§ 1 GmbHG) oder einer privatrechtlichen Stiftung (§ 80).

In ihrer Einordnung **umstritten** ist die Schuldverschreibung auf den Inhaber (§§ 793, 794)[19] und wegen des gesetzlichen Zurückweisungsrechts des Beschenkten (Konsens) auch die Schenkung (§ 518). Eine gewisse **Besonderheit** bietet insoweit der Maklervertrag: Der Makler ist nach § 652 nicht zum Tätigwerden verpflichtet, hat aber, wenn er erfolgreich tätig wird, Anspruch auf eine Maklerprovision.

2/22

### 2. Gesetzliche Schuldverhältnisse

Daneben nehmen die außervertraglichen, also die **gesetzlichen** Anspruchsgrundlagen heute immer mehr an Bedeutung zu. Das engere Zusammenrücken der Menschen im Raum, der hohe Substanz- und Ertragswert von Investitionsgütern und die gesteigerte Empfindlichkeit nach einer Beeinträchtigung immaterieller Güter haben die gesetzlichen **Ausgleichsordnungen**[20] immer stärkere Bedeutung innerhalb der Rechtsordnung gewinnen lassen, weil der Gesetzgeber in diesen Fällen einen **gerechten vermögensmäßigen Ausgleich** für so bedeutsam erachtet, dass dies nicht allein der privaten Entscheidung der Beteiligten überlassen bleiben sollte. Der Ausdruck „gesetzliche Schuldverhältnisse" besagt also, dass die Verpflichtung nicht auf einer Willensübereinkunft, sondern auf einer gesetzlichen Anordnung beruht, ohne dass es dabei auf den Willen der Beteiligten ankommt. Da die gesetzlichen Schuldverhältnisse im Wesentlichen im Besonderen Schuldrecht geregelt sind und mit Ausnahme des Zustandekommens durch Verwirklichung des gesetzlich normierten anspruchsbegründenden Verhaltens **keine homogene Systematik** aufweisen, soll es hier bei einem kurzen Überblick verbleiben.

2/23

---

19 Trotz des § 794, der für eine einseitige Begründung der Schuldverhältnisse spricht (Kreationstheorie), wird von nicht wenigen auch die Wertpapierbegebung als Vertrag gedeutet (Vertragstheorie), Übersicht bei *Zöllner*, Wertpapierrecht § 6 II; *Hueck/Canaris*, § 3 I 2.

20 Vgl zur Rückführung der gesetzlichen Schuldverhältnisse auf den Gedanken der ausgleichenden Gerechtigkeit *Larenz/Canaris*, SR II/2[13], § 67 I 1d.

**§ 2** *Die Arten der Schuldverhältnisse und ihre Inhalte*

2/24 In erster Linie ist hier das in jüngerer Zeit stark aktualisierte **Recht der unerlaubten Handlungen (§§ 823 ff)** zu nennen. Umfassender geregelt wurde hier sowohl die Zahl der geschützten Rechtsgüter (dazu Schwerpunkte Schuldrecht BT § 22 II) als auch die Bemessung des ersatzfähigen Schadens. Neben einem gerechten Schadensausgleich sollen diese Normen zugleich auch eine gewisse Verhaltenssteuerung[21] bewirken. Verhältnismäßig nahe an einem Schuldverhältnis stehen sodann die Ansprüche aus einer **auftragslosen Wahrnehmung fremder Interessen** (§§ 677 ff), die wie die Forderung aus einem vertraglichen Auftragsverhältnis (§§ 662 ff) hauptsächlich auf Herausgabe des aus der Geschäftsführung Erlangten (§§ 681, 667) und auf Aufwendungsersatz (§ 683) gerichtet sind (dazu Schwerpunkte Schuldrecht BT § 13). Den dritten großen und im Besonderen Schuldrecht geregelten Teil bilden die Regeln über die **ungerechtfertigte Bereicherung** (§§ 812 ff), die dem Zweck dienen, ungerechtfertigte Vermögensverschiebungen auszugleichen (dazu Schwerpunkte Schuldrecht BT §§ 16–19). Dies betrifft zunächst die Rückabwicklung nichtiger oder sonst fehlgeschlagener Vertragsverhältnisse durch die sog Leistungskondiktion, die als notwendiges Korrektiv zum Abstraktionsgrundsatz (vgl oben § 1 Rn 49) benötigt wird. Daneben werden die sonstigen Rückabwicklungsfälle ungerechtfertigter Vermögenslagen durch die Nichtleistungskondiktionen geregelt, von denen die zur Rückabwicklung ungerechtfertigter Eingriffe in die Rechtsgüter anderer gedachte Eingriffskondiktion von besonderer Bedeutung ist.

2/25 Außerhalb des Schuldrechts findet sich sodann als vierte große Gruppe das **gesetzliche Schuldverhältnis** zwischen dem Eigentümer und dem unberechtigten Besitzer (§§ 987 ff), das sog **Eigentümer-Besitzer-Verhältnis**[22]. Weniger wichtige gesetzliche Schuldverhältnisse bilden schließlich das ebenfalls im Sachenrecht geregelte Rechtsverhältnis zwischen Eigentümer und Finder (§§ 965 ff)[23] sowie das erbrechtliche gesetzliche Schuldverhältnis zwischen Erben und Erbschaftsbesitzern[24].

### 3. Schuldverhältnisse aus vorvertraglichem Kontakt und vertragliche Pflichten nach Vertragsbeendigung

#### a) Schuldverhältnisse aus vorvertraglichem Kontakt

2/26 Eine gewisse **Sonderstellung** nimmt unter den Schuldverhältnissen auch das sog Schuldverhältnis aus vorvertraglichem Kontakt ein. Lange Zeit auf gewohnheitsrechtliche Überzeugung und höchstrichterliche Rechtsprechung gestützt hat diese Kategorie der Schuldverhältnisse mit der Schuldrechtsmodernisierung in **§ 311** auch Eingang in das BGB gefunden. So führt gemäß § 311 Abs. 2 Nr 1 sowohl die **Aufnahme von Vertragsverhandlungen** als auch noch weitergehend schon jeder **geschäftliche Kontakt** nach § 311 Abs. 2 Nr 2 und Nr 3 zu einem solchen Schuldverhältnis. Dogmatisch siedelt es sich damit in der **Grenzlinie von Schuldverhältnis** (Aufnahme von Ver-

---

21 Vgl dazu *Bohn*, Der Sanktionsgedanke im Bürgerlichen Recht (2005).
22 Vgl genauer *Weber*, Sachenrecht I, § 16.
23 Vgl dazu *Weber*, Sachenrecht I, § 20 III.
24 Dazu *Michalski*, BGB-Erbrecht, 3. Auflage 2006, § 24.

tragsverhandlungen) **und gesetzlichem Schuldverhältnis** (geschäftlicher Kontakt) an, weshalb das Gesetz selbst das so definierte Rechtsverhältnis in der Überschrift zu § 311 als **„rechtsgeschäftsähnliches Schuldverhältnis"** bezeichnet. Die schuldhafte **(culpa)** Verletzung dieses Vertragsanbahnungsverhältnisses **(in contrahendo)** führt zu einem Schadenersatzanspruch (vgl dazu genauer § 11).

### b) Vertragliche Pflichten nach Vertragsbeendigung

Vertragliche Neben- und Schutzpflichten können auch **über den Zeitpunkt der Erfüllung** der jeweiligen Hauptleistungspflichten und dem damit bedingten Erlöschen des Vertrages (§ 362 Abs. 1) **hinaus** zwischen den Vertragsparteien bestehen. Sie dienen der Sicherung des Leistungserfolges oder dem Schutz sonstiger Rechtsgüter des Vertragspartners. Man spricht insoweit von Pflichten **„post contractum finitum"** oder nachvertraglichen Pflichten[25]. Die hM ordnet solche nachwirkenden Pflichten einem vertraglichen Schuldverhältnis zu und behandelt ihre Verletzung wie eine Schlechterfüllung, also nach den Grundsätzen der früher sog positiven Forderungsverletzung[26]. Dies bedeutet gem. § 280 Abs. 1 grundsätzlich einen auf das negative Interesse gerichteten Schadenersatzanspruch, ggf iVm §§ 280 Abs. 3, 282 auch einen Anspruch auf Schadenersatz statt der Leistung. Über § 241 Abs. 2 tritt unter den einengenden Voraussetzungen des § 324 auch ein Rücktrittsrecht hinzu[27].

2/27

## 4. Gefälligkeitsverhältnis

### a) Begriff

Strikt von den soeben dargestellten Schuldverhältnissen zu unterscheiden sind die sog **Gefälligkeitsverhältnisse**. Denn aus ihnen resultieren keine Leistungspflichten iSd § 241 Abs. 1, die Nichtausführung der zugesagten Gefälligkeit kann daher auch keine Schadenersatzansprüche wegen Nichterfüllung (also „statt der Leistung") nach sich ziehen. Es handelt sich bei ihnen lediglich um **Abmachungen im gesellschaftlichen Bereich**.

2/28

**Beispiel:** Einladung zum Abendessen; Zusage der Blumenpflege während Urlaub des Nachbarn.

### b) Leistungs- und Schutzpflichten

Dass Gefälligkeitsverhältnisse keine primären Leistungspflichten mit sich bringen, ist wesenstypisch unstreitig. Dementsprechend entstehen hieraus auch keine Aufwendungsersatzansprüche des Handelnden gegen den Gläubiger. Dennoch aber hat auch ein Gefälligkeitsverhältnis insoweit einen positiven Inhalt, als es einen **„Rechtsgrund zum Behaltendürfen des Erlangten"** iSv § 812 Abs. 1 1. Alt. bildet, so dass der Leistende nicht befugt ist, das Geleistete bereicherungsrechtlich wieder herauszuverlangen.

2/29

---

25 Zum Begriff genauer *Bodewig* Jura 2005, 505.
26 *Bodewig* Jura 2005, 505, 508; *Fikentscher/Heinemann*, SR[10], Rn 76; *Larenz*, SR I[14], S. 130 f.
27 Vgl zum Ganzen genauer *Bodewig* Jura 2005, 505 ff.

**2/30** Heftig umstritten ist dagegen die davon zu trennende Frage, ob auch bei den Gefälligkeitsverhältnissen eine **Haftung** des „Gefälligen" wegen **Verletzung von Schutz- oder Sorgfaltspflichten (§ 241 Abs. 2)** in Betracht kommt. Die noch immer herrschende Meinung geht insoweit davon aus, dass auch § 241 Abs. 2 ein Schuldverhältnis zur Anwendungsvoraussetzung hat, weil dies zur Haftung nach vertragsrechtlichen Grundsätzen führt und daher auf Gefälligkeitsverhältnisse **keine Anwendung** finden kann[28].

**2/31** Nach aufkommender richtiger Ansicht hingegen sind Schutzpflichten allgemein als Ausprägung sozialer Kontakte anzusehen[29] und daher auch solchen Gefälligkeitsverhältnissen immanent, bei denen die entsprechenden Risiken für jedermann einsichtig und ersichtlich sind. Dies gilt insbesondere, wenn die übernommene Gefälligkeit gerade in der Übernahme von Schutzpflichten oder der Erledigung von per se vermögensrelevanten Aufgaben besteht[30]. Man sollte hier von sog **Gefälligkeitsvereinbarungen** sprechen. Diese unterfallen § 311 Abs. 2 Nr 3 und führen daher über § 241 Abs. 2 zur Haftung nach rechtsgeschäftlichen Grundsätzen.

**Beispiel:** Aufsicht auf Nachbarkinder. Sofern diese wegen nachlässiger oder unterbliebener Aufsicht Schäden anrichten, greift eine Haftung aus §§ 280 Abs. 1, 311 Abs. 2 Nr 3, 241 Abs. 2, da Inhalt der Gefälligkeit erkennbar die Sorge um die Kinder und die Vermeidung von Schäden durch diese beinhaltete.

Handelte es sich dagegen um eine nicht erkennbar „schadensgeneigte" oder wirtschaftlich relevante Gefälligkeit, so muss eine rechtsgeschäftsähnliche Haftung ausscheiden.

**Beispiel:** Einladung zum Abendessen. Sofern hier der Eingeladene im Vertrauen auf die Einladung nichts eingekauft hat und daher ein teureres Abendessen im Restaurant einnehmen muss, weil der Einladende die Einladung vergessen hatte, kann kein Ersatz dieses Schadens verlangt werden, weil hier keine ersichtlichen Vermögensinteressen in Frage standen.

Man sollte bei diesen echten Gefälligkeitsverhältnissen ohne rechtsgeschäftliche Haftung von bloßen **Gefälligkeiten** sprechen. In diesen Fällen richtet sich die Haftung somit allein nach den Vorschriften des Deliktsrechts (§§ 823 ff).

### c) Abgrenzung

**2/32** Die Abgrenzung zwischen einem Schuldverhältnis, einer Gefälligkeitsvereinbarung oder bloßen Gefälligkeiten kann im Einzelfall größere Schwierigkeiten bereiten[31]. Für die Abgrenzung zum Schuldverhältnis kommt es dabei entscheidend auf den sog **Rechtsbindungswillen** an[32]. Fehlt dieser, liegen schon keine Willenserklärungen und damit per se kein Schuldverhältnis vor. Damit kommt es entscheidend auf den **subjektiven Willen** der Parteien an. Wollten diese sich mit der Erklärung binden und nicht

---

28 *Flume*, AT II[4], § 7; *Medicus*, BGB AT[8], Rn 191; *Schack*, BGB AT[11], Rn 196.
29 Vgl HKK-BGB/*Schulze*, Vor §§ 241 ff Rn 24.
30 Vgl zu derselben Differenzierung bereits *Schack*, BGB AT[11], Rn 196.
31 Vgl zu Einzelfällen Palandt/*Heinrichs*, BGB[65], Vor § 241 Rn 8 ff.
32 Dazu *Medicus*, BGB AT[8], Rn 191.

nur die zugesagte „Leistung", sondern auch eine persönliche Haftung für den Fall ihrer Nichterbringung (Schadensersatz statt der Leistung) zusagen, so liegt Rechtsbindungswille vor.

Ist dies (wie leider sehr oft im Grenzbereich) nicht sicher feststellbar, so muss nach **objektiven Kriterien** auf den mutmaßlichen Parteiwillen geschlossen werden.

**Beispiel:** A, B, C und D bilden eine Lottospielgemeinschaft dergestalt, dass A von jedem Mitspieler wöchentlich 5 Euro einzieht, den Lottoschein mit einer fest vorgegebenen Zahlenkombination ausfüllt und – weil die Lottoannahmestelle auf seinem Weg zur Arbeitsstelle liegt – diesen abgibt. Vor einer Ziehung vergisst A, den Spielschein auszufüllen und abzugeben. Gerade bei dieser Ausspielung hätte die Zahlenkombination der vier Spieler „5 Richtige" ergeben[33]. Können B, C und D von A Schadensersatz verlangen?

Insofern gilt zunächst, dass jede Abrede einer Gegenleistung, erst recht jede **Entgeltabrede**, die Vereinbarung zu einem **Schuldverhältnis** macht.

**Beispiel:** Hätte A als Gegenleistung für die Mühen des Geldeintreibens, Ausfüllen und Abgeben des Lottoscheins selbst nichts oder auch nur wöchentlich 2 Euro weniger zu zahlen gehabt, läge eine schuldrechtliche Vereinbarung mit der Folge einer Ersatzhaftung nach §§ 280 Abs. 1, 3, 281 vor.

Der Umkehrschluss von der Unentgeltlichkeit auf fehlenden Rechtsbindungswillen kann dagegen nicht gezogen werden, wie bereits die im BGB selbst geregelten unentgeltlichen Schuldverhältnisse hinreichend belegen (vgl Leihe, Auftrag, Schenkung, Bürgschaft).

Der BGH hat in der maßgeblichen Leitentscheidung die **wirtschaftliche und rechtliche Bedeutung** des Geschäfts sowie die Risiken, die mit der Übernahme einer rechtsgeschäftlichen Bindung verbunden sind, als entscheidend für diese Abgrenzungsfrage angesehen[34].

**Beispiel:** Der BGH hat bei der Lottospielergemeinschaft einen Rechtsbindungswillen des A wegen des hohen Haftungsrisikos verneint und somit zutreffend das Vorliegen eines Schuldverhältnisses ausgeschlossen. Damit entfiele nach hM jede rechtsgeschäftliche Haftung bei A. Wer dagegen der hier vorgeschlagenen Aufteilung in Gefälligkeitsvereinbarungen und bloßen Gefälligkeiten folgt, muss weiter differenzieren. Da besondere Schutzpflichten oder Gefahrenabwehraufgaben im Lottospielerfall nicht übernommen wurden, kommt es auf den vermögenswirksamen Inhalt und dessen Erkennbarkeit an. Sieht man insoweit der Schwerpunkt auf den möglichen Gewinnen der Lottogemeinschaft, wäre eine Einordnung als Gefälligkeitsvereinbarung und die daraus ableitbaren Haftungsfolgen denkbar. Näher läge es allerdings, auf die konkrete Tätigkeit, also Ausfüllen, Geldbetreibung und Botengang zur Lottostelle abzustellen und so nur zu einer Gefälligkeit ohne Haftungsfolgen zu gelangen.

#### d) Haftungsmilderung im Deliktsrecht

Fraglich und **umstritten** ist im Zusammenhang mit den Gefälligkeitsverhältnissen schließlich, ob auch die von der vorstehenden Diskussion an sich unberührte delikti-

---

33 Nach BGH NJW 1974, 1705.
34 BGH NJW 1974, 1705.

sche Haftung aus §§ 823 ff gemildert werden sollte. Wenn dafür zum Teil auf den Rechtsgedanken von §§ 521, 599, 690 verwiesen wird[35], ist dem dogmatisch entgegenzuhalten, dass gerade nicht für alle unentgeltlichen Schuldverhältnisse eine solche eingeschränkte Haftung **nur** für **Vorsatz und grobe Fahrlässigkeit** normiert ist. So gilt eine solche Haftungsreduzierung gerade beim Leitbild des unentgeltlichen Tätigwerdens für Dritte, der Geschäftsführung ohne Auftrag, gem. § 680 nur in den Fällen der Gefahrenabwehr. Daher lehnt die hM eine solche Analogie noch ab[36]. In der Sache allerdings liegt einer solchen analogen Haftungsmilderung der überzeugende Gedanke zugrunde, dass man private, **spontane „Hilfeleistungen und Nettigkeiten"** nicht haftungsrechtlich durch die Gefahr, mit Schadenersatzforderungen überzogen zu werden, noch **belasten** und damit einem Zeitgeist Vorschub leisten sollte, nach welchem jeder sich ohnehin nur noch um die eigenen Angelegenheiten kümmert und die Sorgen des „Nächsten" nicht bemerkt oder bemerken will. Dazu passt die strenge deliktische Haftung für jedwede Fahrlässigkeit augenscheinlich nicht. Dies liegt auch dem berechtigen Anliegen der Literatur zugrunde, jedenfalls bei den „Gefälligkeiten des täglichen Lebens"[37], eine solche Haftungsmilderung eingreifen zu lassen. Damit anerkennt die Literatur unausgesprochen auch die von mir hier zugrunde gelegte Unterteilung der Gefälligkeitsverhältnisse. Denn so unangemessen es ist, dem spontanen Helfer mit der vollen Härte der deliktsrechtlichen Haftung auf den Leib zu rücken, so sehr muss bei erkennbar wichtigen und hochwertigen Rechtsgütern oder Interessen der andere Teil auch darauf vertrauen dürfen, dass der „Gefällige" die im Verkehr erforderliche Sorgfalt einhält[38]. Dementsprechend sollte eine solche Haftungsreduzierung auch im deliktischen Bereich auf die bloßen Gefälligkeiten reduziert bleiben.

2/35 Die **Rechtsprechung** hingegen lehnt eine solche Reduktion der deliktischen Haftung bei allen Gefälligkeitsverhältnissen ab[39] und will statt dessen von einem **stillschweigend vereinbarten Haftungsausschluss bei leichter Fahrlässigkeit** ausgehen[40]. Dem ist jedoch zutreffend entgegenzuhalten, dass eine solche stillschweigende Haftungsmilderung auf eine bloße Fiktion hinausläuft[41]. Diese Ansicht ist daher abzulehnen, obwohl sie flexible Lösungen ermöglichen würde. Gerade bei den praktisch wichtigen Mitnahmen anderer im Pkw (sog Gefälligkeitsfahrt) würde ein solcherart fingierter Haftungsverzicht sogar den Interessen beider Gefälligkeitspartner widersprechen. Denn der mitgenommene Geschädigte würde so seine Ansprüche gegen die Kfz-Haftpflichtversicherung des Kraftfahrzeughalters und Schädigers verlieren; der Schädiger selbst aber würde maximal seinen Schadenfreiheitsrabatt einbüßen.

---

35 So grundlegend schon *Hoffmann* AcP 167, 394, 401 ff; *Gehrlein* VersR 2000, 415 ff; ebenso Soergel/*Wolff*, BGB, Vor § 145 Rn 84 mwN.
36 BGHZ 30, 40, 46; BGH NJW 1992, 2474 f.
37 *Medicus*, BR[20], Rn 369; MünchKomm/*Kramer*, BGB[5], Einl. vor § 241 Rn 42.
38 So zu Recht *Looschelders*, SR AT[4], Rn 101.
39 BGHZ 30, 40, 46; BGH NJW 1992, 2474 f.
40 BGHZ 21, 102, 110.
41 *Medicus*, BR[20], Rn 369.

## 5. Zusendung unbestellter Leistungen

In den Zusammenhang von Schuldverhältnis und Haftung gehört auch die neu eingeführte Vorschrift des § 241a Abs. 1, wonach die Lieferung unbestellter Sachen durch einen Unternehmer (§ 14) an einen Verbraucher (§ 13) keine Ansprüche des Lieferanten, dh also **kein Schuldverhältnis** zwischen beiden begründet. Da insbesondere sämtliche Rückforderungsansprüche des Lieferanten ausgeschlossen sind[42], ist streitig, ob durch diese zu weit geratene Strafvorschrift im BGB[43] das Eigentum, wenngleich um den wesenstypischen Herausgabeanspruch aus § 985 beraubt und damit nur als „weitgehend leere Hülse" beim Lieferanten verbleibt[44] oder in erweiternder Auslegung auf den Verbraucher übergeht[45]; sachenrechtlich handelt es sich jedenfalls um eine „missglückte Norm"[46].

2/36

## II. Inhaltsbestimmung

### 1. Vertragstypen des BGB

#### a) Hauptleistungspflichten

Die zentral wichtige Ermittlung des Schuldinhalts ist verhältnismäßig leicht bei den im BGB geregelten Vertragstypen. Hier lassen sich, sofern nicht die Beteiligten Abweichendes vereinbart haben, die **einzelnen Pflichten** dem **Gesetz** entnehmen. Der Verkäufer hat die verkaufte Sache zu übereignen, und zwar in einem Zustand, der keine Sach- oder Rechtsmängel aufweist (§ 433 Abs. 1 Satz 2), er hat dem Käufer auch den Besitz an der Kaufsache zu verschaffen; der Vermieter hat dem Mieter den Besitz der Sache zu überlassen (§ 535), der Beauftragte hat ein „Geschäft" zu besorgen (§ 662). Diese sog **Hauptleistungspflichten** stehen bei den gegenseitigen Schuldverhältnissen in synallagmatischer Verbindung, dh jeder Vertragspartner gibt seine Leistung nur, um gerade die Gegenleistung zu erhalten („do ut des"). Sie **prägen** damit die **Eigenart des jeweiligen Schuldverhältnisses** und sind für die Einordnung in einen bestimmten Vertragstyp maßgeblich.

2/37

#### b) Nebenpflichten

**aa) Leistungsbezogene Nebenpflichten.** Nun bringt allerdings weder die gesetzliche Inhaltsbestimmung eines Vertragstyps noch – wenigstens im Allgemeinen – eine vertragliche Regelung alle Pflichten der Parteien voll zum Ausdruck, die im Laufe einer – vielleicht auch unerwarteten – Entwicklung entstehen oder aus der Sicht einer Seite interessant werden können. In nahezu jedem gesetzlich geregelten Schuldver-

2/38

---

42 Vgl BT-Drs. 14/658 S. 46 und BT-Drs. 14/3195 S. 32.
43 Vgl dazu *Bohn*, Der Sanktionsgedanke im Bürgerlichen Recht (2005), 163 ff und passim.
44 So *Berger* JuS 2000, 649, 652 ff; *Sossnitza* BB 2000, 2317, 2322 f. *Schwartz* NJW 2001, 1449, 1452.
45 So *Ricken* Jura 2000, 505, 512.
46 Zum Ganzen *Weber*, Sachenrecht I, § 10 Rn 76.

hältnis treten neben die ausdrücklich geregelten Pflichten, die sogenannten vertraglichen Hauptpflichten, noch ein ganzes **Bündel von Nebenpflichten**. Zum einen erwähnt das Gesetz selber bei der Regelung der Vertragstypen neben der Hauptleistungspflicht ergänzende Pflichten des Schuldners, so die Kostentragungspflicht des Verkäufers (§ 448 Abs. 1) oder die Auskunftspflicht des Zedenten einer Forderung (§ 402), diese Pflichten sind daher **leistungsbezogen**[47]. Sie haben dienende Funktion, indem ihre Erfüllung dazu beiträgt, dass die Gläubigerinteressen, die sich im richtigen Empfang der Hauptleistung nicht erschöpfen, auch wirklich befriedigt werden. Sie **ergänzen die Hauptleistungspflicht** und dienen ihrer Durchführung und Sicherung. Viele von ihnen werden erst deutlich, wenn in einem Schuldverhältnis Leistungsstörungen auftreten. Sie sind auf die Herbeiführung des Leistungserfolges oder dessen Substituierung durch Schadenersatzleistung bezogen und ergänzen so die Hauptleistungspflichten, ohne allerdings selbst in einer synallagmatischen Bindung zu stehen. Auch bei ihnen hat der Gläubiger jedoch einen einklagbaren Anspruch auf ihre Erfüllung.

2/39  bb) **Nicht leistungsbezogene Nebenpflichten.** Daneben – und mit hoher praktischer Bedeutung – gibt es bei allen Schuldverhältnissen, somit auch bei den vertraglich begründeten, sog **nicht leistungsbezogene** Nebenpflichten, die deutlich werden, wenn der Schuldner zwar die ihm obliegende Primärleistungspflicht fehlerfrei und rechtzeitig erbringt, dabei aber Rechtsgüter und Interessen des Gläubigers verletzt, mit denen ihn die Durchführung des Vertrages in Berührung gebracht hat. Sie sind in **§ 241 Abs. 2** als durch ein „Schuldverhältnis" begründet bezeichnet, wobei das Gesetz ausdrücklich die Pflichten zur Rücksichtnahme „auf die Rechte, Rechtsgüter und Interessen des anderen Teils" hervorhebt. Diese klassischen Schutzpflichten[48], die nach der ausdrücklichen Regelung des § 311 Abs. 2 auch aus einem noch in der Entstehung befindlichen Schuldverhältnis folgen können, bilden, wenn der Schuldner sie verletzt, die Grundlage für einen Schadenersatzanspruch aus **§ 280 Abs. 1**. Dieser war auch im früheren Recht bekannt; man sprach, wenn es sich um die Verletzung von Nebenpflichten aus einem auf einem bestehenden Vertrag beruhenden Schuldverhältnis handelte, von **positiver Vertragsverletzung** (näher § 9), bei Begründung durch das in § 311 Abs. 2 bezeichnete vorvertragliche Verhältnis von **culpa in contrahendo** (näher § 11).

2/40  Die **Umschreibung der Nebenpflichten in § 241 Abs. 2** ist, da die Grundlage in der allgemeinen Treuepflicht liegt, **nicht abschließend**. Sie gibt aber wichtige Hinweise auf die Konkretisierung. So begründen die ergänzenden **Aufklärungs- und Hinweispflichten** eine Pflicht, die andere Vertragspartei über alle für den Vertragsschluss und seine Durchführung sowie die Erreichung des Vertragszweckes wichtigen Umstände aufzuklären. Dabei zeigt die ausdrücklich im Gesetzestext festgeschriebene Maßgeblichkeit auch „bloßer Interessen" unmissverständlich, dass ein Tatbestand der Pflicht-

---

[47] Begriff von *Teichmann* JA 1984, 545, 546; zur Abgrenzung vgl *Madaus* Jura 2004, 289 ff.
[48] Siehe etwa BGH WM 1976, 1165; BGH NJW 1968, 37 f; weitere Beispiele bei MünchKomm/*Kramer*, BGB[5], § 241 Rn 90 ff; Bamberger/Roth/*Grüneberg*, BGB, § 241 Rn 89 ff.

verletzung nicht nur gegeben ist, wenn Rechtsgüter des Gläubigers betroffen sind, die unter den (deliktischen) Schutz des § 823 Abs. 1 fallen[49]. Vielmehr reicht es aus, wenn der Gläubiger eine Einbuße in seinen allgemeinen Vermögensinteressen erleidet, die von § 823 Abs. 1 gerade nicht erfasst sind.

> So würde im **Fall 4** die falsche Behandlung des O, die ihm einen Körperschaden zufügt, nicht nur eine unerlaubte Handlung, sondern auch eine (positive) Vertragsverletzung sein, ebenso aber eine Falschinformation über die Erstattungsfähigkeit der aufgewendeten Arztkosten durch die Krankenversicherung, die für O zu einer Einbuße im Vermögen geführt hat, aber unter Gesichtspunkten des Deliktsschutzes nicht relevant wäre, weil es sich nicht um eine Eigentumsverletzung handelt. Dafür wäre also Schadenersatz nach § 280 Abs. 1 zu leisten. Es handelt sich hierbei um eine Haftung nach Vertragsgrundsätzen. Das bedeutet auch, dass der Schuldner – also etwa im **Fall 4** Dr. P – für Verschulden seiner Mitarbeiter nach § 278 (dazu unten § 7 II) ohne eigenes Verschulden einzustehen hat.

Andere Nebenpflichten sind darauf gerichtet, die Wirksamkeit des in Aussicht genommenen Vertrages nicht zu gefährden und alles zu unterlassen, was die Erreichung des Vertragszweckes beeinträchtigen oder gefährden könnte. Dies betrifft beispielsweise die Pflicht zur Mitwirkung an einem Verfahren, das zur Herstellung der Wirksamkeit des geschlossenen Vertrages erforderlich ist. So sind gewöhnlich beide Partner eines Vertrages, zu dessen Gültigkeit eine behördliche Genehmigung nötig ist, verpflichtet, die entsprechenden Anträge zu stellen und alles zu unterlassen, was die Erteilung einer Genehmigung verhindern könnte[50]. Man kann diese Pflichten unter der Sammelbezeichnung **„Leistungstreuepflichten"** zusammenfassen. Dazu kann unter besonderen Voraussetzungen auch die Pflicht gehören, bereits begonnene Vertragsverhandlungen nicht ohne triftige Gründe abzubrechen.

2/41

Allgemein bedarf es, um die Vielzahl gerade der nicht leistungsbezogenen Nebenpflichten iS des § 241 Abs. 2 erfassen zu können, eines Blicks auf die durch die Durchführung des Vertrages berührten Rechtsgüter und Interessen des Gläubigers. In diesem Sinne handelt es sich dem Grunde nach bei § 241 Abs. 2 um eine Ergänzung der Vertragspflichten nach objektiven Gerechtigkeitskriterien[51].

**Beispiel:** Wenn ein Bankkunde seiner Bank den Auftrag gibt, für ihn einen hohen Geldbetrag an der Wertpapierbörse durch Kauf einer bestimmten Aktie anzulegen, von der die Bank weiß, dass der Kurswert auf Grund schwerer Verluste in der jüngsten Vergangenheit deutlich überhöht ist, so dass der Kunde Gefahr läuft, sein Geld zu verlieren, so ist sie verpflichtet, ihn vor dieser Anlage zu warnen, auch wenn er sie nicht um Beratung über seine Angelegenheiten gebeten hat.

Die Unterscheidung von leistungsbezogenen und nicht leistungsbezogenen Nebenpflichten iS des § 241 Abs. 2 muss auch unter dem Aspekt der Klagbarkeit getroffen fen werden[52]. Während diese den leistungsbezogenen Nebenpflichten zukommt,

2/42

---

49 Zur Beschränkung des deliktischen Güterschutzes auf die in § 823 Abs. 1 genannten „absoluten" Rechtsgüter MünchKomm/*Mertens*, BGB⁴, § 823 Rn 71 ff; Palandt/*Thomas*, BGB⁶⁵, § 823 Rn 2 ff; Jauernig/*Teichmann*, BGB¹¹, § 823 Rn 2 ff.
50 Aus der Rechtsprechung: RGZ 115, 35, 38; BGHZ 14, 1; BGH JZ 1973, 368.
51 So *Westermann*, Vorauflage, Rn 2/9.
52 Dazu kritisch *Madaus* Jura 2004, 289, 290.

mangelt es an einer selbstständigen Einklagbarkeit der nicht leistungsbezogenen Nebenpflichten.

Die aufgezeigten Entwicklungen im Bereich der Nebenpflichten zeigen, dass ihrer Ausbildung und Gruppierung trotz der Regelung in § 241 Abs. 2 ein einheitliches Prinzip nicht zu Grunde liegt. Vielmehr muss mit **typischen Ausprägungen allgemeiner Gedanken** gearbeitet werden. Dennoch aber sollte an der grundsätzlichen Unterscheidung zwischen leistungsbezogenen und nicht leistungsbezogenen Nebenpflichten festgehalten werden. Wer stattdessen auf die Leistungsnähe der verletzten Pflicht abstellen will, macht die Einordnung vom Parteiwillen und vom jeweiligen Einzelfall abhängig und verzichtet damit gerade auf die gewollte Klassifizierung[53].

## 2. Gemischte und atypische Verträge

### a) Begriff

2/43 Unter der Herrschaft des Grundsatzes der Privatautonomie sind die Parteien aber an die Typen des BGB nicht gebunden, sondern können die gesetzlichen Typen miteinander verbinden oder vermischen. Man spricht dann von sogenannten **gemischten Verträgen**.

> So schuldet in **Fall 4** Dr. P, wenn er Inhaber der Klinik ist, neben der Operation auch die Aufnahme in einem Zimmer der Klinik, Verpflegung, möglicherweise auch die Hinzuziehung weiterer Ärzte. Grundlage ist aber ein einheitlicher Vertrag.

Die Vertragschließenden können aber auch einen gesetzlichen Typ ohne Aufnahme von Elementen anderer Typen eigenständig abwandeln (**atypische Verträge**).

### b) Konkrete Inhaltsbestimmung

2/44 Für die Inhaltsbestimmung der gemischten und der atypischen Verträge haben sich noch **keine einheitlichen Regeln** herausgebildet[54]. Immerhin kann man inzwischen aber einige Grundsätze festhalten. Handelt es sich bei dem typengemischten Vertrag um einen solchen, bei dem die einzelnen Teilleistungen gesetzlich geregelten Vertragstypen zugeordnet werden können, aber wirtschaftlich aufeinander bezogen sind, und schuldet der andere Teil eine Gegenleistung in Geld, die allerdings auch in der Weise gestaltet sein kann, dass die verschiedenen Leistungen getrennt vergütet werden, so sollen in diesen Fällen einer Typenkombination die verschiedenen Leistungen nach den Regeln des auf sie passenden Vertragstyps beurteilt werden können. Man bezeichnet dies als **Kombinationstheorie**.

---

53 Entgegen *Madaus* Jura 2004, 289, 292.
54 Allgemein zum Problem der gemischten Verträge *Hoeniger*, Untersuchungen zum Problem der gemischten Verträge Bd. I, Die gemischten Verträge in ihren Grundformen (1910); *Esser/E. Schmidt*, SR I/2[8], § 12 II; zur Theorie *Leenen*, Typus und Rechtsfindung, 1971, S. 118 ff.

So ist es in **Fall 4**: Dr. P schuldet die Operation, die als Werk- oder Dienstleistung eingeordnet werden kann[55], daneben Unterkunft (für die die Regeln des Mietrechts angewendet werden können), Verpflegung (in der Regel auf Grund eines Werklieferungsvertrages, s. näher § 651). Wenn also O ungenießbare Verpflegung erhält, die somit einen Sachmangel gem. § 434 enthält, so kann er gem. §§ 437 Nr 1, 439 Nacherfüllung, wohl in erster Linie Nachlieferung, verlangen; wenn dies versagt, kann er insoweit zurücktreten (§ 323 Abs. 1), vielleicht sogar vom ganzen Vertrag (§ 323 Abs. 5). Erleidet er einen Körperschaden, weil er durch die Leselampe in seinem Krankenzimmer einen elektrischen Schlag erhalten hat, so handelt es sich um eine Pflichtverletzung im Rahmen des Mietvertrages, für deren Beurteilung die in § 536a niedergelegte verschuldensunabhängige Haftung des Dr. P wichtig werden kann.

Anders soll bei den sog **atypischen Verträgen** vorgegangen werden. Jedenfalls wenn zu einer einem gesetzlichen Typ entsprechenden Vereinbarung noch Zusätze hinzutreten, die aber im Rahmen des gesamten Leistungsaustausches weniger wichtig sind, soll es dem Parteiwillen entsprechen, dass die in der gesetzlichen Regelung des Typs nicht enthaltene Leistung von der Hauptschuld verdrängt wird, so dass **nur das die Hauptpflicht erfassende Pflichtenprogramm** die rechtliche Ordnung bestimmt. Konkret bedeutet dies, dass allein die gesetzlichen Regelungen des Hauptvertrages zur Anwendung kommen und die abgewandelten Teilregelungen verdrängt werden. Man bezeichnet dies deshalb auch als **Absorptionstheorie**. 2/45

**Beispiel:** Wenn bei einer Miete über Geschäftsräume neben einer Festmiete eine Umsatzmiete oder eine Gewinnbeteiligung geschuldet ist (man spricht auch von einem „partiarischen" Geschäft), was insofern gesellschaftsähnlichen Charakter hat, als der Vermieter am Geschäftserfolg des Mieters teilnimmt, so stellen Unklarheiten bei der Mitteilung der Umsätze eine Verletzung der Pflicht zur Mietzinszahlung dar, gesellschaftsrechtliche Regeln brauchen für dieses Ergebnis nicht herangezogen zu werden.

Von diesen Regeln zum atypischen Vertrag ist auch auszugehen, wenn die Gegenleistung nicht in der vertragstypischen Geldzahlung besteht, sondern ihrerseits eine Handlung umfasst, die den Gegenstand eines typischen Vertrages bilden könnte (**Vertrag mit anderstypischer Gegenleistung**). 2/46

**Beispiel:** Der Hausmeister zahlt für die zur Verfügung gestellte Wohnung wegen der Erbringung der Hausmeisterdienste keine Miete, der Student führt in Anrechnung auf die Miete jede Nacht für eine Stunde den Hund der Wirtin auf die Straße.

In derartigen Fällen ist ebenfalls der Absorptionstheorie zu folgen. Die Regelung des Vertragsverhältnisses richtet sich also zunächst nach dem in erster Linie bezogenen Vertragstyp des Gesetzes.

**Beispiel:** Demnach ist für die Kündigung des Hausmeistervertrages nach Maßgabe der §§ 576 ff Mietrecht anzuwenden.

Ein wichtiger, früher ebenfalls als gemischter Vertrag behandelter Vertragstyp ist der **Liefervertrag mit Montageverpflichtung**, bei dem sich in verschiedenen Wendungen die Frage stellte, ob die Lieferpflicht erfüllt war, wenn die Montage unterblieben 2/47

---

55 Näher zum Arztrecht *Laufs/Uhlenbruck*, Handbuch des Arztrechts, 2002, § 39 Rn 1 ff; zur kosmetischen Operation BGH MDR 1998, 317.

oder schlecht erfüllt ist. Diese Gestaltung ist jetzt durch **§ 434 Abs. 1 S. 2** dem **Kaufrecht** in der Weise unterworfen, dass ein Sachmangel auch dann gegeben ist, wenn die vereinbarte Montage unsachgemäß durchgeführt wurde. Das gilt jetzt sogar dann, wenn die beigefügte Montageanleitung fehlerhaft oder nicht nachvollziehbar ist. Da die Pflicht, mangelfrei zu liefern, in § 433 Abs. 1 S. 2 zu den Erfüllungspflichten des Verkäufers gehört, ist ein Unterbleiben der Montage ebenso wie die fehlerhafte, fehlende oder unverständige Montageanleitung als teilweise Nichterfüllung (§ 323 Abs. 5) anzusehen.

2/48 Insgesamt ist die **Grenze** zwischen typischen und atypischen Verträgen ebenso wie die in und zwischen den gemischt-typischen Verträgen **fließend**. Ganz wird das gesetzliche Leitbild mit allen einzelnen abdingbaren Vorschriften nur selten passen, während andererseits die gesetzlichen Bestimmungen fast überall eine brauchbare Ergänzung des Vereinbarten abgeben, wenn die Parteien eine Regelung nicht getroffen oder eine Lücke in ihren Vereinbarungen übersehen haben.

### 3. Neue Vertragstypen

2/49 Die Privatautonomie ermöglicht es den Schuldvertragsparteien aber auch, dass sie ganz neue Typen von Schuldverhältnissen „**erfinden**". Von der letzteren Möglichkeit hat die Praxis reichlich Gebrauch gemacht, etwa in Gestalt des „**Leasing**", des „**Factoring**", des „**Franchising**" oder des „Automatenaufstellvertrages", wobei sich inzwischen (zT auf der Grundlage Allgemeiner Geschäftsbedingungen") verhältnismäßig genau ausgearbeitete „Unter-Typen" ausgebildet haben[56]. Einige außerhalb des Gesetzes entwickelte Vertragstypen haben inzwischen Eingang in die Kodifikation gefunden, so der Reisevertrag (§§ 651a ff) und auch das Leasing, dieses allerdings nur in einzelnen, die Problematik des Verbraucherschutzes bei Kreditgeschäften berührenden Aspekten (s. etwa § 500).

### 4. Inhaltsbestimmung außerhalb des Vertragsschlusses

2/50 Dem für das Schuldrecht systembestimmenden Grundsatz der Privatautonomie (§ 1 Rn 1/10) entspricht an sich das **freie Aushandeln aller Vertragsmodalitäten** durch beide Partner. Das ist – vom AGB-Problem abgesehen – nicht überall durchzuhalten, weil oft Verträge geschlossen werden müssen, ohne dass bereits alle zur Abwicklung nötigen Einzelheiten übersehbar sind.

> So wissen die Beteiligten im **Fall 4** nicht, ob nicht der Verlauf des Eingriffs die Hinzuziehung eines weiteren Facharztes (etwa eines Neurologen) erfordern wird, und es ist möglicherweise auch nicht genau vorhersehbar, wie viel Zeit Dr. P für die eigentliche Operation und die Nachbehandlung wird aufwenden müssen.

---

56 Zu den neuen Vertragstypen eingehend *Martinek*, Moderne Vertragstypen, Band I (Leasing und Factoring), 1991, Bd. II (Franchising und andere Verträge); Bd. III (Computerverträge; Kreditkartenverträge und andere Vertragstypen), 1993; zum Leasing MünchKomm/*Habersack*, BGB[4], nach § 515 Rn 1 ff.

Hier müssen Regelungen zur **ergänzenden Bestimmung** des Vertragsinhalts, insbesondere mit Blick auf die jeweiligen Hauptpflichten gefunden werden. Das Gesetz muss hier Vorkehrungen treffen, wie die Leistungsbestimmung geschieht, wobei neben gesetzlichen Verweisungen auch ein einseitiger Akt einer Partei oder eines Dritten in Frage kommt. Den so zustandegekommenen Pflichten steht die **Richtigkeitsgewähr** frei ausgehandelter Vereinbarungen **nicht in gleichem Maße** zur Seite wie einem gewöhnlichen Schuldvertrag. Das hat zu einer **Kontrollbefugnis des Richters** über die Leistungsbestimmung durch eine Partei oder einen Dritten geführt.

### a) Gesetzliche Verweisung auf „die übliche Vergütung"

Manchmal bestimmt das **Gesetz**, dass bei fehlender Abrede über die geschuldete Gegenleistung „die übliche Vergütung als vereinbart anzusehen sei". So beim Dienstvertrag (**§ 612 Abs. 2**), beim Werkvertrag (**§ 632 Abs. 2**) oder beim Maklervertrag (**§ 653 Abs. 2**). Damit wird in der Regel auf einen Tarif oder eine **Vergütungsordnung** Bezug genommen, wie es sie für verschiedene **freie Berufe** (Rechtsanwälte, Architekten) gibt[57], die aber nicht in allen Einzelheiten zwingend sind.

2/51

> Im **Fall 4** ist über die eigentliche ärztliche Tätigkeit – Operation, Nachbehandlung, sonstige Betreuung – keine Vereinbarung getroffen worden. Der „Arztvertrag" ist, da eine Tätigkeit und nicht ein bestimmter Erfolg geschuldet ist, idR Dienstvertrag[58]. Bei „Privatpatienten" regelt sich die Vergütung nach der getroffenen Vereinbarung, wenn eine solche fehlt, also nach § 612[59], doch sind für die Gebührenhöhe die Mindest- und Höchstsätze nach der GOÄ[60] zu beachten, wobei allerdings vor Beginn der Behandlung höhere Sätze vereinbart werden können[61]. Da zwischen O und Dr. P eine entsprechende Vereinbarung fehlt, ist Dr. P an diese Gebührensätze gebunden.

Meist fordert der Gläubiger in diesen Fällen sein Recht durch eine **Rechnung**. Er übt hiermit das ihm im Zweifel zustehende Gläubigerrecht (§ 316) aus. Inhaltlich hat er bei dieser empfangsbedürftigen Erklärung (§ 315 Abs. 2) **„billiges Ermessen"** (§ 315 Abs. 1) walten zu lassen, sofern ihm der Tarif oder der Gebührensatz überhaupt einen Freiraum bei der Entgeltfestlegung belässt, indem etwa die Vergütungshöhe von der Schwierigkeit des Falles (3/10-, 7/10- oder 13/10-Gebühr) abhängig gemacht wird. Fehlt es an einem solchen Gestaltungsspielraum, dann gilt § 316 nicht. Man spricht insoweit von einer bloß **deklaratorischen Rechnung**, während die dem Gläubiger Gestaltungsräume belassende Regelung zu einer **konstitutiven Rechnung** führt[62].

2/52

---

57 BRAGO (Bundesgebührenordnung für Rechtsanwälte v. 26.7.1957, BGBl. I 907, BGBl. III 3 Nr 368-1), HOAI (Honorarordnung für Architekten und Ingenieure idF v. 4.3.1991, BGBl. I 533).
58 Siehe etwa OLG Zweibrücken NJW 1983, 2094; für die Annahme eines Werkvertrages nur bei Vorliegen besonderer Umstände *Laufs/Uhlenbruck*, Handbuch des Arztrechts, 2002, § 39 Rn 31 f (siehe dort die weiteren Nachweise in Fn 100); zur gewöhnlichen Behandlung des Arztvertrages als Dienstvertrag ebenda Rn 10.
59 BGH NJW 1977, 1103; MünchKomm/*Müller-Glöge*, BGB[4], § 611 Rn 69.
60 Gebührenordnung für Ärzte idF v 10.6.1988; BGBl I 818, 1590.
61 Grundlagen: § 72 Abs. 1 SGB V, Gesundheitsreformgesetz v. 20.12.1988 (BGBl I S. 2477); zur Zulässigkeit ärztlicher Honorarvereinbarungen *König* NJW 1992, 728.
62 Vgl *Rother* AcP 164, 97 ff.

### b) Leistungsbestimmung durch eine Vertragspartei

2/53 Ihren eigentlichen Anwendungsbereich aber finden die §§ 315, 316 in den Fällen, in denen die Leistungsbestimmung durch eine der Vertragsparteien selbst erfolgen soll und muss. Hier liegt der eigentliche Anwendungsbereich der konstitutiven, dh die Forderungshöhe bestimmenden Rechnung. Dabei bedeutet die Befugnis, die Forderungshöhe oder allgemein den Leistungsinhalt nach „billigem Ermessen" festzusetzen, dass ein gewisser Spielraum besteht, innerhalb dessen mehrere Entscheidungen richtig sein können. Dennoch aber bedeutet „billiges Ermessen" nicht Belieben, was sich gerade auch daran zeigt, dass nach **§ 315 Abs. 3** der Schuldner die Gerechtigkeit der Leistungsbestimmung **gerichtlich nachprüfen** lassen kann. Während die einseitige Festlegung des Leistungsinhalts durch eine Partei Ausübung eines privaten Gestaltungsrechts ist, geht die Befugnis, durch gestaltenden Akt den Vertragsinhalt zu ergänzen, im Fall einer gerichtlichen Prüfung auf den Richter über[63]. Immer bildet der Gesichtspunkt der **objektiven Angemessenheit** die Richtschnur, was aber heißt, dass zwar der Berechtigte frei bestimmen kann, sich aber innerhalb eines ersichtlichen Rahmens bewegen muss, dessen Grenzen der Richter auf ihre Einhaltung überprüfen kann, mit der Folge, dass er auch festlegen kann, welche Forderung angemessen wäre. Die Leistungsbestimmung selbst ist dabei unwiderruflich[64]. Umstritten, aber wohl zu bejahen ist die Frage, ob dem Bestimmungsrecht auch eine Bestimmungspflicht korrespondiert, was insb. für die Frage des Verzugseintritts von Bedeutung ist.

### c) Leistungsbestimmung durch Dritte

2/54 Nicht selten unterwerfen sich die Parteien, die den Umfang der geschuldeten Leistung nicht schon bei Vertragsabschluss kennen, lieber der **Bestimmung durch einen Dritten** als dem Spruch des Vertragspartners. Dies kommt in der Praxis häufig dergestalt vor, dass die Leistungsbestimmung einem Schiedsgutachter oder einem Schiedsgericht[65] oder anderen Personen mit besonderer Sachkunde übertragen wird. Der Unterschied zur Vereinbarung eines Schiedsgerichts liegt im Wesentlichen darin, dass der **Schiedsgutachter** eine bestimmte **tatsächliche Feststellung** („angemessener Mietpreis") zur inhaltlichen Ausfüllung eines Rechtsverhältnisses treffen soll, während ein **Schiedsgericht** über Ansprüche einer Partei gegen die andere entscheiden, also den **Inhalt der** eingeklagten **Forderung insgesamt bestimmen** oder – bei Gestaltungsklagen – ein Rechtsverhältnis umgestalten soll[66].

2/55 Das Gesetz (**§ 317 Abs. 1**) geht bei der Bestimmung durch einen Dritten wiederum vom **„billigen Ermessen"** als Richtlinie aus und sieht für die **Klage** einer unzufriedenen Partei die gerichtliche Ersetzung eines **„offenbar unbilligen"** Spruchs des Dritten vor (§ 319 Abs. 1). In feiner Abstimmung gegenüber der **Kontrollbefugnis** nach

---

63 Zur Leistungsbestimmung als Gestaltungsakt *Bötticher*, Gestaltungsakt und Unterwerfung im Privatrecht (1964), S. 17; *Kronke* AcP 183, 113 ff; zur richterlichen Gestaltung im Rahmen des § 315 BGHZ 94, 98 mit krit. Anm. Vollkommer JZ 1985, 879.
64 BGH NJW 2002, 1424.
65 Zum Schiedsgutachtervertrag, besonders zur Abgrenzung zu dem an die Stelle der ordentlichen Gerichtsbarkeit tretenden Schiedsrichtervertrag s. MünchKomm/*Gottwald*, BGB[5], § 317 Rn 6 ff.
66 Näher MünchKomm/*Gottwald*, BGB[5], § 317 Rn 9.

Leistungsbestimmung durch eine Partei hält der Gesetzgeber den Spruch des neutralen Dritten nur für unwirksam, wenn die Unbilligkeit „offenbar" ist, dh also wenn die Unbilligkeit für jeden Außenstehenden auf den ersten Blick offen zu Tage liegt. Dies entspricht der Vorstellung, dass der durch den privatautonomen Akt betraute Dritte im Zweifel die Verhältnisse, nach denen sich die Billigkeit der Leistung bemisst, besser werde beurteilen können als der völlig außenstehende staatliche Richter.

### 5. Die Vertragsstrafe

Außerhalb des gewöhnlichen Bildes privatautonom übernommener Verpflichtungen steht auch die in **§§ 339 ff** geregelte Vertragsstrafe, die **zwar vertraglich vereinbart, aber** dann durch ein bestimmtes Verhalten „verwirkt", also wie eine Kriminalstrafe **einseitig „verhängt"** wird. Die Vertragsstrafe als Sonderfall privater Rechtsausübung ist ein erlaubtes Druckmittel in der Hand des Gläubigers für den Fall, dass der Schuldner eine Verbindlichkeit nicht oder nicht richtig erfüllt (§§ 340, 341). Dabei folgt das Interesse des Gläubigers an einer solchen Regelung hauptsächlich daraus, dass er, wenn er Schadenersatz statt der Leistung (§ 281 Abs. 1) verlangen will, einen Schaden muss darlegen können, was erfahrungsgemäß schwer fällt, wenn die Folgen einer Pflichtverletzung sich schlecht in Geld berechnen lassen, aber trotzdem für den Vertragspartner empfindlich sind.

2/56

So könnte im **Fall 6** für alle Fälle des Zuwiderhandelns gegen ein Rückkehrverbot eine Vertragsstrafe vereinbart werden.

Großen Raum nimmt aber, wie aus § 343 Abs. 2 hervorgeht, auch das Strafversprechen für den Fall ein, dass der Schuldner eine mit den gewöhnlichen Mitteln des Rechtszwangs nicht durchsetzbare Verpflichtung verletzt. Man nennt dies ein so genanntes **uneigentliches Strafgedinge**.

2/57

## III. Klausurgliederung Fall 3

I. Grundlage für einen Ersatzanspruch der O sind §§ 286, 280 Abs. 2 iVm § 667.

2/58

1. Das setzt voraus, dass ein Auftrag und nicht ein bloßes Gefälligkeitsverhältnis besteht[67]. Es liegt ein Auftrag vor. Wenn dagegen nicht nur die Kosten ersetzt werden sollen, wäre von einem Werkvertrag auszugehen (dazu unten II).

2. S war zur Herausgabe der Möbel verpflichtet, da der Leistungszeitpunkt (§ 271 Abs. 1) verstrichen war. Eine Mahnung, die an sich gem. § 286 Abs. 1 erforderlich gewesen wäre, war hier entbehrlich, weil sich F ausdrücklich weigerte, die Möbel abzuladen (§ 286 Abs. 2 Nr 3). Fraglich ist aber ein Verschulden des S bzw seiner Leute (§ 278), weil sie möglicherweise glaubten, der Herausgabepflicht nicht ohne Erstattung der Aufwendungen für die Kosten (§ 670) nachkommen zu müssen.

---

67 Zum Unterschied zwischen Schuldverhältnis und bloßem Gefälligkeitsverhältnis siehe Rn 32.

3. Ein Leistungsverweigerungsrecht gem. § 320 kommt nicht in Betracht, da der Auftrag kein gegenseitiger Vertrag ist.

4. Dagegen könnte ein Leistungsverweigerungsrecht aus § 273 bestehen, weil der Herausgabe- und der Aufwendungsersatzanspruch demselben Rechtsverhältnis entspringen. Hierzu ist allerdings zunächst zu prüfen, ob sich nicht aus dem Schuldverhältnis oder direkt aus dem Gedanken von Treu und Glauben (§ 242) eine Vorleistungspflicht des S (damit auch seiner Leute) ergibt. Fraglich ist weiter, ob S ein Verweigerungsrecht hätte geltend machen müssen, oder ob die bloße Existenz der Einrede bereits den Verzug ausschließt (str.). Zumindest nach der Erhebung der Einrede, wenn man sie dem Grund nach für berechtigt hält und keine Vorleistungspflicht annimmt, ist aber Verzug ausgeschlossen, der Anspruch der O wäre dann nicht berechtigt.

II. Geht man von einem Werkvertrag aus, so sind Anspruchsgrundlage wiederum §§ 286, 280 Abs. 2, diesmal iVm § 631.

1. Möglicherweise stand aber dem Erfüllungsanspruch auf Abladen der Möbel die Einrede des nichterfüllten Vertrages (§ 320) entgegen.

2. Sie besteht allerdings nicht, wenn S vorleistungspflichtig war, was hier wohl aus § 641 zu schließen ist. S gerät dann, wenn die sonstigen Voraussetzungen vorliegen, durch die Weigerung, die Möbel abzuladen, in Verzug, der Anspruch der O greift durch.

3. Verneint man dagegen eine Vorleistungspflicht, so brauchte S (bzw seine Leute) vor Erstattung der Aufwendungen die Möbel nicht abzuladen, das bloße Bestehen dieser Einrede verhinderte, dass der Schuldner in Verzug geriet. Der Anspruch der O wäre dann unberechtigt.

## IV. Klausurgliederung Fall 6

Ansprüche des Dr. K gegen Dr. V sind in der Weise denkbar, dass Dr. K den Kaufvertrag über die Praxis rückgängig macht oder von seinem Vorgänger Unterlassung der von ihm betriebenen Konkurrenz sowie Schadenersatz verlangt. Soweit Dr. K Erfüllungsansprüche zustehen, sind sie vorrangig zu prüfen.

I.

Es kommt ein Unterlassungsanspruch gegen Dr. V in Betracht. Er kann sich aus dem wirksamen Praxiskaufvertrag ergeben. Zwar ist im Vertrag kein Rückkehrverbot enthalten, doch lässt sich eine solche Regelung auf der Grundlage des § 241 Abs. 2 durch ergänzende Vertragsauslegung unter dem Aspekt der Gefährdung des Vertragszwecks begründen. Mit Rücksicht auf die berechtigten Belange des Dr. V, seinen Beruf als Tierarzt frei ausüben zu dürfen, muss das Rückkehrverbot allerdings auf einen verhältnismäßig engen Bereich und auf einen nicht allzu langen Zeitraum beschränkt werden, was auch im Klageantrag zum Ausdruck kommen muss[68].

II.

1. Dr. K könnte das Recht haben, vom Vertrag **zurückzutreten**, was nach § 346 den Dr. V zur Rückzahlung des Kaufpreises verpflichten würde. Als Rücktrittsgrund ist ein Mangel der Praxis als des verkauften Gegenstandes (§ 453) zu untersuchen, siehe § 437 Nr 3 iVm § 323. Das

---

68 Zur Beschränkung der zeitlichen Dauer des Rückkehrverbots OLG Stuttgart NJW 2002, 1431; OLG Saarbrücken EWiR 2001, 437; BGH BB 2000, 1420 = WM 2000, 1496 = ZIP 2000, 1337; LG Hannover BB 1998, 1501; BGH NJW 1997, 3089 = WM 1997, 1707; BGH NJW-RR 1996, 741.

würde allerdings voraussetzen, dass der Mangel bereits bei Gefahrübergang, also bei Übergabe der Praxis, vorlag (s. § 434 Abs. 1), was nicht angenommen werden kann, da Dr. P erst später in sein früheres Praxisgebiet zurückkehrt.

2. Eine andere Rücktrittsmöglichkeit kann sich für Dr. K aus § 324 ergeben, wenn man die Rückkehr des Dr. V und die darin liegende zumindest teilweise Vereitelung des Vertragszwecks aus der Sicht des Dr. K als einen Pflichtverstoß gemäß § 241 Abs. 2 betrachtet. Es ist dann zu prüfen, ob Dr. K ein Festhalten am Vertrag zuzumuten ist, was keineswegs sicher ist. In diesem Zusammenhang kommt es dann aber auf die weitere Frage an, ob Dr. K gegen seinen Vorgänger einen Anspruch auf Unterlassung von Wettbewerb im Praxisgebiet hat. Bejaht man dies anhand der oben genannten Maßstäbe, so stellt sich als nächstes die Frage, ob Dr. K die Wahl haben soll, ob er den Unterlassungsanspruch durchsetzt oder nach § 324 vom Vertrag zurücktritt; das wird von den Umständen, insbesondere davon abhängen, ob dem Dr. K mit dem zeitlich und örtlich begrenzten Unterlassungsanspruch praktisch gedient ist.

3. Schließlich kommt ein Schadenersatzanspruch des Dr. K gegen Dr. V in Betracht, allerdings erst nach einer Abmahnung (§ 281 Abs. 3). Dafür ist Verschulden des Dr. V Voraussetzung, wofür aber spricht, dass sich Dr. V als Kenner des Fachs der aus dem Praxiskaufvertrag folgenden Beschränkung seiner nachvertraglichen Handlungsfreiheit bewusst sein musste. Fahrlässigkeit iS des § 276 ist also wohl zu bejahen. Allerdings muss Dr. K, wenn er einen solchen Anspruch durchsetzen will, seinen durch die Rückkehr des Dr. V entstandenen Schaden konkret belegen können, etwa durch Umsatzvergleiche.

# § 3 Gegenstand und Art der Leistung

**Fall 7:** Der Gastwirt K betreibt ein vielbesuchtes Ausflugslokal in der Nähe einer Großstadt. Er bestellt beim Händler V für das Pfingstgeschäft einen halben Zentner Erdbeeren, erste Qualität. V liefert bereits am Donnerstag vor Pfingsten. K ist empört, da er drei Tage alte Erdbeeren nicht als frisch verkaufen könne und die Ware auch qualitativ nicht das Beste darstelle. K fragt daher an, ob er die Ware abnehmen und bezahlen müsse. V dagegen verlangt Zahlung mit 10 % Zinsen seit dem Tage der Anlieferung. Er weist darauf hin, dass K schließlich eine Tiefkühltruhe habe. **Lösung Rn 3/41**

## I. Art der Leistung

### 1. Stückschuld, Gattungsschuld und Vorratsschuld

#### a) Begriff

Das insbesondere in den kaufrechtlichen Regelungen[1] deutlich werdende, aber eben auch das gesamte Allgemeine Schuldrecht beherrschende System des BGB geht davon aus, dass eine **spezifische unverwechselbare Sache** gekauft und übergeben wer-

3/1

---

1 § 433 begründet eine Pflicht zur Eigentumsübertragung „an der Sache" sowie dazu, den vereinbarten Kaufpreis zu zahlen und die gekaufte Sache abzunehmen; der Kauf bezieht sich also auf eine bereits bestimmte Kaufsache.

den soll – ein Unikat. In solchen Fällen, in denen die Vertragsschließenden von vornherein den geschuldeten Gegenstand individuell festgelegt haben, so dass kein anderer Gegenstand als Erfüllung in Betracht kommt, spricht man von einer **Stückschuld**. Dafür ist nicht notwendig, dass die Sache bei Vertragsschluss bereits existiert, eine Stückschuld ist zB auch gegeben, wenn sich der Verkäufer verpflichtet, ein bestimmtes bei einem Sammler befindliches Bild zu erwerben und seinem Abkäufer zu verschaffen. Demgegenüber zeigt **Fall 7** die Besonderheit, dass der Kaufgegenstand relativ unbestimmt ist. Das steht aber der Gültigkeit des Schuldvertrages nicht entgegen. Verträge, deren Gegenstand zunächst durch Qualitätsbezeichnungen individualisiert und im Übrigen durch Stück- oder Mengenangaben bestimmt ist, sind im Geschäftsleben sehr häufig. Man spricht von einer **Gattungsschuld**. Ob eine Gattungs- oder eine Stückschuld vorliegt, ist Sache der **Parteivereinbarung**, so dass die Vertragschließenden die geschuldete Gattung weiter („Schafskäse") oder enger („griechischer Schafskäse") festlegen können. Der scharfe Gegensatz zwischen Stück- oder Spezialschuld einerseits und Gattungsschuld andererseits sowie deren **Unterscheidung** hat für das Schuldrecht **große praktische Bedeutung**. Bei Gattungsschulden wird es sich üblicherweise um vertretbare Sachen iS des § 91 handeln, die also im Verkehr nach Maß, Zahl und Gewicht bestimmt zu werden pflegen. Es kann aber auch sein, dass sich die Gattung aus individuellen Einzelstücken zusammensetzt, die ein wichtiges gattungsbestimmendes Merkmal gemeinsam haben.

**Beispiel:** Verpflichtung, alle Gemälde eines bestimmten Malers, die von ihm signiert sind oder ihm zugeschrieben werden, für eine Ausstellung zu beschaffen.

3/2 Die Gattung muss nicht durch Umstände bestimmt sein, die der Sache als „Eigenschaft" anhaften, es genügt auch die Bestimmung und Begrenzung durch irgendwelche Merkmale, die von den Parteien vereinbart sind, also etwa Herkunftsart der Sache oder Lagerplatz, Anbaugebiet oder Jahrgang, Zugehörigkeit zu einer bestimmten Produktion[2]. Bei dieser unbeschränkbaren oder marktbezogenen Gattungsschuld muss der Schuldner, um seiner Leistungspflicht zu genügen und erfüllen zu können, nicht die jeweils besten Stücke der Gattung liefern, sondern nur Gattungsstücke **mittlerer Art und Güte** (§ 243 Abs. 1). Dieses **Auswahlrecht** des Schuldners wird aber erkauft durch eine besondere **Beschaffungspflicht**. Sind beim Schuldner alle Gattungsstücke vergriffen, so muss er sich auf dem Markt eindecken und nachkaufen, ohne sich auf dabei auftretende Schwierigkeiten oder höhere Preise zu seiner Entlastung berufen zu können, solange und soweit Waren aus der geschuldeten Gattung überhaupt noch auf dem Markt zu erwerben sind[3].

Gattungsschulden können auch bei anderen Vertragstypen als dem Kauf vorkommen.

**Beispiel:** Ein Andenkenhändler bestellt fünfzig handgeschnitzte Modelle des Brandenburger Tors (Werkvertrag); ein Reisebüro bestellt bei einem Hotelier zwanzig Hotelzimmer mit Dusche und Seeblick (Miete).

---

2  Zu den genannten Fällen siehe etwa OLG München NJW 1957, 1807; BGH NJW 1994, 2230; OLG Karlsruhe JZ 1972, 120
3  Dazu grds. kritisch *Grell*, Beschaffungsnotwendigkeit und Leistungspflicht (1998), S. 60 ff.

Wird die Gattungsschuld dahingehend begrenzt, dass nicht Waren aus der gesamten Gattung, sondern nur solche aus einem Liefer- oder Erzeugungsgebiet oder einem bestimmten Bestand zu liefern ist, so spricht man von einer sog **Vorratsschuld**. Eine solche Vorratsschuld bedarf an sich einer ausdrücklichen Begrenzung des zugrunde liegenden weiten Gattungsbegriffs, weshalb sie auch als begrenzte Gattungsschuld bezeichnet wird. Da aber auch ohne entsprechende Parteiabrede eine solche Begrenzung gewöhnlich dann anzunehmen ist, wenn der Schuldner Ware aus eigener Produktion oder Herstellung[4] oder Gegenstände verkauft, auf die er – für den Gläubiger erkennbar – nur im begrenzten Umfang zugreifen kann[5], erscheint der Begriff der Vorratsschuld angemessener. Die Vorratsschuld ist damit eine **Gattungsschuld ohne Beschaffungspflicht**.

### b) Folgen der Unterscheidung

Hinsichtlich der Rechtsfolgen unterscheiden sich Gattungs- und Stückschuld hauptsächlich in zwei Punkten. Zum einen weist die **Gattungsschuld** im Rahmen der Leistungsstörung, dh im Hinblick auf das Freiwerden des Schuldners **bei Unmöglichkeit** oder Unvermögen (§ 275 Abs. 1), **Besonderheiten** auf. Während nämlich der Schuldner einer Stückschuld von seiner Leistungspflicht wegen Unmöglichkeit frei wird, soweit und solange das konkret geschuldete Stück zerstört wurde, nicht mehr existiert oder aus anderem Grunde objektiv nicht mehr geleistet werden kann, trifft den Gattungsschuldner bei der Vorratsschuld eine auf den eigenen Vorrat oder die eigene Produktion beschränkte **Nachleistungspflicht**, während den unbeschränkten Gattungsschuldner eine **Beschaffungspflicht am Markt** trifft. Mit anderen Worten tritt Unmöglichkeit bei Gattungsschulden und das damit verbundene Freiwerden des Schuldners von seiner Leistungspflicht (§ 275 Abs. 1) erst ein, wenn die gesamte Gattung untergegangen und somit auch eine Nachbeschaffung nicht mehr möglich ist[6].

Ein anderer Schwerpunkt liegt auf der besonderen inhaltlichen Gestaltung der schuldnerischen Verbindlichkeit. Hier bestimmt nämlich **§ 243 Abs. 1**, dass der Schuldner nur Sachen **mittlerer Art und Güte** zu leisten hat. Dies wirkt sich vor allem auch bei den kaufrechtlichen Gewährleistungsansprüchen des Käufers aus, da hierdurch die „vom Vertrag vorausgesetzte Verwendung" (s. § 434 Abs. 1 S. 2 Nr 1) oder die Beschaffenheit beeinflusst wird, „die bei Sachen der gleichen Art üblich ist und die der Käufer nach der Art der Sache erwarten kann" (§ 434 Abs. 1 S. 2 Nr 2). Der Anspruch des Käufers, dem eine mangelhafte Sache geliefert wurde, auf Nacherfüllung (§ 437 Nr 1) ist, wenn sich der Käufer für Nachlieferung entscheidet (s. § 439 Abs. 1), idR verhältnismäßig leicht aus der Gattung zu erfüllen.

Im **Fall 7** müssen also die Erdbeeren zwar den Erfordernissen der angegebenen Warenklasse (erste Qualität) entsprechen, sie brauchen aber innerhalb dieser Klasse, wenn es insoweit noch Abstufungen gibt, nur der Durchschnittsnorm zu genügen. Ist dies der Fall, so ist K, vorbehaltlich der Entscheidung in der Zeitfrage, zur Abnahme verpflichtet.

---

4  RGZ 84, 125, 126; 88, 287, 288.
5  RGZ 91, 312; *Gernhuber*, Das Schuldverhältnis, § 10 I 3 a.
6  Dazu genauer Rn 7/32 ff.

3/6 Der Vorteil, den die Vereinbarung einer Gattungsschuld dem Schuldner bringt, lässt sich – mit Rücksicht auf das erwähnte Problem der Leistungsstörung – vorläufig dahin kennzeichnen, dass der Schuldner bis zum Zeitpunkt der entgültigen Erfüllung **frei entscheiden** kann, welche aus den bei ihm vorhandenen, zur Gattung gehörigen Sachen er dem Gläubiger liefern will. Unter diesen Umständen geht dann aber auch die Zerstörung oder Beschädigung der dem Gläubiger vom Schuldner zunächst zugedachten Gattungssache den Gläubiger nichts an. Er kann – vorbehaltlich der sogleich zu besprechenden Folgen gem. § 243 Abs. 2 – weiterhin Lieferung einer Sache „mittlerer Art und Güte" verlangen.

> Wäre in **Fall 7** die Hälfte der Erdbeerernte des V durch Hagelschlag vernichtet worden, könnte sich V gegenüber K nicht auf diesen Umstand berufen und sagen, dies hätte auch die von K bestellten Erdbeeren betroffen. K behielte, solange jedenfalls die Eigenproduktion des V an Erdbeeren nicht völlig zerstört wurde, seinen Lieferanspruch.

### c) Konkretisierung

3/7 aa) **Begriff.** Nun bestimmt § 243 Abs. 2, dass sich das auf eine Gattungsschuld gerichtete Leistungsversprechen auf eine bestimmte („diese") Sache beschränkt, wenn der Schuldner das zur Leistung seinerseits Erforderliche getan hat. Gegenstand der Leistungspflicht ist dann nur noch die vom Schuldner bestimmte gattungsgemäße Sache. Der Sinn dieser sogenannten **„Konkretisierung"** oder **„Konzentration"** der Gattungsschuld erschließt sich vor allem bei einem Blick auf die Folgen bei Unmöglichkeit und Unvermögen des Schuldners. Bis zu dem Zeitpunkt der Konkretisierung läuft nämlich der Schuldner, dessen zunächst für die Erfüllung vorgesehenen Stücke nicht mehr vorhanden sind, Gefahr, noch einmal leisten zu müssen, ohne Rücksicht darauf, ob er die Störung zu vertreten hat oder nicht, denn solange noch aus der Gattung geliefert werden kann, ist Unmöglichkeit iS des § 275 Abs. 1 nicht eingetreten. Dies ist gemeint, wenn davon die Rede ist, dass bei der Gattungsschuld der Schuldner die **„Leistungsgefahr"** trägt. Durch die Konkretisierung der ursprünglichen Gattungsschuld auf bestimmte „Einzelstücke aus der Gattung" wird diese quasi zur Stückschuld. Nach der Konkretisierung wird der Schuldner daher frei, wenn nunmehr der Leistungsgegenstand untergeht, weil dann ein Tatbestand der Unmöglichkeit vorliegt.

> Im **Fall 7** könnte sich V dann auf die Zerstörung der für K bestimmten Erdbeeren durch den Hagelschlag berufen und damit seine Leistungspflicht beenden (§ 275 Abs. 1), wenn er die für K bestimmten Erdbeeren zuvor konkretisiert hätte.

Somit trägt vom Zeitpunkt der Konkretisierung an der Gläubiger die Leistungsgefahr, die darin besteht, die Leistung nicht zu erhalten.

**Beispiel:** Ob der Gläubiger Schadenersatz verlangen kann, hängt dagegen nicht davon ab, ob ein Tatbestand der Unmöglichkeit vorliegt, sondern richtet sich danach, ob die Unmöglichkeit vom Schuldner zu vertreten ist (§ 283).

**bb) Erfordernisse der Konkretisierung.** Wegen des Übergangs der Leistungsgefahr auf den Gläubiger ist es wichtig, zu wissen, wann der Schuldner iS des § 243 Abs. 2 das zur Leistung seinerseits Erforderliche getan hat. Damit sind die Modalitäten der Leistung angesprochen. Man unterscheidet hier zwischen **Hol-, Schick- und Bringschuld**, eine Differenzierung, die gleichzeitig den Leistungsort wie den Umfang der vom Schuldner vorzunehmenden Handlungen und damit das umschreibt, was er zur Konkretisierung einer Gattungsschuld tun muss. Das bedeutet zugleich, dass jedenfalls eine den Anforderungen des § 243 Abs. 1 genügende Leistung für die Erfüllung in Aussicht genommen sein muss. 3/8

Bei der **Holschuld** braucht der Schuldner den Leistungsgegenstand nur **zur Abholung bereitzuhalten**, muss ihn also immerhin **aussondern**, ihn sorgfältig behandeln und nach überwiegender Meinung den Gläubiger von der Bereitstellung benachrichtigen[7]. Die weitergehende Forderung, dass noch die Übergabe an den Gläubiger stattfinden müsse[8], verkennt, dass § 243 Abs. 2 allein auf die Leistungshandlungen des Schuldners abstellt[9]. 3/9

Bei der **Schickschuld** hat der Schuldner die Sache an den Gläubiger auf den Weg zu bringen; mit der ordnungsgemäßen **Verpackung und Absendung** hat er das seinerseits Erforderliche getan und wälzt damit die Gefahr des Untergangs der Lieferung auf den Gläubiger ab. Konkretisierung tritt somit mit der Übergabe der Sache an die Transportperson am Erfüllungsort oder an dem Ort ein, von dem aus nach dem Vertrag die Versendung zu erfolgen hat[10]. 3/10

**Beachte:** Der Gefahrübergang betrifft auch hier zunächst nur die Leistungsgefahr; aus §§ 447, 644 Abs. 2 folgt für Kauf- und Werkvertrag aber daneben, dass in diesen Fällen der Gläubiger, der die ihm geschuldete Sache nicht erhalten hat, wegen des Übergangs auch der Gegenleistungsgefahr sogar den Preis zu entrichten hat; dies sind aber speziell kaufrechtliche bzw. werkvertragsrechtliche Regelungen (vgl genauer Schuldrecht BT § 3 IV).

**Streitig** ist bei der Schickschuld, ob diese Konkretisierung bei jeder Übergabe der geschuldeten Ware an jede Transportperson eintritt oder ob es sich dabei um einen „**selbstständigen Transporteur**" handeln muss. Stellt man für das Freiwerden auf die Tatsache ab, dass es auf das Verlagern der Ware aus der eigenen **Risikosphäre** hinaus ankommt, so würde der Schuldner, der eigene Angestellte oder andere Personen, für deren Verschulden er unbeschränkt nach § 278 einstehen muss, mit dem Transport der Waren betraut, durch Übergabe an diese die Waren gerade noch nicht aus der eigenen Risikosphäre entfernen und somit das seinerseits Erforderliche iS von § 243 Abs. 1 noch nicht getan haben. Folgt man dieser Ansicht, könnte also bei Schickschulden nur die Warenübergabe zum Transport an eine unabhängige Transportperson die Leistungsgefahr verlagern. Stellt man hingegen entscheidend darauf ab, dass bei der Schickschuld der eigentliche **Transport** der Ware selbst **nicht** mehr zum vom Wa- 3/11

---

7 RGZ 57, 402; MünchKomm/*Emmerich*, BGB[5], § 243 Rn 31; Staudinger/*Schiemann*, BGB[13], § 243 Rn 36.
8 *Hönn* AcP 177, 385, 389 ff; im Ergebnis auch RGZ 57, 404; 70, 426.
9 *Medicus*, SR AT[16], § 19 IV 2; MünchKomm/*Emmerich*, BGB[5], § 243 Rn 31.
10 BGH WM 1964, 1023 f; OLG Köln NJW 1995, 3128 f; Staudinger/*Schiemann*, BGB[13], § 243 Rn 32.

renschuldner geschuldeten **Leistungsinhalt** gehört, selbst wenn der Warenschuldner die Transportkosten übernimmt (vgl § 243 Abs. 3), so hat er das seinerseits Erforderliche mit der Übergabe an jedwede Transportperson getan. Für Verschulden eigener Angestellter haftet er dann über § 278, ohne dass dies jedoch den kaufvertraglichen Leistungsinhalt berührt. Letztgenannte Ansicht stellt mE zu Recht entscheidend auf die geschuldete Leistung ab – denn darauf sollte es bei Frage der Leistungsgefahr ankommen, so dass ihr der Vorrang gebührt.

3/12 Den weitesten Umfang hat die Schuldnerverpflichtung bei der **Bringschuld**. Hier ist Erfüllungsort im Sinne des § 269 der **Wohnsitz des Gläubigers**, Konkretisierung tritt erst ein, wenn der Schuldner dem Gläubiger die Sache hier oder in seiner geschäftlichen Niederlassung **in erfüllungstauglichem Zustand anbietet**[11]. Eine Annahme seitens des Gläubigers ist zur Konkretisierung nicht nötig, weil sie, wenn sie vorliegt, zur Schulderfüllung und bei Verweigerung zum Gläubigerverzug führt (§ 300 Abs. 2, dazu näher unten § 8 III).

Im **Fall 7** ist nach den Umständen (angesichts der Schwierigkeiten des Transports der Ware) eine Bringschuld anzunehmen. Somit ist durch das Angebot der Erdbeeren am Wohnsitz des Käufers die Konkretisierung eingetreten, wenn die Qualität den Erfordernissen des § 243 Abs. 1 entsprach.

3/13 Wird eine **qualitativ mangelhafte Sache** geliefert, so **scheitert** daran die **Konkretisierung** der Gattungsschuld, weil es an den Erfordernissen des § 243 Abs. 1 fehlt. Es bleibt beim Erfüllungsanspruch des Käufers, jetzt in Gestalt der Nacherfüllung gem. § 439. Wenn die Nacherfüllung verweigert wird, was unter den Voraussetzungen des § 439 Abs. 3 möglich sein kann, oder wenn sie scheitert, kann der Käufer nach § 437 Nr 2 iVm § 323 zurücktreten, was praktisch bedeutet, dass er Rückgabe der Kaufsache gegen Rückzahlung des Kaufpreises verlangen kann (§ 346). Mit diesem **Rücktritt** führt der Käufer dann selbst die **Konkretisierung** der Gattungsschuld auf den tatsächlich geleisteten Gegenstand herbei[12].

3/14 cc) **Rückgängigmachung der Konkretisierung**. **Streitig** ist, ob der Schuldner die Folgen einer durch ordnungsmäßige Leistungshandlung eingetretenen **Konkretisierung** wieder **rückgängig** machen kann, indem er etwa bei der Holschuld über die bereitgestellte Sache anderweitig verfügt oder bei der Schickschuld die schon abgeschickte Ware umdirigiert oder aber, ob auch der Schuldner an die einmal eingetretene Konkretisierung selbst gebunden ist.

3/15 Die Rechtsprechung[13] und wohl noch immer **herrschende Meinung**[14] **verneinte** eine solche Möglichkeit der **Rekonkretisierung** grundsätzlich, soweit nicht im Einzelfall die Erfordernisse von Treu und Glauben (§ 242) ein solches Recht des Schuldners ge-

---
11 BGH WM 1964, 1023 f; BGH ZIP 1987, 373 ff; OLG Rostock OLGR 2001, 255 f; MünchKomm/*Emmerich*, BGB[5], § 243 Rn 328.
12 Zu dieser Betrachtung auf der Grundlage des früheren Rechts *Ballerstedt*, FS Nipperdey, S. 277 f; Erman/*Westermann*, BGB[11], § 243 Rn 14; MünchKomm/*Westermann*, BGB[4], § 446 Rn 9.
13 BGH NJW 1982, 873.
14 MünchKomm/*Emmerich*, BGB[5], § 243 Rn 33 f.

boten. Dafür spricht insbesondere die Überlegung, dass ansonsten der Schuldner die Möglichkeit hätte, auf Kosten des Gläubigers mit der Ware zu **spekulieren**. Die heute beachtliche **Gegenansicht** weist hingegen darauf hin, dass der Gläubiger einer Gattungsschuld vor Erfüllung kein schutzwürdiges Interesse an einer bestimmten Sache habe, soweit nur rechtzeitig eine qualitativ genügende Ware geliefert wird[15]. Wenn und weil also die Konkretisierung vor allem **schuldnerschützende Wirkung** habe, indem sie die Leistungsgefahr übergehen lässt, muss es auch vom Willen des Schuldners abhängen, auf diesen Schutz, dh die eingetretene Konkretisierung samt deren Rechtsfolgen, zu verzichten oder sie rückgängig zu machen[16]. Dies überzeugt. Freilich hat dies zur Folge, dass dann die **Gattungsschuld wieder auflebt**, man spricht von Rekonzentration. Dies kann allerdings nur dann gelten, wenn allein der Schuldner die Konkretisierung bewirkt hat. Bedurfte dies hingegen einer Mitwirkung des Gläubigers oder hat der Schuldner durch die Konkretisierung für den Gläubiger eine Vertrauensbasis auf Lieferung genau dieser Sache gebildet, ist eine Rekonzentration ausgeschlossen. Dies ist insbesondere dann der Fall, wenn der Gläubiger sich nach Mitteilung vom Angebot des Schuldners mit der Sache einverstanden erklärt hatte[17].

## 2. Besonderheiten der Geldschuld

Geld ist ein besonders häufiger und daher praktisch sehr **wichtiger Leistungsgegenstand**, da mit Ausnahme von Tausch die Gegenleistung fast immer in Geld bemessen wird. Die Geldschuld wird häufig in die Nähe der Gattungsschuld gerückt[18], da man meinen könnte, auch Geld sei eine Gattung. In der Tat bestehen auf den ersten Blick Ähnlichkeiten, weil der Schuldner regelmäßig nicht bestimmte Geldzeichen, sondern nur die Verfügungsmacht über einen als Zahlungsmittel anerkannten Wertgegenstand zu leisten hat. In diesem Sinne heißt es, die Geldschuld richte sich auf die **Verschaffung einer unkörperlichen, als Zahlungsmittel eingesetzten Vermögensmacht von rechnerisch bestimmter Größe**[19]. Andererseits aber passen die Regelungen über Gattungsschulden auf Geldschulden entweder schon ihrer Art nicht (was soll hier ein Auswahlrecht?) oder sie sind durch Sonderregelungen ausgeschlossen. Man sollte die Geldschuld daher als **eigene Kategorie** ansehen.

3/16

Aus alledem folgt, dass § 243 Abs. 1 für die Geldschuld nicht passt[20]. Der Schuldner hat nicht Sachen mittlerer Art und Güte, sondern einen bestimmten Wert oder Betrag zu leisten. In diesem Sinne spricht man von **Summen- oder Betragsschuld**[21]. Dem trägt auch die besondere Regelung über die **Leistungsgefahr** Rechnung. § 270 Abs. 1 normiert, dass der Schuldner Geld im Zweifel auf seine Gefahr und Kosten übermit-

3/17

---

15 *Medicus* JuS 1966, 297, 303 f; *Hager* AcP 190, 323; Staudinger/*Schiemann*, BGB[13], § 243 Rn 39 ff; anders *Huber* FS Ballerstedt (1975), S. 339 ff.
16 *Faust* ZGS 2004, 252, 257; *Medicus*, BR[20], Rn 262.
17 BGH WM 1964, 1023 f.
18 Dazu OLG Brandenburg VSZ 1997, 697, 701.
19 Staudinger/*K. Schmidt*, BGB[13], Vor § 244 Rn A 25; Bamberger/Roth/*Grothe*, § 244 Rn 6.
20 *Medicus* AcP 1988, 489, 492; MünchKomm/*Krüger*, BGB[5], § 270 Rn 12–15; dagegen dennoch für die Annahme einer Gattungsschuld BGHZ 83, 293, 300.
21 *Medicus* JuS 1966, 297; Erman/*H.P. Westermann*, BGB[11], § 244 Rn 2.

teln muss. Da aber die allgemeinen Regeln über den Leistungsort nach § 270 Abs. 4 unberührt bleiben, Leistungsort also nach § 269 Abs. 1 der Wohnsitz des Schuldners bleibt, hat die Geldschuld somit den **Charakter einer Schickschuld**. Da § 270 Abs. 1 nur das Verlust, nicht aber auch das Verspätungsrisiko betrifft, genügt zur Rechtzeitigkeit der Zahlung die Vornahme der geschuldeten Leistungshandlung, also etwa Absenden des Geldes oder Abschluss des Überweisungsvertrages nach § 676a.

3/18 Die Leistung des Schuldners geschieht durch **Übereignung von Geldzeichen**, also durch Zahlung von Banknoten oder Münzen. Der Schuldner ist dabei nicht völlig frei, mit welcher Art von Geld er eine Geldschuld erfüllen will. Zunächst muss er in der **vereinbarten Währung** leisten, die nach der Einführung des Euro in Deutschland der **Euro** ist. Nach Art. 11 Satz 3 der EuroVO II ist der Gläubiger nicht gehalten, mehr als 50 auf Euro oder Cent lautende **Münzen** anzunehmen, somit sind Banknoten, die auf Euro lauten, das einzige unbeschränkte gesetzliche Zahlungsmittel[22].

3/19 Geldschulden können aber auch auf eine andere Währung als Euro lauten. Bei solchen **Fremdwährungsschulden** garantiert **§ 244 Abs. 1** dem Schuldner im Inland das Recht, die Zahlung dennoch in Euro vorzunehmen, wobei die Umrechnung gemäß § 244 Abs. 2 nach dem Nennwert erfolgt, der zur Zeit der Zahlung am Zahlungsort maßgebend ist. Dies gilt jedoch dann nicht, wenn die Parteien ausdrücklich vereinbart haben, dass die Leistung in der fremden Währung erfolgen muss (sog **effektive oder echte Fremdwährungsschuld**).

3/20 Inwieweit der Gläubiger dagegen **Buchgeld** an Stelle von Stückgeld (Münzen oder Banknoten) annehmen muss, richtet sich nach den Regeln über die Erfüllung (s. §§ 362, 364 und unten § 19 I). An sich ist die Überweisung von Buchgeld ein **aliud**, das zur Erfüllungstauglichkeit das **Einverständnis** des Gläubigers voraussetzt. Bei **Angabe der Kontonummer** wird dies jedoch als konkludentes Einverständnis mit der bargeldlosen Zahlung angesehen[23]. Buchgeld besteht in einer **Guthabenforderung gegen ein Kreditinstitut** und wird in einem abstrakten Betrag ausgedrückt[24]. Die Forderung gegen das Kreditinstitut kommt dadurch zu Stande, dass der Leistende seine Bank beauftragt, zu Lasten seines Guthabens dem Gläubiger eine Gutschrift bei seiner Bank zu verschaffen.

## II. Zeit und Ort der Leistung

### 1. Leistungszeit

#### a) Problemstellung

3/21 Bei der Frage nach der richtigen, dh der vertragsgemäßen Leistungszeit sind zwei unterschiedliche Zeitpunkte angesprochen, die zwar praktisch oft zusammenfallen, die

---

22 Zu den Einzelheiten § 14 Abs. 1 S. 2 BBankG, Art. 10 Satz 2 EuroVO II.
23 BGHZ 98, 24, 30.
24 Hierzu *K. Schmidt* JuS 1984, 737; Erman/*H.P. Westermann*, BGB[11], § 244 Rn 2.

aber rechtlich auseinander gehalten werden müssen. Zum einen betrifft dies die Frage, wann der Schuldner (spätestens) leisten muss. Diesen Zeitpunkt nennt man die **Fälligkeit** einer Leistung – Leistung des Schuldners nach Fälligkeitszeitpunkt ist sog **Leistungsverzug** (dazu genauer unten § 8). Zum anderen betrifft dies die Frage, wann der Schuldner (frühestens) leisten darf – diesen Zeitpunkt bezeichnet man als die **Erfüllbarkeit**.

> In **Fall 7** geht es um die Frage, ob die Lieferung der Erdbeeren schon 3 Tage vor Pfingsten erfüllbar war.

#### b) Dispositivität der gesetzlichen Regelung

Die gesetzlichen Vorschriften über die Leistungszeit, die es für einzelne Vertragstypen gibt (zB §§ 556b Abs. 1, 488 Abs. 2, 721 Abs. 2), desgleichen die generelle Norm des § 271, gehen vertraglichen Vereinbarungen nach, sodass etwa **Parteiabreden** über die Entrichtung des Mietzinses oder die Ablieferung einer gekauften Sache **Vorrang** haben, desgleichen ein Tilgungsplan beim Darlehensvertrag, der festlegt, in welchen zeitlichen Abständen (monatlich, viertel- oder halbjährlich) der Schuldner einen festen Betrag, der aus Zinsen und Tilgungsraten besteht, zu entrichten hat. 3/22

#### c) Erfüllbarkeit

Soweit nicht besondere gesetzliche Regeln oder vertragliche Abreden – auch schlüssig getroffene – eingreifen, gilt: Die Schuld ist **„sofort"**, bei vertraglichen Abschlüssen also mit ihrer Entstehung, erfüllbar, § 271 Abs. 1. Hat sich der Schuldner eine Frist ausbedungen, so kann der Gläubiger die Leistung nicht vor Fristablauf fordern, der Schuldner darf aber im Zweifel vorher leisten (§ 271 Abs. 2). Dies bedeutet, dass auch bei ausdrücklichen **Terminvereinbarungen** diese lediglich die Fälligkeit, also das „Leistenmüssen" des Schuldners betreffen, die sofortige **Entgegennahmepflicht** des Gläubigers aber **unberührt** lassen. 3/23

Das Gesetz schätzt also das – in der Tat nicht häufige – Interesse des Gläubigers, die Leistung nicht vor einem bestimmten Termin entgegennehmen zu müssen, nicht hoch ein. Trotz oder wegen dieser Regel, die dem Schuldner eine Leistung vor Fälligkeit ausdrücklich erlaubt, ändert dies sich andererseits auch nichts daran, dass der Schuldner bei vorzeitiger Leistung lediglich seine Schuld erfüllt: Weder kann er das vorzeitig Geleistete allein aus diesem Grunde zurückverlangen, noch darf er Zwischenzinsen abziehen (§§ 813 Abs. 2, 272). Wenn man also eine **vorfristige Leistung verhindern**, dh ihr die Erfüllungstauglichkeit nehmen will, so muss dies aus der Vereinbarung über die Leistungszeit **ausdrücklich und unmissverständlich** deutlich werden, um die gegenteilige „Im-Zweifel-Regelung" aus § 271 Abs. 2 zu überwinden. Denn nur eine noch nicht erfüllbare Leistung darf der Gläubiger zurückweisen, ohne dadurch in Annahmeverzug zu geraten (§§ 293 ff, siehe im Einzelnen dazu unten § 8 III).

### d) Besondere Problemfälle

3/24 Bei bankmäßigen Darlehen, insbesondere beim organisierten Realkredit (grundpfandrechtlich gesicherte Darlehensgewährung), kann auch bei Krediten mit vertraglich bestimmter fester Laufzeit, bei denen ein unveränderlicher Zinssatz vereinbart ist, uU für den Schuldner ein Bedürfnis bestehen, den Vertrag vorzeitig zu kündigen. Dies kommt insbesondere in Betracht, wenn der Darlehensnehmer eine zur Sicherung des Darlehens eingesetzte Sache, etwa sein Grundstück, das er mit einer Hypothek belastet hat, anderweit (etwa durch Verkauf) verwerten will oder muss. Wenn das Gesetz (§ 490 Abs. 2) hier eine vorzeitige Kündigung gestattet, liegt es nahe, dass dem Darlehensgeber der Schaden ersetzt werden muss, der diesem aus der vorzeitigen Kündigung entsteht. So sieht es **§ 490 Abs. 2 S. 3** auch vor, ohne jedoch die Höhe der Entschädigung oder die sonstigen Modalitäten dieser sog **Vorfälligkeitsentschädigung** festzulegen. Im Einzelnen ist hier vieles streitig (dazu genauer Schuldrecht BT § 8 V).

> Im **Fall 7** hängt die Lösung davon ab, ob man den Umständen (Kauf der Erdbeeren zur Verwendung im Pfingstgeschäft) eine schlüssige Vereinbarung des Inhalts entnehmen kann, dass die Leistung erst kurz vor dem Fest erfolgen solle. Das Interesse des K, die Erdbeeren als frisch anpreisen zu können, spricht dafür, wobei es in der Tat eine Frage der Verkehrsanschauung ist, ob Erdbeeren, die am Donnerstag vor Pfingsten geliefert sind und tatsächlich in einer Tiefkühltruhe aufbewahrt werden könnten, an den Pfingsttagen noch als „frisch" verkauft werden können. Manches wird hierbei auch davon abhängen, ob dem K ein entsprechender Wille des V, früher als unmittelbar zu Pfingsten liefern zu können, erkennbar war, etwa deshalb, weil es auch bei den früheren Lieferungen so gehandhabt worden war.

### e) Fälligkeit

3/25 Unter der sog **Fälligkeit** der Leistung versteht man den Zeitpunkt, zu dem der Schuldner nicht nur leisten darf, sondern **(spätestens) leisten muss**! Auch hier sagt die gesetzliche Auffangregelung des § 271 Abs. 1, dass dies – wenn eine vertragliche Regelung fehlt – **sofort**, dh mit Vertragsschluss, eintritt. Im Hinblick auf Verzögerungen unterscheidet das BGB in §§ 323 und 286 zwischen der bloßen Nichterbringung der Leistung und dem Verzug. Verzug (dazu im Einzelnen unten § 8) des Schuldners tritt ein, wenn dieser bei Eintritt der Fälligkeit nicht leistet, wozu aber nach § 286 Abs. 1 S. 1 noch eine Mahnung des Gläubigers gehört, ferner muss der Schuldner die Verzögerung zu vertreten haben, wie aus § 286 Abs. 4 folgt.

> Dieser Anspruch ist besonders interessant, wenn der Gläubiger wegen der Verzögerung Schadenersatz nach § 280 Abs. 2 verlangen will, so im **Fall 7** etwa dann, wenn K kurz vor Pfingsten hört, dass die Transportmöglichkeiten des V ausgefallen sind und er daher auf seine Kosten den Transport der Erdbeeren durch einen anderen Unternehmer durchführen lässt. Wenn die Erdbeeren dann pünktlich zur Stelle sind, hat sich durch die Lieferverzögerung insofern ein Schaden ergeben, als K selber den Transport finanzieren musste, dessen Kosten gewöhnlich im Preis für die Erdbeeren einkalkuliert gewesen wären. Um einen solchen Schaden ersetzt verlangen zu können, muss aber dargetan werden, dass V den Ausfall seiner Transportmöglichkeiten zu vertreten hat, was möglich, aber nicht sicher ist.

## 2. Fixgeschäft

### a) Relatives Fixgeschäft

Die bloße Nichteinhaltung von Fälligkeitsterminen lässt – wie gezeigt – das zugrunde liegende **Schuldverhältnis** und damit die beiderseitigen Leistungspflichten grundsätzlich **unberührt** – lediglich die aufgrund der Verzögerung beim Gläubiger der Leistung entstehenden Schäden können unter den weiteren Verzugsvoraussetzungen ersetzt werden. 3/26

Oftmals aber geht es dem Gläubiger nur darum, wegen der Verspätung vom Vertrag loskommen zu können, hier bietet sich als Möglichkeit der Weg über **§ 323 Abs. 1 iVm Abs. 2** an: Die Nichterbringung einer fälligen Leistung, von der § 323 Abs. 2 spricht, gibt dem Gläubiger gewöhnlich ein Rücktrittsrecht, wenn er dem Schuldner **erfolglos** eine **angemessene Nachfrist** gesetzt hat, was aber (§ 323 Abs. 2 Nr 2) entbehrlich ist, wenn der Schuldner die Leistung zu einem im Vertrag bestimmten Termin nicht bewirkt. In jedem Falle aber muss neben die entweder erfolglos abgelaufene oder entbehrliche Nachfrist als weitere Voraussetzung für einen Rücktritt hinzukommen, dass der Gläubiger im Vertrag den Fortbestand seines Leistungsinteresses an die Rechtzeitigkeit der Leistung gebunden hat. Es genügt also nicht die bloße Überschreitung eines Fälligkeitstermins, vielmehr muss aus dem Vertrag deutlich sein, dass die Leistungszeit für den Gläubiger besonders wichtig ist. Man spricht von einem **relativen** Fixgeschäft. Hier **gibt** also die besondere **vertragliche Bindung an die Leistungszeit** dem Gläubiger ein **besonderes Rücktrittsrecht** wegen der Leistungsverzögerung. 3/27

Der ausdrückliche Wunsch auf Belieferung der Erdbeeren zum Pfingstgeschäft gäbe K im **Fall 7** ein solches Rücktrittsrecht, wenn die Erdbeeren erst am Pfingstmontag geliefert würden.

### b) Absolutes Fixgeschäft

Rechtlich vom Vorstehenden zu unterscheiden sind die absoluten Fixgeschäfte. Von einem solchen spricht man, wenn mit dem **Fristversäumnis** die **Leistung** iS des § 275 Abs. 1 **unmöglich** geworden ist. So etwa, wenn ein Sänger, der in einer Aufführung der Matthäus-Passion am Karfreitag an einem bestimmten Ort die Christus-Partie singen sollte, sich verspätet, sodass der Veranstalter einen anderen Sänger engagieren musste. Hier kann der säumige Schuldner zwar noch singen, die Veranstaltung, in der dies geschehen sollte, ist aber vorüber, sodass Unmöglichkeit eingetreten ist. Rechtsfolge kann auch hier als Teil der Unmöglichkeitsfolgen ein **Rücktrittsrecht** (nach **§ 326 Abs. 5**) sein, sodass der Unterschied zwischen relativem und absolutem Fixgeschäft mehr in den Voraussetzungen als in den Rechtsfolgen liegt. 3/28

## 3. Ort der Leistung

Neben der Leistungszeit wird die konkret geschuldete Leistung natürlich auch durch den Ort bestimmt, an dem die Leistung zu erbringen bzw entgegenzunehmen ist. Man unterscheidet hierbei zwischen dem Leistungs- und dem Erfolgsort. Unter **Leistungs-** 3/29

**ort** versteht man dabei den Ort, an dem die **Erfüllungshandlung des Schuldners** vorgenommen werden muss. Insoweit ist auf die bereits bekannte Unterscheidung zwischen Hol-, Schick- und Bringschuld zurückzugreifen (vgl oben Rn 9 ff). Da bei der Holschuld die erforderliche Schuldnerhandlung das zur Abholung Bereitstellen und bei der Schickschuld die Übergabe an eine Transportperson sind, ist hier jeweils der Wohn- oder Geschäftssitz des Schuldners als Leistungsort anzusehen. Anders ist dies bei der Bringschuld. Hier hat der Schuldner die Ware erfüllungstauglich beim Gläubiger abzuliefern, so dass dessen Lieferadresse den Leistungsort markiert. **Erfolgsort** hingegen bezeichnet den Ort, an dem die **Leistung dem Gläubiger übermittelt** werden soll. Dies ist bei der Holschuld wiederum der Wohn- oder Geschäftssitz des Schuldners, während bei Schick- und Bringschuld der Erfolgsort am Gläubigerwohnsitz liegt. Das bedeutet, dass bei der Schickschuld Leistungs- und Erfolgsort auseinanderfallen, während sie bei der Hol- und Bringschuld zusammenfallen.

3/30 Ob im Einzelfall eine Hol-, Bring- oder Schickschuld vorliegt, ist durch **Auslegung** zu ermitteln. Doch ist eine Schickschuld angesichts der darin liegenden Erweiterung der Pflicht des Schuldners nicht zu vermuten. Auf der anderen Seite nimmt man an, dass so genannte „Zuschickungskäufe des täglichen Lebens" Bringschulden sind[25], obwohl der Umstand allein, dass der Schuldner, was häufig geschieht, die Transportkosten übernimmt, zur Annahme einer Bringschuld nicht ausreicht (§ 269 Abs. 3). Mangels abweichender Vereinbarung bestimmt **§ 269** als Ort der Leistung den **Wohnsitz des Schuldners**, wobei an die betreffende politische Gemeinde gedacht ist[26]. Im Zweifel ist im Geltungsbereich des BGB also eine Holschuld gegeben, weshalb man sich zum Einkaufen in das Warenhaus, zum Änderungsschneider usw hinbegibt. Eine weitere – allerdings nicht sehr gebräuchliche – Unterscheidung trennt vom Leistungsort die **Leistungsstelle**, worunter ein räumlich genau bestimmter Ort verstanden wird, an dem die Erfüllungshandlung vorzunehmen ist, etwa eine Wohnung, eine Kanzlei, in einem Fall, bei dem es um die Belieferung mit Dachziegeln ging, sogar das Dach eines Hauses[27]. Allgemein gesprochen ist Leistungsstelle in diesem Sinne der **Ort**, an dem sich der **Leistungsgegenstand vertragsgemäß befindet**. Dies hat insbesondere für die Rückabwicklung von Leistungshandlungen Bedeutung.

### III. Die Person des Leistenden

#### 1. Grundsatz: Drittleistung möglich

3/31 Grundsätzlich geht das BGB ohne nähere gesetzliche Regelung davon aus, dass derjenige „richtiger Schuldner" einer schuldvertraglich geschuldeten Leistung ist, der sich **kraft entsprechender Vereinbarung zu einer solchen Leistung verpflichtet hat**. Allerdings stellt **§ 267 Abs. 1** ergänzend ausdrücklich klar, dass auch jeder Dritter die

---

[25] MünchKomm/*Krüger*, BGB[5], § 269 Rn 20; ferner noch Palandt/*Heinrichs*, BGB[65], § 269 Rn 12.
[26] *Medicus*, SR AT[16], Rn 150; MünchKomm/*Krüger*, BGB[5], § 269 Rn 3.
[27] Siehe den Fall BGHZ 87, 104, 110 und weiter dazu *Gernhuber*, Die Erfüllung, § 2, I 6; *Medicus*, SR AT[16], Rn 150.

Leistung bewirken kann und darf. Hierunter ist ein selbstständig im eigenen Namen Handelnder (also nicht etwa ein Vertreter) zu verstehen, auch nicht der vom Schuldner in die Erfüllung seiner Schuld eingeschaltete Mitarbeiter, der als Erfüllungsgehilfe im Sinne des § 278 anzusehen ist (dazu unten § 6 II 1).

Der Dritte muss den **Willen** haben und entsprechend deutlich machen, dass er nicht auf eigene, sondern auf eine **fremde Verbindlichkeit leisten will**, wobei es darauf ankommt, wie der Empfänger der Leistung das Auftreten des Handelnden verstehen kann (Lehre vom Empfängerhorizont)[28]. Fehlt dem Drittleistenden dieser Wille und leistet er auf eine **vermeintlich eigene Schuld**, kann § 267 nicht eingreifen, so dass auch die Erfüllungswirkung ausbleibt. Ob der Dritte die Möglichkeit hat, die **Tilgungsbestimmung nachzuholen** und dadurch Erfüllung herbeizuführen, ist umstritten[29], mangels Schutzbedürftigkeit des Gläubigers im Zweifel aber zu bejahen. 3/32

Wenn die Voraussetzungen des § 267 vorgelegen haben, tritt Erfüllungswirkung (§ 362) ein, die Schuld, auf die der Dritte geleistet hat, erlischt also. Allerdings muss der Dritte die Leistung **tatsächlich** bewirken, darf also **nicht** statt der eigentlich geschuldeten Leistung auf **Erfüllungssurrogate** (dazu genauer unten § 19 I 4) zurückgreifen. 3/33

Hingegen wird im **Fall 7** Erfüllung bezüglich der Erdbeeren auch angenommen werden können, wenn V einen anderen Lieferanten findet, der bereit ist, die von ihm gegenüber K geschuldeten Erdbeeren an dem gewünschten Tag zu liefern.

Der Gläubiger kann eine solche Drittleistung grundsätzlich nicht verhindern. Allerdings sieht § 267 Abs. 2 ein **Ablehnungsrecht des Gläubigers** für den Fall vor, dass auch der Schuldner widerspricht (was eher selten der Fall sein wird). 3/34

Wenn der Dritte mit befreiender Wirkung an den Gläubiger geleistet hat, so gibt § 267 keine Auskunft darüber, ob er beim eigentlichen Schuldner wegen seiner Aufwendungen **Rückgriff** nehmen kann; dies richtet sich nach dem zwischen ihm und dem Schuldner bestehenden Rechtsverhältnis, möglicherweise auch nach den Regeln über die Geschäftsführung ohne Auftrag (§§ 683, 670), unter die man, weil es sich dabei um die Besorgung eines fremden Geschäfts handelt, die Zahlung für einen anderen subsumieren kann. 3/35

## 2. Ausnahmen

### a) Privatautonome Regelung

Auch von diesem Grundsatz bestehen allerdings Ausnahmen. So können zunächst die Vertragsparteien selbst aufgrund der Privatautonomie und des nur dispositiv geltenden Gesetzesrechts die **höchstpersönliche Leistungspflicht** der Partner des Schuldverhältnisses **vereinbaren** und damit Drittleistungen ausschließen. 3/36

---
28 BGH NJW 1998, 377, 379; MünchKomm/*Krüger*, BGB[5], § 267 Rn 11.
29 Vgl Bamberger/Roth/*Grüneberg*, § 267 Rn 9 einerseits, MünchKomm/*Krüger*, BGB[5], § 267 Rn 12 andererseits.

### b) Gesetzliche Regelung

3/37 Manche Vorschriften über die einzelnen Schuldverhältnisse bestimmen zudem, dass der Schuldner **in Person leisten** muss; das liegt nahe beim Dienstvertrag (§ 613), aber auch beim Auftrag (§ 664), zB aber auch bei einem geschäftsführenden Gesellschafter einer Gesellschaft (§ 713). Damit bringt das Gesetz selbst zum Ausdruck, dass sich der Schuldner dieser Leistung keines Dritten zur Leistungserbringung bedienen darf.

### c) Aus der Natur des Schuldverhältnisses

3/38 Auch ohne ausdrücklich vertragliche oder gesetzliche Regelung soll es ferner der Natur bestimmter Schuldverhältnisse immanent sein, dass auch hier eine persönliche Leistungspflicht besteht. Dies ist der Fall, wenn die vertraglich **geschuldete Leistung** entweder **besondere Fähigkeiten** verlangt

> Eine Leistung allein durch den Schuldner in Person kann auch bei Werkverträgen das Ergebnis einer Auslegung des Parteiwillens sein, so, wenn man in **Fall 4** (oben zu § 2) die ärztliche Behandlung im Bereich der kosmetischen Chirurgie als Werkleistung auffasst, da dann der Wille zu vermuten ist, dass der Arzt, dem der Operation wegen seines besonderen Sachkönnens angetragen wurde, sie auch persönlich ausführen muss. Entscheidend ist nach §§ 157, 242, ob der Gläubiger ein berechtigtes Interesse daran hat, dass gerade und nur der Schuldner die Leistung erbringt.

oder derartigen Beziehungen ein **hohes Maß an Vertrauen** innewohnt.

**Beispiel:** Behandlungsvertrag mit Psychotherapeuten oder Frauenarzt

### 3. Qualifizierte Drittleistung

3/39 In einigen Fällen, in denen dem statt des Schuldners leistenden **Dritten** ein besonderes Interesse an der Leistung zur Seite steht, verbessert das Gesetz seine Rechtsstellung und gewährt ihm ein **eigenes Ablösungsrecht** nach § 268.

Dieses Ablösungsrecht verbessert die Rechtsstellung des leistenden Dritten in **dreifacher Hinsicht**: Die so privilegierte Drittleistung muss der Gläubiger auch dann annehmen, wenn der **Schuldner widerspricht** und außerdem kann der aufgrund seines Ablösungsrechts Leistende auch von den **Erfüllungssurrogaten** Gebrauch machen, also statt des Schuldners aufrechnen (zur Aufrechnung vgl unten § 15 II) oder die geschuldete Leistung hinterlegen (vgl § 19 I 2); er ist also vom Gebot der effektiven Leistungsbewirkung des § 267 befreit. Schließlich sieht § 268 Abs. 3 Satz 1 einen **gesetzlichen Forderungsübergang** iSv § 412 dergestalt vor, dass die Forderung durch die Drittleistung nicht wie bei § 267 erlischt, sondern kraft Gesetzes (und wegen § 401 unter Einschluss aller Neben- und Vorzugsrechte) auf den leistenden Dritten übergeht und diesem damit einen eigenständigen Regressanspruch verschafft.

3/40 Als in dieser Form privilegiert gilt ein Drittleistender, wenn ihm selbst durch die Nichtleistung und deren Folgen ein **Rechtsverlust droht**. Diese Gefahr ergibt sich aus dem Zwangsvollstreckungsrecht, wenn der Gläubiger wegen der ausstehenden Geldforderung die Vollstreckung in Gegenstände betreibt, die dem Schuldner gehören und an denen dem Dritten ein Recht zusteht. Erfasst werden von der Vorschrift nur dingliche Rechte wie insbesondere das Pfandrecht. Deshalb wird durch § 268 Abs. 1 Satz 2 der Besitz zusätzlich geschützt, so dass auch Mietern oder Pächtern des Vollstreckungsgegenstandes dieses Ablösungsrecht zusteht (wegen § 57a ZVG, durch welchen dem Ersteigerer das Recht zugestanden wird, bestehende Miet- und Rechtsverhältnisse zu kündigen). Obwohl sie selbst nach hM kein dingliches Recht darstellt[30], wird die Auflassungsvormerkung hinsichtlich des Ablösungsrechts an § 268 wegen ihrer quasi-dinglichen Wirkung[31] den dinglichen Rechten zu Recht gleichgestellt[32].

## IV. Klausurgliederung Fall 7

I. Da V nach seiner Kaufpreisforderung und K nach der Zahlung und Abnahmepflicht gefragt haben, bildet insoweit gleichermaßen § 433 Abs. 2 die Grundlage der Prüfung.

1. Ein Kaufvertrag ist zustande gekommen. Doch ist K nur zur Zahlung verpflichtet, wenn ihm ordnungsmäßige Ware zur richtigen Zeit angeboten wird; andernfalls hat er das Recht, seine Leistung zu verweigern (§ 320) oder sich sogar auf die Unmöglichkeit richtiger Schulderfüllung und die daraus für ihn folgende Befreiung von seiner eigenen Leistungspflicht (§§ 275, 326 I) zu berufen. Wenn diese Voraussetzungen vorliegen, braucht er also weder zu zahlen noch abzunehmen.

2. Dieses Recht hängt allerdings davon ab, ob V als Schuldner einer Gattungsschuld (§ 243) Ware mittlerer Art und Güte geliefert hat. Dies ist nach dem mitgeteilten Sachverhalt anzunehmen; qualitativ das Beste kann K nicht verlangen.

3. Hat V die Ware verfrüht geliefert, hat er insbesondere gegen eine schlüssige Vereinbarung über die Hinausschiebung der Erfüllbarkeit (§ 271) verstoßen, so muss nicht unbedingt Unmöglichkeit und damit ein Entfallen der Abnahme- und der Gegenleistungspflicht des K (§ 326) angenommen werden. In Betracht kommt aber ein Rücktritt des K wegen einer Nebenpflichtverletzung des V (§§ 241 Abs. 1, 324). Eine Nachfristsetzung ist dabei entbehrlich (§ 323 Abs. 2 Nr 2), also könnte K vom Vertrag zurücktreten.

4. Nimmt man dagegen an, dass eine verfrühte Lieferung keine Erfüllungswirkung (§ 362) hat, so hat V nicht richtig erfüllt und kann es nach den Pfingsttagen auch nicht mehr, sodass von einer nicht vertragsgemäßen Erfüllung im Sinne des § 323 Abs. 1 auszugehen ist. Auch hier ist eine Fristsetzung entbehrlich, weil die Leistung nicht mehr erbracht werden kann (§ 326 Abs. 6), sodass K vom Vertrag zurücktreten kann.

II. V verlangt eine Verzinsung des Kaufpreises. Eine Zinspflicht kann sich unter dem Gesichtspunkt des Verzuges des Schuldners ergeben (§ 288 und dazu unten § 8 II 2). Wenn man aber angenommen hat, dass V durch die verfrühte Lieferung seinen Pflichten nicht korrekt nachgekommen ist, wurde (wegen § 320) auch die Zahlungspflicht des K nicht fällig, sodass es schon deshalb an den Voraussetzungen des § 286 fehlt.

---

30 Zum Meinungsstreit vgl *Weber*, Sachenrecht II, § 11 Rn 3–10.
31 Zur Vormerkung insgesamt vgl *Weber*, Sachenrecht II, § 11.
32 BGH NJW 1994, 1475.

# § 4 Die Generalklausel des § 242

## I. Grundsätzliches

4/1 Kriterien zur Inhaltsbestimmung von Schuldverhältnissen treten auch im Rahmen der – bei flüchtiger Betachtung wenig aussagekräftigen – Norm des **§ 242** auf, bei der es auf den ersten Blick nur um die Art und Weise der Bewirkung einer versprochenen Leistung zu gehen scheint. § 242 unterscheidet sich in der Tat von anderen Gesetzesvorschriften, die Voraussetzungen und Rechtsfolgen ihrer Anwendung angeben, dadurch, dass der oder die Tatbestände, auf die die Bestimmung angewendet werden soll, **nur** sehr **allgemein beschrieben** sind, und auch über die **Rechtsfolge** (die Leistungsmodalität) und die Konsequenzen eines dem Gebot widersprechenden Verhaltens des Schuldners **keine Klarheit** geschaffen wird[1]. In dieser begrifflichen Weite und Unschärfe der normgebenden Begriffe, die neben dem Begriffshof auch schon den Begriffskern selbst ergreift, liegt gerade das Besondere, die Eigenart dieses Normtyps der **Generalklauseln**[2].

Hier wird die jeder Begrifflichkeit immanente Unschärfe auf ein so hohes Abstraktionsniveau gesteigert, dass die gesetzlichen Tatbestandsmerkmale inhaltlich-sprachlich so wenig fassbar sind, dass sich ihr eigentlicher Inhalt „besser fühlen als beschreiben" lässt[3]. Das hat dazu beigetragen, dass nach allgemeinem Verständnis § 242 eine praktisch überragende und weit über die Absicht des historischen Gesetzgebers hinausgehende Bedeutung im gesamten Privatrecht und teilweise auch im öffentlichen Recht bekommen hat, indem alle Rechtsverhältnisse (nicht nur: Schuldverhältnisse) nach dem hier genannten Maßstab im Zusammenwirken mit § 157 inhaltlich bestimmt und durchgeführt werden sollen[4]. Die Vorschrift spricht ein **allgemeines Rechtsprinzip** aus[5], das die Rechtsanwendung über den Vertragstext und nicht selten auch über den Gesetzeswortlaut hinaus verpflichtet (und ermächtigt), eine für alle Partner der Sonderverbindung **interessengerechte Ordnung** von Rechten und Pflichten zu finden. § 242 dient wie die anderen Generalklauseln dazu, der unfassbaren Vielfalt des Lebens in unserem begrifflich-abstrakten Recht ein Auffangbecken und dem Rechtsanwender eine Handhabe zur Durchsetzung gerechter, dh auch den atypischen Einzelfall erfassende Entscheidungen zu geben. Sie ist damit zur gesetzlichen Stütze für die Rechtsfortbildung durch Wissenschaft und Praxis geworden[6].

---

1 *Medicus*, SR AT[16], Rn 131.
2 Zum Begriff Generalklausel vgl genauer *Weber* AcP 192, 516, 522 ff.
3 So *Weber* AcP 192, 516, 525.
4 Vgl zur Ausbreitung des Gedankens aus § 242 auf die gesamte Rechtsordnung *Weber* JuS 1992, 631 ff.
5 Es wurde schon in der Rechtsprechung des RG entwickelt, s RGZ 85, 108, 117; 19, 24; sodann BGHZ 23, 240, 254; 68, 299, 304; 85, 39, 48.
6 So zutr. *Schlechtriem/Schmidt-Kessel*, SR AT[6], Rn 137.

## II. Funktionen des § 242

Indessen ist es bei der Auslegung vertraglicher Regelungen, der Konkretisierung der aus dem Vertrag hervorgehenden Rechte und Pflichten, gegebenenfalls auch der einschränkenden Handhabung nicht geblieben. Vielmehr hat die Norm über die ihr ursprünglich zukommende **Schrankenfunktion** hinaus in vielfältiger Form zur **Lückenfüllung und Korrektur** von vertraglichen Regeln und sogar von Verhaltensweisen die Grundlage gegeben, die mit gesetzlichen Bestimmungen (anscheinend) in Einklang stehen; in diesem Rahmen ist es auf der Grundlage des § 242 bisweilen auch zur Anpassung von Verträgen an eine durch **Fehlen oder Fortfall der Geschäftsgrundlage** entstandene Situation gekommen (dazu näher § 12); die Materie ist heute in § 313 geregelt und kodifiziert im Wesentlichen die früher auf § 242 gestützte Rechtsprechung. Schließlich sind aus § 242 bisweilen sogar Pflichten zu einem bestimmten Verhalten abgeleitet worden (**pflichtenbegründende Funktion**)[7], und neue Rechtsbehelfe haben in dieser Norm ihre Grundlage gefunden (**Ergänzungsfunktion**). Beispiel hierfür ist etwa der sog Einwendungsdurchgriff des Käufers oder Bestellers einer von einem Dritten (meist: Bank) finanzierten Leistung, falls diese nicht oder fehlerhaft erbracht ist; dies ist heute ansatzweise in § 358 geregelt. Diese Fragen gipfeln in der Überlegung, ob § 242 im Einzelfall die Berufung auf einen Formmangel oder ein Fristerfordernis verbieten kann[8], ob dieser Norm also auch eine am „Gerechtigkeitsideal" orientierte **Korrekturfunktion** gesetzlicher Ergebnisse innewohnt.

4/2

Nachdem man zeitweise die Hauptbedeutung des § 242 als **„Hilfsfigur der Methodenlehre"**[9] in der Legitimation richterrechtlicher Gesetzeskorrekturen durch Rechtsfortbildung gesehen hatte[10], ist diese Ansicht heute zunehmend in Frage gestellt[11], zumal an ihrer Seite und in ihrem Rahmen die über die Generalklauseln wie § 242, § 138 BGB **ins Privatrecht eingeflossenen Wertungen des Grundgesetzes**[12] inzwischen ein Eigenleben zu entfalten beginnen[13], das nicht mehr weit von der unmittelbaren Drittwirkung der Grundrechte im Privatrecht entfernt scheint[14]. Dies kann bei der Lösung der privatrechtlichen Fragen nicht unberücksichtigt bleiben, kommt allerdings immer erst in Betracht, wenn die Ergebnisse von Gesetzes- und Vertragsanwendung unter Einschluss der anerkannten Ausprägung des § 242 feststehen.

4/3

---

7 Dazu *Gernhuber/Grunewald*, Bürgerliches Recht[7], § 20 II; MünchKomm/*G.H. Roth*, BGB[5], § 242 Rn 62.
8 Dazu (in Auswahl): *Gernhuber* JuS 1983, 764 ff; *Riezler*, Venire contra factum proprium, 1912; *R. Weber* AcP 192, 516 ff; *Wieacker*, Zur rechtstheoretischen Präzisierung des § 242 BGB, 1956; *J. Schmidt*, Präzisierung des § 242 BGB – eine Daueraufgabe? – Symposium *Wieacker* (1990), S. 231 ff; *Singer*, Das Verbot widersprüchlichen Verhaltens, 1993; *Mader*, Rechtsmissbrauch und unzulässige Rechtsausübung, 1994.
9 So *Weber* AcP 192, 516 ff.
10 Dafür wohl *Medicus*, SR AT[16], Rn 125.
11 Vgl zur Rechtsfortbildung in diesem Zusammenhang *Ohly* AcP 201, 1 ff.
12 Zu den Grundrechten als Wertmaßstab vgl *Schapp* JZ 1998, 913 ff, 918.
13 Dazu umfassend *Ruffert*, Vorrang der Verfassung und Eigenständigkeit des Privatrechts (2001), passim.
14 Zum Drittwirkungsproblem hier nur: *Diederichsen* AcP 198, 230 ff; *Canaris* AcP 184, 201 ff; *Zöllner* AcP 196, 1 ff.

**4/4** Gegenüber derartigen Entwicklungen der Rechtspraxis, die sich aus dem verständlichen **Streben nach Einzelfallgerechtigkeit** ergeben, bestehen allerdings auch **Vorbehalte** aus dem **Gesichtspunkt der Vorhersehbarkeit** rechtlicher Entscheidung von Einzelfällen. Sie stellen sich überall dort ein, wo Gesetzesbestimmungen gelten, die nach dem Modell der §§ 138, 157, 242 von einer Tendenz des modernen Gesetzgebers zur „Flucht in die **Generalklauseln**" zeugen[15], die man als „Königsparagraphen" auszeichnen[16], aber auch für eine um sich greifende Rechtsunsicherheit verantwortlich machen kann.

## III. Konkrete Anwendung der Generalklausel des § 242

### 1. Problemstellung

**4/5** Kein Gesetzgeber kann alle den Lebenssachverhalt prägende Motive, Interessen oder Sachzwänge bedenken, viel weniger alle wirtschaftlichen und gesellschaftlichen Entwicklungen erfassen, wenn er eine gesetzliche Regelung zu finden hat. Angesichts der immer rascher eintretenden technischen und gesellschaftlichen Wandlungen ist es auch dem vorausschauendsten Gesetzgeber nicht möglich, alle Eventualitäten des Lebens in den Rahmen kasuistisch gefasster Normen zu zwängen. „Das Leben spottet der gesetzgeberischen Voraussicht."[17] Aber auch der mit jeder Generalisierung und Abstraktion notwendig verbundene Verzicht auf Individualität, auf die Besonderheiten des Einzelfalles, ist ebenso wenig erstrebenswert. Will er seinem Gesetzeswerk das historisch nicht seltene Schicksal ersparen, als zu starr unterlaufen oder als unangemessen von Parteien und Gerichten nicht angewendet zu werden, so muss er eine **gewisse Anpassung des Rechts** an die Billigkeit im Einzelfall ermöglichen. Diese **Funktion** hat in ihrer herrschenden sehr breiten Auslegung die **Generalklausel** des § 242. Dabei ist es bereits angesichts der Ausbreitung des Anwendungsrahmens von § 242 **nicht mehr möglich**, einen **auch nur auszugsweisen Überblick über die Anwendungsfälle** dieser Norm zu geben[18]. Das Prinzip fordert und ermöglicht Ergänzungen und Korrekturen der aus den „einfachen" Normen oder auch Vertragsbestimmungen gefundenen Ergebnisse an **unvorhergesehene** oder in ihren Einzelheiten **bewusst nicht** vom Gesetzgeber **erfasste Tatbestände**. Eine sehr weite Anwendung der Vorschrift bringt allerdings unübersehbare Gefahren mit sich. Sie liegen vor allem in der Unvorhersehbarkeit einer auf bloße Billigkeit ausgerichteten Rechtsanwendung. Ihr entgegenzuwirken und einen **Mittelweg zwischen** der **Gefolgschaft** zu den Werturteilen des Gesetzgebers **und** auf der anderen Seite den Bedürfnissen des **Einzelfalls** zu finden, ist die eigentliche Aufgabe des Umgangs mit diesem Grundprinzip

---

15 Dazu etwa *Diederichsen*, Die Flucht des Gesetzgebers aus der politischen Verantwortung im Zivilrecht, 1974; *Hedemann*, Die Flucht in die Generalklauseln, 1933, S. 66.
16 So *Hedemann* aaO S. 11; dazu unter dem Gesichtspunkt des Fortschrittsdenkens in der Rechtswissenschaft *H.P. Westermann* NJW 1997, 1, 4.
17 So *Engisch*, Die Idee der Konkretisierung in Recht und Rechtswissenschaft unserer Zeit (1. Aufl. 1968), S. 82.
18 Der letzte derartige Versuch von *Wilhelm Weber* in der Kommentierung des Staudinger/BGB aus dem Jahre 1961 hatte bereits über 1000 Druckseiten eingenommen, ohne abschließend zu sein.

unserer Rechtsordnung geworden. Konkret stellt sich die Frage, wie es angesichts des fast völlig konturlosen Wortlauts, der fehlenden subsumtionsfähigen Tatbestandsmerkmale und der uferlosen Weite der verwendeten Begriffe gelingen kann, die Anwendung und Verwendung dieser Generalklausel und insbesondere des § 242 überschaubar und in einem gewissen Umfang auch vorhersehbar zu machen. Die ganz herrschende Meinung geht hierzu den Weg einer „Konkretisierung" des Prinzips in Gestalt von sog **Fallgruppen**.

## 2. Die so genannte Konkretisierung durch Fallgruppen

### a) Grundidee

Die Rechtsprechung zu § 242 ist inzwischen nahezu unübersehbar geworden, die ergänzende Literatur füllt Regalmeter. Daher spiegelt der vorstehende Blick auf die einzelnen Funktionen dieser Norm die Rechtswirklichkeit der Spannbreite ihrer Anwendung nur noch sehr begrenzt wider, insbesondere ein sinnvoller Überblick vermag allein anhand der Funktionen nun kaum mehr zu gelingen. Außerdem sollte es einem Systematisierungsansatz auch gelingen, die aufgrund einer Generalklausel ergangenen Entscheidungen in das klassische Begründungsmodell richterlicher Entscheidungsfindung einzubinden.

4/6

Ohne hier nun vertieft in die im Einzelnen sehr streitigen Konzeptionen der juristischen Methodenlehre eindringen zu wollen, ist Ausgangspunkt aller Erörterungen doch die Ableitung richterlicher Ergebnisse von Normen durch das sog Subsumtionsverfahren. Man versteht darunter ein Schlussverfahren, bei dem die zu begründende konkrete Fallentscheidung in einer Deduktion die conclusio bildet, während die gesetzliche Rechtsnorm die erste Prämisse und der zu beurteilende Sachverhalt die zweite Prämisse dieses Schlussverfahrens bilden[19]. Ein solches klassisches Vorgehen zur Begründung der Rechtsentscheidung im Wege der Subsumtion setzt jedoch voraus, dass die ins Auge gefasste Norm, unter die der konkrete Sachverhalt subsumiert werden soll, subsumtionsfähige, dh begrifflich hinreichend exakte Tatbestandsmerkmale enthält. Daran aber fehlt es, wie gezeigt, definitionstypisch gerade bei den Generalklauseln. Zur Anwendung von Generalklauseln auf konkrete Rechtsfälle erscheint die Subsumtionsmethode daher an sich ungeeignet.

4/7

Um also das Systematisierungs- und Ordnungsziel nicht aufzugeben und somit zu verhindern, dass nach und nach ein Konglomerat außerordentlich spezialisierter Einzellösungen entsteht, die zu überblicken und zur neuerlichen Anwendung einer Generalklausel heranzuziehen unmöglich wird, bot es sich geradezu an, die Orientierungspunkte im Wege der Induktion aus den einzelnen Regelungen selbst zu gewinnen, indem man auf ihren Sinn und Zweck, ihre ratio, abstellte[20]. Auf diese Weise entwickelte man je nach Reichweite und Umfang einer Generalklausel einen oder mehrere,

4/8

---

19 So Staudinger/*Weber*, BGB[11] (1961), § 242 Rn 94.
20 Vgl zu diesem Vorgehen insbesondere *Leenen*, Typus und Rechtsfindung (1971), S. 65.

von dieser Generalklausel verkörperte generelle Rechtsgedanken[21]. Indem man dann einfach „die Blickrichtung umkehrt"[22] und alle diejenigen Regelungen zusammenfasse, bei denen sich bezüglich dieses generellen Rechtsgedankens Übereinstimmungen ergaben, erhielt man die, die Generalklausel anscheinend näher konkretisierende und präzisierende Regelbünde[23] oder Fallgruppen[24].

4/9 Eine solche Umformung des konkreten Sachverhalts zu einer abstrakten Fallgruppe bietet keinerlei Schwierigkeiten. Denn die Fallgruppe stellt, rechtstatsächlich gesehen, nichts anderes dar als einen als möglich vorgestellten, allgemein bestimmten Sachverhalt, der sich beliebig oft wiederholen kann[25]. Es ist dazu eigentlich nur erforderlich, den Sachverhalt in eine Fassung zu bringen, die von den „reinen Individualisierungsmomenten"[26] absieht und lediglich den Lebensvorgang als solchen wiedergibt. In dieser Fassung ist dann der allgemeinen Anforderung an die Fallgruppe nach jederzeitiger Wiederholbarkeit des tragenden Gedankens auf neue Fälle genügt. Die Entscheidung wird damit, sofern sie sich auf eine solche Fallgruppe beruft, im Grunde nicht mehr aus der Norm abgeleitet, sondern es ist gerade umgekehrt vielmehr so, dass die Norm erst aus der Entscheidung oder einer Mehrheit von Entscheidungen gewonnen wird[27].

### b) Einzelne Fallgruppen

4/10 Eine wichtige Fallgruppe des allgemeinen Grundsatzes des § 242 findet sich in dem Gesichtspunkt der **unzulässigen Rechtsausübung** oder der Berufung auf eine nur formale Rechtsposition. Hierbei handelt es sich angesichts der zu engen Formulierung des Schikanetatbestandes in § 226 um einen der Hauptfälle des § 242, der auch als **„Rechtsmissbrauch"** bezeichnet wird[28]. Er betrifft insbesondere Gläubigerrechte.

**Beispiel:** So kann der Gläubiger bei Teilleistungen entgegen seinem grundsätzlichen Recht, eine solche zurückzuweisen (§ 266), von seinem Zurückweisungsrecht keinen Gebrauch machen, wenn der fehlende Teil verhältnismäßig ganz unbedeutend ist. Hierher gehört etwa auch eine Kündigung des Vermieters, weil der Mieter ordnungsgemäß eine Mietminderung angekündigt hatte[29], nach neuerer Auffassung auch die Kündigung eines Arbeitsverhältnisses (in der Probezeit) wegen Homosexualität des Arbeitnehmers[30]. Es geht hierbei auch keineswegs nur um Gestaltungsrechte wie die Kündigung, sondern etwa auch um die Ausnutzung einer Bankgarantie,

---

21 *Larenz*, Entwicklungstendenzen in der heutigen Zivilrechtsdogmatik, JZ 1962, 106; *ders.*, Fall-Norm-Typus, in: FS H. und M. Glockner (1966), S. 150.
22 *Haubelt*, Die Konkretisierung von Generalklauseln (1978), S. 101.
23 So *Fikentscher*, Methoden Bd. IV, S. 656.
24 *Larenz* JZ 1962, 106; *ders.*, Wegweiser zu richterlicher Rechtsschöpfung, FS Nikisch (1958), S. 297; *ders.*, Kennzeichen geglückter richterlicher Rechtsfortbildung (1965), S. 8; *ders.*, Methodenlehre der Rechtswissenschaft (5. Aufl. 1986), S. 277.
25 *Haubelt*, Konkretisierung, S. 89; *Hruschka*, Die Konstitution des Rechtsfalles (1965), S. 51 f; *Larenz*, FS H. und M. Glockner, S. 153.
26 So *Engisch*, Konkretisierung, S. 195 ff.
27 *Larenz*, Über die Bindungswirkung von Präjudizien, in: FS Schima (1969), S. 255.
28 Zum Rechtsmissbrauchsbegriff näher MünchKomm/*Roth*, BGB[5], § 242 Rn 184 ff; vertiefend *Siebert*, Verwirkung und Unzulässigkeit der Rechtsausübung (1934).
29 Siehe AG Essen ZMW 1972, 275.
30 Siehe BAG NJW 1995, 275.

die „auf erstes Anfordern" ausgestellt ist, zu dem Zweck, sich aus dem Vermögen des Schuldners zu bereichern[31].

Hierzu zählt insbesondere die Ausübung eines formal bestehenden Rechts, wenn dieses durch gesetz-, sitten- oder vertragswidriges Verhalten des Berechtigten begründet worden ist. Dem liegt der allgemeine Gerechtigkeitsgedanke zugrunde, dass niemand aus eigenem unredlichen Verhalten rechtliche Vorteile ziehen soll[32]. Einen gesetzlich geregelten Fall dieses Rechtsgedankens enthält **§ 162 Abs. 2**.

Eine weitere Fallgruppe des Prinzips von Treu und Glauben liegt vor, wenn der Berechtigte durch zurechenbares Verhalten den Eindruck erweckt, der Verpflichtete könne sich auf die „nicht mehr Geltendmachung" einrichten (**Gesichtspunkt des „venire contra factum proprium"**). 4/11

**Beispiel:** Der Schuldner erhebt die Verjährungseinrede, nachdem auf seinen Hinweis, ein Kaufmann seines Ranges bezahle seine Schulden immer, der Gläubiger von einer rechtzeitigen Klage, die die Verjährung gehemmt hätte (§ 204 Nr 1), abgesehen hat[33].

Dem liegt der zutreffende[34] Gedanke zugrunde, dass es das Vertrauen im Rechtsverkehr untergraben müsse, wenn es erlaubt wäre, dass sich jeder nach eigenem Belieben mit früheren Erklärungen oder früherem eigenem Verhalten besonders krass in Widerspruch setzen könne[35].

Der oft gehörte Satz „Was hindert mich daran, täglich klüger zu werden und meine Ansicht entsprechend zu ändern" hat im Rechtsleben also nur bedingte Gültigkeit. Dementsprechend darf sich auch derjenige nicht mit Wirkung für die Vergangenheit auf die Unwirksamkeit eines Vertrages berufen, der diesen jahrelang als rechtswirksam angesehen und den beide auch erfüllt haben.

Hierher werden auch die Fälle der Berufung auf ein Formerfordernis gezählt, wenn der aus der formunwirksamen Verpflichtung in Anspruch Genommene seinerseits verursacht hat, dass der andere Vertragspartner nicht auf einem formgerechten Vertragsabschluss bestanden hat.

Eine weitere Fallgruppe bildet die **Verwirkung von Rechten**. Darunter versteht man die Fälle, in denen der Anspruchsinhaber dessen Geltendmachung über einen längeren Zeitraum unterlässt, obwohl er dazu in der Lage wäre (**Zeitmoment**), und dadurch im Verpflichteten das Vertrauen erreicht, dass dieses Recht auch in Zukunft nicht geltend gemacht werde (**Vertrauensmoment**). Hat Letzterer zudem diesbezüglich auch schon Vermögensdispositionen getroffen (**Umstandsmoment**), so ist die Geltendmachung des Rechts verwirkt. 4/12

---

31 Dies wurde vom OLG München WM 1985, 189 sogar als sittenwidrige Schädigung angesehen; siehe zum Problem der Bankgarantie „auf erstes Anfordern" *Nielsen* ZIP 1982, 235; *Mülbert* ZIP 1985, 1101; *Gröschler* JZ 1999, 822.
32 BGHZ 94, 125, 131.
33 Siehe die Beispiele RGZ 64, 220, 222 f; 144, 378 ff; BGHZ 9, 115 ff.
34 Krit. allerdings *Singer*, Das Verbot widersprüchlichen Verhaltens (1993), der den Anwendungsbereich dieses Rechtsgrundsatzes stark einengt und nur in wenigen Ausnahmesituationen für rechtsrelevant hält, s. S. 49 und passim.
35 So BAG BB 1997, 1850 f.

**Beispiel:** Der Vermieter, der einer vertragswidrigen Benutzung der vermieteten Wohnung lange tatenlos zugesehen hat, kann sein Kündigungsrecht aus § 543 Abs. 2 Nr 2 verwirken.

Diese Verwirkung von Rechten durch längere stillschweigende Nichtausübung ist außer im genannten Fall der Duldung eines vertragswidrigen Gebrauchs der Wohnung besonders häufig bei der Kündigung und anderen Gestaltungsrechten[36].

4/13 Als Ausfluss der Schrankenfunktion des § 242 ist die weitere Fallgruppe des **„dolo agit, qui petit, quod statim redditurus est"** anzusehen. Hierunter sind die Fälle zusammengefasst, in denen jemand etwas fordert, was er aus anderem Rechtsgrund (sofort) wieder zurückzugewähren hätte.

**Beispiele:** Inanspruchnahme einer Garantie auf erstes Anfordern ohne Vorliegen der materiellen Garantievoraussetzungen[37], kaufrechtlicher Übereignungsanspruch bei inzwischen feststehendem Scheitern des Vertrages[38].

4/14 Unter besonders schwerwiegenden Umständen, die den **Einwand der Arglist** (exceptio doli) rechtfertigen, kann zB die übermäßige Ausnutzung von Sicherungsrechten im Zusammenhang der Verwertung des Sicherungsguts zum Nachteil eines anderen (nicht unbedingt nur des Schuldners) als unzulässig angesehen werden[39].

**Beachte:** Hierher werden auch häufig Fälle der Berufung auf Formmängel oder eine Verjährung gerechnet.

Teilweise wird in diese Fallgruppe auch die Vollstreckung aus einem materiell unrichtigen, aber unanfechtbar gewordenen Vollstreckungsbescheid oder Urteil gerechnet[40], während andere diese Fälle auf § 826 stützen[41].

> Betrachtet man vor diesem Hintergrund **Fall 5** (oben § 2), so ist im Ausgangsfall klar, dass eine vertragliche Verpflichtung der Genossenschaft, den Eheleuten E eine bestimmte Wohnung zuzuweisen, nicht bestand. Auf der anderen Seite hat die Genossenschaft durch den Hinweis, sie könne die Eheleute nicht aus dem Vertrag entlassen, da der Bau wie geplant durchgeführt werden müsse, bei ihren Verhandlungspartnern den Eindruck erweckt, sie könnten sich auf die Zuteilung einer bestimmten Wohnung verlassen und müssten diese dann auch bezahlen. Wenn die Genossenschaft nunmehr von dieser Zusage abrückt, wofür es im Zusammenhang mit den ausstehenden Zinszahlungen auch einen Grund (wenn auch vielleicht keinen ganz überzeugenden) gibt, so setzte sie sich zu früherem Verhalten in Widerspruch, das für den Ehemann E sogar der Anlass war, ein günstiges Stellenangebot auszuschlagen. Man kann also insoweit einen treuwidrigen Verstoß gegen früheres eigenes Verhalten feststellen.

4/15 Besondere Wichtigkeit als Fallgruppe des § 242 hat früher der aus dem Wortlaut des Gesetzes nicht mehr zu entnehmende Aspekt der Anpassung von Verträgen an das **Fehlen** bzw den **Fortfall der Geschäftsgrundlage** erlangt. Es geht dabei über die

---

36 Anschauliches Beispiel mit Bezügen zum Familienrecht bei OLG München NJW 1974, 703.
37 BGHZ 100, 95, 105 f.
38 BGH NJW-RR 2004, 229.
39 Siehe hierzu den ziemlich krassen, wenn auch nicht ganz leicht verständlichen Fall BGH NJW 2000, 3273.
40 OLG Hamm, WM 1990, 1104 f.
41 BGH WM 1988, 611 f.

Modifikation einzelner, verbindlich festgelegter schuldrechtlicher Pflichten hinaus darum, dass aus ganz besonderen Gründen die Durchsetzbarkeit autonom getroffener Vereinbarungen ganz beseitigt oder in das Gefüge von Leistung oder Gegenleistung eingegriffen werden soll, um auf diese Weise grundlegenden Änderungen der Interessenlage, besonders der wirtschaftlichen Verhältnisse, im Interesse eines Ausgleichs von Leistung und Gegenleistung Rechnung zu tragen. Die Einzelheiten, die sich seit der Schuldrechtsmodernisierung nicht mehr aus § 242, sondern aus **§ 313** ergeben, sind unten in § 12 dargestellt.

§ 242 wirkt nicht nur rechtsbeschränkend, sondern kann auch **Ansprüche begründen**[42]. Allerdings steht die Zubilligung „an sich" nicht bestehender Rechte nicht im Vordergrund des Anwendungsfelds des § 242 und wird daher nur in Ausnahmefällen zu begründen sein.

4/16

So würde im **Fall 5** ein Schadenersatzanspruch wegen Pflichtverletzung (§§ 241 Abs. 2, 280 Abs. 1) unter dem Gesichtspunkt der Naturalrestitution (s. § 249 Abs. 1) auch nur dazu führen, dass die Eheleute E so zu behandeln wären, als sei ihnen seinerzeit korrekterweise ein formgültiger Kaufvertrag angeboten worden, so dass sie einen Anspruch auf Übereignung der Wohnung hätten. Deshalb kommt in solchen Fällen ausnahmsweise auch ein auf Erfüllung gerichteter Anspruch als Rechtsfolge des § 242 in Betracht.

### 3. Systembildung und Rechtssicherheit

Generalklauseln sind, wie aufgezeigt, keine Rechtsnormen, unter deren Tatbestand man einen konkreten Lebenssachverhalt subsumieren und aus deren Rechtsfolgenaussage man ein konkretes Ergebnis für den zu entscheidenden Einzelfall entnehmen könnte. Eine Aussage über den Inhalt der Generalklauseln lässt sich demzufolge nur in dem Sinne machen, dass man die **Kasuistik** dessen, was sich unter Berufung auf eine Generalklausel in der Rechtsprechung durchgesetzt hat, darstellt und, wenn und soweit möglich, **systematisiert**. Denn soweit man die Rechtswissenschaft als eine Wissenschaft vom tatsächlich existierenden Recht versteht, kommt man nicht umhin, das mit jeder höchstrichterlichen Rechtsprechung gesetzte **„Datum gesellschaftlicher Rechtswirklichkeit"**[43] als geltendes, wenngleich nicht bindendes[44] Recht zur Kenntnis zu nehmen. Diesem Ordnungs- und Systematisierungsaspekt aber wird die Ausbildung von Fallgruppen durchaus gerecht. Nicht zuletzt deshalb erfreut sie sich sicherlich ihrer außerordentlichen Beliebtheit. Die Fallgruppen haben unzweifelhaft den Vorzug, dass sie eine **gezielte Information** über die von einer Generalklausel regelmäßig erfassten Bereiche **ermöglichen**, ohne dass jeweils das gesamte „Konkretisierungsmaterial" auf vergleichbare Fälle hin durchgemustert werden müsste. Dadurch wird die Auffindung der einschlägigen Entscheidungen vereinfacht, und man kommt dem Drang nach Rechtssicherheit entgegen. Diese Gründe sind es wohl, die

4/17

---
42 Neueres Beispiel BGH NJW 1996, 1885 mit Anm. *Kaiser* JZ 1997, 448.
43 MünchKomm/*Roth*, BGB (2. Aufl. 1985), § 242 Rn 18.
44 Vgl dazu *Weber*, Richterrecht als Rechtsquelle, ZRP 1990, 358.

das Fallgruppensystem zur inzwischen fast allgemein anerkannten Methode der Konkretisierung von Generalklauseln haben werden lassen.

4/18  Daraus ergibt sich, dass die bloße Ordnung der Einzelregelungen gemäß den in den Entscheidungen zutage tretenden maßgeblichen Rechtsgedanken an sich lediglich zu einer Art **systematischer Einzelfallvergleichung** führt. Solange und soweit man die Fallgruppenbildung so versteht und verstehen will, wäre dies, da damit noch keine qualitative Veränderung des Konkretisierungsverfahrens verbunden ist, sondern noch immer der Vergleich der letztlich entscheidenden Einzelfälle mit ihren atypischen Besonderheiten vorherrscht, **methodisch unbedenklich**. Auf dieser ersten Stufe der Fallgruppenmethode beschränkt sich der unmittelbare Nutzen der Systematisierung allerdings auch auf die **ständige Verfügbarkeit über den gesamten Vorrat an Anknüpfungsmöglichkeiten**. Dagegen ändert die Existenz einer solchen Rechtsprechungssammlung zunächst gar nichts an dem einzuschlagenden Rechtsfindungsverfahren. Es bleibt bei der Technik der reinen Fallvergleichung und der Nachvollziehung der im einzelnen Falle vorliegenden richterlichen Wertung. Die mit der Fallgruppe gemeinten typischen Fälle sind also gerade nicht nur als abstrakter Obersatz, sondern im Gegenteil in möglichst vielen relevanten Einzelfällen zu beschreiben. Diese einzelnen Fälle sind sodann mit den konkreten Merkmalen des zur Beurteilung anstehenden Sachverhalts zu vergleichen. Und nur dieser Einzelvergleich gestattet eine gewisse rationale Kontrolle und Begründung der Zuordnung jenes Falles zu der angewandten Generalklausel[45]. Die vorgenommene Wertung des entscheidenden Richters wird nicht hinter und unter einem abstrakten Oberbegriff verdeckt, sondern als solche in und bei der Entscheidungsbegründung bewusst offengelegt. Versteht man die Fallgruppenmethode in diesem Sinne, dh als ein Reservoir für die Auffindung von Argumentationsgrundlagen, so ist diese Fallgruppentechnik eine unbedenkliche Systematisierungsmethode.

### 4. Dogmatische Fundierung der Fallgruppenmethode

4/19  Auch das Fallgruppenrecht siedelt sich somit in einer „Lücke" an[46] und rechtfertigt sich durch die angebliche Notwendigkeit[47], diese schließen zu müssen[48]. Als **Lücke** wird insoweit die **begriffliche Unbestimmtheit der Generalklausel** verstanden. Unerheblich erscheint insoweit, dass es sich bei den „Generalklausel-Lücken" gerade nicht um eine „planwidrige Unvollständigkeit"[49] der gesetzlichen Regelung handelt. Vielmehr bilden die Generalklauseln gerade vom Gesetzgeber **bewusst geschaffene**

---

45  So ähnlich *Bydlinski*, Juristische Methodenlehre und Rechtsbegriff (1982), S. 548.
46  Vgl zur Feststellung von Lücken im Gesetz umfassend *Canaris* in seinem gleichnamigen Werk (1964), passim.
47  *F. Müller*, Richterrecht (1986), S. 16 spricht insoweit von einem „horror vacui", der zwanghaft nach rascher Ausfüllung durch richterrechtliche Normen verlange.
48  Vgl zur Idee der Lückenlosigkeit der Rechtsordnung *F. Müller*, Die Einheit der Verfassung (1979), S. 49 f, 98 ff, 110 ff.
49  Was aber nach *Canaris*, Feststellung von Lücken im Gesetz (1964), S. 16, 139 f und ihm folgend nach der ganz herrschenden Meinung an sich Voraussetzung für die Feststellung einer Lücke im Gesetz wäre.

**Zonen fehlender Detailregelungen.** Aber auch diese nur der Subsumtionsmethode nach planwidrigen Lücken bedürfen, so will es der ganz herrschenden Meinung in Literatur und Rechtsprechung erscheinen, der Ausfüllung durch richterrechtlich entwickelte und von der Rechtslehre in Form der Fallgruppen näher ausgeformte Prinzipien. In Kauf genommen und quasi als Preis der unvermeidlichen Lückenfüllung angesehen wird dabei, dass die Generalklauseln als vom Gesetzgeber bewusst geschaffene **Einfallstore für die soziale Wirklichkeit** in die juristische Arbeit **verdrängt** werden **durch immer exakter ausgearbeitete und detaillierte Fallgruppensysteme**. Auf eine verstecktere Art teilt damit der der Fallgruppenlehre zugrunde liegende Gedanke das Ziel des klassischen Gesetzespositivismus, nämlich rein juristisch vorzugehen und richterlicher Wertung einen Riegel vorzuschieben. Nicht mehr programmatisch, aber der Sache nach steckt dahinter also noch immer die alte, nicht einlösbare **Wunschvorstellung des Positivismus**, jede einzelne Entscheidung als Subsumtion auffassen und damit mühelos in das gesetzliche Normenrecht einbinden und zurückführen zu können. Die alte Idee des Richters als Subsumtionsautomaten findet sich hier in neuem Gewande wieder. Dahinter verbirgt sich die Überzeugung, dass jede vom vorgegebenen Richtigkeitsdenken nicht erzwungene Tatbestandskasuistik einen Fremdkörper in einer wissenschaftlich arbeitenden, nach lückenlosen Systemen strebenden neuzeitlichen Rechtswissenschaft darstellt.

## 5. Gefahr der Überhöhung der Fallgruppe zu Ersatztatbestandsmerkmalen

### a) Abstrahierung vom Einzelfall

Bei der Ausbildung eines solchen Argumentationsreservoirs zur Fallvergleichung wird jedoch im Rahmen der Fallgruppenmethode keinesfalls Halt gemacht. Denn diese aus Einzelfällen abgeleiteten und entwickelten Fallgruppen nehmen in der **praktischen Rechtsanwendung** oftmals selbst die Stelle der bei Generalklauseln definitionsgemäß fehlenden exakten **Tatbestandsmerkmale** ein. Ihnen wird damit eine **quasi normersetzende Funktion** zuerkannt[50]. Die Fallgruppen werden in ihrer vom Einzelfall gelösten Form als abstrakter Richtsatz zu **Ersatztatbestandsmerkmalen** der Generalklausel[51] und sollen auf diese Weise zu ihrer Konkretisierung beitragen. Anstelle der häufig sehr schwierigen und komplizierten Ableitung der konkreten Entscheidungen aus Vergleichsfällen, dh anstatt eine wertende Abwägung in jedem Einzelfall neu zu vollziehen, orientiert man sich weithin an den bereits in Form der Fallgruppen gebildeten Zwischenergebnissen[52]. Die Fallgruppen ersetzen daher die individuellen Fallvergleiche. Sie werden in die Vagheit der Generalklausel eingestellt und führen so zu einer immer weiter zunehmenden, immer engeren Konkretisierung der vom Gesetzgeber bewusst offengehaltenen Generalklauseln. Letztlich wird der zu entscheidende Fall nicht mehr unter eine Generalklausel gestellt und wertend, dh durch Annahme der richterlichen Verantwortung für den atypischen Einzelfall, son-

4/20

---
50 *F. Müller*, Richterrecht (1986), S. 29 spricht von einer „apogryphen Rangerhöhung".
51 Vgl Staudinger/*Weber*, BGB¹¹ (1961), § 242 Rn 125.
52 *Bydlinski*, Methodenlehre, S. 504.

dern durch Subsumtion unter die abstrakten Fallgruppenoberbegriffe gelöst. Der abstrakte Fallgruppenobersatz ist damit zum Tatbestandsmerkmal der Generalklausel geworden[53]. Diese **Entwicklung der Fallgruppe zum Ersatztatbestandsmerkmal** wird wesentlich geleitet von dem **Streben nach** „vermeintlicher" **Rechtssicherheit**.

4/21 Diese Vorgehensweise führt auf den ersten Blick auch zu einer großen **Richtigkeitsgewähr** bezüglich der entschiedenen Fälle. Denn da die Fallgruppe definitionsgemäß auf diese Einzelfälle zugeschnitten ist, für sie geschaffen und aus dem Fall selbst entwickelt ist, kann sie, am entschiedenen Fall gemessen, auch gar nicht falsch sein[54]. Ihre Heranziehung kann daher in den später auf dieser Grundlage zu entscheidenden Fällen nicht mit der Argumentation abgelehnt werden, die früheren, aus dieser Fallgruppe begründeten Entscheidungen seien falsch gewesen. Eine Abweichung von der als typisch angesehenen, angeblich einschlägigen Fallgruppe, die wegen ihrer Abstraktheit jedoch den je speziellen Einzelfallmomenten ebenso wenig gerecht wird wie die Anwendung gesetzter Sachnormen, kann daher nur noch mit der – „mitunter Haarspaltereien produzierenden"[55] – Begründung abgelehnt werden, diese Fallgruppe passe auf den jetzigen Fall nicht, dh der zu entscheidende Fall gehöre nicht zu dieser Fallgruppe.

### b) Von der Fallgruppe zum Typus

4/22 Zugleich aber bildet die Herausarbeitung von **Fallgruppen** und deren Überhöhung zu Ersatztatbestandsmerkmalen der Generalklauseln noch **keineswegs den Abschluss dieser Entwicklung**. Sie stellt vielmehr nur eine ohne größere Schwierigkeiten erreichbare **Zwischenstation** eines Prozesses hin **zur** nur noch formalen **Typenbildung** dar. Denn die Kennzeichnung als „Zusammenfassung rechtlich gleicher Erscheinungen"[56], als „Umgrenzung eines Objektbereiches durch Ausrichtung auf einen Rechtsgedanken"[57], trifft nicht nur auf die Fallgruppenmethode, sondern ebenso auch für die sog Typuslehre[58] zu. Der Unterschied besteht darin, dass die Fallgruppenmethode zumindest in ihrem Ausgangspunkt noch mehr die „Vielfalt der zusammengefassten (Einzel)fälle ins Auge rückt"[59], während mit dem Typus in noch weit stärkerem Maße von der zugrunde liegenden einzelnen Entscheidung abgesehen und nur noch „die **Einheitlichkeit des zugrunde liegenden Rechtsgedankens**"[60] betont wird. Dem Gedanken nach wäre die Weiterbildung der Fallgruppe zum, von den zugrunde liegenden Fällen völlig abstrahierten, Typus die konsequente Weiterentwicklung der Fallgruppe zum Ersatztatbestandsmerkmal. In seiner Abstraktheit nämlich entspricht der Typus der gesetzlichen Rechtsnorm. Je weiter aber die Abstraktionsspirale sich nach oben

---

53 *F. Müller*, Richterrecht (1986), S. 31 bezeichnet dies als „Quasinormen".
54 Vgl dazu *Bydlinski*, Methodenlehre, S. 526.
55 So *Bydlinski*, Methodenlehre, S. 526.
56 *Leenen*, Typus, S. 65.
57 *Leenen*, Typus, S. 65.
58 Vgl zu den Einzelheiten der Typusdiskussion ua: *Bergfeld*, Der Begriff des Typus (1933); *Hassemer*, Tatbestand und Typus (1968); *Hempel/Oppenheim*, Der Typusbegriff im Lichte der neueren Logik (1936); *Heyde*, Typus (1941).
59 *Haubelt*, Konkretisierung, S. 104.
60 *Haubelt*, Konkretisierung, S. 104.

bewegt, die Fallgruppe sich dem Typus annähert, umso mehr gerät der zugrunde liegende einzelne Fall in Vergessenheit; die durch die Generalklausel an sich zu verwirklichende Gerechtigkeit auch für den atypischen Einzelfall bleibt hinter den abstrakten Rechtsgedanken weit zurück. Ansatzweise hat dieser Prozess bereits begonnen.

## IV. Dogmatische Kritik der Fallgruppenmethode

Wie die obigen Ausführungen deutlich machen, steht der Verfasser einem solchen Fallgruppenverständnis kritisch gegenüber. Diese Kritik gegen ein solches Vorgehen fußt auf dogmatisch-methodischen und zugleich auch auf rechtspolitischen Bedenken, die zusammen eine Abkehr von diesem Vorgehen der Konkretisierung der Generalklauseln durch Fallgruppen nahe legen. Dies soll im folgenden Teil aufgezeigt werden.

### 1. Vorbemerkung

Die heutige Generalklauseldogmatik hat also die Warnungen vor der unserem Rechtssystem scheinbar fremden Unbestimmtheit gesetzlicher Vorschriften ernst genommen. Konkretisierung, Herunterzonung der Unbestimmtheit heißt das moderne Programm. Durch die **Schaffung von Fallgruppen** wird versucht, aus den Generalklauseln im Wege der **Subsumtion** vertretbare Normen zu machen und auch sie dadurch der klassischen Methode der Rechtsanwendung zuzuführen. Die von *Hedemann* vorhergesagte und vorhergesehene **Gefahr** scheint also **gebannt**. Und dennoch kommt seiner schon damals richtungsweisenden Aussage, wonach „das Vordringen der Generalklauseln in unserer Gesetzgebung die wahrscheinlich wichtigste Frage des Juristen im 20. Jahrhundert darstellt"[61], auch heute noch ungeminderte Bedeutung zu. Jedoch ist diese Aussage unter einem anderen Blickwinkel als damals zu betrachten. Mochte damals die begriffliche Unbestimmtheit dieser Vorschriften den noch im Gedankengut der Aufklärung verharrenden Juristen Sorge bereiten, so ist es heute gerade die **weitgehende Konkretisierung der Generalklauseln**, das **beständige Weichen der ursprünglich gedachten Freiräume**, die als Gefahr angesehen werden und kritische Gegenstimmen auf den Plan rufen muss. Denn die rechtliche Regelung sozialer Lebensverhältnisse vollzieht sich in einem Spannungsverhältnis zwischen der Rechtssicherheit auf der einen und der Gerechtigkeit im Einzelfall auf der anderen Seite. Den **Generalklauseln** ist in diesem Regelungssystem die Aufgabe zugefallen, einen **Freiraum** zu gewähren, um den **Besonderheiten des Einzelfalles** Rechnung tragen zu können. Die Rechtsordnung in Form der im Wesentlichen festen, starren Regelungen schafft Rechtsschutz und Gerechtigkeit nur für das Typische[62]. Zur Beachtung abweichender atypischer Konstellationen ist in einem fest gefügten Recht kaum Raum[63]. Diesen Freiraum im gesetzten Recht zu schaffen war und ist Aufgabe der General-

---

61 *Hedemann*, Die Flucht in die Generalklauseln (1933).
62 So schon *Coing*, Grundzüge der Rechtsphilosophie (2. Aufl. 1969), S. 17.
63 *Henkel*, Recht und Individualität (1958), S. 7.

klauseln. Deren zunehmende Konkretisierung durch Fallgruppen und die dadurch bedingte Bewegung der Generalklauseln hin zu bestimmten Normen verschiebt die Gleichgewichtslage in diesem labilen Gleichgewicht zu sehr auf die Seite der Rechtssicherheit und lässt die Einzelfallgerechtigkeit zu stark in den Hintergrund treten. Und gerade deshalb ist die Fallgruppenmethode auf ihre dogmatische Akzeptanz und Stimmigkeit hin zu hinterfragen.

### 2. Systemgerechtigkeit

4/24  Entscheidend ist insoweit, dass die Fallgruppen-Ansätze **keine „normativen Denkansätze"**[64] sind, **sondern empirische Analysen** der faktischen Verwendung einer Generalklausel bilden. Zugrunde liegt stets der real entschiedene Basissachverhalt, der erst die Fallnorm ins Leben gerufen und diese durch tatsächliche Wiederholbarkeit auf andere Fälle zur Fallgruppe herausgebildet hat. Solche empirischen Analysen legen zutreffend dar, was sich durch die Generalklauseln in der Rechtsprechung tatsächlich ereignet, was insbesondere die Rechtsprechung unter Zuhilfenahme der Generalklauseln tatsächlich entschieden hat. Gerade deshalb aber sind sie **nicht** in der Lage, **Begründungen für die Richtigkeit** dessen, was sich ereignet hat, zu liefern[65]. Sie geben zutreffend an, „was ist", können aber keine Aussagen darüber machen, ob dieses „Sein" auch „richtig" ist. Da eine Rechtsnorm und mit dieser die Tatbestandsbegrifflichkeit in der klassischen subsumtiven Begründungsmethode aber genau diese Aufgabe erfüllen muss, also sagen muss, warum ein tatsächliches Sein Recht ist, sind die Fallgruppenansätze zu einer normativen Konkretisierung der Generalklauseln nicht in der Lage[66]. Aus eben diesen Gründen können die Fallgruppen auch nicht als Ersatztatbestandsmerkmale der Generalklausel angesehen oder wie solche bei der Entscheidungsbegründung verwendet werden. Da aber Subsumtion gemäß der klassisch-juristischen Begründungstheorie nur unter Normen, genauer gesagt unter die Tatbestandsmerkmale von Rechtsnormen, erfolgen kann, kann die Fallgruppenmethode somit die Generalklausel gerade nicht zu im Wege der Subsumtion anwendbaren Rechtsnormen machen. Insoweit also wird die Fallgruppenmethode bereits ihren selbstgesetzten Anforderungen nicht gerecht.

### 3. Fallgruppen und Lückenfüllung?

4/25  Weiterhin ist gegen die Fallgruppenmethode einzuwenden, dass sie praktisch nicht vollständig zu realisieren ist und auch deshalb den selbstgestellten Ansprüchen nach **Lückenlosigkeit des Systems**[67] nicht gerecht werden kann. Denn auch die exakteste Präzisierung einer Generalklausel durch ein noch so umfassendes, alle bislang relevant gewordenen Fälle umfassendes System ist inhaltlich letztlich doch nicht präzise

---

64  Staudinger/*Weber*, BGB[11] (1961), § 242 Rn A 143; ähnlich auch *Haubelt*, Konkretisierung, S. 68.
65  Staudinger/*Weber*, BGB[11] (1961), § 242 Rn A 143.
66  Ebenso Staudinger/*Weber*, BGB[11] (1961), § 242 Rn A143.
67  Vgl zu der Idee der Lückenlosigkeit der Rechtsordnung nur *F. Müller*, Einheit, S. 44 f, 98 ff, 110 ff mwN.

genug, um wirklich lückenschließend zu sein. Denn in den eigentlich kritischen Fällen neuartiger Problemkonstellationen kann auch das Fallgruppensystem nicht weiterhelfen. Schon definitionsgemäß fehlt es nämlich im jeweils ersten auftretenden Problemfall einer neuen Fragenkonstellation an einer ausgearbeiteten, erst recht durch tatsächliche Wiederholbarkeit abgesicherten Fallgruppe[68]. Ebenso wenig wie eine positive Rechtsordnung, gemessen am realen gesellschaftlichen Regelungsbedarf jemals lückenlos sein wird[69], kann dies auch – und wegen der besonderen Funktion der Generalklauseln im Rechtssystem erst recht – bei Generalklauseln niemals der Fall sein. **Eine abgeschlossene Generalklausel wäre ein Widerspruch in sich.** Auch dies anerkennt in den Grundlagen selbst die herrschende Meinung der Fallgruppenbefürworter, die sich ja auch sehr davor hüten, ein abschließendes Fallgruppensystem zu propagieren; im Gegenteil findet sich überall der Hinweis, dass jederzeit weitere, über diese Fallgruppen hinausgehende Fälle denkbar seien.

### 4. Fallgruppen und Gewaltenteilung?

Auch aus dem Gewaltenteilungsgrundsatz ergeben sich gegen den Fallgruppenansatz gewisse Bedenken.

#### a) Begriff und Funktion der Gewaltenteilungslehre

Nach herkömmlicher Sicht wird die Gesamtheit staatlicher Macht in Funktionskreise aufgeteilt, die durch die geschriebene Rechtsordnung, zumeist in den jeweiligen staatlichen Verfassungsurkunden, besonderen voneinander getrennten staatlichen Organen zugewiesen sind[70]. Die klassische Lehre trennt insoweit in die **drei Gewalten Gesetzgebung, Regierung mit Verwaltung und Rechtsprechung**. Andere Auffassungen, die aber ebenfalls noch an der Grundidee der Gewaltenteilung festhalten, wollen entweder nur zwei Funktionen (Gesetzgebung und Vollziehung) anerkennen oder stellen die Regierung als eigenen, vierten Bereich selbstständig neben die Verwaltung. Jedenfalls gehören nach all diesen Ansätzen Gesetzgebung und Rechtsprechung verschiedenen Funktionskreisen an, so dass eine nähere Auseinandersetzung mit den einzelnen Theorien hier entbehrlich ist[71].

4/26

In neuerer Zeit mehren sich zwar auch Tendenzen, die nicht mehr von einer Gewaltenteilung mit strikter Trennung der einzelnen Funktionsbereiche ausgehen, sondern die dem **gesellschaftlichen Faktum** immer **fließender** werdender **Übergänge** zwischen den einzelnen Funktionen dadurch Rechnung tragen wollen, dass sie von einem **System der Gewaltenverschränkung** ausgehen, das eine strikte Gewaltenteilung nicht mehr zulässt. Dem soll aber nicht gefolgt werden. Denn der Gedanke der Trennung der maßgeblichen Funktion staatlicher Macht in mehrere, voneinander personell und organisatorisch zu unterscheidende und funktionell zu trennende Machtbereiche dient

4/27

---

68 Ebenso *Teubner*, AK-BGB (1980), § 242 Rn 4.
69 So zutreffend *F. Müller*, Richterrecht (1986), S. 119; *ders.*, Einheit, S. 98 ff.
70 So etwa *Maunz*, Staatsrecht, § 19 I a.
71 Vgl zum Ganzen ausführlich *Maunz/Dürig/Herzog/Scholz*, GG, Art. 20 V mwN.

der **gegenseitigen Hemmung** und der **inneren Kontrolle staatlicher Machtausübung** im Interesse individueller Freiheitssicherung[72]. Diese Gründe für die Entwicklung des Gewaltenteilungsgedankens beanspruchen aber noch heute uneingeschränkte Gültigkeit. Individueller Freiheitsschutz vor staatlicher Allmacht ist im Zuge der neueren gesellschaftlichen und technischen Entwicklungen heute noch ebenso zu besorgen und zu überwachen wie zu Zeiten Montesquieus. Im Zuge einer immer komplizierter, detaillierter und vertechnisierter werdenden Ausübung staatlicher Funktionen wird eine effektive Machtkontrolle eher schwieriger. Zwar sind die unmittelbar despotischen Machtstrukturen und absolute Herrscherfiguren und die damit einhergehende Gefährdung individueller Freiheit wenigstens aus unserem Rechtskreis weitgehend verbannt. Heute aber drohen außerdem verstecktere, subtilere Gefährdungen individueller Freiheiten durch staatliche Macht, die etwa durch das Subventions(un)wesen zu umschreiben sind und denen es ebenso energisch entgegenzutreten gilt.

### b) Überschreitung der Rechtssetzungsmacht durch Fallgruppenbildung

4/28 Gerade aus dem Blickwinkel des Gewaltenteilungsdenkens bestehen aber gegen die Überhöhung konkreter richterlicher Fallentscheidungen zu abstrakten Fallgruppen erhebliche dogmatische Bedenken. Denn die Aufgabe der **Rechtsprechung** besteht in der **Anwendung von Rechtsnormen auf den konkret zu entscheidenden Einzelfall**. Die Gerichte sind also berufen, durch Anwendung der Gesetze und Auslegung ihrer begrifflichen Inhalte eine im **Einzelfall gerechte Entscheidung** zu finden. Die Generalisierung dieser konkreten Entscheidungen zu abstrakten Obersätzen mit quasi-bindender Wirkung ist dem Rechtsanwender hingegen versperrt. Damit werden die Grenzen dessen, wozu der Richter berufen ist, nämlich Recht durch Rechtsanwendung im Einzelfall zu sprechen (und über diese Einzelfälle durchaus auch das Recht fortzubilden), überschritten. Jedenfalls die Generalisierung der einzelnen Entscheidungen zu bestimmten **Fallgruppen** und deren Qualifizierung **als Ersatztatbestandsmerkmale** der Generalklauseln lässt sich deshalb nicht mehr als Rechtsfindung darstellen, sondern **nähert sich** jedenfalls **in bedenklicher Weise der abstrakten**, nicht mehr einzelfallbezogenen **Rechtssetzung**. Eine solche Bearbeitung der Entscheidungen des jeweils konkreten Sachverhaltes zur abstrakten Tatbestandsformung ist **Aufgabe des Gesetzgebers** und diesem vorbehalten.

4/29 Erst recht muss dies gelten, wenn der **Gesetzgeber selbst bewusst auf eine konkrete Begrifflichkeit verzichtet**, dh der Subsumtion insoweit eine Absage erteilt hat und den Rechtsanwender durch die Verweisung auf außerrechtliche, ethisch-moralische Prinzipien gerade zur eigenen Wertung aufruft. Jedenfalls dann ist der Rechtsanwender – und dies gleichgültig, ob als Richter oder als diese Rechtsprechung kritisch begleitender Rechtslehrer – nicht dazu berechtigt, die in den Generalklauseln zum Ausdruck kommende **gesetzgeberische Grundentscheidung zu unterlaufen**. Dies aber geschieht jedenfalls dann **mit Hilfe der Fallgruppenmethode** zur Präzisierung von Generalklauseln, wenn man die gebildeten Fallgruppen nicht mehr nur als eine bloße

---

72 So *Maunz*, Staatsrecht, § 10 I a.

Sammlung von Einzelfällen, sondern als Ausdruck eines in und durch diese Fallgruppe wirksam werdenden allgemeinen Rechtsgedankens ansieht und diesen quasi als Ersatztatbestandsmerkmal in die ursprünglich offene und bewusst offengehaltene Generalklausel mit hineinliest.

## 5. Gefahr des Rechtsprechungspositivismus

### a) Bindungswirkung der Fallgruppensysteme

Des Weiteren setzt sich die Fallgruppenmethode auch der Gefahr aus, **bindendes Präjudizienrecht** zu schaffen, das es methodisch gesehen in unserer Rechtsordnung nicht geben darf[73]. Da aber auch die Fallgruppen nur eine **Abstrahierung der einzelnen zugrunde liegenden Entscheidungen** bilden, kann konsequenterweise auch von einer allgemeinen Verbindlichkeit der Fallgruppen nicht gesprochen werden. Jedenfalls theoretisch ist die Rechtslage also eindeutig: es gibt **keine Bindung an Fallgruppen**. 4/30

**Praktisch** hingegen ist diese Aussage **weniger eindeutig** zu fixieren. Die Arbeit eines jeden Praktikers, mag er nun in der Justiz, den rechtsberatenden Berufen oder in der Wirtschaft tätig sein, besteht, soweit es sich um die Anwendung von Generalklauseln handelt, zu einem ganz erheblichen, mitunter ausschließlichen Teil darin, Fallgruppen zu suchen, die auf den gerade zu entscheidenden bzw zu bearbeitenden Fall oder die Rechtsfrage „passen", um diese Fallgruppe dann im Rahmen der rechtlichen Beurteilung anzuwenden[74]. Diesem Vorgehen huldigt insbesondere auch die richterliche Praxis. Die von der Lehre entwickelten Fallgruppen werden ja gerade deshalb von der Rechtsprechung gerne und schnell übernommen, um für diese Fallgruppen eine **„quasi normative Geltung"** zu bewirken[75]. Genauere, methodisch begründete Aussagen über den Umgang mit Fallgruppensystemen von Generalklauseln fehlen jedoch. Dies liegt insbesondere daran, dass die Technik der Fallgruppenverwendung zur Entscheidungsbegründung methodisch unterentwickelt ist. Man hält es insoweit mit der Prämisse, etwas Offensichtliches auch noch begründen zu müssen, ist nicht nur lästig, sondern überflüssig[76]. Der Grund für dieses Schweigen ist letztlich darin zu erblicken, dass es sich auch bei der Fallgruppenmethode um eine Art der **Präjudizienverwertung** handelt; die Heranziehung des Präjudiz zur Entscheidungsbegründung aber wird in unserer auf Rechtsnormen beruhenden und ganz auf Rechtsnormen abstellenden Rechtsordnung als eine „nur halblegitime und daher in einem halbdunklen Raum"[77] sich bewegende Begründungsmethode angesehen. Man hält es dann schon lieber mit 4/31

---

73 *Canaris*, Systemdenken und Systembegriff in der Jurisprudenz (1969), S. 71; *Esser*, Grundsatz und Norm in der richterlichen Fortbildung des Privatrechts (3. Aufl. 1974), S. 77; *Kriele*, Theorie der Rechtsgewinnung (2. Aufl. 1976), S. 253; *Larenz*, FS Schima, S. 243; vgl auch den Überblick und die kritische Stellungnahme bei *Fikentscher*, Methoden des Rechts in vergleichender Darstellung (1973 ff) Bd. IV, S. 704 ff und 728 ff.
74 Ähnlich *Larenz*, FS Schima, S. 247.
75 Vgl zu diesem Vorgang *F. Müller*, Richterrecht (1986), S. 101, 105.
76 Ähnlich *F. Müller*, Richterrecht (1986), S. 39 im Zusammenhang mit der Bedeutung und Begründung des Richterrechts im Allgemeinen.
77 So *F. Bydlinski*, Juristische Methodenlehre und Rechtsbegriff, S. 502.

dem *Ernst Rabel* zugeschriebenen Satz: „Ein guter Jurist hat seine Methode, aber er redet nicht darüber."[78] Auch ohne hinreichende methodische Begründung ist daher festzuhalten, dass entgegen einer klaren und auf dem Boden unserer dualistischen Rechtsordnung auch zwingenden Lösung den zur näheren Präzisierung von Generalklauseln aus Einzelfallentscheidungen entwickelten abstrakten Fallgruppen und damit im Ergebnis eben den Präjudizien eine **erhebliche praktische Bindungswirkung** zugerechnet werden muss, obwohl eine solche weder rechtlich noch methodisch begründet werden kann.

### b) Richterrecht als Rechtsquelle?

4/32 Um dieser Rechtswirklichkeit gerecht zu werden und die **krasse Diskrepanz von Theorie und Praxis** (dh fehlende rechtliche, aber erhebliche praktische Bindungswirkung des Präjudizienrechts in Gestalt der Fallgruppen) in Wohlgefallen aufzulösen, wird im Schrifttum in neuerer Zeit verstärkt gefordert, auch das **Richterrecht** endlich **als** vollwertige offizielle **Rechtsquelle anzuerkennen**[79] und es aus dem „halbdunklen und unlegitimen Zwielicht"[80] des heute herrschenden Methodenverständnisses herauszuführen[81]. Dieses Verständnis des Richterrechts und damit eben auch des richterrechtlichen Fallgruppenrechts als eigene Rechtsquelle würde die Probleme in Hinblick auf das Gewaltenteilungsprinzip und die Verbindlichkeit der Fallgruppen weitgehend lösen können.

4/33 Es ist nun nicht Gegenstand dieser Untersuchung, vertieft in die in ihren Einzelheiten bis heute sehr umstrittenen Fragen der **Rechtsquellenlehre** einzusteigen[82]. Doch erscheint es erforderlich, wenigstens deren knappe Grundzüge darzulegen, um deutlich machen zu können, dass die Qualifizierung der **Rechtsprechung als eigenständige Rechtsquelle** einen weder mit dem Begriff noch mit der Funktion einer Rechtsquelle zu vereinbarenden und daher **abzulehnenden Weg** darstellt. Für die juristische Diskussion ist im Zusammenhang mit der Rechtsquellenlehre noch immer auf die schon im Jahre 1929 aufgestellte, richtungsweisende **Definition** *Alf Ross'*[83] zurückzugreifen. Danach ist eine Rechtsquelle „ein **Erkenntnisgrund für etwas als Recht**"[84]. Legt man diese Definition zugrunde, so zeigt sich, warum weder das Richterrecht[85] in Form einfacher Präjudizien noch die daraus abgeleiteten

---

78 Zitiert nach *Fikentscher*, Methoden Bd. 1, S. 10.
79 Vgl nur *Fikentscher*, Methoden Bd. III, S. 319 f mwN.
80 *Bydlinski*, Methodenlehre, S. 502.
81 Es wurde bereits darauf hingewiesen, dass schon früher wesentlich weitergehende Ansätze die richterlichen Entscheidungen überhaupt als die eigentlichen Rechtsnormen ansahen, während das Gesetz bloßes Programm sei, vgl etwa *Isay*, Rechtsnorm und Entscheidung (1929), passim.
82 Vgl dazu etwa *Adomeit*, Rechtsquellenfragen im Arbeitsrecht (1969); *Liver*, Der Begriff der Rechtsquelle (1955); *Meyer-Cording*, Die Rechtsnormen (1971); *Ross*, Theorie der Rechtsquellen (1929), jeweils mwN.
83 *Ross*, Theorie der Rechtsquellen (1929), S. 291 f.
84 Vgl *Ross*, Rechtsquellen, S. 291 ff; ebenso *Adomeit*, Rechtsquellen, S. 78 f; *Esser*, Grundsatz, S. 134 ff; *W. Jellinek*, Allgemeines Verwaltungsrecht als Rechtsquelle des innerstaatlichen Rechts (1971), S. 1 f; *Liver*, Rechtsquelle, S. 12; *Wolf/Bachof*, Verwaltungsrecht I (9. Aufl. 1974), § 24 I, jeweils m.N.
85 Vgl dazu auch *Weber* ZRP 1990, 358.

abstrakten Obersätze in Form der Fallgruppen als Rechtsquellen angesehen werden können. Denn weder die konkrete Entscheidung noch deren Generalisierung zur Fallgruppe bilden einen Erkenntnisgrund für Recht. Sie stellen dar, was nach dieser Entscheidung bzw den zugrunde liegenden Entscheidungen Recht ist, ohne jedoch über diese Aussage hinaus einen Grund in sich zu tragen. Es bedarf also noch eines Grundes, warum diese Entscheidung nun Recht ist. **Richterrecht** allein ist vielmehr nur ein **bloßer Akt der Erkenntnis**, dem ein innerer, ihm selbst innewohnender **Erkenntnisgrund noch fehlt**. Ersetzt wird dieser durch die bloße Behauptung, etwas sei Recht. Das aber kann den Anforderungen an eine Rechtsquelle nicht genügen. Dazu bedarf es einer Rückführung ihrer Inhalte auf eine Rechtsquelle, und das heißt in der Regel auf gesetztes Recht oder auf Gewohnheitsrecht. Die Fallgruppen tragen mithin keinen Erkenntnisgrund in sich, sondern müssen sich zu ihrer Richtigkeitsgewähr wie andere richterliche Entscheidungen auch selbst auf einen solchen berufen. Sie sind selbst nur ein Akt der Erkenntnis. Richterliche Erkenntnis aber ist und bleibt auf den Einzelfall bezogen und durch diesen auch begrenzt. Richterrecht und die daraus abgeleiteten Fallgruppen sind somit nicht als selbstständige Rechtsquelle anzusehen.

### c) Präsumtive Verbindlichkeit?

Da es somit nicht möglich ist, eine Bindung an die Fallgruppen durch Erhöhung des Richterrechts zur selbstständigen Rechtsquelle zu begründen, ist verschiedentlich der Versuch unternommen worden, wenigstens eine **eingeschränkte Verbindlichkeit** zu begründen. Danach soll den richterlichen Präjudizien und den daraus entwickelten Fallgruppen zwar keine „normative Bindungswirkung im echten Sinne"[86] zukommen, es entsteht durch sie aber eine sog „präsumtive Verbindlichkeit"[87]. Gemeint ist damit eine **„zusätzliche Argumentationslast"**[88] für die künftige Rechtsprechung, die nicht ohne weiteres an den Vorentscheidungen „vorbeijudizieren" könne[89]. Präjudizien und den aus ihnen entwickelten Fallgruppen solle demnach „nur" insofern Bindungswirkung zukommen, als zum einen „die Ehrfurcht vor der Autorität des agierenden Gerichts"[90] dies nahe legt[91] und sie zum anderen mit rechtlichen Erwägungen zutreffend begründet sind. Deshalb sei im Interesse der Rechtssicherheit einer **festgefügten ständigen Rechtsprechung** zu folgen und von ihr nicht ohne zwingende sachliche Gründe abzuweichen. Selbst wenn eine andere Rechtsauffassung rechtlich ebenso begründet erschiene, erfordere es die Rechtssicherheit, an der ständigen Rechtsprechung auch künftig solange festzuhalten, als diese nicht zu unhaltbaren Ergebnissen führen würde.

4/34

---

86 *F. Müller*, Richterrecht (1986), S. 14.
87 Dieser Ausdruck wurde geprägt von *Kriele*, Rechtsgewinnung, S. 243 ff, 276.
88 *F. Müller*, Richterrecht (1986), S. 14.
89 *Ossenbühl*, Die Quellen des Verwaltungsrechts, S. 110 f.
90 *Larenz*, Methodenlehre, S. 83, 387.
91 *Larenz*, Methodenlehre, S. 422 spricht insoweit von einer „tatsächlichen Vermutung für ihre Richtigkeit".

4/35 Diese Argumentation vermag jedoch nur denjenigen **überzeugen**, der den hohen methodischen Wert der Rechtssicherheit absolut setzt. Dies im Zuge der Einzelfallgerechtigkeit zu relativieren, ist aber gerade die hier zu Grunde gelegte Aufgabe der Generalklauseln.

### 6. Gesellschaftliche Kritik an der Fallgruppenmethode

#### a) Vorbemerkung

4/36 So berechtigt und durchschlagend die vorstehend gegen die Fallgruppensystematik angeführten Gründe an sich schon sind, so setzt doch die darin geäußerte Kritik noch immer nicht grundsätzlich genug an. Denn wenn sie auch die Prämissen des kritisierten Konkretisierungsprogrammes nicht teilen, so wird doch der schon **grundlegend verfehlte Denkansatz**, die rechtspolitisch völlig falsche Prämisse dieser Fallgruppenansätze und das darin zum Ausdruck kommende irrige Verständnis von Wesen und Funktion der Generalklauseln in unserer Rechtsordnung doch nicht klar und entschieden genug angeprangert. Dies gilt es mit den folgenden Ausführungen nachzuholen.

#### b) Funktion der Generalklauseln innerhalb der Rechtsordnung

4/37 In seiner Darstellung der Rechtsphilosophie sagt *Coing*, die Rechtsordnung interessiere sich nicht für die Individualitäten, sondern nur für das Typische[92]. Damit erscheint der Anspruch der Individualität auf Berücksichtigung in und vor den Formen des Rechtsschutzes als a limine abgewiesen. Dieser Sicht der Dinge aber kann nicht gefolgt werden. Unsere kontinental-europäische Rechtsordnung, beruhend auf dem **dualistischen Konzept** zwischen **abstrakter Rechtssetzung** durch Normen und **konkreter Rechtsfindung** durch Subsumtion unter diese, ist insoweit besser als ihr Ruf. Dafür sorgen gerade die Generalklauseln. Es ist dem Gesetzgeber zwar schlechterdings unmöglich, diese Individualitäten, dh die jeweiligen atypischen Einzelfälle, die sich der generalisierenden Gerechtigkeit des gesetzten Normenrechts entziehen, als solche normativ in den Griff zu bekommen. Denn voraussehen und generalisierend regeln lassen sich die Lebenserscheinungen eben nur in ihren typischen Geschehnissen, nicht aber auch in ihrer Einzigartigkeit. Im Wesen des Einzelfalles liegt vielmehr stets ein gewisses **Überraschungsmoment**[93], „da dem menschlichen Regelungsvermögen der Einblick in die unendliche Vielfalt der Kombinationen des Spiels von Zufall und Fügung versagt ist"[94].

4/38 Entzieht sich die Individualität dem Regelungsplan des Gesetzgebers also bereits infolge mangelnder Voraussehbarkeit der potentiell möglichen Einzelfälle, so des Weiteren auch infolge der dem Gesetzgeber zur Verfügung stehenden **begrenzten methodischen Mittel**. Denn dem Gesetzgeber steht als Regelungsmittel bei der Aufstellung von Rechtsnormen grundsätzlich nur das Ausdrucksmittel der schriftlich fixierten

---

92 *Coing*, Grundzüge der Rechtsphilosophie, S. 17.
93 *Henkel*, Individualität, S. 25.
94 *Henkel*, Individualität, S. 25.

Sprache zur Verfügung. Diese ist aber infolge ihrer **Begriffsbildung** notwendigerweise schon aus sich heraus **abstrahierend** und gerade von den atypischen Besonderheiten des Einzelfalles absehend. Der Begriff „tötet"[95] ganz zwangsläufig die Besonderheiten des Einzelfalles[96].

Allerdings steht dem modernen Gesetzgeber bei seiner Tatbestandsbildung ein **weiter Spielraum** zur Verfügung. Er kann von dieser dadurch Gebrauch machen, dass er dort, wo er mit rechtlich beachtlichen Individualitäten, dh mit vom Typischen abweichenden Einzelfällen rechnet, deren Eigenart und Mannigfaltigkeit zwar seinem vorausscheuenden Blick verschlossen sind, deren Vorkommen ihm jedoch sicher oder jedenfalls wahrscheinlich erscheint, seinen **eigenen Normierungsplan zugunsten einer Generalklausel zurücksteckt**[97]. In der Erkenntnis seiner eigenen Unzulänglichkeit tritt der Gesetzgeber daher die Entscheidung in weitestmöglichem Maße an den Richter in Gestalt der Generalklausel ab[98]. 4/39

In diesem **bewussten gesetzgeberischen Einsatz der Generalklausel zur Schaffung von Freiräumen** innerhalb des gesetzlichen Normierungsplanes ist die grundlegende Funktion der Generalklauseln im Rahmen unseres Rechtssystems zu erblicken. Die Generalklauseln schaffen die für das Funktionieren unseres Rechtssystems erforderlichen Knautschzonen, die beim Aufeinanderprallen der starren Gesetzesbegrifflichkeit und den atypischen und daher nicht einordenbaren Einzelfällen größere Schäden an der Rechtsordnung selbst und im Rechtsbewusstsein der Bevölkerung, letztlich also an der Akzeptanz des gesetzten Rechts als gerecht, vermeiden helfen. Die Generalklauseln ermöglichen es dem Gesetzgeber, trotz der an im Wesentlichen starre und unbewegliche Begriffe gebundenen Normen Freiräume über die allen Normen immanenten Randunschärfen hinaus zu schaffen, die von den zur Rechtsanwendung Berufenen im Sinne der Gerechtigkeit für den Einzelfall ausgefüllt werden können und sollen. 4/40

Die Generalklauseln bilden also **„Hilfsfiguren der Methodenlehre"**[99], in denen sich, wie *Henkel* dies zutreffend ausgedrückt hat, „die Kapitulation des vorausplanenden Gesetzes vor der Individualität des ungewöhnlichen Falles" vollzieht[100]. Ihre methodenfunktionale Komponente liegt in der Anweisung an den Rechtsanwender, sich bei der Entscheidung des konkreten Einzelfalles, sofern dieser vom gesetzten Normenrecht nicht in seiner Besonderheit zu erfassen ist, an einem **„außergesetzlichen Ordnungsbereich"**, an **ethischen Wertungen** zu orientieren. Es liegt nun aber bereits im Wesen der Sozialethik begründet, dass sie gerade **keine fertig übernehmbaren Verhaltensnormen** oder auch nur Verhaltensmuster ausbildet, sondern nur Richtlinien, grobe Richtungsvorgaben kennt[101]. Diese lassen dem Beurteiler die konkrete Ent- 4/41

---

95 *Engisch*, Konkretisierung, S. 200.
96 Vgl hierzu auch die Äußerung *Schillers* über Gesetze: „Alles will es nur eben machen, möchte gern die Welt verflachen."
97 *Henkel*, Individualität, S. 28.
98 *Engisch*, Konkretisierung, S. 183.
99 So treffend Staudinger/*Weber*, BGB[11] (1961), § 242 Anm. A 155.
100 *Henkel*, Individualität, S. 37.
101 So *Henkel*, Individualität, S. 36 mwN, insbesondere auch aus dem sozialethischen Schrifttum.

scheidung hic et nunc frei, bürden ihm damit aber auch die **eigenverantwortliche Aktualisierung der ethischen Anforderungen im Einzelfall** auf[102]. Darin, also in der Öffnung an sich starrer Normkomplexe auch für die atypischen Besonderheiten des Einzelfalles, liegt die eigentlich bedeutsame Besonderheit, die wahre Funktion und der wirkliche Nutzen der Generalklauseln in unserem Rechtssystem[103]. Insoweit bilden sie unentbehrliche Bausteine auf dem Weg zur Gerechtigkeit.

4/42 Die besondere Eigenart dieser Vorschriften besteht auch und gerade in ihrer vom Gesetzgeber im Zeichen der Einzelfallgerechtigkeit bewusst in Kauf genommenen, durch den Verweis auf außerrechtliche Maßstäbe bedingten **Mehrdeutigkeit und Subjektivität** der vorzunehmenden **Wertungen**. Diese **Offenheit** gilt es zu **bewahren**. Dazu aber sind ausgereifte Fallgruppensysteme nicht in der Lage. Es erscheint daher als ein schon von seinem logischen Ansatz her verfehltes Denken, Generalklauseln mit deren normtypischer Unbestimmtheit durch methodische Überlegungen und die Ausarbeitung eines Fallgruppenbinnensystems im Zuge der Rechtssicherheit immer stärker einzuengen. Denn „die Eigentümlichkeit des konkreten Rechts"[104] und der ihm dienenden Generalklauseln ist es ja gerade, die an das wirkliche Leben nicht heranreichende abstrakt-begriffliche Norm im jeweiligen atypischen Einzelfall „zu Ende zu denken"[105].

Eine prinzipielle Kritik der Methode der Präzisierung von Generalklauseln mit Hilfe von Fallgruppen müsste daher lauten: „Der angestrebte Präzisierungsvorgang verfehlt die gesellschaftliche Funktion von Generalklauseln, gerade weil er ihre Unbestimmtheit vorschnell reduziert."[106]

## V. Methodisches Arbeiten mit Generalklauseln

### 1. Methodische Hilfsfigur

4/43 Wie oben dargelegt sind die Generalklauseln keine Vorschriften, auf die eine konkrete Entscheidung im Wege der Subsumtion gestützt werden könnte, sondern lediglich **Hilfsfiguren der Methodenlehre**[107] mit dem einzigen Ziel, die starren Fronten, das sture Entweder-Oder der meisten Sachnormen im Interesse materiell, dh gerade auch im atypischen Einzelfall gerechter Entscheidungen aufzulösen. Aus diesem Einzelfallbezug ergibt sich aber zwingend auch eine **inhaltliche Grenze des Regelungsbereiches** der Generalklauseln. Denn da über Generalklauseln lediglich eine am konkreten Einzelfall und seinen speziellen Interessen orientierte Entscheidung getroffen werden, Einzelfallgerechtigkeit verwirklicht werden soll, lässt sich eine allgemeine

---

102 Ähnlich schon *Wieacker*, Präzisierung, S. 13.
103 So auch *Henkel*, Individualität, S. 36 f; *Teubner*, AK-BGB (1980), § 242 Rn 8 ff.
104 *Engisch*, Konkretisierung, S. 182.
105 *v. Bülow*, Gesetz und Richterrecht (1885), S. 46.
106 So *Teubner*, AK-BGB (1980), § 242 Rn 5.
107 Begriff von Staudinger/*Weber*, BGB[11] (1961), § 242 Anm. A 155.

abstrakte richterliche Rechtsfortbildung auch nicht in Gestalt der Fallgruppen auf diese Vorschriften stützen. Den Generalklauseln kommt daher lediglich eine einzelfallbezogene und einzelfallbegrenzte Korrekturwirkung zu.

## 2. Billigkeitswillkür

Dieses Verfahren führt auch nicht zu einer reinen, unbegründbaren und unüberprüfbaren Billigkeitsrechtsprechung, mitunter als **Kadijustiz** gebrandmarkt[108]. Davor sollen und müssen vielmehr materielle wie formale Orientierungen bewahren. Denn trotz aller bewussten und gewollten Hinwendung zur Wertung, zur Berücksichtigung auch des atypischen Sonderfalles im Zeichen der Billigkeit, bewegt sich das hier vorgeschlagene Rechtsfindungsverfahren mit Generalklauseln gerade **nicht in einem form- und methodenlosen Raum**, findet hier eben nicht „der Voluntarismus der Freirechtsschule seine Erfüllung"[109]. Vielmehr ist die als **Anwendungsvoraussetzung** der Generalklausel erforderliche und nachzuweisende Feststellung, **dass kodifizierte Sachnormen gerade nicht zu der angestrebten gerechten Entscheidung führen** würden, mit einigen Hürden gepflastert.

4/44

Eine **Begründung von Wertentscheidungen** ist vielmehr nachprüfbar und objektivierbar gar **nicht möglich**. Denn jede Wertung, folglich auch jede Rechtsfindung durch **Wertung, bleibt immer subjektiv**, wird gesteuert durch das eigene Rechtsbewusstsein und die ethisch-moralische Grundüberzeugung des Wertenden. Hier ist mit dem Begriffspaar richtig oder falsch nicht mehr zu argumentieren. **Wertung kann nur überzeugen – oder** sie tut dies eben **nicht**. Aber auch eine subjektiv nicht überzeugende Wertung ist deshalb nicht falsch, und, wenn und weil sie von dem im konkreten Einzelfall zur Rechtsfindung durch Wertung Berufenen herrührt, ist diese Wertung auch Recht. Es kann also bei der Überprüfung von Generalklauselrecht nicht um dessen Objektivierung gehen, das nämlich ist bei dem notwendig subjektiven Rechtsfindungsweg der Wertung gerade ausgeschlossen.

4/45

Deshalb bedarf auch **nicht die** im jeweiligen Einzelfall vorgenommene **Wertung einer Begründung. Zu begründen ist** im Rahmen des hier vorgestellten und vorgeschlagenen Verfahrens der Rechtsfindung mit und über Generalklauseln vielmehr, **warum** die vom Gesetzgeber für den Normaltyp der Fälle vorgeschlagene **Sachnorm** in diesem atypischen Sonderfall **versagt** oder zu Ergebnissen führen würde, die den Maßstäben situativer und sozialer Gerechtigkeit elementar und untragbar zuwiderlaufen.

4/46

Dazu ist der **Nachweis offensichtlicher, eindeutiger und sich quasi aufdrängender Unangemessenheit der gesetzlichen Ergebnisse** erforderlich und vom Generalklauselanwender zu erbringen. Dieses Vorgehen erscheint auch im Hinblick auf die Rechtssicherheit überzeugender als die nahezu begründungslose Absicherung vom Gesetzesrecht abweichender Ergebnisse etwa mit der „Fallgruppe Rechtsmißbrauch";

---

[108] So MünchKomm/*Roth*, BGB (2. Aufl. 1985), § 242 Rn 13.
[109] So aber *Teubner*, Standards und Direktiven, S. 42.

wenngleich dem in den allermeisten Fällen dieselben Grundgedanken und auch eine ähnliche Rechtsüberzeugung von der Unbilligkeit der gesetzlichen Ergebnisse zugrunde liegt. Gerade dann aber erscheint es ehrlicher, dieses Gefühl klarzulegen und argumentativ zu rechtfertigen, als über die Heranziehung der „Fallgruppen"[110] diese eigene Wertung hinter dem scheinsubsumtiven Vorgehen der Ergebnisableitung aus Fallgruppen zu verbergen. Gerade diese Ehrlichkeitskomponente müsste auch die aus Gründen der Rechtssicherheit zur Fallgruppenmethode Neigenden zumindest nachdenklich stimmen.

4/47 An diesen Unbilligkeitsnachweis des gesetzlichen Rechts aber sind **strenge Anforderungen** zu stellen. Denn die übliche Bandbreite geringerer Abweichungen des Einzelfalles vom gesetzgeberischen Normalfall ist als typische Folge jeder Generalisierung notwendigerweise hinzunehmen. Hier bereits die Korrektur über die Generalklauseln eröffnen zu wollen, würde die Verbindlichkeit gesetzlicher Normen überhaupt in Frage stellen. Vielmehr muss zur Anwendungsmöglichkeit der Generalklauseln nachgewiesen werden, dass die durch die Generalklausel ermöglichte Begrenzung oder Ergänzung von Tatbestandsmerkmalen einer Sachnorm durch Auslegung oder Analogie nicht zu vermeiden ist und zudem durch über die hinzunehmende Bandbreite atypischer Besonderheiten hinausgehende grundlegende Abweichungen vom gesetzlichen Normalfall erfordert wird. Dieses Vorgehen zwingt zu **beständigem Rationalisieren und erneutem Abwägen** des eigenen Standpunkts und ermöglicht somit eine gewisse „**intersubjektive Überprüfbarkeit" der getroffenen Wertentscheidungen**[111]. Und dieses Vorgehen zwingt vor allem auch dazu, die **Argumentationsbasis**, die zur Bildung der eigenen Wertentscheidung geführt hat, **offenzulegen** und argumentativ zu rechtfertigen. Einer reinen „Billigkeitswillkür" des Rechtsanwenders wird durch diese Anforderung ein Riegel vorgeschoben, ohne zugleich „das Kind mit dem Bad auszuschütten" und eine offen wertorientierte Entscheidungsbegründung ganz abzulehnen und statt dessen auf eine funktional und gesellschaftspolitisch verfehlte und dogmatisch bedenkliche Fallgruppenmethode auszuweichen. Und dies gilt um so mehr, als unter dem Deckmantel eben dieser scheinsubsumtiven Fallgruppen oftmals auch nichts anderes als Wertungsrecht zur Durchsetzung gebracht wird.

### 3. Wertungsrecht im Einzelfall

4/48 Allerdings ist ebenfalls klar hervorzuheben, dass dann, wenn diese argumentativen **Anwendungshürden** der Generalklausel einmal **überwunden** sind, der **Kern der Entscheidungsbegründung** mit Generalklauseln **Wertung** ist und die Entscheidung damit notwendig subjektiv bleibt. Darin liegt jedoch kein Nachteil dieser Vorgehensweise, sondern im Gegenteil gerade ihr entscheidender Vorteil, der allein die rechtliche und gesellschaftliche Funktion der Generalklauseln innerhalb des Gefüges unserer Rechtsordnung zum Tragen bringt. Die Generalklauseln sind eben mehr und

---

110 Bei dieser Fallgruppe wird der dahinter liegende Wertungsgedanke besonders deutlich, jedoch ist auch bei den anderen anerkannten Fallgruppen etwa des § 242 BGB diese Aussage zutreffend.
111 MünchKomm/*Roth*, BGB (2. Aufl. 1985), § 242 Rn 22.

anderes als nur unvollständige Normen, sie sind vor allem Hilfsfiguren der Methodenlehre im aufgezeigten Sinne.

Die hier vorgenommene Anerkennung einer Rechtsfindung, die mehr und anderes ist als bloße Subsumtion unter gesetzlich vorgegebene Entscheidungsmuster, ist keineswegs eine Auslieferung der Entscheidungsfindung an subjektive Willkür. Davor schützt zum einen bereits die Erforderlichkeit der Feststellung unzumutbarer oder grob unbilliger Ergebnisse der an sich anzuwendenden Sachnormen für diesen atypischen Einzelfall sowie zum anderen die Tatsache, dass der Richter seine höchstpersönlichen Wertentscheidungen als solche aufdecken und klarlegen muss. Denn diese Wertentscheidungen trifft der Einzelne nicht isoliert von der Gesellschaft, sondern er ist auch insoweit eingebunden in einen **„dialogischen Prozess rationalen Argumentierens"**. Dies zwingt zu einem beständigen Abwägen der betroffen Interessen mit dem Zweck wechselseitigen Überzeugens und erlaubt insofern eine gewisse Nachvollziehbarkeit der Wertentscheidung. Denn gerade dieses Vorgehen verlangt, „dass die eigene Wertentscheidung in Auseinandersetzung mit den vorzufindenden Wertungen und Wertungsvorschlägen und den sie begleitenden Argumenten getroffen und ihrerseits wiederum argumentativ gerechtfertigt wird". Mit einer Rückkehr zu den Lehren der Freirechtsschule hat dies wenig zu tun. Es bleibt lediglich insofern freies Recht, als subjektive Wertentscheidungen sich einer objektiven Begründung entziehen.

Gerade das Bekenntnis hierzu aber eröffnet letztlich den Weg, diese Rechtsfindung nicht mehr nur dogmatisch, sondern eben auch wertend, durch das Entgegenstellen anderer rechtspolitischer Überzeugungen anzugreifen und damit den Prozess der argumentativen Rechtfertigung wiederum ein Stück voranzubringen. Das ist ein weiterer entscheidender Vorteil dieser Vorgehensweise gegenüber der Fallgruppenmethode, welche die im Kern oftmals ebenfalls getroffene wertende Rechtsentscheidung hinter der abstrakten Fallgruppe versteckte und durch dieses scheinsubsumtive Vorgehen die so begründete Entscheidung einer ebenfalls wertenden Kritik entzog. Dies zwang und zwingt zu den kleinlichen Bemühungen, aufzuzeigen, dass der entscheidende Fall eben doch nicht zu dieser oder jener Fallgruppe gerechnet werden könne, zwingt zu dogmatischen Überschlägen und Haarspaltereien, wo an sich wertende Urteilsschelte gemeint ist. Dies offen einzugestehen erlaubt die hier vorgeschlagene Methode.

Teil II
# Die Leistungsstörungen

## § 5 Überblick über das Recht der Leistungsstörungen

**Fall 8:** H in Berlin handelt mit Heizmaterial, hauptsächlich mit Heizöl. K, Eigentümer einer Eigentumswohnung in einem Mehrfamilienhaus, hat es übernommen, für sich und die Bewohner (Eigentümer und Mieter) der anderen in dem Haus gelegenen Wohnungen günstiges Heizöl einzukaufen. Er hat in diesem Zusammenhang schon öfter bei H Heizöl bestellt, wobei er im eigenen Namen handelt, den Kaufpreis zahlt und nachher von den anderen Bewohnern nach Maßgabe eines feststehenden Schlüssels ihre Anteile einzieht. Im Winter 1995/96 war die Entscheidung, Öl zu bestellen, länger als gewöhnlich hinausgezögert worden, weil man auf ein Sinken der Preise gehofft hatte. Daher legte K, als er schließlich im Januar 1996 bei H erneut Öl bestellte, großen Wert darauf, dass die Lieferung spätestens am Tage nach Vertragsschluss erfolgte, was H auch zusagte. Bei der Lieferung gab es aber Probleme. Zum einen erschien der Lieferwagen erst zwei Tage nach dem vereinbarten Termin, als die Heizung bereits ausgefallen und infolgedessen in den Wohnungen die Temperatur unerträglich gesunken war. Beim Einfüllen des Öls in den Tank versäumte weiter der Fahrer F des H, den Grenzwertgeber zu bedienen, sodass etwa 400 l Öl in den Keller ausliefen. F hatte den Vorgang auch deswegen nicht überwacht, weil er sich, während das Öl einlief, im Hof des Hauses an einem Fußballspiel der halbwüchsigen Söhne einiger Bewohner beteiligt hatte. Der Ärger des K gegenüber H ist auch deshalb groß, weil F beim Spiel mit einem kräftigen Schuss mit dem Ball das Wohnzimmerfenster des K zerstört hatte; seine Verstimmung wächst noch, als er von einem anderen Händler erfährt, H sei dafür bekannt, dass das von ihm gelieferte Öl nicht selten von minderer Qualität und gelegentlich ungeklärter Herkunft sei. H will für diese Schäden nicht aufkommen, zumal er den F inzwischen wegen Unzuverlässigkeit entlassen habe, und er weigert sich auch, einem von K gewünschten Preisnachlass wegen angeblich fehlender Vertragsgemäßheit des Öls zuzustimmen. Welche Rechte hat K?

## I. Begriff

5/1 Mit jedem Vertragsabschluss verfolgen die Parteien bestimmte, vielfach wirtschaftliche Zwecke. Dem korrespondieren die primären vertraglichen **Leistungspflichten**, die durch weitere so genannte Schutzpflichten (Sorgfalts-, Treue-, Loyalitäts-, Fürsorgepflichten) ergänzt werden (vgl genauer oben § 2 II). Werden diese Pflichten erfüllt und dementsprechend die zugeordneten Vertragszwecke erreicht, hat dies zur Folge, dass das Schuldverhältnis durch Erfüllung untergeht (§ 362). Diese „Normalfälle" stehen jedoch nicht im Mittelpunkt der gesetzlichen Regelung, hier stehen vielmehr die „pathologischen" Fälle im Vordergrund, in denen aus unterschiedlichen Gründen eine oder beide Parteien ihre Vertragszwecke ganz oder teilweise, endgültig oder vorübergehend verfehlen. Dies kann durch ein Verhalten des Schuldners, des Gläubigers oder durch andere Umstände verursacht sein. Hinzuweisen ist jedoch bereits hier darauf, dass die praktisch häufigste Form der Störung eines Schuldverhältnisses, nämlich dass der Schuldner seiner Leistungspflicht nicht nachkommt, obwohl er dazu ohne weiteres im Stande wäre, nicht von vornherein dem Leistungsstörungsrecht unterfällt. Hier wird der Gläubiger, notfalls durch Klage (§§ 249 ff ZPO) und Zwangsvollstreckung (§§ 883 ff ZPO) versuchen, seinen Erfüllungsanspruch gegen den Schuldner durchzusetzen. Ziel dieser Maßnahmen ist die Verwirklichung des Schuldverhältnisses in seiner ursprünglich geplanten Form, dh durch so genannte Naturalerfüllung. Gelingt dies, treten eigentliche Probleme des Leistungsstörungsrechts nicht auf. Nur wenn die Durchführung des Schuldverhältnisses in seiner ursprünglich geplanten Form nicht mehr oder nur mit Nachteilen (zB Verzögerungsschaden, vgl 8/36 ff) möglich ist, liegt eine Störung im Schuldverhältnis im hier zu Grunde gelegten Sinne vor. Alle diese Störungen im Schuldverhältnis werden dabei unter dem – anerkanntermaßen zu engen – **Begriff der Leistungsstörung** zusammengefasst. Gemeinsam haben alle diese Fälle, dass es nicht zur ordnungsgemäßen Erfüllung der Pflichten aus dem Schuldverhältnis kommt. Zu eng ist der Ausdruck insofern, als eben nicht nur die Nichterfüllung von Leistungspflichten, sondern auch der übrigen Schutzpflichten eine solche Störung des Schuldverhältnisses darstellt[1]. Leistungsstörungen sind somit „alle Unregelmäßigkeiten bei der Abwicklung eines Schuldverhältnisses, die nicht allein in der bloßen Nichterfüllung bestehen"[2].

Obwohl das neue Leistungsstörungsrecht der Schuldrechtsmodernisierung von einem einheitlichen **Grundtatbestand der Pflichtverletzung** für alle Formen der Leistungsstörungen ausgeht, liegt der gesetzlichen Regelung auch heute im Kern die Einteilung in die herkömmlichen Formen der Leistungsstörungen zu Grunde. Deshalb orientiert sich die folgende Darstellung des Leistungsstörungsrechts der besseren Anschaulichkeit wegen weiterhin an den einzelnen Arten der Leistungsstörung (Unmöglichkeit [unten § 7], Verzug [unten § 8], Schlechtleistung und weitere Störungen [unten § 9]) und geht insoweit auf die jeweiligen Rechtsfolgen ein. Damit wird der neuen, aber **lerndidaktisch unübersichtlicheren Gesetzessystematik**, die nun primär anhand der Rechtsfolgen ausgerichtet ist, **bewusst nicht gefolgt**. Allein dies entspricht auch der Herangehensweise an den vorgegebenen und juristisch zu bearbeitenden Lebenssachverhalt und somit dem Sinn eines für Studienzwecke geschriebenen Lehrbuches. Lediglich mit Blick auf die bei der Schuldrechtsmodernisierung neu und für alle Leistungsstörungen einheitlich geregelte Frage der Rückabwicklung von Schuldverhältnissen erfolgt ausnahmsweise eine rechtsfolgenorientierte Darstellung (unten § 10).

5/2

---

1 Vgl genauer *U. Huber*, Leistungsstörungen I, 1 I 1 (S. 2 ff).
2 *Emmerich*, Leistungsstörungen⁶, § 1 I (S. 3).

## II. Neuorientierung des Leistungsstörungsrechts

### 1. Der frühere Grundsatz: Differenzierung nach Störungsursachen

5/3 Traditionell hatte der Gedanke der Zweckverfehlung im deutschen Recht nicht nur in einem einzigen gesetzlichen Institut Niederschlag gefunden. Vielmehr wurden die **zahlreichen** und durchaus **heterogenen Fälle der Zweckstörung** mit ganz verschiedenartigen Rechtsinstituten erfasst. Nur so glaubte man der ungeheuren Vielfalt der Störungsquellen und Parteiinteressen, die hier eine Rolle spielen, Herr werden zu können.

> **Fall 8** zeigt, dass im Rahmen ein und desselben wirtschaftlichen Vorgangs, hier bei der Abwicklung eines Kaufs, sehr verschiedene und mit den Pflichten von Verkäufer und Käufer zT nur lose verbundene störende Ereignisse auftreten können: Das bestellte Öl ist zwar geliefert worden, aber mit Verspätung, das ausgelaufene Öl muss mühsam aus dem Keller entfernt werden, der danach gründlich gereinigt werden muss; die Fensterscheibe in der Wohnung des K muss ersetzt werden. Da H und K nun einmal heftig streiten, ist damit zu rechnen, dass K versuchen wird, einen Preisnachlass für das gelieferte Öl durchzusetzen, und es ist auf der anderen Seite nicht einmal ausgeschlossen, dass H das in den Keller ausgelaufene, für ihn verlorene Öl bezahlt haben will.

5/4 Diese Streitpunkte zwischen den Vertragsparteien sind im System des deutschen Rechts nicht unter einem einheitlichen Gesichtspunkt oder Begriff zusammengefasst[3]; selbst den für einen Teil dieser Störungsformen in der Wissenschaft verwendeten Ausdruck „Leistungsstörungen" gebrauchte der Gesetzgeber nicht. Vielmehr unterschieden die bis zum 31.12.2001 geltenden gesetzlichen Vorschriften ua danach, ob eine einzelne Leistungspflicht wegen Unmöglichkeit der Erfüllung ersatzlos entfällt oder durch einen Schadenersatzanspruch ausgeglichen wird (§§ 275, 280 aF), ob ein Vertrag wegen Unmöglichkeit der Erfüllung nichtig ist (§ 306 aF) oder ob die Auswirkungen der Unmöglichkeit einer Leistung auf die im Rahmen eines gegenseitigen Vertrages bestehende Gegenleistungspflicht Einfluss haben (§§ 323 ff aF). Neben diese **umfangreiche Differenzierung** bei den Formen und Rechtsfolgen der Unmöglichkeit der Leistungspflicht sind die Folgen der zu späten Leistungserbringung, der Verzug, getreten, der eintreten kann, obwohl die Erfüllung der Leistungspflicht möglich ist und später auch geschieht. Gesetzlich erfasst wird schließlich auch noch der Fall, dass die Leistung vom Schuldner ordnungsgemäß und rechtzeitig angeboten wird, der Gläubiger sie aber dennoch nicht annimmt oder eine gleichzeitig zu erbringende Gegenleistung (§ 298 BGB) verweigert. Man bezeichnet dies als Gläubiger- oder Annahmeverzug; dieser verbessert die Rechtsstellung des Schuldners.

---

3 Die Leistungsstörungen sind aus diesem Grund in jüngster Zeit wieder in den Mittelpunkt des wissenschaftlichen Interesses gerückt. Siehe insbesondere *Beuthien*, Zweckerreichung und Zweckstörung im Schuldverhältnis (1969); *Jakobs*, Unmöglichkeit und Nichterfüllung (1969); *Köhler*, Unmöglichkeit und Geschäftsgrundlage bei Zweckstörungen im Schuldverhältnis (1971); siehe auch *Lorenz* Jura 1986, 657 ff und aktuell *Huber*, Leistungsstörungen I und II (1999).

> Wäre im **Ausgangsfall 8** das Öl korrekt und ohne Panne in den Tank eingefüllt worden, wäre dennoch zu untersuchen, ob wegen der verspäteten Lieferung Ersatzansprüche bestehen.

Aber es zeigte sich bald, dass auch diese differenzierte Regelung nicht in der Lage war, alle auftretenden Leistungsstörungen angemessen zu erfassen. Neben die gesetzlich geregelten Leistungsstörungsformen traten deshalb **rechtsfortbildend** durch die Rechtswissenschaft **entwickelte** und von der Rechtsprechung ausgeformte **Formen** der Leistungsstörung, von denen im Wesentlichen die positive Forderungsverletzung (pFV) sowie die Ansprüche aus culpa in contrahendo (cic) bereits Bedeutung erlangen konnten.

Diese Entwicklung hat inzwischen das System der Leistungsstörungen nahezu gesprengt. Der ursprüngliche Leitgedanke, die Zweckverfehlung des Vertragspartners unter bestimmten, begrifflich scharf eingegrenzten Voraussetzungen zu normieren, ist verwischt worden durch den bei der positiven Forderungsverletzung fast schon zur alleinigen Haftungsvoraussetzung gewordenen Gesichtspunkt des schuldhaften Pflichtverstoßes sowie die vom Vertragswillen der Parteien weithin abgelöste Entwicklung vorvertraglicher oder nur aus sozialem Kontakt abgeleiteter Handlungs- und Verhaltenspflichten im Rahmen des Anspruchs aus culpa in contrahendo. Dies war eine der wesentlichen **Ursachen für die Neugestaltung** des Schuldrechts im Zuge der Schuldrechtsmodernisierung.

> Auch diese Erscheinungen zeigt der **Ausgangsfall 8**. Sollte wirklich das Öl von minderwertiger Qualität sein, ist zu prüfen, ob ein **Sachmangel** iS des § 434 vorliegt, der gemäß § 437 gegebenenfalls zur Nacherfüllung oder zum Rücktritt, zum Anspruch auf Schadensersatz statt der Leistung oder zur Minderung berechtigt, wie sie K offenbar anstrebt. Sollte das Öl, was mit dem Hinweis auf seine ungeklärte Herkunft gemeint sein könnte, dem H nicht gehört haben oder unter Verletzung von Steuer- oder Zollvorschriften eingeführt worden sein, so könnte ein „**Rechtsmangel**" vorliegen, s. § 435, der zu den grundsätzlich gleichen Rechtsfolgen des § 437 führt. Dies sind also Störungsformen, die speziell auf den Typus des Kaufvertrages zugeschnitten sind. Die Verunreinigung des Kellers durch ausgelaufenes Öl hängt natürlich auch mit der Erfüllung des Kaufvertrages zusammen, geht aber offensichtlich nicht auf einen Fehler des Öls iS des § 434 zurück, sondern darauf, dass F bei der Lieferung unsorgfältig gehandelt hat. Dies ist eine Verletzung von vertraglichen Nebenpflichten, die früher gesetzlich nicht erfasst waren und heute über § 241 Abs. 2 in die gesetzliche Regelung integriert sind. Schließlich die Zerstörung der Fensterscheibe: Auch dies geschah anlässlich des Vorgangs der Erfüllung der Lieferpflichten, doch ist der Zusammenhang des Fußballspielens mit dem Kauf und der Lieferung nur recht lose, sodass man überlegen muss, ob (neben der wohl zu bejahenden fahrlässigen unerlaubten Handlung des F iS des § 823 Abs. 1) überhaupt eine besondere Vertragspflicht verletzt ist. Das wäre aus der Sicht des K von Interesse, weil dann nicht nur F persönlich haften würde, sondern eine **Gehilfenhaftung** des H nach der auf Vertragsschuldverhältnisse zugeschnittenen Vorschrift des § 278 in Betracht käme, die nicht wie die deliktische Haftung des Geschäftsherrn gem. § 831 eine Entlastungsmöglichkeit vorsieht.

## 2. Der neue Grundansatz: Einheitlicher Maßstab der Pflichtverletzung

5/7 Hieraus resultierte auch die Kritik am alten Leistungsstörungsrecht. Insbesondere die Vielzahl der oftmals teleologisch kaum zu rechtfertigenden Differenzierungen innerhalb der besonderen Gewährleistungsregelungen und deren Abstimmung mit dem allgemeinen Leistungsstörungsrecht hatte nach Ansicht der Kritiker vielfältige Auslegungszweifel und Meinungsstreite heraufbeschworen, die durch das Fehlen einer allgemeinen Regelung der Schlechterfüllung weiter vertieft worden sind. Richtig daran ist jedenfalls, dass etliche **„Verwerfungen"**[4] **durch das frühere Verjährungsrecht** entstanden oder zumindest verschärft wurden, sodass der Reformbedarf des Leistungsstörungsrechts eng mit den Defiziten des früheren Verjährungsrechts verbunden war.

5/8 Hinzu trat als konkreter Anlass der Reform des Leistungsstörungsrechts die erforderliche Umsetzung der sog **Verbrauchsgüterkaufrichtlinie**[5], die ebenfalls gewisse Eingriffe in das kaufrechtliche Gewährleistungsrecht verlangte. Ob die teilweise überzeichneten, teilweise real vorhandenen Unstimmigkeiten des alten Leistungsstörungsrechts und die Umsetzung benannter Richtlinie in nationales Recht tatsächlich eine solche umfassende Umgestaltung des Leistungsstörungsrechts, die so genannte „Große Lösung", erforderlich machten oder ob eine maßvolle Anpassung und Vereinheitlichung des Verjährungsrechts und einige das Kaufrecht ergänzende Bestimmungen zum neuen Verbrauchsgüterkauf, die so genannte „Kleine Lösung", nicht ausreichend und besser gewesen wären[6], war innerhalb der Zivilrechtslehrer insbesondere wegen der **kurzen Umsetzungsfrist** und des so künstlich erzeugten **Zeitdrucks** heftig umstritten[7]. Die Auseinandersetzung wurde letztlich durch **politischen Druck** seitens der damaligen Justizministerin *Herta Däubler-Gmelin*[8] trotz der deutlichen Hinweise auf die infolge des Zeitdrucks unausweichlichen neuerlichen Ungereimtheiten zu Gunsten der sog Großen Lösung, die mit der etwas hochtrabenden Bezeichnung „Schuldrechtsmodernisierung" versehen wurde, entschieden. Die folgenden Darstellungen zum neuen Leistungsstörungsrecht werden aufzeigen, inwieweit die beabsichtigte Harmonisierung und Vereinheitlichung gelungen ist, ob und inwieweit alle Auslegungszweifel und Meinungsverschiedenheiten gelöst werden konnten und wo neue Widersprüche und Streitfragen in das Leistungsstörungsrecht hineingetragen wurden.

5/9 Die Neuregelung des Leistungsstörungsrechts wird in systematischer Sicht von drei Schwerpunkten geprägt. Zum einen und vor allem sollte als neuer einheitlicher **Grundtatbestand** aller Leistungsstörungen die **„Pflichtverletzung"** erkoren werden. Dazu wurde in § 280 die zentrale Anspruchsgrundlage für Schadenersatzleistungen infolge von Pflichtverletzungen geschaffen, die an sich alle Arten der Leistungsstö-

---
4 So zu Recht *Lorenz/Riehm*, SR, Rn 157.
5 Richtlinie 1999/44/EG vom 25.5.1999; ABl. EG Nr 2171/12 vom 7.7.1999.
6 Vgl dazu *Ernst/Gsell* ZIP 2000, 1462 ff, 1812 ff sowie *Schmidt-Räntsch* ZIP 2000, 1639.
7 Vgl zur Entstehungsgeschichte sehr lesenswert *Ehmann/Sutschet*, SR, § 1 (S. 1 ff).
8 Vgl dazu etwa *Dauner-Lieb*, in: Dauner-Lieb, SR, Einführung, S. 4 und *Ehmann/Sutschet*, SR, § 1 I 3 (S. 4 f).

rungen einschließlich Verzug und Unmöglichkeit erfassen soll[9]. Insoweit erfasst § 280 gleichermaßen die Verletzung von Hauptleistungspflichten, von Nebenleistungspflichten und im Zusammenhang mit § 241 Abs. 2 auch von bloßen Schutzpflichten. Die speziellen Verweisungen der §§ 281–283 auf diesen einheitlichen Grundtatbestand des § 280 verdeutlichen dabei, dass damit die Pflichtverletzung in den Kern des Leistungsstörungsrechts gerückt ist und damit den Begriff der Unmöglichkeit als bislang zentrales Kriterium des alten Leistungsstörungsrechts abgelöst hat. Dennoch aber verdeutlichen die §§ 281–283 andererseits, dass trotz dieses zentralen Pflichtverletzungskriteriums eine Unterteilung der Leistungsstörungen in der klassischen Weise in Unmöglichkeit, Verzug und Schlechterfüllung auch im neuen Leistungsstörungsrecht unverzichtbar[10] ist und sich weitergehende Bestrebungen, auf die Institute Verzug und Unmöglichkeit in Zukunft ganz zu verzichten[11], aus systematischen wie didaktischen Gründen glücklicherweise nicht durchzusetzen vermochten.

Eng damit verbunden bringen die §§ 281, 323 eine weitere wesentliche Neuerung dergestalt, als damit für die praktisch wichtigsten Fälle der Leistungsstörungen, nämlich der Nichtleistung oder Schlechtleistung in den Fällen, in denen eine Nachholung der Leistung noch möglich ist, der Gläubiger dem Schuldner unabhängig von der Art der Leistungspflicht eine **Nachfrist** zur ordnungsgemäßen Bewirkung der Leistung setzen und nach deren Ablauf gemäß § 323 vom Vertrag zurücktreten oder – sofern der Schuldner die Pflichtverletzung zu vertreten hat – nach § 281 Schadenersatz statt der Leistung verlangen kann. Hervorzuheben ist, dass dies für Leistungspflichten aus vertraglichen und aus gesetzlichen Schuldverhältnissen gleichermaßen gilt. Damit ist das **Rücktrittsrecht** aus § 323 als **verschuldensunabhängiges zentrales Rechtsinstitut** des Leistungsstörungsrechts ausgestaltet worden und gleichberechtigt neben den verschuldensabhängigen Schadenersatzanspruch getreten. Dies wird durch § 325 noch weiter klargestellt, der es nunmehr ermöglicht, Rücktritt und Schadenersatz zu kumulieren[12].

5/10

Schließlich wurden durch die sog Schuldrechtsmodernisierung einige der richterrechtlich entwickelten Rechtsinstitute gesetzlich geregelt. Insbesondere gilt dies für die **Normierung der positiven Forderungsverletzung**[13] und die **zumindest teilweise Regelung des Verschuldens bei Vertragsschluss (cic)**[14] sowie der Lehre vom Wegfall der Geschäftsgrundlage in § 313. Die vertragstypübergreifende Kündigungsmöglichkeit von Dauerschuldverhältnissen aus wichtigem Grund hat in § 314 eine gesetzliche Heimstatt gefunden.

5/11

---

9 Vgl zur Kritik an der Terminologie „Pflichtverletzung" *Canaris*, in: Schulze/Schulte-Nölke, S. 59 ff; *Huber* ZIP 2000, 2273, 2278 f; *Schapp* JZ 2001, 583, 585 ff; *Stoll* JZ 2001, 589, 593 mwN.
10 Vgl *Canaris* JZ 2001, 512: „Die alt vertrauten Kategorien kehren wieder.".
11 Vgl Abschlussbericht S. 29 f.
12 Genauer zum Rücktritt unten § 10.
13 Dazu unten § 9.
14 Dazu unten § 11.

### 3. Bewertung

**5/12** Insgesamt bleibt damit festzuhalten, dass der zunächst heftige rechtspolitische Streit[15] über die so genannte „Schuldrechtsmodernisierung" „nüchterner Alltagsarbeit"[16] gewichen ist und dass die Reform des Leistungsstörungsrechts trotz einiger inhaltlicher Änderungen und Neuregelungen auf der Rechtsfolgenseite weniger „Neues" gebracht hat, als man zunächst befürchten musste. Insbesondere erwiesen sich die anfänglichen Pläne, auf eine Unterteilung des Leistungsstörungsrechts zu Gunsten einer einheitlichen Grundnorm der Pflichtverletzung völlig zu verzichten, als dogmatisch unhaltbar. Trotz einheitlicher Anspruchsgrundlage für Schadenersatzforderungen in § 280 sehen die §§ 280–283 weiterhin eine entsprechende Differenzierung zwischen Verzug (§ 281), Unmöglichkeit (§ 283) und anderen Fällen der Schlechtleistung vor. Dadurch relativiert sich auch die angeblich „wesentliche"[17] Vereinfachung bei Schadenersatzforderungen auf der Rechtsfolgenseite. Insgesamt ist das neue Schuldrecht damit „weder moderner noch verständlicher als das alte"[18]. Und es ist inzwischen auch in der Rechtsprechung „angekommen", so dass sich nun Streitfragen und Problemschwerpunkte auftun, auf die in den folgenden Abschnitten einzugehen ist.

**5/13** Hinzu kommt, dass es beim **Verzug** hinsichtlich der anspruchsbegründenden Voraussetzungen und bei dem vom Schadenersatz statt der Leistung nach wie vor zu trennenden Anspruch auf den Verzögerungsschaden sowie mit Blick auf eintretende Haftungsverschärfungen bei der Regelung in § 287 verblieben ist[19].

**5/14** Da schließlich im Falle **anfänglich objektiver Unmöglichkeit** der frühere Nichtigkeitsgrund des § 306 nunmehr durch eine Haftung des Schuldners auf das positive Interesse ersetzt wurde, war auch hier eine **Sonderregelung** notwendig, da sich dieser Fall nicht zwanglos als Pflichtverletzung darstellen lässt, wird doch die von Anfang an unmögliche Leistung wegen § 275 gar nicht geschuldet. Anstatt somit künstlich die Nichterkundigung über die bei Vertragsschluss bestehende Möglichkeit zur Leistung als zusätzliche Pflichtverletzung zu normieren, hat man sich zu Recht für eine Sondervorschrift in Gestalt von **§ 311a** entschieden. Damit aber taucht bei der Unmöglichkeit neben der „einheitlichen" Anspruchsgrundlage für Schadenersatz des § 280 (§ 283) zusätzlich bei anfänglicher Unmöglichkeit eine weitere Schadenersatz-Anspruchsgrundlage in § 311a Abs. 2 auf.

**5/15** Vereinheitlichung und dadurch bedingte **Vereinfachung** hingegen bringt die Konzentration und Ausgestaltung des einheitlichen neuen **verschuldensunabhängigen Rücktrittsrechts in § 323**, wodurch vertragstypenspezifische Sonderregelungen und das gewährleistungsspezifische Wandlungsrecht entfallen konnten.

---

15 Vgl etwa *Altmeppen* DB 2001, 1131 ff, 1399 ff, 1821 ff; *Knütel* NJW 2001, 2519 ff; *Canaris* DB 2001, 1815 ff; *Wilhelm/Deeg* JZ 2001, 223; *Wilhelm* JZ 2001, 861.
16 So *Lorenz*, NJW 2005, 1889.
17 So *Lorenz/Riehm*, SR, Rn 164.
18 So *Schwermaier*, NJW 2004, 2501.
19 Genauer zum Verzug unten § 8.

Konnte somit die Schuldrechtsmodernisierung die gewollte Vereinfachung des Leistungsstörungsrechts systembedingt bereits im Allgemeinen Schuldrecht nur bedingt herbeiführen, blieb auch das **Nebeneinander verschiedener Gewährleistungsordnungen** für bestimmte Vertragsverhältnisse nicht nur **bestehen**, sondern wurde im Falle des Kaufvertrages gar noch um die Besonderheiten des Verbrauchsgüterkaufes angereichert. Vereinheitlichung konnte diesbezüglich nur insoweit erreicht werden, als auch die Gewährleistungsvorschriften des reformierten Kauf- und Werkvertragsrechts (§§ 437 Nr 3, 634 Nr 3) auf dem einheitlichen Grundtatbestand des § 280 beruhen, soweit Schadenersatzansprüche betroffen sind.

5/16

Betrachtet man diese Änderungen aus der Sicht des Leistungsstörungsrechts, so bleibt festzuhalten, dass damit **der „große Wurf" nicht gelungen** ist. Das primäre Ziel einer Vereinheitlichung ist im Kern nicht erreicht, die angeblich beseitigten Unklarheiten und Streitfragen waren allesamt durch Rechtsprechung und Lehre aufbereitet und für die Praxis mittels der breiten hierzu vorliegenden Literatur handhabbar. Dagegen hat die Eile, mit der das Reformwerk durchgesetzt wurde, **neue Widersprüche und Randunschärfen** gebracht, die weitere Gesetzesänderungen und neue Unklarheiten und Streitfragen nach sich ziehen werden, die je für sich zunächst ungeklärt sind und erst in demselben mühsamen Prozess durch Rechtsprechung und Wissenschaft aufgedeckt, diskutiert und schließlich entschieden werden müssen – also vielleicht sogar mehr Rechtsunsicherheit bringen, als sie beseitigen konnten.

5/17

### 4. Neue Prüfungsreihenfolge

Für das gedankliche Herangehen an die **Falllösung** ergibt sich aus den Neuerungen der Schuldrechtsmodernisierung eine **andere Vorgehensweise**. Während früher zunächst die Art der einschlägigen Leistungsstörung (Unmöglichkeit, Verzug, Gewährleistung, pFV) festgestellt werden musste, um zur anwendbaren Anspruchsgrundlage zu gelangen, ist nunmehr von der begehrten Rechtsfolge her vorzugehen. Das bedeutet, dass primär das Anspruchsbegehren (Schadenersatz statt der Leistung, Verzögerungsschaden, Schadenersatz neben der Leistung [bei Mangelfolgeschäden], Rücktritt) festzustellen ist, um von dort die einschlägige Anspruchsgrundlage aufzufinden (§§ 280 Abs. 1, 281–283, 280 Abs. 3 bzw 311a Abs. 2 bei Schadenersatz statt der Leistung; §§ 280 Abs. 2, 286 bei Verzögerungsschäden; § 280 Abs. 1 bei sonstigen Schlechtleistungen oder §§ 323, 326 Abs. 4, 346 ff zu Rücktritt und Rückgewähr empfangener Leistungen). Erst dann wird nun doch die Frage relevant, welche Leistungsstörungsform vorliegt, insbesondere um innerhalb der §§ 281–283, 311a Abs. 2 die richtige Anspruchsgrundlage aufzufinden.

5/18

Wer an einen praktischen Fall herangeht, sollte daher zunächst überlegen, welche Störungen bei der Durchführung des geplanten Geschäfts sich aus der Sicht eines Beteiligten ergeben haben und welche Wünsche in Bezug auf die Reaktion des Rechts der Betreffende daraus ableitet. Von hier aus sind die gesetzlichen Einrichtungen daraufhin zu befragen, wie sich bestimmte „störende" Vorgänge auf den Bestand an Schuldnerpflichten und Gläubigerrechten auswirken.

5/19

## III. Die Systematik des Allgemeinen und des Besonderen Schuldrechts

5/20 Der **gesetzliche Standort** der Regelungen des Leistungsstörungsrechts hat sich durch die angebliche Schuldrechtsmodernisierung **nicht erheblich geändert**. Nach wie vor finden sich die allgemeinen Vorschriften des Leistungsstörungsrechts in den §§ 275 ff BGB, welchen sich die Regelungen für Besonderheiten bei gegenseitigen Verträgen gemäß §§ 320–326 BGB und zur Durchführung des Rücktritts in den §§ 346 ff BGB anschließen.

5/21 Erhalten geblieben ist auch die Unterscheidung dieses allgemeinen Leistungsstörungsrechts, welches für alle Schuldverhältnisse einschlägig ist, von der **Sonderregelung der Schlechtleistung im Kauf-, Werk- und Mietvertrag**, die ein besonderes Leistungsstörungsrecht für den je einzelnen Vertragstypus bilden, für das sich die Bezeichnung als **Gewährleistungsrecht** durchgesetzt hat. Dieses spezielle Gewährleistungsrecht ist allerdings am Maßstab des früheren Werkvertragsrechts vereinheitlicht und durch entsprechende Verweisungen weitgehend in die neue Systematik des allgemeinen Leistungsstörungsrechts integriert worden. Somit stehen nach wie vor gesetzlich geregelte Formen von Leistungsstörungen und solche ebenfalls schlechthin an ein Schuldverhältnis anknüpfende allgemeine Sanktionen für Verletzung von Schuldnerpflichten neben den Gewährleistungsvorschriften der besonderen Schuldverhältnisse. Dieses Nebeneinander darf aber nicht dahin verstanden werden, dass der Zugriff auf die eine oder andere Anspruchsgrundlage mehr oder weniger beliebig wäre. Vielmehr weisen die gesetzlich geregelten Formen der Leistungsstörungen eine hinlänglich scharfe begriffliche Fassung auf.

# § 6 Die Verantwortlichkeit des Schuldners

**Fall 9:** Dachdeckermeister D übernimmt vom Eigentümer E den Auftrag, dessen Hausdach mit neuen Ziegeln einzudecken. Hierzu erscheint er gemeinsam mit seinem Gesellen G an mehreren Tagen im Haus des E, um die erforderlichen Arbeiten durchzuführen. Am ersten Tag will D eine Leiter anlegen und stößt dabei versehentlich eine wertvolle Vase des E um, die am Boden in tausende kleinster Splitter zerplatzt. G hinterlässt am zweiten Tag eine Teerschicht auf dem Teppichboden des E, weil er nicht bemerkt, dass der gefüllte Eimer leckt. Am dritten Tag steckt G zudem eine im Hausflur liegende Armbanduhr des E ein und nimmt diese mit. Am letzten Arbeitstag entfällt dem G ein Ziegelstein und fällt so unglücklich vom Dach, dass er den unten am Hause auf dem Gehweg vorbeikommenden Passanten P an der Schulter verletzt.

Da G vermögenslos ist, wollen E und P wegen der geschilderten Vorfälle von D Schadenersatz! **Lösung Rn 6/57**

**Fall 10:** Die Berufsboxer C und D treffen in einem großen Kampf aufeinander, in dem D seinen Titel verteidigen will. C merkt während des Kampfes, dass die linke Augenbraue des D auf Grund einer früheren Verletzung noch empfindlich ist. Durch mehrere gezielte Schläge fügt er dem D eine blutende Wunde zu, die diesen zur Aufgabe zwingt. D, dem durch die Niederlage bedeutende Geldbeträge für weitere Titelverteidigungen entgangen sind, verlangt von C Schadenersatz.

## I. Haftung für eigenes Verschulden

### 1. Der Verschuldensgrundsatz

#### a) Die Bedeutung des Verschuldenskriteriums

Schon im früheren Recht der Leistungsstörungen hatte der Schuldner für Unmöglichkeit, Verzug und positive Forderungsverletzung grundsätzlich nur dann einzustehen, wenn er das störende Ereignis „zu vertreten hat" (vgl §§ 275, 280, 323, 325 aF). Dies ist heute **für alle Leistungsstörungsarten** in den §§ 280 Abs. 1 S. 2, 286 Abs. 4 ausdrücklich festgeschrieben. Zu vertreten hat man sowohl eigenes vorsätzliches oder fahrlässiges Handeln (§ 276) als auch das „Verschulden" seines „Erfüllungsgehilfen" (§ 278). Auch im Bereich der unerlaubten Handlung macht § 823 Abs. 1 die Zurechnung eines Erfolges von einem „vorsätzlichen oder fahrlässigen" Verhalten des Handelnden abhängig, während die hier nur kurz anzusprechende Haftung für Gehilfenverschulden in § 831 (unten Rn 6/41 ff) eine besondere und eigenständige Regelung erfahren hat (vgl Schuldrecht Besonderer Teil § 25 Rn 18 ff). Somit haben die in § 276 näher umrissenen Haftungsvoraussetzungen, die gleichermaßen für die vertragliche wie für die deliktische Haftung gelten, große Tragweite.

6/1

Nach den erwähnten Vorschriften ist das **oberste Zurechnungsprinzip** für die Verantwortlichkeit des Vertragsschuldners wie des deliktisch Handelnden der Verschuldensgrundsatz[1]. Dem liegt der Gedanke zugrunde, dass eine Haftung nicht soll befürchten müssen, wer bei seinen Aktivitäten die nötige Sorgfalt zur Vermeidung der Schädigung anderer hat walten lassen. Den Gegensatz hierzu bildet das **Verursachungsprinzip**, das bei uns als – allerdings häufiger werdende – Ausnahmeregelung vor allem in den Fällen der **Gefährdungshaftung** zum Durchbruch kommt, im angloamerikanischen Recht dagegen die herrschende Haftungsmaxime ist.

6/2

#### b) Differenzierung nach dem Grad der Verantwortlichkeit

Nach § 276 hat der Schuldner für eigenen Vorsatz sowie für eigene Fahrlässigkeit einzustehen, sofern keine mildere Haftung bestimmt oder aus dem Inhalt des Schuldverhältnisses zu entnehmen ist. Eine solche abweichende Bestimmung kann sich aus dem Gesetz selbst, aber auch aus den Regelungen des Schuldverhältnisses ergeben.

6/3

**aa) Vorsatz und Fahrlässigkeit.** Leider wird der Vorsatzbegriff im BGB nicht definiert. Er besteht anerkanntermaßen im **Wissen und Wollen**[2] der Tatbestandsverwirk-

6/4

---

1 Dazu grundlegend *Larenz* JuS 1965, 373; *Deutsch*, Haftungsrecht (1976), § 3 II.
2 Mot. I, 280 = Mugdan I, 507.

lichung. Streitig ist, ob hierzu auch das Bewusstsein der Rechtswidrigkeit bei Delikten bzw der Pflichtwidrigkeit bei Sonderverbindungen gehört. Nach der im Zivilrecht ganz herrschend vertretenen[3] **Vorsatztheorie** ist dies zu bejahen (entgegen der Schuldtheorie in § 17 StGB). Denn angesichts der Fülle zivilrechtlicher Pflichten aus Sonderverbindungen kann das „schärfste Unwerturteil des Vorsatzes" nur erhoben werden, wenn der Handelnde die Pflicht gekannt hat[4]. Da jedoch bei Unkenntnis noch immer eine Haftung wegen Fahrlässigkeit möglich bleibt, spielt dieser Streit im Zivilrecht nur eine sehr untergeordnete Rolle. Auch die im Strafrecht gebräuchliche Unterscheidung zwischen Absicht, dolus directus und dolus eventualis spielt für die zivilrechtliche Haftung keine entscheidende Rolle.

6/5 bb) Fahrlässigkeit. Die Fahrlässigkeit wird in § 276 Abs. 2 definiert als **„Außerachtlassung der im Verkehr erforderlichen Sorgfalt"**.

6/6 Indem vom Schuldner persönlich die Beobachtung der objektiv nötigen Sorgfalt verlangt wird, fungiert die Rechtspflicht nicht nur als Unrechtsmaßstab, sondern auch als **Kriterium für** seine **individuelle Verantwortlichkeit** und stellt damit für das Zivilrecht einen strengen Maßstab auf. Denn dies bedeutet, dass es bezüglich der an den einzelnen zu stellenden Anforderungen nur auf die Sorgfalt eines durchschnittlich ordentlichen Verkehrsteilnehmers ankommen kann. Der Verpflichtete muss sich an die für einen „ordentlichen" Kaufmann, Handwerker, allgemein: Teilnehmer am Rechtsverkehr, geltenden Regeln halten; die Fahrlässigkeit ist **objektiviert** und gruppenbezogen. Rücksichtnahme auf individuelle Unzulänglichkeiten des Verpflichteten, durch die er „unter der Norm liegt", erlaubt der sog **„normative oder typisierte Fahrlässigkeitsmaßstab"** nicht[5]. Diese Objektivierung des Fahrlässigkeitsmaßstabes dient den Interessen des Rechtsverkehrs, der sich darauf soll verlassen können, dass jedermann gewisse durch die jeweilige Situation gebotene Standards beachtet. Das schließt es allerdings nicht aus, dass der allgemein formulierte Sorgfaltsmaßstab **situations-** und **gruppenbezogen** konkretisiert werden muss, wie dies etwa § 3 Abs. 2a StVO für Jugendliche, Personen hohen Alters und Behinderte zum Ausdruck bringt. Ein gegenüber dem so ermittelten Standard geringeres Leistungsvermögen eines Einzelnen entschuldigt aber auch hier nicht.

6/7 Grundsätzlich darf demnach niemand das Risiko seines eigenen, hinter den objektiven Maßstäben zurückbleibenden Leistungs- und Erkenntnisvermögens auf die Personen abwälzen, mit denen er im Verkehr in Berührung kommt. Etwas Derartiges wäre auch zu befürchten, wenn der Schuldner mit Erfolg geltend machen könnte, er habe die objektiv in der betreffenden Situation geltenden Anforderungen nicht gekannt und infolge eigenen Unwissens auch nicht erkennen können. Grundsätzlich wird man dem Handelnden in diesen Fällen ein sog **Übernahmeverschulden** anzulasten haben. Der Verschuldensvorwurf besteht dabei darin, sich trotz objektiv unzureichender Kenntnisse auf eine solche Aufgabe überhaupt eingelassen zu haben. Allerdings muss man

---

3 Vgl BGHZ 118, 201, 208.
4 So zu Recht *Medicus*, SR AT[16], Rn 307.
5 Prot. II, 604.

mit diesem Instrumentarium gerade im deliktischen Bereich vorsichtig umgehen, um nicht auch Fälle spontaner Hilfsbereitschaft oder anderer gut gemeinter, aber letztlich erfolgloser Bemühungen zu erfassen und so über das Haftungsrecht einem unheilvollen Zeitgeist Vorschub zu leisten, wonach jeder sich ohnehin nur um seine eigenen Angelegenheiten kümmert.

**cc) Weitere Differenzierungen.** Manche gesetzliche Vorschriften differenzieren die Verantwortlichkeit nach dem Grad der Fahrlässigkeit. So haftet der Schuldner, wenn die geschenkte Sache beim Beschenkten Schaden verursacht, nur für Vorsatz und **grobe Fahrlässigkeit** (§ 521). Diese Haftungserleichterung findet ihre Grundlage in der Unentgeltlichkeit der Zuwendung und ist auch in anderen Fällen unentgeltlicher Leistungserbringung anzutreffen (vgl Verleiher [§ 599]; Notgeschäftsführer [§ 680]; Finder [§ 968]). Allerdings ist davor zu warnen, hieraus vorschnell einen verallgemeinerungsfähigen allgemeinen Rechtsgedanken ableiten zu wollen, fehlt doch trotz Unentgeltlichkeit der Leistungspflicht eine solche Haftungsreduzierung auf grobe Fahrlässigkeit etwa beim unentgeltlichen Verwahrer (§ 690) oder beim Auftragnehmer (§ 662).

6/8

Das Verständnis der groben Fahrlässigkeit ist aus verschiedenen Gründen wichtig. So kann die Haftung für solche Handlungen nicht durch Allgemeine Geschäftsbedingungen abbedungen werden (siehe § 309 Nr 7), der grob fahrlässig Handelnde kann sich nicht auf die Haftungsbeschränkung für eigenübliche Sorgfalt berufen (§ 277) und schließlich entgeht ihm häufig nach § 61 VVG der Schutz einer privaten Schadensversicherung (zur Haftpflichtversicherung siehe § 152 VVG)[6]. Man versteht unter grober Fahrlässigkeit einen **besonders schweren Verstoß gegen die objektiven Sorgfaltsanforderungen**, der auch subjektiv unentschuldbar ist. Die im Einzelfall oftmals schwierige Grenze ist zu kennzeichnen mit der Formel, dass so etwas „einfach nicht passieren darf", während normale Fahrlässigkeit „jedem einmal passieren kann". Grobe Fahrlässigkeit setzt voraus, dass der Handelnde persönlich die Gefahr – einschließlich seiner eigenen Unzulänglichkeit – erkennen konnte.

6/9

Große Zurückhaltung ist schließlich da geboten, wo die klassische Zweiteilung der Fahrlässigkeit in normale und grobe Fahrlässigkeit römisch-rechtlichem Vorbild folgend, um eine **leichte oder** gar **leichteste Fahrlässigkeit**, die „culpa levissima" des römischen Rechts, ergänzt werden soll[7], um in diesem Falle trotz grundsätzlich festgestelltem fahrlässigem Verhalten zu einer Haftungsfreistellung zu gelangen, wie dies im Arbeitsrecht im Falle von Schädigungen des Arbeitgebers durch seine Arbeitnehmer vertreten wurde[8]. Trotz aller anerkennenswerten Besonderheiten der Arbeitnehmerhaftung sollte man aber auch dort die klassische Zweiteilung beibehalten und auf die Kategorie einer „leichtesten Fahrlässigkeit" verzichten.

6/10

---

6  Dazu *K. Müller* VersR 1985, 1101 ff.
7  Vgl dazu vor allem *Mayer-Maly* AcP 163, 114 ff.
8  BAG AP Nr 101 zu § 611 BGB Haftung des Arbeitnehmers; zuletzt BAG BB 1998, 107; vgl dazu *Walker* JuS 2002, 736.

§ 6  *Die Verantwortlichkeit des Schuldners*

6/11  Eine weitere Besonderheit ist die Beschränkung der Haftung des Schuldners auf die sog **eigenübliche Sorgfalt** (diligentia quam in suis), § 277. Hier verzichtet das Gesetz bewusst auf einen objektiven Haftungsmaßstab und knüpft stattdessen an das **„individuelle Normalverhalten des konkreten Schuldners"** an. Jedenfalls die Haftung für grobe Fahrlässigkeit kann gemäß § 277 unter Berufung auf diese Haftungserleichterung keinesfalls ausgeschlossen werden. Diese Haftungserleichterung findet sich häufig bei Haftungsmaßstäben innerhalb engerer persönlicher (§ 1359 [unter Ehegatten]; § 1664 Abs. 1 [Eltern]; § 2131 [Vorerbe]; § 4 PartGG [Lebenspartner]) oder wirtschaftlicher Beziehungen (§ 708 [Gesellschafter]; § 346 Abs. 3 S. 1 Nr 3 [Rücktritt]; § 357 Abs. 1 [Widerruf]) und sollte im Wege teleologischer Reduktion auch auf solche Fälle begrenzt werden, gerade weil man eine solche Haftungserleichterung bei wertender Betrachtung nur den Teilnehmern am Rechtsverkehr entgegensetzen kann, die sich auf den Umgang mit dem Haftenden in Kenntnis seiner Eigenarten freiwillig eingelassen haben. Dieser Gesichtspunkt liegt auch der ansonsten schwer begründbaren Rechtsprechung des BGH zu Grunde, der diese Haftungserleichterung nicht auf eine Teilnahme am Straßenverkehr anwenden will[9].

### 2. Rechtswidrigkeit

#### a) Bedeutung des Kriteriums Rechtswidrigkeit

> In **Fall 10** hat C dem D die Augenbrauenverletzung „vorsätzlich" zugefügt; er kann aber dafür nur haftbar gemacht werden, wenn das Schlagen auf eine empfindliche Stelle verboten war, den Regeln des Boxsports zuwiderlief. Da es zur Zielsetzung mindestens des Profiboxkämpfers gehört, den Gegner kampfunfähig zu machen, wird es eher sein, dass sich C im Rahmen des Erlaubten gehalten hat.

6/12  Neben das grundsätzliche Verschuldenserfordernis tritt auch im Zivilrecht das bereits aus dem Strafrecht bekannte Kriterium der Rechtswidrigkeit, das bei der deliktischen Haftung aus § 823 Abs. 1 im Erfordernis der **Widerrechtlichkeit** sogar ausdrücklich hervorgehoben wird. Auch im Zivilrecht dient dieses Kriterium als Regulativ, um sicherzustellen, dass nicht schon die bloße Verursachung eines vom Recht missbilligten Erfolgs die Schadenersatzpflichtigkeit des Tuns indiziert, sondern dass noch das Moment der Pflichtverletzung hinzukommen muss. Im Allgemeinen kommt es für die Rechtswidrigkeit darauf an, dass eine menschliche Handlung zu einer speziell für den Handelnden geltenden Vertragspflicht oder einer für alle Rechtsgenossen aufgestellten Verhaltensregel in Widerspruch tritt.

> **Fall 10:** Unterstellt, die gezielten Schläge des C auf die verwundete Augenbraue des D entsprachen noch den Regeln des Boxsports, so ist die eingetretene Verletzung, von C durch ein (zwar brutales, aber) nicht pflichtwidriges Handeln verursacht und somit nicht rechtswidrig.

---

9  BGHZ 46, 313, 317 f; 61, 101, 105.

Die zentrale Bedeutung des Pflichtenverstoßes für die Haftung bringt § 276 Abs. 1 S. 2 zum Ausdruck, indem als fahrlässig die Nichtbeachtung der **„erforderlichen"**, also der gebotenen **Sorgfalt** bezeichnet wird. Auf dieser Ebene stehen dann auch die Verursachung durch aktives Tun und Unterlassung gleich. Die Rechtswidrigkeit der Unterlassung folgt nämlich ebenfalls aus dem Verstoß gegen eine Rechtspflicht, den Erfolg zu verhindern. Eine solche Garantenpflicht beruht auf der rechtlich abgesicherten Verantwortung für den Verletzten selber oder für Gefahrenquellen. Sie trifft etwa denjenigen, der in enger Lebensgemeinschaft mit dem Träger des verletzten Rechtsguts steht, sowie denjenigen, der ihm auf Grund des Gesetzes oder Vertrages wegen eines besonderen Vertrauens in seiner Person oder sein Fachwissen oder aus vorangegangenem Tun verbunden ist[10].

6/13

### b) Rechtfertigungsgründe

Wenn die Rechtswidrigkeit als Pflichtverstoß gekennzeichnet wurde, so muss auch den Situationen Rechnung getragen werden, in denen der Befolgung der Pflicht überwiegende Interessen entgegenstehen. Dies sind die Ursachen für die im Straf- und Zivilrecht gleichermaßen bedeutsamen Rechtfertigungsgründe. Die gesetzliche Regelung der Notwehr (§§ 32 StGB, 227 BGB) lässt deutlich erkennen, dass eine an sich tatbestandsmäßige und rechtswidrige Handlung nicht als rechtswidrig angesehen wird, wenn sich der Angegriffene verteidigen darf. Andere Rechtfertigungsgründe geben **Eingriffsbefugnisse in fremde Rechtsgüter**, so das Selbsthilferecht (§ 229) oder die Wahrnehmung berechtigter Interessen (§ 193 StGB). Wer, um eine von einer Sache ausgehende Gefahr zu beseitigen, diese Sache beschädigt oder zerstört (§ 228), oder wer in das Sacheigentum eingreift, um eine anderweit drohende überwiegende Gefahr zu bekämpfen (§ 904), handelt zwar nicht widerrechtlich (Notstand), muss aber aus dem Gesichtspunkt der Aufopferung uU doch den Eigentümer entschädigen (§§ 228 S. 2, 904 S. 2). Auch dies gilt für die Vertrags- wie für die Deliktshaftung.

6/14

Von großer praktischer Bedeutung besonders im Recht der ärztlichen Heilbehandlung ist die **Einwilligung**, die freilich nur rechtfertigt, soweit der Einwilligende wirksam über das verletzte Rechtsgut verfügen kann[11]. Das ist insbesondere bei einem zum Tode führenden Behandlungsabbruch bzw der Verweigerung von lebensrettenden Heilmaßnahmen sehr streitig. Ähnlich wirkt das „Handeln auf eigene Gefahr"[12].

6/15

### c) Individuelle Zurechnung

Grundsätzlich haftet der Schuldner nur, wenn die Pflichtverletzung ihm persönlich zum Vorwurf gereicht, weil er sie vorsätzlich begangen oder durch zurechenbare Fehlsteuerung seines Verhaltens nicht verhindert hat. Das setzt somit die **Zurechnungs-**

6/16

---

10 Die hier anwendbare Figur der „Garantenpflicht" wird vielfach auch im Strafrecht angewendet, siehe dazu *Wessels/Beulke*, Schwerpunkte Strafrecht Allgemeiner Teil, 36. Aufl. 2006, Rn 15 ff.
11 Vgl ausführlich *Roxin*, Über die Einwilligung im Strafrecht (1987); *Schlehofer*, Einwilligung und Einverständnis (1986); *Uhlenbruch* MedR 1992, 134 ff; *Bollacher/Stockburger* Jura 2006, 908 ff.
12 Vgl dazu MünchKomm/*Oetker*, BGB[5], § 254 Rn 64; Bamberger/Roth/*Grüneberg*, BGB § 254 Rn 26 ff mwN.

oder **Verschuldensfähigkeit** voraus. Diese ist durch die klarstellende Verweisung in § 276 Abs. 1 S. 2 im Vertragsrecht wie im Deliktsrecht einheitlich in den §§ 827, 828 geregelt. Sie fehlt nach §§ 827, 828 Abs. 1 zunächst Kindern bis zur Vollendung des 7. Lebensjahres sowie Bewusstlosen und Personen ohne freie Willensbestimmung. Zu beachten ist allerdings, dass Personen, die ihre freie Willensbestimmung durch Alkohol oder „ähnliche Mittel" verloren haben, gemäß § 827 S. 2 so haften, als ob ihnen Fahrlässigkeit zur Last fiele. Regelmäßig greift daher der Einwand der Trunkenheit gegenüber einer zivilrechtlichen Haftung nicht, weil meist für Vorsatz und Fahrlässigkeit in gleicher Weise auf Schadenersatz gehaftet wird. Ausgeschlossen ist eine Verantwortlichkeit hier nur dann, wenn der Handelnde ohne Verschulden in den Zustand der Alkoholisierung oder ähnlicher Berauschung gekommen ist, was angesichts des strengen zivilrechtlichen Fahrlässigkeitsbegriffs (oben Rn 6/5 ff) auf grobe Ausnahmefälle beschränkt ist (Beispiel: unvorhersehbares Zusammenwirken von Alkohol und Medikament)[13].

6/17 **Beschränkt verschuldensfähig** sind hingegen Personen zwischen dem vollendeten 7. und dem 18. Lebensjahr sowie Taubstumme. Hier wird die **Verantwortlichkeit individuell** bestimmt und hängt nach § 828 Abs. 3 vom Reifegrad des Täters und der Art der schädigenden Handlung ab.

6/18 Eine **Ausnahme** hiervon regelt § 828 Abs. 2, wonach Kinder, die das siebente, aber noch nicht das 10. Lebensjahr vollendet haben, für solche Schäden, die sie anderen bei **Unfällen im motorisierten Straßen- oder Bahnverkehr** zufügen, nur bei Vorsatz verantwortlich sind. Damit wird dieser Altersgruppe beschränkt verschuldensfähiger Personen für bestimmte Situationen kraft Gesetzes die Einsichtsfähigkeit in das Unrecht fahrlässiger Schadensherbeiführung abgesprochen, während die Haftung bei vorsätzlicher Schädigung auch insoweit von der individuellen Einsichtsfähigkeit abhängig bleibt.

6/19 Im Deliktsrecht schließlich sieht **§ 829** noch die Möglichkeit einer **Billigkeitshaftung** für Verschuldensunfähige vor. Da § 276 Abs. 1 S. 2 diese Norm in seiner Verweisung allerdings nicht benennt, scheidet eine Anwendung dieser Haftungsnorm im Vertragsrecht richtigerweise aus[14].

### 3. Grenzen der Verschuldenshaftung

6/20 Grundsätzlich hängt die Haftung für einen Schaden von einem Verschulden bezüglich der konkreten Rechtsgutsverletzung ab. Dieses Prinzip lässt sich aber dann nicht durchhalten, wenn die Rechtsordnung die Einrichtung von Gefahrenquellen, meist aus Gründen der allgemeinen Versorgung, gestattet hat. Dies ist der Gesichtspunkt der Gefährdungshaftung, die im Deliktsrecht neben die allgemeine Verschuldenshaftung aus § 823 getreten ist (näher Schwerpunkt Schuldrecht Besonderer Teil, § 27).

---

13 *Medicus*, SR AT[16], Rn 302.
14 HM, aA Staudinger/*Löwisch*, BGB (2001), § 276 Rn 61.

## II. Die Haftung für fremdes Verschulden

### 1. Haftung für Erfüllungsgehilfen, § 278

#### a) Haftungskonzeption

Eine Haftung für fremdes Handeln widerspricht bis zu einem gewissen Grade dem Verschuldensprinzip. Andererseits erlaubt es unsere Rechtsordnung dem Schuldner in weitem Maße (Ausnahme: höchstpersönliche Verpflichtungen), die Erfüllungshandlungen nicht selbst vorzunehmen, sondern hierfür Gehilfen einzusetzen und durch diese Hinzuziehung von Mitarbeitern seinen Handlungsspielraum zu erweitern. Außerdem setzt er, da nur er seine Mitarbeiter auswählen bzw ihre Rekrutierung frei organisieren und ihr Tun kontrollieren kann, insoweit eine Gefahrenquelle. Daher gilt im Rahmen bestehender Vertragsbeziehungen und anderer Sonderbeziehungen die grundsätzliche Haftungskonzeption, wonach derjenige, der in die Erfüllung seiner Verpflichtungen **„Erfüllungsgehilfen"** einschaltet, allein deswegen für jedes Verschulden dieser Hilfspersonen haftet, § 278.

6/21

Hinsichtlich des Umfangs dessen, wofür einzustehen ist, gilt § 276 mit der Maßgabe, dass die verletzte Pflicht den Schuldner und nicht den handelnden Gehilfen trifft. Wichtig ist zu beachten, dass § 278 lediglich eine **Zurechnungsnorm** darstellt, aber selbst **nicht Anspruchsgrundlage** ist. Der konkrete Ersatzanspruch folgt daher nie aus § 278, sondern immer aus der jeweiligen Schadenersatznorm; § 278 rechnet lediglich beim Prüfungspunkt „Verschulden/Vertretenmüssen" ein Verschulden des Gehilfen dem Schuldner zu!

6/22

#### b) Begriff des Erfüllungsgehilfen

Der Begriff des Erfüllungsgehilfen wird allgemein danach bestimmt, wer **mit Willen** des Schuldners in dessen **Pflichtenbereich** tätig geworden ist. Nicht erforderlich ist es, dass auch der Gehilfe weiß, dass er eine Verpflichtung des Schuldners erfüllt. Denn der Grund für diese Haftung ist die Erweiterung des Tätigkeitsbereichs des Geschäftsherrn in seinem Interesse und die Arbeitsteilung in einer vom Geschäftsherrn beherrschten Weise.

6/23

Dazu ist zunächst eine **Sonderverbindung** zwischen dem Schuldner und einem Dritten erforderlich, in deren Rahmen der Erfüllungsgehilfe tätig geworden ist („zur Erfüllung einer Verbindlichkeit"). Die Regelung des § 278 ist somit in vertraglichen, einschließlich der durch Vertragsverhandlungen angebahnten Sonderbeziehungen iSd § 311 Abs. 2 (vorvertragliche Schuldverhältnisse), anwendbar[15]. § 278 gilt auch in bereits bestehenden gesetzlichen Schuldverhältnissen wie etwa dem Verhältnis zwischen Wohnungseigentümern nach dem WEG oder zwischen dem Eigentümer und dem Besitzer einer Sache (§§ 987 ff)[16]. Insoweit ist jedoch zu beachten, dass es nicht

6/24

---

[15] BGHZ 15, 404 f; BGH NJW 1983, 2696; fehlende Abschlussvollmacht des Gehilfen ändert daran nichts, BGHZ 6, 330, 334.
[16] *Medicus*, SR AT[16], Rn 324; MünchKomm/*Grundmann*, BGB[5], § 278 Rn 18.

### § 6  Die Verantwortlichkeit des Schuldners

ausreicht, wenn erst durch die schadenstiftende Handlung des Gehilfen selbst ein (gesetzliches) Schuldverhältnis entsteht. Deshalb kann § 278 zur Begründung einer deliktischen Haftung des Schuldners nicht zur Anwendung kommen.

6/25 Der Begriff der „**Erfüllung**" ist in diesem Zusammenhang weit zu verstehen: Er umfasst alle Handlungen und Unterlassungen, zu denen der Schuldner kraft des Schuldverhältnisses verpflichtet ist, auch wenn ihre Beziehung zur Hauptpflicht nur lose oder für den Erfüllungsgehilfen selber nicht erkennbar ist. Innerhalb des so bestimmten Rahmens ist Erfüllungsgehilfe daher nicht nur, wer die eigentliche **Leistungshandlung** für den Schuldner erbringt, sondern auch, wer für die Erfüllung von **Schutz- und Nebenpflichten** des Schuldners von diesem eingesetzt ist, wofür es ausreicht, wenn der Schuldner die Möglichkeit begründet hat, dass eine für ihn tätige Person in der durch die Pflichterfüllung berührten Sphäre des Gläubigers auf dessen Rechtsgüter einwirken kann[17].

6/26 **Nicht notwendig** ist es, dass der Erfüllungsgehilfe nach den **Weisungen** des Schuldners handelt oder sonst von ihm abhängig ist[18]. Entscheidend ist vielmehr, dass der Schuldner, wenn er für eine in seinem Pflichtenkreis tätige Person einstehen soll, wenigstens irgendeine Einwirkungsmöglichkeit auf die Art der Tätigkeit oder das Ausmaß der Arbeitsteilung hat und er den Vorteil aus dessen Einschaltung für sich ausnutzen kann. Danach gehören leitende Angestellte, rechtlich und wirtschaftlich selbstständige Handelsvertreter und selbst selbstständige Unternehmer ebenso hierher wie abhängige Arbeitnehmer, deren Entscheidungsspielraum begrenzt ist.

6/27 Auch die Personen, die mit der Führung von Vertragsverhandlungen betraut wurden, sind Erfüllungsgehilfen (sog **Verhandlungsgehilfe**), da sie in die Erfüllung vorvertraglicher Verpflichtungen eingebunden werden[19].

#### c) Tätigwerden in Erfüllung der Schuldnerpflicht

6/28 Der Schuldner haftet nach § 278 trotz dessen weiter Fassung nur für solches Handeln des Erfüllungsgehilfen, das „**in Erfüllung**" der Schuldnerverbindlichkeit geschieht. Er hat also nicht einzustehen, wenn der Gehilfe „**bei Gelegenheit**" seiner Einschaltung in den Pflichtenbereich des Schuldners Rechtsgüter des Gläubigers verletzt. Davon spricht man, wenn der Gehilfe zwar auf Grund der vertraglichen Verpflichtung, die er für den Schuldner erfüllen soll, mit den Rechtsgütern des Betroffenen in Kontakt kommt, es allerdings bei der konkreten Schadenshandlung auf Grund eines eigenmächtigen Vorgehens des Gehilfen an einem inneren Zusammenhang mit den ihm übertragenen Aufgaben fehlt; in diesem Falle ist die Haftung dem Geschäftsherrn nicht mehr zuzumuten[20].

---

17  Vgl schon RGZ 106, 139 ff.
18  BGH NJW 2001, 358.
19  BGH NJW 1974, 1505 f; BGH NJW 1991, 2557.
20  AA *Medicus*, SR AT[16], Rn 333 mwN.

Wenn also im **Fall 9** G beim Anlegen der Leiter eine Vase des E umstößt, so gehört diese Tätigkeit zum Aufgabenkreis des Gehilfen, der ja die Leiter benötigte, um seine Dachdeckerarbeit verrichten zu können. Wenn aber der Gehilfe bei der Durchführung der ihm gestellten Aufgabe eine unerlaubte Handlung begeht (im **Fall 9** entwendet G eine im Hausflur liegende Armbanduhr), so haftet der Schuldner, im gegebenen Fall also D, dem Gläubiger nicht aus § 278. Hier war der Diebstahl nur „bei Gelegenheit" und nicht „in Erfüllung" der Gehilfenaufgabe erfolgt. Denn im Rahmen der Vertragsverletzung hat der Schuldner nur solche Handlungen des Gehilfen zu vertreten, die gerade gegen die Vertragspflichten – einschließlich aller vertraglichen Nebenpflichten – verstoßen[21], nicht ein Tun, das gegen das allgemeine Verbot verstößt, fremde Rechtsgüter zu verletzen. Insoweit greift vielmehr § 831 ein.

### d) „Verschulden" des Gehilfen

Nach § 278 hat der Schuldner ein Verschulden seines Gehilfen wie eigenes zu vertreten. Dies ist **missverständlich**, weil die Hilfsperson dem Gläubiger nichts schuldet und es ohne Pflichtverletzung daher ein solches Gehilfenverschulden im technischen Sinne gar nicht geben kann. Gemeint ist vielmehr, dass die Handlung der Hilfsperson, hätte sie der Schuldner selbst vorgenommen, für diesen pflichtwidrig und schuldhaft gewesen wäre[22]. Deshalb kommt es richtigerweise[23] auch nicht auf die Verschuldensfähigkeit (dazu oben Rn 6/16 ff) der Hilfsperson, sondern nur auf die des Schuldners an[24].

6/29

### e) Zweifelsfälle

Die Regelung des § 278 ist so wichtig, dass die häufigsten Problempunkte an einigen **Zweifelsfällen** demonstriert werden sollen:

6/30

Als **Obhutspflichtverletzung** des Verkäufers ist es etwa einzuordnen, wenn der Nachtwächter einen Brand verursacht, durch den eine einem Käufer bereits übereignete, aber noch nicht ausgelieferte Sache (siehe § 930) beschädigt wird; ebenso wenn der für den ordnungsgemäßen Zustand der Laderampe zuständige Mitarbeiter durch sein Versagen das vom Käufer zur Abholung eingesetzte Fahrzeug beschädigt[25]. Nur mehr bei Gelegenheit der Tätigkeit ist die Schadenszufügung dagegen erfolgt, wenn die für den Käufer bereitgestellte oder vom Besteller (im Rahmen eines Werkvertrages) dem Unternehmer übergebene Stereoanlage beschädigt wird, weil die Mitarbeiter sie bei einem vom Arbeitgeber erlaubten Betriebsfest eingesetzt haben[26].

6/31

Nicht selten kommt es vor, dass ein Wohnungsmieter durch unsorgsames Verhalten (Überschwemmung in seinem Badezimmer) auch Schäden bei anderen Mietern verursacht. Der BGH hat dafür nicht den Vermieter einstehen lassen, weil man in seinem

6/32

---

21 Vgl BGHZ 23, 322.
22 *Erman/Westermann,* BGB[11], § 276 Rn 42; *Medicus,* SR AT[16], Rn 334.
23 AA etwa Staudinger/*Löwisch,* BGB (2001), § 278 Rn 53 mwN.
24 *Bamberger/Roth/Grüneberg,* BGB, § 279 Rn 49.
25 Siehe etwa die Fälle RGZ 106, 133; BGH ZIP 1997, 444.
26 Siehe das Urteil BGHZ 23, 319.

§ 6  *Die Verantwortlichkeit des Schuldners*

Verhältnis zu dem geschädigten Mieter die **Mitmieter** nicht als **Erfüllungsgehilfen** ansehen könne[27].

6/33  Ein **Sonderproblem** ergab sich früher aus der Frage, ob der Verkäufer einer Ware, die er nicht selber hergestellt hat, dem Käufer für Fehler bei der Herstellung, die beim Käufer einen Schaden verursacht haben, nach Vertragsgrundsätzen haftet. Dies hat die Rechtsprechung zu Recht stets abgelehnt, da die Verkäuferpflichten nicht auch die Herstellung der Ware umfassen[28]. Das Problem wird von der Rechtsprechung inzwischen so gelöst, dass der geschädigte Verbraucher wegen der Folgeschäden aus dem Sachmangel für den Deliktsanspruch gegen den Hersteller Beweiserleichterungen in Anspruch nehmen kann, das ProdHaftG hat dem noch eine verschuldensunabhängige Haftung hinzugefügt (dazu Schuldrecht Besonderer Teil, § 23 Rn 18 ff).

6/34  In Fällen der Inanspruchnahme der Dienste der **Post**[29] oder **Eisenbahn**, die vom Schuldner nur begrenzt zu steuern sind (anders bei einem privaten Kurierdienst), ist die Erfüllungsgehilfenschaft streitig. Wenn und weil diese jedoch gerade keine vom Schuldner abhängige Stellung der eingeschalteten Person[30] erfordert, sodass auch eine dem Schuldner wirtschaftlich deutlich überlegene Person (der Zahlungspflichtige schaltet seine Bank zur Überweisung eines fälligen Geldbetrages ein, die Bank führt die Überweisung deutlich verspätet aus) Erfüllungsgehilfe sein kann, muss hier § 278 zur Anwendung kommen.

6/35  Nicht unter § 278 fällt die **Substitution**. Man versteht darunter die Übertragung nicht nur einzelner Aufgaben, sondern der ganzen Vertragsstellung auf einen Dritten, der bisher nicht Vertragspartner war, aber hinfort dem Gläubiger für die Erfüllung der übertragenen Pflichten haftet. Weil eine solche Substitution normalerweise nicht ohne Einverständnis des Gläubigers geschehen kann, haftet der ursprüngliche Schuldner dem Gläubiger nur noch dafür, dass er bei der Auswahl des Substituten sorgfältig vorgegangen ist (culpa in oligendo); geht die Auswahl des Substituten in Ordnung, so haftet der Schuldner für ihn nicht mehr nach § 278.

### 2. Haftung für den gesetzlichen Vertreter, § 278

6/36  In gleicher Weise wie für den Gehilfen ordnet § 278 auch eine Haftung des Schuldners für seinen gesetzlichen Vertreter an. Diese **Ergänzung** ist notwendig, weil die gesetzlichen Vertreter gerade nicht durch Einschaltung des Schuldners, sondern kraft der ihnen durch Gesetz verliehenen Stellung tätig werden. Zugleich wird – um diese Haftungsnorm wirksam werden zu lassen – dem Schuldner auch die Verschuldensfähigkeit seines gesetzlichen Vertreters zugerechnet.

6/37  Nach ihrem Sinn und Zweck ist diese Regelung auch auf **Testamentsvollstrecker, Nachlassverwalter, Insolvenzverwalter** und ähnliche Personen anzuwenden, die

---

27  BGH VersR 1978, 743.
28  BGHZ 48, 118, 120; BGH WM 1977, 220; *Huber* AcP 177, 381, 304; *Medicus*, SR AT[16], Rn 327.
29  BGHZ 62, 119, 124.
30  *Medicus*, SR AT[16], Rn 331; MünchKomm/*Grundmann*, BGB[5], § 278 Rn 44.

zwar keine gesetzlichen Vertreter sind, aber wie diese auf Grund ihres Amtes unmittelbar Rechte und Pflichten für einen anderen begründen können[31].

Streitig ist die Frage, ob auch der **Vorstand** und die **satzungsgemäß bestimmten Vertreter** (§§ 26, 86, 89) unter § 278 fallen. Die Frage hat kaum praktische Bedeutung, weil die juristische Person für sie bereits nach § 31 einzustehen hat, der regelmäßig zum selben Ergebnis führt, dürfte aber wegen § 26 Abs. 2 S. 1, wonach diese Organe „die Stellung eines gesetzlichen Vertreters" haben, zu bejahen sein[32]. 6/38

Fraglich ist, ob die **Haftung für Vorsatz** des gesetzlichen Vertreters oder gleichgestellter Personen nach § 278 S. 2 ausgeschlossen werden kann. Obwohl der Gesetzeswortlaut dies zulässt, scheint diese Rechtsfolge sehr zweifelhaft, da hier ein eigener haftungsrelevanter Vorsatz des Schuldners regelmäßig gerade nicht in Betracht kommt. Will man also den Ausschluss jeglicher Vorsatzhaftung vermeiden, was unzweifelhaft Sinn der Regelung in § 276 Abs. 3 ist, kann § 278 S. 2 für den gesetzlichen Vertreter nicht zur Anwendung kommen. 6/39

### 3. Haftung für technisches Versagen

Mitunter wird angedacht, dass der Schuldner **analog § 278** auch dann soll einstehen müssen, wenn er sich zur Erfüllung seiner Vertragspflichten nicht eines Gehilfen, sondern der Hilfe von Maschinen bedient und diese versagen[33]. Dies übersteigt jedoch jede vernünftige Analogiebasis, da es weder um menschliche Tätigkeit geht noch sich unser Verschuldensbegriff zwanglos auf das **Versagen technischer Einrichtungen** übertragen lässt. Wenn und soweit dies jedoch möglich erscheint, ist das technische Versagen selbst auf menschliches Verschulden, etwa in Gestalt mangelhafter Wartung oder fehlerhafter Bedienung zurückzuführen, womit wir ohnehin bei der Eigenhaftung des Schuldners oder bei § 278 ankommen. Eine solche Analogie ist daher **abzulehnen**. 6/40

### 4. Abgrenzung zur Haftung für Handeln des Verrichtungsgehilfen, § 831

Auch § 831 sieht eine Haftung für die von einem anderen verursachten Schäden vor. Danach haftet, wer einen anderen zu einer Verrichtung bestellt, für den Schaden, den der Verrichtungsgehilfe in Ausführung der Verrichtung einem Dritten widerrechtlich zufügt. Trotz der scheinbaren Gemeinsamkeiten unterscheidet sich die Haftung aus § 831 aber dogmatisch wie inhaltlich sehr von § 278. Da diese **Abgrenzung** den Studierenden erfahrungsgemäß immer wieder Schwierigkeiten bereitet, sollen diese hier kurz aufgezeigt werden (vgl genauer zu § 831 Schwerpunkt Schuldrecht BT, § 25 Rn 21 ff). Dabei sollte die Abgrenzung nicht begrifflich, sondern inhaltlich erfolgen, gerade weil die Bezeichnungen Erfüllungs- bzw Verrichtungsgehilfe einander nicht ausschließen; so kann jeder Verrichtungsgehilfe auch tauglicher Erfüllungsgehilfe 6/41

---

31 Palandt/*Heinrichs*, BGB[62], § 278 Rn 5, hM.
32 *Erman/Westermann*, BGB[11], § 279 Rn 9.
33 So *M. Wolf* JuS 1989, 899.

sein und umgekehrt ist oftmals auch der Erfüllungsgehilfe zugleich bei deliktischen Schädigungen Verrichtungsgehilfe.

6/42 Dogmatisch ist hervorzuheben, dass **§ 831** eine **selbstständige Anspruchsgrundlage** im deliktischen Haftungssystem neben den §§ 823 ff darstellt (deshalb ist die oft zu sehende Zitierweise §§ 823, 831 **falsch**), während § 278 lediglich eine in der Verschuldensprüfung angesiedelte Zurechnungsnorm darstellt (dazu schon oben Rn 6/22). Außerdem normiert § 278 eine Haftung für fremdes Verschulden, während **§ 831** die Haftung auf ein **(vermutetes) eigenes Verschulden des Geschäftsherrn** bei der Auswahl, Anleitung oder Beaufsichtigung des Verrichtungsgehilfen bezieht; dementsprechend ist hier ein Verschulden des Verrichtungsgehilfen nicht erforderlich.

6/43 **Inhaltlich** verlangt § 278 eine Schadenszufügung bei Erfüllung eines (vor)vertraglichen oder gesetzlichen Schuldverhältnisses, während § 831 nur eine Schädigung durch die tatbestandlich-rechtswidrige Erfüllung einer der Tatbestände der §§ 823 ff ausreichen lässt.

6/44 Die Haftung des Geschäftsherrn aus § 831 wird zudem durch die **Exkulpationsmöglichkeit** aus § 831 Abs. 1 S. 2 weitgehend entwertet, wohingegen bei § 278 für den Schuldner keine Entlastungsmöglichkeit besteht, weil es auf sein Verschulden haftungsbegründend ja gerade nicht ankommt.

### III. Einstehenmüssen ohne Verschulden

#### 1. „Unechte" Fälle

6/45 Neben die beiden soeben skizzierten Kategorien der Haftung für eigenes sowie für fremdes Verschulden tritt immer häufiger auch eine **verschuldensunabhängige Haftung des Schuldners**. Dies geschieht **verdeckt** zum einen **durch** eine **Verschärfung der Sorgfaltsanforderungen** im Rahmen der Verschuldenshaftung[34] **oder** durch **Beweislastregelungen**, denn wenn der Schuldner sich von einem vermuteten Eigenverschulden entlasten muss, tritt beim Scheitern des Entlastungsnachweises uU ebenfalls eine Haftung ohne Verschulden ein.

#### 2. Kraft Vereinbarung

6/46 Im Rahmen der **Privatautonomie** (dazu genauer oben § 1 II 3) nahezu selbstverständlich kann eine Haftung auch ohne Verschulden zunächst ausdrücklich oder konkludent vereinbart werden. Wichtig ist insoweit allein der Hinweis auf § 307 Abs. 2 Nr 1, der eine Ausweitung der Haftung auch bei fehlendem Verschulden durch allgemeine Geschäftsbedingungen allerdings nicht zulässt[35].

---

34 Vgl das instruktive Beispiel bei *Medicus*, SR AT[16], Rn 341.
35 Vgl noch zum AGBG BGHZ 119, 168.

## 3. Gefährdungshaftung

Daneben und vor allem aber wird das im deutschen Haftungsrecht grundsätzlich geltende Verschuldensprinzip (vgl oben Rn 6/2) durch eine **zunehmende gesetzliche Normierung** von Gefährdungshaftungstatbeständen eingeschränkt. Gemeinsam ist diesen Regelungen, dass der Halter oder Betreiber einer gefährlichen Einrichtung für deren typische Gefahren (etwa KFZ, § 7 StVG; Schienen- und Schwebebahnen, § 1 HaftpflG; Strom- und Rohrleitungsanlagen, § 2 HaftpflG; Tiere, § 833 BGB) oder Umwelteinwirkungen (vgl § 1 UmweltHG) haften soll, ohne dass es auf dessen Verschulden ankommt (vgl Schuldrecht Besonderer Teil, § 27).

6/47

## 4. Aufopferungsansprüche

Neben diese klassischen Fälle des Einstehenmüssens ohne Verschulden treten aber auch jene Konstellationen, in denen die **Ausübung an sich gegebener Rechte** zur Wahrung fremder und übergeordneter Interessen **unterlassen** werden muss. So darf ein Grundeigentümer das schädigende Wild weder verletzen noch gefährden, sondern allenfalls vertreiben (vgl § 26 BJagdG), weshalb andererseits der Jagdausübungsberechtigte den von diesem Wild angerichteten Schaden nach § 29 BJagdG zu ersetzen hat. Hierzu zählen auch die Entschädigungen nach § 14 BImschG bei zu duldenden Immissionen aus genehmigtem Gewerbebetrieb und ganz allgemein § 904 BGB.

6/48

## 5. Garantiehaftung

### a) Rechtsgeschäftlich übernommene Garantie

Während die bislang erörterten Fälle des Einstehenmüssens ohne Verschulden (oben Rn 6/45–48) bei den hier zu behandelnden Leistungsstörungen keine besondere Rolle spielen und nur vollständigkeitshalber erwähnt wurden, ist dies bei den Fällen einer Garantiehaftung anders. Dies spiegelt bereits der neue § 276 Abs. 1 S. 1 wider, der für eine vertraglich zulässige Abweichung vom Verschuldensprinzip als Regelbeispiele (insbesondere) die **Übernahme einer Garantie** oder eines **Beschaffungsrisikos** nennt.

6/49

Soll eine solche Garantiehaftung rechtsgeschäftlich übernommen werden, muss klargestellt sein, dass der Gläubiger wirklich von einer solchen Haftungsverschärfung des Schuldners ausgehen durfte, der Schuldner also tatsächlich für das **Vorhandensein bestimmter Eigenschaften** unbedingt **einstehen** will. Diese Frage war im Kaufrecht bei § 463 aF mit der Abgrenzung einer zur Garantiehaftung führenden Eigenschaftszusicherung von einer bloßen Beschaffenheitsangabe erfasst worden. Die hierzu entwickelte Rechtsprechung wird bei der oftmals schwierigen Auslegungsfrage, ob eine Garantiezusage oder nur eine Leistungs- bzw Warenbeschreibung vorliegt, weiter heranzuziehen sein. Insgesamt sind an die Annahme einer (insbesondere stillschweigenden) Garantie strenge Anforderungen zu stellen.

6/50

### b) Gesetzliche Garantiehaftung

6/51 **aa) Überblick.** Auch das dispositive Recht legt dem Schuldner in einigen Fällen unabhängig von seinem Willen eine **Garantiehaftung** auf. Dies betrifft zum einen die Haftung für die während des Schuldnerverzuges eintretende Unmöglichkeit in § 287 S. 2 (vgl unten Rn 8/74 f), die Leistungspflicht bei Geldschulden, die Haftung des Vermieters für anfängliche Mängel der Mietsache nach § 536a Abs. 1 (vgl Schuldrecht Besonderer Teil, § 7 Rn 44) sowie die Haftung des Geschäftsführers nach schuldhaft unberechtigter Übernahme der Geschäftsführung aus § 678 (vgl Schuldrecht Besonderer Teil, § 13 Rn 19) und schließlich das Misslingen einer zugesagten Beschaffung nach § 276 Abs. 1 S. 1. Der erste hier benannte Fall wird in seinem Kontext an anderer Stelle dieses Bandes im Zusammenhang mit dem Verzug dargestellt, der 3. und 4. Fall ist im BT abgehandelt, sodass hier noch näher auf das so genannte Beschaffungsrisiko und die Geldschuld einzugehen bleibt.

6/52 **bb) Beschaffungsrisiko.** Das Beschaffungsrisiko wird meist im Kontext der **Gattungsschuld** akut (vgl bereits oben § 3 I 1). Hier steht es dem Schuldner im Rahmen des § 243 Abs. 1 frei, beliebige Stücke aus der Gattung zu liefern. Hat er bei Abgabe seines Leistungsversprechens seine Beschaffungspflicht dabei nicht, etwa auf den eigenen Vorrat (sog **Vorratsschuld**) oder ordnungsgemäße Selbstbelieferung (Klausel: „richtige und rechtzeitige Selbstbelieferung vorbehalten"[36]) beschränkt, so liegt in dem entsprechenden schuldvertraglichen Leistungsversprechen zugleich die Garantie, zu dieser Beschaffung auch in der Lage zu sein.

6/53 Hiervon werden indessen wiederum **zwei wichtige Einschränkungen** gemacht. Zum einen nämlich soll sich diese Garantie des Beschaffungserfolges nur auf **persönliche Beschaffungshindernisse** beziehen und daher nicht den Untergang der gesamten Gattung betreffen (vgl § 279 aF). Zum anderen soll sich diese Beschaffungsgarantie auch nur auf **typische Beschaffungshindernisse** erstrecken und daher nicht etwa auch die Erkrankung des Schuldners[37] oder die Vertreibung durch feindliche Truppen[38], also allgemeine Lebensrisiken umfassen. Das jeweilige Leistungshindernis muss also mit der Eigenart der Beschaffungspflicht korrelieren.

6/54 Praktisch wird dieses Beschaffungsrisiko meist durch **entsprechende Klauseln** eingegrenzt. Hierfür kommen neben der oben benannten Selbstbelieferungsklausel auch Formulierungen wie „Lieferungsmöglichkeit vorbehalten" oder „freibleibend entsprechend Verfügbarkeit" in Betracht.

6/55 **cc) Geldschuld.** Der altbekannte Satz **„Geld hat man zu haben"** ist fester Bestandteil des Schuldrechts und bringt zum Ausdruck, dass Geldmangel den Schuldner regelmäßig nicht von seiner Leistungspflicht entlastet[39], also nicht zur Unmöglichkeit der Leistung führt. Besonders deutlich machte dies § 164 KO, der den nicht befriedigten Teil der

---

36 Dazu BGHZ 92, 396.
37 *Medicus*, SR AT[16], Rn 349.
38 RGZ 99, 1.
39 Vgl *Medicus* AcP 188, 489 ff.

Konkursforderung ohne Rücksicht darauf bestehen ließ, ob den (Gemein)Schuldner an seiner Überschuldung ein Verschulden traf, während heute die §§ 286 ff InsO unter gewissen Umständen eine Restschuldbefreiung für natürliche Personen vorsehen.

Richtigerweise kommt es bei der Geldschuld nur darauf an, ob der Schuldner durch seine Nichtzahlung in von ihm zu vertretenden Schuldnerverzug (vgl § 286 Abs. 4) geraten ist und somit neben der primären Geldschuld noch Verzugszinsen und ggf einen weiteren Verzögerungsschaden zahlen muss (vgl §§ 288, 280 Abs. 2, 286 und genauer unten § 8). Insoweit tritt bei der normalen Geldschuld nach herrschender und richtiger Ansicht eine **Garantiehaftung** für das eigentliche Leistungsvermögen hinzu. Dies bedeutet, dass der Geldschuldner seine Nichtleistung nicht mit dem Geldmangel als solchem rechtfertigen kann – dieser ist stets zu vertreten –, sondern sein „Vertretenmüssen" als Voraussetzung für weitergehende Schadenersatzansprüche nur aus Gründen negieren kann, die zB die Übermittlung des (vorhandenen) Geldes (zB infolge Krankheit, Zugausfall u.Ä.) verhindert haben. 6/56

**Lösung Fall 9** 6/57

1. Als Grundlage für den Schadenersatzanspruch des E gegen D kommen zunächst vertragliche Ansprüche in Betracht.

a) Die Zerstörung der Vase und die Beschädigung des Teppichbodens und die Mitnahme der Armbanduhr stellen jeweils eine Verletzung vertraglicher Nebenpflichten aus dem Werkvertrag (früher positive Vertragsverletzung) iS von § 241 Abs. 2 dar, für die grundsätzlich nach § 280 Abs. 1 Schadensersatz zu leisten ist. Jedoch hat D diese Pflichtverletzungen selbst nicht begangen und daher nicht iS von § 280 Abs. 1 S. 2 verschuldet.

b) Er könnte jedoch das Verschulden des G nach § 278 zugerechnet bekommen und die Pflichtverletzung somit iS von § 280 Abs. 1 S. 2 zu vertreten haben. Dazu müsste G als Erfüllungsgehilfe des D zur Erfüllung von dessen schuldvertraglichen Pflichten tätig geworden sein und dabei den Schaden verursacht haben.

aa) Dies ist sowohl für die Zerstörung der Vase als auch bei der Beschädigung des Teppichbodens zu bejahen, da G mit Willen des D in die Erfüllung der ihm gegenüber E obliegenden Verpflichtung eingeschaltet wurde und G die schadenstiftenden Handlungen jeweils für erforderlich halten durfte. G handelte insoweit auch fahrlässig und somit schuldhaft, da bei gebotener Sorgfalt beide Schadensakte vermeidbar gewesen wären.

bb) Hinsichtlich der Mitnahme der Armbanduhr hingegen ermöglichte zwar erst die Beauftragung des D durch E es dem G, Zutritt zum Haus des E zu bekommen, doch reicht dies allein nach umstrittener, aber zutreffender Ansicht zur Anwendung von § 278 nicht aus; der Gehilfe muss vielmehr die Schadenshandlung selbst als zur Erfüllung der Schuldungspflicht notwendig angesehen haben, was für den hier vorliegenden Diebstahl der Uhr ausscheidet; dieser erfolgte nicht zur Erfüllung, sondern nur bei Gelegenheit der Einbindung des G in die Pflichtenlage des D.

cc) Somit hat D für das Verschulden des G hinsichtlich der Zerstörung der Vase und der Beschädigung des Teppichbodens nach § 278 ohne Entlastungsmöglichkeit einzustehen, während die Mitnahme der Armbanduhr durch G dem D nicht über § 278 zuzurechnen ist.

2. Mangels Vorliegens vertraglicher Beziehungen zwischen D und P scheiden vertragliche Ersatzansprüche hier aus. In Betracht kommen könnte aber ein Schadenersatzanspruch des P gegen D wegen Gesundheitsverletzung aus § 823 Abs. 1.

a) Da P jedoch auch bei D selbst nicht handelte, müsste ihm wiederum das Handeln des G zugerechnet werden können. Mangels Vorliegens einer Sonderverbindung zwischen D und P scheidet eine Anwendung von § 278 von vornherein aus. Zwar reicht an sich auch das Bestehen eines gesetzlichen Schuldverhältnisses zur Heranziehung von § 278 aus, doch wäre ein solches zwischen P und D allenfalls gerade durch die zuzurechnende Handlung des G geschaffen worden; dann bleibt § 278 unanwendbar.

b) P könnte jedoch von D Schadensersatz aus § 831 verlangen. Dazu müsste G Verrichtungsgehilfe des D sein und in dieser Tätigkeit widerrechtlich einen Tatbestand der §§ 823 ff verwirklicht haben. G war mit Wissen und Wollen des D von diesem in seine Verrichtungen eingebunden und hinsichtlich der Leistungserbringungen den Weisungen des D unterworfen, sodass G Verrichtungsgehilfe des D war. Das schadenstiftende Ereignis geschah auch im Rahmen der übertragenen Tätigkeit und verwirklicht tatbestandlich und rechtswidrig den Tatbestand einer Gesundheitsverletzung iS von § 823 Abs. 1. Auf ein Verschulden des G kommt es insoweit nicht an, doch handelte G auch fahrlässig. Damit hat D wegen eines zunächst vermuteten eigenen Verschuldens bei Auswahl, Anweisung oder Beaufsichtigung des G für dessen Tätigwerden einzustehen. Jedoch steht ihm insoweit die Exkulpationsmöglichkeit aus § 831 Abs. 1 S. 2 offen.

# § 7 Die Unmöglichkeit der Leistung

**Fall 11:**
a) Der Kaufmann K verkauft an die D-Bank ein Paket Aktien der A-AG zu einem bestimmten Kurs, muss sich aber noch am Markt eindecken. Es gelingt ihm nicht, die versprochene Menge Aktien zu erwerben. Er kann daher das Paket nicht fristgemäß liefern. Er macht geltend, der Aktionär A, der ihm sein Aktienpaket verkauft, es aber noch nicht übereignet habe, habe nach Kaufabschluss mit ihm die Aktien anderweitig für einen höheren Kurs veräußert; bei der Verpflichtung gegenüber der D-Bank habe er die Lieferbarkeit der von A versprochenen Aktien fest einkalkuliert. Die Bank verlangt Schadensersatz von K.

b) Wie wäre es, wenn K die Aktien zu einem den Marktkurs um das 100fache übersteigenden Wert zurückkaufen könnte?

**Fall 12:** V hat an K seinen gebrauchten Pkw verkauft. In der Nacht vor dem vorgesehenen Übergabetermin wird der Wagen gestohlen und einen Tag später völlig zerstört an anderer Stelle wieder gefunden. V bietet dem K an, sich für ihn an die Versicherung zu wenden, bei der der Wagen gegen Diebstahl versichert ist. Mehr könne er nicht tun, da er den Diebstahl nicht verschuldet habe. K verlangt aber vollen Schadenersatz.

**Fall 13:** A mietet einen Pkw für eine dreiwöchige Reise. Nach einer Woche erleidet er unterwegs unverschuldet einen Unfall, bei dem der Wagen zerstört wird. Der Vermieter B verlangt Schadensersatz für den Wagen, A dagegen möchte zwei Drittel der vorweg gezahlten Miete zurückhaben.

Wie wäre die Rechtslage, wenn A den Unfall verschuldet hätte? **Lösung Rn 7/100**

**Fall 14:** Hans im Glück hat bei einer nächtlichen Rast in der Herberge mit einem Reiter vereinbart, dass sie am nächsten Morgen das Pferd des Reiters gegen den Goldklumpen des Hans tauschen wollen. In der Nacht wiehert das Pferd, der Reiter prügelt es unbeherrscht und verletzt es dabei tödlich.

## I. Scheinbare Reformbedürftigkeit des Unmöglichkeitsrechts

Der zu Beginn der sog Schuldrechtsmodernisierung unternommene Versuch einer Eliminierung der Unmöglichkeit als eigenständige Kategorie des Leistungsstörungsrechts ist auf **heftige** und inhaltlich **berechtigte Kritik** gestoßen[1], so dass sich dem auch der Reformeifer der Erneuerer beugen musste, zumal auch die internationalen Vorbilder auf eine eigenständige Kategorie „Unmöglichkeit" gerade nicht verzichten[2]. In der daraufhin eingeleiteten Überarbeitung des Reformentwurfs ist es schließlich zu einer „weitgehenden Wiederanpassung an die frühere Rechtslage" gekommen[3]. Deshalb bildet das Unmöglichkeitsrecht nach wie vor einen eigenständigen Tatbestand des Leistungsstörungsrechts unter seiner alten und bewährten Bezeichnung.

7/1

Aber nicht nur das Ziel, die Unmöglichkeit als Denkkategorie aus dem allgemeinen Leistungsstörungsrecht zu entfernen, hat die Schuldrechtsmodernisierung aufgeben müssen. Mehr noch hat die **Anknüpfung des Gewährleistungsrechts** an das allgemeine Leistungsstörungsrecht die praktische Bedeutung und Anwendungsgebiete des Unmöglichkeitsrechts sogar noch wesentlich erweitert, weil als logische Konsequenz hieraus nunmehr auch jeder nicht behebbare Mangel einen Fall der (qualitativen) Unmöglichkeit darstellt[4]. Dass die Rechtsfolgen der Unmöglichkeit nunmehr ebenfalls in die allgemeine Pflichtverletzungsdogmatik eingebunden sind, ist insoweit zweitrangig, als ihre spezielle Regelung (vgl §§ 275, 283, 285, 311a, 326) erhalten geblieben ist.

7/2

Wesentliches Ziel der Umgestaltung des Unmöglichkeitsrechts war nunmehr die weitgehende **Gleichbehandlung der verschiedenen Typen der Unmöglichkeit**, dh eine rechtsfolgenorientierte Gleichstellung anfänglicher und nachträglicher, subjektiver und objektiver und schließlich auch zu vertretender und nicht zu vertretender Unmöglichkeit, um so die mit dieser Unterscheidung verbundenen Abgrenzungsschwierigkeiten und Wertungswidersprüche zu vermeiden. Insbesondere die überwiegend[5] als unangemessen empfundene Nichtigkeit des Vertrages bei anfänglicher objektiver Unmöglichkeit der geschuldeten Leistung nach § 306 aF wurde zu Recht gestrichen; stattdessen ist das auf eine solche Leistung gerichtete Schuldverhältnis nun wirksam und damit Grundlage eines Anspruches auf Schadenersatz statt der Leistung in § 311a. Erstmals[6] gesetzlich – und in gleicher Weise wie die zuvor besprochene anfängliche objektive Unmöglichkeit – ist nun auch das anfängliche Unvermögen in § 311a geregelt.

7/3

Eine weitere erhebliche Änderung gegenüber der früheren Rechtslage ergibt sich daraus, dass Rücktritt und Schadenersatzverlangen nach dem neuen **§ 325** nunmehr in

7/4

---

1 Vgl etwa *Huber* ZIP 2000, 2137, 2140 ff; *Wilhelm/Deeg* JZ 2001, 223.
2 Vgl Art. 9: 102 Abs. 2 lit. 1 PECL; Art. 7.2.2. lit. a PICC.
3 *Lorenz/Riehm*, SR, Rn 291.
4 So zu Recht *Lorenz/Riehm*, SR, Rn 292 und genauer unten Rn 7/17.
5 AA noch immer *Altmeppen* DB 2001, 1399.
6 So jedenfalls die ganz hM, während *Huber*, Leistungsstörungen I, § 22 II (S. 530 ff) und *Wilhelm/Deeg* JZ 2001, 233, 226 ff von einer Regelung des anfänglichen Unvermögens auch nach alter Rechtslage ausgehen.

§ 7  *Die Unmöglichkeit der Leistung*

keinem Exklusivverhältnis mehr stehen, sich also nicht mehr gegenseitig ausschließen, sondern **nebeneinander** geltend gemacht werden können. Vereinfacht wurde die Rechtsfolgenseite weiterhin dadurch, dass die – wie die Modernisierer meinten – „verwirrende Vielfalt" möglicher Rechtsfolgen im gegenseitigen Vertrag (§§ 323–325 aF) auf die allgemeinen Rechtsfolgen von Leistungsstörungen, also Rückabwicklung und Schadenersatz statt der Leistung, reduziert werden.

7/5 Nur am Rande erwähnt sei noch eine eher dogmatische Neugestaltung dahingehend, dass § 275 Abs. 2 und 3 bei bestimmten „Fällen" der Unmöglichkeit (sog faktische Unmöglichkeit, dazu unter Rn 7/20 ff und „persönlicher Unmöglichkeit", dazu Rn 7/27 ff] das **Freiwerden** von der Leistungspflicht nicht automatisch (ipso iure) vorsieht, sondern **als Einrede** ausgestaltet und damit von deren Geltendmachung abhängig gemacht hat; praktische Bedeutung wird dem allerdings wohl nur dann zukommen, wenn der Schuldner im Prozess säumig ist.

## II. Begriff der Unmöglichkeit

### 1. Systematische Einordnung

7/6 Das bereits in § 5 skizzierte System des neuen Leistungsstörungsrechts beruht auf der Annahme, dass der Erfüllungsanspruch des Gläubigers erst dann entfällt, wenn sich eine – objektive oder subjektive – Leistungsstörung als dauernd und unbehebbar darstellt[7]. Dies gilt nach der Schuldrechtsmodernisierung – insoweit einen wirklichen Systemfehler des alten Rechts beseitigend – auch dann, wenn die Leistung von Anfang an und für jedermann unmöglich war; insofern ist die **systemfremde Sonderstellung der anfänglich-objektiven Unmöglichkeit** endlich **beseitigt**. Durch die Gleichstellung der subjektiven mit der objektiven Unmöglichkeit hat sich diese aus dem alten Schuldrecht überkommene Unterscheidung heute überlebt und es sollte daher bei der Falllösung nicht mehr breit diskutiert werden, welche Form nun vorliegt.

7/7 Von subjektiver Unmöglichkeit (oder Unvermögen)[8] spricht man, wenn die „Leistung ... für den Schuldner ... unmöglich ist", aber zumindest eine andere Person die Leistung noch erbringen könnte.

**Beispiel:** Übereignung des dem Verkäufer gestohlenen Pkw

Von objektiver Unmöglichkeit spricht man, wenn die „Leistung ... für jedermann unmöglich ist", also niemand die geschuldete Leistung mehr erbringen kann.

**Beispiel:** Übereignung der in tausend Scherben zerplatzten Vase

7/8 Gerade das Merkmal der **„dauernden Unbehebbarkeit"** des Leistungshindernisses, welche die Unmöglichkeit tatbestandlich von der bloßen Zu-spät-Leistung, also dem

---
7  BGH NJW 1997, 938, 939; BGH NJW 1986, 1676; schon RGZ 99, 232, 234.
8  Vgl dazu *Brehm* JZ 1987, 1089 ff.

Verzug[9] bei Nachholbarkeit der Leistung abgrenzt, bereitet mitunter Auslegungsprobleme. Denn die in der Theorie so einleuchtende Unterscheidung zwischen Unbehebbarkeit der Leistungsstörung und deren Nachholbarkeit, die dazu führt, dass Verzug und Unmöglichkeit in Bezug auf ein und dieselbe Leistung nicht gleichzeitig gegeben sein können, kann sich im Einzelfall als sehr kompliziert erweisen.

**Beispiel:** Die Verpflichtung eines Unternehmers aus dem Jahre 1975, im Iran eine Tierkörperbeseitigungsanstalt zu errichten, was die iranischen Behörden nach der islamischen Revolution von 1978 nicht mehr gestatteten, wurde vom BGH als Fall der (rechtlichen) Unmöglichkeit und nicht nur als vorübergehendes Leistungshindernis angesehen[10].

Diese begriffliche Festlegung der Unmöglichkeit gilt unabhängig davon, ob der Schuldner die Störung zu vertreten hat. Insoweit ist durch die sprachlich klarere Fassung des neuen § 275 Abs. 1 die **alte Streitfrage nach der Bedeutung des Verschuldenserfordernisses** in § 275 I aF mit der schon damals hM dahin beantwortet worden, dass auch bei Vertretenmüssen des Schuldners der Erfüllungsanspruch des Gläubigers entfällt. 7/9

## 2. Grundbegriff der Unmöglichkeit, § 275 I

Es bleibt daher die Frage zu klären, wann eine Leistungsstörung sich als dauernd und unbehebbar darstellt, sodass von Unmöglichkeit zu sprechen ist oder – mit anderen Worten – **zu welchen Anstrengungen der Schuldner verpflichtet** ist, seine eigene Leistungsfähigkeit herbeizuführen, bevor er sich auf Unmöglichkeit berufen kann. Diese – nach wie vor vom Gesetz selbst nicht beantwortete – Frage muss weiterhin nach den gewohnten Kriterien entschieden werden; dieses Vorgehen hat allerdings jetzt durch § 275 Abs. 2 und 3 eine gesetzliche Bestätigung erfahren. 7/10

### a) Physische (naturgesetzliche) Unmöglichkeit

Der insoweit am leichtesten zu handhabende Fall ist die physische oder naturgesetzliche Unmöglichkeit. Sie liegt vor, wenn die Erbringung der Leistung aus **tatsächlichen Gründen** nicht möglich ist; es handelt sich dabei stets um einen Fall der objektiven Unmöglichkeit. Das Hauptbeispiel hierzu ist die Stückschuld, wenn der geschuldete Gegenstand endgültig zerstört wird. 7/11

Diese physische Unmöglichkeit kann auch **durch Zeitablauf** eintreten, wenn die Einhaltung der Leistungszeit für das vertragliche Leistungsversprechen so wesentlich ist, dass „die Verfehlung dieses Leistungszeitpunktes die Leistung dauernd unmöglich macht"[11]. Man bezeichnet solche Rechtsgeschäfte als **absolute Fixgeschäfte** (vgl genauer schon oben § 3 Rn 28 und unten Rn 8/6 ff). 7/12

Doch auch bei dieser scheinbar klaren Kategorie der Unmöglichkeit gibt es nur durch Auslegung zu behebende **Grenzfälle** zwischen unmöglichen oder nur nach wissen- 7/13

---

9 Dazu genauer unten § 8.
10 BGH NJW 1982, 1458.
11 BGH NJW 2001, 2878.

schaftlichen Erkenntnissen zwar nutzlosen, aber vornehmbaren Leistungshandlungen. Dies gilt etwa für die Beratungsverpflichtung auf der Basis individueller Horoskope[12] oder der Lösung von Partnerschaftsproblemen durch magische Kräfte[13] oder schließlich die Verpflichtung zur Fernhaltung von Erdstrahlen[14]. Die genaue Einordnung wird hier zur Wertungsfrage!

**b) Rechtliche Unmöglichkeit**

7/14 Nahe an die physische Unmöglichkeit reicht mit Blick auf Feststellbarkeit und logische Konsistenz die rechtliche Unmöglichkeit heran. Von einer solchen spricht man, wenn der Anspruch **aus rechtlichen Gründen** nicht erfüllt werden kann. Denn eine Rechtsordnung, die ihre eigenen Verbote ernst nimmt, muss ein Leistungsversprechen, welches gegen diese Verbote verstoßen würde, ebenfalls als einen Fall der Unmöglichkeit behandeln. Praktische Anwendungsfälle sind etwa die Verpflichtung zur Bestellung eines vererblichen Nießbrauchs (vgl § 1061) oder zur Veräußerung unveräußerbarer Sachen (Reisepass)[15], Dienstleistungsversprechen bei fehlender Arbeitserlaubnis, die Veräußerung der Firma ohne das zugehörende Handelsgeschäft (vgl § 23 HGB)[16] oder die Verpflichtung zur Errichtung eines Bauwerkes, das nach baurechtlichen Vorschriften nicht genehmigungsfähig ist[17].

**Beachte:** Ist der Vertrag allerdings bereits nach §§ 134, 138 nichtig, besteht für die Heranziehung von § 275 Abs. 1 kein Raum, da eine Leistungspflicht gar nicht zur Entstehung gelangt ist. Dies engt den Anwendungsbereich der rechtlichen Unmöglichkeit erheblich ein.

**c) Qualitative Unmöglichkeit**

7/15 Die sog qualitative Unmöglichkeit ist eine durch die Schuldrechtsmodernisierung **neu** in die klassischen Kategorien der Unmöglichkeit aufgenommene Fallgruppe. Denn nachdem § 433 Abs. 1 S. 2 nun auch im Kaufrecht gesetzlich die Erfüllungstheorie festgeschrieben hat, sodass der Käufer – wie zum früheren Recht bereits der Werkunternehmer – die Lieferung (Herstellung) einer mangelfreien Sache schuldet, liegt nunmehr bei einem **nicht behebbaren Mangel** der Kaufsache wie der Werkleistung ein Fall der Unmöglichkeit vor, die zur besseren Abgrenzung von anderen Fällen als qualitative Unmöglichkeit bezeichnet werden soll[18]. Dass es sich insoweit um Anwendungsfälle des Unmöglichkeitsrechts handelt, machen auch die entsprechenden Verweise in § 437 Nr 2 und 3 sowie § 634 Nr 3 und 4 deutlich.

7/16 Die §§ 439 Abs. 3 und 635 Abs. 3 enthalten eine weitere Beschränkung des Nacherfüllungsanspruchs aus Verhältnismäßigkeitsgründen. Diese Regelungen gehen über die zum Unmöglichkeitsrecht zählenden Beschränkungen in § 275 Abs. 2 und § 275

---

12 OLG Düsseldorf NJW 1953, 1553.
13 LG Kassel NJW 1985, 1642.
14 LG Braunschweig NJW-RR 1986, 478.
15 AG Heilbronn NJW 1974, 2182.
16 BGH MDR 1977, 1000.
17 OLG Köln VersR 1997, 850.
18 Vgl *Lorenz/Riehm*, SR, Rn 302.

Abs. 3 noch hinaus und normieren echte Fälle der **Unzumutbarkeit**. Ob man daher auch in diesen Fällen noch von einer qualitativen Unmöglichkeit sprechen sollte, mag zwar terminologisch zweifelhaft erscheinen, deren Rechtsfolgen treten jedenfalls ein.

### d) Zweckfortfall und Zweckerreichung

Nicht beseitigt hat die Schuldrechtsmodernisierung auch die **klassische Streitfrage** nach der rechtlichen Behandlung der Fälle von Zweckfortfall (das freizuschleppende Schiff sinkt, bevor der Schlepper am Unglücksort eintrifft) und von der Zweckerreichung (das freizuschleppende Schiff wird von einer starken Woge von der Sandbank getragen, bevor der zur Hilfe gerufene Schlepper am Unglücksort eintrifft), sodass deren Behandlung weiterhin Rechtsprechung und Lehre überlassen bleibt. Überwiegend wurde hier zum alten Recht die **Anwendung der Unmöglichkeitsvorschriften** angedacht, beide also als Unterfälle der Unmöglichkeit verstanden[19]. Daran wird sich auch zum neuen Schuldrecht mangels Befassung nichts geändert haben können. Dies bedeutet, dass grundsätzlich § 326 Abs. 1 zur Anwendung kommt und somit in diesen Fällen die Gegenleistungspflicht entfällt. Dabei gilt es allerdings zu beachten, dass nach hM die Heranziehung von § 323 aF durch eine analoge Anwendung der §§ 537 Abs. 1, 615, 645 Abs. 1 aF einzuschränken war, wenn der Schuldner bereits Vorleistungen erbracht hatte. Dies muss grundsätzlich auch im neuen Recht gelten, da auch jetzt die vollständige Versagung des Entgeltanspruches unbillig wäre[20].

7/17

## 3. Faktische (praktische) Unmöglichkeit, § 275 Abs. 2 S. 1

### a) Regelungsgegenstand

Neu aufgenommen in das gesetzliche Unmöglichkeitsrecht wurde in § 275 Abs. 2 S. 1 ein **Leistungsverweigerungsrecht** für den Schuldner in den Fällen, in denen die Leistung „einen Aufwand erfordert, der unter Beachtung des Inhalts des Schuldverhältnisses und der Gebote von Treu und Glauben in einem groben Missverhältnis zu dem Leistungsinteresse des Gläubigers steht".[21] Es geht hierbei somit um Leistungshindernisse, die zwar grundsätzlich überwindbar wären, wozu aber ein völlig unvernünftiger Aufwand erforderlich wäre, sodass ernsthaft niemand diesen Weg beschreiten würde.

7/18

**Lehrbeispiel**[22]: Der verkaufte Ring fällt bei der Übergabe vom Kreuzfahrtschiff ins Meer und sinkt auf den Grund[23].

Der **Leistungsaufwand des Schuldners** erfasst dabei all die Kosten, die seinerseits zur Leistungserbringung nötig wären, wie insbesondere die Beschaffungskosten oder

7/19

---

19 Vgl *Huber*, Leistungsstörungen II, § 56 I 8, 9 (S. 713 ff); Staudinger/*Löwisch*, BGB[13] (2004), § 275 Rn 21 und weitere Zitate hierzu.
20 *Bamberger/Roth/Grüneberg,* BGB, § 275 Rn 25.
21 Vgl zu Grundstrukturen und Problemschwerpunkten des § 275 Abs. 2 auch *Mühl* Jura 2005, 809 ff.
22 Nach *Heck*, Schuldrecht (1929) § 28.
23 Beachte, dass dies nach *Otto* Jura 2001, 1, 3 einen Fall naturgesetzlicher Unmöglichkeit nach § 275 Abs. 1 darstellen soll. Real wird die Einordnung davon abhängen, wie tief der Meeresboden hier ist und welche Strömungen herrschen.

die Kosten für eine Ersatzkraft. Das Leistungsinteresse des Gläubigers hingegen ist nicht etwa mit der von diesem schuldvertraglich versprochenen Gegenleistung gleichzusetzen, sondern setzt sich zusammen aus den Kosten, die für eine Ersatzbeschaffung aufzuwenden wären sowie etwaiger entgehender Gewinne und weiterer Folgeschäden.

7/20 Da ein solcher Marktwert bei **höchstpersönlichen Leistungspflichten** mangels Einsetzbarkeit einer Ersatzkraft nicht existiert, kann hier eine faktische Unmöglichkeit nach § 275 Abs. 2 nicht zur Anwendung kommen, vielmehr greift § 275 Abs. 3 als Sonderbestimmung ein.

7/21 Neben diesem objektiv quantifizierbaren finanziellen Aufwand, den zu bestimmen der Praxis sicherlich Probleme bereiten wird[24], sind bei der Abwägung „nach Treu und Glauben" **weitere Gesichtspunkte** im Einzelfall zu berücksichtigen, wie etwa ein besonderes Affektionsinteresse des Gläubigers an der Leistungserbringung in Natur[25] oder ob der Schuldner die Ursache des Leistungshindernisses selbst verschuldet hat. Unter Berücksichtigung all dieser Umstände muss zwischen Leistungsaufwand und Gläubigerinteresse ein **grobes Missverhältnis** bestehen. Legt man hierbei den in der Gesetzesbegründung ausdrücklich in Bezug genommenen § 633 Abs. 2 S. 3 aF zu Grunde, dem heute § 635 Abs. 3 entspricht, so liegt ein solches grobes Missverhältnis dann vor, „wenn der erzielte Erfolg bei Abwägung aller Umstände des Einzelfalles in keinem vernünftigen Verhältnis zur Höhe des dafür gemachten Geldaufwandes steht"[26]. Allerdings ist insoweit zum Schutze des vertragsrechtlichen Grundsatzes „pacta sunt servanda" ein strenger Maßstab anzulegen[27], zumal es sich um ein so gravierendes Missverhältnis handeln muss, dass eine Gleichsetzung mit einem Unmöglichkeitsfall gerechtfertigt ist, dh die Leistungserbringung darf „von niemandem an Stelle des Schuldners ernsthaft in Betracht gezogen werden". Da es stets um ein objektiv gravierendes Missverhältnis gehen muss, kann allein der Umstand, dass die Leistung den konkreten Schuldner schwer oder sogar existenzbedrohend belastet, im Rahmen von § 275 Abs. 2 keinen Leistungsbefreiungsgrund bilden[28].

**Beispiel:** Die verkaufte Segeljacht versinkt vor Übergabe bei einem Sturm, der Bergungsaufwand würde den Wert der Jacht um das 40fache übersteigen[29].

Hierzu zählt auch der **Ausgangsfall 11a**, sodass sich der Schuldner durch die Einrede aus § 275 Abs. 2 von seiner Leistungspflicht befreien kann, obwohl er die Aktien zum 100fachen des Marktwertes zurückkaufen könnte und somit eine objektive Unmöglichkeit nicht vorliegt.

---

24 Worauf *Emmerich*, Leistungsstörungen[6], § 3 III 3b bb (S. 40 f) zu Recht hinweist.
25 *Wilmowsky* JuS 1992 Beil. 1 S. 1, 8.
26 BGH NJW 1995, 1836 (1837); BGHZ 59, 365 (367 f) sowie der Überblick bei *Basche* DB 1999, 1250 m. umfangreichen Nachweisen.
27 *Dauner-Lieb*, SR, § 275 Rn 15.
28 Ebenso *Medicus*, BR[20], Rn 373.
29 Beispiel nach *Lando/Beale*, Principles of European Contracts Law (2000) S. 396.

## b) Systematik

Die systematische Stellung dieser Regelung als eigener Absatz in § 275 sowie die anders geartete Rechtsfolge legen zunächst den Schluss nahe, dass der Gesetzgeber hiermit eine von der Unmöglichkeit begrifflich und inhaltlich abzugrenzende eigenständige **Kategorie der „Unverhältnismäßigkeit"**[30] habe schaffen wollen, die unterhalb der bisherigen Schwelle der Unmöglichkeit anzusiedeln wäre und neben den schon bislang dem Unmöglichkeitsrecht zugeordneten Fällen der faktischen Unmöglichkeit auch die bisher missverständlich als **„wirtschaftliche Unmöglichkeit"** bezeichneten, aber eben nicht dem Unmöglichkeitsrecht zugeordneten Fälle einer einheitlichen rechtlichen Behandlung zuführen und die schwierige Abgrenzungsfrage damit entbehrlich machen wollte. Dem steht aber entgegen, dass § 275 Abs. 2 S. 1 ausdrücklich einen Vergleich zwischen dem Leistungsaufwand des Schuldners und dem Leistungsinteresse des Gläubigers erfordert, während es bei der wirtschaftlichen Unmöglichkeit auf einen Vergleich zwischen Aufwand des Schuldners und der Gegenleistung ankommt. Da somit die sog wirtschaftliche Unmöglichkeit nichts anderes als eine subjektive Unzumutbarkeit darstellt, sind die hier erfassten Fälle einer objektivierenden Abwägung zu unterziehen. Deshalb kann diese subjektive wirtschaftliche Unzumutbarkeit nicht unter § 275 Abs. 2 gefasst werden. Das wird auch durch die Entstehungsgeschichte der Norm getragen, wonach § 275 Abs. 2 S. 1 den Anwendungsbereich des Unmöglichkeitsrechts gerade nicht erweitern, sondern nur die Fälle erfassen sollte, die bislang schon als faktische Unmöglichkeit dem § 275 Abs. 1 aF zugerechnet wurden[31]. Damit ist ein ausdrücklicher Vorrang des § 275 Abs. 2 vor § 313 normiert[32]. Deshalb kann auch der verbreiteten Ansicht nicht gefolgt werden, die dem Schuldner in diesen Fällen ein Wahlrecht zwischen § 275 Abs. 2 (Leistungsverweigerungsrecht) und § 313 (Vertragsanpassung) einräumen möchten[33].

7/22

Damit bleibt festzuhalten, dass der neue § 275 Abs. 2 S. 1 das **Unmöglichkeitsrecht nicht erweitert**, sondern trotz systematisch zweifelhafter Handhabung lediglich den bislang nur richterrechtlich geformten Begriff der faktischen Unmöglichkeit im Gesetzestext verankert hat. Die Fälle der wirtschaftlichen Unmöglichkeit aber werden nach wie vor als Anwendungsfall der Lehre vom Wegfall der Geschäftsgrundlage, jetzt also nach § 313 behandelt und somit nicht dem Unmöglichkeitsrecht zugerechnet. Die früher vertretene gegenteilige Ansicht[34] ist damit nicht mehr vertretbar[35].

7/23

## c) Rechtsfolge

Die systematische Sonderstellung der faktischen Unmöglichkeit ist somit nicht deshalb begründet, weil hier ein „weicherer" Fall von Unmöglichkeit geregelt wäre, son-

7/24

---

30 Ausdruck von *Lorenz/Riehm*, SR, Rn 304.
31 Vgl BT-Drs. 14/6040, S. 129 f und 176.
32 Ebenso *Schulze/Ebers* JuS 2004, 265, 266 f; *Canaris* JZ 2001, 499, 500; *Eidenmüller* Jura 2001, 824, 831.
33 Für Wahlrecht MünchKomm/*Ernst*, BGB[5], § 275 Rn 23; *Huber/Faust*, Schuldrechtsmodernisierung 2002 Kap. 2 Rn 79; *Schwarze* Jura 2002, 73, 78.
34 Vgl etwa MünchKomm/*Emmerich*, BGB[3], Vor § 275 aF Rn 24 ff.
35 *Canaris* ZRP 2001, 330.

dern allein deshalb, weil als Rechtsfolge abweichend von § 275 Abs. 1 nicht der Ausschluss des Leistungsanspruches ipso iure normiert, sondern dem Schuldner nur ein dahingehendes **Leistungsverweigerungsrecht** zugestanden wird. Der Schuldner kann also trotz des damit verbundenen unverhältnismäßigen Aufwandes auch versuchen, seiner Verpflichtung nachzukommen. Im Grunde hat der Gesetzgeber mit dieser „Neuregelung" nur einen Vorschlag von *Krückmann*[36] zur Lösung dieser Fälle aufgegriffen, „der bereits fast so alt wie das BGB selbst ist"[37].

### 4. Persönliche Unmöglichkeit, § 275 Abs. 3

#### a) Begriff

7/25 § 275 Abs. 3 schließlich enthält eine Sondervorschrift für **höchstpersönliche Leistungspflichten** und **gewährt dem Schuldner** dann ein besonderes Leistungsverweigerungsrecht, wenn ihm die Leistungserbringung unter Abwägung der Verhinderungsgründe mit dem Leistungsinteresse des Gläubigers nicht zuzumuten ist.

Standardbeispiel hierfür ist die Opernsängerin, die nicht auftreten will, weil ihr Kind schwer erkrankt ist[38] oder der türkische Arbeitnehmer, der von der Arbeit fernbleibt, weil er in der Türkei zum Wehrdienst einberufen ist und bei Nichtbefolgung dort die Todesstrafe droht[39].

7/26 Die rechtliche Behandlung dieser, als persönliche (oder psychische) Unmöglichkeit bezeichneten Fälle war im alten Recht ebenfalls zweifelhaft. Die überwiegende Ansicht sah auch in diesem Falle wie bereits zuvor bei der sog wirtschaftlichen Unmöglichkeit keinen Anwendungsfall des Unmöglichkeitsrechts für gegeben, sondern wollte § 242 in Gestalt der Fallgruppe **Rechtsmissbrauch** heranziehen, wenn der Gläubiger trotz solcher Zwangslagen auf der persönlichen Leistungserbringung des Schuldners bestehen wollte. Andere wollten dagegen auch im alten Schuldrecht bereits § 275 (damals Abs. 1) anwenden. Dieser Streit ist nunmehr behoben und die Fälle der persönlichen Unmöglichkeit im neuen § 275 Abs. 3 vom Gesetzgeber ausdrücklich als Unterfall des Unmöglichkeitsrechts eingeordnet. Dies erscheint umso mehr angebracht, als es bei der nach § 275 Abs. 2 ebenfalls als Unterfall des Unmöglichkeitsrechts anerkannten faktischen Unmöglichkeit um ein zwar krasses, aber doch nur finanzielles Opfer geht, während dem Schuldner in Form der Pflicht zur persönlichen Leistung hier sogar ein persönliches Opfer zugemutet wird[40].

7/27 Sofern hierzu teilweise vertreten wird, auch die Fälle eines durch Erkrankung bedingten Arbeitsausfalls unter § 275 Abs. 3 zu fassen[41], oder gar „je nach der Schwere der

---

36 AcP 101, 1 ff, 56, 63 ff; JherJb 59 (1911), 20 (128, 233 ff).
37 So und dazu *Emmerich*, Leistungsstörungen[6], § 3 III 3 a (S. 38).
38 BT-Drs. 14/6040, S. 130.
39 BAG NJW 1983, 2782.
40 Deren erhöhte Schutzwürdigkeit ist durch § 888 Abs. 3 ZPO etwa auch in der Zwangsvollstreckung anerkannt.
41 Vgl *Löwisch* NZA 2001, 465 f; *Scholl* Jura 2006, 283, 286 je mwN.

Erkrankung zu differenzieren⁴², verkennt dies die Bedeutung und Wirkkraft der ärztlichen Krankschreibung. Wer krank ist, kann die geschuldete Arbeitsleistung nicht erbringen und wird in jedem Falle kraft Gesetzes nach § 275 Abs. 1 von seiner Arbeitspflicht frei, ohne ein Leistungsverweigerungsrecht geltend machen zu müssen.

### b) Maßstab

Zu beachten ist der wiederum etwas andere Bearbeitungsmaßstab im Vergleich zu § 275 Abs. 2. Während es dort auf das objektive Missverhältnis zwischen Leistungsaufwand des Schuldners und Leistungsinteresse des Gläubigers ankam (Rn 7/21 ff), ist bei § 275 Abs. 3 das Interesse des Schuldners an der Nichtleistung gegenüber dem Leistungsinteresse des Gläubigers abzuwägen. Auch insoweit handelt es sich aber um eine Durchbrechung des Grundsatzes „pacta sunt servanda", sodass auch hier die Anwendung von § 275 Abs. 3 auf besonders gewichtige Fälle begrenzt bleiben muss; daran kann die gesetzliche Anerkennung dieser Fälle als Untergruppe des Unmöglichkeitsrechts nichts ändern⁴³.

7/28

**Rechtsfolge** ist hier wie bei § 275 Abs. 2 nicht der automatische Wegfall der Leistungspflicht des Schuldners, sondern lediglich ein diesem zustehendes **Leistungsverweigerungsrecht**. Zu anderen rechtlichen Wertungen kann dies aber wohl nur im Falle des im Prozess säumigen Schuldners führen, weil ansonsten bereits die Berufung des Schuldners auf die Unmöglichkeitssituation zugleich als Erhebung der entsprechenden Einrede verstanden werden muss.

7/29

**Beachte:** § 275 Abs. 3 ist subsidiär gegenüber § 275 Abs. 1⁴⁴, sodass also auch im Falle persönlicher Leistungspflichten diese ipso iure erlöschen, wenn jedermann die Erbringung dieser Leistung unmöglich wäre (insb. Erkrankung des Arbeitnehmers)

### c) Abgrenzung zur sittlichen Unmöglichkeit

Von den Fällen der persönlichen Unmöglichkeit nach § 275 Abs. 3 nunmehr streng zu unterscheiden sind die Fälle der sog **sittlichen Unmöglichkeit**, die im alten Recht wie die persönliche Unmöglichkeit unter § 242 subsumiert wurden. Dieser Gleichbehandlung hat die Schuldrechtsmodernisierung dadurch, dass § 275 Abs. 3 nur mehr die persönliche Unmöglichkeit erfasst, ein Ende bereitet⁴⁵.

7/30

Von sittlicher Unmöglichkeit spricht man, wenn **allein die eigene** religiöse, politische oder sonst individuell-innerliche Anschauung und **nicht** etwa **allgemein empfundene** Gefühle wie Trauer, Schmerz oder Angst dazu führen, dass eine Leistungspflicht nicht erbracht wird.

7/31

**Beispiele:** Krankenschwester weigert sich wegen ihrer christlichen Überzeugung, bei einem Schwangerschaftsabbruch mitzuhelfen.

Briefträger weigert sich, rechtlich erlaubte Wahlwerbung einer rechtsextremen Partei auszutragen, weil er dies aus Gewissensgründen ablehnt.

---

42 So *Schulze/Ebers* JuS 2004, 263, 266.
43 *Dauner-Lieb*, SR, § 275 Rn 19.
44 Staudinger/*Löwisch*, BGB¹³ (2004), § 275 Rn 90.
45 AA *Otto* Jura 2002, 1, 4, der auch die sittliche Unmöglichkeit unter § 275 Abs. 3 rechnen möchte.

§ 7  *Die Unmöglichkeit der Leistung*

In diesen Fällen kann es aus verfassungsrechtlichen Gründen geboten sein, der **Glaubens- bzw Gewissensfreiheit** des Schuldners Vorrang vor seinem schuldvertraglichen Leistungsversprechen einzuräumen. Dennoch sollen diese Fälle wegen ihrer besonderen Individualitätsbezogenheit nach überwiegender Ansicht von der persönlichen Unmöglichkeit des § 275 Abs. 3 nicht erfasst werden und damit nach Abwägung im Einzelfall nur zu einer Einrede aus § 242 wegen Rechtsmissbrauchs des Gläubigers führen, der trotz solcher achtenswerter Gegenanschauungen auf der Erfüllung der Vertragspflicht besteht[46]. Die Abgrenzung kann allerdings schwierig sein.

### 5. Besonderheiten bei Gattungs- und Geldschulden

#### a) Unmöglichkeit bei Gattungsschulden[47]

7/32  Haben die Parteien eine Gattungsschuld (vgl dazu bereits oben § 3 I 1) vereinbart, so besteht gemäß § 243 Abs. 1 die Leistungspflicht darin, eine **Sache mittlerer Art und Güte** aus eben jener Gattung zu leisten. Vor der Schuldrechtsmodernisierung bestimmte die unglücklich gefasste Vorschrift des § 279 aF, dass die unbeschränkte Gattungsschuld die Übernahme einer **Beschaffungspflicht** durch den Schuldner enthält, sodass dieser sich nicht darauf berufen kann, dass ihm die Mittel zur Erfüllung dieser Beschaffungspflicht ausgegangen sind. Nunmehr bestimmt **§ 276 Abs. 1 S. 1** in anderer, aber nicht unbedingt klarerer Form letztlich dasselbe, indem dort formuliert wird, dass sich etwas anderes als eine Haftung nur bei Verschulden insbesondere aus der Übernahme eines **Beschaffungsrisikos** ergeben kann. Die eigentliche Neuerung dieser Neufassung liegt daher gar nicht im Bereich der Gattungsschuld, sondern darin, dass der Gesetzgeber anerkennt, dass die Übernahme des Beschaffungsrisikos auch bei der Stückschuld vereinbart werden kann[48].

7/33  Objektive Unmöglichkeit liegt somit bei Gattungsschulden vor und nach der Schuldrechtsreform erst und immer nur dann vor, wenn die **gesamte Gattung untergegangen** ist[49]. Dies ergibt sich zwingend aus dem Gattungsbegriff einerseits und den Kriterien objektiver Unmöglichkeit andererseits, ohne dass dies früher in § 279 aF noch heute in § 276 Abs. 1 S. 1 zum Ausdruck kommen würde. Zu beachten ist hierbei jedoch, dass der zu Grunde zu legende Gattungsbegriff **parteidispositiv** ist und die vertragliche Regelung zu relativ engen Gattungsgrößen (etwa dem eigenen Vorrat oder einer bestimmte Produktionsreihe) führen kann.

7/34  Zur Abrundung ist noch darauf hinzuweisen, dass sich die Rechtslage ändert, wenn der Schuldner das zur Leistung seinerseits Erforderliche nach § 243 Abs. 2 getan hat und sich die Gattungsschuld zur Stückschuld **konkretisiert**. Nun nämlich liegt eine normale Stückschuld vor und die Besonderheiten der Gattungsschuld spielen keine Rolle mehr.

---

46  Vgl BAG NJW 1986, 85 (86); LAG Hamm NJW 2002, 1970.
47  Zum Begriff vgl ausführlich MünchKomm/*Emmerich*, BGB[5], § 243 Rn 5 ff.
48  Vgl insb. *Mattheus*, in: Schwab/Witt, SR, S. 81.
49  Staudinger/*Löwisch*, BGB[13] (2004), § 275 Rn 13; *Erman/Westermann*, BGB[11], § 275 Rn 3.

## b) Unmöglichkeit bei Geldschulden

**aa) Geldsummenschuld.** Besonderheiten sind mit Blick auf das Unmöglichkeitsrecht auch bei Geldschulden zu beachten. Dabei kann der normale, auf eine bestimmte Geldsumme lautende Zahlungsanspruch, sog **Geldsummenschulden**, unmöglichkeitsrechtlich **wie** eine **Gattungsschuld** behandelt werden, ohne dass es auf den dogmatischen Streit ankommt, ob die normale Geldschuld nicht ohnehin Gattungsschuld[50] oder sog Wertsummenschuld sui generis[51] ist, da auch die Verfechter der Wertsummenschuldeinordnung bei den Rechtsfolgen zu keinem anderen Ergebnis gelangen.

7/35

Zu beachten ist dabei, dass ein Untergang der Gattung „Geld" ausgeschlossen ist, weil Geld als Währungsgröße immer existent ist, sodass eine **Unmöglichkeit nach § 275 Abs. 1** nicht eingreifen kann. Auch § 275 Abs. 2 ist im Ergebnis **unanwendbar**, da zum einen schon ein grobes Missverhältnis zwischen dem Geldbeschaffungsaufwand des Schuldners und dem Leistungsinteresse des Gläubigers kaum vorstellbar ist, selbst dann aber der Geldschuldner sein finanzielles Unvermögen nach § 276 Abs. 1 S. 1 stets zu vertreten hat. Erst und nur nach vorheriger Konkretisierung, wobei insbesondere § 300 Abs. 2 zu beachten ist (dazu genauer unten Rn 8/100 ff), kann hier somit Unmöglichkeit eintreten.

7/36

**bb) Geldschuld als Stückschuld.** Völlig unproblematisch sind Geldschulden andererseits, wenn ein bestimmter Geldschein oder eine bestimmte Münze individuell, etwa als **Sammelobjekt** geschuldet werden. Hier liegt eine normale Stückschuld ohne weitere unmöglichkeitsrechtlichen Besonderheiten vor – geschuldetes Einzelstück ist eben eine bestimmte Geldmünze oder ein bestimmter Geldschein.

7/37

Fraglich ist indessen, ob dies bei den sog **Geldherausgabeansprüchen**, wie sie sich insbesondere aus § 667 und § 812 ergeben, ebenso gilt. Man könnte auch hier argumentieren, dass der Schuldner nur die konkret aus der Geschäftsbesorgung erlangten bzw für den Auftrag erhaltenen Geldstücke bzw im Bereicherungsrecht nur diejenigen Geldstücke/Scheine herauszugeben hat, die bei ihm noch vorhanden sind (vgl § 818 Abs. 3), weil er für Verluste nur bei Verschulden bzw im Falle einer verschärften Haftung (vgl §§ 818 Abs. 4, 819 Abs. 1 und 2, 820 Abs. 1, dazu genauer Schuldrecht Besonderer Teil, § 19 Rn 30 f) einzustehen hat.

7/38

So wird für solche Geldherausgabeansprüche in der Tat verbreitet eine Gleichstellung mit Stückschulden vorgenommen[52]. Dies kann aber deshalb nicht überzeugen, weil das maßgebliche Gläubigerinteresse hier nicht auf die einzelnen Geldscheine oder -münzen, sondern wie bei anderen Zahlungsansprüchen auch auf eine **Geldsumme** als solche gerichtet ist. Nur auf das Vorhandensein dieses Geldwertes, nicht auf die einzelnen Geldträger im Vermögen des Schuldners ist daher auch bei § 667 bzw § 818 Abs. 3 abzustellen. Nur so ist es schließlich auch erklärlich, warum der Verlust des

7/39

---

50 So etwa *Huber*, Leistungsstörungen I, § 26 I 2 (S. 627 f) mwN.
51 So die wohl hM, vgl etwa *Larenz*, SR I[14], § 12 III mwN.
52 Vgl etwa *Lorenz/Riehm*, SR, Rn 316.

Bargeldes als solcher zwar zur Entreicherung nach § 818 Abs. 3 führt, diese aber dann nicht gelten soll, wenn dadurch „anderweitige Aufwendungen" erspart wurden oder der Verlust in einer Einzahlung auf ein Bankkonto besteht. Im ersten Falle wird vom Fortbestand des Bargeldbestandes ausgegangen, im Letzteren soll ein verschuldensunabhängiger Anspruch auf Ableitung des Auszahlungsanspruches gegen die Bank an die Stelle des ursprünglichen Geldherausgabeanspruches eben nicht als Stückschuld, sondern als Geldsummenschuld treten[53]. Deshalb sind solche Geldherausgabeansprüche auch nach den Regeln der Gattungsschuld zu behandeln.

## III. Auswirkungen der Unmöglichkeit auf die primäre Leistungspflicht

7/40 Leistungsstörungen haben grundsätzlich keinen unmittelbaren Einfluss auf die primären Leistungspflichten. Der Erfüllungsanspruch des Gläubigers bleibt bestehen, bis er einen Rechtsbehelf geltend macht, der die Erfüllung durch den Schuldner ausschließt, idR also Schadenersatz statt der Leistung (vgl § 280 Abs. 4) oder Rücktritt. Lediglich im Falle der Unmöglichkeit der Erbringung der geschuldeten Leistung kann eine fortbestehende Leistungspflicht des Schuldners nicht angenommen werden.

### 1. Wegfall des Leistungsanspruchs nach § 275 Abs. 1

7/41 Eine deutliche Änderung hat die Schuldrechtsmodernisierung zunächst auf der Rechtsfolgenseite mit Blick auf die Auswirkungen der eingetretenen Unmöglichkeit auf den Primäranspruch, dh auf die Pflicht, die geschuldete Leistung in Natur zu erbringen, herbeigeführt. Man spricht insoweit von der **Leistungsgefahr**, da der Gläubiger der Gefahr ausgesetzt ist, die schuldvertraglich versprochene Leistung nicht zu erhalten. An Stelle der im alten Schuldrecht zu Recht heftig kritisierten unterschiedlichen Lösungsansätze zwischen den verschiedenen Fallgruppen des Unmöglichkeitsrechts, die zu teilweise zufälligen Unterscheidungen und dadurch bedingten Wertungswidersprüchen geführt haben, ist nunmehr eine für alle Fälle der Unmöglichkeit, also sowohl die anfängliche wie die nachträgliche, die objektive wie die subjektive und die zu vertretende wie die nicht zu vertretende Unmöglichkeit **einheitliche Rechtsfolge** getreten. In allen Fällen des § 275 Abs. 1 bestimmt diese Vorschrift zugleich als Rechtsfolge, dass der Anspruch auf die Leistung „ausgeschlossen" ist, soweit die Unmöglichkeit reicht. Dieser somit automatisch **kraft Gesetzes** eintretende **Untergang der primären Leistungspflicht** entspricht allein der Logik und folgt aus der Natur des Eintritts eines zur Unmöglichkeit der Leistung führenden Zustandes, denn das Aufrechterhalten einer nicht zu erfüllenden, eben unmöglich gewordenen Pflicht wäre sinnlos. Schon im römischen Recht galt deshalb der gleich lautende Rechtsgrundsatz „impossibilium nulla est obligatio"[54].

7/42 Damit hat die Neufassung des § 275 Abs. 1 den alten und **überflüssigen Streit beseitigt**, ob die Befreiung von der Leistungspflicht auch dann eintritt, wenn der Schuldner

---

53 Deshalb schief *Lorenz/Riehm*, SR, Rn 316.
54 Dig. 50, 17, 185 (Celsus).

die Unmöglichkeit zu vertreten hatte. Nach dem Wortlaut des § 275 Abs. 1 aF nämlich war der Ausschluss der Leistungspflicht davon abhängig, dass der Schuldner die Unmöglichkeit nicht zu vertreten hatte. Die hM hat sich jedoch schon zum alten Schuldrecht über diesen Wortlaut hinweggesetzt[55] und das Merkmal des Vertretenmüssens nur darauf bezogen, ob die primäre Leistungspflicht ersatzlos wegfällt oder sich in eine Sekundärpflicht zur Zahlung von Schadenersatz umwandelt. Insoweit gibt § 275 Abs. 1 jetzt also nur den Stand der auch schon im alten Schuldrecht ganz herrschenden Ansicht wider.

## 2. Leistungsverweigerungsrechte aus § 275 Abs. 2 und 3

### a) Regelung

Im Unterschied zu den Fällen des § 275 Abs. 1, in denen die Primärleistungspflicht des Schuldners ipso iure erlischt, soll in den „Abwägungsfällen" des § 275 Abs. 2 und 3 dem Schuldner die Möglichkeit belassen werden, seiner Leistungspflicht trotz grobem Missverhältnisses (Abs. 2) oder persönlicher Unzumutbarkeit (Abs. 3) nachzukommen, sodass dem Schuldner hier nur eine **Einrede** gegen den Primäranspruch zuerkannt wird, deren Erhebung im Ermessen des Schuldners steht.

7/43

Trotz dieser dogmatisch deutlich anderen Konzeption sind die **praktischen Unterschiede** allerdings **gering**, weil der Schuldner, der sich überhaupt im Leistungsprozess gegen den Anspruch des Gläubigers verteidigt, die Voraussetzungen der Unmöglichkeit vortragen muss; darin aber liegt zugleich die Erhebung der entsprechenden Einrede. Deshalb werden praktische Unterschiede nur im Falle des im Prozess säumigen Schuldners, also beim Versäumnisurteil relevant.

7/44

### b) Folgefragen

Rechtliche Folgen kann das Leistungsverweigerungsrecht aus §§ 275 Abs. 2 und 3 dagegen für die Frage aufwerfen, ob der Schuldner mit seiner Leistungspflicht in Verzug geraten ist. Denn nach hM kommt es für die Anwendbarkeit der Verzugsfolgen lediglich auf das Bestehen der Einrede und gerade nicht auf deren Geltendmachung an (unten Rn 8/10 ff)[56], sodass auch hier das bloße Vorliegen des Tatbestandes einer Unmöglichkeit nach § 275 Abs. 2 oder 3 den Eintritt der Verzugsfolgen ausschließt.

7/45

Auch mit Blick auf **§ 813** stellen sich Folgefragen. Grundsätzlich nämlich könnte der Leistungsschuldner gemäß § 813 bis zu 10 Jahre nach Leistungserbringung (vgl § 199 Abs. 2) das Geleistete zurückverlangen. Insoweit erscheint es indessen angebracht, eine Analogie zu den Fällen der Leistung auf eine verjährte Schuld aus §§ 813 Abs. 1 S. 2, 254 Abs. 2 zu ziehen. Denn in beiden Situationen soll der Schuldner die Wahl behalten, ob er die nicht (mehr) geschuldete Leistung erbringen will. Hat er sich aber einmal für die Leistung entschieden, so ist er daran auch gebunden[57].

7/46

---

55 Vgl etwa Palandt/*Heinrichs*, BGB[65], § 275 Rn 24; Staudinger/*Löwisch*, BGB[13] (2004), § 275 Rn 58; aA *Huber*, Leistungsstörungen II, § 58 I (S. 769 ff).
56 Genauer zum Streitstand auch *Huber*, Leistungsstörungen I, § 12 III 2 (S. 312 ff).
57 Ebenso *Lorenz/Riehm*, SR, Rn 322.

### 3. Anspruch auf das stellvertretende Commodum, § 285

7/47 Neben die unmittelbare oder einredeweise Befreiung von der Primärleistungspflicht tritt in allen Fällen des § 275 der Anspruch des Gläubigers aus § 285 auf diejenige Ersatzleistung, die der Schuldner an Stelle des unmöglich gewordenen Leistungssubstrats erhält.

7/48 Rechtssystematisch handelt es sich dabei um eine interessante Norm, da diese an die Stelle des ursprünglich Geschuldeten einen anderen Leistungsgegenstand zu setzen vermag. Man nennt diesen rechtstechnischen Vorgang eine **schuldrechtliche Surrogation** und den daraus resultierenden Surrogatsanspruch auch den Anspruch auf das stellvertretende Commodum. Dabei kommt es nach allgemeiner Ansicht nicht auf die Art an, wie dem Schuldner die Ersatzleistung oder der Ersatzanspruch zugefallen ist. Hauptfälle bilden hierbei die Versicherungsleistungen, die dem Schuldner auf Grund des Unterganges oder der Beschädigung des Leistungsgegenstandes zustehen sowie entsprechende gesetzliche Schadenersatzansprüche gegen dritte Schädiger, etwa aus § 823 Abs. 1 als Ausgleich für die Beschädigung oder Zerstörung einer Sache (das sog commodum ex re) ebenso wie solche Werte, die der Schuldner etwa als Gegenleistung für das Rechtsgeschäft erlangt hat, das ihn im Verhältnis zum Gläubiger unvermögend gemacht hat, insbesondere die Übereignung der Kaufsache an einen Dritten (sog commodum ex negotiatione)[58]. Dabei setzt man sich im letzten Fall wissend über die bestehende dogmatische Unebenheit hinweg, dass der Kaufpreis als vertragliches Entgelt und an sich nicht wegen der Übereignung der Kaufsache als solcher (dinglich) bezahlt wird; dies aber wird als Ausgleich für die Überwälzung der Leistungsgefahr auf den Gläubiger akzeptiert[59] und wurde schon vom Reichsgericht mit dem Satz legitimiert, dass es „Sinn" des § 285[60] sei, „Vermögenswerte demjenigen zuzuführen, dem sie wirtschaftlich zustehen"[61].

7/49 Hierbei gilt es mit Blick auf den **Leistungsumfang** zu bedenken, dass sich ein etwaiger Schadenersatzanspruch nach § 285 Abs. 2 um den Wert des erhaltenen Surrogats vermindert. Zugleich ist zu beachten, dass die Geltendmachung des Anspruches aus § 285 auf das stellvertretende Commodum nach § 326 Abs. 3 dazu führt, dass der Gläubiger grundsätzlich auch zur Erbringung seiner Gegenleistung verpflichtet bleibt.

> In einer **Abwandlung des Falles 11a**) hat A, der Verkäufer des von K bei seinem Geschäft mit der D-Bank einkalkulierten Deckungsgeschäfts, dessen Aktien zusammen mit den von K beschafften, zur Erfüllung der Lieferungspflicht des K ausgereicht hätten, durch die anderweitige Veräußerung der dem K versprochenen Aktien ein Entgelt erlangt. Dies muss er an K abführen, was dem K wiederum bei der Erfüllung seiner gegenüber der D-Bank bestehenden Schadenersatzpflicht zugute kommt.

---

58 BGH NJW 1983, 930.
59 Vgl *Frank* JuS 1998, 102, 104.
60 Damals § 281.
61 RGZ 120, 347.

## IV. Auswirkungen der Unmöglichkeit der Primärleistung auf die Gegenleistungspflicht, § 326

### 1. Systematik

Von der soeben behandelten Auswirkung der Unmöglichkeit auf die Primärverpflichtung strikt zu trennen ist die Frage nach der **Gegenleistungsgefahr**, dh die Frage nach dem Schicksal des Anspruchs des Schuldners auf die vom Gläubiger für die unmöglich gewordene Leistung geschuldete Gegenleistung. Die Auswirkungen der Unmöglichkeit der Erfüllung einer Hauptleistungspflicht auf die Gegenleistungspflicht im synallagmatischen (gegenseitigen) Schuldverhältnis[62] **regelt nunmehr einheitlich § 326**, der damit an die Stelle der §§ 323–325 aF getreten ist. Diese Vorschrift erfasst somit alle Sachverhalte, in denen die Leistungspflicht nach § 275 ausgeschlossen ist. In den Fällen des § 275 Abs. 2 und 3 ist allerdings erforderlich, dass der Schuldner seine Einrede erhoben, das Leistungsverweigerungsrecht also bereits ausgeübt hat (nicht zu leisten braucht)[63]. Man spricht insoweit von der Gegenleistungs- oder Entgeltgefahr, die darin besteht, die Leistung wegen § 275 nicht zu erhalten, sie aber dennoch bezahlen zu müssen[64]. Dabei ist grundsätzlich für alle Fälle zwischen vollständiger oder teilweiser Unmöglichkeit einerseits und qualitativer Unmöglichkeit andererseits zu unterscheiden. Daneben muss im Rahmen der nachträglichen Unmöglichkeit auch danach unterschieden werden, wer den zur Unmöglichkeit der Leistungserbringung führenden Umstand zu vertreten hat.

7/50

### 2. Grundsätzliche Unterscheidung nach dem Umfang der Unmöglichkeit

#### a) Vollständige Unmöglichkeit

**aa) Grundsatz: Wegfall der Gegenleistungspflicht, § 326 Abs. 1 S. 1.** Bei vollständiger Unmöglichkeit der im Synallagma stehenden Leistungspflicht erlischt nach § 326 Abs. 1 S. 1 1. HS grundsätzlich auch die Gegenleistungspflicht **automatisch**, dh die synallagmatische Verbindung beider Hauptleistungen setzt sich auch in der Unmöglichkeit fort. Eines besonderen Rücktritts bedarf es hierzu nicht, obwohl das neue Unmöglichkeitsrecht diesen über § 326 Abs. 5 iVm § 323 auch bei vollständiger Unmöglichkeit zulässt; doch wäre dieser wegen der kraft Gesetzes wegfallenden Gegenleistungspflicht aus § 326 Abs. 1 S. 1 1. HS hier völlig funktionslos.

7/51

**bb) Ausnahme, § 326 Abs. 3.** Ausnahmsweise bleibt trotz vollständiger Unmöglichkeit der Gegenleistungsanspruch jedoch nach § 326 Abs. 3 bestehen, wenn der Gläubiger das stellvertretende commodum nach § 285 geltend macht. Jedoch mindert

7/52

---

62 Man spricht vom sog konditionalen Synallagma.
63 *Canaris* JZ 2001, 499, 508 f; Staudinger/*Löwisch*, BGB[13] (2004), § 275 Rn 93.
64 Vgl zu den Begriffen „Gefahr" und „Gefahrübergang" näher *H.P. Westermann* JA 1979, 481 ff und *Schlosser* Jura 1985, 479 ff.

sich die Gegenleistungspflicht entsprechend § 441 Abs. 3, wenn der Wert des Surrogates den Wert der unmöglich gewordenen Leistung nicht erreicht (vgl schon oben Rn 7/53).

7/53 **cc) Rückforderung, § 326 Abs. 4.** Hat der Gläubiger die Gegenleistung bereits erbracht, obwohl er von dieser Pflicht nach § 326 Abs. 1 frei geworden war, kann er das Geleistete nach § 326 Abs. 4 iVm §§ 346–348 zurückfordern.

### b) Teilweise Unmöglichkeit

7/54 Bei teilweiser Unmöglichkeit[65] findet nach § 326 Abs. 1 S. 1 2. HS die Regelung aus § 441 Abs. 3 entsprechende Anwendung, sodass die Gegenleistung ipso iure nur **in dem Verhältnis** erlischt, in dem der Wert der unmöglich gewordenen Teilleistung zum Wert der Gesamtleistung bei Vertragsschluss gestanden hat (kaufrechtliche Minderungsformel).

**Beispiel:** Betrug der Wert der vollständigen Leistung 2000 Euro, wovon in Höhe von 1000 Euro die Erfüllung nicht mehr möglich ist und war als Gegenleistung die Zahlung von 2400 Euro vereinbart, so mindert sich die Gegenleistungspflicht nach §§ 326 Abs. 1 S. 1, 441 Abs. 3 nunmehr auf 1200 Euro.

7/55 Daraus folgt, dass der Schuldner den nicht unmöglich gewordenen Teil leisten kann und der Gläubiger diesen behalten muss. Dies wird den Interessen des Gläubigers aber dann nicht gerecht, wenn er wegen der Teilunmöglichkeit nun an der möglichen Teilleistung ebenfalls kein Interesse mehr hat. Deshalb gewährt § 326 Abs. 5 iVm § 323 Abs. 5 S. 1 dem Gläubiger die Möglichkeit, vom gesamten Vertrag ohne Fristsetzung **zurückzutreten**, wenn er an der Teilleistung kein Interesse hat. Unter den gleichen Voraussetzungen hat der Gläubiger nach § 283 S. 2 auch Anspruch auf Schadenersatz statt der **gesamten** Leistung, sofern der Schuldner die Unmöglichkeit **zu vertreten** hat. Diese Voraussetzungen des sog **großen Schadenersatzes** entsprechen denen beim Rücktritt aus gleichem Grunde. Dies ist folgerichtig, weil der große Schadenersatz sich quasi als Kombination aus Rücktritt und Schadenersatz auswirkt[66].

Im **Fall 13** kann A der nicht im Gegenseitigkeitsverhältnis stehenden Rückgabepflicht aus § 556 nicht nachkommen. Er wird unabhängig davon, ob er den Unfall verschuldet hat oder nicht, gemäß § 275 von dieser unmöglich gewordenen Rückgabepflicht frei. Nachträglich unmöglich geworden ist damit aber auch die nach § 535 dem B obliegende weitere Gebrauchsüberlassung. Auch B wird insoweit frei, verliert aber, wenn und weil A den Unfall nicht verschuldet hat, gemäß § 326 Abs. 1 S. 1 seinen Anspruch auf die Gegenleistung, also die Mietzahlung. Die hier vorliegende Teilunmöglichkeit bedeutet nach § 326 Abs. 1 S. 1 2. HS über § 441 Abs. 3, dass der Mietzinsanspruch nur soweit entfällt, als Miete für die noch ausstehende Mietzeit geschuldet gewesen wäre.

---

65 Dazu genauer Staudinger/*Löwisch*, BGB[13] (2004), § 275 Rn 48.
66 Erman/*Westermann*, BGB[11], § 275 Rn 20.

Umstritten ist insoweit, ob diese Regelung der teilweisen Unmöglichkeit auch im **Kaufrecht** zur Anwendung kommt[67] oder hier von **§ 434 Abs. 3** als spezieller Regelung verdrängt wird. Letzterem ist entgegenzuhalten, dass die in § 434 Abs. 3 geregelte Gleichstellung von Zuweniglieferung und Sachmangel nur für das spezielle kaufrechtliche Gewährleistungsrecht gelten kann, nicht aber auch ins allgemeine Leistungsstörungsrecht einwirkt. Hierfür spricht vor allem die Gesetzessystematik, da § 434 Abs. 3 in der Tat eine Ausnahmevorschrift im kaufrechtlichen Gewährleistungsrecht ohne Parallele im Recht der Leistungsstörungen ist.

7/56

### c) Qualitative Unmöglichkeit

In den Fällen qualitativer Unmöglichkeit, also beim Vorliegen eines **nicht behebbaren Mangels** besagt § 326 Abs. 1 S. 2, dass die Gegenleistungspflicht gerade **nicht automatisch** erlischt, § 326 Abs. 1 S. 1 also nicht zur Anwendung kommt. Dadurch wird verhindert, dass sich der Kaufpreis kraft Gesetzes mindert und der Käufer daneben noch zum Rücktritt berechtigt ist. Denn dies wäre nicht mit den besonderen Vorschriften über die Mängelgewährleistung im Kauf- und Werkvertragsrecht zu harmonisieren und widerspräche der Wertung des § 441. Hier besteht jeweils ein Wahlrecht des Gläubigers, ob er wegen des Mangels vom Vertrag zurücktreten oder die Gegenleistung mindern will (§§ 437 Nr 2, 634 Nr 3). Um dieses Wahlrecht zu sichern, kann der Gläubiger daher auch bei qualitativer Unmöglichkeit statt des automatischen Erlöschens der Gegenleistungspflicht gemäß § 326 Abs. 5 iVm § 323 Abs. 5 S. 2 ohne Fristsetzung vom Vertrag zurücktreten, sofern es sich nicht um einen völlig unerheblichen Mangel handelt oder die Kaufsache behalten und den Kaufpreis gemäß §§ 437 Nr 2, 441 durch rechtsgestaltende Erklärung mindern. Nur so nämlich gelingt es, dem Gläubiger das Wahlrecht zwischen Rücktritt und Minderung auch im Falle eines nicht nachzubessernden Mangels zu erhalten.

7/57

### d) Vorübergehende Unmöglichkeit

Die Einordnung der nur vorübergehenden Unmöglichkeit war bereits vor der Schuldrechtsmodernisierung **umstritten**[68] und eine Klärung wurde auch durch diese nicht herbeigeführt. Dies ist überraschend, wollte doch noch der Fraktionsentwurf des Schuldrechtsmodernisierungsgesetzes die Fälle einer vorübergehenden Unmöglichkeit einheitlich § 275 Abs. 1 zuordnen[69]. Die endgültige Fassung hat dann aber von einer solchen Regelung abgesehen[70] und die Behandlung dieser Streitfrage weiterhin Rechtsprechung und Lehre überlassen[71]. Man versteht darunter die Fälle, in denen die geschuldete Leistung wegen eines **zeitweiligen Hindernisses** zwar **nicht bei Fälligkeit, aber** zu einem **späteren** Zeitpunkt erbracht werden kann.

7/57a

---

67 So *Lorenz/Riehm*, SR, Rn 326.
68 Zur alten Rechtslage vgl *Arnold* JZ 2002, 866, 867.
69 BT-Drs. 14/6040.
70 Vgl zur Genese *Medicus*, FS Heldrich (2005), S. 347, 348.
71 So die Begründung des Rechtsausschusses, BT-Drs. 7052, S. 183.

7/57b  Soweit vorgeschlagen wird, diese Fälle – dem Fraktionsentwurf folgend – generell nach **Unmöglichkeitsrecht** zu behandeln[72], kann dem nicht gefolgt werden. Denn zumindest in den Fällen, in denen der Schuldner dieses Leistungshindernis zu vertreten hätte, wäre er ipse iure gem. §§ 280 Abs. 1, 3, 283 zum **Schadensersatz statt der Leistung** verpflichtet, obwohl uU beide Vertragspartner an der späteren Leistungserbringung ein fortbestehendes Interesse haben; der Weg zum Anspruch des Gläubigers auf den bloßen Verzögerungsschaden nach §§ 280 Abs. 1, 2, 286 wäre wegen des gesetzlichen Wegfalls der Leistungspflicht durch § 275 und damit mangels Fälligkeit des Anspruchs versperrt. Dies wäre ohne Zweifel ein **sachwidriges Ergebnis**.

7/57c  Abzulehnen sind auch die beiden **vermittelnden Ansichten**[73]. Soweit zunächst angedacht wurde, in diesen Fällen den Schadensersatz statt der Leistung als „Schadensersatz statt der **rechtzeitigen** Leistung" zu verstehen, würde dies die auch durch die Schuldrechtsmodernisierung gerade aufrecht erhaltene **Differenzierung** zwischen **Unmöglichkeit und Verzug aufheben** und ist damit mit dem **System des Leistungsstörungsrechts unvereinbar**. Entsprechendes gilt auch für den Vorschlag, die vorübergehende Unmöglichkeit als **Fall der Teilunmöglichkeit** nach §§ 283 Satz 2, 281 Abs. 1 Satz 2 zu behandeln. Dies ist nicht nur ebenfalls ein Etikettenschwindel, sondern missachtet zudem die wichtige Tatsache, dass der pflichtige Schuldner hier nicht einmal teilweise, sondern (zumindest bei Fälligkeit) gar nicht leistet[74].

7/57d  Das aber bedeutet, dass mit der hM **Unmöglichkeitsrecht nur bei dauerhaften Leistungshindernissen** anzuwenden ist[75]. Maßgebender **Zeitpunkt** ist dabei der **Eintritt des Leistungshindernisses**. War das Hindernis zu diesem Zeitpunkt als ein nur vorübergehendes erkennbar, sind grundsätzlich die Regeln über den **Schuldnerverzug** anzuwenden; vorübergehende Unmöglichkeit ist also keine Unmöglichkeit, sondern Verzug. Damit ist *Medicus* zuzustimmen, wenn er den Terminus „vorübergehende Unmöglichkeit in distanzierende Anführungszeichen setzt", weil der Begriff „in seinen beiden Teilen ungenau" ist[76].

### 3. Regelung bei anfänglicher Unmöglichkeit

7/58  Da die Schuldrechtsmodernisierung die zu zufälligen Ergebnissen und daraus bedingten Wertungswidersprüchen führende unterschiedliche Behandlung der anfänglich-objektiven Unmöglichkeit und der anfänglich-subjektiven Unmöglichkeit (Unvermögen) durch § 311a Abs. 1 beseitigt und beide in den Rechtsfolgen gleichgestellt hat, kann **für alle Fälle anfänglicher Unmöglichkeit** der Grundsatz aufgestellt werden, dass der Schuldner, der gemäß § 275 von seiner unmöglich gewordenen Leistungspflicht frei wird, nach § 326 Abs. 1 S. 1 auch den Anspruch auf die

---

72 *Huber/Faust*, Schuldrechtsmodernisierung Kap. 8 Rn 6 ff.
73 Dazu *Schulze/Ebers* JuS 2004, 265, 267 f.
74 So zutr. *Hunold* JZ 2002, 866, 868.
75 BGH NJW 1986, 1605 f.
76 So *Medicus*, FS Heldrich (2005), S. 347 ff.

Gegenleistung verliert. Den hergebrachten Begriff „Unvermögen" für die subjektive Unmöglichkeit (vgl §§ 275 Abs. 2, 279 aF) verwendet das Gesetz nun konsequenterweise nicht mehr.

### 4. Besonderheiten bei nachträglicher Unmöglichkeit

Wie bereits angesprochen, muss bei der Frage, welche Auswirkungen der durch Unmöglichkeit der Leistung bedingte Wegfall der primären Leistungspflicht auf die Gegenleistungsansprüche im synallagmatischen Schuldverhältnis hat, immer dann, wenn die Unmöglichkeit erst nach Vertragsschluss eingetreten ist (nachträgliche Unmöglichkeit), zusätzlich danach unterschieden werden, wer diese Unmöglichkeit zu vertreten hat. Diese Einteilung, die früher unmittelbar den §§ 323–325 aF zu Grunde lag, beherrscht auch – allerdings versteckter – die Neuregelung, wie aus dem Zusammenhang der §§ 275, 283, 323, 326 Abs. 1 und 2 zu folgern ist[77]. 7/59

#### a) Von keiner Partei zu vertretende Unmöglichkeit

**aa) Grundsatz: Freiwerden nach § 326 Abs. 1 S. 1.** Im Grundsatz verbleibt es hier bei der Regelung aus § 326 Abs. 1 S. 1 1. HS, wonach der Untergang der Primärleistungspflicht auch zum **Wegfall der Gegenleistungspflicht** führt. 7/60

**bb) Ausnahmen.** Diese Grundentscheidung, wonach der Schuldner die Leistungs- und der Gläubiger die Entgeltgefahr trägt, erscheint aber nicht immer angemessen, weil bisweilen die vereinbarte Art der Pflichterfüllung zusätzliche Risiken aufwirft, die berücksichtigt werden müssen. Hier wird – wie auch schon im alten Schuldrecht – die sog Gegenleistungsgefahr auf Grund einer besonderen Gefahrtragungsnorm schon zuvor auf den Schuldner überbürdet.

> Für **Fall 12** bedeutet dies grundsätzlich, dass V gemäß § 275 Abs. 1 von seiner Leistungspflicht frei geworden ist und daneben gemäß § 326 Abs. 1 S. 1 den Anspruch auf die vereinbarte Gegenleistung des K verliert, wenn und weil er den Diebstahl nicht zu vertreten hat.

Die wichtigsten derartigen Gefahrtragungsregeln sollen hier kurz dargestellt werden.

**(1) Gläubigerverzug.** Zu nennen ist dabei zunächst § 326 Abs. 2 S. 1 2. HS, wonach der Gläubiger auch ohne sein Verschulden für die Unmöglichkeit einzustehen hat, wenn er sich mit der Annahme der ordnungsgemäß angebotenen Leistung in Annahmeverzug befunden hat (Gläubigerverzug [dazu genauer Rn 8/77 ff]). Dies war auch vor der Schuldrechtsmodernisierung durch § 324 Abs. 2 aF so geregelt. Voraussetzung ist allerdings, dass der Schuldner den zur Unmöglichkeit führenden Umstand nicht selbst zu vertreten hat. Zu seinen Gunsten ist dabei aber § 300 Abs. 1 zu beachten, wonach der Schuldner im Annahmeverzug des Gläubigers nur noch für Vorsatz und grobe Fahrlässigkeit einzustehen hat. 7/61

---

[77] So *Emmerich*, Leistungsstörungen[6], § 11 II 2 (S. 172); vgl zu den Bezugspunkten des Vertretenmüssens im System der §§ 280 ff auch *Fest* Jura 2005, 734 ff.

### § 7 *Die Unmöglichkeit der Leistung*

Für **Fall 12** würde dies bedeuten, dass V seinen Zahlungsanspruch gegen K gemäß § 326 Abs. 2 S. 1 behalten würde, wenn er dem K den Wagen zum vereinbarten Termin angeboten hätte, K aber am Übergabeort nicht anzutreffen war und V deshalb den Pkw wieder mit zurückgenommen hätte, wo er daraufhin gestohlen wurde. Hätte V in diesem Falle allerdings den Zündschlüssel im Auto stecken lassen und den Diebstahl dadurch grob fahrlässig mitverursacht, würde er trotz des Gläubigerverzugs bei K den Anspruch auf die Gegenleistung verlieren.

7/62 **(2) Weitere generelle Ausnahmen.** Weitere generelle Ausnahmen von § 326 Abs. 1 finden sich für den **Erbschaftskauf** in § 2380 und die **Zwangsversteigerung** in § 56 S. 1 ZVG, da nach diesen Vorschriften, dem klassischen römisch-rechtlichen Vorbild folgend, die Gegenleistungsgefahr nicht erst mit der Erfüllung oder gewissen Erfüllungshandlungen, sondern bereits mit Vertragsschluss auf den Gläubiger übergeht.

7/63 **(3) Besondere Gefahrtragungsregeln.** Im Kaufrecht ist der Gefahrübergang in den §§ 446 S. 1, 447 Abs. 1 besonders geregelt. Danach hat der Schuldner für seine Leistungsfähigkeit nach § 446 S. 1 grundsätzlich nur bis zur Übergabe der Kaufsache einzustehen, auch wenn diese Übergabe nicht im Zuge der erfüllungsnotwendigen Übereignung geschieht und der Schuldner damit also seiner kaufvertraglichen Leistungspflicht noch nicht vollständig Genüge getan hat. Dies ist insbesondere bei der Übergabe der Kaufsache in dem praktisch besonders bedeutsamen Fall des Kaufs unter Eigentumsvorbehalt zu beachten. Denn mit der Übergabe fügt sich die Sache in den Risikobereich des Käufers ein, sodass ihm auch zuzumuten ist, sie zu bewachen, sie notfalls auch zu versichern, sodass er sie auch dann bezahlen muss, wenn sie jetzt ohne sein (oder des Verkäufers) Verschulden untergeht. Der neu eingefügte § 446 Satz 3, der bestimmt, dass es der Übergabe der Kaufsache gleichsteht, wenn der Käufer mit der Annahme in Verzug ist, hat nur klarstellende Funktion, da dasselbe bereits aus § 326 Abs. 2 S. 1 folgt[78].

7/64 **Beachte:** Fast noch wichtiger ist, dass nach diesem Zeitpunkt des Gefahrübergangs auch Verschlechterungen der Sache, die sonst vielleicht Gewährleistungsansprüche gemäß §§ 434, 437 ausgelöst hätten, dem Verkäufer nicht mehr entgegengehalten werden können, da es für die Mangelfreiheit ebenfalls auf den Zeitpunkt des Gefahrübergangs ankommt[79].

7/65 Einen ähnlichen Übergang der Gegenleistungsgefahr ordnet **§ 447** für den praktisch bedeutsamen Fall des **Versendungskaufs** an. Wird die Ware auf Verlangen des Gläubigers an einen anderen Ort als den normalen Erfüllungsort verbracht, hat der Schuldner wegen § 447 Abs. 1 seine Leistungspflicht bereits mit der Übergabe der Waren an eine unabhängige Transportperson erfüllt, sodass die Risiken des Transportes zu Lasten des Warengläubigers gehen (ohne dass durch die Übergabe der Kaufsache an die Transportperson bereits Erfüllung des Kaufvertrages eingetreten wäre, denn dies verlangt nach § 433 Abs. 1 Übertragung des Eigentums). Man spricht deshalb bei § 447

---

78 Ebenso *Emmerich*, Leistungsstörungen⁶, § 10 II 3 (S. 158).
79 Vgl dazu genauer Schuldrecht Besonderer Teil, § 2 Rn 19.

auch von der **Transportgefahr**. Diese vorzeitige Entlastung des Verkäufers tritt allerdings nicht ein, wenn er bei der Versendung Weisungen des Käufers missachtet oder Fehler bei der Verpackung, Adressierung oder Verladung gemacht hat[80]. Dann nämlich ist die Beschädigung oder Zerstörung der Sache nicht, wovon aber § 447 ausgeht, von keiner der Parteien zu vertreten. Des Weiteren gilt dieser vorgezogene Gefahrübergang nach § 474 Abs. 2 nicht für den Verbrauchsgüterkauf.

Im **Mietrecht** ist hier **§ 537 Abs. 1 S. 1** für Fälle der persönlichen Verhinderung des Mieters an der Nutzung der Mietsache zu beachten. 7/66

Im **Werkvertragsrecht** ist zunächst auf **§ 644 Abs. 1 S. 2** hinzuweisen, der den Gefahrübergang auf den Annahmeverzug des Bestellers vorverlagert. Bei Versendung des Werkes gilt nach § 644 Abs. 2 die Regelung aus § 447 entsprechend. Eine noch wichtigere Sonderregelung zu § 326 Abs. 1 S. 1 für Werkverträge normiert § 645 Abs. 1. Danach kann der Werkunternehmer einen der geleisteten Arbeit entsprechenden Teil der Vergütung, also der Gegenleistung, und zusätzlich auch Ersatz der darin nicht enthaltenen Auslagen verlangen, wenn das Werk vor der Abnahme infolge eines Mangels des vom Besteller gelieferten Stoffes oder infolge einer vom Besteller erteilten Anweisung untergegangen, verschlechtert oder unausführbar geworden ist. Diese Regelung wird als Ausdruck eines allgemeinen Rechtsgedankens über das Werkvertragsrecht hinaus allgemein in Fällen der **Zweckerreichung** und des **Zweckfortfalls** herangezogen (vgl oben Rn 7/17). 7/67

Weitere wichtige Ausnahmen von § 326 Abs. 1 enthält das **Dienstvertragsrecht**, etwa mit den **§§ 615, 616** oder im Entgeltfortzahlungsgesetz. Diese vor allem aus sozialpolitischen Gründen bei einer vorübergehenden Verhinderung des Dienstverpflichteten geschaffenen Normen, die als Grundsätze vom „Lohn ohne Arbeit" unser modernes Dienstvertrags- und Arbeitsrecht prägen, können hier im Einzelnen nicht dargestellt werden. Insoweit ist auf die arbeitsrechtliche Speziallliteratur zu verweisen. 7/68

**Aufbautechnisch** ist in der Falllösung so vorzugehen, dass zunächst die hier an sich einschlägige Rechtsfolge aus § 326 Abs. 1 S. 1, also das grundsätzliche Freiwerden von der Gegenleistung zu benennen und sodann nach ausnahmsweise verdrängenden besonderen Gefahrtragungsnormen gefragt wird, die zu einem anderen Ergebnis führen können. 7/69

---

Wenn im **Fall 12** K den gekauften Wagen nicht erhält, so braucht er nicht zu zahlen, er bekommt vielmehr eine ggf schon geleistete Zahlung zurück, § 326 Abs. 4 wegen § 326 Abs. 1 S. 1 1. Alt. Dass V den Diebstahl nicht verschuldet hat, spielt hierbei keine Rolle. V kann den K auch nicht auf die Versicherungssumme verweisen, wohl aber kann K sie nach § 285 fordern mit der Folge, dass er nach Maßgabe des § 326 Abs. 3 zur Gegenleistung verpflichtet bleibt, wenn er die Versicherungssumme erhält. Der Fall zeigt freilich auch, dass bei Umsatzgeschäften des täglichen Lebens für den Käufer der Anspruch aus § 285 oft ohne Interesse sein wird.

---

80 BGHZ 66, 208 ff; BGH NJW 1983, 1496.

### b) Vom Schuldner zu vertretende Unmöglichkeit

**7/70** Hat der Schuldner den zur Unmöglichkeit führenden Umstand zu vertreten, so erlischt die Verpflichtung des Gläubigers zur Erbringung der Gegenleistung kraft Gesetzes nach § 326 Abs. 1 S. 1. Die besonderen Gefahrtragungsregelungen spielen hier keine Rolle, da sie dem Schuldner die Sachgefahr in den Fällen aufbürden, in denen ihn am Unmöglichwerden der Leistung kein Verschulden trifft. Daher sind sie bei der ohnehin vom Schuldner zu vertretenden Unmöglichkeit irrelevant. Hat der Schuldner die Gegenleistung bereits oder teilweise erhalten, ist diese nach § 326 Abs. 4 iVm §§ 346 ff zurückzugewähren.

### c) Vom Gläubiger zu vertretende Unmöglichkeit

**7/71** Hat der Gläubiger den zur Unmöglichkeit der Leistung führenden Umstand zu vertreten, so bleibt er gemäß § 326 Abs. 2 S. 1 1. Alt. zur **Erbringung der Gegenleistung verpflichtet**; dies entspricht auch der Lösung des früheren Rechts nach § 324 Abs. 1 aF. Da der Schuldner freilich nicht besser gestellt werden soll, als er bei ordnungsgemäßer Erfüllung der Leistungspflicht stünde, muss er sich nach § 326 Abs. 1 S. 2 die Vorteile anrechnen lassen, die ihm entstehen, weil er nicht leisten konnte und musste. Das werden bei Sachleistungen in erster Linie ersparte Nebenkosten sein. Das Gesetz hebt aber den anderweitigen Einsatz der durch die Unmöglichkeit frei gewordenen Arbeitskraft, zu der es besonders bei Werk- und Dienstverträgen leicht kommen kann, noch ausdrücklich hervor.

**Beispiel:** Der Handwerker, der seine Arbeit vergebens anbietet, weil der Besteller den geplanten Umbau inzwischen anders gestalten will und den Handwerker nicht mehr braucht, wird die gesparte Zeit häufig – wenn er gut beschäftigt ist – anderweitig genutzt haben.

**7/72** **Fraglich** ist indessen, **welche Umstände der Gläubiger** zu vertreten hat. Dies ist nicht einfach zu beantworten, da der Gläubiger in dieser Parteirolle an sich keine eigene Pflicht zu erfüllen, sondern die Leistung nur passiv entgegenzunehmen hat. Er schuldet die unmöglich gewordene Leistung nicht, ihn trifft in Ansehung des Leistungsgegenstands im Normalfall auch keine besondere Obhutspflicht (vgl etwa **Fall 12**).

**7/73** Nur in wenigen Fällen treffen auch den Gläubiger als solchen eigene **originär schuldvertragliche Pflichten**, etwa dann, wenn die Abnahme der Leistung zur echten Vertragspflicht erhoben (so durch § 433 Abs. 2 im Kaufrecht) oder Mitwirkungspflichten normiert (Zuweisung der konkret zu leistenden Arbeit durch den Arbeitgeber bei § 611) oder Schutzpflichten ausdrücklich geregelt (so § 618 im Dienst- und Arbeitsvertragsrecht) sind. Da der Gläubiger aber darüber hinaus bei der Erfüllungshandlung nichts „schuldet", ist sein „Vertretenmüssen" insoweit schwer zu fassen. Fest steht, dass es jedenfalls eine andere Bedeutung einnimmt als in §§ 275, 326.

**7/74** Im BGB selbst ist diese Frage auch nach der Schuldrechtsmodernisierung nicht ausdrücklich geregelt, sieht man davon ab, dass der Gesetzeswortlaut nach der Schuldrechtsmodernisierung nicht mehr vom „Vertretenmüssen" des Gläubigers, sondern von dessen **„Verantwortlichkeit"** spricht. Daher besteht Übereinstimmung darüber, dass bei der Auslegung von § 326 Abs. 2 noch immer auf die zu § 324 Abs. 1 aF entwickelten **Fallgruppen** zurückzugreifen ist[81]. Danach hat der Gläubiger für die Unmöglichkeit einzustehen, wenn sie durch die **Verletzung einer allgemeinen deliktischen Pflicht** hervorgerufen oder durch die Verletzung **vertraglicher Nebenpflichten** wie insbesondere allgemeiner Mitwirkungs-, Sorgfalts- oder Obhutspflichten erst ermöglicht wurde. Dies ist auch zu bejahen, wenn der Gläubiger durch Handlungen, die das durch Vertrag begründete Vergütungsinteresse des Schuldners gefährden, mögen sie auch auf einem nicht vorwerfbaren Verhalten beruhen, die Unmöglichkeit herbeiführt. Man fordert nicht Vorsatz oder Fahrlässigkeit des Gläubigers im Sinne des § 276 Abs. 1, sondern spricht von „Verschulden im untechnischen Sinn", „**Verschulden gegen sich selbst**" oder – in subtiler Abstimmung gegenüber den echten Pflichten – von einer Verletzung von Gläubigerobliegenheiten. Dahinter steht auch die Überlegung, dass der Gläubiger gehalten ist, dafür zu sorgen, dass nicht aus der von ihm beherrschten Sphäre[82] Störungen der Leistungen des Schuldners kommen (sog Sphärentheorie[83]). Insoweit haftet er **analog** (weil ja keine eigenständige Vertragspflicht vorliegt) **§ 278** auch für das Verhalten von Personen, die er bei der Leistungserbringung einsetzt. Schließlich hat er den zur Unmöglichkeit führenden Umstand auch dann zu vertreten, wenn er im Vertrag ausdrücklich oder konkludent zugesichert hatte, dass dieser nicht eintritt[84]. Abschließend wird noch eine Obliegenheit des Gläubigers bejaht, die dem Schuldner obliegende Leistungshandlung nicht durch eigenes frei verantwortliches Handeln unmöglich zu machen.

### d) Von beiden Seiten zu vertretende Unmöglichkeit

Die Rechtsfolgen einer von beiden Parteien des Schuldverhältnisses mit herbeigeführten Unmöglichkeit waren vor der Schuldrechtsmodernisierung **gesetzlich nicht geregelt** und daher heftig umstritten[85]. Leider hat die Schuldrechtsmodernisierung entgegen anfänglichen Plänen[86] die Chance ungenutzt gelassen, hier eine Lösung gesetzlich vorzusehen. Folglich streiten die zum alten Recht vertretenen Meinungen auch nach der Schuldrechtsmodernisierung munter fort. 7/75

Nach einer Ansicht war früher die **kumulative Anwendung der §§ 324 Abs. 1, 325 aF** für diese Fälle zutreffend[87]. Will man auch im neuen Recht daran festhalten, so stünde dem Schuldner ein Schadenersatzanspruch aus §§ 280 Abs. 1, 3, 283 zu, der nach der Differenztheorie zu berechnen und gemäß § 254 um den Verantwortungsteil des Schuldners zu kürzen ist. Auf der anderen Seite wäre auch der Gegenleistungsanspruch aus § 326 Abs. 2 1. Alt., der grundsätzlich bestehen bliebe, insoweit zu kürzen, wie der Gläubiger für die Unmöglichkeit verantwortlich ist. Beide Ansprüche wären 7/75a

---

81 So ausdrücklich auch *Lorenz/Riehm*, SR, Rn 348 und *Emmerich*, Leistungsstörungen[6], § 11 I (S. 171).
82 OLG Frankfurt JZ 1972, 245.
83 Dazu *Beuthien*, Zweckerreichung und Zweckstörung im Schuldverhältnis (1969) S. 76 ff, 210 ff.
84 Vgl BGH NJW 1980, 700.
85 Vgl nur *Stoppel* Jura 2003, 224 ff mwN.
86 Vgl § 323 Abs. 3 Kommissionsentwurf und noch § 323 Abs. 3 Diskussionsentwurf.
87 Palandt/*Heinrichs*, BGB[65], Vor zu § 323 Rn 5, *Looschelders* JuS 1999, 949 ff.

sodann miteinander zu verrechnen[88]. Gegen diese von *Faust*[89] und unter der Benennung als **"Modell der Vertragsspaltung"** auch ins neue Recht übernommene[90] Lösung spricht indessen entscheidend ihre Schwerfälligkeit[91]. Daher geht die wohl noch immer **überwiegende Ansicht**[92] davon aus, dass der nach der Surrogationsmethode ermittelte Schadenersatzanspruch des Gläubigers aus §§ 280 Abs. 1, 3, 283 gem. § 254 gekürzt wird und dem nicht reduzierten Gegenleistungsanspruch des Schuldners aus § 326 Abs. 2 gegenübersteht. Inzwischen lässt sich jedoch eine **weitere Ansicht** vernehmen, die – fußend auf der Ratio der Schuldrechtsmodernisierung – einer bloßen Übernahme der alten Lösungsansätze kritisch gegenübersteht. Nach dieser Ansicht ist der um das jeweilige Mitverschulden gekürzte Schadenersatzanspruch des Gläubigers (§§ 280 Abs. 1, 3, 283, 254) mit dem Schadenersatzanspruch des Schuldners aus §§ 280 Abs. 1, 254 zu saldieren[93].

7/76 Einigkeit besteht immerhin insoweit, dass hierunter diejenigen Fälle nicht zu rechnen sind, in denen zwar beide Vertragsparteien an dem zur Unmöglichkeit der Leistung führenden Umstand mitgewirkt haben, dabei aber der Verursachungsbeitrag des einen Teils so weit zurückbleibt, dass eine Abwägung der Mitverschuldensanteile nach § 254 dazu führen müsste, dass die Verantwortlichkeit der anderen Seite allein zugerechnet würde. Dies ergibt sich jetzt auch aus **§ 326 Abs. 2 Satz 1**. Daher ist von einer von beiden Seiten zu vertretenden Unmöglichkeit nur in den eher seltenen Fällen auszugehen, in denen die Verursachungsbeiträge von Schuldner und Gläubiger annähernd gleich zu bewerten sind[94].

## V. Sekundäransprüche

### 1. Systematik

7/77 Nachdem § 275 Abs. 1–3 das Schicksal des Anspruchs auf die Primärleistung bei deren Unmöglichwerden und § 326 die Auswirkungen auf den Gegenleistungsanspruch geregelt haben, bleibt noch die Frage der weiteren Rechtsfolgen einer solchen Unmöglichkeit, also der Sekundäransprüche, zu klären. Insoweit kommt § 275 Abs. 3 „neben der **Servicefunktion**, dem Rechtsanwender die Suche nach den einschlägigen Vorschriften abzunehmen" noch und insbesondere die Aufgabe zu, klarzustellen, dass die § 275 Abs. 1–3 eben nur den Primäranspruch entfallen lassen, aber nichts über eventuelle Sekundäransprüche des Gläubigers aussagen[95].

---

88 *Faust* JuS 2001, 133, 135 ff; *Looschelders*, SR AT⁴, Rn 730; *Stoppel* Jura 2003, 224, 227 f.
89 *Faust* JuS 2001, 133 ff.
90 Dazu genauer *Rüßmann*, FS Heldrich (2005), 281 ff, insb. 292 ff.
91 Vgl dazu die Berechnungsbeispiele bei *Rüßmann*, FS Heldrich (2005), S. 281, 292 ff.
92 MünchKomm/*Emmerich*, BGB⁵, § 324 aF Rn 34 ff; OLG Frankfurt NJW-RR 1995, 435, 437.
93 *Schulze/Ebers* JuS 2004, 366, 368; *Rauscher* ZGS 2002, 333, 336 f.
94 Vgl MünchKomm/*Oetker*, BGB⁵, § 254 Rn 110.
95 So zutreffend Huber/*Faust*, Schuldrechtsmodernisierung, Kap. 2 Rn 8.

## 2. Anfänglich-objektive Unmöglichkeit

### a) Schuldverhältnis ohne primäre Leistungspflicht, § 311a Abs. 1

In völliger Umkehr der früheren Rechtslage stellt § 311a Abs. 1 nunmehr ausdrücklich fest, dass ein Schuldverhältnis trotz anfänglich-objektiver Unmöglichkeit der versprochenen Leistung **wirksam** bleibt. Lediglich die entsprechende unmögliche Primärleistungspflicht kann wegen § 275 nicht verlangt werden, wodurch nach § 326 Abs. 1 S. 1 grundsätzlich auch die Gegenleistungspflicht erlischt. Damit bildet ein auf eine anfänglich-objektiv unmögliche Leistung gerichtetes Schuldverhältnis nunmehr das Paradebeispiel eines **Schuldverhältnisses ohne primäre Leistungspflicht**[96].

7/78

### b) Schadenersatzanspruch, § 311a Abs. 2

Grundsätzlich gewährt § 311a Abs. 2 jetzt dem Gläubiger, dem die anfänglich-objektiv unmögliche Leistung versprochen wurde, einen Anspruch auf **Schadenersatz statt der Leistung**, also auf das positive Interesse[97]. Da eine Naturalrestitution nach § 249 hier naturgemäß ausscheidet, ist dieser Ersatzanspruch stets auf Wertersatz nach § 251 gerichtet. Das Gesetz sieht hierfür eine **eigenständige Anspruchsgrundlage** in § 311a Abs. 2 vor, die nicht wie der Schadenersatzanspruch in den anderen Fällen von Unmöglichkeit an § 280 Abs. 1 anknüpft. Dies beruht auf der dogmatischen Erwägung, dass der Schuldner bei einer anfänglich-objektiv unmöglichen Leistung wegen § 275 Abs. 1 niemals zur Erbringung der Leistung verpflichtet war, sodass die Nichtleistung in diesem Falle auch keine Pflichtverletzung darstellt und eine Anknüpfung an § 280 Abs. 1 somit nicht in Betracht kommt[98].

7/79

An dieser Rechtsfolge wird in der Literatur eine „geradezu wütende **Kritik**"[99] geübt, die darin gipfelt, dass selbst eine Habilitationsschrift offen dazu aufruft, dieser Vorschrift die Gefolgschaft zu verweigern und im Wege der Rechtsfortbildung an diese Stelle einen nur auf das **negative Interesse** gerichteten Schadenersatzanspruch zu setzen[100]. Grund hierfür soll es sein, dass die geschuldete Leistung ja niemals erbringbar war, so dass es entweder bereits am **Kausalzusammenhang** zwischen der Pflichtverletzung und dem auf das Leistungsinteresse gerichteten Schaden oder jedenfalls am **Rechtswidrigkeitszusammenhang** fehle[101]. Wenig hilfreich ist es demgegenüber, wenn die neue Rechtslage mit dem ebenso richtigen wie entlarvenden Hinweis verteidigt wird, diese Kritik sei „rein dogmatischer Art und brauche als solche den Gesetzgeber grundsätzlich nicht zu kümmern"[102]. Doch lässt sich die **Konstruktion des Gesetzgebers** auch dogmatisch begründen. Denn § 311a Abs. 2 normiert eben gerade deshalb einen **eigenständigen Schadenersatzanspruch**, ohne dabei auf den Tatbe-

7/80

---

96 *Canaris* JZ 2001, 506.
97 Vgl dazu *Kohler* Jura 2006, 241 ff; *Katzenstein* Jura 2005, 73.
98 Bamberger/Roth/*Grüneberg*, BGB, Vor § 275 Rn 9.
99 So *Canaris*, FS Heldrich (2005), S. 11.
100 So *Lobinger*, Die Grenzen rechtsgeschäftlicher Leistungspflichten (2004), S. 279 ff, 295 ff, 363 f.
101 Vgl etwa *Altmeppen* DB 2001, 1400; *Wilhelm* JZ 2001, 867; *Knüttel* NJW 2001, 2520.
102 So aber *Canaris*, FS Heldrich (2005), S. 12.

## § 7 *Die Unmöglichkeit der Leistung*

stand einer Pflichtverletzung in § 280 Bezug zu nehmen. Dessen Grundlage wird in der Nichterfüllung des vertraglichen Leistungsversprechens gesehen, dessen Nichterfüllung aber zwangsläufig zur ... des positiven Interesses führt[103]. Und damit liegt diese Konstruktion des Schadenersatzanspruches inhaltlich mehr bei dem vor der Schuldrechtsreform zur Begründung des Ersatzanspruches „seit Jahrtausenden dafür herangezogenen Garantiegedanken"[104]. Diese Ähnlichkeit zum Garantiegedanken einerseits und vorvertraglichem Verschulden andererseits hat § 311a nicht zu Unrecht die Bezeichnung als „Norm mit **hybrider Struktur**"[105] eingebracht.

7/81 Nach dem Wortlaut des § 311a Abs. 1 würde der Schadenersatzanspruch voraussetzen, dass zwischen den Beteiligten ein **Vertrag** vorliegen muss. Diese gegenüber § 280 Abs. 1 (Schuldverhältnis) engere Formulierung wurde bewusst gewählt um klarzustellen, dass ein vorvertragliches Schuldverhältnis aus § 311 Abs. 2 nicht ausreicht, um über § 311a einen Anspruch auf Schadenersatz statt der Leistung zu begründen. Dennoch ist diese Formulierung insoweit verfehlt, als die §§ 306, 307 aF **auch** auf **einseitige und unvollkommen zweiseitig verpflichtende Schuldverhältnisse** (vgl dazu oben § 2 Rn 16, 21) angewandt wurden[106] und die Schuldrechtsmodernisierung hieran auch nichts ändern wollte[107].

7/82 Damit bleibt auch die schon früher zu § 307 aF vertretene Rechtsprechung[108], wonach eine Anfechtung nach § 119 Abs. 2 ausgeschlossen ist, weil sich der Schuldner so in treuwidriger Weise seiner Schadenersatzverpflichtung entziehen würde, nun erst recht zutreffend[109].

**Beispiel:** Erweist sich die tatsächliche Laufleistung des gekauften Gebrauchtwagens als deutlich höher als die vom Verkäufer angegebene, so liegt anfängliche qualitative Unmöglichkeit vor. Der Käufer kann demnach Schadenersatz statt der Leistung aus §§ 437 Nr 3, 311a Abs. 2 verlangen. Gleichzeitig ist die tatsächliche Laufleistung auch eine verkehrswesentliche Eigenschaft der Kaufsache. Dennoch kann der Verkäufer nicht nach § 119 Abs. 2 seine Erklärung anfechten, da er sich damit seiner Haftung aus § 311a Abs. 2 entziehen könnte.

7/83 Umstritten ist dabei, ob der Gläubiger diesen Schadenersatzanspruch nur nach der **Differenz**methode berechnen **oder** ob auch die **Surrogationsmethode** zur Anwendung kommen kann. Letzterem wird teilweise entgegengehalten, dass der Anspruch auf die Gegenleistung nach § 326 Abs. 1 S. 1 doch gerade erloschen sei. Doch wird dabei verkannt, dass allein die Tatsache, dass der Schuldner die Gegenleistung nicht mehr verlangen kann, noch nichts darüber besagt, ob damit auch das Recht des Gläubigers zu ihrer Erbringung entfällt. Entsprechend verhält es sich mit § 326 Abs. 4; der Gläubiger hat danach zwar einen Anspruch auf Rückgewähr der bereits erbrachten Gegenleistung, aber auch diesen muss er ja nicht geltend machen. Wenn aber weder

---

103 So zutreffend *Canaris*, FS Heldrich (2005), S. 12.
104 *Altmeppen* DB 2001, 1402.
105 *Windel* JR 2004, 265.
106 Vgl MünchKomm/*Thode*, BGB⁵, § 306 aF Rn 1.
107 HKK-BGB/*Schulze*, § 311a Rn 3.
108 BGH NJW 1988, 2597, 2598.
109 Ebenso etwa *Canaris* JZ 2001, 506.

§ 326 Abs. 1 noch § 326 Abs. 4 eine Schadensberechnung nach der Surrogationsmethode ausschließen, muss diese auch hier möglich sein[110].

Diese Schadenersatzpflicht greift allerdings dann nicht ein, wenn der Schuldner die Unmöglichkeit der Leistung weder kannte noch kennen musste, § 311a Abs. 2 S. 2. Die gesetzliche Regelung geht damit stillschweigend davon aus, dass den Schuldner schon vor Vertragsschluss Informationspflichten hinsichtlich seiner Leistungsfähigkeit treffen und wirft damit die schwierige Frage auf, welchen Umfang diese **vorvertraglichen Informationspflichten** haben[111]. Man wird im Einzelfall nach dem wirtschaftlichen Gewicht des Vertrages und der Art des Leistungshindernisses zu differenzieren haben. Jedoch sollte man insoweit eine Obliegenheit zur Vergewisserung über die eigene Leistungsfähigkeit jedenfalls da annehmen, wo die Unmöglichkeit durch Umstände herbeigeführt wird, die allein in der Einflusssphäre des Schuldners liegen[112].

7/84

Zu beachten ist insoweit, dass es sich bei diesen Fallkonstellationen der Verletzung der genannten Informationspflichten „im Grunde um einen **klassischen Anwendungsfall der cic** nach §§ 311 Abs. 2, 241 Abs. 2 handelt"[113]. Die wohl hM verneint gleichwohl die Möglichkeit eines Rückgriffs auf Ersatzansprüche aus cic[114] und geht damit davon aus, dass § 311a Abs. 2 zugleich die allgemeine Haftung des Schuldners aus cic einschränkt, ohne dafür indessen eine plausible Begründung zu geben[115].

7/85

| **Prüfungsaufbau: Schadenersatzanspruch aus § 311 Abs. 2** |
| --- |
| – Schuldverhältnis |
| – Freiwerden des Schuldners von seiner Leistungspflicht nach § 275 Abs. 1 bis 3 |
| – Erhebung der Einrede in den Fällen des § 275 Abs. 2 und 3 |
| – Unmöglichkeitseintritt vor Vertragsschluss |
| – Kenntnis oder Vertretenmüssen der Unkenntnis von der Leistungsunmöglichkeit |

7/86

### c) Aufwendungsersatzanspruch, § 284

An Stelle des Schadenersatzanspruchs und unter denselben Voraussetzungen kann der Gläubiger auch Ersatz seiner Aufwendungen gemäß § 284 verlangen. Dies ist insbesondere bei solchen Schuldverhältnissen von Bedeutung, die sich im Nachhinein als ein Verlustgeschäft herausstellen. Durch die Schuldrechtsmodernisierung wurde erfreulicherweise auch klargestellt, dass hierunter auch die sog **frustrierten Aufwendungen** fallen. Man versteht darunter diejenigen Aufwendungen, die der Gläubiger gemacht hat, um den Vertrag abzuschließen (zB Beurkundungskosten) oder um den

7/87

---

110 Im Ergebnis ebenso *Lorenz/Riehm*, SR, Rn 332.
111 Staudinger/*Löwisch*, BGB[13] (2004), § 275 Rn 6.
112 Vgl schon *Larenz*, SR I[14], § 8 II und *Heck*, Grundriss des Schuldrechts (1929) S. 142; Staudinger/*Löwisch*, BGB[13] (2004), Vor § 275 Rn 4.
113 *Emmerich*, Leistungsstörungen[6], § 5 III 2 b (S. 70).
114 Huber/*Faust*, Schuldrechtsmodernisierung Kap. 7 Rn 17 (S. 212); Palandt/*Heinrichs*, BGB[65], § 311a Rn 13.
115 So zutreffend *Emmerich*, Leistungsstörungen[6], § 3 III 2 b (S. 70).

Vertragsgegenstand ordnungsgemäß nutzen zu können. Diese Aufwendungen erweisen sich bei Unmöglichkeit der Leistungserbringung als nutzlos. Da sie aber auch bei ordnungsgemäßer Leistungserbringung angefallen wären, können diese Kosten nicht im Rahmen des Schadenersatzes statt der Leistung geltend gemacht werden. Deshalb wurde für solche Aufwendungen § 284 als Anspruchsgrundlage geschaffen.

#### d) Rücktritt, § 326 Abs. 5

7/88 Schließlich kann der Gläubiger auch **ohne Fristsetzung** vom Vertrag **zurücktreten**, wenn der Schuldner nach § 275 nicht zu leisten braucht[116]. Im Falle der Leistungsunmöglichkeit kommt diesem Rücktrittsrecht jedoch nur eine begrenzte Bedeutung zu, weil der Gläubiger der unmöglich gewordenen Leistung regelmäßig ja bereits nach § 326 Abs. 1 S. 1 von seiner Gegenleistungspflicht befreit ist. Es wird zudem weiter dadurch eingeschränkt, dass durch die Ausübung des Rücktrittsrechts auch nicht die den Ausnahmen von § 326 Abs. 1 zu Grunde liegenden Wertungen unterlaufen werden dürfen[117]. Deshalb kommt diesem Rücktrittsrecht Bedeutung lediglich in den Fällen des § 326 Abs. 1 S. 2, bei nur teilweiser Unmöglichkeit sowie dann zu, wenn der Gläubiger in Unkenntnis darüber ist, ob die Voraussetzungen von § 275 vorliegen.

#### e) Anspruch auf das negative Interesse aus § 122

7/89 Über diese gesetzlich geregelten Rechtsfolgen der anfänglichen Unmöglichkeit hinausgehend wird in der Literatur eine analoge Anwendung von § 122 in den Fällen erwogen, in denen dem Schuldner der Nachweis **fehlender Kenntnis von der Unmöglichkeit** der Leistung und **fehlenden Verschuldens an der Unkenntnis** gelingt[118]. In diesen Fällen sieht das normierte Unmöglichkeitsrecht nämlich **keinerlei Ansprüche** des Gläubigers vor. Will man es dabei nicht belassen, liegt eine Analogie zu § 122 deshalb nahe, weil bei derartigen Leistungsversprechen meist eine Interessenslage vorliegt, die der in § 119 Abs. 2 geregelten Situation nahe kommt. Auch dann soll der Schuldner von seiner Leistungspflicht aber nicht ersatzlos völlig frei werden, sondern immerhin zum Ersatz des Vertrauensschadens verpflichtet sein. Der Gesetzgeber hat diese Frage ausdrücklich offen gelassen[119].

7/90 Gegen eine solche Analogie zu § 122 spricht andererseits, dass Motivirrtümer im System des BGB grundsätzlich unbeachtlich bleiben und **§ 119 Abs. 2** insoweit einen **Ausnahmetatbestand** darstellt. Zwar gibt es keinen methodischen Grundsatz des Inhalts, dass bei Ausnahmetatbeständen eine Analogie schlechthin auszuscheiden hat, doch muss der Ausnahme selbst, um analogiefähig zu bleiben, wiederum ein verallgemeinerungsfähiger Rechtsgedanke innewohnen. Von diesem rein methodischen Bedenken abgesehen spricht jedoch auch inhaltlich gegen diese Analogie, dass der eigentliche Haftungsgrund hier nicht die durch § 275 Abs. 1 ausgeschlossene Leistungspflicht und deren Nichterfüllung, sondern die Abgabe eines nicht erfüllbaren

---

116 Vgl genauer unten § 10.
117 *Brox*, SR AT, § 22 Rn 82; *Dauner-Lieb*, SR, § 326 Rn 18.
118 *Canaris* JZ 2001, 499, 507 f; *Lorenz/Riehm*, SR, Rn 334.
119 BT-Drs. 14/6040, S. 166.

Leistungsanspruchs ist. Dies aber ist letztlich eine der Verletzung vorvertraglicher Sorgfaltspflichten ähnliche Konstellation, für die grundsätzlich keine verschuldensunabhängige Haftung vorgesehen ist[120]. Die Analogie zu § 122 ist daher im Ergebnis abzulehnen.

### 3. Anfänglich-subjektive Unmöglichkeit (anfängliches Unvermögen)

#### a) Gleichstellung der Rechtsfolgen zum anfänglich-objektiven Unvermögen, § 311a Abs. 1

Durch die Schuldrechtsmodernisierung wurde endlich auch das anfängliche Unvermögen einer ausdrücklichen und umfassenden gesetzlichen Regelung zugeführt, indem in den Rechtsfolgen der anfänglichen Unmöglichkeit in § 311a Abs. 1 völlig gleichgestellt wurde. Dies heißt in aller Kürze, der Vertrag ist trotz anfänglichen Unvermögens des Schuldners wirksam, er schuldet aber wegen § 275 nicht Leistung in Natur, sondern aus § 311a Abs. 2 Schadenersatz wegen Nichterfüllung, wenn er die Unmöglichkeit bei Vertragsschluss kannte oder kennen musste. Der Anspruch auf die Gegenleistung entfällt nach Maßgabe des § 326. Statt des Schadenersatzes kann der Gläubiger auch hier den Ersatz seiner Aufwendungen nach § 284 verlangen. Auch mit Blick auf eine mögliche Analogie zu § 122 und das Rücktrittsrecht gilt das oben Ausgeführte. Die früher wichtige Unterscheidung zwischen objektiver und subjektiver Unmöglichkeit ist damit für die Fälle der anfänglichen Unmöglichkeit obsolet geworden. Die damit verbundene Abkehr von der Garantiehaftung des alten Rechts ist in der rechtspolitischen Diskussion zwar auch heftig kritisiert worden[121], erscheint mir jedoch gerade angesichts der vielfältigen Ansätze zu deren Einschränkung vor der Schuldrechtsmodernisierung[122] und **rechtssystematisch überzeugend**.

7/91

#### b) Nachweisproblematik

Häufig ist die tatsächliche Situation in Fällen des Unvermögens zur Leistung so, dass der Gläubiger nicht sicher beurteilen kann, ob der Schuldner nicht leisten kann oder nur nicht leisten will. Prozessual bleibt dann die Frage des Unvermögens streitig. In diesem Falle kann der Gläubiger dem Schuldner nach §§ 280 Abs. 3, 281 Abs. 1 S. 1 eine **angemessene Frist zur Erbringung der Leistung** setzen und nach deren Ablauf Schadenersatz statt der Leistung verlangen oder zurücktreten[123]. In beiden Fällen geht damit der Anspruch auf die Primärleistung nach § 281 Abs. 4 unter, selbst wenn kein Fall der Unmöglichkeit vorliegen sollte (daher kann im nachfolgenden Prozess offen bleiben, ob tatsächlich Unvermögen vorlag oder nicht). In beiden Fällen ist der Primäranspruch (nach § 275 oder § 281 Abs. 4) untergegangen und stattdessen ein Anspruch auf Schadenersatz (§§ 311a Abs. 2, 326 Abs. 1, 326 Abs. 4 oder §§ 281

7/92

---

120 *Dauner-Lieb*, SR, § 311a Rn 18; Palandt/*Heinrichs*, BGB[65], § 311a Rn 14; *Looschelders*, SR AT[4], Rn 665.
121 *Huber* ZIP 2000, 2137, 2150.
122 *Larenz*, SR I[14], § 8 II (S. 101 ff).
123 Vgl dazu – auch unter Einbeziehung der Prozesslage – *Kohler* AcP 205, 93 ff.

Abs. 1, 323 Abs. 1 S. 1) gegeben. Der trotz angemessener Fristsetzung nicht leistende Schuldner kann diesem Schadenersatzanspruch nur entgehen, wenn ihm der Nachweis gelingt, dass er im Zeitpunkt des Vertragsschlusses unvermögend war und er sein Unvermögen weder kannte noch kennen musste.

### 4. Nachträgliche Unmöglichkeit

#### a) Systematik

7/93 Bei der nachträglichen, dh erst nach Vertragsschluss eintretenden Unmöglichkeit wurden im alten Recht objektive und subjektive Unmöglichkeit durch § 275 Abs. 2 aF gleichgestellt. Die unterschiedlichen Rechtsfolgen hingen vielmehr davon ab, wer den zur Unmöglichkeit führenden Umstand zu vertreten hatte (§§ 280 ff, 323 ff aF). Diese **Differenzierung nach dem Vertretenmüssen** hat auch das modernisierte Schuldrecht im Grundsatz beibehalten (vgl §§ 283, 280 Abs. 1), die Rechtslage aber durch **Vereinheitlichungen auf der Rechtsfolgenseite** etwas klarer strukturiert. Statt eines Schadenersatzanspruchs kann der Gläubiger auch hier Aufwendungsersatz nach § 284 verlangen oder in den oben dargelegten Grenzen zurücktreten.

#### b) Von keiner Partei zu vertretende Unmöglichkeit

7/94 Ist der zur Unmöglichkeit führende Umstand von keiner der Parteien zu vertreten, so **bestehen Schadenersatz- oder andere Sekundäransprüche** regelmäßig **nicht**, da diese nach §§ 280 Abs. 1, 3, 283 voraussetzen, dass der Schuldner die Unmöglichkeit zu vertreten hat.

#### c) Vom Schuldner zu vertretende Unmöglichkeit

7/95 Ist die Unmöglichkeit vom Schuldner zu vertreten, kann der Gläubiger ohne vorherige Fristsetzung und unabhängig von der Art des Schuldverhältnisses **Schadenersatz statt der Leistung** gemäß §§ 280 Abs. 1, 3, 283 oder stattdessen Aufwendungsersatz nach § 284 verlangen.

7/96 Selbst die für dieses „**Verweisungskarussell**"[124] Verantwortlichen bezeichnen die Vorgehensweise, wonach § 280 Abs. 3 auf § 283 und dieser zu § 280 Abs. 1 zurückverweist, als „nicht besonders glücklich". Gleichwohl erscheint diese Binnenverweisung[125] notwendig. § 283 ist erforderlich, um zu verdeutlichen, dass der Schadenersatzanspruch in diesen Fällen an die Stelle der geschuldeten Primärleistung tritt, also ein Schadenersatzanspruch statt der Leistung ist. Der Rückverweis zu § 280 Abs. 1 ist notwendig um klarzulegen, dass die in § 281 Abs. 1 für Schadenersatz statt der Leistung regelmäßig geforderte Fristsetzung im Falle der Unmöglichkeit nicht gelten soll, da der Schuldner hier das Hindernis entweder (§ 275 Abs. 1) nicht beseitigen kann oder wegen § 275 Abs. 2 und 3 nicht zu beseitigen braucht. Umstritten ist in den Fällen des Freiwerdens des Schuldners von seiner Leistungspflicht nach § 275 Abs. 1–3

---

124 *Medicus*, SR AT[16], Rn 386.
125 *Medicus*, SR AT[16], Rn 386.

lediglich das dogmatische Verhältnis von § 280 Abs. 1 zu § 283 Satz 1. Während einige hier davon ausgehen, dass § 283 Satz 1 die eigentliche Anspruchsgrundlage des Schadenersatzanspruchs darstelle, die § 280 Abs. 1 als Sonderregelung vorgeht[126], meinen andere, dass auch hier § 280 Abs. 1 als Anspruchsgrundlage fungiert[127]. Die letztgenannte Ansicht ist vorzuziehen, da sie der durch die Schuldrechtsmodernisierung angestrebten Einheitlichkeit am besten Rechnung trägt und die zentrale Stellung des § 280 Abs. 1 betont. Jedoch kommt diesem Meinungsstreit nur theoretische Bedeutung zu, weil § 283 Satz 1 auf § 280 Abs. 1 verweist und somit ohnehin stets beide Normen gemeinsam als Grundlagen des Schadenersatzanspruchs zu benennen sind[128]. An Stelle des früheren vierfachen Wahlrechts[129] kann der Gläubiger heute somit entweder Schadenersatz statt der Leistung verlangen, § 283 Satz 1, oder statt des Schadenersatzes Aufwendungsersatz nach § 284 fordern oder das stellvertretende Commodum an Stelle (§ 288 Abs. 1) oder unter Anrechnung auf einen weitergehenden Schadenersatzanspruch (§ 285 Abs. 2) verlangen. Zu diesen drei Möglichkeiten tritt im gegenseitigen Schuldverhältnis ergänzend oder variierend hinzu:

– die Befreiung von der Gegenleistungspflicht, § 326 Abs. 1;
– die Möglichkeit stattdessen nach § 326 Abs. 5 zurückzutreten, ohne dadurch wegen § 325 den Schadenersatzanspruch einzubüßen;
– die Möglichkeit, das stellvertretende Commodum gegen Erbringung der geschuldeten Gegenleistung zu fordern, §§ 326 Abs. 3, 285.

| **Prüfungsfolge des Schadenersatzanspruchs des Gläubigers aus §§ 280 Abs. 1, 3, 283** |
|---|
| – Schuldverhältnis;<br>– Schuldner wird nach § 275 Abs. 1 bis 3 von seiner Leistungspflicht;<br>– Erhebung der Einrede in den Fällen von § 275 Abs. 2 und 3;<br>– Eintritt des Unmöglichkeit begründendes Umstandes **nach** Vertragsschluss als ungeschriebenes, aus § 311a Abs. 2 folgendes Tatbestandsmerkmal;<br>– Vorliegen der Voraussetzungen aus § 280 Abs. 1, insbesondere der Pflichtverletzung;<br>– Fortbestand der Vermutung für das Vertretenmüssen des Unmöglichkeit begründenden Umstandes nach §§ 276 ff, 280 Abs. 1 S. 2;<br>– kausal durch die Pflichtverletzung entstandener Schaden des Gläubigers. |

7/97

Da Hans im Glück im **Fall 14** das Pferd nicht mehr bekommt (§ 275 Abs. 1) und der Reiter dies zu vertreten hat, kann Hans für das Pferd Geldersatz (§§ 280 Abs. 1, 3, 283) in Höhe des Wertes fordern (§§ 249, 251).

---

126 Vgl etwa *Dauner-Lieb*, SR, § 283 Rn 2.
127 Vgl *Wieser* MDR 2002, 858, 860 und *Kupisch* NJW 2002, 1401.
128 So zutreffend MünchKomm/*Ernst*, BGB[5], § 283 Rn 1; Jauernig/*Vollkommer*, BGB[11], § 283 Rn 1; *Musielak*, Grundkurs, Rn 399.
129 Vgl dazu Vorauflage Rn 7/102.

### d) Vom Gläubiger zu vertretende Unmöglichkeit

7/98  Da in den Fällen, in denen der Gläubiger die Unmöglichkeit zu vertreten hat, der Schuldner den Anspruch auf die Gegenleistung nach § 326 Abs. 2 behält, obwohl er seinerseits nach § 275 von seiner Leistungspflicht frei wird, ist ein zusätzlicher **Schadenersatzanspruch** alleine wegen der Unmöglichkeit **nicht vorgesehen** – der Schuldner erhält ja seine vertragsgemäße Leistung.

> Ein Vertretenmüssen aufseiten des Gläubigers ergäbe sich in den Ausgangsbeispielen, wenn im **Fall 12** K selber den gekauften Wagen in der „Laternengarage" vor dem Haus des V zerstört hätte; im **Fall 14** etwa dann, wenn Hans im Glück in der Nacht nach dem Tausch das ihm noch nicht übergebene Pferd totprügelte.

Ein Schadenersatzanspruch des Schuldners kann sich in diesen Fällen aber nach allgemeinen Grundsätzen aus § 280 Abs. 1 ergeben, wenn der Gläubiger nicht nur die Leistungsunmöglichkeit verursacht, sondern dabei oder damit zugleich eine **eigene Pflicht** aus dem Schuldverhältnis, insbesondere die Abnahmepflicht aus § 433 Abs. 2 oder eine eigene Mitwirkungspflicht oder Schutzpflichten iS von § 241 Abs. 2 **schuldhaft** verletzt und dadurch einen weitergehenden Schaden beim Schuldner hervorgerufen hat.

### e) Von beiden Seiten zu vertretende Unmöglichkeit

7/99  Dieser nach wie vor ungeregelte und entsprechend heftig umstrittene Fall (vgl schon oben Rn 7/75) ist mit Blick auf die Sekundäransprüche **von der zur Gegenleistung eingenommenen Position abhängig**. Wenn man dort mit der wohl herrschenden Meinung den Gegenleistungsanspruch des Schuldners trotz seines Verursachungsbeitrages ungeschmälert erhalten hat, muss dem Gläubiger im Gegenzug ein entsprechender Schadenersatzanspruch aus §§ 280 Abs. 1, 3, 283, gekürzt um den Mitverschuldensbeitrag des Gläubigers analog § 254 zugestanden werden. Wer dagegen bereits den Gegenleistungsanspruch des Schuldners um dessen Verursachungsbeitrag gekürzt hat, kommt zu keinem weiterreichenderen Schadenersatzanspruch des Gläubigers mehr.

## VI. Lösung Fall 13

7/100  I. B verlangt Schadenersatz für den Wagen.

1. Die Anspruchsgrundlage §§ 280 Abs. 1, 3, 283 setzt voraus, dass die Leistung unmöglich geworden ist und A diese Unmöglichkeit zu vertreten hat. Zwar ist A die Rückgabe des (unzerstörten) Wagens unmöglich und er daher nach § 275 Abs. 1 von dieser Pflicht frei geworden. Da der Unfall von A im Ausgangsfall jedoch nicht verschuldet war, fehlt es an dem nach § 280 Abs. 1 S. 2 erforderlichen Vertretenmüssen von A.

2. Auch ein Ersatzanspruch aus § 823 Abs. 1 wegen Eigentumsverletzung würde Verschulden des A hinsichtlich des Unfalls erfordern.

**II.** A verlangt Rückzahlung der Miete.

1. Als Anspruchsgrundlage kommen die §§ 326 Abs. 4, 346 ff in Betracht. Dies setzt Folgendes voraus:

a) Ein gegenseitiger Vertrag ist gegeben (s. § 535).

b) Unmöglichkeit der Erfüllung einer Hauptpflicht, mindestens Teilunmöglichkeit (§ 326 Abs. 1 2. HS). Diese Voraussetzung liegt vor, da B den Wagen nach dem Unfall für die restliche vereinbarte Mietzeit nicht mehr zum Gebrauch zur Verfügung stellen kann und daher insoweit nach § 275 Abs. 1 S. 1 von dieser Pflicht frei geworden ist.

c) A als Gläubiger dieses Anspruchs auf Überlassung des Mietwagens dürfte den Umstand, der zur Unmöglichkeit führte, weder überwiegend zu verantworten haben noch sich mit der Entgegennahme des Wagens in Annahmeverzug befunden haben, § 326 Abs. 2 S. 1. Beides ist nicht der Fall, weil A die Unmöglichkeit nicht einmal nach dem abgeschwächten Haftungsmaßstab des „Verschuldens gegen sich selbst" oder der Gläubigerobliegenheit zu vertreten hat. Dass der Unfall in seiner Sphäre geschehen ist, ändert daran nichts, weil bei der Autovermietung klar ist, dass der Mieter eine Zeit lang die alleinige Sachherrschaft über die Mietsache haben soll, ohne dass er damit alle Risiken übernimmt, die mit dem Gebrauch des Fahrzeugs im Verkehr verbunden sind. Annahmeverzug scheidet schon deshalb aus, weil A den Mietwagen entgegengenommen hat.

2. Es könnte jedoch eine Verschiebung des Gegenleistungsrisikos stattgefunden haben, wenn § 537 eingreift. Danach wäre die Miete fortzuzahlen, wenn A die Mietsache aus Gründen nicht weiter gebrauchen konnte, die in seiner Sphäre ihre Ursache hatten. Die vom Mieter nicht verschuldete Zerstörung der Mietsache gehört allerdings nicht hierher. Demnach kann A die Rückzahlung der anteiligen Miete für 2 Wochen verlangen.

# § 8 Verzug

**Fall 15:** A hat an B seine Gitarre verkauft, mit der B am Wochenende bei einer Grillparty spielen will. Daher wird vereinbart, dass A die Gitarre am Freitagabend dem B in dessen Wohnung überbringen und den Kaufpreis in bar mitnehmen soll. Am Freitagnachmittag bekommt A Besuch und vergisst die Verabredung mit B. Während der Nacht dringt in Abwesenheit des A ein betrunkener Zimmernachbar in das Wohnheimzimmer des A ein und zerstört die Gitarre. B, der ein anderes Instrument teuer kaufen muss, verlangt Schadenersatz.

**Abwandlung 1:** A hatte die Gitarre rechtzeitig bei B abliefern wollen, traf ihn aber zweimal nicht an. Er fährt nach Hause zurück, wo er das Instrument in seinem Zimmer am gewohnten Platz aufbewahrt. Er geht abends aus, schließt aber versehentlich die Tür nicht ab. Der so ungehindert ins Zimmer gekommene Betrunkene zerstört die Gitarre.

**Abwandlung 2:** Auf dem Rückweg von der Wohnung des B, wo er vergeblich gewartet hat, betrinkt sich A und zerstört die Gitarre.

**Fall 16:** Der junge A hat das Abitur nicht bestanden, weil er in der Mathematikprüfung aus Examensangst völlig versagt hat. Zur Vorbereitung auf die Wiederholungsprüfung beauftragen die Eltern des A den Mathematikstudenten M, A zu unterrichten. Vor der Prüfung verstärkt sich die Neurose des A zu einer schweren Geisteskrankheit; A wird in eine Heilanstalt eingeliefert. M verlangt das Honorar für die ausgefallenen Unterrichtsstunden.

**Abwandlung:** Vor der Wiederholungsprüfung hebt das Verwaltungsgericht auf die Klage des A den Entscheid der Prüfungskommission auf und erklärt das Abitur für bestanden.

**Fall 17:** Der Tiefbauunternehmer U, der einen Auftrag für eine Teilstrecke der Bundesautobahn A 20 übernommen hat, bestellt bei H einen Tieflader. Dabei ist er auf pünktliche Lieferung angewiesen, da er selbst zur Vermeidung hoher Vertragsstrafen seine Fristen einhalten muss. Deshalb wird die Lieferung des Tiefladers spätestens am 1. Juli vereinbart. Am 28. Juni teilt H mit, dass der Tieflader vom Herstellerwerk nicht eingetroffen sei. U antwortet, wenn er den Tieflader nicht binnen 8 Tagen erhalte, müsse er sich nach Ersatz umsehen und den H für daraus entstehende Schäden haftbar machen. Am 10. Juli besorgt sich U einen beträchtlich teureren Tieflader und nimmt damit – nunmehr selbst 4 Tage im Rückstand mit seinen Arbeiten – die Streckenarbeit wieder auf. Weitere 14 Tage später bietet H dem U den Tieflader zur Abnahme an, U lehnt ab und verlangt die Mehrkosten des neuen Tiefladers als Schadenersatz, während H den vereinbarten Kaufpreis Zug um Zug gegen Lieferung des Tiefladers verlangt.

Wie ist die Rechtslage? **Lösung Rn 8/111**

## I. Vorbemerkung

8/1 Erbringt der Schuldner die ihm obliegende Leistung[1] nicht rechtzeitig, so liegt auch darin eine Pflichtverletzung iSv § 280 Abs. 1. Entsteht dem Gläubiger hieraus ein Schaden, so kann er diesen jedoch nicht nach § 280 Abs. 1 ersetzt verlangen. **Verspätungsschäden** sind nach alter deutscher Rechtstradition[2] vielmehr nur bei Schuldnerverzug zu ersetzen. Diese Tradition hat auch die Schuldrechtsmodernisierung überlebt und wird heute durch **§ 280 Abs. 2** ausgedrückt – und dies, obwohl die Regelung des Schuldnerverzugs durch diese Reform und die Integration der Zahlungsverzugsrichtlinie[3] völlig umstrukturiert wurde. Somit genügt das Vorliegen der allgemeinen Merkmale des § 280 Abs. 1, also die Leistungsverzögerung als Pflichtverletzung nicht, zum Ersatz des Verzögerungsschadens müssen vielmehr **zusätzlich** die **Verzugsvoraussetzungen** vorliegen. Die Bestimmung der Verzugsvoraussetzungen findet sich jetzt in § 286, während die Rechtsfolgen des Verzuges auf die §§ 287–290 (Verspätungsschaden und Verantwortlichkeit des Schuldners) und §§ 280 Abs. 2, 281 (Schadenersatz statt der Leistung) verteilt sind. Die besonderen Rücktrittsvoraussetzungen bei gegenseitigen Verträgen ergeben sich aus dem neuen § 323. Der **Anspruch auf die** bisher nicht erbrachte **Leistung** wird davon **nicht berührt**. Obwohl auch der Verzug nur einen Unterfall der allgemeinen Pflichtverletzung darstellt, muss wegen der bestehenden Besonderheiten sowohl bei den Anspruchsvoraussetzungen als auch bei den Rechtsfolgen ebenso wie zuvor bei der Unmöglichkeit eine gesonderte Darstellung erfolgen.

---

1 Vgl *Eberl-Borges* AcP 203, 633 ff.
2 Einen gelungenen kurzen Überblick über die geschichtliche Entwicklung bringt *Emmerich*, Leistungsstörungen, § 15 I Rn 1 ff.
3 Richtlinie 2000/35/EG des Europäischen Parlaments und des Rates zur Bekämpfung des Zahlungsverzugs im Geschäftsverkehr vom 29.6.2000, dazu *Schulte-Brancks* NJW 2001, 103 ff.

Wenngleich das Unmöglichkeitsrecht im Zentrum des Leistungsstörungsrechts steht, 8/2
wird es an **praktischer Bedeutung** vom Verzug weit übertroffen. Vom Schuldnerverzug (§§ 286 ff) als der Verspätung einer an sich noch möglichen Leistung[4] ist der Gläubiger- oder Annahmeverzug (§§ 293 ff) als die Nichtannahme der richtig angebotenen Schuldnerleistung[5] zu unterscheiden.

> Im **Fall 15** hat A nicht geleistet, obwohl ihm dies möglich gewesen wäre. Unmöglichkeit trat – durch Zerstörung der Gitarre – erst im Stadium der Leistungsverzögerung ein, und es fragt sich, ob A sich unter den Umständen des Grundfalls ohne weiteres darauf berufen kann, dass er die Gitarre nicht selbst zerstört hat. In den Abwandlungen hat B die ihm richtig und rechtzeitig angebotene Leistung nicht angenommen, sodass A darauf hinweisen wird, dass bei vereinbarungsgemäßem Verhalten des G der Schaden nicht eingetreten wäre.

## II. Der Schuldnerverzug

Bei der Regelung des Schuldnerverzuges sucht das Gesetz ein **Gleichgewicht zwi-** 8/3
**schen den Interessen** des Gläubigers, für einen durch Verzögerungen der geschuldeten Leistung verursachten Schaden Ersatz zu erhalten oder sich sogar ganz vom Vertrag zu lösen, und dem Bedürfnis des Schuldners, nur für vorhersehbare und vermeidbare Fristversäumnisse einstehen zu müssen.

> Dies kommt in den **Voraussetzungen** des Schuldnerverzuges[6] zum Ausdruck, die in folgender Reihenfolge zu untersuchen sind:
> 
> – Nichtleistung trotz Möglichkeit der Leistung;
> – Fälligkeit der Leistung;
> – Mahnung bzw Entbehrlichkeit einer Mahnung;
> – Vertretenmüssen des Schuldners.

### 1. Voraussetzungen

#### a) Nichtleistung trotz Möglichkeit der Leistung

Grundvoraussetzung jeden Verzuges ist zunächst einmal eine aus einem vertraglichen 8/4
oder gesetzlichen Schuldverhältnis entspringende **wirksame Leistungspflicht iSv
§ 241 Abs. 1**. Nicht ausreichend ist dagegen das bloße Bestehen von Schutzpflichten iSd § 241 Abs. 2[7]. An einer solchen wirksamen Leistungspflicht fehlt es beispielsweise, solange eine erforderliche Genehmigung für den Vertrag oder die geschuldete Leistungserbringung noch fehlt.

---

4 Dazu unten § 8 II Rn 8/3 ff.
5 Dazu unten § 8 III Rn 8/11 ff.
6 Vgl *Anders* JuS-L 2001, 25 ff; *Krause* Jura 2002, 217 ff, 299 ff; *Walchshöfer* JuS 1983, 598 ff; *Diederichsen* JuS 1985, 825 ff.
7 *Brox/Walker*, SR AT[31], § 23 Rn 3.

§ 8 *Verzug*

8/5 An einer wirksamen Leistungsverpflichtung fehlt es insbesondere, wenn diese wegen Unmöglichkeit wieder untergegangen ist. Obwohl begrifflich zwischen einer unmöglichen und einer nur verzögerten, aber nachholbaren Leistung eine scharfe Grenze zu verlaufen scheint, ist es in der praktischen Anwendung nicht immer ganz leicht, den Schuldnerverzug von Fällen der Unmöglichkeit abzugrenzen (vgl dazu auch 7/8). Dies ist aber erforderlich, da man nur mit einer noch möglichen, dh nachholbaren Leistung in Verzug geraten kann, während der Eintritt der Leistungsunmöglichkeit den Verzug stets beendet, sodass Schuldnerverzug und Unmöglichkeit niemals nebeneinander bestehen können; beide schließen sich vielmehr tatbestandlich aus[8]. Die Rechtsfolgen richten sich vom Eintritt der Unmöglichkeit an nur noch nach den Unmöglichkeitsregeln.

8/6 Probleme bereiten hier insbesondere die Fallkonstellationen, bei denen die Einhaltung der vereinbarten Leistungszeit so eng zur Leistungshandlung gehört, dass das Geschäft mit der zeitgerechten Leistung „stehen und fallen soll". Man bezeichnet solche Rechtsgeschäfte als **Fixgeschäft**. Während beim **absoluten Fixgeschäft** die Überschreitung der Leistungszeit automatisch zur Unmöglichkeit führt,

**Beispiele:** Fotograf soll Bilder von der Taufe oder Trauung machen; Balkonmiete zum Rosenmontagszug

8/7 Will man hiervon die **relativen** Fixgeschäfte trennen, bei denen die Überschreitung der Leistungszeit dem Gläubiger unmittelbar nur ein Rücktrittsrecht geben soll, während Unmöglichkeit hier gerade nicht eintreten und die Geltendmachung von Schadenersatzansprüchen von der Erfüllung der weiteren Voraussetzungen abhängen soll.

**Beispiel:** Taxifahrt zum Bahnhof oder Flughafen

8/8 Den **Unterschied** will man darin sehen, dass beim absoluten Fixgeschäft eine Nachholung nicht möglich ist, beim relativen aber uU noch Sinn machen kann, etwa um das nächste Flugzeug oder den nächsten Zug zu erreichen[9]. Allerdings ist diese Unterscheidung gekünstelt und sehr stark von den Umständen des Einzelfalls abhängig. Besser erschiene es, sich von der Vorstellung des absoluten Fixgeschäfts zu verabschieden und in all diesen Fällen zunächst das Rücktrittsrecht einzuräumen, Schadenersatz von der weiteren Erfüllung des § 281 abhängig zu machen (vgl dazu schon oben § 3 Rn 28). (Vgl zum Ganzen Bamberger/Roth/*Grothe*, BGB, § 323 Rn 22 ff).

### b) Fälligkeit

8/9 Des Weiteren setzt der Verzug gemäß § 284 den **Eintritt der Fälligkeit** voraus. Den Zeitpunkt der Fälligkeit regelt **§ 271**. Danach ergibt sich die Leistungszeit grundsätzlich aus der Parteivereinbarung. Enthält diese keine Anhaltspunkte, wird die Leistung sofort fällig, § 271 Abs. 1. Enthält die Parteivereinbarung eine Leistungszeit, so hat dies nach der Auslegungsregel des § 271 Abs. 2 im Zweifel den Sinn, dass der Gläu-

---

8 BGHZ 84, 245, 248 f; ebenso deutlich *Emmerich*, Leistungsstörungen[6], Rn 2; Staudinger/*Löwisch*, BGB[13] (2004), Vor §§ 286–292 Rn 6.
9 Vgl etwa Staudinger/*Löwisch*, BGB[13] (2004), Vor §§ 286–292, Rn 7.

biger die Leistung zwar nicht vor dem Zeitpunkt fordern, der Schuldner aber bereits zuvor bewirken kann. Dies bedeutet, dass eine Parteivereinbarung im Zweifel nur die Erfüllbarkeit, also den Zeitpunkt betrifft, an dem der Schuldner frühestens leisten darf, jedoch die Fälligkeit als den Zeitpunkt, zu dem er vertragsgemäß spätestens leisten muss, unberührt lässt. Will man also vertraglich auch die Fälligkeit regeln, muss sich die Leistungsverpflichtung des Schuldners aus dieser Abrede zweifelsfrei ergeben (vgl dazu genauer oben § 3 Rn 25).

Besondere Probleme werden aufgeworfen, wenn dem Schuldner **Einwendungen oder Einreden** gegen den fraglichen Anspruch zustehen[10]. Beim gegenseitigen Vertrag etwa muss dem Schuldner auch eine ihm vom Gläubiger geschuldete Gegenleistung angeboten werden, ehe er in Verzug geraten kann, da der Schuldner dem Leistungsverlangen ansonsten die Einrede des nichterfüllten Vertrages aus § 320 entgegenhalten kann. Dabei ist fraglich, ob bereits das Bestehen solcher Einreden oder erst ihre Geltendmachung den Verzug ausschließt. Das Erstere setzt allerdings voraus, dass der Gläubiger mit einer Einrede überhaupt rechnen kann, indem er um die sie begründenden tatsächlichen Umstände weiß.     8/10

Deshalb schaltet das allgemeine Zurückbehaltungsrecht gemäß § 273, das nur eine – im Allgemeinen recht weit verstandene – Konnexität der gegeneinander gestellten Rechte voraussetzt, nur für die Zukunft durch seine **Geltendmachung** den Verzug aus[11], wobei sogar verlangt wird, dass der Schuldner Leistung Zug um Zug angeboten hat[12]. Ähnlich ist es mit der Einrede der Verjährung, § 214; solange der Schuldner sich auf sie nicht berufen hat, schuldet er uneingeschränkt und muss sich auch den Verzugsfolgen stellen[13] (vgl schon oben § 2 Rn 20).     8/11

Bei § 320 dagegen reicht bereits das bloße **Bestehen der Einrede** nach richtiger Ansicht aus, um Verzug auszuschließen. Denn hier ändern die Fälligkeit einer Leistung und auch eine Mahnung seitens des Vertragspartners nichts daran, dass nach § 320 eine nicht vorleistungspflichtige Partei nur leisten muss, wenn ihr die ihr geschuldete Gegenleistung angeboten wird; vorher gerät sie also nicht in Verzug[14] (vgl oben § 3 Rn 12).     8/12

**Gestaltungsrechte** des Schuldners, wie etwa die Möglichkeit anzufechten, aufzurechnen oder vom Vertrag zurückzutreten, können erst berücksichtigt werden, wenn sie vom Schuldner **ausgeübt** worden sind. Dann aber schließen sie rückwirkend den     8/13

---
10 Vgl dazu zuletzt *Gröschler* AcP 201, 48, 74 ff; ausführlich auch *Diederichsen* JuS 1985, 825, 829 ff und vor allem *Roth*, Die Einrede des bürgerlichen Rechts (1988), S. 130 ff, 170 ff.
11 BGH NJW 1995, 1152, 1154.
12 BGH NJW 1971, 421; Bamberger/Roth/*Grüneberg*, BGB, § 246 Rn 14; *Erman/Hager*, BGB[11], § 286 Rn 23; *Medicus*, SR AT[16], Rn 397; siehe auch *Diederichsen* JuS 1985, 823 ff; a.M. – Verzug bei Bestehen von Einreden generell ausgeschlossen – *Walchshöfer* JuS 1983, 598, 599.
13 *Medicus*, SR AT[16], Rn 396. Nach *Brehm* JuS 1989, 113 entfallen die Verzugsfolgen bei der Berufung des Schuldners auf Verjährung, die im Prozess erfolgt, auch mit Wirkung für die Vergangenheit; um ein Problem der Verzugsvoraussetzungen handle es sich nicht.
14 BGHZ 116, 244, 249; BGH NJW 1993, 2674; Bamberger/Roth/*Grüneberg*, BGB, § 286 Rn 13; *Schreiber* Jura 1995, 193 f; *Erman/Hager*, BGB[11], § 286 Rn 22; *Huber*, Leistungsstörungen I, § 12 III 1 (S. 306 ff).

bereits eingetretenen Verzug wieder aus, wie §§ 142 Abs. 1, 389 für Anfechtung und Aufrechnung sogar ausdrücklich bestimmen.

8/14 Erforderlich ist schließlich, dass der Schuldner die geschuldete **Leistung** bei Fälligkeit nicht **erbracht** hat. Hierfür kommt es, wie § 243 Abs. 1 zu entnehmen ist, auf den Zeitpunkt an, zu dem der Schuldner das seinerseits Erforderliche getan hat, um die Leistung zu bewirken. Entscheidend ist somit die **Vornahme der Leistungshandlung** und nicht der Eintritt des Leistungserfolgs[15]. Bei Schickschulden (genauer oben § 3 Rn 10) ist daher bereits die Übergabe an die selbstständige Transportperson, bei Zahlung von Geldschulden durch Banküberweisung der rechtzeitige Abschluss des Überweisungsvertrages (§ 676a) ausreichend[16] und danach liegende Verzögerungen gehen zu Lasten des Gläubigers[17]. Mit Blick auf die Banküberweisung können die Parteien jedoch vereinbaren, dass der Betrag rechtzeitig auf dem Konto des Gläubigers eingehen muss[18].

### c) Mahnung

8/15 **aa) Begriff.** Da die Verzugsfolgen den Schuldner erheblich belasten können, soll er zuvor noch besonders gewarnt werden[19]. Nach Fälligkeit muss der Gläubiger den Schuldner daher durch **Mahnung** in Verzug setzen. Die Mahnung ist eine einseitige, empfangsbedürftige Aufforderung an den Schuldner, die fällige Leistung zu erbringen[20], die auch ohne Gebrauch des Terminus „Mahnung" erfolgen kann. Einer bestimmten Form bedarf sie nicht[21]. Entscheidend ist, dass unmissverständlich[22] eine bestimmte geschuldete Leistung angefordert und deutlich gemacht wird, dass die bisherige Nichtleistung vertragswidrig ist und dass bei weiterer Nichtleistung Rechtsfolgen drohen[23]. Die gebräuchlichen Ausdrücke hat die Kaufmannssprache geschaffen: Ausdrücke wie „Erinnerung", „Zweite Rechnung" oder der Satz „Sicher ist Ihnen entgangen, dass in unseren Büchern noch ein Betrag von … zu unseren Gunsten offen steht." reichen als Mahnung aus[24]. Grundsätzlich muss bei Geldforderungen der geschuldete Betrag beziffert werden. Davon kann nur dann abgesehen werden, wenn die exakte Berechnung der Forderung nicht ohne die Mitwirkung des Schuldners erfolgen kann, wie es etwa bei Unterhalts- oder Pflichtteilsansprüchen der Fall sein kann.

8/16 Dogmatisch ist darauf hinzuweisen, dass die Mahnung keine Willenserklärung, sondern eine sog **geschäftsähnliche Handlung** ist. Diese unterscheidet sich von Willenserklärungen dadurch, dass die Folgen der Erklärung nicht parteiautonom, sondern ge-

---

15 *Looschelders*, SR AT[4], Rn 491; *Huber*, Leistungsstörungen I, § 5 I 1 (S. 132 f); IV 1 (S. 143); aA *Medicus*, SR AT[16], Rn 392.
16 *v. Westphalen* BB 2000, 157, 160.
17 OLG Düsseldorf NJW-RR 1998, 780.
18 BGH NJW 1998, 2664.
19 So etwa *Erman/Hager*, BGB[11], § 286 Rn 28.
20 BGH NJW 1998, 2132.
21 Beispiel für eine konkludente Mahnung etwa BGH NJW 1998, 2132.
22 BGH NJW 1998, 2132.
23 AA jedoch Palandt/*Heinrichs*, BGB[65], § 286 Rn 17.
24 Vgl allgemein *Pressmar* JA 1999, 593 ff.

setzlich festgelegt sind. Die Mahnung, mit der der Gläubiger den Schuldner bereits auf eine Pflichtwidrigkeit seines Handelns hinweist, unterscheidet sich hierdurch von den Erklärungen, die erst die Fälligkeit der Schuld herbeiführen, wie insb. Abruf oder Kündigung. Praktische Bedeutung hat diese Unterscheidung allerdings nicht, weil die Vorschriften über Willenserklärungen (§§ 104 ff) auf die geschäftsähnlichen Handlungen analog anzuwenden sind[25].

Der Schuldner, der bei Fälligkeit nicht leistet, läuft also Gefahr, dass der Gläubiger ihn durch eine einfache Erklärung mit den Verzugsfolgen wie etwa Verzugszinsen (§ 288) oder den Prozesskosten belastet. Diese Erklärung kann aber, wenn man an Massengeschäfte wie das der Versandhäuser denkt, wegen des Portos auf der anderen Seite leicht ein nicht unbedeutender Kostenfaktor werden. Das erklärt die nicht seltenen Versuche, durch eine Klausel in **Allgemeinen Geschäftsbedingungen** bloße Nichtleistung bei Fälligkeit zum Verzugseintritt genügen zu lassen und eine Mahnung überflüssig zu machen. Dies verbot allerdings § 11 Nr 4 AGBG und heute ebenso **§ 309 Nr 4 BGB**.

8/17

**bb) Zeitpunkt.** Nach § 286 Abs. 1 S. 1 muss die Mahnung **nach** Eintritt der Fälligkeit erfolgen, sodass eine zur Herbeiführung der Fälligkeit abgegebene Erklärung mit der Mahnung nicht verbunden werden könnte[26]. Davon wird allerdings abgewichen, wenn dem Gläubiger nicht zugemutet werden kann, die für den Verzug nötigen Akte zweimal zu vollziehen[27]. Im Regelfall ist es daher zulässig, Mahnung und fälligkeitsbegründende Handlung zu verbinden[28]. Dem Ausdruck „nach dem Eintritt der Fälligkeit" wird somit nur eine **Klarstellungsfunktion** dahingehend beigelegt, dass eine vor dem Eintritt der Fälligkeit ausgesprochene Mahnung unwirksam ist[29]. Eine solche Auslegung ist indes fragwürdig und kann jedenfalls dann nicht gelten, wenn der Schuldner sich erst mit der Gläubigerhandlung leistungsbereit machen muss. Etwa bei einer Kündigung des Darlehens kann er nicht gleichzeitig durch eine damit verbundene Zahlungserinnerung in Verzug geraten.

8/18

### d) Entbehrlichkeit der Mahnung

Wie schon § 361 zeigt, hat der Gläubiger oft ein Interesse daran, sofort mit der Fälligkeit der Leistung etwas unternehmen zu können. Dem trägt die Regelung des Schuldnerverzuges dadurch Rechnung, dass **§ 286 Abs. 2** nunmehr die wichtigsten Fälle regelt, in denen der Schuldner auch ohne Mahnung in Verzug gerät.

8/19

**aa) Kalendermäßige Bestimmung.** § 286 Abs. 2 Nr 1 lässt den Schuldner **ohne Mahnung in Verzug geraten**, wenn er nach einer kalendermäßigen Berechnung keinen Zweifel haben kann, dass zu einem bestimmten Zeitpunkt Verzug eintreten wird. Dieser Fall liegt vor, wenn ein **genaues Datum** vereinbart ist, so etwa durch die An-

8/20

---
25 BGHZ 47, 352, 357.
26 So BGH WM 1970, 1141.
27 RGZ 50, 161; aA jedoch RGZ 113, 254.
28 Staudinger/*Löwisch*, BGB[13] (2004), § 286 Rn 43.
29 *Looschelders*, SR AT[4], Rn 581.

§ 8   *Verzug*

gabe eines Wochentages in **Fall 15**, oder sich der Zahlungstermin durch eine bereits bei Vertragsschluss endgültig berechenbare Frist festlegen lässt (zB 3 Wochen nach Vertragsschluss, 10 Tage nach Ostern usw).

8/21   Dagegen genügt hier die Anknüpfung an ein zukünftiges ungewisses Ereignis nicht[30]. Angesichts der verbreiteten Praxis, mit der Rechnung **Fristen** zu setzen, ist darauf hinzuweisen, dass wegen der besonderen Tragweite die dem § 286 Abs. 2 entsprechende Leistungszeit **vereinbart** werden muss. Die allein vom Gläubiger genannten Zahlungstermine erklären sich dadurch, dass nach dem Gesetz eine Leistung regelmäßig sofort fällig ist (§ 271). Der Gläubiger kann also durch Nennung eines Termins ein sog **Zahlungsziel** einräumen oder zB mit der Formel „zahlbar sofort" auf die Fälligkeit hinweisen. Mangels Vereinbarung macht dies indessen eine Mahnung nicht entbehrlich.

8/22   § 286 Abs. 2 Nr 1 wie auch Nr 2 beruht auf dem Gedanken, dass der Schuldner einer Mahnung nicht bedarf, wenn er sich ohnehin über die Tatsache und die Pflichtwidrigkeit der Fristversäumnis klar sein muss („dies interpellat pro homine"). Dies ist naturgemäß auch bei **Klageerhebung** und **Zustellung eines Mahnbescheids** (§§ 688 ff ZPO) der Fall, weshalb § 286 Abs. 2 S. 2 die Leistungsklage[31] und die Zustellung eines Mahnbescheides im Mahnverfahren der Mahnung des Gläubigers gleichstellt.

**Beachte:** Nicht ausreichend ist die Anmeldung der Forderung im Insolvenzverfahren

8/23   bb) **Kalendermäßige Berechnung.** Es genügt aber nach § 286 Abs. 2 Nr 2 auch, wenn durch kalendermäßige Berechnung von einem **fixierten Ausgangspunkt** her der Termin ermittelt werden kann („in zwei Wochen", „eine Woche nach Karfreitag"). Im Unterschied zu Nr 1 genügen hier auch **zukünftig ungewisse Ereignisse** wie die Auslieferung, Rechnungsstellung, Leistungsabruf usw.

8/24   Dies macht allerdings der Praxis überall dort Schwierigkeiten, wo der (Geld-)Schuldner nach Empfang der ihm geschuldeten Lieferung noch eine gewisse Zeit haben soll, um zu prüfen, ob er die Waren behalten will oder insbesondere, ob er von einem **Widerrufsrecht** nach Maßgabe der vielen verbraucherschützenden Sondernormen Gebrauch machen will. In diesem Bereich ist es wichtig, dass die Voraussetzungen des § 286 Abs. 2 nicht als erfüllt angesehen werden, wenn der Vertrag bestimmt, dass der Rechnungsbetrag binnen einer Frist nach Rechnungsstellung gezahlt werden muss[32], die die vereinbarte Prüffrist oder Widerspruchsfrist nicht angemessen übersteigt. Eine einseitige Bestimmung genügt hier ebenso wenig wie bei Nr 1.

8/25   cc) **Leistungsverweigerung.** Eine Mahnung ist nach § 286 Abs. 2 Nr 3 schließlich auch dann entbehrlich, wenn der Schuldner von sich aus erklärt, bei Fälligkeit nicht leisten zu wollen oder zu können. Denn nach einer solchen **ernsthaften und endgül-**

---

30  Staudinger/*Löwisch*, BGB[13] (2004), § 286 Rn 67.
31  Nicht ausreichend ist dagegen die Erhebung einer bloßen Feststellungsklage, vgl Staudinger/*Löwisch*, BGB[13] (2004), § 286 Rn 65.
32  BGHZ 96, 313, 315; *Fahl* JZ 1995, 341; *H.P. Westermann*, FS Gernhuber (1993), S. 529, 536 ff.

**tigen Leistungsverweigerung**[33] kann er nach Treu und Glauben eine besondere Leistungsaufforderung des Gläubigers nicht mehr erwarten. Dies war schon vom alten Recht richterrechtlich anerkannt und die Neufassung wollte nur „die Rechtsprechung einfangen"[34]. Dieser Gesichtspunkt greift darum auch, wenn der Schuldner sich ganz vom Vertrag lösen will und führt in diesen Fällen für den Schuldner oftmals überraschend die Verzugsfolgen herbei. Bloßes Schweigen auf Leistungsanfragen des Schuldners reicht dagegen nicht aus[35]. Bedenklich ist es deshalb, wenn in Unterhaltsfällen bereits die fortgesetzte Nichtleistung als solche hier eingeordnet werden soll[36].

**dd) Salvatorische Klausel.** Den zuvor ausdrücklich benannten Fällen, in denen § 286 Abs. 2 Nr 1–3, Abs. 3 den Verzug auch ohne Mahnung eintreten lässt, fügt der neue § 286 Abs. 2 Nr 4 eine Art **Auffangklausel** hinzu, wonach es einer Mahnung ausnahmsweise aus besonderen Gründen auch dann nicht bedarf, wenn unter Abwägung der beiderseitigen Interessen der sofortige Eintritt des Verzuges gerechtfertigt ist. Damit sollen besondere, bislang nur richterrechtlich erfasste Fälle entschieden werden, in denen die besondere **Eilbedürftigkeit** der Leistung **offensichtlich** ist   8/26

**Beispiel:** Beseitigung eines Wasserrohrbruchs

oder der Schuldner sich der Mahnung durch ein **Leistungsversprechen (sog Selbstmahnung**[37]) oder ständigen Wohnsitzwechsel[38] entzieht. Insoweit stellt sich dieser Auffangtatbestand als eine besondere Ausprägung von § 242 dar. Eine Ausweitung der Fälle, in denen eine Mahnung entbehrlich ist, war mit dieser Neufassung nicht beabsichtigt, sodass diese Regelung restriktiv auszulegen ist[39].   8/27

**ee) Besonderheit bei Entgeltforderungen.** § 286 Abs. 3 enthält eine neu in das Gesetz aufgenommene Sonderregelung für **Entgeltforderungen**. Darunter ist jede Geldforderung zu verstehen, die eine Gegenleistung für eine Leistung des Gläubigers darstellt. Wichtig ist also, dass § 286 Abs. 3 keineswegs alle Geldforderungen erfasst, insb. Schadenersatz-, Bereicherungs- und Rückzahlungsforderungen werden ebenso wenig erfasst wie Ansprüche auf Versicherungsleistungen[40] oder Forderungen aus einem Schenkungsvertrag[41].   8/28

Von der Voraussetzung einer Entgeltforderung macht allerdings § 357 Abs. 1 S. 2 eine wichtige Ausnahme, der für die **auf einem Widerruf des Verbrauchers beruhenden Rückzahlungsansprüche**, die ersichtlich keine Entgeltforderungen darstellen, dennoch auf § 286 Abs. 3 verweist. Da das Entgelterfordernis erst nachträglich in das Ge-   8/29

---

33 Vgl dazu genauer *Gernhuber*, FS Medicus (1999), S. 145 ff.
34 So wörtlich die Gesetzesbegründung BT-Drs. 14/6040, S. 146.
35 BGH NJW 1992, 1956, 1957.
36 So etwa OLG Köln NJW-RR 1999, 4, 5 und aus der Literatur *Diederichsen* JuS 1985, 825, 833; Staudinger/*Löwisch*, BGB[13] (2004), § 286 Rn 84.
37 RGZ 100, 42, 43.
38 OLG Köln NJW-RR 1999, 4, 5.
39 *Looschelders*, SR AT[4], Rn 589.
40 Insoweit eine bedauerliche Fehlleistung des Gesetzgebers.
41 *Schimmel/Buhlmann* MDR 2002, 609, 612.

setzgebungsverfahren eingefügt wurde, ist davon auszugehen, dass der Gesetzgeber insoweit eine Angleichung schlichtweg vergessen hat[42].

8/30 Bei Entgeltforderungen kommt der Schuldner nunmehr auch ohne Mahnung in Verzug, wenn er nicht innerhalb von 30 Tagen nach Fälligkeit **und** Zugang einer Rechnung oder der dieser gleichwertigen Zahlungsaufstellung leistet. Geht die Rechnung/Zahlungsaufstellung bereits vor Eintritt der Fälligkeit zu, so beginnt die 30-Tage-Frist dennoch erst mit der Fälligkeit der Forderung. Die Fristberechnung erfolgt nach §§ 187 Abs. 1, 188 Abs. 1, 193, dh dass der Tag, an dem die Rechnung oder Zahlungsaufstellung zugeht, bei der 30-Tage-Frist nicht mitgerechnet wird. Unter Rechnung versteht man dabei eine **textlich fixierte** gegliederte Aufstellung über die Entgeltforderung unter Benennung der Gegenleistung[43], die dem Schuldner die **Nachprüfung des Anspruchs ermöglichen** soll. Deshalb reicht eine Bezeichnung der Gegenleistung mit rein internen Vermerken des Leistenden (zB Kunden-Nr, Rechn.-Nr, Artikel-Nr usw) nicht aus[44]. Von der Rechnung unterscheidet sich die Zahlungsaufstellung wohl nur dadurch, dass sie zum einen auch in anderen Schreiben enthalten sein und von einem anderen als dem Vertragspartner, insbesondere einem Notar oder Verwalter herrühren kann[45]. Jedenfalls ist dem Erfordernis der textlichen Fixierung durch die Zuleitung einer E-Mail Genüge getan.

**Beachte:** Im Gegensatz zur Mahnung reicht für die Rechnung/Zahlungsaufstellung bloße Mündlichkeit nicht aus[46].

8/31 Ist der Zeitpunkt des Zugangs der Rechnung/Zahlungsaufstellung unsicher, tritt an dessen Stelle der nach Fälligkeit liegende Termin des **Empfangs der Gegenleistung, § 286 Abs. 3 S. 2**. Es handelt sich dabei um eine gesetzliche Vermutung, dass die Rechnung gleichzeitig mit der Gegenleistung zugegangen ist[47]. Nach der im Gesetzeswortlaut so nicht zum Ausdruck kommenden Intention des Gesetzgebers[48] soll diese Vermutung auch dann gelten, wenn streitig ist, ob eine Rechnung überhaupt zugegangen ist. Dem wird man mit der Begründung folgen können, dass es Sinn dieser Regelung ist, den Verzugseintritt nicht an Unsicherheiten im Zusammenhang mit dem Rechnungszugang scheitern zu lassen[49].

8/32 Grundsätzlich gilt § 286 Abs. 3 für **alle** Entgeltforderungen unabhängig davon, ob der Schuldner Unternehmer (§ 14) oder **Verbraucher** (§ 13) ist. Im letzten Falle muss der Verbraucher-Schuldner auf diese Rechtsfolge allerdings in der Rechnung oder Zahlungsaufstellung gemäß § 286 Abs. 3 S. 1 2. HS **besonders hingewiesen** worden sein.

---

42 *Krause* Jura 2002, 217, 220.
43 Vgl § 14 Abs. 4 Umsatzsteuergesetz.
44 Vgl auch OLG Düsseldorf NJW-RR 1998, 1749.
45 Staudinger/*Löwisch*, BGB[13] (2004), § 286 Rn 100.
46 AA *Pahlow* JuS 2001, 236, 238, der zu Recht auf den Wertungswiderspruch zur weiter reichenden Mahnung hinweist, aber am eindeutigen Gesetzeswortlaut vorbeiargumentiert.
47 *Looschelders*, SR AT[4], Rn 593.
48 Vgl BT-Drs. 14/7052 S. 187.
49 Huber/*Faust*, Schuldrechtsmodernisierung, Kap. 3 Rn 70; *Looschelders*, SR AT[4], Rn 593; aA Staudinger/*Löwisch*, BGB[13] (2004), § 286 Rn 110; *Huber/Ernst*, BGB[5], § 286 Rn 89.

Erfüllt die Rechnung/Zahlungsaufstellung zugleich die Voraussetzungen einer Mahnung oder ist diese entbehrlich, so kommt der Schuldner bereits nach § 286 Abs. 1 **mit Zugang** und nicht erst nach Ablauf von 30 Tagen gemäß § 286 Abs. 3 in Verzug, sodass § 286 Abs. 3 hier leer läuft. Damit hat die Schuldrechtsmodernisierung Irritationen aus der nur kurz zuvor unglücklich gefassten Neuregelung des Zahlungsverzugs wieder beseitigt[50].

8/33

**ff) Verzicht auf die Mahnung.** Da § 286 insgesamt **parteidipositiv** ist, können diese durch entsprechende **Individualabrede** auch von § 286 Abs. 2 abweichende Vereinbarungen treffen oder auf eine Mahnung ganz verzichten. In Allgemeinen Geschäftsbedingungen steht dem jedoch § 309 Nr 4 entgegen.

8/34

### e) Verschulden

Schließlich setzt der Verzug in Fortsetzung der gemeinrechtlichen Culpa-Theorie **Verschulden** voraus. Dies ergibt sich aus **§ 286 Abs. 4**, nach dessen negativer Formulierung die Verantwortlichkeit des Schuldners für die Leistungsverspätung vermutet wird, sodass der nichtleistende Schuldner behaupten und notfalls beweisen muss, dass er Verzögerungen nicht zu vertreten hat. Unaufklärbarkeit schadet hier also dem Schuldner. Für die Frage des Verschuldens gelten die allgemeinen Vorschriften der §§ 276 ff[51], wobei die Anforderungen an die vom Schuldner geforderte Sorgfalt hinsichtlich der Rechtzeitigkeit der Leistungserbringung grundsätzlich hoch sind, sodass den Schuldner nur für solche Verzögerungen keine Verantwortlichkeit trifft, deren Ursachen er nicht voraussehen oder verhindern konnte (Erkrankungen des nur selbst zur Erfüllung fähigen Schuldners, Kriegsereignisse, unvorhersehbare Transportschwierigkeiten).

8/35

## 2. Folgen des Schuldnerverzugs

### a) Verzögerungsschaden

Unter den Folgen des Schuldnerverzugs ragt der Anspruch auf **Ersatz des Verzögerungsschadens** hervor. Dessen Voraussetzungen finden sich – wie bei allen Pflichtverletzungen – zunächst in § 280 Abs. 1 und wegen der ergänzenden Verweisungen in § 280 Abs. 2 zudem in § 286.

8/36

**§§ 280 Abs. 1, 2, 286** geben dem Gläubiger einen Anspruch auf Ersatz des Verzögerungsschadens. Damit sind die Schäden iS der §§ 249–252 gemeint, die **gerade durch die verspätete Leistung** verursacht worden sind. Der Gläubiger ist danach „so zu stellen, wie er bei rechtzeitiger Leistung des Schuldners stehen würde"[52]. Dieser Anspruch tritt neben den primären Erfüllungsanspruch. Strikt davon zu trennen ist der Nichterfüllungsschaden (vgl unten 8/47 ff), der nicht neben, sondern an die Stelle des

8/37

---

50 *Bitter* WM 2000, 1282 ff; *Coester-Waltjen* Jura 2000, 443 ff; *Huber* JZ 2000, 743 ff; *Medicus* DNotZ 2000, 256; *Weishaupt* NJW 2000, 1704; *Pahlow* JuS 2001, 236 ff; *Timme* JA 2001, 31 ff.
51 Vgl dazu *Kohler* JZ 2004, 961 ff.
52 So zutreffend Bamberger/Roth/*Grüneberg*, BGB, § 286 Rn 66.

§ 8 *Verzug*

Erfüllungsanspruchs tritt und den das Gesetz bei Leistungsverzögerungen nur unter den zusätzlichen Voraussetzungen des § 281 zuspricht. Typische Verzögerungsschäden sind etwa[53]: die Kosten der Rechtsverfolgung (dazu genauer Rn 8/39 ff); Aufwendungen, die der Gläubiger machen musste, um die Zeitspanne bis zum Empfang der Leistung zu überbrücken; etwaige Zinsverluste, die dem Gläubiger während des Verzugs entstehen; Entwertungsschäden.

8/38 Dabei stellt die Frage nach der **Ersatzfähigkeit von Gebrauchsvorteilen** ein Sonderproblem dar. Es geht dabei um die Frage, ob zu den nach § 280 Abs. 2 ersatzfähigen Verzögerungsschäden auch die Gebrauchsvorteile gehören, die dem Gläubiger wegen der verspäteten Lieferung der Sache entgehen. Nachdem solche entgangenen Gebrauchsvorteile zunächst nur bei Kraftfahrzeugen als Verzögerungsschaden anerkannt[54], bei anderen Sachen jedoch verneint wurden[55], hat sich inzwischen eine vermittelnde herrschende Ansicht dahingehend herausgebildet, dass jedenfalls bei solchen Sachen, auf deren ständige Verfügbarkeit die Lebenshaltung des Eigentümers aufgebaut ist, deren zeitweiliger Gebrauchsverlust einen Vermögensschaden bildet. Leider ist diese Rechtsprechung aber ausdrücklich auf deliktische Schadenersatzansprüche beschränkt[56], sodass die Frage bei vertraglichen Ersatzansprüchen nach wie vor umstritten ist. Bei der Verfügbarkeit von Grundstücken und Häusern ist dies inzwischen jedoch auch bei der Leistungsverzögerung anerkannt[57] und lässt auf eine weitere Öffnung hoffen[58].

8/39 Auch die Ersatzfähigkeit der **Rechtsverfolgungskosten** bedarf einiger weiterer Bemerkungen. Wird der nichtleistende Schuldner in einem Prozess zur Leistung und/oder Schadenersatz verurteilt, sind die durch die Beauftragung des Anwalts und die Anrufung des Gerichts entstandenen Kosten vom Schuldner bereits nach **§ 91 ZPO** zu tragen. Kommt es indessen nicht zum Prozess, etwa weil der Schuldner auf die anwaltliche Aufforderung doch noch leistet, folgt die Kostentragungspflicht aus § 280 Abs. 2.

8/40 Anders war dies vor der Schuldrechtsmodernisierung jedoch mit den Kosten, die der Gläubiger aufwenden musste, um den Verzug des Schuldners erst herbeizuführen, insbesondere die **Kosten eines anwaltlichen Kündigungs- oder Mahnschreibens**[59]. Solche Kosten waren mangels Verzugs bei ihrer Entstehung ebenso wenig ersatzfähig[60] wie der eigene Zeitaufwand, der dem Gläubiger bei Selbstvornahme dieser Rechtsverfolgungsakte entsteht. Nach wohl herrschender Ansicht soll die Schuldrechtsmodernisierung daran nichts geändert haben[61]. Folgt man dem, so „sollte die

---

53 Vgl dazu die Beispiele bei *Diederichsen* JuS 1985, 825.
54 BGHZ 85, 11, 15 f; 88, 11, 14 ff.
55 BGHZ 98, 212, 216 ff.
56 BGHZ 98, 212, 216 ff.
57 BGHZ 101, 325, 332 f; BGHZ 117, 260, 261 f.
58 Vgl etwa Staudinger/*Löwisch*, BGB[13] (2004), § 286 Rn 234.
59 Vgl dazu etwa *Gottwald* JR 1998, 95 ff und *Schneider* NJW 1998, 356 ff.
60 BGH NJW 1985, 320, 324.
61 Vgl etwa Bamberger/Roth/*Grüneberg*, BGB, § 286 Rn 73; Staudinger/*Löwisch*, BGB[13] (2004), § 286 Rn 212.

erste Mahnung im Interesse des Gläubigers nicht aufwändig sein" und erst weitere Mahnungen vom Anwalt veranlasst werden[62]. Eine aufkommende Ansicht will jedoch aus **Art. 3 Abs. 2 lit. e. der Zahlungsverzugsrichtlinie** eine andere Auslegung als allein richtlinienkonform ansehen, weil darin ein Anspruch des Gläubigers „auf angemessenen Ersatz **aller** durch den Schuldnerverzug bedingten Beitreibungskosten" begründet wurde[63].

Noch problematischer ist dies bei den **Kosten sog Inkassobüros**, also von Unternehmen, die sich mit der Eintreibung fremder Forderungen befassen. Dabei entstehen neben den üblichen Beitreibungskosten auch noch die Kosten für die Tätigkeit des Inkassobüros an sich. Während **früher** der Ersatz solcher Inkassokosten **generell abgelehnt** wurde, weil diese über keinerlei besondere Zwangsmittel verfügen und somit in Streitfällen zusätzlich ein Rechtsanwalt eingeschaltet werden musste, war man schon vor der Schuldrechtsmodernisierung dazu übergegangen, auch solche Kosten dann als ersatzfähig anzusehen, wenn sich aus Sicht des Gläubigers die Einschaltung des Inkassobüros als **sachlich vertretbares** Mittel der Rechtsverfolgung darstellt, die zusätzlichen Kosten angemessen sind und man nicht von vornherein damit rechnen musste, dass der Schuldner nicht freiwillig zahlen wird oder kann[64]. Doch wird jedenfalls insoweit die Zahlungsverzugsrichtlinie zu einer noch weitergehenderen Erstattungsfähigkeit solcher Inkassokosten führen[65]. 

8/41

aa) **Mindestschaden.** Bei Geldschulden wird die **Zinspflicht** in § 288 Abs. 1 S. 1 ohne Beleg und ohne Möglichkeit des Gegenbeweises pauschal auf 5 % über den Basiszinssatz iS des § 1 des Diskontsatz-Überleitungsgesetzes[66] nach § 247[67] festgesetzt, bei Geschäften, an denen ein Verbraucher nicht beteiligt ist, erhöht sich dieser Zinssatz nach § 288 Abs. 2 auf 8 % über dem Basiszinssatz[68]. Doch ergibt sich aus § 288 Abs. 3, dass das Gesetz den Zinsanspruch nur als Mindestschaden betrachtet und bei entsprechendem Nachweis auch noch höhere Verzugszinsen gewährt.

8/42

**Beachte:** Bei grundpfandrechtlich gesicherten Verbraucherdarlehensverträgen ermäßigt sich dieser Zinssatz gemäß **§ 497 Abs. 1 S. 2** auf 2,5 % über dem Basiszinssatz

**Sonderregelungen**, die hier nicht vertieft darzustellen sind, finden sich für die Verzinsung des Wertersatzes in § 290 (dazu unter Rn 8/76) und für Prozesszinsen in § 291. Weitere Sonderregelungen finden sich in § 522 für Schenkungen sowie in Art. 48 WG und § 16 Nr 5 Abs. 3 VOB/B.

8/43

**Wichtig:** Dagegen gilt die Sonderregelung für beiderseitige Handelsgeschäfte in § 352 HGB aF nicht mehr, sodass sich auch insoweit die Verzugszinsen nunmehr nach § 288 Abs. 2 richten.

---

62 *Medicus*, SR AT[16], Rn 405.
63 Vgl *Gsell* ZIP 2000, 1861, 1867; *Hänlein* EuZW 2000, 680, 684.
64 Vgl OLG Dresden NJW-RR 1994, 1139; *Löwisch* NJW 1986, 1725 ff; *Peter* JurBüro 1999, 174 ff; *Rentsch/Bersiner* BB 1986, 1245, 1247; *Wedel* JurBüro 1999, 173 f.
65 So *Gsell* ZIP 2000, 1861, 1866; aA Staudinger/*Löwisch*, BGB[13] (2004), § 286 Rn 218.
66 Vom 9. Juli 1998, BGBl. I S. 1242.
67 Z.Z. 3,62 %.
68 Eine komplizierte Überleitungsvorschrift enthält hierzu Art. 229 § 7 EGBGB.

§ 8 *Verzug*

8/44 **bb) Höhere Verzugszinsen.** Da § 288 Abs. 3 unmissverständlich klarlegt, dass der Verzögerungszinssatz aus § 288 Abs. 1 und 2 nur einen Mindestschaden umreißt, bei dem der Gläubiger vom Nachweis der Schadensentstehung freigestellt ist, bleibt die Geltendmachung eines höheren Zinsschadens unbenommen. Hier müsste der Gläubiger aber dartun, dass er entweder wegen des Ausbleibens der Schuldnerleistung seinerseits auf Kredite mit höherem Zinssatz angewiesen war oder dass er das empfangene Geld zu einem höheren Zinssatz hätte anlegen können und angelegt hätte[69]. Dass er gerade wegen der Klageforderung Bankkredit aufgenommen hat, braucht ein Kaufmann allerdings nicht zu beweisen, da seine Finanzierung typischerweise auf Einsatz von Eigen- und Fremdmitteln beruht[70]. Dieselben Regeln gelten auch für Gebietskörperschaften[71]. Verlangt der Gläubiger im Prozess höhere Zinsen, als sie dem gesetzlichen Zinssatz entsprechen würden, so braucht er die genaue Art und Höhe der von ihm in Anspruch genommenen (Bank)Kredite nur zu beweisen, wenn der Schuldner sie bestreitet.

8/45 Besondere Probleme ergeben sich, wenn der Schuldner eines Bankkredits mit der Rückzahlung in Verzug gerät, da dann die Bank den Bruttozinsertrag fordern kann, den sie bei rechtzeitiger Rückzahlung durch die Neuanlage des Geldes verdient hätte[72].

8/46 **cc) Weiterer Schadenersatz.** Während die §§ 288 Abs. 1–3 lediglich den Zinsschaden bei Geldschulden erfassen, stellt § 288 Abs. 4 ergänzend klar, dass dem Gläubiger darüber hinaus auch die Geltendmachung weiterer, durch die Leistungsverzögerung entstandener Schäden unbenommen bleibt. Hier ist allerdings zu beachten, dass § 288 Abs. 4 **keine** eigenständige **Anspruchsgrundlage** für derartige weitere Schadensersatzbegehren darstellt, sondern als reine **Kollisionsnorm** nur klarstellt, dass solche weitergehenden Schadenersatzansprüche durch die Verzugsregelung nicht ausgeschlossen sind. Daran hätte man etwa als Kompensation für den nachweisfrei gestellten Mindestschadenersatzanspruch aus den §§ 288 Abs. 1–3 denken können. Um solche Gedanken auszuschließen, ist § 288 Abs. 4 geschaffen.

**b) Schadenersatz statt der Leistung**

8/47 **aa) Grundsatz.** Hat der Gläubiger auf Grund der Verzögerung das Interesse an der Primärleistung verloren, kann er auf deren Erfüllung verzichten und stattdessen gemäß §§ 280 Abs. 1 und 3, 281 Schadenersatz statt der Leistung verlangen. Im Unterschied zur Unmöglichkeit (vgl § 283) besteht die **primäre Leistungspflicht** des Schuldners trotz Verzuges zunächst weiter fort und **erlischt** nach § 281 Abs. 4 erst mit der **Geltendmachung des Anspruchs auf Schadenersatz statt der Leistung**. Da § 281 Abs. 1 jedoch mit dem Verzug und der Schlechterfüllung nur solche Leistungs-

---

69 Vgl BGH NJW 1983, 758 und *Kindler* WM 1997, 2017 ff.
70 BGH NJW 1984, 371; enger aber BGH NJW-RR 1991, 793; BGH NJW-RR 1991, 1406 f.
71 BGH NJW-RR 1989, 670, 672.
72 BGHZ 104, 337 und zu den dadurch aufgeworfenen Spezialfragen des Bankkredits *Reifner* JZ 1988, 1130; *Rieble* ZIP 1988, 1027; *Frühauf* NJW 1999, 1217 ff.

störungen erfasst, die grundsätzlich noch behebbar sind, setzt der Übergang zum Schadenersatz statt der Leistung eine Nachfristsetzung und deren erfolglosen Ablauf voraus[73].

### bb) Voraussetzungen

**(1) Schuldverhältnis.** Auch hier wieder muss zunächst ein vertragliches oder gesetzliches Schuldverhältnis bestehen, aus dem sich eine wirksame Leistungsverpflichtung ergibt. Ausgenommen sind damit nur nichtleistungsbezogene Neben- oder Schutzpflichten iS des § 241 Abs. 2 sowie die Fälle der Unmöglichkeit leistungsbezogener Haupt- oder Nebenpflichten, für die in § 283 eine Sonderregelung besteht.

8/48

**(2) Pflichtverletzung in Form der Leistungsverzögerung.** Wie schon beim Verzögerungsschaden dargestellt, liegt die nach § 280 Abs. 1 erforderliche Pflichtverletzung darin, dass die mögliche und durchsetzbare Leistung zum Fälligkeitszeitpunkt nicht erbracht wird (= Leistungsverzögerung).

8/49

**(3) Erfolglose Leistungsaufforderung mit Nachfristsetzung.** Sodann muss der Gläubiger dem Schuldner gemäß § 281 Abs. 1 S. 1 erfolglos eine **angemessene Frist zur Leistung** bestimmt haben. Damit wird dem Schuldner eine letzte Chance belassen, seiner überfälligen Leistungspflicht endlich nachzukommen, um so doch noch die Nachteile abzuwenden, die mit dem Schadenersatz statt der Leistung verbunden sind. Für diese Frist hatte sich zu § 326 aF die Bezeichnung „Nachfrist" eingebürgert und es bestehen wegen der identischen Zweckrichtung keine Bedenken, auch bei § 281 Abs. 1 S. 1 an dieser Bezeichnung festzuhalten[74].

8/50

Die vom Gläubiger zu setzende Nachfrist muss **„angemessen"** sein. Bei der Wertung, was als „angemessen" lange Frist angesehen werden kann, ist zu bedenken, dass der Schuldner an sich leistungsbereit sein muss, die Frist also nicht dazu erhält, in dieser Zeit die Leistung in die Wege zu leiten, sondern nur dazu, einen bereits begonnenen Erfüllungsvorgang abzuschließen[75]. Die Nachfrist wird daher häufig kurz sein können. Dennoch liegt hier ein Unsicherheitsmoment für den Gläubiger, dem abgeholfen werden muss. Wenn daher die Nachfrist unangemessen kurz war, so ist die Erklärung des Gläubigers nicht schlechthin unwirksam, sondern setzt eine objektiv angemessene Frist in Lauf, deren Dauer dann im Prozessfall das Gericht festzustellen hat[76]. Der Schuldner, der die ihm gesetzte Frist für zu kurz hält, kann also nicht deshalb seine Leistung zurückhalten.

8/51

Soweit ganz überwiegend vertreten wird, diese Nachfristsetzung könne – da sie quasi an die Stelle einer Mahnung trete – erst nach Fälligkeit erfolgen[77], geht dies über das

8/52

---
73 Vgl BT-Drs. 14/6040 S. 183 ff.
74 Ebenso *Emmerich*, Leistungsstörungen[6], § 18 Rn 23.
75 BT-Drs. 14/6040 S. 138.
76 RGZ 106, 89, Staudinger/*Otto*, BGB[13] (2004), § 281 Rn B 69.
77 So Huber/*Faust*, Schuldrechtsmodernisierung Kap. 3 Rn 127, 133; Bamberger/Roth/*Grüneberg*, BGB, § 281 Rn 18; Staudinger/*Otto*, BGB[13] (2004), § 281 Rn 344; Erman/*Westermann*, BGB[11], § 281 Rn 11; MünchKomm/*Ernst*, BGB[5], § 281 Rn 27 (danach ist die Nachfristsetzung allenfalls gleichzeitig mit dem Fälligkeitszeitpunkt möglich).

Ziel hinaus. § 281 Abs. 1 S. 1 will den Schuldner lediglich in die Lage versetzen, durch Erbringung der geschuldeten Leistung den Schadenersatzanspruch abwehren zu können. Dazu aber reicht es aus, wenn die gesetzte Nachfrist, die sich ab dem Fälligkeitszeitpunkt bestimmt, so wie § 281 Abs. 1 S. 1 dies erfordert, angemessen ist. Ob die Setzung dieser angemessenen Nachfrist dabei bereits vor Fälligkeit erfolgt, spielt dagegen keine Rolle[78].

8/53 **(4) Ausnahme: Entbehrlichkeit der Nachfristsetzung.** Sofern der Schuldner seine **Leistung** bereits **endgültig und ernsthaft verweigert** hat, ist die Leistungsaufforderung mit Nachfristsetzung nach **§ 281 Abs. 2 1. Alt.** entbehrlich.

8/54 Dasselbe gilt nach § 281 Abs. 2 S. 2 1. Alt., wenn **besondere Umstände**[79] vorliegen, die unter Abwägung der beiderseitigen Interessen den sofortigen Übergang vom primären Erfüllungsanspruch zum Schadenersatzanspruch statt der Leistung rechtfertigen. Der Gesetzgeber wollte hiermit insbesondere die Just-in-time-Verträge erfassen[80], man wird dies aber auf alle Fälle erweitern können, in denen das Interesse des Gläubigers an der Primärleistung gerade wegen der Leistungsverzögerung entfallen ist[81].

8/55 Die Setzung einer Nachfrist zur Bewirkung der verspäteten Leistung ist schließlich auch dann entbehrlich, wenn die Parteien dieses Erfordernis allerdings individualvertraglich abbedungen haben[82]. Eine Abbedingung durch Allgemeine Geschäftsbedingungen scheitert an § 309 Nr 4; bei Verwendung gegenüber einem Unternehmer an § 307[83].

8/56 **(5) Erfolglosigkeit der Nachfristsetzung.** Die gesetzte Nachfrist muss **erfolglos verstrichen** sein, dh der Schuldner darf die verspätete Leistung auch bis zu deren Ablauf nicht erbracht haben. Dazu kommt es auf die Vornahme der Leistungshandlung an, sodass es genügt, wenn der Schuldner dem Gläubiger die Leistung in einer Annahmeverzug begründenden Weise angeboten hat[84].

8/57 Bei **Teilleistungen** innerhalb der Nachfrist kann der Gläubiger nur hinsichtlich des nicht geleisteten Teils Schadenersatz statt der Leistung fordern, es sei denn, dass er an der Teilleistung objektiv kein Interesse hat, § 281 Abs. 1 S. 2.

**Beachte:** Soweit im Kaufrecht (§ 434 Abs. 3) und Werkvertragsrecht (§ 633 Abs. 2 S. 3) die Lieferung einer zu geringen Menge einen Sachmangel darstellt, finden die Regeln über Sachmängel Anwendung und § 281 Abs. 1 S. 2 ist insoweit unanwendbar. Deshalb kommt es nicht auf den Interessenwegfall, sondern gemäß § 281 Abs. 1 S. 3 nur darauf an, dass die Abweichung nicht unerheblich ist.

---

78 Ähnlich *Brox/Walker*, SR AT[31], § 23 Rn 38.
79 Zur Kritik zu dieser schließlich doch Gesetz gewordenen weiten Fassung vgl BT-Drs. 14/6857 S. 13.
80 BT-Drs. 14/6040 S. 140.
81 So *Erman/Westermann*, BGB[11], § 281 Rn 17 in zutreffender Anlehnung an § 326 aF; ebenso Bamberger/Roth/*Grüneberg*, BGB, § 281 Rn 26 mit vielen Beispielen.
82 RGZ 96, 255, 257; Staudinger/*Otto*, BGB[13] (2004), § 281 Rn B 133, B 177.
83 BGH NJW 1986, 842, 843; Staudinger/*Otto*, BGB[13] (2004), § 281 Rn B 178.
84 BGHZ 12, 267, 268; MünchKomm/*Ernst*, BGB[5], § 281 Rn 45; Bamberger/Roth/*Grüneberg*, BGB, § 281 Rn 19; Staudinger/*Otto*, BGB[13] (2004), § 281 Rn B 75; aA *Medicus*, SR AT[16], Rn 392.

**(6) Verschulden.** Auch hier muss der Schuldner seine Nichtleistung zu vertreten haben, dieses wird wie beim Verzögerungsschaden vermutet, **§§ 280 Abs. 1 S. 2, 286 Abs. 4**.

8/58

**(7) Leistungstreue des Gläubigers.** Der Anwendungsbereich des § 326 aF wurde nach überwiegender Ansicht durch den Grundsatz der Leistungstreue des Gläubigers eingeschränkt. Dieser besagte, dass Schadenersatz statt der Leistung nur der Gläubiger geltend machen konnte, der selbst **vertragstreu** war, also sich selbst nicht auch erheblicher Vertragsverletzungen schuldig gemacht hatte[85]. Ob dies auch vor dem Hintergrund des neuen § 281 aufrechtzuerhalten ist, ist streitig, wird jedoch im Kern als Ausprägung von § 242 zu bejahen sein[86].

8/59

### c) Erlöschen der Primäransprüche

Wenn der Gläubiger Schadenersatz statt der Leistung fordert, geht der im Verzug grundsätzlich bestehen bleibende primäre Erfüllungsanspruch gemäß **§ 281 Abs. 4** unter. Dazu reicht jedoch allein der erfolglose Ablauf der Nachfrist noch nicht aus. Damit werden nur die gläubigerseitigen Voraussetzungen zur Geltendmachung des Schadenersatzanspruches erfüllt, doch kann er auch nach Fristablauf noch die Erfüllung des Primäranspruchs verlangen (sog elektive Konkurrenz). Der Schuldner seinerseits ist wegen dieses Zustands nicht schutzwürdig, da er den „Schwebezustand" ja jederzeit durch Erbringung der geschuldeten Leistung beenden kann[87].

8/60

Da somit der **Geltendmachung des Schadenersatzanspruchs** erhebliche, mit Blick auf die Primärleistung anspruchsvernichtende Bedeutung zukommt, ist eine eindeutige Erklärung erforderlich. Aus ihr muss sich ergeben, dass der Gläubiger die Erfüllung nunmehr ablehnt und stattdessen den Schadenersatzanspruch durchsetzen möchte[88]. Dazu reicht die Nachfristsetzung allein ebenso wenig aus wie eine Androhung, nunmehr Schadenersatz zu verlangen[89]. Jedenfalls ist die Geltendmachung des Schadenersatzanspruchs bei einer hierauf gerichteten Klage zu bejahen.

8/61

Auch hier stellt sich bei gegenseitigen Verträgen wegen des Untergangs des Primäranspruchs die Frage nach dem Schicksal des Gegenleistungsanspruchs. Ohne dass dies im neuen Verzugsrecht ausdrücklich bestimmt wird, ist hier wegen der **fortwirkenden synallagmatischen Verknüpfung** der jeweiligen Leistungspflichten davon auszugehen, dass auch der Gegenleistungsanspruch entsprechend der im Unmöglichkeitsrecht anzutreffenden Rechtslage **automatisch** mit **untergeht**[90]. Dies erspart die umständliche Konstellation, dass der Gläubiger mit der Geltendmachung des Anspruchs auf Schadenersatz statt der Leistung zusätzlich noch den Rücktritt erklären müsste, um sich von der Gegenleistungspflicht zu befreien (vgl §§ 323, 325).

8/62

---

85 Vgl genauer *Huber*, Leistungsstörungen II, § 12 (S. 348 ff).
86 Ebenso Bamberger/Roth/*Grüneberg*, BGB, § 281 Rn 28; Staudinger/*Otto*, BGB[13] (2004), § 281 Rn B 85 ff.
87 So zutreffend BT-Drs. 14/6040 S. 14; zum Schwebezustand genauer MünchKomm/*Ernst*, BGB[5], § 281 Rn 68 ff.
88 Bamberger/Roth/*Grüneberg*, BGB, § 281 Rn 49.
89 MünchKomm/*Ernst*, BGB[5], § 281 Rn 103.
90 Staudinger/*Otto*, BGB[13] (2004), § 281 Rn D 12; Palandt/*Heinrichs*, BGB[65], § 281 Rn 51.

### d) Aufwendungsersatz, § 284

8/63 Wie bereits aus dem Unmöglichkeitsrecht bekannt, kann der Gläubiger an Stelle des Schadenersatzes statt der Leistung auch Ersatz seiner vergeblichen Aufwendungen nach § 284 verlangen. Dazu müssen aber **alle Voraussetzungen** zur Geltendmachung des Schadenersatzanspruchs gemäß §§ 280 Abs. 1 und 3, 281 Abs. 1 vorliegen, dieser also dem Grunde nach gegeben sein.

### e) Rücktritt

8/64 Schließlich kann der Gläubiger als Folge der Leistungsverzögerung unter bestimmten Voraussetzungen auch vom Vertrag zurücktreten, § 323 (vgl genauer auch § 10).

8/65 aa) **Gegenseitiger Vertrag.** Dabei ist zu beachten, dass der Rücktritt gemäß § 323 zunächst das Vorliegen eines **gegenseitigen Vertrages** voraussetzt, während beim Schadenersatz statt der Leistung nach § 281 noch jedes Schuldverhältnis ausreichend war.

8/66 bb) **Nichtleistung trotz Fälligkeit.** Sodann darf der Schuldner seine Leistungspflicht trotz Fälligkeit noch nicht erfüllt haben. Insoweit genügt jedoch **jede vertragliche Leistungspflicht**, auch wenn diese nicht im Gegenseitigkeitsverhältnis steht. Lediglich bloße Schutzpflichten iSv § 241 Abs. 2 sind nicht ausreichend. Deren Verletzung berechtigt nur nach Maßgabe des § 324 zum Rücktritt.

**Beachte:** Ist die Leistung nach § 275 Abs. 1 unmöglich geworden oder steht ihr ein Leistungsverweigerungsrecht aus § 275 Abs. 2, 3 entgegen, greift § 323 nicht unmittelbar ein. Hier ergibt sich ein Rücktrittsrecht aber über §§ 326 Abs. 5, 323.

8/67 Von diesem grundsätzlichen Fälligkeitserfordernis macht **§ 323 Abs. 4** für den Fall eine **Ausnahme**, dass offensichtlich ist, dass die Voraussetzungen des Rücktritts eintreten werden. Dies betrifft insbesondere die schon vor Fälligkeit erklärte ernsthafte und endgültige Erfüllungsverweigerung des Schuldners. Da diese nach § 323 Abs. 2 Nr 1 nur die Nachfristsetzung entfallen lässt, müsste der Gläubiger ohne § 323 Abs. 4 hier den Eintritt des Fälligkeitstermins abwarten, bis er zurücktreten könnte.

8/68 cc) **Erfolglose Nachfristsetzung.** In **Parallele zum Schadenersatzanspruch** statt der Leistung nach § 281 setzt auch der auf eine Leistungsverzögerung beruhende Rücktritt nach § 323 voraus, dass der Gläubiger den Schuldner zur Leistung aufgefordert und ihm eine angemessene Frist zu deren Bewirkung gesetzt hat[91]. Ebenso wie bei § 281 ist die Nachfristsetzung hier entbehrlich, wenn der Schuldner die Leistung endgültig und ernsthaft verweigert hat (§ 323 Abs. 2 Nr 1) oder wenn Umstände vorliegen, die unter Abwägung der beiderseitigen Interessen den sofortigen Rücktritt rechtfertigen (§ 323 Abs. 2 Nr 3).

8/69 Darüber hinaus ist beim Rücktritt wegen Leistungsverzögerung eine Nachfristsetzung dann nicht erforderlich, wenn für die Leistung im Vertrag ein bestimmter Termin oder eine bestimmte Frist vereinbart war und der Gläubiger im Vertrag den **Fortbestand**

---

91 Zu Einzelheiten bereits oben Rn 8/50 ff.

seines Leistungsinteresses an die Rechtzeitigkeit der Leistung gebunden hat (§ 323 Abs. 2 Nr 2). Hierfür üblich sind etwa die Lieferklauseln „fix" oder „spätestens".

Schließlich können die Parteien auch **individualvertraglich** auf eine Nachfristsetzung verzichten, während eine entsprechende Regelung in Allgemeinen Geschäftsbedingungen an § 309 Nr 4 bzw § 307 scheitert. 8/70

**dd) Kein Ausschluss des Rücktritts.** Schließlich darf der Rücktritt nicht nach § 323 Abs. 3 ausgeschlossen sein. Dies ist der Fall, wenn der Gläubiger für die Leistungsverzögerung allein oder weit überwiegend verantwortlich ist. Der in § 323 Abs. 6 weiter vorgesehene zweite Fall spielt beim Rücktritt wegen Leistungsverzögerung des Schuldners keine Rolle. 8/71

**ee) Rücktrittserklärung.** Wenn und soweit diese Voraussetzungen des § 323 vorliegen, kann der Gläubiger vom Vertrag durch entsprechende Erklärung zurücktreten oder stattdessen Erfüllung des Primäranspruchs verlangen oder den Anspruch auf Schadensersatz statt der Leistung nach § 281 geltend machen. Deshalb bedarf der Rücktritt einer **eindeutigen Erklärung**, aus der sich zumindest ergibt, dass die Erfüllung des Primäranspruchs nicht mehr verlangt wird und der Gläubiger sich vom Vertrag lösen will. Durch diese Erklärung wird das Rücktrittsrecht als **Gestaltungsrecht** dem Schuldner gegenüber ausgeübt (vgl § 349) und das Schuldverhältnis in ein **Rückabwicklungsschuldverhältnis** nach §§ 346 ff umgewandelt[92]. 8/72

**f) Sonstige Folgen der Leistungsverzögerung**

**aa) Haftungsverschärfung.** Als weitere, indirekte Folge des Schuldnerverzugs ist die **doppelte Haftungsverschärfung** gemäß § 287 zu nennen. Sie besteht zum einen darin, dass der Schuldner während des Verzuges nach **§ 287 S. 1** für jede Fahrlässigkeit einzutreten hat. Diese Haftungsfolge ergibt sich jedoch im Normalfall ohnehin bereits aus § 276 Abs. 1, sodass diese erste Haftungsverschärfung Bedeutung nur bei solchen Schuldverhältnissen erlangt, bei denen der Schuldner nur eingeschränkt haftet, wie kraft Gesetzes etwa bei Schenkung, Leihe und unentgeltlicher Verwahrung (vgl §§ 521, 599, 690). Entsprechendes gilt bei vertraglich vereinbarten Haftungsmilderungen. 8/73

Wichtiger jedoch ist die zweite Haftungsverschärfung, die darin besteht, dass der Schuldner nach **§ 287 S. 2** für Leistungshindernisse auch dann einzustehen hat, wenn ihn eine Verantwortlichkeit nach den Regeln des § 276 Abs. 1 nicht treffen würde[93]. Die Änderung des Textes zur alten Fassung soll verdeutlichen, dass dies nicht nur für die während des Verzugs eintretende Unmöglichkeit (so die alte Fassung), sondern für alle Leistungshindernisse, insb. also auch Beschädigungen der Sache gilt. 8/74

Daher ist in **Fall 15** die Verantwortlichkeit für eine jetzt eintretende Unmöglichkeit der Leistung verschärft.

---

92 Einzelheiten unten § 10.
93 Vgl ausführlich *Hirsch* Jura 2003, 42 ff.

§ 8 *Verzug*

8/75 **§ 287 S. 2** ist allerdings sprachlich unklar gefasst. Wenn von „**Zufall**" die Rede ist, der „während des Verzugs" eintritt, so sind hiermit offenbar Ereignisse gemeint, die in keinem dem Schuldner zuzurechnenden Kausalzusammenhang mit dem Verzug stehen, sondern sich nur während der Zeit ereignen, in der der Schuldner in Verzug ist. Denn für Schäden, die durch die Leistungsverzögerung in einer Weise verursacht wurden, die nicht außerhalb jeder Wahrscheinlichkeit lag, würde der Schuldner bereits nach §§ 280 Abs. 1, 2, 286 haften, weil er den Verzug zu vertreten hat[94]. Für § 287 S. 2 genügt es daher, dass das Leistungshindernis während des Verzuges eintritt[95]. Bedeutung erlangt dies bei außerordentlichen Ereignissen wie Erdbeben, Lawinenunglücken, Vulkanausbrüchen, Jahrhunderthochwasser usw.

> Praktisch sollte die damit für den Gläubiger eintretende Erleichterung der Rechtsverfolgung nicht unterschätzt werden: Wenn B im **Fall 15** Schadenersatz für die zerstörte Gitarre verlangt, so müsste er an sich nicht nur das Verschulden des A am Verzug beweisen, sondern weiter dartun, dass das Eindringen des Zimmernachbarn adäquat kausal war, also nicht außerhalb jeder Wahrscheinlichkeit lag. Wenn eine verspätet abgesandte Ware unterwegs bei einem Verkehrsunfall zerstört wird, kann man die adäquate Kausalität vielleicht nicht leugnen; aber die Vorstellungen von Zurechnung und Verantwortlichkeit gehen im Allgemeinen nicht so weit, dem Schuldner eine Haftung auch für derartige Ereignisse aufzubürden. Im Rahmen des § 287 S. 2 haftet der Schuldner also auch für eine Leistungsunmöglichkeit, deren Verursachung durch den Verzug nicht bewiesen werden kann, es sei denn, er kann seinerseits dartun, dass der Schaden auch ohne die Verzögerung entstanden wäre. Diese Rückausnahme seinerseits ist die gesetzlich geregelte Anerkennung der hypothetischen oder überholenden Kausalität[96].

8/76 **bb) Verzinsung des Wertersatzanspruchs.** Ist der geschuldete Gegenstand während des Verzugs untergegangen oder im Wert gemindert worden, so ist auch der hieraus resultierende Ersatzanspruch (zB aus §§ 280, 283) nach § 290 zu verzinsen, wofür wiederum § 288 gilt.

## III. Gläubigerverzug

### 1. Schuldrechtsmodernisierung

8/77 Die ordnungsgemäße Erfüllung eines Schuldverhältnisses kann auch dadurch gestört werden, dass der Gläubiger eine erforderliche **Mitwirkungshandlung**, insbesondere die Annahme des Leistungsgegenstands unterlässt. Dies bezeichnet man als Gläubigerverzug oder – sprachlich ungenau[97] – nach seinem Hauptanwendungsfall eben als

---

[94] *Schreiber* Jura 1990, 193, 199; Staudinger/*Löwisch*, BGB[13] (2004), § 287 Rn 16.
[95] Bamberger/Roth/*Grüneberg*, BGB, § 287 Rn 3; Staudinger/*Löwisch*, BGB[13] (2004), § 287 Rn 10.
[96] Darauf weist Staudinger/*Löwisch*, BGB[13] (2004), § 287 Rn 20 zutreffend hin.
[97] Selbst im BGB – siehe die Überschrift des 2. Titels einerseits und die Überschrift von § 293 andererseits – und das, obwohl die Überschriften seit der Schuldrechtsmodernisierung hier ein Teil des Gesetzestextes sind.

Annahmeverzug[98]. Obwohl auch dies eine Leistungsstörung im weiten Sinne der Schuldrechtsmodernisierung darstellt, passt sie nicht in die grundsätzliche Pflichtverletzungskonzeption des neuen Schuldrechts, da es sich bei den Mitwirkungshandlungen des Gläubigers regelmäßig nicht um echte Pflichten, sondern um bloße **Obliegenheiten** handelt. Deshalb hat der Schuldner im Regelfall auch keinen klagbaren Anspruch auf Mitwirkung. Aus diesem Grunde hat der Gesetzgeber den Gläubigerverzug auch **nicht in die Gesamtkonzeption der §§ 280 ff, 323 ff integriert**, wie sich daran zeigt, dass der Gläubigerverzug als solcher weder Schadenersatzansprüche oder Rücktrittsrechte des Schuldners begründet, sondern lediglich zu „Rechtsnachteilen in eigenen Angelegenheiten"[99] führt.

Wichtig ist es in diesem Zusammenhang darauf hinzuweisen, dass sowohl im **Kaufvertrags-** (§ 433 Abs. 2) wie im **Werkvertragsrecht** (§ 640 Abs. 1) die **Annahme der ordnungsgemäßen Leistung echte Rechtspflicht** des Gläubigers ist. Daneben bilden zahlreiche Mitwirkungshandlungen den Gegenstand von leistungsbezogenen Nebenpflichten. In diesen Fällen führt deren Verletzung zu Pflichtverletzungen im Sinne der §§ 280 ff, sodass sich die daraus resultierenden Rechte und Ansprüche des Schuldners auch nach diesen Vorschriften richtet, die dann **zusätzlich** zu den Rechtsfolgen des Gläubigerverzuges anzuwenden sind.

8/78

## 2. Voraussetzungen

Man definiert den Gläubigerverzug als Nichtannahme der richtig angebotenen Schuldnerleistung, woraus sich im Grundsatz folgende **Voraussetzungen** ableiten lassen:
- schuldrechtliche Leistungspflicht;
- Erfüllbarkeit der möglichen Leistung;
- ordnungsgemäßes Leistungsangebot;
- Leistungsbereitschaft des Schuldners;
- Nichtannahme der Leistung.

8/79

Diese Voraussetzungen[100] sind nicht ganz leicht abstrakt zu erfassen, da es Pflichten des Gläubigers in Bezug auf die Leistungshandlungen des Schuldners eigentlich nicht gibt (siehe oben Rn 8/77).

### a) Leistungspflicht

Grundsätzlich reicht für den Gläubigerverzug jede vertragliche oder gesetzliche Leistungspflicht des Schuldners, bei der es zur Pflichterfüllung seitens des Schuldners einer irgendwie gearteten Mitwirkung des Gläubigers bedarf[101]. **Nicht ausreichend** sind lediglich die **nichtleistungsbezogenen Neben- und Schutzpflichten aus § 241 Abs. 2**. Bei Schuldverhältnissen dagegen, bei deren Erfüllung es einer wie auch im-

8/80

---
98 Zur geschichtlichen Entwicklung vgl kurz *Emmerich*, Leistungsstörungen[6], § 23 Rn 3–5.
99 So die Formulierung von *Looschelders*, SR AT[4], Rn 747.
100 Dazu *Brehm* JuS 1989, 548 f; *Wertheimer* JuS 1993, 646.
101 Bamberger/Roth/*Grüneberg*, BGB, § 293 Rn 3.

§ 8 *Verzug*

mer gearteten Mitwirkung des Gläubigers nicht bedarf, ist ein Gläubigerverzug seiner Natur nach nicht vorstellbar.

**Beispiel**[102]: Pflicht zur Abgabe einer Willenserklärung

8/81 Ebenso wie beim Schuldnerverzug ist es weiter erforderlich, dass die Leistung noch erbracht werden kann, also **keine Unmöglichkeit** iS von § 275 eingetreten ist[103]. § 297 ergänzt dies dahingehend, dass auch eine nur vorübergehende Unmöglichkeit der Leistung den Gläubigerverzug dann ausschließt, wenn sie im Zeitpunkt des Leistungsangebots oder zur Zeit der erforderlichen Mitwirkungshandlung vorliegt[104]. Auch hier stellt sich wiederum die Frage nach der Abgrenzung von der Unmöglichkeit, da Annahmeverzug nur eintreten kann, wenn dem Schuldner die Leistung noch möglich ist.

> Die Anschauung des Problems liefert **Fall 16**: Führt die Erkrankung des A, die einen weiteren Unterricht unmöglich macht oder das Urteil des Verwaltungsgerichts, das ihn überflüssig erscheinen lässt, zum Annahmeverzug des A oder zur Unmöglichkeit? Bei Annahmeverzug bleibt der Gläubiger grundsätzlich zur Gegenleistung verpflichtet (das verstärkt für den Fall des Dienstvertrages noch § 615 S. 1), während bei der von niemandem verschuldeten Unmöglichkeit die Gegenleistungsgefahr bei M liegt.

8/82 Nach früher hM sollte Annahmeverzug vorliegen, wenn der Gläubiger nicht zur Mitwirkung bereit oder im Stande ist, Unmöglichkeit dagegen, wenn der Schuldner auch bei unterstellter Mitwirkung des Gläubigers nicht leisten kann (sog Abstrahierungsformel[105])[106]. Demgemäß hat der BGH die Unmöglichkeit dahin bestimmt, dass ein nicht nur in der Person des Gläubigers begründetes, sondern allgemein nicht behebbares Hindernis vorliegen müsse[107]. So wurde aus der Abstrahierungsformel die **Sphärentheorie**.

8/83 Dagegen wird mit Recht eingewandt, dass eine solche Verteilung der Leistungshindernisse nach Sphären bislang **nicht überzeugend** gelungen ist[108] und vor allem, dass ein dauerndes Leistungshindernis, auch ein in der Person des Gläubigers liegendes, nicht zu bloßem Verzug als einer grundsätzlich behebbaren Störung führen könne. Denn der Gläubigerverzug lässt den Anspruch auf die Leistung unberührt; das aber ist sinnlos, wenn die Leistung – und sei es auf Grund eines Umstandes, der in der Sphäre des Gläubigers liegt – **dauernd nicht mehr erbracht** werden kann. Die Grenze zwischen Unmöglichkeit und Verzug verläuft zwischen der Unerbringlichkeit des Leistungserfolgs und seiner bloßen Verzögerung[109]. In diesem Sinne lässt sich auch die Formulie-

---

102 Weitere Beispiele bei *Huber*, Leistungsstörungen I, § 7 III 1 (S. 180).
103 Bamberger/Roth/*Grüneberg*, BGB, § 296 Rn 5; Staudinger/*Löwisch*, BGB[13] (2004), § 293 Rn 13.
104 *Looschelders*, SR AT[4], Rn 749.
105 Nach *Oertmann* AcP 116 (1918), 1, 15 f.
106 Grundlegend *Oertmann* AcP 116 (1916), 1, 20; siehe weiter *Neumann-Duesberg* JuS 1970, 68 ff; *Larenz*, SR AT[14], § 25 Ic (S. 392).
107 BGHZ 24, 91, 96 nahm bei einem Beratungsvertrag Verzug an, als das zu beratende Unternehmen seinen Betrieb einstellte.
108 *Medicus*, SR AT[16], Rn 434.
109 So im Wesentlichen *Beuthien*, Zweckerreichung, S. 230 ff, 251; heute wohl hM – vgl Staudinger/*Löwisch*, BGB[13] (2004), Vor §§ 293–304 Rn 6.

rung des § 297 anführen, wonach der Gläubiger nicht in Verzug gerät, wenn der Schuldner zur Leistung außer Stande, dh immer – aber auch nur – wenn es sich um ein dauerhaftes Leistungshindernis handelt.

### b) Erfüllbarkeit

Zudem muss die Leistung für den Schuldner bereits erfüllbar iS von § 271 Abs. 2 gewesen sein. Damit bezeichnet man den Zeitpunkt, zu dem der Schuldner frühestens leisten darf. Dies tritt aber im Regelfalle **sofort** ein und kann daher nur in den wenigen Fällen eine Rolle spielen, in denen etwa wegen mangelnder Lagerkapazität eine Lieferung zu einem bestimmten nach Vertragsschluss liegenden Termin vereinbart war. 8/84

**Beispiel:** Lieferung in der 36. Kalenderwoche, Belieferung nach Abruf usw.

Obwohl Erfüllbarkeit wegen § 271 Abs. 2 auch hier vorliegt, kommt der Gläubiger wegen der Sonderregelung in **§ 299** in den Fällen, in denen die **Leistungszeit unbestimmt** ist, nur dann wegen Nichtabnahme des Leistungsgegenstands bzw unterlassener Mitwirkungshandlung in Gläubigerverzug, wenn die Leistung zu diesem Zeitpunkt eine angemessene Zeit zuvor angekündigt war. Dies ist notwendig, da die Voraussetzungen des Gläubigerverzugs rein objektiv bestimmt sind und es auf ein Verschulden des Gläubigers nicht ankommt, sodass dieser ansonsten zu einer schwer zumutbaren dauernden Annahmebereitschaft verpflichtet wäre. 8/85

### c) Ordnungsgemäßes Angebot

**aa) Grundsatz: Tatsächliches Angebot, § 294.** Die geschuldete Leistung muss dem Gläubiger ordnungsgemäß angeboten worden sein, § 293. Dazu ist im Regelfalle ein tatsächliches Angebot iS von § 294 erforderlich, dh der Schuldner muss die Leistung dem Gläubiger **erfüllungstauglich** anbieten. Dies verlangt, dass die richtige, also die geschuldete Leistung zur richtigen Zeit und am richtigen Ort dem richtigen Gläubiger anzubieten ist. Das Angebot muss also so beschaffen sein, dass „der Gläubiger nichts weiter zu tun braucht, als zuzugreifen und die angebotene Leistung anzunehmen"[110]. Ist für die Leistung ein bestimmter Termin vereinbart, muss der Gläubiger von dem tatsächlichen Angebot keine Kenntnis erlangen[111], kommt also auch dann in Gläubigerverzug, wenn er den Liefertermin vergessen hat und deshalb zur Abnahme der Waren nicht anwesend ist und auch keine diesbezüglichen Vorkehrungen getroffen hat. 8/86

> In den **Abwandlungen zu Fall 15** kommt B daher auch dann in Gläubigerverzug, wenn er den vereinbarten Termin am Freitagabend vergessen hat und weggefahren ist, von dem tatsächlichen Angebot des A also keine Kenntnis erlangt hat.

Wann der Schuldner dieses „seinerseits Erforderliche" (vgl § 243 Abs. 1) getan hat, hängt davon ab, ob eine **Bring-, Schick- oder Holschuld** vereinbart ist. Im Falle der Bringschuld muss er die Leistung an den Wohn- oder Geschäftssitz des Gläubigers 8/87

---

110 RGZ 85, 415, 416; BGH NJW 1996, 923; Bamberger/Roth/*Grüneberg*, BGB, § 294 Rn 2.
111 *Brox/Walker*, SR AT, § 26 Rn 5.

§ 8  *Verzug*

schaffen, im Falle der Schickschuld sie absenden[112] oder bei der Holschuld zur Abholung bereithalten (vgl genauer oben § 3 I 1 c).

8/88 **bb) Wörtliches Angebot, § 295.** Den letzteren Fall, also die **Holschuld**, hebt das Gesetz in etwas missverständlicher Weise in § 295 hervor, indem es dann, „wenn der Gläubiger die geschuldete Sache abzuholen hat", ein wörtliches Angebot genügen lässt. Dem steht eine Mitteilung gleich, dass die geschuldete Sache abgeholt werden könne, § 295 S. 2. Damit hat der Schuldner das seine getan, und wenn der Gläubiger nicht erscheint, gerät er in Verzug, ohne dass ihm die Leistung erneut wörtlich angeboten werden muss.

Prüft man an diesen Merkmalen die **Abwandlungen zu Fall 15**, so stellt man fest, dass im Zeitpunkt, als A unverrichteter Dinge nach Hause zurückfuhr, Annahmeverzug eingetreten war, ohne dass es auf die Gründe der Abwesenheit des B ankommt.

8/89 Eine Parallele zum Schuldnerverzug durch Erfüllungsverweigerung liegt schließlich darin, dass nach § 295 S. 1 eine Erklärung des Gläubigers, er werde die Leistung nicht annehmen, den Schuldner ebenfalls vom tatsächlichen Angebot entbindet. Streitig ist hingegen in diesen Fällen der **endgültigen Annahmeverweigerung**, ob nicht auch ein wörtliches Angebot entbehrlich wird[113]. Dafür könnte eine Analogie zu § 286 Abs. 2 Nr 3 beim Schuldnerverzug sprechen, der in diesem Falle auch die Mahnung für entbehrlich erklärt. Gerade das Fehlen einer solchen Regelung in den Vorschriften des Gläubigerverzugs spricht jedoch mE dafür, im Allgemeinen auch insoweit am Erfordernis eines wörtlichen Angebots festzuhalten[114]. Jedoch wird man im Einzelfall die Berufung des ernsthaft seine Annahmebereitschaft verneinenden Gläubigers auf das fehlende schuldnerseitige Angebot als venire contra factum proprium ansehen und damit als treuwidrig iS von § 242 zurückweisen können[115].

**Beachte:** Auch das wörtliche Angebot iS von § 295 ist geschäftsähnliche Handlung, sodass die §§ 104 ff entsprechend anzuwenden sind[116].

8/90 **cc) Entbehrlichkeit eines Angebots, § 296.** Soweit für die Gläubigerhandlung (Abholung einer Ware, Anprobe eines Anzugs, Erscheinen zum Unterricht) ein **kalendermäßig bestimmter Zeitpunkt** vorgesehen ist oder sich von einem vereinbarten Er-

---

112  Str. ist, ob Gläubigerverzug bei der Schickschuld erst eintritt, wenn die Sache beim Gläubiger anlangt (dafür RGZ 106, 294, 297; Bamberger/Roth/*Grüneberg,* BGB, § 294 Rn 3; Erman/*Hager,* BGB[11], § 294 Rn 3; Staudinger/*Löwisch,* BGB[13] (2004), § 294 Rn 14; MünchKomm/*Ernst,* BGB[5], § 294 Rn 3), oder ob es ausreicht, dass sie auf den Weg gebracht wird (so dass § 247 RG JW 1925, 607). Richtig ist wohl die erste Ansicht, dass nur nach Ankunft der Sache der Gläubiger die Annahme ablehnen kann, wobei überdies im Falle des Kaufs die Gefahrtragung während des Transports zum Vorteil des Schuldners durch § 447 geregelt ist.
113  So BGH NJW 2001, 287, 288; MünchKomm/*Ernst,* BGB[5], § 295 Rn 6; Palandt/*Heinrichs,* BGB[65], § 295 Rn 4; vgl genauer *Peters* JR 1998, 186 ff.
114  Ebenso BGH NJW 1997, 581, 582; Staudinger/*Löwisch,* BGB[13] (2004), § 295 Rn 2; Bamberger/Roth/*Grüneberg,* BGB, § 295 Rn 3.
115  AA jedoch *Huber,* Leistungsstörungen I, § 9 III 1 (S. 248 ff).
116  Erman/*Hager,* BGB[11], § 295 Rn 2; Bamberger/Roth/*Grüneberg,* BGB, § 295 Rn 6.

eignis ab nach dem Kalender berechnen lässt, gerät der Gläubiger sogar schon durch bloßes Versäumen dieses Termins in Verzug, § 296. In diesen Fällen ist somit ein Leistungsangebot des Schuldners für den Gläubigerverzug völlig entbehrlich.

> **Fall 16:** Hat M mit A vereinbart, dass A am Montag, den 4.8., um 16.00 Uhr zum Nachhilfeunterricht zu M kommen soll, gerät A bei Nichterscheinen in Annahmeverzug.

**dd) Gläubigerverzug trotz Angebot, § 298.** Muss der Schuldner seine Leistung nur **Zug um Zug** gegen eine Leistung des Gläubigers erbringen, so gerät der Gläubiger nach § 298 bereits dadurch in Verzug, dass er die **Gegenleistung** nicht anbietet[117]. Zwar kommt dieser Regelung in erster Linie bei den gegenseitigen Verträgen Bedeutung zu, doch ist ihr Anwendungsbereich hierauf nicht beschränkt. Vielmehr werden auch die Fälle hiervon erfasst, in denen der Schuldner sich auf ein Zurückbehaltungsrecht nach § 273 berufen kann oder bloße Nebenleistungen wie insbesondere die Ausstellung einer **Quittung** (vgl § 368) oder die **Rückgabe eines Schuldscheins** (vgl § 371) ausstehen[118].

8/91

**d) Leistungsbereitschaft des Schuldners**

Richtiger Ansicht nach setzt der Gläubigerverzug ferner voraus, dass der Schuldner bei seinem Leistungsangebot bzw zum Zeitpunkt der notwendigen Mitwirkungshandlung des Gläubigers **leistungsbereit** war[119]. Dies ist insbesondere bei wörtlichem Angebot nach § 295 oder der Entbehrlichkeit eines Angebots nach § 296 zu prüfen, während die Tatsache des tatsächlichen Angebots die Leistungsbereitschaft erkennen lässt. War der Schuldner zum Zeitpunkt der erforderlichen Abnahme oder Mitwirkungshandlung nicht bereit oder nicht in der Lage, die Leistung zu erbringen, so gerät der Gläubiger nicht in Gläubigerverzug.

8/92

> **Fall 16:** Erscheint A nicht zur vereinbarten Unterrichtsstunde bei M, hätte der Unterricht wegen dessen Erkrankung aber ohnehin nicht stattfinden können, ist A nicht in Gläubigerverzug geraten und M hat keinen Vergütungsanspruch aus § 615.

Dasselbe muss gelten, wenn der Umstand, der den Gläubiger zur Annahme der Leistung oder der Erbringung der erforderlichen Mitwirkungshandlung außer Stande setzt, gerade **vom Schuldner zu vertreten** ist[120].

8/93

**Beispiel:** Schuldner verursacht fahrlässig einen Verkehrsunfall, bei dem der Gläubiger verletzt und ins Krankenhaus eingeliefert wird, weshalb er später seine Mitwirkungshandlung nicht erbringen kann.

---

117 BGH NJW 1997, 581.
118 So schon Mot. II S. 73, vgl zum Ganzen Staudinger/*Löwisch*, BGB[13] (2004), § 298 Rn 2.
119 *Looschelders*, SR AT[4], Rn 749; *Huber*, Leistungsstörungen I, § 9 I 4 (S. 234 ff); Staudinger/*Löwisch*, BGB[13] (2004), § 297 Rn 15 ff.
120 *Emmerich*, Leistungsstörungen[6], § 24 Rn 58; vgl dazu auch *Wertheimer* JuS 1993, 646, 650 f.

§ 8 *Verzug*

### e) Nichtannahme der Leistung

8/94 Schließlich darf der Gläubiger die nach dem Vorstehenden ordnungsgemäß angebotene Leistung nicht angenommen oder die notwendige Mitwirkungsbehandlung nicht vorgenommen haben. Auf ein **Verschulden** des Gläubigers **kommt es** hierbei **nicht an**.

### 3. Folgen des Gläubigerverzugs

### a) Fortbestehende Leistungspflicht

8/95 Da das Gesetz den Gläubiger nicht ohne weiteres für verpflichtet erachtet, die geschuldete Leistung anzunehmen, kann es als Verzugsfolgen nicht in gleicher Weise wie beim Schuldnerverzug Ersatzpflichten, sondern nur Haftungserleichterungen für den Schuldner vorsehen. Seine **Leistungspflicht** als solche wird durch den Verzug **nicht berührt**. Will der Schuldner sich von seiner Schuld befreien, so muss er bei beweglichen Sachen den Leistungsgegenstand (§ 372) bzw den Versteigerungserlös (§ 383) **hinterlegen**. Bei unbeweglichen Sachen räumt ihm § 303 ein Recht zur Besitzaufgabe ein (vgl Rn 8/110).

> In den **Abwandlungen zu Fall 15** befand sich B in Gläubigerverzug. Das ändert nichts daran, dass er weiter Anspruch auf Lieferung der Gitarre hat und A sich auch leistungsbereit halten muss.

8/96 **Besonderheiten** bringt **§ 615** hier für Dienst- und Arbeitsverträge. Nach § 615 S. 1 nämlich kann der Verpflichtete bei Annahmeverzug des Dienstberechtigten/Arbeitgebers die vereinbarte Vergütung verlangen, ohne zur Nachleistung verpflichtet zu sein. Die **Leistungspflicht entfällt** demnach **kraft Gesetzes**. Allerdings muss der Verpflichtete sich Vorteile, die er durch eine anderweitige Verwendung seiner Dienste erlangt hat oder die er durch eine zumutbare Erwerbstätigkeit hätte erlangen können und die er böswillig nicht genutzt hat, auf diese Vergütung nach § 615 S. 2 anrechnen lassen.

8/97 Weitere Besonderheiten bestehen im **Arbeitsrecht** mit Blick auf den Annahmeverzug des Arbeitgebers nach Ausspruch einer arbeitgeberseitigen Kündigung. Diese lassen sich mit den §§ 293 ff kaum mehr in Einklang bringen und stellen arbeitsrechtliches Sonderrecht dar, das hier nicht zu vertiefen ist[121].

### b) Haftungserleichterung

8/98 Der Eintritt des Gläubigerverzugs bedeutet für den Schuldner zunächst, dass er länger mit der Leistungsgefahr belastet bleibt und das Sachrisiko trägt, dass der Leistungsgegenstand in dieser Zeit beschädigt oder zerstört wird. Dementsprechend ordnet **§ 300**

---

121 BAG NZA 1999, 925; *Boewer*, in: Münchener Handbuch Arbeitsrecht, Bd. I², § 78 Rn 21; *Gamillscheg*, ArbeitsR I⁸ (2000), S. 327 f; *Preis*, in: Erfurter Kommentar zum Arbeitsrecht³, BGB, § 615 Rn 40; *Schaub/Linck*, Arbeitsrechtshandbuch¹⁰ (2002), § 48 Rn 10.

Abs. 1 insoweit an, dass der Schuldner nur noch für **Vorsatz und grobe Fahrlässigkeit** haftet.

> Für die **erste Abwandlung zu Fall 15** bedeutet dies, dass A wegen der Unmöglichkeit seiner Leistung von seiner Leistungspflicht frei wird (§ 275); im Gläubigerverzug gilt aber an Stelle des gewöhnlichen Haftungsmaßstabs des § 276 die Vorschrift des § 300 Abs. 1, sodass A Ersatz nur leisten muss, wenn er das Eindringen des Betrunkenen in sein Zimmer vorsätzlich oder grob fahrlässig verursacht hatte. Waren in dem Wohnheim solche Vorkommnisse nicht gerade an der Tagesordnung, so wird man dies verneinen müssen.
>
> In der **zweiten Abwandlung** hat A, indem er sich sinnlos betrank, wohl grob fahrlässig gehandelt, sodass er den zur Unmöglichkeit führenden Umstand trotz § 300 Abs. 1 zu vertreten hat. Dadurch greift auch § 326 Abs. 2 nicht ein und er wird trotz § 300 Abs. 1 nicht von einer Ersatzpflicht frei.

Der Gläubigerverzug erhöht also die auch sonst beim Gläubiger liegende Leistungsgefahr durch Abmilderung des für den Schuldner geltenden Haftungsmaßstabs. Er lässt zusätzlich die Gegenleistungsgefahr auf den Gläubiger übergehen, wie sich aus **§ 326 Abs. 2** ergibt. Dies trifft den Gläubiger, der den Annahmeverzug nicht verschuldet zu haben braucht, hart. Er wird nur unerheblich entlastet durch den Umstand, dass der Schuldner sich auf seinen Vergütungsanspruch anrechnen lassen muss, was er durch das Freiwerden von der Leistungspflicht erspart hat, § 326 Abs. 2 S. 3.

8/99

**Beachte:** Im Kaufrecht stellt **§ 446 S. 3** den Eintritt des Gläubigerverzugs der Übergabe der Kaufsache gleich, führt also ebenfalls zum Übergang der Leistungsgefahr. Da sich dies jedoch ohnehin aus §§ 300 Abs. 2 (Leistungsgefahr), 326 Abs. 2 S. 1 2. Alt. (Gegenleistungsgefahr) ergibt, handelt es sich insoweit um eine diese Rechtsfolge für das Kaufrecht nur explizit wiederholende und damit an sich überflüssige Regelung. Eigenständige Bedeutung hat § 446 S. 3 daher nur in den Fällen zufälliger Beschädigungen der Sache (Sachgefahr) sowie bei Störungen, die von der Sache selbst ausgehen[122].

### c) Übergang der Leistungsgefahr bei Gattungsschulden

Dem fügt **§ 300 Abs. 2** eine undurchsichtige Regelung des Übergangs der Leistungsgefahr bei der **Gattungsschuld** hinzu. Ihre Tragweite lässt sich nur unter Hinzuziehung des § 243 Abs. 2 richtig abschätzen. Kernaussage des § 300 Abs. 2 ist es, dass mit dem Eintritt des Gläubigerverzugs das grundsätzliche Beschaffungsrisiko des Schuldners einer Gattungsschuld endet. § 300 Abs. 2 führt also deren **Konkretisierung** herbei. Mit der Konkretisierung einer Gattungsschuld geht die Leistungsgefahr auf den Gläubiger über, dh der Gläubiger kann die Leistung, wenn sie aus einem vom Schuldner nicht zu vertretenden Grunde untergeht, nicht noch einmal fordern.

8/100

Die **praktische Bedeutung** dieser Regelung ist indessen **gering**. Denn diese Folge tritt wegen § 243 Abs. 2 auch ohne § 300 Abs. 2 schon dann ein, wenn der Schuldner das zur Leistung seinerseits Erforderliche tut, indem er etwa bei Holschulden die Sache für den Gläubiger bereitlegt und ihn verständigt, bei Schickschulden die Sache absendet. Das wird häufig schon vor dem Zeitpunkt geschehen sein, in dem frühestens

8/101

---

122 Vgl BGH NJW 1998, 3273.

*§ 8 Verzug*

Annahmeverzug in Betracht kommt, sodass der zeitlich folgende Gläubigerverzug jetzt nur noch die Gegenleistungsgefahr übergehen lässt, § 326 Abs. 2.

8/102 Eigenständige Bedeutung erlangt § 300 Abs. 2 daher nur in zwei eher seltenen Fällen. Das betrifft zum einen die Konstallationen, in denen der Gläubiger in Gläubigerverzug gerät, ohne dass vorher eine Konkretisierung eingetreten ist. Dies betrifft die Fälle, in denen gemäß **§ 295** bereits ein wörtliches Angebot zur Begründung des Gläubigerverzugs ausreicht oder ein Angebot wegen **§ 296** ganz entbehrlich ist und der Schuldner die notwendigen **Erfüllungshandlungen** auch noch **nicht vorgenommen** hat[123]. Allerdings muss auch hier der Leistungsgegenstand immerhin schon ausgesondert worden sein, da sonst nicht feststellbar ist, auf welchen Gegenstand sich der Übergang der Leistungsgefahr vollzieht[124], wobei diese Aussonderung dem Leistungsangebot jedoch auch nachfolgen kann[125].

8/103 Seinen zweiten praktischen Anwendungsfall findet § 300 Abs. 2 bei Geldschulden. Bei **Geldschulden**, die vorbehaltlich abweichender Vereinbarungen stets Schickschulden sind, gilt die Besonderheit, dass Geld auf Gefahr des Schuldners übermittelt wird (§ 270 Abs. 1); man bezeichnet sie daher auch als „qualifizierte Schickschulden". Daher ist es bei Geldschulden vorstellbar, dass der Gläubiger schon vor dem nach § 270 maßgeblichen Zeitpunkt nach § 295 in Annahmeverzug kommt, gerade weil der Schuldner das seinerseits Erforderliche erst mit der Ablieferung des Geldes getan und Konkretisierung bewirkt hätte. Selbst wenn man dabei die Geldschuld nicht als Gattungsschuld, sondern als Wertbeschaffungsschuld ansehen will (vgl oben 7/37 ff), ist § 300 Abs. 2 jedenfalls entsprechend anzuwenden.

**Beispiel:** S will dem G die geschuldeten 100 Euro zum vereinbarten Zeitpunkt in bar vorbeibringen, trifft den G am vereinbarten Ort jedoch nicht an. Auf dem Heimweg wird ihm die Geldbörse mit den 100 Euro gestohlen. In diesem Fall wird S von seiner Rückzahlungspflicht aus § 488 Abs. 1 S. 1 gemäß §§ 293, 300 Abs. 2 frei.

### d) Übergang der Preisgefahr

8/104 Auch im Falle des Gläubigerverzugs stellt sich bei gegenseitigen Verträgen neben der Frage nach der Leistungsgefahr immer auch diejenige nach der Preisgefahr. Insoweit ergibt sich aus **§ 326 Abs. 1 S. 1 2. Alt.**, dass in den Fällen, in denen der Leistungsgegenstand während des Gläubigerverzugs untergeht, die Gegenleistung nur entfällt, wenn der Schuldner die Unmöglichkeit zu vertreten hat. Dies bestimmt sich grundsätzlich wiederum nach § 276, jedoch ist die Privilegierung des Schuldners nach **§ 300 Abs. 1** hier zu beachten.

### e) Ausschluss des Rücktrittsrechts

8/105 Tritt während des Gläubigerverzugs ein den Gläubiger zum Rücktritt berechtigender Umstand ein, so schließt **§ 323 Abs. 6 2. Alt.** dessen Rücktrittsrecht aus, solange der

---
123 *Looschelders*, SR AT[4], Rn 762; Bamberger/Roth/*Grüneberg*, BGB, § 300 Rn 5.
124 So Staudinger/*Löwisch*, BGB (2001), § 300 Rn 19; Bamberger/Roth/*Grüneberg*, BGB, § 300 Rn 5.
125 *Erman/Hager*, BGB[11], § 300 Rn 6.

Schuldner diesen Umstand nicht zu vertreten hat. Da auch insoweit die Privilegierung des § 300 Abs. 1 greift, bedeutet dies, dass der **Gläubiger** wegen eines im Gläubigerverzug eintretenden Umstands vom Vertrag **nur zurücktreten** kann, **wenn** der **Schuldner diesen Umstand grob fahrlässig oder vorsätzlich herbeigeführt** hat.

### f) Ersatz der Mehraufwendungen, § 304

Die **einzige echte Anspruchsgrundlage** innerhalb der Vorschriften zum Gläubigerverzug stellt § 304 dar, wonach der Schuldner vom Gläubiger die **Mehraufwendungen** ersetzt verlangen kann, die wegen des erfolgten Angebots sowie der Aufbewahrung und Erhaltung des Leistungsgegenstandes entstanden sind.

8/106

**Beispiele:** Transport- und Lagerkosten, Heiz- oder Futterkosten, Porto- und Fahrtkosten, ggf Versicherungsprämien

Nicht von § 304 erfasst wird dagegen ein entgangener Gewinn. Diesen kann der Schuldner aber über §§ 280 Abs. 1 und 2, 286 erhalten, wenn die Abnahme der Sache echte Rechtspflicht des Gläubigers war (so im Kauf- und Werkvertragsrecht), da dann die nicht rechtzeitige Entgegennahme der Sache zugleich als Schuldnerverzug angesehen werden kann[126].

8/107

### g) Weitere Rechtsfolgen

Daneben regeln die §§ 301–303 noch einige weitere eher am Rande liegende Rechtsfolgen des Gläubigerverzugs, die der Vollständigkeit halber wenigstens eine kurze Erwähnung finden sollen.

§ 301 befreit den Schuldner für die Zeit des Gläubigerverzugs bei einer verzinslichen Geldschuld von der **Zinszahlungspflicht**, um so zu verhindern, dass der Gläubiger von der Nichtannahme der geschuldeten und ordnungsgemäß angebotenen Leistung auch noch finanzielle Vorteile erlangt.

8/108

§ 302 beschränkt die Pflicht des Schuldners zur Nutzungsherausgabe auf die **tatsächlich gezogenen Nutzungen**. Diese Vorschrift ist jedoch selbst keine Anspruchsgrundlage, sondern setzt eine Pflicht des Schuldners zur Nutzungsherausgabe und damit einen darauf gerichteten Anspruch des Gläubigers voraus. Seine anspruchsbegrenzende Wirkung entfaltet § 302 daher nur in den Fällen, in denen die zur Nutzungsherausgabe verpflichtende Norm diesen Anspruch auch auf die entgegen einer ordnungsgemäßen Wirtschaft nicht gezogenen Nutzungen erstreckt (vgl §§ 292, 347 Abs. 1, 987 Abs. 2, 990).

8/109

§ 303 schließlich berechtigt den Schuldner, der zur Herausgabe unbeweglicher Sachen verpflichtet ist, nach vorheriger Androhung zur **Besitzaufgabe (§ 856)**; die Androhung ist entbehrlich, wenn sie untunlich ist.

8/110

**Beachte:** Bei beweglichen Sachen besteht wegen der Möglichkeit zur Hinterlegung (vgl §§ 373, 383) kein Bedarf für eine entsprechende Regelung.

---

126 RGZ 45, 300, 301; 53, 161; 60, 160, 162; 103, 13, 15; 109, 324, 326.

## IV. Lösung Fall 17

**I.** U könnte von H zunächst wegen der Verzögerung der eigenen Bauleistungen eine von U ggf zu entrichtende Vertragsstrafe ersetzt verlangen. Insoweit begehrt U von H, so gestellt zu werden, wie er stünde, wenn H ordnungsgemäß, dh rechtzeitig geleistet hätte. Folglich handelt es sich dabei um einen Verzögerungsschaden.

1. Obwohl bereits die Verzögerung der Leistung als solche eine Pflichtverletzung iS von § 280 Abs. 1 darstellt, verlangt der Ersatz des Verzögerungsschadens gem. § 280 Abs. 2 neben der Pflichtverletzung auch noch Verzug des Schuldners mit seiner Leistungspflicht. Dessen Voraussetzungen regelt § 286.

a) H hat die Leistung, nämlich Lieferung des Tiefladers zum vertraglich vereinbarten Zeitpunkt, nicht erbracht, obwohl die Leistung noch möglich war.

b) Die Leistung war auch fällig, § 271.

c) Eine Mahnung (§ 286 Abs. 1) liegt hier in Form der mündlichen Leistungsaufforderung binnen 8 Tagen vor. Sie wäre wegen der Vereinbarung eines genauen Liefertermins gem. § 286 Abs. 2 Nr 1 sowie wegen der Erklärung des H, nicht rechtzeitig liefern zu können (Selbstmahnung) gem. § 286 Abs. 2 Nr 3 zudem auch entbehrlich gewesen.

d) Zum Verschulden (§ 286 Abs. 4) des H gibt der Sachverhalt wenig Anhaltspunkte. Wegen der negativen Formulierung des § 286 Abs. 4 wird das Verschulden des H zunächst vermutet, sodass es bei H liegt, seine Leistungsverzögerung zu entschuldigen.

Dies dürfte ihm angesichts der ihm bekannten Dringlichkeit der Lieferung für U jedoch nicht gelingen; er hätte sich ggf bei seinem Lieferanten über die Möglichkeiten rechtzeitiger Selbstbelieferung erkundigen und evtl. einen anderweitigen Deckungskauf vornehmen müssen.

2. Somit sind auch die zusätzlichen Verzugsvoraussetzungen des § 286 gegeben. Wenn und soweit somit die Bauverzögerungen des U nur auf der Tatsache des zu spät zur Verfügung stehenden Tiefladers beruhen und es nicht auf Grund anderer Umstände ebenfalls zu derartigen Bauverzögerungen gekommen wäre („hierdurch" iS von § 280 Abs. 1), haftet H dem U gemäß §§ 280 Abs. 1 und 2, 286 für die Vertragsstrafenschuld.

**II.** Des Weiteren verlangt U von H Schadenersatz wegen der Notwendigkeit, einen teureren Tieflader zu kaufen. Dabei handelt es sich nicht mehr um den Verzögerungsschaden, sondern um Schadenersatz statt der Leistung gemäß § 281 Abs. 1.

1. Insoweit stellt § 288 Abs. 4 zunächst klar, dass im Schuldnerverzug weitergehende Schadenersatzansprüche neben dem sog Verzögerungsschaden nicht ausgeschlossen sind.

2. Dass die Leistungsverzögerung durch H eine schuldhafte Pflichtverletzung iS von § 280 Abs. 1 darstellt, ist bereits ausgeführt.

3. Zusätzlich verlangt § 281 Abs. 1 S. 1 beim Schadenersatz statt der Leistung jedoch eine angemessene Nachfristsetzung.

a) U hat dem H bei dessen Mitteilung von der Nichtbelieferung eine nochmalige Lieferfrist von 8 Tagen eingeräumt und damit eine entsprechende Nachfrist gesetzt.

b) Da diese nur dazu dienen soll, die bereits begonnene Leistungshandlung des Schuldners zu Ende zu bringen und den Schuldner gerade nicht in die Lage versetzen muss, eine völlig neue Leistung zu bewirken, kann durch Nachfrist durchaus knapp bemessen sein. Insoweit sind weitere 8 Tage angenommen.

c) Da H auch innerhalb der Nachfrist nicht geleistet hat, kann er somit von U gemäß §§ 280 Abs. 1, 281 Abs. 1 Schadenersatz statt der Leistung in Höhe der Preisdifferenz zum teureren Tieflader (§§ 249 ff) verlangen.

4. Mit der Geltendmachung dieses Schadenersatzanspruches ist gemäß § 281 Abs. 4 der Anspruch auf die Leistung ausgeschlossen.

# § 9 Verletzung von Nebenpflichten

**Fall 18:** Der Hersteller von Kartoffelchips H liefert ein Abfallprodukt aus seiner Produktion (Kartoffelpülpe) als Futtermittel an Landwirt L, klärt diesen aber nicht über die maximal zulässige Dosierung des Futters auf. Auf Grund einer Überdosierung gehen die Tiere des L ein (BGHZ 93, 239).

**Fall 19:** F lässt in der Werkstatt des U seine Reifen wechseln. Auf Grund eines Montagefehlers löst sich auf der Heimfahrt des F das linke Hinterrad, wodurch F von der Straße abkommt, sein Pkw Totalschaden und er selbst erhebliche Verletzungen erleidet.

**Fall 20:** K erwirbt bei V einen Videorekorder. Die mitgelieferte Bedienungsanleitung ist auch für einen Fachmann völlig unverständlich, weshalb auch K daran scheitert, den Videorekorder ordentlich zu bedienen.

**Fall 21:** Der daheim arbeitende Schriftsteller S beauftragt Malermeister M mit der Renovierung seines Dachgeschosses. In den ersten Arbeitstagen lässt die Malerarbeit des M nichts zu wünschen, allerdings beschädigt er in zwei aufeinander folgenden Tagen die Teppiche und Möbel im Erdgeschoss des E und will trotz gegenteiliger Aufforderung des S auch weiterhin während der Arbeit rauchen und Radio hören.

## I. Entstehungsgeschichte

Die Verletzung von **Nebenpflichten** hatte für die Verfasser des BGB keine besondere Bedeutung. Diese Pflichtverletzungen sollten nur dann zu Ansprüchen führen können, wenn die **engen Voraussetzungen des Gewährleistungsrechts** oder des Rechts der **Unmöglichkeit** Anwendung finden oder wenn die Parteien entsprechende Sanktionen schuldvertraglich vereinbart haben. Dabei ging man allerdings davon aus, auf diesem Wege die relevanten Fälle der Verletzung von Nebenpflichten erfasst zu haben. Schon bald wurde jedoch deutlich, dass gerade die Verletzung reiner Schutzpflichten nicht hinreichend gesetzlich geregelt war, da man diese weder in das Gewährleistungsrecht noch in das Unmöglichkeitsrecht einordnen konnte.

9/1

Unter dem Einfluss von *Staub*[1] hat sich daher bald die Ansicht durchgesetzt, dass das BGB insoweit eine **Regelungslücke** enthalte. Diese Lücke wurde seither durch das

9/2

---
1 *Staub*, Die positiven Vertragsverletzungen (1913).

schon rasch allgemein anerkannte Rechtsinstitut der **positiven Vertragsverletzung (pVV)** geschlossen.

9/3 Zunächst war dieses Institut auf **gegenseitige Schuldverhältnisse** begrenzt und gewährte der betroffenen Partei nur ein spezielles richterrechtliches **Rücktrittsrecht**. Schon bald aber sprengte dieses Institut die so geschaffenen Grenzen und wurde zur richterrechtlichen Anspruchsgrundlage für aus Nebenpflichtverletzungen erwachsende **Schadenersatzansprüche**. Die Analogiebasis sollten die **§§ 280, 286, 325, 326 aF** geben. Zudem wurde erkannt, dass solche Nebenpflichten nicht nur bei gegenseitigen Schuldverhältnissen bestanden und verletzt werden konnten, sondern ebenso bei einseitigen Forderungsrechten und gesetzlichen Schuldverhältnissen Platz greifen konnten. Die positive **Vertrags**verletzung wurde zur positiven **Forderungs**verletzung **(pFV)**[2].

9/4 Durch die Schuldrechtsmodernisierung wurde dieses richterrechtliche Institut nunmehr ausdrücklich **gesetzlich anerkannt** und in Gestalt der allgemeinen Pflichtverletzung (§ 280 Abs. 1) zugleich ins **Zentrum des Leistungsstörungsrechts** gestellt (vgl Rn 5/9). Die Schaffung eines allgemeinen Tatbestandes für Pflichtverletzungen in **§ 280 Abs. 1** umfasst zwangsläufig auch die Verletzung von Nebenpflichten. Zudem hat der Gesetzgeber in § 241 Abs. 2 erstmals auch **Schutzpflichten** gesetzlich verankert und in den **§§ 282 und 324** Regelungen geschaffen, nach denen ihre Verletzung sogar die Hauptleistungspflichten berühren kann.

## II. Anwendungsbereich

9/5 Die hergebrachten Probleme und Streitfragen um den **Anwendungsbereich** der pFV wurden hingegen auch durch die gesetzliche Regelung kaum gelöst, da auch weiterhin zu entscheiden ist, ob eine Pflichtverletzung mit dem Gewährleistungsrecht, den Verzugs- oder Unmöglichkeitsregelungen oder den Normen über Nebenpflichtverletzungen zu erfassen ist. Im Grundsatz ist weiterhin davon auszugehen, dass für eine Nebenpflichtverletzung nur da Raum bleibt, wo die entsprechende Leistungsstörung nicht in den Anwendungsbereich einer spezielleren Regelung fällt. Nach wie vor verdrängen also die spezielleren Vorschriften über Unmöglichkeit und Verzug den Anwendungsbereich des § 280 Abs. 1 immer dann, wenn eine Nebenpflichtverletzung zur Unmöglichkeit der Leistungserbringung oder zur Leistungsverzögerung führt. Dies verdeutlichen die §§ 280 Abs. 2, 286 sowie die §§ 280 Abs. 3, 283. Deshalb muss trotz des einheitlichen Grundtatbestandes der Pflichtverletzung diese Abgrenzung zu den spezielleren Instituten des Leistungsstörungsrechts nach wie vor erfolgen.

---

2 Vgl zur Entwicklungsgeschichte der pFV (pVV) genauer *Glöckner*, Die positive Vertragsverletzung, in: Das BGB und seine Richter (2000), S. 155–191 und umfassend *ders.*, Positive Vertragsverletzung (2006).

## 1. Abgrenzung zu Unmöglichkeit, Verzug und vorvertraglichen Pflichtverletzungen

Jedenfalls theoretisch klar ist die Abgrenzung der für § 280 Abs. 1 relevanten Nebenpflichtverletzung zu Unmöglichkeit und Verzug. Denn von einer solchen Nebenpflichtverletzung kann man nur dann sprechen, wenn dadurch die Erbringung der Hauptleistung weder unmöglich noch verzögert wird, es sei denn die Verzögerung tritt unabhängig von der Nebenpflichtverletzung auf.

9/6

Theoretisch ebenso eindeutig bleibt die Abgrenzung zur vorvertraglichen Pflichtverletzung, die auch als **culpa in contrahendo** (cic) bezeichnet wird. Diese ist nun in **§ 311 Abs. 2** gesetzlich verankert, unterliegt ansonsten aber denselben Voraussetzungen wie die Nebenpflichtverletzung (dazu näher in § 11). Entscheidend für die Unterscheidung ist der Zeitpunkt der Pflichtverletzung. Geschah diese vor Vertragsschluss, so liegt ein Fall der culpa in contrahendo nach § 311 Abs. 2 vor. Nebenpflichtverletzungen nach Vertragsschluss unterliegen hingegen der Grundsätzen der allgemeinen Pflichtverletzung (früher pVV).

9/7

## 2. Abgrenzung zum Gewährleistungsrecht

Die Abgrenzungsfrage hinsichtlich des Gewährleistungsrechts ist zunächst nur dann relevant, wenn für den entsprechenden Vertragstyp ein solches überhaupt existiert (Kaufvertrag, Werkvertrag, Mietvertrag oder Reisevertrag, nicht aber zB Arbeitsvertrag oder Verwahrvertrag). Ist dies der Fall, so ist die Abgrenzung in zwei weiteren Schritten zu vollziehen. Zunächst ist danach zu fragen, ob die **Verletzung der Nebenpflicht gleichzeitig eine Schlechterfüllung der Hauptleistungspflicht** und damit einen Mangel darstellt.

9/8

> In den **Fällen 18 und 20** wie auch in **Fall 21** sind die erbrachten Hauptleistungen, also das Futter, der Videorekorder bzw die Malerarbeit fehlerfrei. Die Leistungsstörung beruht auf anderen Gründen. Das Gewährleistungsrecht umfasst hier also nicht die Nebenpflichtverletzung. In **Fall 19** hingegen liegt die Leistungsstörung in einer Schlechterfüllung der Hauptleistungspflicht. Das Gewährleistungsrecht des Werkvertrags könnte hier somit die Nebenpflichtverletzung mit umfassen.

In solchen Fällen ist als zweites danach zu fragen, ob durch die Leistungsstörung nur das **Äquivalenzinteresse** oder auch das **Integritätsinteresse** des Gläubigers beeinträchtigt wird. Die Grenzziehung verläuft damit weiterhin anhand der **schillernden Begriffe** des **Mangelschadens** und des **Mangelfolgeschadens**, auch wenn dieser Frage nach der Reform nicht mehr die Brisanz zukommt, die sie im früheren Recht hatte[3].

9/9

---

3  Vgl statt vieler ausführlich nur Staudinger/*Honsell*, BGB[13] (1995), § 477 Rn 13 ff, 22 ff sowie Staudinger/*Peters*, BGB[13] (2000), § 635 Rn 55 ff und § 638 Rn 11 ff.

9/10 Die Grenze verläuft heute nahezu einhellig anhand der beeinträchtigten Interessen[4]. Beschränkt sich die Beeinträchtigung des Gläubigers darauf, dass er für seine Gegenleistung keine mangelfreie, also **äquivalente Hauptleistung** erhalten hat (sog **Mangelschaden**), so wird die Leistungsstörung vollständig vom Gewährleistungsrecht erfasst. Ansprüche aus Nebenpflichtverletzungen kommen daneben nicht in Betracht. Geht die Beeinträchtigung des Gläubigers hingegen darüber hinaus, indem auch Rechtsgüter verletzt wurden, die nicht Gegenstand des Leistungsaustausches waren (sog **Mangelfolge- oder Begleitschäden**), so sind für diese Schäden die Regelungen über Nebenpflichtverletzungen anwendbar. Sie werden über § 280 Abs. 1 liquidiert[5].

9/11 Allerdings unterliegen diese Ansprüche im Kaufrecht ausnahmsweise der kurzen Verjährung des Gewährleistungsrechts nach § 438, da sie auf einem Mangel beruhen[6]. In den Gewährleistungsrechten der anderen Vertragsarten unterliegt der Schadenersatzanspruch wegen eines Mangels keiner besonderen Verjährung.

> In **Fall 19** wurden F selbst verletzt und sein Pkw zerstört. Weder der Gesundheitsschutz des F noch die Wartung des Gesamt-Pkw waren Gegenstand des Leistungsaustausches im Werkvertrag. Damit handelt es sich insoweit nicht um eine Beeinträchtigung des Äquivalenzinteresses, welches nur die Montage neuer Reifen erfasst, sondern um die Beeinträchtigung sonstiger Rechtsgüter, deren Verletzung eine Beeinträchtigung des Integritätsinteresses des F bedeutet. Daraus resultierende Schäden sind folglich über § 280 Abs. 1 zu ersetzen, wenn die weiteren Voraussetzungen vorliegen.

### III. Arten der Nebenpflichten

9/12 Hinsichtlich des zunächst einheitlich und komplex erscheinenden allgemeinen Pflichtverletzungstatbestandes lassen sich zwei grundsätzliche Arten von Nebenpflichten unterscheiden: die **leistungsbezogenen** oder auch leistungssichernden **Nebenpflichten** und **sonstige Verhaltenspflichten** nach § 241 Abs. 2. Alle diese Nebenpflichten wurden vor der Reform allein aus dem Grundsatz von Treu und Glauben gemäß § 242 hergeleitet, wozu sich eine reiche Kasuistik ausgebildet hat. Heute ist in **§ 241 Abs. 2** immerhin positiv-gesetzlich normiert, dass eine solche Nebenpflicht im Einzelfall bestehen kann. Es bleibt aber immer noch eine Frage der Auslegung des konkreten Vertrages im Einzelfall, ob und inwieweit die betreffende Nebenpflicht tatsächlich bestanden hat[7]. Insoweit ist auf die frühere Kasuistik nach wie vor zurückzugreifen.

---

4 *Ehmann/Sutschet*, SR, § 2 VI 5 (S. 35 f); Huber/*Faust*, Schuldrechtsmodernisierung, Kap. 13 Rn 105; *Lorenz/Riehm*, SR, Rn 358 f. So wollte wohl auch der Reformgesetzgeber verstanden werden – BT-Drs. 14/6040, S. 224. Ähnlich *Emmerich*, Leistungsstörungen[6], § 21 III 2b bb (S. 321), wenn er darauf abstellt, ob der jeweilige Schaden durch Nachholung der Hauptleistung beseitigt werden kann. Anders *Looschelders*, SR AT[4], Rn 572, der entscheidend darauf abstellen will, ob der Schadenersatz neben der Leistung geltend gemacht werden kann (dann § 280 Abs. 1) oder nicht.
5 *Emmerich*, Leistungsstörungen[6], § 21 III 2b bb (S. 320 ff).
6 So zu Recht *Lorenz/Riehm*, SR, Rn 360.
7 *Lorenz/Riehm*, SR, Rn 356.

## 1. Leistungsbezogene Nebenpflichten

Die **leistungsbezogenen Nebenpflichten** sind auch in § 241 Abs. 2 verankert[8]. Danach hat jeder Vertragspartner nicht nur Rücksicht auf die Rechtsgüter, sondern auch auf die Rechte und Interessen des anderen zu nehmen. Er hat also nicht nur die schon erworbenen Rechtsgüter des anderen, sondern auch dessen rechtlich gesicherte Interessen und damit auch den zu erwerbenden oder zurückzugebenden Leistungsgegenstand zu schützen. Der Leistungsanspruch (Hauptleistungsanspruch) wie auch das Leistungsinteresse sind somit ebenfalls vom Schutzbereich des § 241 Abs. 2 umfasst[9]. Inhalt der leistungsbezogenen Nebenpflichten ist die **Verpflichtung** jedes Vertragspartners, **sich so zu verhalten, dass der Vertragszweck erreicht werden kann und nicht (nachträglich) gefährdet oder beeinträchtigt wird**[10]. Der Schuldner hat danach zB den Leistungsgegenstand vor Übergabe sorgfältig aufzubewahren und ihn für den Versand ordnungsgemäß zu verpacken. Diese Pflichten können auch noch nach vollständiger Leistungsabwicklung weiter bestehen („culpa post contractum finitum"), so zB die Pflicht zur Unterhaltung eines Reparatur- und Ersatzteilservices.

9/13

Hat der Vertrag keine Sache als Leistungsgegenstand (zB bei Arbeits- oder Gesellschaftsverträgen) oder setzt seine Abwicklung ein besonderes Vertrauensverhältnis zwischen den Vertragspartnern voraus (zB Mietverträge, aber auch Arbeitsverträge und Gesellschaftsverträge), so folgt aus den leistungsbezogenen Nebenpflichten insbesondere die Pflicht zur **besonderen Rücksichtnahme** auf die gegenseitigen Beziehungen als entscheidende Vertragsgrundlage. Hieraus können Geheimhaltungs- und Unterlassungspflichten entstehen.

9/14

## 2. Sonstige Verhaltenspflichten nach § 241 Abs. 2

Neben den leistungsbezogenen Pflichten obliegt dem Schuldner stets auch **die allgemeine Verpflichtung, die Rechtsgüter und Interessen des Gläubigers bei der Durchführung des Vertrages vor Schäden zu bewahren**. Diese **allgemeine Rücksichtnahmepflicht** aus § 241 Abs. 2 kann grundsätzlich in zwei Unterarten gegliedert werden: Aufklärungs- und Schutzpflichten[11].

9/15

---

8 Anders MünchKomm/*Kramer*, BGB[5], § 241 Rn 19, der die leistungsbezogenen Nebenpflichten § 241 Abs. 1 zuordnet; ebenso *Madaus* Jura 2004, 289.
9 Ebenso *Ehmann/Sutschet*, SR, § 4 III 1 (S. 69); ausdrücklich dagegen *Olzen/Wank*, Schuldrechtsreform, Rn 246. Der Wille des Reformgesetzgebers ist insofern nicht eindeutig feststellbar – vgl BT-Drs. 14/6040, S. 125. Einerseits will er mit der Normierung der Verhaltenspflichten das Institut der pVV gesetzlich verankern, was stets auch die leistungsbezogenen Nebenpflichten mit umfasst. Andererseits bezeichnet er die Pflichten in § 241 Abs. 2 stets als Schutzpflichten, die der Wahrung der gegenwärtigen Güterlage der Vertragsparteien dienen, was den noch zu erwerbenden Leistungsgegenstand einschließen kann, aber nicht muss.
10 Vgl *Musielak*, Grundkurs, Rn 200. Andere fassen den Begriff der leistungsbezogenen Nebenpflicht enger, indem sie nur solche Nebenpflichten darunter fassen wollen, die unmittelbar die Vertragsmäßigkeit der Hauptleistung berühren – vgl *Medicus*, SR AT[16], Rn 415; ähnlich *Emmerich*, Leistungsstörungen[6], § 22 III 1 (S. 335).
11 Zu üblichen Einteilungen siehe etwa: Staudinger/*Olzen*, BGB[13] (2005), § 241 Rn 427 f.

9/16  Der Begriff der **Aufklärungspflicht** umfasst alle Anzeige-, Informations-, Hinweis- und Auskunftspflichten der Vertragspartner. Diese Pflichten haben heute insbesondere bei Behandlungsverträgen zwischen Arzt (bzw Krankenhaus) und Patient sowie bei Anlage- und Investitionsverträgen ihre besondere Bedeutung[12]. Allgemeiner ausgedrückt sind dies insbesondere solche Schuldverhältnisse, bei denen ein Vertragspartner auf Grund eines überlegenen Sachwissens in der Regel die Pflicht zur umfassenden Aufklärung der Gegenpartei über mögliche Risiken des Vertrages trifft. Aufklärungspflichten können im Einzelfall jedoch auch Teil des vertraglichen Leistungskatalogs sein und sind dann nicht unter § 241 Abs. 2 zu fassen. Dies gilt etwa für Beratungs- und Auskunftsverträge[13]. Im Übrigen sind sie jedoch als nichtleistungsbezogene Nebenpflichten einzuordnen. Doch auch bei einfachen Kaufverträgen obliegt es dem Verkäufer, seinen Kunden auf Risiken des Produktes hinzuweisen.

9/17  Der Begriff der **Schutzpflicht** bezeichnet schließlich die besondere Obhutspflicht jedes Vertragspartners für die Rechtsgüter der Gegenpartei, die mit seiner Vertragsleistung in Berührung kommen. Der Verkäufer darf bei der Lieferung der Sache nicht die Einrichtung des Käufers beschädigen. Ein Arbeitgeber muss dafür sorgen, dass der Arbeitsplatz seines Arbeitnehmers frei von gesundheitsschädigenden Einflüssen ist.

9/18  Eine intensive **Abgrenzung der verschiedenen Arten der Nebenpflichtverletzungen** voneinander ist im Rahmen dieser Übersicht weder nötig, da alle aus § 241 Abs. 2 folgen und damit identische Rechtsfolgen auslösen (Rn 9/23 ff), noch wegen der engen Verzahnung in der notwendigen Kürze möglich.

> Im **Fall 18** hat H den L nicht über die Risiken des Futtermittels, insbesondere nicht über die höchstzulässige Dosierung informiert. Wegen der besonderen Gefährlichkeit bestand insofern aber eine Informationspflicht des H. Diese ist eine Nebenpflicht gemäß § 241 Abs. 2.
>
> In **Fall 19** hat U fehlerhaft gearbeitet und dadurch nicht nur seine Hauptpflicht schlecht erfüllt (§ 633 Abs. 1), sondern zugleich auch verhindert, dass der Vertragszweck erreicht wird und damit eine leistungsbezogene Nebenpflicht verletzt. Zudem hat er mittelbar die Schutzpflicht aus § 241 Abs. 2 verletzt, wonach er die nicht an der Vertragsabwicklung beteiligten Rechtsgüter des F (dessen Gesundheit und Eigentum) zu schützen hat.
>
> In **Fall 20** versäumt V, dem K die Bedienung des gekauften Videorekorders zu erklären, wodurch dieser nicht ordnungsgemäß genutzt werden kann. Die fehlerhafte Bedienungsanleitung ist zwar (anders als die fehlerhafte Montageanleitung gemäß § 434 Abs. 2 S. 2) kein Mangel, aber eine Verletzung einer leistungsbezogenen Nebenpflicht aus § 241 Abs. 2[14].
>
> In **Fall 21** verletzt M seine Schutzpflichten aus § 241 Abs. 2, indem er weder auf die Einrichtung des S noch auf dessen Gesundheit Rücksicht nimmt. Zudem wird man bei Arbeiten in einem Wohnhaus eine Rücksichtnahmepflicht der Parteien dahingehend annehmen können, den anderen bei der Durchführung der Arbeit so wenig wie möglich zu stören. Auch diese Pflicht aus § 241 Abs. 2 verletzt M durch das trotz Abmahnung fortgesetzte Rauchen und Radiohören im Haus des S.

---

12  Vgl hierzu die Darstellung bei Staudinger/*Olzen*, BGB[13] (2005), § 241 Rn 429.
13  Vgl Staudinger/*Olzen*, BGB[13] (2005), § 241 Rn 432.
14  Vgl *Madaus* Jura 2004, 289, 292 mwN.

## IV. Rechtsfolgen der Nebenpflichtverletzung

Die **typische** Rechtsfolge einer Nebenpflichtverletzung ist der Schadenersatz **neben** der Leistung nach § 280 Abs. 1. In **Ausnahmefällen** kommt hingegen auch ein Schadenersatz **statt** der Leistung nach §§ 280 Abs. 1 und 3, 282 in Betracht sowie ein Rücktritt vom Vertrag nach § 324.

9/19

### 1. Schadenersatz neben der Leistung, § 280 Abs. 1

Die Regelfolge einer Nebenpflichtverletzung ist der **Schadenersatz neben der Leistung** nach § 280 Abs. 1.

9/20

> Dessen **Voraussetzungen** sind:
> – Bestehen eines Schuldverhältnisses;
> – Vorliegen einer Nebenpflichtverletzung;
> – der darauf beruhende Eintritt eines Schadens;
> – nach § 280 Abs. 1 S. 2 das Verschulden des Schuldners im Sinne des § 276.

Dabei muss der Gläubiger das Schuldverhältnis, die Nebenpflichtverletzung und den darauf beruhenden Schaden darlegen und ggf beweisen. Dem Schuldner obliegt es nach § 280 Abs. 1 S. 2 hingegen, sich zu entlasten, indem er darlegt und ggf beweist, dass er die Nebenpflichtverletzung nicht zu vertreten hat.

Der Anspruch aus § 280 Abs. 1 besteht **unabhängig von den Hauptleistungspflichten**, also neben der Leistung. Seine Geltendmachung hindert den Gläubiger somit nicht daran, ansonsten weiterhin am Vertrag festzuhalten und auf dessen Einhaltung zu klagen. Umgekehrt kann er sich auch nicht allein unter Hinweis auf die Nebenpflichtverletzung aus der vertraglichen Bindung befreien. Dies ist nur unter den zusätzlichen Voraussetzungen der §§ 282 und 324 möglich.

9/21

Der Anspruch aus § 280 Abs. 1 geht nur auf den **Ersatz des Integritätsinteresses**, dh auf Ersatz der Schäden an den Rechtsgütern des Gläubigers, die nicht Vertragsgegenstand waren. Wertminderungen am Leistungsgegenstand sind hingegen Nichterfüllungsschäden, also Schäden, die das Äquivalenzinteresse betreffen und daher allein durch einen Schadenersatzanspruch statt der Leistung ersetzt werden können.

9/22

> In allen Beispielsfällen sind danach Ansprüche aus § 280 Abs. 1 gegeben. In **Fall 18** umfasst dieser Anspruch den Wert der verendeten Tiere, aber auch den entgangenen Gewinn (§ 252) aus dem nicht mehr möglichen Weiterverkauf[15]. In **Fall 19** kann F seinen gesamten Mangelfolgeschaden (Heilungskosten, Verdienstausfall, Wert des Pkw und Nutzungsausfall) ersetzt verlangen. In **Fall 20** führt der Schadenersatzanspruch über § 249 Abs. 1 dazu, dass V eine

---

15 Entgegen *Looschelders*, SR AT[4], Rn 574, ist der entgangene Gewinn auch beim Schadenersatz neben der Leistung zu erstatten, wenn der Gewinn aus der Veräußerung von Rechtsgütern erwirtschaftet worden wäre, die nicht Vertragsgegenstand waren – ebenso *Emmerich*, Leistungsstörungen[6], § 22 III 4.

Bedienungsanleitung für den Videorekorder beschaffen oder eine persönliche Anleitung organisieren muss. In **Fall 21** kann S den Schaden an Teppichen und Möbeln liquidieren. Weitere Schäden sind noch nicht entstanden.

### 2. Schadenersatz statt der Leistung

9/23  Verletzt der Schuldner die Nebenpflichten aus § 241 Abs. 2, so kann der Gläubiger nach **§§ 280 Abs. 1 und 3, 282** nur dann Schadenersatz statt der Leistung und damit einen Nichterfüllungsschaden geltend machen, wenn ihm die Leistungserbringung durch den Schuldner nicht mehr zumutbar ist. Eine solche **Unzumutbarkeit** wird in der Regel nur dann anzunehmen sein, wenn die Pflichtverletzung als wesentlich anzusehen ist und unter Berücksichtigung der Interessen beider Vertragsparteien ein Festhalten des Gläubigers am Vertrag, insbesondere am Schuldner nicht mehr gerechtfertigt erscheint. Durch eine einmalige Nebenpflichtverletzung dürfte diese Zumutbarkeitsgrenze nur in den eher seltenen Fällen erreicht werden, in denen bereits diese einmalige Verletzung besonders erhebliche Auswirkungen auf die Interessen der Parteien hat oder ein notwendiges Vertrauensverhältnis zerstört. Bei weniger gravierenden Pflichtverletzungen wird man eine Abmahnung für erforderlich und ausreichend halten müssen. Erst die weitere, trotz einer Abmahnung erfolgende erneute einschlägige Pflichtverletzung wird dann ausreichen, um Unzumutbarkeit annehmen zu können.

9/24  Bei der Verletzung **leistungsbezogener Nebenpflichten** ist umstritten, ob sich für diese der Schadenersatzanspruch statt der Leistung aus § 281[16] oder § 282[17] oder gar beiden[18] ergeben soll. Diese Unsicherheit liegt darin begründet, dass die Verletzung solcher leistungsbezogener Nebenpflichten zum einen dazu führen kann, dass zugleich auch die Hauptleistung nicht wie geschuldet erbracht werden kann, zB wenn die nicht ordnungsgemäß verpackte Kaufsache dadurch defekt beim Kunden ankommt oder die fehlerhafte Leistung einen Mangelfolgeschaden verursacht. Leistungsbezogene Nebenpflichten können zum anderen aber auch noch nach fehlerfreier Erbringung der Hauptleistung verletzt werden, indem zB Produktbeobachtungspflichten oder Servicepflichten nicht beachtet werden. Hinzu kommt, dass gerade beim Eintritt von Mangelfolgeschäden (vgl **Beispielsfall 18**) sowohl leistungsbezogene Nebenpflichten als auch Schutzpflichten nach § 241 Abs. 2 verletzt werden.

9/25  Zutreffend dürfte es sein, auch die Verletzung leistungsbezogener Nebenpflichten **allein unter § 282** zu fassen. Denn auch diese Nebenpflichten können zwanglos unter den Wortlaut des § 241 Abs. 2 subsumiert werden. Dann aber ist damit der spezielle

---

16 HM vgl *Bamberger/Roth*, in: Dauner-Lieb, SR, § 2 Rn 46 und in AnwKomm, SR, § 281 Rn 8; *Emmerich*, Leistungsstörungen⁶, § 22 III 1 (S. 335); Huber/*Faust*, Schuldrechtsmodernisierung, Kap. 3 Rn 168; Bamberger/Roth/*Grüneberg*, § 282 Rn 2; MünchKomm/*Kramer*, BGB⁵, § 241 Rn 19; Staudinger/*Otto*, BGB¹³ (2004), § 282 Rn 12; *Looschelders*, SR AT⁴, Rn 608; Olzen/*Wank*, Schuldrechtsreform, Rn 261.
17 *Lorenz/Riehm*, SR, Rn 364.
18 Für letzteres *Beurskens*, Grundriss, Rn 245; Erman/*Westermann*, BGB¹¹, § 282 Rn 1; MünchKomm/*Ernst*, BGB⁵, § 282 Rn 2.

Anwendungsbereich des § 282 eröffnet. Ein mit Schuldnerschutzargumenten begründetes Bedürfnis, im Interesse einer Nachfristsetzung § 281 zur vorrangigen Anwendung zu bringen, ist nicht feststellbar. Denn der dahinter stehenden allgemeinen Wertung des Vorrangs der Nacherfüllung wird auch durch § 282 Rechnung getragen, indem das Zumutbarkeitskriterium entsprechend angewendet wird. Dieses schließt die Nacherfüllung zu Gunsten des Schadenersatzanspruches statt der Leistung nur in Fällen aus, in denen besondere Umstände unter Berücksichtigung der Interessen beider Vertragsparteien die weitere Vertragsdurchführung unzumutbar machen. Dies entspricht nahezu wortgleich der Regelung in § 281 Abs. 2 2. Alt., die auch im Anwendungsbereich von § 281 eine Nachfristsetzung entbehrlich macht.

So macht es bspw. in **Fall 20** keinen Sinn, den V zur Lieferung eines neuen Videorekorders aufzufordern.

Dogmatisch tritt hinzu, dass es sich bei diesen Nebenpflichten oftmals nur um **Obliegenheiten** handelt, deren Erfüllung selbst nicht einklagbar ist und daher auch nicht im Wege der Nacherfüllung isoliert verlangt werden kann[19]. Zudem beseitigt gerade im Bereich der Mangelfolgeschäden die Nacherfüllung der Hauptleistungspflicht nicht mehr den eingetretenen Schaden (vgl **Fall 19**).

9/26

Die Anwendung des § 281 auf diese Fälle erscheint also weder sachgerecht noch bringt sie einen Vorteil. Sie hat zudem den entscheidenden Nachteil, dass sie zu einer scharfen Abgrenzung der leistungsbezogenen Nebenpflichten von sonstigen Nebenpflichten zwingt[20]. Diese Abgrenzung ist jedoch gerade im Bereich der Mangelfolgeschäden nicht zu leisten, da häufig beide Pflichten verletzt werden (vgl **Fall 19**). Die Vorteile der Anwendung des § 282 liegen damit auf der Hand. Dies vereinheitlicht (und vereinfacht) den Begriff der Nebenpflichtverletzung und man gelangt trotzdem zu Ergebnissen, die den grundsätzlichen Vorrang der Nacherfüllung berücksichtigen[21].

9/27

In den **Fällen 18 und 20** ist der Leistungsaustausch bereits vertragsgemäß erfolgt. Entscheidend ist daher nicht die Zumutbarkeit der weiteren Durchführung des Leistungsaustausches, sondern der sonstigen vertraglichen Bindung an den pflichtwidrig handelnden Schuldner. Auch dies bemisst sich grundsätzlich anhand der Schwere der Pflichtverletzung, die wiederum maßgeblich durch das Ausmaß der Beeinträchtigung der Rechte, Rechtsgüter und Interessen des Gläubigers bestimmt wird. In dem **Fall 18** wird man danach eine zwar nur einmalige, aber besonders schwere Pflichtverletzung annehmen können, die ein Festhalten am Schuldner unzumutbar erscheinen lässt. L hätte danach auch einen Schadenersatzanspruch statt der Leistung nach §§ 280 Abs. 1 und 3, 282, der neben dem Anspruch aus § 280 Abs. 1 bestünde. L hat jedoch keinen Nichterfüllungsschaden, da nur sein Integritätsinteresse beeinträchtigt wurde.

---

19  So die hM – vgl *Ehmann/Sutschet*, SR, § 4 III 2d (S. 72 ff); anders *Medicus*, SR AT[16], Rn 423 ff.
20  Vgl dazu *Madaus* Jura 2001, 289 ff.
21  Aus diesen Gründen dürfte es gerechtfertigt sein, vom erklärten Willen des Gesetzgebers abzugehen, der zwischen leistungsbezogenen und sonstigen Nebenpflichten unterscheiden und nur letztere § 282 unterstellen wollte. Bei ersteren wie auch stets dann, wenn die Nebenpflichtverletzung zur Schlechterfüllung der Hauptleistung führt, sollte nach dem Reformgesetzgeber § 281 Anwendung finden – vgl BT-Drs. 14/6040, S. 141.

Das Futter selbst war sein Geld wert. Die Erheblichkeit der Pflichtverletzung des V in **Fall 20** ist nicht so schwerwiegend, weshalb hier die Unzumutbarkeitsgrenze noch nicht erreicht wurde. K hat hier somit keinen Anspruch aus § 280 Abs. 1 und 3, 282, weshalb er an den Vertrag gebunden bleibt.

In **Fall 19** liegt zwar durchaus eine ganz erhebliche Verletzung der leistungsbezogenen Nebenpflicht und der Schutzpflicht durch U vor, die das Unzumutbarkeitskriterium erfüllen würde. Hier ist jedoch zu beachten, dass die Nichterfüllung auf einem Mangel beruht und daher für den Schadenersatzanspruch statt der Leistung, also den Nichterfüllungs- oder Mangelschaden, die Regelungen des Gewährleistungsrechts im Wege der Spezialität Vorrang haben. F kann daher diesen Schaden (den Minderwert der erbrachten und bezahlten Werkleistung) nur gemäß der §§ 437 Nr 3, 280 Abs. 1 und 3, 283 liquidieren, da eine Nacherfüllung unmöglich geworden ist.

In **Fall 21** ist der Leistungsaustausch noch nicht abgeschlossen. Hier ist folglich entscheidend, ob dem S die weitere Durchführung des Vertrages, also die weitere Duldung des M in seinem Haus, zumutbar ist. Die einzelnen Pflichtverletzungen sind für sich genommen nicht schwerwiegend. Allerdings geschehen diese nicht nur einmalig, sondern mehrmals. Zudem will sich M über die Abmahnung des S hinwegsetzen. Dieser Umstand an sich wie auch die Häufigkeit der Pflichtverletzungen lassen die weitere Vertragsdurchführung unzumutbar erscheinen, sodass S einen Schadensersatzanspruch statt der Leistung nach §§ 280 Abs. 1 und 3, 282 hat. Als Nichterfüllungsschaden sind dann die Kosten für einen an Stelle des M zu beauftragenden Maler ersatzfähig.

### 3. Rücktritt, § 324

9/28 Unter denselben Voraussetzungen, nach denen § 282 einen Schadenersatzanspruch statt der Leistung bei Nebenpflichtverletzungen zubilligt, kann der Gläubiger nach § 324 von einem gegenseitigen Vertrag zurücktreten. Allerdings setzt der Rücktritt **kein Vertretenmüssen** der Nebenpflichtverletzung voraus. Die Kriterien für die **Unzumutbarkeit der weiteren Vertragsdurchführung** entsprechen denen bei § 282. Hierbei spielt natürlich auch der Grad des Verschuldens eine Rolle.

**Beachte:** Bei Dauerschuldverhältnissen tritt an die Stelle des Rücktritts die Kündigung nach § 314.

In den **Fällen 18 und 21** können die Gläubiger damit auch nach § 324 vom Vertrag zurücktreten, da es sich jeweils um gegenseitige Verträge handelt und die Unzumutbarkeit der weiteren vertraglichen Bindung zu bejahen war (siehe oben).

In **Fall 19** beruht das Rücktrittsrecht des F auf einem Mangel und folgt daher aus §§ 437 Nr 2, 326 all **20** kommt ein Rücktritt nach § 324 dagegen mangels Unzumutbarkeit nicht in Betracht.

## § 10 Rückabwicklung von Schuldverhältnissen

**Fall 22:** K kauft bei V einen Neuwagen für 25 000 Euro. Er lässt die erste Inspektion für 400 Euro durchführen und ein besseres Radio für 500 Euro einbauen. Nachdem er den Pkw drei Monate täglich genutzt hat, gerät er, obwohl er den Pkw nicht anders als gewöhnlich fährt, fahrlässig in einen Unfall, durch den ein leichter Blechschaden von 3000 Euro entsteht. Nach sechs Monaten und 4000 gefahrenen Kilometern macht sich ein Mangel in der Motorelektronik bemerkbar, der schon von Anfang an vorhanden war. Nachdem zwei Reparaturversuche gescheitert sind, tritt K vom Kauf zurück und verlangt gegen Rückgabe des Pkw den gesamten Kaufpreis sowie die Kosten für die Inspektion, die Versicherung, Steuern und das Radio zurück. V hingegen will vom zurückzugebenden Kaufpreis den Wertverlust durch den Unfall und die Erstzulassung des Pkw sowie den Wert der täglichen Nutzung abziehen.

**Abwandlung:** Im Kaufvertrag war vereinbart worden, dass K bei Nichtgefallen innerhalb von drei Monaten vom Kaufvertrag zurücktreten kann. Nachdem er den Pkw zwei Monate lang täglich genutzt hat (2000 km Laufleistung), tritt er telefonisch vom Kaufvertrag zurück. Auf dem Weg zu V gerät K trotz üblichen Fahrverhaltens fahrlässig in einen Unfall, durch den der Pkw einen Totalschaden erleidet. K verlangt trotzdem den Kaufpreis und die Kosten für die Versicherung und Steuern zurück. V will hingegen wiederum mit dem Wertverlust durch den Unfall und dem Nutzungsersatz aufrechnen. **Lösung Rn 10/58**

### I. Einleitung

Tritt ein Vertragspartner aufgrund einer Leistungsstörung vom Vertrag zurück oder widerruft er wirksam seine Vertragserklärungen, so erlöschen die vertraglichen Leistungspflichten und der betroffene Vertrag muss rückabgewickelt werden. Sind zu diesem Zeitpunkt noch keine Erfüllungshandlungen durch die Vertragsparteien erbracht worden, wurde also der Rücktritt etwa **vor** dem **Leistungsaustausch** erklärt, so stellt sich die Rückabwicklung des Vertrages als **wenig schwierig** dar. Die Leistungspflichten erlöschen und die ehemaligen Vertragsparteien gehen ihrer Wege. Sind die geschuldeten Leistungen hingegen bereits erbracht worden, ist durch eine Rückabwicklung dieser Leistungen sicherzustellen, dass beide Parteien weitgehend so stehen, wie sie vor der Leistungserbringung standen. Dies soll durch die komplizierten Regelungen der §§ 346 ff erreicht werden.

10/1

### II. Anwendungsbereich der §§ 346 ff

In ihrem originären Anwendungsbereich bestimmen die §§ 346 ff die Rechtsfolgen eines Rücktritts vom Vertrag. Jeder wirksame Rücktritt setzt das Bestehen eines unvereinbarten Rücktrittsrechtes (Schuldverhältnis) oder normierten **Rücktrittsgrundes** (Gesetz) voraus. Ein solches Recht können die Vertragsparteien vertraglich vereinbaren, indem sie eine entsprechende Abrede in ihrem Vertrag aufnehmen. Dann liegt ein **vertraglich vorbehaltenes Rücktrittsrecht** vor.

10/2

**Beispiel:** Ein Einzelhändler gewährt innerhalb der ersten 14 Tage ein Rückgaberecht bei Nichtgefallen des Kaufgegenstandes (vgl die **Abwandlung von Fall 22**).

**10/3** Unabhängig davon gewährt auch das BGB selbst eine Reihe von Rücktrittsmöglichkeiten. Die wichtigsten sind in § 313 Abs. 3 (Störung der Geschäftsgrundlage) und den §§ 323, 324, 326 Abs. 5 (Leistungsstörungen) geregelt. Sie werden als **gesetzliche Rücktrittsgründe** bezeichnet. Der Rücktritt kann nun – anders als vor der Schuldrechtsreform – neben einem Schadenersatzverlangen erklärt werden (vgl § 325); beide Ansprüche schließen sich jetzt also nicht mehr gegenseitig aus. Dies ist eine dogmatische Neuerung, war man doch früher der Ansicht, durch die Umgestaltung des Schuldverhältnisses zum Rückabwicklungsschuldverhältnis entfalle mit Ersterem auch die rechtliche Grundlage des Schadenersatzanspruchs.

**10/4** Die Bedeutung der §§ 346 ff erschöpft sich jedoch nicht in der Regelung der Rücktrittsfolgen. Auch außerhalb des Rücktrittsrechts sind die §§ 346 ff auf Grund besonderer gesetzlicher **Anordnung** anwendbar. Eine solche Anordnung findet sich insbesondere in § 357 Abs. 1 S. 1 für die Rückabwicklung eines Schuldverhältnisses infolge eines **Widerrufs**. Die Verweisungen in § 281 Abs. 5 für die Rückabwicklung infolge eines Schadenersatzverlangens statt der Leistung und in § 326 Abs. 4 für die Rückabwicklung infolge Unmöglichkeit gestatten zumindest eine Anwendung der §§ 346–348.

**10/5** Nur zum Gesamtverständnis soll an dieser Stelle darauf hingewiesen werden, dass Schuldverhältnisse auch durch andere Umstände vorzeitig beendet werden können. Insbesondere bei unbefristeten Dauerschuldverhältnissen wie zB Miet- oder Arbeitsverträgen ist die Beendigungsmöglichkeit sehr wichtig, um das Schuldverhältnis überhaupt enden zu lassen. Bei ihnen ist die (ordentliche oder außerordentliche) **Kündigung** der wichtigste Beendigungsgrund. Daneben gibt es für jedes Schuldverhältnis die Möglichkeit einer Beendigung durch Abschluss eines **Aufhebungsvertrages**. Eine Rückabwicklung des jeweiligen Schuldverhältnisses erfolgt in diesen Fällen grundsätzlich nicht, da erbrachte Leistungen unangetastet bleiben.

**10/6** Es bleibt als Besonderheit noch die **Anfechtung** (§§ 119 ff) zu erwähnen. Wird ein Vertrag infolge einer Anfechtung nichtig (§ 142 Abs. 1), so ist er ggf rückabzuwickeln. Dies geschieht dann jedoch über die Regelungen des Bereicherungsrechts (§§ 812 ff) und nicht über die §§ 346 ff.

### III. Die Ausübung des Rücktritts

**10/7** Ein Rücktritt kann die Rechtsfolgen der §§ 346 ff nur auslösen, wenn er bestimmte Voraussetzungen erfüllt.

> Diese sind:
> – Bestehen eines Rücktrittsrechts (Vertrag) oder Vorliegen eines Rücktrittsgrundes (Gesetz);
> – Rücktrittserklärung des Berechtigten;
> – Wirksamkeit der Rücktrittserklärung.

## 1. Rücktrittsrecht

Wichtigste Voraussetzung für einen wirksamen Rücktritt ist das Bestehen einer **Rücktrittsberechtigung**. Diese kann vertraglich vereinbart sein oder auf einer gesetzlichen Grundlage beruhen. Zur besseren Unterscheidung soll im Folgenden bei vertraglich vereinbarten Rücktritten vom Rücktrittsrecht, bei gesetzlich geregelten Rücktrittsermächtigungen dagegen von einem Rücktrittsgrund die Rede sein. In beiden Fällen ist genau zu prüfen, ob die Voraussetzungen des Rücktritts tatsächlich gegeben sind. Bei gesetzlichen Rücktrittsgründen kann beispielsweise eine genaue Prüfung von Leistungsstörungen notwendig sein, während vertragliche Rücktrittsrechte oftmals eine exakte Auslegung des wirklich Gewollten verlangen.

10/8

> Im **Ausgangsfall 22** hat K ein Rücktrittsrecht aus §§ 437 Nr 2 Alt. 1, 440, 323 Abs. 1 da die Nachbesserung des Mangels fehlgeschlagen war. In der **Abwandlung** steht dem K ein vertragliches Rücktrittsrecht zu.

Wenn dieses Rücktrittsrecht grundsätzlich besteht, darf es **nicht ausgeschlossen** sein. Die meisten Ausschlußgründe der §§ 350–353 aF sind durch die Schuldrechtsmodernisierung deshalb auch entfallen. Geblieben ist allein § 350, wonach ein vertragliches Rücktrittsrecht erlischt, wenn der Rücktritt nicht innerhalb einer angemessenen und vom Rücktrittsgegner gesetzten Frist erklärt wird.

10/9

## 2. Rücktrittserklärung

Das Rücktrittsrecht wird durch die Erklärung des Rücktritts gegenüber dem Vertragspartner ausgeübt (§ 349). Diese Erklärung ist eine **Willenserklärung**, unterliegt also den Regelungen der §§ 104 ff. Das Rücktrittsrecht ist ein einseitiges **Gestaltungsrecht** des Rücktrittsberechtigten. Es gestaltet unmittelbar das bestehende Schuldverhältnis um. Aus diesem Grund ist die Rücktrittserklärung **bedingungs- und befristungsfeindlich** und kann bei mehreren Beteiligten an einem Schuldverhältnis auch nur einheitlich ausgeübt werden (§ 351). Sie kann zudem nur in den engen Grenzen des § 130 Abs. 1 S. 2 widerrufen werden[1].

10/10

## 3. Keine Unwirksamkeit des Rücktritts

Der Rücktritt darf schließlich nicht unwirksam sein. Mögliche Unwirksamkeitsgründe finden sich in den §§ 218, 352 und 353. Nach **§ 218** ist ein Rücktritt wegen einer Leistungsstörung unwirksam, wenn der Anspruch des Rücktrittsberechtigten auf die Leistung bzw auf die Nacherfüllung verjährt ist und der Rücktrittsgegner die Verjährungseinrede erhebt[2]. **§ 352** erklärt einen Rücktritt wegen einer Leistungsstörung für unwirksam, wenn die betroffene Leistungspflicht ex tunc durch eine wirksame

10/11

---

1 Staudinger/*Kaiser*, BGB[13] (2004), § 349 Rn 23.
2 Das Rücktrittsrecht ist kein Anspruch, sondern ein Gestaltungsrecht und kann daher nicht verjähren (vgl § 194). Es erlischt aber gemäß § 218, sobald der entsprechende Hauptleistungsanspruch verjährt.

Aufrechnung nach Rücktrittserklärung erloschen ist. Nach § 353 schließlich ist ein Rücktritt unwirksam, wenn das für den Fall des Rücktritts zu zahlende Reuegeld nicht entrichtet wird und der Rücktrittsgegner daher den Rücktritt unverzüglich zurückweist.

## IV. Rechtsfolgen des Rücktritts

Ist eine Partei des Schuldverhältnisses wirksam zurückgetreten, so richten sich die Folgen dieses Rücktritts nach den §§ 346–348.

### 1. Rückgewährschuldverhältnis

10/12 Erste und unmittelbare Folge des Rücktritts ist seine **Befreiungswirkung**: Die Hauptleistungspflichten aus dem Schuldverhältnis erlöschen. Keine Partei ist dadurch mehr verpflichtet, die vereinbarten Hauptleistungen zu erbringen. Diese Befreiungswirkung des Rücktritts ist leider auch nach der Neufassung der §§ 346 ff nicht ausdrücklich normiert, sie wird jedoch vom Gesetzgeber als selbstverständliche Folge vorausgesetzt[3].

10/13 Die Befreiungswirkung des Rücktritts beschränkt sich nach der Schuldrechtsmodernisierung auf die Primärleistungspflichten. Bereits entstandene **Sekundärleistungsansprüche** wie zB Ansprüche auf Schadenersatz aus Verzug, Gewährleistungsansprüchen oder Nebenpflichtverletzungen **bleiben bestehen**[4]. Diese Einschränkung der Befreiungswirkung ergibt sich aus § 325, der trotz eines Rücktritts entstandene Schadenersatzansprüche bestehen lässt.

10/14 Durch den Rücktritt fällt das bisherige Schuldverhältnis, dh der geschlossene Vertrag, nicht weg, es wandelt sich vielmehr in ein **Rückgewährschuldverhältnis**[5]. Dieses Rückgewährschuldverhältnis ist charakterisiert durch die Pflichten aus den §§ 346–348, lässt aber auch Schutzpflichten nach § 241 Abs. 2 entstehen. Ob die für die vertraglichen Leistungen bestellten Sicherheiten nunmehr den aus dem Rückgewährschuldverhältnis folgenden Rückgewähranspruch sichern, hängt primär von der jeweiligen Sicherungsvereinbarung ab. Ergibt diese keine entsprechenden Anhaltspunkte, so kann wegen des abweichenden Inhalts des Rückgewähranspruchs ein automatisches Übergehen der Sicherheit nicht angenommen werden[6].

### 2. Rückgabeansprüche auf das Geleistete

10/15 Nach **§ 346 Abs. 1** sind im Falle eines Rücktritts die empfangenen Leistungen zurückzugewähren. Der Leistungsgegenstand ist in dem Zustand, in dem er empfangen wurde, wieder zurückzugeben. Wenn dies nicht möglich ist, kommen Ersatzansprüche

---

3   BT-Drs. 14/6040, S. 194.
4   MünchKomm/*Gaier*, BGB[5], Vor § 346 Rn 4; *Medicus*, SR AT[16], Rn 543.
5   BGH NJW 1998, 3268; Staudinger/*Kaiser*, BGB[13] (2004), § 346 Rn 67; *Gaier* WM 2002, 1 (2).
6   Vgl BGH NJW 1990, 315 (320); Staudinger/*Kaiser*, BGB[13] (2004), § 346 Rn 113 f.

in Betracht[7]. Die Rückgabe der Leistungen hat **Zug um Zug** zu erfolgen (§ 348 S. 1), dh jede Partei kann die ihr obliegende Rückgabe solange verweigern, bis die Gegenpartei ihrerseits die Rückgabe anbietet (§§ 348, 320 Abs. 1 S. 1). Dies gilt auch, wenn der Rückgewähranspruch durch einen Wertersatzanspruch ersetzt oder durch Nutzungs- oder Verwendungsersatzansprüche begleitet wird. Alle diese Ansprüche „aus dem Rücktritt" sind Zug um Zug abzuwickeln.

10/16 Ohne gesetzliche Regelung bleibt weiterhin die Frage nach dem **Erfüllungsort** der Rückgabeverpflichtungen. Nach § 269 Abs. 1 ist der Leistungs- oder Erfüllungsort **im Zweifel** der Wohn- oder Geschäftssitz des Schuldners, bei der Rückabwicklung also in der Regel der Ort, an dem sich der herauszugebende Gegenstand vertragsgemäß befindet. Die Rückabwicklung erfolgt daher im Zweifelsfall auf Kosten des Rückgewährgläubigers; dieser muss den Gegenstand abholen[8]. Einen einheitlichen Erfüllungsort für beiderseitige Rückgewährpflichten gibt es nicht.

10/17 Aus der Natur des Rückabwicklungsverhältnisses ergibt sich aber dann eine **abweichende Betrachtung**, wenn der Rückgewährschuldner den Rücktrittsgrund selbst **verschuldet** hat. In diesem Fall soll er auch die Kosten der Rückgabe tragen, weshalb der Erfüllungsort dann beim Rückgewährgläubiger zu finden ist[9]. Daneben sind – gerade bei vertraglich eingeräumten Rücktrittsrechten – auch **abweichende Vereinbarungen** über den Erfüllungsort möglich.

10/18 Ist eine **Geldsumme** zurückzuzahlen, gilt hingegen **§ 270 Abs. 1**, dh Erfüllungsort ist der Wohn- oder Geschäftssitz des Rückgewährgläubigers. Die Kosten der Rückgewähr trägt hier der Zahlende[10]. Abweichende vertragliche Vereinbarungen sind auch hier stets zulässig.

10/19 Ebenso ungeregelt bleibt auch nach der Neufassung die Frage, ob eine geleistete **Geldsumme** als Leistungsgegenstand oder nur als Geldwert geleistet wurde. Nur im letzteren Fall wäre Unmöglichkeit der Rückgabe und damit ein mögliches Freiwerden des Rückgewährschuldners über § 346 Abs. 3 undenkbar. Richtigerweise wird man hiervon ausgehen müssen, da sich eine Geldschuld stets auf den Vermögenswert, nicht jedoch auf die Leistung bestimmter Geldstücke richtet[11], (vgl auch Rn 7/40).

In **Fall 22 und der Abwandlung** ist danach K verpflichtet, den Pkw an V zurückzugeben (§ 346 Abs. 1), wobei dies auf Kosten des V erfolgt. V trägt auch die Kosten der Rückzahlung des Kaufpreises. Diese Rückzahlung kann K verlangen (§ 346 Abs. 1).

---

7 Näher dazu unten Rn 10/20 ff.
8 Ebenso MünchKomm/*Gaier*, BGB[5], § 346 Rn 31; *Ehmann/Sutschet*, SR, § 5 II 9 (S. 149). *Lorenz/ Riehm*, SR, Rn 418 wollen dies aus § 357 Abs. 2 S. 1 und 2 ableiten. Zum (alten) Streitstand siehe etwa Staudinger/*Kaiser*, BGB[13] (2004), § 346 Rn 79 ff.
9 Daher hat vor allem bei einem Rücktritt wegen Leistungsstörungen der Verkäufer oder Unternehmer die Kosten der Rückgewähr zu tragen – ebenso Bamberger/Roth/*Grothe*, BGB, Vor § 346 Rn 16; differenzierend: Staudinger/*Kaiser*, BGB[13] (2004), § 346 Rn 80.
10 *Kaiser* JZ 2001, 1057, 1069.
11 Allg. Ansicht – vgl *Arnold* Jura 2002, 154, 156; MünchKomm/*Gaier*, BGB[5], § 346 Rn 17; Staudinger/ *Kaiser*, BGB[13] (2004), § 346 Rn 73.

### 3. Wertersatzansprüche bei Störungen im Rückgewährverhältnis

**10/20** Ist einer der Vertragsparteien die Rückgabe einer empfangenen Leistung in ihrer ursprünglichen Form nicht mehr möglich, so kann sie nach **§ 346 Abs. 2** verschuldensunabhängig auf Wertersatz haften.

#### a) Verhältnis zum Herausgabeanspruch aus § 346 Abs. 1

**10/21** Das **Verhältnis** des Wertersatzanspruchs aus § 346 Abs. 2 **zum Herausgabeanspruch** aus Abs. 1 ist leider nicht so eindeutig, wie es auf den ersten Blick scheint. Der Gesetzeswortlaut ist insofern widersprüchlich. Muss der Rückgewährschuldner „statt der Rückgewähr oder Herausgabe" Wertersatz leisten, so scheint der Wertersatzanspruch den Herausgabeanspruch aus Abs. 1 zu ersetzen. Andererseits soll dies nur gelten, „soweit" einer der Fälle aus Abs. 2 S. 1 Nr 1 bis 3 vorliegt. Dies wiederum kann dafür sprechen, den Wertersatzanspruch auch neben dem Herausgabeanspruch anzuwenden. Zutreffend dürfte sein, zwischen den einzelnen Fällen in Abs. 2 S. 1 zu unterscheiden. Der Wertersatzanspruch tritt gänzlich an die Stelle des Herausgabeanspruchs, wenn vom ursprünglichen Leistungsgegenstand nichts mehr übrig ist[12]. Davon ist in den Fällen von Nr 1 und im Fall des Untergangs der Sache nach Nr 3 stets auszugehen. Hingegen ist im Fall von § 346 Abs. 2 S. 1 Nr 2 zu differenzieren.

**10/22** Wird der Leistungsgegenstand belastet, verschlechtert oder nur teilweise verbraucht, so ist er noch vorhanden. Der Wertersatz beschränkt sich dann auf den **Ausgleich des Wertverlustes** der zurückzugebenden Sache durch die Belastung oder Verschlechterung[13]. Der fortbestehende Leistungsgegenstand ist nach § 346 Abs. 1 herauszugeben. Die §§ 346 Abs. 3 S. 2, 818 finden in diesen Fällen auch dann keine Anwendung, wenn der Wertersatzanspruch nach § 346 Abs. 3 S. 1 ausgeschlossen ist.

#### b) Voraussetzungen des Wertersatzanspruchs aus § 346 Abs. 2

Ein Wertersatzanspruch des Rückgewährgläubigers setzt zunächst voraus, dass eine der Fallgruppen aus § 346 Abs. 2 S. 1 erfüllt ist:

**10/23** Nach **§ 346 Abs. 2 S. 1 Nr 1** haftet der Rückgewährschuldner auf Wertersatz, wenn die Rückgewähr nach der **Natur des Erlangten** ausgeschlossen ist. Dies ist insbesondere bei der Leistung von Diensten oder der Überlassung einer Sache zur Benutzung, also unkörperlichen Leistungen der Fall. Weder eine Dienstleistung noch ein Gebrauchsvorteil kann seiner Natur nach zurückgegeben werden. Erfasst wird aber auch der Fall, dass eine Sache übereignet und danach vom Empfänger genutzt wurde. Diese

---

12 Erman/*Bezzenberger*, BGB, § 346 Rn 6; Staudinger/*Kaiser*, BGB[13] (2004), § 346 Rn 133.
13 Ebenso *Ehmann/Sutschet*, SR, § 5 II 5b) (S. 139): die belastete Sache ist zurückzugeben und für die Belastung Wertersatz zu leisten. Huber/*Faust*, Schuldrechtsmodernisierung, Kap. 10 Rn 18 und 45: Wertersatzpflicht besteht nur, *soweit* der empfangene Gegenstand verbraucht etc ist, dh Wertersatz nur in Höhe der Wertminderung und Rückgabe der beschädigten Sache; ebenso Staudinger/*Kaiser*, BGB[13] (2004), § 346 Rn 136.

Nutzungen sind nach § 346 Abs. 1 Halbsatz 2 herauszugeben, was in natura häufig nicht möglich ist. Dann greift § 346 Abs. 2 S. 1 Nr 1[14].

Nach **§ 346 Abs. 2 S. 1 Nr 2** ist Wertersatz zu leisten, wenn der Rückgewährschuldner den empfangenen Gegenstand **verbraucht, veräußert, belastet, verarbeitet oder umgestaltet** hat. In diesen Fällen ist der Leistungsgegenstand in seiner ursprünglichen Form jedenfalls beim Rückgewährschuldner (Veräußerung) nicht mehr vorhanden. Gerade im Falle einer Veräußerung oder Belastung des Leistungsgegenstandes wird es dem Rückgewährschuldner jedoch oftmals möglich sein, den Gegenstand wiederzubeschaffen oder die Belastung aufzuheben. Steht danach der Leistungsgegenstand in seiner ursprünglichen Form wieder zur Verfügung, so besteht kein Anlass mehr, einen Wertersatzanspruch an die Stelle der Rückgabe in Natur treten zu lassen. § 346 Abs. 1 S. 1 Nr 2 ist deshalb einschränkend dahingehend auszulegen, dass eine Wertersatzpflicht nur entsteht, wenn der ursprüngliche Zustand vom Schuldner nicht tatsächlich wiederhergestellt wird[15].

10/24

Nach **§ 346 Abs. 2 S. 1 Nr 3** muss der Rückgewährschuldner Wertersatz leisten, wenn der empfangene Gegenstand sich **verschlechtert** hat oder **untergegangen** ist. Auch hier ist der Leistungsgegenstand in seiner ursprünglichen Form nicht mehr vorhanden. § 346 Abs. 2 S. 1 Nr 3 ist in seinem Anwendungsbereich weiter als § 346 Abs. 2 S. 1 Nr 2. Er erfasst auch andere Verschlechterungen oder Untergänge des Gegenstandes als nur die in Nr 2 genannten. Ein Verschulden des Rückgewährschuldners hinsichtlich der Verschlechterung oder des Untergangs setzt auch Nr 3 nicht voraus. Durch diese Norm wird somit das Risiko des zufälligen, also unverschuldeten Untergangs grundsätzlich auf den Rückgewährschuldner verlagert[16].

10/25

Doch auch der weite Wortlaut der Nr 3 erfasst nicht den Fall einer **Unmöglichkeit der Rückgabe** des Leistungsgegenstandes aus anderen Gründen als seines Unterganges, also seiner Zerstörung. Damit ist insbesondere der praktisch bedeutsame Fall des Diebstahls des Leistungsgegenstandes vom Wortlaut nicht erfasst. Da der Gesetzgeber aber alle Gründe der Unmöglichkeit der Rückgabe mit § 346 Abs. 2 S. 1 Nr 3 erfassen wollte[17], ist auch der Begriff des „Untergangs" **weit zu verstehen**. Er erfasst danach alle Arten der Unmöglichkeit der Rückgabe des Leistungsgegenstandes durch den Rückgewährschuldner[18].

10/26

---

14 Dagegen wenig überzeugend *Hager*, in: Dauner-Lieb, SR, § 5 Rn 18, nach dem § 346 Abs. 2 S. 1 Nr 1 auf diese Fälle gerade nicht anwendbar sein solle – überzeugend die Gegenargumentation von *Schwab*, in: Schwab/Witt, SR, S. 345 ff; ebenso Erman/*Bezzenberger*, BGB, § 346 Rn 5.
15 So auch *Arnold* Jura 2002, 154, 157; *Ehmann/Sutschet*, SR, § 5 II 5 b) (S. 139); MünchKomm/*Gaier*, BGB[5], § 346 Rn 39; *Kaiser* JZ 2001, 1057, 1062; *Schwab*, in: Schwab/Witt, SR, S. 350 – der Wertersatzanspruch entsteht somit erst mit dem Erlöschen der Rückgewährpflicht (§§ 275 oder 281 Abs. 4); anders Erman/*Bezzenberger*, BGB, § 346 Rn 7; Huber/*Faust*, Schuldrechtsmodernisierung, Kap. 10 Rn 19 und nun auch Staudinger/*Kaiser*, BGB[13] (2004), § 346 Rn 154, wonach der Rückgewährschuldner wählen könne, ob er Wertersatz leisten will.
16 BT-Drs. 14/6040, S. 194.
17 BT-Drs. 14/6040, S. 194.
18 Allg. Ansicht – vgl *Arnold* Jura 2002, 154, 157; Erman/*Bezzenberger*, BGB, § 346 Rn 8; Münch-Komm/*Gaier*, BGB[5], § 346 Rn 43; *Hager*, in: Dauner-Lieb, SR, § 5 Rn 23; *Kaiser* JZ 2001, 1057, 1062. Wurde also im Rahmen einer Zwangsvollstreckung Dritter der Leistungsgegenstand gepfändet

10/27 Während der Begriff des Untergangs weit zu verstehen ist, schränkt § 346 Abs. 2 S. 1 Nr 3 letzter HS den Umfang der beachtlichen Verschlechterungen des Leistungsgegenstandes nicht unerheblich ein, indem angeordnet wird, dass die durch die **bestimmungsgemäße Ingebrauchnahme** entstandene Verschlechterung außer Betracht bleibt[19]. Kein Wertersatz ist daher für Verschlechterungen an dem Leistungsgegenstand zu leisten, die allein durch die nach dem Schuldverhältnis vorgesehene Inbetriebnahme des Leistungsgegenstandes entstehen. Der Gesetzgeber dachte hierbei vor allem an die Wertminderung eines Pkw durch die Erstzulassung[20]. Die Norm ist aber ihrem Sinn nach weit zu verstehen, weshalb auch für den durch eine bestimmungsmäße Nutzung entstehenden Verschleiß kein Wertersatz zu leisten ist. Immerhin zahlt der nutzende Rückgewährschuldner für diese Nutzung einen Nutzungsersatz und ist wegen § 347 Abs. 1 faktisch sogar zur wirtschaftlichen Nutzung der Sache gehalten, um Rechtsnachteile abzuwehren; insoweit handelt es sich um eine Nutzungsobliegenheit (siehe unten Rn 10/43). Dem Rückgewährgläubiger soll aber kein doppelter Ersatz für denselben Wertverlust zukommen[21].

10/28 Aus diesem Gedanken folgt aber auch, dass dem Rückgewährgläubiger dann ein Wertersatz wegen Verschlechterung zustehen muss, wenn er für den Wertverlust **keine Nutzungsentschädigung** erhält. Entsteht also aus dieser Nutzung heraus ein über den Verschleiß hinausgehender Schaden an der Sache (zB durch einen Unfall bei der Benutzung des Pkw), so ist diese Verschlechterung nicht als „durch die bestimmungsgemäße Ingebrauchnahme entstanden" zu verstehen, sondern Wertersatz zu leisten. Zu seinem Untergang oder seiner Verschlechterung durch einen Unfall ist ein Pkw gerade nicht bestimmt[22].

10/29 Wird der Leistungsgegenstand anlässlich der Nutzung zerstört, so liegt ein **Untergang** und keine bloße Verschlechterung vor, weshalb § 346 Abs. 2 S. 1 Nr 3 ohnehin nicht greifen kann.

10/30 Im Falle des **Widerrufs** gilt § 346 Abs. 2 S. 1 Nr 3 wegen **§ 357 Abs. 3** bei ordnungsgemäßer Belehrung nicht, da in diesen Fällen anders als beim Rücktritt keine Vertragsverletzung durch den Rücktrittsgegner vorliegt, sondern der Widerruf allein im Ermessen des Berechtigten liegt.

Im **Fall 22** trat zunächst ein Wertverlust am Pkw durch seine Erstzulassung ein. Allein durch den Verlust seiner Neuwageneigenschaft verliert ein Pkw zwischen 10 und 25 Prozent seines Wertes. Diese Verschlechterung ist jedoch durch die bestimmungsgemäße Ingebrauchnahme

---

und versteigert, so ist dieser zwar nicht untergegangen oder verschlechtert, aber dem Rückgewährschuldner ist die Rückgabe der Sache unmöglich. Er haftet daher aus § 346 Abs. 2 S. 1 Nr 3.
19 Vgl BT-Drs. 14/6040, S. 199.
20 BT-Drs. 14/6040, S. 196. Dies ist problematisch, da der Verkäufer in diesem Fall für den Wertverlust keine Nutzungsentschädigung erhält, also diesen Verlust endgültig zu tragen hat.
21 Allg. Ansicht – vgl *Arnold* Jura 2002, 154, 157; Bamberger/Roth/*Grothe*, BGB, § 346 Rn 21; Huber/*Faust*, Schuldrechtsmodernisierung, Kap. 10 Rn 23; *Kaiser* JZ 2001, 1057, 1061.
22 So auch *Arnold* Jura 2002, 154, 157; MünchKomm/*Gaier*, BGB[5], § 346 Rn 41; Bamberger/Roth/*Grothe*, BGB, § 346 Rn 21; nun auch Staudinger/*Kaiser*, BGB[13] (2004), § 346 Rn 146 – anders Huber/*Faust*, Schuldrechtsmodernisierung, Kap. 10 Rn 23; *Schwab*, in: Schwab/Witt, SR, S. 354.

entstanden und daher keine Grundlage eines Wertersatzanspruchs nach § 346 Abs. 2 S. 1 Nr 3. Daneben ist der Pkw durch den Unfall verschlechtert worden. Diese Verschlechterung geschah zwar anlässlich des bestimmungsgemäßen Gebrauchs, geht aber über die Abnutzung durch diesen Gebrauch hinaus. Die Einschränkung des § 346 Abs. 2 S. 1 Nr 3 letzter HS greift daher nicht. Diesbezüglich kommt ein Wertersatzanspruch des V in Betracht.

In der **Abwandlung** liegt durch den Totalschaden ein Untergang des Leistungsgegenstandes vor. Die Einschränkung des § 346 Abs. 2 S. 1 Nr 3 letzter HS greift aus denselben Gründen wie im Ausgangsfall nicht. Ein Wertersatzanspruch des V ist daher möglich.

### c) Ausschlussgründe des Wertersatzanspruchs, § 346 Abs. 3

Wenn nach § 346 Abs. 2 S. 1 Nr 1 bis 3 ein Wertersatzanspruch denkbar ist, darf dieser nicht durch einen der Gründe in **§ 346 Abs. 3 S. 1 Nr 1 bis 3** ausgeschlossen sein.  10/31

### aa) Mangel tritt erst während der Verarbeitung oder Umgestaltung auf, § 346 Abs. 3 S. 1 Nr 1. 

Nach **§ 346 Abs. 3 S. 1 Nr 1** ist die Wertersatzpflicht ausgeschlossen, wenn sich der zum Rücktritt berechtigende **Mangel** erst **während** der **Verarbeitung oder Umgestaltung** des Leistungsgegenstandes zeigt[23]. Dieser Ausschlussgrund bezieht sich also auf den Wertersatz nach § 346 Abs. 2 S. 1 Nr 2. Er ist zwar seinem Wortlaut nach auch auf vertragliche Rücktrittsrechte anwendbar, wird aber seinen primären Anwendungsbereich im gesetzlichen Rücktrittsrecht wegen Mangelgewährleistung (§§ 323, 437 Nr 2, 634 Nr 3) haben, zumal er die Regelung des § 467 S. 1 HS. 2 aF in das neue Schuldrecht transformiert[24]. 10/32

Sollte der Mangel sich nicht bei der Verarbeitung oder Umgestaltung, sondern **während des Verbrauches** des Gegenstandes zeigen, so dürfte eine **analoge Anwendung** der Norm gerechtfertigt sein. Die anderen Ausschlussgründe greifen hier nicht. Ausreichende Gründe für eine Ungleichbehandlung sind nicht ersichtlich[25]. Kauft also jemand laut Beschreibung nicht tropfende Kerzen, die beim Herunterbrennen doch tropfen, so zeigt sich der Mangel erst beim Verbrauch. Eine Wertersatzpflicht ist hier nicht gerechtfertigt. 10/33

### bb) Mangel ist vom Rückgewährgläubiger zu vertreten, § 346 Abs. 3 S. 1 Nr 2. 

Gemäß **§ 346 Abs. 3 S. 1 Nr 2** entfällt die Pflicht zum Wertersatz, wenn der Rückgewährgläubiger die Verschlechterung oder den Untergang **zu vertreten** hat oder der Schaden bei ihm gleichfalls eingetreten wäre. Dieser Ausschlussgrund bezieht sich auf § 346 Abs. 2 S. 1 Nr 3. Der Gläubiger hat über das Verschulden nach § 276 hinaus alle Ursachen des Untergangs oder der Verschlechterung des Leistungsgegenstandes 10/34

---

23 Die Wertersatzpflicht entfällt nicht, wenn dem Rückgewährschuldner der Mangel bereits vor der Verarbeitung oder Umgestaltung bekannt war – vgl Bamberger/Roth/*Grothe*, BGB, § 346 Rn 26; Staudinger/*Kaiser*, BGB[13] (2004), § 346 Rn 168.
24 BT-Drs. 14/6040, S. 196.
25 Allg. Ansicht – vgl *Arnold* Jura 2002, 154, 158; Dauner-Lieb/*Hager*, SR, § 5 Rn 30; Bamberger/Roth/*Grothe*, BGB, Vor § 346 Rn 26; Staudinger/*Kaiser*, BGB[13] (2004), § 346 Rn 167.

zu vertreten, die aus seiner Sphäre stammen[26]. Auch den Untergang der gekauften Sache auf Grund eines Mangels ist daher vom Verkäufer als Rückgewährgläubiger zu vertreten, weshalb eine Wertersatzpflicht für den Käufer entfällt[27]. Daneben entfällt die Wertersatzpflicht, wenn der Untergang oder die Verschlechterung auch beim Rückgewährgläubiger eingetreten wäre.

**Beispiele:** Das zurückzugewährende Pferd stirbt beim Schuldner wegen einer Seuche, die alle Pferde der Gegend erfasst; das zurückzugebende Haus wird durch Blitzschlag zerstört.

10/35 cc) **Wahrung eigenüblicher Sorgfalt durch Rücktrittsberechtigten, § 346 Abs. 3 S. 1 Nr 3.** Nach § 346 Abs. 3 S. 1 Nr 3 ist die Wertersatzpflicht ausgeschlossen, wenn im Fall eines gesetzlichen Rücktrittsrechts die Verschlechterung oder der Untergang beim Rücktrittsberechtigten eingetreten ist, obwohl dieser diejenige Sorgfalt beobachtet hat, die er in **eigenen Angelegenheiten** (dazu oben Rn 6/11) anzuwenden pflegt. Dieser Ausschlussgrund bezieht sich ebenfalls auf § 346 Abs. 2 S. 1 Nr 3 und erfasst alle dort einbezogenen Fälle, insbesondere auch den des Diebstahls des Leistungsgegenstandes. Er passt nach seinem Zweck jedoch auch in den Fällen des § 346 Abs. 2 S. 1 Nr 2 und sollte daher weit ausgelegt werden[28]. Er ist ausdrücklich nur bei **gesetzlichen Rücktrittsrechten** anwendbar und dient dort dem Vertrauensschutz des Rücktrittsberechtigten. Dieser wusste nichts von einem möglichen Rücktritt und konnte daher davon ausgehen, dass er den Leistungsgegenstand behalten darf. Er kann folglich mit dieser Sache so umgehen wie er es gewöhnlich zu tun pflegt, was insofern fahrlässiges Verhalten mit einschließt. Lediglich zwar eigenübliches, aber grob fahrlässiges und vorsätzliches Verhalten unterfällt nicht diesem Vertrauensschutz (vgl § 277). Tritt in dieser Phase ein Schaden am Gegenstand ein, so hat er nach Nr 3 für diese Verschlechterung keinen Wertersatz zu leisten. Der Berechtigte darf also beispielsweise die Sache verkaufen (er hat dann aber den Erlös als Bereicherung herauszugeben). Er darf sie auch benutzen und sie dabei fahrlässig beschädigen und sogar fahrlässig zerstören, ohne Wertersatz zu schulden.

10/36 Dieser Ausschluss gilt gemäß § 357 Abs. 3 S. 3 nicht im Falle eines **Widerrufs** bei Kenntnis des Berechtigten vom Widerrufsrecht.

10/37 Fraglich ist, ob dies auch dann gelten soll, wenn der Schaden erst zu einem Zeitpunkt eintritt, an dem der Rücktrittsberechtigte bereits vom **Rücktrittsgrund**, also vom Mangel weiß. Die Privilegierung hat dann ihren Grund, den Vertrauensschutz verlo-

---

26 sog „Sphärentheorie" – vgl *Huber/Faust*, Schuldrechtsmodernisierung, Kap. 10 Rn 30; Staudinger/*Kaiser*, BGB[13] (2004), § 346 Rn 170. Hat neben dem Gläubiger auch der Rückgewährschuldner (trotz seines privilegierten Verschuldensmaßstabs aus § 346 Abs. 3 S. 1 Nr 3) den Untergang oder die Verschlechterung zu vertreten, so entfällt die Wertersatzpflicht nicht, sondern ist gemäß § 254 um den Verschuldensanteil des Gläubigers zu mindern – ebenso MünchKomm/*Gaier*, BGB[5], § 346 Rn 51; *Huber/Faust*, Schuldrechtsmodernisierung, Kap. 10 Rn 31.
27 Allg. Ansicht – vgl Erman/*Bezzenberger*, BGB, § 346 Rn 16; Bamberger/Roth/*Grothe*, BGB, § 346 Rn 27; Staudinger/*Kaiser*, BGB[13] (2004), § 346 Rn 170.
28 Ebenso MünchKomm/*Gaier*, BGB[5], § 346 Rn 55; Bamberger/Roth/*Grothe*, BGB, § 346 Rn 32; *Kaiser* JZ 2001, 1057, 1062 und in Staudinger/*Kaiser*, BGB[13] (2004), § 346 Rn 179; dagegen: Erman/*Bezzenberger*, BGB, § 346 Rn 20. Jede Form der Unmöglichkeit einer Rückgewähr der empfangenen Leistung in Natur wird vom Anwendungsbereich der Norm erfasst.

ren. Der Rücktrittsberechtigte ist nicht schutzwürdiger als ein vertraglich zum Rücktritt Berechtigter. Der Gesetzgeber will trotzdem den Ausschlussgrund anwenden und den Rückgewährgläubiger auf einen Schadenersatzanspruch wegen Verletzung einer Rechtspflicht zur sorgsamen Behandlung der Sache aus §§ 346 Abs. 4, 280 Abs. 1 verweisen[29]. Damit wird dem Rückgewährgläubiger aber ein verschuldensunabhängiger Wertersatzanspruch zu Unrecht genommen. Zutreffend dürfte § 346 Abs. 3 S. 1 Nr 3 im Wege der **teleologischen Reduktion** dahingehend zu verstehen sein, dass diese Privilegierung ab dem Zeitpunkt der Kenntnis vom Rücktrittsgrund keine Anwendung mehr findet[30].

Schließlich ist dieser Ausschlussgrund seiner Schutzrichtung wegen weit zu verstehen. Es kommt daher entgegen dem Wortlaut der Norm nicht darauf an, dass der Gegenstand gerade beim Berechtigten untergegangen ist bzw verschlechtert wurde[31]. Entscheidend muss vielmehr sein, dass er sich da, wo er sich befindet, mit dem Willen des Berechtigten befindet.   10/38

**dd) Rechtsfolgen.** Liegt einer der genannten Ausschlussgründe vor, so ist ein Anspruch des Rückgewährgläubigers auf **Wertersatz ausgeschlossen**. Er hat in diesem Fall nur einen Anspruch auf Herausgabe der noch beim Rücktrittsschuldner aus der Leistung vorhandenen Bereicherung gemäß **§§ 346 Abs. 3 S. 2, 818 BGB**. Insoweit handelt es sich um eine Rechtsfolgenverweisung[32]. Er kann also den beschädigten Leistungsgegenstand selbst, aber auch Surrogate wie Versicherungsleistungen oder Verkaufserlöse herausverlangen (§ 818 Abs. 1). Dem Rückgewährschuldner wiederum steht die Einrede der Entreicherung aus § 818 Abs. 3 zu[33]. Eine Haftungsverschärfung nach §§ 818 Abs. 4, 819 tritt hingegen nicht ein, da dies den speziellen Wertungen des § 346 Abs. 2 und 3, die für solche Fälle ja gerade den Ausschluss von Wertersatzleistungen vorsehen, widersprechen würde[34].   10/39

Liegt hingegen kein Ausschlussgrund vor, so bemisst sich die **Höhe des Wertersatzes nach § 346 Abs. 2 S. 2**. Danach soll bei der Berechnung des Wertersatzes die Höhe   10/40

---

29  BT-Drs. 14/7052, S. 194; ebenso Erman/*Bezzenberger*, BGB, § 346 Rn 21; *Brox/Walker*, SR AT, § 18 Rn 27.
30  *Looschelders*, SR AT[4], Rn 850; *Schwab*, in: Schwab/Witt, SR, S. 365. Anders: Bamberger/Roth/*Grothe*, BGB, § 346 Rn 30; *Lorenz* NJW 2005, 1889, 1893, die Nr 3 uneingeschränkt anwenden, dann aber über eine analoge Anwendung der §§ 346 Abs. 4, 280 Abs. 1 (bereits ab Kenntnis, nicht erst ab Rückgewährerklärung) einen entsprechenden Schadenersatzanspruch des Rückgewährgläubigers bejahen. Staudinger/*Kaiser*, BGB[13] (2004), § 346 Rn 188 will eine Haftung ab Kenntnis aus § 280 Abs. 1 herleiten; siehe auch *Kamanabrou* NJW 2003, 30, 31 und *Thier*, FS Heldrich (2005), 439, 450. Jedenfalls zu weitgehend: MünchKomm/*Gaier*, BGB[5], § 346 Rn 57, der Nr 3 auch schon für unanwendbar hält, wenn der Rücktrittsberechtigte den Rücktrittsgrund zwar nicht kennt, aber kennen muss (fahrlässige Nichtkenntnis).
31  So auch *Arnold* Jura 2002, 154, 159.
32  BT-Drs. 14/6040, S. 196.
33  Aufwendungen auf die herauszugebende Sache, die nicht nach § 347 Abs. 2 ersatzfähig sind, kann er nicht im Wege der Einwendung der Entreicherung geltend machen (so aber *Schwab*, in: Schwab/Witt, SR, S. 371) – die §§ 346 ff schaffen ein abgeschlossenes Wertungssystem, das auch durch die Rechtsfolgenverweisung in § 346 Abs. 3 S. 2 nicht durchbrochen werden sollte – vgl BT-Drs. 14/6040, S. 197; Huber/*Faust*, Schuldrechtsmodernisierung, Kap. 10 Rn 71.
34  Ebenso *Arnold* Jura 2002, 154, 158 (Fn 43); anders: MünchKomm/*Gaier*, BGB[5], § 346 Rn 58; Dauner-Lieb/*Hager*, SR, § 5 Rn 39.

der vertraglich vereinbarten Gegenleistung zu Grunde zu legen sein. Dies bedeutet, dass Wertersatz in Höhe der Gegenleistung zu leisten ist, wenn der geleistete, aber (überhaupt) nicht mehr herauszugebende Leistungsgegenstand der vertraglichen Vereinbarung entsprach und bis zum Eintritt der Umgestaltung usw nicht wesentlich an Wert verloren oder gewonnen hat. Das von den Vertragsparteien ausgehandelte und für angemessen erachtete Äquivalenzverhältnis bestimmt dann auch das Rückabwicklungsverhältnis[35]. Warum der Rückgewährgläubiger nur an einem Wertverlust, nicht jedoch an einer Wertsteigerung beteiligt werden soll[36], ist nicht ersichtlich. Mit der Erklärung des Rücktritts verzichtet der Rücktrittsberechtigte bewusst auf den empfangenen Gegenstand, also auch auf dessen gestiegenen Wert.

10/41   War dieses **Äquivalenzverhältnis** jedoch **gestört**, weil der geleistete Gegenstand mangelhaft war, so ist diese Störung im Rückgewährverhältnis genauso zu korrigieren wie im Vertragsverhältnis: durch entsprechende Minderung der Gegenleistung analog § 441 Abs. 3. In diesem Fall ist also Wertersatz nur in Höhe der geminderten Gegenleistung zu zahlen[37]. Fehlt eine vereinbarte Gegenleistung, so ist der objektive Wert des Leistungsgegenstandes maßgeblich. Tritt der Wertersatzanspruch neben den Herausgabeanspruch, so ist bei der Berechnung des Wertersatzes der Restwert des zurückzugebenden Leistungsgegenstandes schadensmindernd zu berücksichtigen.

> Im **Fall 22** kommt ein Ausschluss der Wertersatzpflicht hinsichtlich des Unfallschadens gemäß § 346 Abs. 2 S. 1 Nr 3 in Betracht. K war auf Grund eines Mangels, also des gesetzlichen Rücktrittsgrundes aus §§ 323 Abs. 1, 437 Nr 2 Alt. 1, 440 zum Rücktritt berechtigt. Zum Zeitpunkt der Verschlechterung hatte er vom Mangel noch keine Kenntnis, sodass eine teleologische Reduktion hier nicht in Frage kommt. Schließlich müsste K beim Unfall diejenige Sorgfalt beobachtet haben, die er in eigenen Angelegenheiten anzuwenden pflegt. Eine nach seinen Maßstäben ungewöhnlich leichtfertige Behandlung des Pkw lässt sich nicht nachweisen. K handelte lediglich fahrlässig. Eine grobe Fahrlässigkeit im Sinne von § 277 ist nicht gegeben. Da er die notwendige Sorgfalt beachtet hat, haftet er dem V nicht auf Wertersatz in Höhe des Unfallschadens. V kann daher allein den Wagen im derzeitigen Zustand nach **§ 346 Abs. 1** herausverlangen.
>
> In der **Abwandlung** ist der Wertersatzanspruch des V nicht wegen § 346 Abs. 3 S. 1 Nr 3 ausgeschlossen, da K hier nicht aus einem gesetzlichen Rücktrittsrecht berechtigt war. K haftet dem V damit auf Wertersatz. Dieser hat sich nach § 346 Abs. 2 S. 2 an der vereinbarten Gegenleistung zu orientieren. Der Wertersatzanspruch besteht damit in Höhe von 25 000 Euro. Von diesem Betrag sind dann aber die Wertverluste bis zum Eintritt der Verschlechterung abzuziehen, da diese bei der Berechnung zu berücksichtigen sind. Der Wertverlust durch die Erstzulassung wie auch der durch die Nutzung (Laufleistung) entstandene sind daher in Abzug zu bringen. Der daraus verbleibende Restwert ist durch K nach § 346 Abs. 2 S. 1 Nr 3 zu ersetzen.

---

35  Erman/*Bezzenberger*, BGB, § 346 Rn 11; Bamberger/Roth/*Grothe*, BGB, § 346 Rn 23; *Looschelders*, SR AT[4], Rn 843; *Lorenz* NJW 2005, 1889, 1893; anders: MünchKomm/*Gaier*, BGB[5], § 346 Rn 45; Huber/*Faust*, Schuldrechtsmodernisierung, Kap. 10 Rn 10 und 41; *Kaiser* JZ 2001, 1057, 1059.
36  So Ehmann/*Sutschet*, SR, § 6 (S. 143 f); Huber/*Faust*, Schuldrechtsmodernisierung, Kap. 10 Rn 40.
37  Ebenso: *Arnold* Jura 2002, 154, 157; Erman/*Bezzenberger*, BGB, § 346 Rn 11; Ehmann/*Sutschet*, SR, § 5 II 6 (S. 143); Bamberger/Roth/*Grothe*, BGB, § 346 Rn 23; Huber/*Faust*, Schuldrechtsmodernisierung, Kap. 10 Rn 12 und 42.

## 4. Nutzungsersatzansprüche wegen Nutzung der herauszugebenden Sache

Neben der empfangenen Leistung hat jeder Rückgewährschuldner auch die **tatsächlich gezogenen Nutzungen** gemäß **§ 346 Abs. 1** herauszugeben. Nutzungen sind nach § 100 die Früchte einer Sache oder eines Rechtes sowie die Vorteile, welche der Gebrauch der Sache oder des Rechtes gewährt[38]. Benutzt der Rückgewährschuldner also beispielsweise den empfangenen Pkw, so hat er diesen Gebrauchsvorteil herauszugeben bzw (da das nach der Natur des Erlangten nicht möglich ist) Wertersatz zu leisten (§ 346 Abs. 2 S. 1 Nr 1). Für die Berechnung dieses Wertes gibt es keine gesetzliche Regelung. Es bleibt daher bei den hergebrachten Berechnungsmodellen[39]. Der Käufer eines vermieteten Hauses hat im Falle des Rücktritts die an ihn gezahlten Mieten zurückzugeben. Der Käufer eines landwirtschaftlichen Grundstücks hat die geernteten Früchte herauszugeben. Für empfangenes Geld sind die erwirtschafteten Zinsen zu zahlen. § 346 Abs. 2 und 3 finden auf den Nutzungsersatzanspruch ebenfalls Anwendung[40].

10/42

Eine **Wertersatzpflicht** hinsichtlich **nicht gezogener Nutzungen** entsteht nach § 347 Abs. 1 nur dann, wenn die Nutzungsziehung möglich war und ihr Unterlassen den Regeln einer ordnungsgemäßen Wirtschaft widerspricht. Die unterlassene Nutzungsziehung muss also pflichtwidrig gewesen sein. Ein Verschulden ist diesbezüglich nicht notwendig[41]. Ob eine Pflichtwidrigkeit vorliegt, wird grundsätzlich am objektiven Maßstab der Regeln einer ordnungsgemäßen Wirtschaft bestimmt.

10/43

Lediglich für den aus einem gesetzlichen Rücktrittsrecht Berechtigten sieht § 347 Abs. 1 S. 2 einen **privilegierten subjektiven Maßstab** vor. Er haftet nur für die eigenübliche Sorgfalt (§ 277). Auch hier gilt diese Besserstellung im Wege der teleologischen Reduktion der Norm jedoch nur bis zur Kenntnis vom Rücktrittsgrund[42].

10/44

---

38   Keine Nutzungen sind hingegen die Vorteile, die der Verbrauch der Sache gewährt. Eine Nutzung liegt nur vor, wenn die genutzte Sache erhalten bleibt (Staudinger/*Jickeli/Stieper*, BGB[13] (2004), § 100 Rn 1 – anders *Kaiser* JZ 2001, 1057, 1066 und in Staudinger/*Kaiser*, BGB[13] (2004), § 346 Rn 226). Verbrauchsvorteile sind daher nicht nach § 346 herauszugeben. Auch der Veräußerungserlös ist aus diesem Grunde keine Nutzung. Vielmehr ist in beiden Fällen nach § 346 Abs. 2 S. 1 Nr 2 Wertersatz zu leisten – dieses Ergebnis vertritt dann auch Staudinger/*Kaiser*, BGB[13] (2004), § 346 Rn 226 aE

39   BT-Drs. 14/6040, S. 193. Zu den in der Praxis üblichen Berechnungsmodellen siehe etwa Erman/*Bezzenberger*, BGB, § 346 Rn 24 ff; MünchKomm/*Gaier*, BGB[5], § 346 Rn 26 ff.

40   Hat der Rückgewährschuldner die Nutzungen (wie etwa Feldfrüchte) bereits veräußert, so hat er Wertersatz analog § 346 Abs. 2 S. 1 Nr 2 zu leisten, da Nutzungen zwar nicht der „empfangene Gegenstand" sind, ein Wertersatz aber durchaus gerechtfertigt ist – *Arnold* Jura 2002, 154, 159; Huber/*Faust*, Schuldrechtsmodernisierung, Kap. 10 Rn 56.

41   Staudinger/*Kaiser*, BGB[13] (2004), § 347 Rn 11. Diese Pflichtwidrigkeit kann auch (Verschulden vorausgesetzt) einen Schadenersatzanspruch nach § 280 Abs. 1 begründen; der privilegierte Verschuldensmaßstab des § 347 Abs. 1 S. 2 gilt dann entsprechend – zutreffend Ehmann/*Sutschet*, SR, § 5 II 7 b) bb) (S. 146); Huber/*Faust*, Schuldrechtsmodernisierung, Kap. 10 Rn 64; dagegen Staudinger/*Kaiser*, BGB[13] (2004), § 347 Rn 21.

42   MünchKomm/*Gaier*, BGB[5], § 347 Rn 11; anders Erman/*Bezzenberger*, BGB, § 347 Rn 2; Bamberger/Roth/*Grothe*, BGB, § 347 Rn 3; Staudinger/*Kaiser*, BGB[13] (2004), § 347 Rn 16.

> Im **Fall 22** hat K den Pkw sechs Monate lang täglich genutzt und dabei 4000 km zurückgelegt. Diese tatsächlichen Nutzungen hat er nach § 346 Abs. 1 herauszugeben. Da dies nach der Natur des Erlangten nicht möglich ist, hat K gemäß § 346 Abs. 2 S. 1 Nr 1 Wertersatz zu leisten. Dieser Nutzungswert wird in der Praxis mit 0,67 bis einem Prozent des Kaufpreises je 1000 Kilometer Laufleistung berechnet. Hieraus ergibt sich ein Nutzungsersatzanspruch des V in Höhe von 670 Euro. Pflichtwidrig nicht gezogene Nutzungen nach § 347 Abs. 1 sind nicht ersichtlich.
>
> In der **Abwandlung** hat K mit dem Pkw 2000 km zurückgelegt. Entsprechend dem zum Ausgangsfall Gesagten ergibt sich für V ein Nutzungsersatzanspruch aus § 346 Abs. 2 S. 1 Nr 1 in Höhe von 335 Euro.

### 5. Schadenersatz wegen Rückgewährpflichtverletzung

10/45 Das Rückgewährschuldverhältnis ist ebenfalls ein Schuldverhältnis im Sinne der §§ 280, 241. Verletzt einer der Beteiligten ihm daraus entstehende Pflichten, kann der andere Schadenersatz nach §§ 280 bis 283 verlangen. § 346 Abs. 4 gibt dieser Selbstverständlichkeit Ausdruck.

10/46 Ist die Erfüllung der Rückgewährpflichten aus § 346 Abs. 1 **unmöglich**, so kann der Rückgewährgläubiger nach § 346 Abs. 2 und 3 **verschuldensunabhängig Wertersatz** verlangen. Daneben kann er aber auch die dargestellten Regeln des Unmöglichkeitsrechts zur Anwendung bringen (vgl oben § 7) und nach **§§ 346 Abs. 4, 280 Abs. 1 und 3, 283** Schadenersatz statt der Leistung geltend machen. Dieser Schadenersatzanspruch ist zwar **verschuldensabhängig**, erfasst dafür aber über den Wert des Leistungsgegenstandes hinaus auch sonstige Folgeschäden (zB entgangenen Gewinn).

10/47 Kommt der Rückgewährschuldner mit der Herausgabe des Erlangten in **Verzug**, so kann der Rückgewährgläubiger seinen Verzögerungsschaden nach **§§ 346 Abs. 4, 280 Abs. 1 und 2, 286** geltend machen. Zudem kann er nach erfolgloser oder entbehrlicher Fristsetzung Schadenersatz statt der Leistung nach **§§ 346 Abs. 4, 280 Abs. 1 und 3, 281** verlangen. Zu beachten ist dabei, dass wegen der Einrede aus §§ 320 Abs. 1, 348 kein Verzug eintritt, solange der Rückgewährgläubiger nicht die ihm obliegende Leistung bewirkt hat.

10/48 Verletzt der Rückgewährschuldner eine **Schutzpflicht** über den zurückzugebenden Gegenstand, indem er etwa diese beschädigt, so kann der Rückgewährgläubiger neben dem Wertersatz aus § 346 Abs. 2 und 3 auch Schadenersatz aus **§§ 346 Abs. 4, 280 Abs. 1** verlangen. Dieser Schadenersatzanspruch erfasst auch über den Wertersatz hinausgehende Folgeschäden wie zB einen entgangenen Gewinn. Unter den weiteren Voraussetzungen der **§§ 346 Abs. 4, 280 Abs. 1 und 3, 282** kann der Rückgewährgläubiger zudem Schadenersatz statt der Leistung verlangen.

10/49 Die vorstehend skizzierten Grundsätze gelten jedenfalls für Pflichtverletzungen, die nach dem Zeitpunkt des **Zugangs der Rücktrittserklärung** eintreten, da ab diesem

Zeitpunkt ein Rückgewährschuldverhältnis mit den Rückgewährpflichten aus § 346 Abs. 1 vorliegt, auf welche sich § 346 Abs. 4 bezieht.

Bei Pflichtverletzungen **nach Kenntnis vom Rücktrittsgrund, aber vor der Rücktrittserklärung** kann § 346 Abs. 4 seinem Wortlaut nach nicht greifen, da noch keine Pflichten aus § 346 Abs. 1 bestanden haben. Dies betrifft jedoch ausschließlich das gesetzliche Rücktrittsrecht, da bei einem vertraglich vereinbarten Rücktrittsrecht die Kenntnis von der Rücktrittsmöglichkeit jederzeit gegeben ist und daher die entsprechenden Pflichten aus § 346 Abs. 1 per se bestehen. Festzustellen ist zunächst, ob in diesem Fall die Pflicht zur sorgsamen Behandlung des Leistungsgegenstandes verletzt wurde. Denn jeden Rückgewährschuldner treffen **ab der Kenntnis** von der möglichen Rückgewähr besondere, von den Rückgewährpflichten zu trennende, vorgreifliche Rücksichtnahme- oder Schutzpflichten hinsichtlich des Leistungsgegenstandes[43]. Teilweise wird versucht, einen Schadenersatzanspruch über eine analoge Anwendung der §§ 346 Abs. 4, 280 Abs. 1 zu erreichen[44] oder an eine Verletzung der Rückgewährpflicht aus § 346 Abs. 1 anzuknüpfen, was zu einem Schadenersatzanspruch nach §§ 280 Abs. 1 und 3, 283 führen soll[45]. All diese Versuche, hier über oder analog zu § 346 Abs. 1 Schadenersatzansprüche zu begründen, gehen jedoch am klaren Wortlaut des Gesetzes vorbei oder fingieren eine nicht vorhandene Regelungslücke. Aber auch daraus den Schluss zu ziehen, dass in diesen Fällen nur Wertersatz geschuldet wurde und Schadenersatz nicht verlangt werden kann[46], ist vorschnell. Richtigerweise wird man die Pflicht zur sorgsamen Behandlung als „vorwirkende" Schutzpflicht anzusehen haben[47], sodass ein entsprechender Schadenersatzanspruch aus **§§ 280 Abs. 1, 311 Abs. 2** herzuleiten ist.

10/50

Als letztes bleibt dann noch die Frage zu klären, welcher **Verschuldensmaßstab** für den Rückgewährschuldner anzulegen ist. Hierfür dürfte davon auszugehen sein, dass der Rückgewährschuldner bis zur Kenntnis vom Rücktrittsgrund darauf vertrauen darf, den Leistungsgegenstand dauerhaft zu behalten. Er kann daher in dieser Zeit nur für die eigenübliche Sorgfalt einstehen müssen, haftet also – soweit überhaupt eine Pflichtverletzung vorliegt – allenfalls nach § 277. **Ab Kenntnis** vom Rücktrittsgrund und erst recht ab Zugang der Rücktrittserklärung trifft jeden Rückgewährschuldner dagegen eine umfassendere Schutzpflicht zum sorgsamen Umgang mit dem Leis-

10/51

---

43   So zu Recht BT-Drs. 14/6040, S. 194 und 14/7052, S. 194; ebenso MünchKomm/*Gaier*, BGB⁵, § 346 Rn 61; Huber/*Faust*, Schuldrechtsmodernisierung, Kap. 10 Rn 47; *Kaiser* JZ 2001, 1057, 1063. Anders *Lorenz/Riehm*, SR, Rn 434, die solche vorgreifliche Rücksichtnahme- oder Schutzpflichten vor der Erklärung des Rücktritts ablehnen und folgerichtig keinen Schadenersatzanspruch begründen. Sie halten die Wertersatzregelung in diesen Fällen für abschließend.
44   So *Arnold* Jura 2002, 154, 158: „Die Formulierung des § 346 Abs. 4 [ist] offensichtlich zu eng geraten."
45   Huber/*Faust*, Schuldrechtsmodernisierung, Kap. 10 Rn 47: das Vertretenmüssen folge aus der zu vertretenden Pflicht zur sorgsamen Behandlung, deren Verletzung adäquat kausal für die Unmöglichkeit der Rückgabe sei.
46   So Erman/*Bezzenberger*, BGB, § 346 Rn 34; *Lorenz/Riehm*, SR, Rn 434.
47   Inzwischen wohl herrschende Ansicht – vgl *Ehmann/Sutschet*, SR, § 5 II 3 (S. 136); MünchKomm/*Gaier*, BGB⁵, § 346 Rn 61; Staudinger/*Kaiser*, BGB¹³ (2004), § 346 Rn 195; wohl auch Bamberger/Roth/*Grothe*, BGB, § 346 Rn 35. Nur bei gesetzlichen Rücktrittsgründen: *Schwab*, in: Schwab/Witt, SR, S. 372.

tungsgegenstand. Von diesem Zeitpunkt an muss er mit der Möglichkeit einer Rückgabe der Sache rechnen und haftet daher nach § 276 für Vorsatz und jede Fahrlässigkeit[48].

> Im **Fall 22** könnte V gegen K nach der hier vertretenen Lösung allein ein Schadenersatzanspruch aus §§ 280 Abs. 1, 311 Abs. 2 zustehen. Die Verschlechterung, also der Unfall erfolgte vor dem Rücktritt; § 346 Abs. 4 ist daher nicht anwendbar. Sie geschah jedoch auch vor der Kenntnis des K vom Rücktrittsgrund, dem Mangel. Eine Pflicht zum sorgsamen Umgang mit dem Pkw bestand daher nicht. Folglich kommt auch keine Pflichtverletzung in Betracht. Ein Schadenersatzanspruch des V scheidet aus.
>
> In der **Abwandlung** ging der Pkw erst nach der Rücktrittserklärung unter. Durch den Unfall wurde dem K die Rückgabe des Pkw unmöglich. In Betracht kommt also ein Schadenersatzanspruch des V aus §§ 346 Abs. 4, 280 Abs. 1 und 3, 283. Dazu müsste K die Unmöglichkeit zu vertreten haben. Die Haftungsprivilegierung des § 346 Abs. 3 S. 1 Nr 3 greift für K nicht. Er haftet daher für jede Fahrlässigkeit und hat folglich den zur Unmöglichkeit führenden Umstand zu vertreten. V kann neben dem Wertverlust damit auch Folgeschäden ersetzt verlangen, die der Wertersatzanspruch nicht abdeckt.

### 6. Der Anspruch auf das stellvertretende commodum

10/52 Ist dem Rückgewährschuldner die **Rückgabe** des Leistungsgegenstandes **nicht möglich** und hat er dafür einen **Ersatzgegenstand oder** einen **Ersatzanspruch** erlangt, so kann der Rückgewährgläubiger neben dem Wertersatzanspruch auch den Anspruch auf das stellvertretende commodum aus **§ 285 Abs. 1** geltend machen. § 346 Abs. 4 verweist zwar nicht ausdrücklich auch auf § 285. Dessen Anwendbarkeit ergibt sich jedoch aus allgemeinen Grundsätzen[49]. Denn die Herausgabe des geleisteten Gegenstandes, also die Erfüllung der Verpflichtung aus § 346 Abs. 1, ist in diesen Fällen im Sinne des § 275 unmöglich[50]. Der Anspruch aus § 285 steht gegebenenfalls neben dem aus §§ 346 Abs. 3 S. 2, 818, wenn ein Wertersatz nach § 346 Abs. 2 S. 1 ausgeschlossen ist.

> Im **Fall 22** erhält V den (wenn auch beschädigten) Pkw zurück. Er hat dann keinen Anspruch auf ein commodum.
>
> In der **Abwandlung** hingegen ist die Rückgabe des Pkw unmöglich. Hat K aus diesem Umstand heraus einen Ersatz oder Ersatzanspruch erhalten, so kann V diesen nach § 285 Abs. 1 herausverlangen. In Betracht kommt insbesondere eine Versicherungszahlung oder ein Anspruch des K auf eine solche, die K als Versicherter aus seiner Kasko-Versicherung oder der

---

48 Im Ergebnis ebenso MünchKomm/*Gaier*, BGB[5], § 346 Rn 61; Bamberger/Roth/*Grothe*, BGB, § 346 Rn 30; *Kaiser* JZ 2001, 1057, 1064. Die Privilegierung des § 346 Abs. 3 S. 1 Nr 3 wird also entsprechend angewendet, um dessen Wertung nicht zu umgehen.
49 Allg. Ansicht – vgl Staudinger/*Kaiser*, BGB[13] (2004), § 346 Rn 213. Auch der Gesetzgeber ging von einer Anwendbarkeit aus – BT-Drs. 14/6040, S. 194.
50 Dies verkennen offenbar *Ehmann/Sutschet*, SR, § 5 II 5 b) (S. 139 f). Der Wertersatz ist keine Folge einer bloßen Beschränkung des Anspruchs aus § 346, sondern eine besondere Folge der Unmöglichkeit der Rückgabe des Geleisteten im ursprünglichen Zustand, wie sie § 346 Abs. 1 fordert.

> Haftpflichtversicherung des Unfallgegners ggf zustehen. Macht V diesen Anspruch geltend (was bei Zahlungsschwierigkeiten des K anzuraten wäre), so mindert die erlangte Ersatzleistung seinen Schadenersatzanspruch ebenso wie seinen Wertersatzanspruch (§ 285 Abs. 2)

### 7. Verwendungsersatzansprüche des Rückgewährschuldners

Hat der Rückgewährschuldner auf den Leistungsgegenstand **Verwendungen** gemacht, so ist zunächst nach notwendigen Verwendungen und sonstigen Aufwendungen zu **unterscheiden**.  10/53

#### a) Notwendige Verwendungen

Der Ersatz **notwendiger Verwendungen** kommt nach § 347 Abs. 2 S. 1 nur in Betracht, wenn der Rückgewährschuldner seinerseits den Leistungsgegenstand nach § 346 Abs. 1 zurückgibt, Wertersatz nach § 346 Abs. 2 leistet oder nach § 346 Abs. Nr 1 und 2, nicht jedoch Nr 3 von dieser Verpflichtung frei wurde. Diese Regelung stellt sicher, dass Verwendungsersatz **nur** derjenige erhält, der zur **Zeit der Verwendung** auch das **Risiko für den (zufälligen) Untergang** des Leistungsgegenstandes getragen hat. Sie ist Ausdruck des Grundsatzes, dass Gefahr, Nutzungen und Verwendungen der Sache zusammengehören[51].  10/54

Aus dieser Begründung ergibt sich zwingend, dass auch in den Fällen, in denen der Rückgewährschuldner zwar einen verschlechterten Leistungsgegenstand zurückgeben muss, aber vom Ersatz des Wertverlustes wegen **§ 346 Abs. 3 S. 1 Nr 3** befreit ist, ein **Verwendungsersatzanspruch ausscheidet**, da er das Risiko des Untergang nicht tragen musste[52].  10/55

Nach § 347 Abs. 2 S. 1 werden ausdrücklich nur die notwendigen Verwendungen ersetzt. Es liegt nahe, diesen Begriff so zu verstehen wie in **§ 994 Abs. 1 S. 1**. Notwendige Verwendungen sind danach solche, die **zur Erhaltung** oder **ordnungsgemäßen Bewirtschaftung** der Sache objektiv **erforderlich** sind und dem Rückgewährgläubiger daher eigene Aufwendungen ersparen[53]. Da dem Rückgewährschuldner wegen § 346 Abs. 1 die gezogenen Nutzungen nie verbleiben, sind ihm entsprechend § 994 Abs. 1 S. 2 auch stets die gewöhnlichen Erhaltungskosten zu ersetzen[54].  10/56

#### b) Sonstige Aufwendungen

Hat der Rückgewährschuldner **sonstige Aufwendungen** auf den Leistungsgegenstand getätigt, die nicht als notwendige Verwendung anzusehen sind (zB nützliche Verwendungen), so kann er diese gemäß **§§ 347 Abs. 2 S. 2, 818** herausverlangen. § 347  10/57

---

51  *Kaiser* JZ 2001, 1057, 1068; ähnlich Huber/*Faust*, Schuldrechtsmodernisierung, Kap. 10 Rn 68; zweifelnd MünchKomm/*Gaier*, BGB⁵, § 347 Rn 16.
52  Staudinger/*Kaiser*, BGB¹³ (2004), § 347 Rn 43.
53  Vgl BGHZ 64, 333, 339; Vertragsschluss- oder Vertragsdurchführungskosten fallen daher nicht hierunter. Sie sind allein nach § 284 ersetzbar – zutreffend *Kaiser* JZ 2001, 1057, 1069.
54  Bamberger/Roth/*Grothe*, BGB, § 347 Rn 5.

## § 10 Rückabwicklung von Schuldverhältnissen

Abs. 2 S. 2 ist eine Rechtsfolgenverweisung[55]. Es muss eine noch vorhandene Bereicherung aus der Aufwendung beim Rückgewährgläubiger vorliegen[56]. Der Rückgewährgläubiger kann sich also gemäß § 818 Abs. 3 auf eine Entreicherung berufen, wenn die Aufwendung sein Vermögen nicht tatsächlich bereichert. Insoweit tauchen hier die bereits aus dem Eigentümer-Besitzer-Verhältnis bekannten Streitfragen dahingehend wieder auf, ob es ausreicht, dass das Vermögen des Rückgewährgläubigers **objektiv** erhöht ist oder ob zusätzlich auch ein **subjektiver** Nutzen für den Rückgewährgläubiger hinzutreten muss[57]. Folgt man hier dem BGH[58] und der herrschenden Ansicht[59], so kann bei subjektiver Unverwertbarkeit der objektiven Werterhöhung für den Rückgewährgläubiger auch hier die Folgefrage einer aufgedrängten Bereicherung Platz greifen[60].

> Im **Fall 22** hat K eine Inspektion durchführen (400 Euro) und ein besseres Radio einbauen lassen (500 Euro). Zudem hat er die für einen Pkw üblichen Kosten für Versicherung, Steuern und Benzin getragen. Alle diese Aufwendungen, also freiwilligen Vermögensopfer, hat V nach § 347 Abs. 2 S. 1 zu ersetzen, wenn sie notwendige Verwendungen darstellen. Notwendig zum Erhalt des Pkw war unstreitig die Inspektion als Wartungsmaßnahme. Der Einbau des Radios war nicht notwendig, da ein Radio vorhanden war. Von den Versicherungskosten ist nur die Kfz-Haftpflichtversicherung gesetzlich vorgeschrieben. Diese Versicherungskosten wie auch die Ausgaben für Steuern sind notwendig, um den Pkw ordnungsgemäß nutzen zu können. Sie sind daher hier als notwendige Verwendung anzuerkennen. Deren Ersatz durch V ist jedoch ausgeschlossen, da K nach § 346 Abs. 3 S. 1 Nr 3 vom Wertersatz befreit ist (vgl § 347 Abs. 2 S. 1).
>
> Das Radio könnte K gemäß § 347 Abs. 2 S. 2, 818 herausverlangen. Dieses ist keine notwendige Verwendung, also eine sonstige Aufwendung. Dessen Herausgabe in natura nach § 818 Abs. 1 ist durch Ausbau ohne Wertverlust möglich, sodass sich hier die Probleme der aufgedrängten Bereicherung nicht stellen.
>
> In der **Abwandlung** kann K die Kosten für die Versicherung und Steuern als notwendige Verwendungen von V gemäß § 347 Abs. 2 S. 1 ersetzt verlangen. Er leistet nach § 346 Abs. 2 S. 1 Nr 3 Wertersatz.

---

55 BT-Drs. 14/6040, S. 197.
56 Der Aufwendungsersatzanspruch kommt deshalb ohnehin nicht in Betracht, wenn der Leistungsgegenstand nicht zurückgegeben wird, da die Aufwendung zwingend mit ihm verbunden ist – vgl Huber/*Faust*, Schuldrechtsmodernisierung, Kap. 10 Rn 72; *Kaiser* JZ 2001, 1057, 1068.
57 Vgl *Weber*, Sachenrecht I, Rn 75 f.
58 BGHZ 131, 220, 223.
59 Vgl Staudinger/*Gursky*, BGB[13] (2006), § 994 Rn 12 mwN; aA etwa *Haas* AcP 176 (1976), 1, 2 ff.
60 Erman/*Bezzenberger*, BGB, § 347 Rn 4; MünchKomm/*Gaier*, BGB[5], § 347 Rn 22; Staudinger/*Kaiser*, BGB[13] (2004), § 347 Rn 49; *Lorenz/Riehm*, SR, Rn 437. Der Rückgewährgläubiger kann sich dem Bereicherungsanspruch danach durch die Gestattung der Wegnahme entziehen.

## V. Lösung Fall 22

I. Im **Ausgangsfall** verlangt K zunächst den gesamten Kaufpreis (25 000 Euro) zurück. Anspruchsgrundlage hierfür könnte **§ 346 Abs. 1** sein.

1. Der von K gekaufte Pkw hatte schon vor der Übergabe einen Mangel in der Motorelektronik. Nach zwei fehlgeschlagenen Reparaturversuchen durfte K gemäß §§ 437 Nr 2 Alt. 1, 440, 323 Abs. 1 vom Kaufvertrag zurücktreten. Dieses Rücktrittsrecht übte K aus.

2. Rechtsfolge des Rücktritts ist nach § 346 Abs. 1 die Pflicht des V zur Rückzahlung des Kaufpreises, allerdings nur Zug um Zug (§§ 348, 320 Abs. 1) gegen Rückgabe des Pkw. Fraglich ist, ob V gegen den Rückzahlungsanspruch mit eigenen Ersatzansprüchen gegen K aufrechnen kann (§§ 389, 387).

a) Ein Gegenanspruch des V könnte sich aus **§ 346 Abs. 2 S. 1 Nr 3** ergeben. Der Pkw ist zwar nicht untergegangen, hat aber durch die Erstzulassung und den Unfallschaden an Wert verloren. Eine Verschlechterung ist also durch beide Ereignisse eingetreten. Diese dürfte jedoch nicht durch die bestimmungsgemäße Ingebrauchnahme des Pkw entstanden sein (§ 346 Abs. 2 S. 1 Nr 3 letzter HS.). Der Wertverlust infolge der Erstzulassung ist direkte Folge der Ingebrauchnahme und daher nicht zu ersetzen. Der Unfall hingegen ist keine unmittelbare Folge der Ingebrauchnahme, denn zur Verursachung eines Unfalls sollte der Pkw nicht in Gebrauch genommen werden.

Der hinsichtlich des Unfallschadens daher denkbare Wertersatzanspruch des V könnte aber gemäß § 346 Abs. 3 S. 1 Nr 3 ausgeschlossen sein. K war aus einem gesetzlichen Rücktrittsrecht berechtigt und wich bei der Verursachung des Unfalls nicht von der ihm sonst beim Umgang mit Pkw üblichen Sorgfalt ab. Auch eine grobe Fahrlässigkeit (§ 277) ist ihm nicht vorwerfbar. Wertersatzansprüche des V bestehen daher nicht.

b) Ein Gegenanspruch des V wegen des Wertverlustes könnte sich auch aus **§§ 280 Abs. 1, 311 Abs. 2** ergeben. Der Unfall wie auch die Erstzulassung geschahen vor dem Rücktritt, weshalb § 346 Abs. 4 nicht greift, und vor der Kenntnis des K vom Mangel, weshalb K auch keine Pflichtverletzung vorzuwerfen ist. Er durfte seinen Pkw in der geschehenen Weise behandeln. Einen Schadenersatzanspruch hat V nicht.

c) V könnte ein Nutzungsersatzanspruch gegen K als Gegenanspruch zustehen. Dieser kann sich nicht aus § 346 Abs. 1 ergeben, da die von K gezogenen Gebrauchsvorteile aus der Nutzung des Pkw nicht in natura herauszugeben sind. Sie sind von K aber nach **§ 346 Abs. 2 S. 1 Nr 1** als Wertersatz zu ersetzen. Ausschlussgründe (§ 346 Abs. 3 S. 1) greifen nicht. Die Höhe des Nutzungsersatzes bestimmt sich nach den üblichen Berechnungsmethoden, also mit 0,67 % des Bruttokaufpreises je 1000 km Laufleistung. Das macht im Ausgangsfall einen Nutzungsersatzanspruch in Höhe von 670 Euro. Einen Anspruch aus § 347 Abs. 1 wegen pflichtwidrig nicht gezogener Nutzungen hat V nicht.

3. Dem Rückzahlungsanspruch des K in Höhe von 25 000 Euro steht daher ein Nutzungsersatzanspruch des V in Höhe von 670 Euro gegenüber. Der Wunsch des V, seine Gegenforderungen vom Kaufpreis „abzuziehen", darf als Aufrechnungserklärung verstanden werden. K kann daher nur noch die Rückzahlung von 24 330 Euro Zug um Zug gegen die Rückgabe des Pkw verlangen.

II. Daneben könnte K ein Verwendungsersatzanspruch aus **§ 347 Abs. 2 S. 1** auf Ersatz der Kosten für die Inspektion, die Versicherung, Steuern, und das Radio zustehen. Abgesehen vom Radio und einer Kasko-Versicherung waren alle Kosten notwendig für den Betrieb des Pkw. Allerdings ist K von der Wertersatzpflicht wegen § 346 Abs. 3 S. 1 Nr 3 befreit, weshalb ihm gemäß § 347 Abs. 2 S. 1 auch kein Anspruch auf Ersatz der notwendigen Verwendungen zusteht. Die Kosten für das Radio steigerten – anders als die für eine Kasko-Versicherung – den Wert des Pkw und waren daher nützliche Verwendungen. Sie sind nach **§§ 347 Abs. 2 S. 2, 818** zu ersetzen. Das Radio kann ohne Wertverlust ausgebaut und an K herausgegeben werden (§ 818 Abs. 1). K hat daher nur einen Anspruch auf das Radio, nicht aber auf die 500 Euro. Ein Anspruch auf Ersatz dieser Kosten wie auch auf den Ersatz der sonstigen Aufwendungen auf den Pkw steht K gegen V dann aber aus den §§ 437 Nr 3 Alt. 2, 284 zu, deren Voraussetzungen gegeben sind und die gemäß der Grundsatzentscheidung des § 325 neben § 347 anwendbar sind.

**III.** In der **Abwandlung** verlangt K ebenfalls den gesamten Kaufpreis (25 000 Euro) zurück. Anspruchsgrundlage hierfür ist wiederum **§ 346 Abs. 1**.

1. Im Kaufvertrag wurde K für den Fall des Nichtgefallens ein dreimonatiges Rücktrittsrecht eingeräumt. Dieses Rücktrittsrecht übte K fristgerecht aus. Infolge des Rücktritts hat V nach § 346 Abs. 1 die Pflicht des V zur Rückzahlung des Kaufpreises. Eine Zug-um-Zug-Leistung (§§ 348, 320 Abs. 1) kommt hier mangels zurückzugebendem Pkw nicht in Betracht.

2. Fraglich ist, ob V gegen den Rückzahlungsanspruch mit eigenen Ersatzansprüchen gegen K aufrechnen kann (§§ 389, 387).

a) Ein Gegenanspruch des V könnte sich aus **§ 346 Abs. 2 S. 1 Nr 3** ergeben. Der Pkw hat einen Totalschaden erlitten, ist also durch den Unfall untergegangen. Dieser Untergang ist nicht durch die bestimmungsgemäße Ingebrauchnahme des Pkw entstanden (§ 346 Abs. 2 S. 1 Nr 3 letzter HS.), da ein Unfall keine bestimmungsgemäße Folge der Ingebrauchnahme ist. Der Wertersatzanspruch des V ist auch nicht gemäß § 346 Abs. 3 S. 1 Nr 3 ausgeschlossen, da K aus einem vertraglich vorbehaltenen Rücktrittsrecht berechtigt war. V kann daher von K Wertersatz verlangen. Die Höhe des Wertersatzes bestimmt sich nach § 346 Abs. 2 S. 2, also unter Zugrundelegung des Kaufpreises. Von diesen 25 000 Euro sind jedoch die Wertverluste anzusetzen, die der Pkw bis zum Untergang erlitt und die infolge des Rücktritts von V zu tragen gewesen wären. Dies ist hier der Wertverlust durch die Erstzulassung (ca. 20% des Kaufpreises) und der Wertverlust durch die entstandene Laufleistung (entspricht dem Nutzungsersatz). V kann daher nur Wertersatz in Höhe von ca. 20 000 Euro verlangen.

b) Ein Gegenanspruch des V wegen des Wertverlustes könnte sich daneben auch aus **§§ 346 Abs. 4, 280 Abs. 1 und 3, 283** ergeben. Der Unfall geschah nach dem Rücktritt, weshalb § 346 Abs. 4 hier greift. Durch den Untergang des Pkw wurde es K unmöglich, diesen nach § 346 Abs. 1 an V zurückzugeben. Diese Pflichtverletzung hat K zu vertreten, da er den Unfall fahrlässig (§ 276 Abs. 1) verursachte. V erlitt zumindest einen Schaden in Höhe des Wertes des Pkw zur Zeit des Unterganges. Ihm bleibt es unbenommen, darüber hinaus einen entgangenen Gewinn (§ 252) zu beziffern. V hat also auch einen Schadenersatzanspruch gegen K.

c) V könnte ein Nutzungsersatzanspruch gegen K als Gegenanspruch zustehen. Dieser kann sich wiederum nicht aus § 346 Abs. 1, sondern nur aus **§ 346 Abs. 2 S. 1 Nr 1** ergeben. Ausschlussgründe (§ 346 Abs. 3 S. 1) greifen nicht. Die Höhe des Nutzungsersatzes bestimmt sich wiederum mit 0,67% des Bruttokaufpreises je 1000 km Laufleistung. Das macht in der Abwandlung einen Nutzungsersatzanspruch in Höhe von 335 Euro. Einen Anspruch aus § 347 Abs. 1 wegen pflichtwidrig nicht gezogener Nutzungen hat V nicht.

3. Dem Rückzahlungsanspruch des K in Höhe von 25 000 Euro steht der Wertersatzanspruch des V in Höhe von ca. 20 000 Euro, ein Schadenersatzanspruch des V in mindestens gleicher Höhe und ein Nutzungsersatzanspruch des V in Höhe von 335 Euro gegenüber. Der Wunsch des V, seine Gegenforderungen vom Kaufpreis „abzuziehen", darf als Aufrechnungserklärung verstanden werden. K kann daher nur noch die Rückzahlung von ca. 4500 Euro verlangen.

IV. Zusätzlich könnte K ein Verwendungsersatzanspruch aus § 347 Abs. 2 S. 1 auf Ersatz der Kosten für die Versicherung, Steuern und Benzin zustehen. Abgesehen von der Kasko-Versicherung waren alle diese Kosten notwendig für den Betrieb des Pkw. K leistet Wertersatz gemäß § 346 Abs. 2 S. 1 Nr 3, weshalb ihm gemäß § 347 Abs. 2 S. 1 auch ein Anspruch auf Ersatz dieser notwendigen Verwendungen zusteht.

# § 11 Haftung aus geschäftlichem Kontakt (culpa in contrahendo)[1]

**Fall 23:** Die Gemeinde G hat in der Rechtsform der GmbH eine Wirtschaftsförderungsgesellschaft gegründet, die sich bemüht, auswärtige Industrie anzusiedeln. In diesem Zusammenhang verhandelt P, der Prokurist der GmbH, mit dem französischen Parfumfabrikanten F über den Verkauf eines der GmbH gehörenden Grundstücks. F beabsichtigt nämlich, in G einen Betrieb zu errichten. Der Vertrag kommt privatrechtlich zu Stande, und F bricht darauf die Verhandlungen mit zwei Nachbargemeinden ab. Später weist der Rat der Gemeinde G die GmbH an, die Ansiedlung des F zu verhindern. Darauf beruft sich die GmbH gegenüber F auf den Formmangel (§ 311b Abs. 1 BGB) und weigert sich, das Grundstück zu übereignen. F will die Übereignung des Grundstücks, zumindest aber Ersatz des Schadens, der ihm dadurch entsteht, dass er an anderer Stelle teureres Gelände kaufen muss und verspätet den Betrieb aufnimmt. Ferner möchte F Ersatz von dem Makler M fordern, der im Auftrage verschiedener Gemeinden Kontakte zu ausländischen Unternehmen geknüpft und sich auch hier in die Verhandlungen eingeschaltet hatte. Dieser hatte F den Rat erteilt, sich in G anzusiedeln, da dort die Gewerbesteuer am niedrigsten sei.

**Fall 24:** Die Hausfrau H möchte sich im Kaufhaus von K die Winterschlussverkaufs-Angebote ansehen und eventuell das eine oder andere kaufen. Sie kommt aber nicht weit, da sie bereits im 2. Stock auf einem schlecht gesäuberten Treppenabsatz ausgleitet und sich dabei das Bein bricht. Zuständig für die Säuberung war der ansonsten sehr sorgfältige Arbeiter A. Dieser verwendete diesmal irrtümlicherweise ein falsches Mittel, was eine verstärkte Rutschwirkung zur Folge hatte. Hat H gegen K Ersatzansprüche[2]? **Lösung Rn 11/37**

## I. Die Grundlagen des Rechtsinstituts

### 1. Entstehung und Problematik

Die Haftung wegen Verschuldens beim Vertragsschluss, also aus **culpa in contrahendo (cic)** bzw – allgemeiner – *aus geschäftlichem Kontakt*, verdankt ihre Entstehung zum einen dem Unbehagen an den Modalitäten der Delikthaftung (Umgehung

11/1

---

1 Zum neuen Recht *M. Schwab* JuS 2002, 773 und 872. Davor umfassend *Horn* JuS 1995, 377; anschauliche Darstellung anhand von Fällen bei *Michalski* Jura 1993, 22. Grundlegend noch immer *v. Jhering* JhJB 4 (1861), 1.
2 Vgl den „Linoleumrollen-Fall" RGZ 78, 239 (klausurmäßig aufbereitet bei *Schimmel* JA 1998, 548), den „Bananenschalen-Fall" BGH NJW 1962, 31 sowie den „Gemüseblatt-Fall" BGHZ 66, 51 (= *Schack/Ackmann*[5] Nr 35).

des Entlastungsbeweises nach § 831 Abs. 1 S. 2 in Fällen des Gehilfenversagens durch Heranziehung des § 278; Vermutung des Verschuldens nach § 280 Abs. 1; Erweiterung des engen deliktsrechtlichen Vermögensschutzes mit vertragsrechtlichen Mitteln; Erweiterung der deliktsrechtlichen Handlungspflichten[3]), zum anderen dem Bestreben nach interessengerechter Wertung eines sozialen Kontakts. Gesetzliche Regelungen fehlten bis vor kurzem, auch wenn Rechtsprechung und Lehre die Haftung aus cic über viele Jahrzehnte entwickelt und weiterentwickelt haben. Das Schuldrechtsmodernisierungsgesetz wollte diese Lücke zumindest im Grundsatz füllen[4]. Zwei Bestimmungen sind hier zu nennen: **§ 241 Abs. 2**, der vorsieht, dass ein Schuldverhältnis (bloß) zur Rücksichtnahme auf die Rechts- und Interessensphäre des anderen verpflichten kann; und – vor allem – **§ 311 Abs. 2**, der anhand dreier Fälle deutlich macht, dass ein entsprechendes **Schuldverhältnis** auch **ohne Vertrag** entstehen kann, nämlich insbesondere durch die *Aufnahme von Vertragsverhandlungen* (§ 311 Abs. 2 Nr 1; zu den gesetzlichen Fallgruppen noch Rn 11/7 ff). Werden Pflichten aus einem solchen Schuldverhältnis schuldhaft verletzt, muss der Schädiger für den dadurch verursachten Schaden nach § 280 Abs. 1 einstehen.

Für die Entwicklung einer „**Vertragshaftung ohne Vertrag**" konnten schon vor dem Schuldrechtsmodernisierungsgesetz einige Sondervorschriften fruchtbar gemacht werden, die allerdings manche Besonderheiten aufweisen. Genannt seien etwa die Haftung des Scheinvertreters nach § 179[5] und die Schadenersatzpflicht des Anfechtenden nach § 122; ferner die Ablehnungspflicht des Geschäftsbesorgers gemäß § 663. Eine gesetzliche Anerkennung des Sonderstatus der Beteiligten im vorvertraglichen Stadium stellen auch die in jüngerer Zeit immer häufiger vorgesehenen speziellen gesetzlichen Informationspflichten dar, die dem Verhandlungspartner seinen Entschluss zum Ob und Wie eines Vertrages erleichtern sollen (Beispiele in Fn 14).

**11/2** Mangels detaillierter gesetzlicher Vorgaben ist das Abstecken des Anwendungsbereichs der Einstandspflicht aus cic sowie der Haftungsreichweite genauso wichtig wie schwierig: Zum ersten muss eine uferlose Ausdehnung der Haftung vermieden werden[6]; zum zweiten sollten tatsächlich nur Konstellationen erfasst werden, die sich von den Deliktstatbeständen wertungsmäßig deutlich unterscheiden. Da der Gesetzgeber an die bisherige Rechtsentwicklung anknüpfen wollte, kann und muss zur Konkretisierung der recht unbestimmten Gesetzesanordnungen auf den bisher erreichten Stand in Rechtsprechung und Wissenschaft zurückgegriffen werden[7].

**11/3** Im ursprünglichen Anwendungsbereich der cic-Haftung ging es um eine Sanktion für Pflichtverletzungen, die sich bereits aus der **Aufnahme von Vertragsverhandlungen** ergeben. Schon dadurch entstand nach ganz hM eine rechtliche Sonderverbindung,

---

3 *Von Bar* JuS 1982, 638, 639 f.
4 Zur Neuregelung statt vieler *Rieble*, in: Dauner-Lieb (Hrsg), Das neue Schuldrecht in der Praxis (2003), 137; *Canaris* JZ 2001, 499, 519 f.
5 Die Haftung des falsus procurator weicht allerdings – wohl systemwidrig – in Tatbestand und Rechtsfolgen von der cic-Haftung ab, wobei § 179 als lex specialis ohne Zweifel Vorrang genießt. Entsprechendes gilt für den auf das Erfüllungsinteresse gerichteten Schadenersatzanspruch („Schadenersatz statt der Leistung") trotz schon bei Vertragsschluss bestehenden Leistungshindernisses gemäß § 311a Abs. 2 (vgl *Katzenstein* Jura 2005, 73, 77 f mit Nachweisen der Diskussion); s. dazu auch Rn 7/79 f.
6 Zu dieser Gefahr etwa *Gottwald* JuS 1982, 877.
7 Vgl BT-Drs. 14/6040, S. 161 ff.

die über „deliktische" Kontakte weit hinaus geht und daher eine Haftung nach Vertragsregeln rechtfertigt. In der neueren Entwicklung zeigte sich aber eine zunehmende Neigung, auch in anderen Fällen fehlender Vertragsbeziehungen das **Vertrauen** einer Partei auf korrekte und sachverständige Behandlung im Rahmen geschäftlicher Kontakte zu schützen[8].

> Die Interessenlage zeigen die **Beispiele**. Die Kundin, die im Kaufhaus aufgrund schlechter Säuberung gestürzt ist **(Fall 24)**, hat gegen den Kaufhausbetreiber K nur dann Ansprüche aus unerlaubter Handlung, wenn die Voraussetzungen des § 831 vorliegen oder dem Betreiber ein schuldhafter Verstoß gegen Verkehrssicherungspflichten (dazu Schuldrecht Besonderer Teil § 23 Rn 1 ff) gemacht werden kann. Bei nachgewiesener guter Organisation des Reinigungsdienstes sind die Ansprüche gegen K auch dann nicht durchsetzbar, wenn ein Gehilfenverschulden an sich feststeht. Unter der Herrschaft des § 278 würde etwas anderes gelten. Wenn Frau H **nach** einem Kauf gefallen wäre, würde bei schuldhafter Pflichtverletzung aufseiten des K (durch seinen Erfüllungsgehilfen A) ein Anspruch aus positiver Vertragsverletzung bestehen. Die Frage ist also, ob es für die Voraussetzungen des Ersatzanspruchs entscheidend darauf ankommen soll, ob und wann zwischen den Parteien der Schutzpflicht ein Vertrag geschlossen wird, oder ob nicht vielmehr durch das Betreten des Kaufhauses, dh durch die **Aufnahme rechtsgeschäftlichen Kontakts**, ein zumindest **vertragsähnliches** Schuldverhältnis zu Stande kommt, bei dessen Verletzung **nach Vertragsregeln** gehaftet wird. Könnte ein solches, hauptsächlich auf dem Vertrauen in die Sorgfalt, Korrektheit und Sachkunde des Partners beruhendes, vertragsähnliches Rechtsverhältnis allgemein bejaht werden, so wäre es denkbar, dass auch in **Fall 23** die GmbH, deren Mitarbeiter um die Formungültigkeit des Kaufvertrages (§ 311b) wusste, F hierauf hätte aufmerksam machen müssen, und wegen dieser Unterlassung dem F (zumindest) zum Schadenersatz verpflichtet ist. Wenn man nun auch andere Verhandlungsbeteiligte als den als Vertragspartner Vorgesehenen aufgrund Vertrauens als Schuldner vertragsähnlicher Sorgfaltspflichten ansehen könnte (etwa den im **Fall 23** oder in einer Variante zu **Fall 24** einen bloßen Begleiter von H, der sich verletzt), wären der Vertragshaftung auf Kosten der Deliktshaftung weitere Bereiche erschlossen (dazu Rn 16/28).

## 2. Dogmatische Einordnung

Die Neuregelung des § 311 Abs. 2 macht iVm § 241 Abs. 2 und der Überschrift von § 311 vollends deutlich, was schon vorher vertreten wurde[9]: Bestimmte Verhaltensweisen, insbesondere intensivere geschäftliche Kontakte, begründen ein **rechtsgeschäftsähnliches Schuldverhältnis ohne primäre Leistungspflicht**. Es ist nicht zu verkennen, dass die Interessenlage keine dem klassischen Delikt vergleichbare ist, bei dem jede rechtliche Sonderbeziehung zwischen Schädiger und Geschädigtem fehlt. Der Verhandlungspartner hat eben auch schon vor Abschluss eines Vertrages eine andere – eben vertragsnähere – Stellung als der quivis ex populo, dessen (absolute) Rechtsgüter die §§ 823 ff schützen. Ist ein entsprechender Tatbestand erfüllt, findet das **Deliktsrecht** keine Anwendung.

11/4

---

[8] Gute Darstellung mit zahlreichen Hinweisen aus der Rechtsprechung bei *Hohloch* NJW 1979, 2369. Aus der Rechtsprechung etwa BGH JZ 1991, 199, 202 mit krit. Anm von *Just*.
[9] Grundlegend RGZ 78, 239 ff; aus der Rechtsprechung des BGH siehe BGHZ 6, 330 ff sowie BGHZ 60, 221. Aus neuerer Zeit statt aller *Gastroph* JA 2000, 803.

### 3. Grundsätzliches zu Pflichten und Haftung

**11/5** Die wichtigste **Konsequenz** aus der Bejahung eines „cic-Tatbestands" (zu den gesetzlich ausgeformten Fallgruppen Rn 11/7 ff) lautet: Wer die aus diesem Schuldverhältnis folgenden Pflichten in einer ihm nach Vertragsgrundsätzen (§§ 276, 278) zurechenbaren Weise verletzt und diese Verletzung auch zu vertreten hat, haftet dem Geschädigten auf Schadenersatz, auch wenn es zu einem Vertragsschluss zwischen den Parteien der Vertragsverhandlungen nicht gekommen ist. Der Regelfall ist dabei die Haftung auf den verursachten **Vertrauensschaden (negatives Interesse)**, da das pflichtwidrige Verhalten meist nur für diesen Nachteil ursächlich war (Details zu den Rechtsfolgen Rn 11/24 ff). Die **Beweislast** für das pflichtwidrige Verhalten des anderen Teils trägt der Verletzte, die für das fehlende Verschulden der pflichtwidrig Handelnde (siehe § 280 Abs. 1 S. 2)[10].

**11/6** Die **Pflichten**, deren Verletzung die Haftung auslöst, sind gerade keine Leistungspflichten (§ 241 Abs. 1 e contrario). Vielmehr handelt es sich um sog **Schutzpflichten**. Dazu gehören vor allem **Aufklärungspflichten**[11], aber auch sonstige *Sorgfaltspflichten*. (**Beispiele:** Der in den Vertrieb von Wertpapieren Eingeschaltete gibt einem Interessenten unrichtige oder unvollständige Auskünfte. Ein Angestellter des Kaufinteressenten beschädigt den Gegenstand bei der ihm von seinem Geschäftsherrn aufgetragenen Besichtigung aus Unachtsamkeit. Die Bank klärt den Anlagewilligen nicht über ihr bekannte Risiken des Anlageprojektes auf[12]. Der Verkäufer preist die Immobilie als „gut vermietet" an, weist aber nicht auf die ihm bekannte mangelnde Bonität des Mieters hin[13].) Regelmäßig geht es um die – gerade durch die Aufnahme des rechtsgeschäftlichen Kontakts begründete! – Pflicht, die Sphäre des anderen nicht zu beeinträchtigen und ihn nicht zu schädigen. Wie weit die Pflichten reichen und welche Güter des Partners geschützt sind, kann allerdings mangels näherer gesetzlicher Anhaltspunkte[14] nur durch *Interessenabwägung im konkreten Fall* entschieden werden. Das Prinzip lautet: Je stärker der Kontakt und je größer die Gefahr einer Schädigung des anderen Teils, desto strenger werden die Pflichten und desto eher können auch Positionen, die das Deliktsrecht nicht oder nur ausnahmsweise schützt (wie das bloße Vermögen und die Entscheidungsfreiheit) in den Schutzbereich dieser Pflichten einbezogen sein. Die Abgrenzung von Fällen der Verletzung echter **Vertragspflichten** ist in der Praxis allerdings nicht immer leicht; vor allem deshalb, weil die Rechtsprechung häufig den stillschweigenden Abschluss eines gesonderten Auskunfts- oder

---

10  BT-Drs. 14/6040, S. 136. Siehe ferner etwa MünchKomm/*Ernst*, BGB[5], § 280 Rn 30 ff, insb. 31; BGH NJW 1979, 1983.
11  Dazu etwa *Paefgen*, Haftung für mangelhafte Aufklärung aus culpa in contrahendo (1999) und – schon zur Schuldrechtsreform – A. Pohlmann, Die Haftung wegen Verletzung von Aufklärungspflichten (2002).
12  Dazu BGH NJW 2004, 2736 = JuS 2004, 917 *(Emmerich)*; siehe ferner etwa BGH NJW 2005, 1784.
13  BGH NJW-RR 2003, 700.
14  Präzise und umfangreiche Informations- bzw Aufklärungspflichten werden heutzutage in Sondervorschriften jedoch immer öfter statuiert (siehe etwa § 31 Abs. 2 Nr 2 WpHG, § 312c für den Fernabsatz oder § 312e Abs. 1 Nr 2 für den elektronischen Geschäftsverkehr). Auf derartige Spezialnormen wird in der Folge jedoch nicht näher eingegangen.

Beratungsvertrages annimmt[15]. Dieser Ansatz überzeugt schon im Grundsatz wenig, da die Parteien kaum einmal den Willen zum Abschluss eines solchen (zusätzlichen) Vertrages haben und die cic-Haftung ohnehin regelmäßig zu angemessenen Ergebnissen führt[16].

## II. Die Haftungsvoraussetzungen im Einzelnen

### 1. Die gesetzlich geregelten Fälle

§ 311 Abs. 2 zählt **drei Fälle** auf, wobei dem dritten die Funktion einer durch die Fälle 1 und 2 vorkonkretisierten Generalklausel zukommt[17]:
- Nr 1: **Aufnahme von Vertragsverhandlungen**;
- Nr 2: **Vertragsanbahnung**, wobei ein Teil dem anderen Einwirkungsmöglichkeiten auf seine Rechts- und Interessenssphäre gewährt;
- Nr 3: **ähnliche geschäftliche Kontakte**.

11/7

#### a) Aufnahme von Vertragsverhandlungen

Am wenigsten problematisch erscheint auf den ersten Blick die – schon bisher anerkannte – **Aufnahme von Vertragsverhandlungen (Nr 1)**: Nach dem Wortlaut dieser Vorschrift dürfte es nicht genügen, wenn bloß *eine* Person auf den Abschluss eines Vertrages abzielende Handlungen vornimmt. Auch eine Gefahrenlage entsteht regelmäßig frühestens dann, wenn der andere Teil auf diesen geschäftlichen Erstimpuls reagiert. Zwar gibt es atypische Sachverhalte, bei denen ein Risiko auch schon vorher auftritt; so, wenn ein Anbieter chemischer Substanzen mit seinem Offert eine Warenprobe mitsendet, ohne vor den spezifischen Gefahren dieser Substanz zu warnen (etwa, dass sie unter Sonnenbestrahlung entflammen kann). Derartige Fälle sollten aber wohl besser unter die Nr 3 subsumiert werden, da vom Beginn von *Verhandlungen* (Nr 1) noch keine Rede ist und der Empfänger dem Offerenten auch nicht iSd Nr 2 seine Sphäre „öffnet".

11/8

Unzweifelhafte **Anwendungsbeispiele** der Nr 1 sind etwa Folgende: 1. Der Kaufinteressent K macht mit dem Oldtimer eine Probefahrt, wobei es der Angestellte des Eigentümers unterlässt, ihm vor Fahrtantritt mitzuteilen, dass die Bremsen defekt sind (Verletzung von Informationspflichten). K fährt deshalb gegen einen Baum und verletzt sich. 2. K interessiert sich für ein Pferd, das sich auf der Alm befindet. Der Eigentümer vereinbart mit K einen Besichtigungstermin, zu dem er aber nicht erscheint, weil er das Tier mittlerweile bereits an X verkauft hat; K's Anfahrtskosten sind frustriert (wiederum Verletzung von Informationspflichten, allerdings erlitt K hier einen bloßen Vermögensschaden.). 3. K lässt sich vom Angestellten des Eigentümers einen Säbel

---

15  Vgl nur aus jüngerer Zeit BGH NJW 2004, 64 = JuS 2004, 622 *(Emmerich)* (Kaufinteressent wird durch Vorlage einer – unrichtigen – Rentabilitätsberechnung zum Kauf einer Immobilie bewogen).
16  Nachweise kritischer Stimmen etwa bei *Frassek* JuS 2004, 285, 286 f; gegen die Annahme eines eigenständigen Auskunftsvertrages auch *J. Koch* AcP 204 (2004), 59. Prinzipiell positiv hingegen zB *Emmerich* JuS 2004, 623.
17  Kurz und übersichtlich zu den Fallgruppen sowie wichtigen praktischen Anwendungsfällen (auch des Drittschutzes gemäß § 311 Abs. 3) *Keilmann* JA 2005, 500.

§ 11 *Haftung aus geschäftlichem Kontakt (culpa in contrahendo)*

zeigen. Als der Angestellte die Waffe vorführt, ist er zu stürmisch und beschädigt dabei K's Mantel (Verletzung von gesundheits- und eigentumsbezogenen Sorgfaltspflichten)[18].

11/9 Ist unter die Nr 1 aber etwa auch die schuldhafte „Verursachung" eines Dissenses oder eines Formfehlers zu subsumieren, die die **Nichtigkeit des Vertrages** zur Folge hat? Mit dieser Kurzformulierung ist gemeint, dass ein Vertrag aus den genannten Gründen – oder etwa auch wegen des Fehlens ausreichender Vertretungsmacht oder einer notwendigen behördlichen Zustimmung nicht zu Stande kommt (die Nichtigkeit ist daher eigentlich vom Gesetz verursacht!). Immer dann, wenn sich zumindest einer der Beteiligten der Unwirksamkeit nicht bewusst ist, können Interessenkonflikte auftreten. Schließlich könnte aus besonderen Umständen bei einem Verhandlungspartner **gesteigertes Vertrauen** entstanden sein. Die Frage lautet in all diesen Fällen: Trifft einen Teil die Pflicht, den anderen rechtzeitig über die Unwirksamkeit des Vertrages aufzuklären?

Hier sei der **Formmangel** beispielhaft etwas näher erörtert. Im ersten Schritt ist davon auszugehen, dass die Beachtung zwingender gesetzlicher Formvorschriften Sache jedes Vertragsteils ist. Insoweit sind beide „gleich nahe dran". Daher führen versehentliche oder beiden Parteien bei Vertragsschluss bewusste[19] Formverstöße im Regelfall zu keinerlei Ersatzpflichten. Anders fallen die Wertungen nur dann aus, wenn einer der Vertragsteile arglistig war oder wenn ihn eine besondere Fürsorge- oder Betreuungspflicht trifft[20]. Letzteres kann etwa bei Vertretungs- bzw Formvorschriften in Gemeindeordnungen angenommen werden, da hier der Partner diesen Vorschriften weit ferner steht als die Gemeinde selbst[21]. Wäre im **Fall 22** der GmbH Abschluss in Kenntnis des Formmangels vorzuwerfen, so besteht ein diskutierter Lösungsansatz darin, ihr schon die Berufung auf den Abschlussmangel, weil arglistig bzw rechtsmissbräuchlich (§ 242), zu verweigern[22]. Konsequenz wäre im Ergebnis eine Wirksamkeitsfiktion, die aber wegen der Formzwecke nicht unbedenklich ist. Die andere denkmögliche Lösung ist die – den Schädiger regelmäßig geringer belastende und auch deshalb vorzugswürdige – Haftung aus cic, für die sich wohl sogar ein Größenschluss aus der Nr 1 anbietet.

11/10 Eine Haftung aus cic greift auch dann ein, wenn ein Verhandlungspartner den anderen in dem ihm erkennbaren Glauben, der Vertrag werde zu Stande kommen, erhebliche Investitionen machen lässt und dann die **Vertragsverhandlungen „grundlos" abbricht**[23]. Allerdings muss hier bedacht werden, dass es an sich jedem Verhandlungspartner frei steht, Vertragsverhandlungen nach Gutdünken fortzusetzen, durch Abschluss des gewünschten Vertrages zu beenden oder eben auch abzubrechen[24]. Daher kommt eine Haftung des Abbrechenden nur ausnahmsweise in Betracht; etwa dann, wenn er beim Verhandlungspartner besonderes Vertrauen in Hinblick auf den Abschluss erweckt hat und dann die Verhandlungen aus unsachlichen oder sachfremden

---

18 **Achtung!** Zumindest im Beispiel 3 ist eine deliktische Eigenhaftung des Angestellten unzweifelhaft. Fraglich ist aber, ob der Eigentümer über § 278 für dessen Fehlverhalten einzustehen hat.
19 BGH NJW-RR 1999, 1687.
20 *Von Bar* JuS 1982, 638, 639; *Gottwald* JuS 1982, 877, 880; *Medicus*, BR[20], Rn 185 aE.
21 Vgl BGHZ 6, 330, 333; BGHZ 92, 164, 175; zuletzt BGH WM 2000, 1840 = JuS 2001, 79 *(Emmerich)* zu aufsichtsbehördlichen Zustimmungs- bzw Genehmigungserfordernissen.
22 BGH NJW 1987, 1070.
23 BGHZ 92, 164. Ausführlich dazu zuletzt *Bodewig* Jura 2001, 1 (vor allem in Anschluss an BGH NJW 1996, 1884) sowie *Singer* FG Canaris (2002), 135.
24 Vgl BGH NJW 1967, 2199; NJW 1975, 1774.

Gründen beendet[25]. Die verletzte Pflicht liegt also nicht primär im Abbruch der Verhandlungen (= Nichtabschluss), sondern in der vorhergehenden, unzutreffenden Erweckung des Vertrauens, das künftige Zustandekommen des Vertrages stehe eigentlich außer Zweifel. Der Vertrauensgedanke spielt hier – insbesondere im Verhältnis zu Trägern öffentlich-rechtlicher Planungshoheit wie Gemeinden – wieder eine besondere Rolle; er kann dann neben die Haftung aus § 839 treten und diese praktisch erweitern[26].

Auch die **Verursachung eines ungewollten Vertrages** wird unter Nr 1 fallen. In vielen Fällen der cic hätte die gebotene Aufklärung beim Verhandlungspartner zur Reaktion „Hände weg!" geführt. Mangels derartiger Information hat der Partner jedoch abgeschlossen, etwa eine Eigentumswohnung zu Anlagezwecken gekauft, für deren Finanzierung er entgegen der Zusagen des Verkäufers eigenes Vermögen heranziehen musste, da die Mieteinnahmen und Steuervorteile hinter den Erwartungen zurückblieben[27]. Derartige pflichtwidrig schuldhafte **Einflussnahmen auf die Entscheidungsfreiheit** des Partners sollen ebenfalls zur cic-Haftung führen[28] (zu Details noch Rn 11/20, 23, 34).

11/11

### b) Vertragsanbahnung

Eine rechtliche Sonderbeziehung entsteht auch schon durch andere Formen vorbereitender geschäftlicher Kontaktnahme als durch Vertragsverhandlungen. Einseitige **Vertragsanbahnung (Nr 2)** reicht aus, sofern dadurch besondere Risiken für zumindest einen der Beteiligten entstehen. Das ist vor allem bei der Besichtigung von Waren in einem für den Kundenverkehr geöffneten Verkaufslokal anzunehmen (siehe aber auch Rn 11/13). Zu den in der Nr 2 ausdrücklich angesprochenen gefährdeten Gütern Rn 11/20 ff.

11/12

### c) Ähnliche geschäftliche Kontakte

An welche Fälle der Gesetzgeber bei der **Nr 3** gedacht hat, ist unklar. Insbesondere ist der betonte Unterschied zwischen Vertragsanbahnung und bloßer Vertrags*vorbereitung*[29] kaum zu erkennen. In der Literatur[30] wird etwa das Beispiel des im Kaufhaus bloß herumschlendernden Besuchers genannt, der sich (aus Langeweile?) Waren ansieht. Dieser Fall gehört jedoch eher zu Nr 2[31], da auch der reine „Gucker" ein potenzieller Kunde ist. Weder für Nr 2 noch für Nr 3 reicht es hingegen aus, wenn sich jemand außerhalb der regulären Öffnungszeiten mithilfe bedenklicher Öffnungswerkzeuge (Brecheisen!) in einen Verkaufsraum begibt und sich dort verletzt[32].

11/13

---

25 Siehe etwa BGHZ 92, 164, 175; BGH NJW 1996, 1884, 1885.
26 Siehe die Beispiele BGH NJW 1978, 1802; NJW 1980, 1683; MDR 1986, 651.
27 BGH JZ 1998, 1173.
28 BT-Drs. 14/6040, S. 126, 163.
29 Genau diese Unterscheidung, jedoch kein Beispiel, findet sich in BT-Drs. 14/6040, S. 163.
30 *Lorenz/Riehm*, SR, Rn 370.
31 IdS (und für eine weite Auslegung der Nr 2) MünchKomm/*Emmerich*, BGB[5], § 311 Rn 71 f; ebenso *Canaris* JZ 2001, 499, 520.
32 Vgl bloß BGHZ 66, 51, 54: nur (mögliche) Kunden werden geschützt.

Vermutlich ging es bei Schaffung der Nr 3 vor allem darum, mögliche Schutzlücken durch eine generalklauselhafte Bestimmung von vornherein zu vermeiden[33], ohne dass dem Gesetzgeber konkrete Sachverhalte vor Augen gestanden wären. In der Literatur werden der Nr 3 insbesondere – etwa auf Auskunftserteilung abzielende – „Gefälligkeitsverhältnisse" ohne primäre Leistungspflicht zugeordnet[34].

Bei Nr 3 stellt sich ferner die Frage, ab welcher Intensität des geschäftlichen – nicht bloß sozialen – Kontakts von ausreichender Ähnlichkeit zu den in den Nr 1 und 2 genannten Fallgruppen gesprochen werden kann. Entscheidend kann nur das – annähernd gleiche – Ausmaß der Einwirkungsmöglichkeit auf die Sphäre des Geschädigten in Verbindung mit dem Vertrauen sein, das der Geschädigte dem Schädiger in concreto entgegengebracht hat bzw entgegenbringen durfte[35].

### d) Einbeziehung „vertragsfremder" Dritter

**11/14** Abs. 3 des § 311 erfasst schließlich Konstellationen, in denen ausnahmsweise **Dritte in den Kreis der Schutzpflichtigen einbezogen** werden[36]; also Personen, die gar nicht als Vertragspartner in Aussicht genommen wurden wie insbesondere Vertreter und Verhandlungsgehilfen. Konstruktiv wird das dadurch erreicht, dass die Bestimmung die Entstehung eines Schuldverhältnisses (auch) zwischen dem später Geschädigten und dem Dritten annimmt. Für das Entstehen besonderer, über den Deliktsbereich hinaus gehender eigener Pflichten, ist das Agieren als Vertreter oder Gehilfe in contrahendo für einen anderen aber selbstverständlich zu wenig. Vielmehr müssen Umstände hinzukommen, die eine solche Pflichtenverschärfung rechtfertigen. Vor allem zwei Gesichtspunkte kommen in Betracht: die Erweckung besonderen Vertrauens sowie die Verfolgung eigener Interessen.

**11/15** Eine schon bisher anerkannte, nunmehr ausdrücklich von S. 2 leg cit erfasste Fallgruppe stellt die **Inanspruchnahme persönlichen Vertrauens** dar. Der BGH zog bereits vor dem SMG – sehr weitgehend – zur Vertragshaftung jeden Dritten heran, der in besonderem Maße das Vertrauen des Vertragsgegners in Anspruch nimmt und dadurch dessen Entschluss, sich auf das Geschäft einzulassen, (erheblich) beeinflusst[37]. Danach haben etwa Banken, Anwälte oder sonstige Sachverständige, die mit ihrer Zustimmung bei der Werbung für Vermögensanlagen (etwa als Mitglieder von Aufsichtsgremien) genannt wurden und vom Anlagepublikum quasi als Garanten bzw Mitverantwortliche des Anlageprojekts angesehen werden durften, für ein schuldhaftes Übersehen von Gefahren der betreffenden Anlage einzustehen[38].

---

33 Vgl *Canaris* JZ 2001, 499, 520.
34 *Canaris* JZ 2001, 499, 520; mögliche Anwendungsbeispiele auch etwa bei MünchKomm/*Emmerich*, BGB[5], § 311 Rn 74 f mwN.
35 Entgegen MünchKomm/*Emmerich*, BGB[5], § 311 Rn 72 genügen für die Nr 3 eben gerade nicht *beliebige* geschäftliche Kontakte; nötig sind vielmehr solche, die den in den Nr 1 und 2 genannten *ähnlich* sind.
36 Zum „alten" Recht *Radke/Mand* Jura 2000, 243, zum „neuen" Recht *Schwab* JuS 2002, 872; *Sutschet* FS Ehmann (2005), 95. Zum Problemkreis der Dritthaftung auch *Krebs*, Sonderverbindungen und andere außervertragliche Schutzpflichten (2000), 275 ff.
37 BGHZ 56, 81; 63, 382 (Haftung des als Abschlussvertreter aufgetretenen Gebrauchtwagenkäufers), BGHZ 70, 337 (dazu eingehend *Hohloch* NJW 1979, 2369); BGH NJW 1990, 389; NJW 1990, 506; NJW 1990, 1908; NJW 1997, 1233, 1234; JuS 2003, 1232 uva.
38 BGHZ 72, 382; BGH NJW 1980, 1840; JZ 1986, 1011; NJW 1995, 130.

Mit denselben Erwägungen lässt sich auch die **Eigenhaftung** des in Vertragsverhandlungen eingeschalteten oder im Vorfeld beigezogenen, aber nicht selber als Vertragspartner in Aussicht genommenen **Dritten** begründen[39]. Dieser tritt öfters (wie M in **Fall 23**) als unabhängiger oder neutraler „**Sachwalter**" auf, etwa als Sachverständiger, Gutachter oä[40]. Hier genügt es vom praktischen Ergebnis her nicht immer, das Verhalten des eingeschalteten Dritten dem eigentlichen Vertragspartner im Rahmen des vertraglichen Anspruchs aus cic zuzurechnen[41]. Ein berechtigtes Bedürfnis nach Eigenhaftung des Dritten besteht, wenn und weil die Einschaltung des Dritten oder die Art seines Auftretens das Risiko des Abschlusses mit dem eigentlichen Kontrahenten herabzumindern schien.

11/16

Schon länger erkennen Rechtsprechung und Schrifttum eine Haftung des Vertreters jedoch auch dann an, wenn dieser mit dem Abschluss ein **wirtschaftliches Eigeninteresse** verfolgt[42]. Für die Annahme eines eigenen wirtschaftlichen Interesses reicht es aber nicht aus, dass der Verhandlungsgehilfe für den Abschluss des Vertrages eine Provision erhält[43] oder der Geschäftsführer einer GmbH zusätzlich zu seiner Kapitalbeteiligung persönliche Bürgschaften oder dingliche Sicherheiten zur Verfügung gestellt hat[44]. Vielmehr muss der Verhandlungsgehilfe in einer Position stehen, die der des Geschäftspartners ähnelt[45].

11/17

**Beispiel** (nach RGZ 120, 249): Der eingetragene Eigentümer E verkauft sein Grundstück an V. Dieser will das Grundstück alsbald an K weiterverkaufen und tritt dabei zunächst in eigenem Namen auf. Da aber das Grundstück direkt von E auf K umgeschrieben werden soll, schließt V den Kaufvertrag als Vertreter von E. K zahlt den Kaufpreis, erhält aber den Besitz an dem Grundstück nicht, weil ein Vierter (D) ein dingliches Zurückbehaltungsrecht hat. E ist vermögenslos. K verlangt von V, der D's Zurückbehaltungsrecht kannte und verschwieg, Schadenersatz. Das RG bejahte den Anspruch: V habe nur aus formalen Gründen als Vertreter des E abgeschlossen. In Wahrheit aber sei er an dem Verkauf selbst interessiert gewesen, da er das Grundstück ansonsten selbst hätte abnehmen und bezahlen müssen.

Die Rechtsfigur der cic wurde früher häufig auch zur Bekämpfung von Missständen auf dem Kapitalmarkt eingesetzt. So wurde die sog **Prospekthaftung**[46] ständig weiterentwickelt und präzisiert. Der BGH hat die zunächst zur Prospekthaftung bei der Publikums-KG entwickelten Grundsätze auch auf Bauherrenmodelle[47] und auf Prospekte, mit denen für den Erwerb von Aktien außerhalb der geregelten Aktienmärkte geworben wird[48], für anwendbar erklärt. Heute gibt es eine Vielzahl von Spezialvorschriften, die für weitreichenden Schutz sorgen (siehe die §§ 44 ff BörsG, § 13 VerkProspG, § 127 InvestmentG).

11/18

---

39 Vgl BT-Drs. 14/6040, S. 126, 163.
40 Dazu *Schaub* Jura 2001, 8.
41 Siehe dazu BGH JZ 1990, 340: Die Verkäuferin eines Seglerhafens musste sich das arglistige Verschweigen der für einen Teil der Liegeplätze fehlenden behördlichen Genehmigung durch ihren als Verwalter tätigen Ehemann zurechnen lassen.
42 RGZ 128, 249; BGH WM 1971, 498; NJW 1986, 586, 587; NJW-RR 1991, 1242; NJW-RR 1992, 605; *Ballerstedt* AcP 151 (1951), 501 ff; abschwächend *Müller* NJW 1969, 2169 ff. In NJW 2002, 1309 verwendet der BGH erstmals den Terminus „*qualifiziertes* Eigeninteresse", ohne dass darin aber eine sachliche Änderung liegen dürfte.
43 BGH NJW 1990, 506.
44 BGH NJW-RR 1991, 1312, 1313; BGHZ 126, 181, 184 ff mwN.
45 BGH NJW 1988, 2234; NJW-RR 1989, 110, 111; NJW-RR 1991, 289.
46 Dazu ausführlich *Assmann,* in: Assmann/Schütze, Handbuch des Kapitalanlagerechts[2], § 7.
47 BGHZ 111, 314; 115, 213; vgl auch BGH NJW 2001, 65 = JuS 2001, 295 *(Emmerich).*
48 BGHZ 123, 106.

## 2. Pflichtwidrigkeit und Verschulden

11/19 Zu diesen – im Grundsatz weitestgehend unproblematischen – Haftungsvoraussetzungen bereits kurz Rn 11/5 f.

## 3. Schaden und Schutzbereiche

11/20 Als letzte wesentliche Voraussetzung eines Anspruchs aus cic ist der aufgrund der Pflichtverletzung eingetretene **Schaden** zu nennen. Vertragsunabhängige Schutzpflichten sind vor allem zum Schutz des **Körpers** und der **Vermögensgüter** des Verhandlungspartners, die durch die Vertragsverhandlungen oder die Ausführung eines Vertrages in den Einflussbereich des Schuldners gelangen können, anerkannt. Über § 823 Abs. 1 hinaus wird aber in vielen Fällen **auch das „bloße Vermögen" geschützt**, was etwa im Bereich der Vermögensanlage von überragender Bedeutung ist, da in diesem Bereich typischerweise ausschließlich derartige Schäden eintreten. Positivrechtliche Grundlage dafür ist nunmehr die Aufzählung in § 241 Abs. 2. Mit den Begriffen „Rechtsgüter" bzw „Interessen" sollten namentlich die reinen Vermögensinteressen erfasst werden; darüber hinaus aber auch etwa die **Entscheidungsfreiheit**[49]. Schon deshalb muss es grundsätzlich möglich sein, unter den Voraussetzungen der cic auch von einem bereits abgeschlossenen Vertrag loszukommen[50].

11/21 Bereits lange anerkannt ist der Ersatzanspruch wegen **Körperschäden**, die im Geschäftslokal des Verhandlungspartners verursacht wurden: so schon der berühmte „Linoleumrollen-Fall" (RGZ 78, 240), der eine Entsprechung im „Bananenschalen-Fall" (BGH NJW 1962, 31) und im „Gemüseblatt-Fall" (BGHZ 66, 51) findet. Es handelt sich geradezu um das Hauptbeispiel einer auf bloßer Vertragsanbahnung beruhenden Pflichtenstellung, dessen praktische Bedeutung vor allem in der weiten Gehilfenzurechnung gemäß § 278 liegt. Im engeren Anwendungsbereich der cic liegen auch **Schäden an Vermögensgütern** des Gläubigers, die bei gehöriger Aufklärung über die mit dem Vertrag verbundenen Gefahren hätten vermieden werden können (so etwa Umweltschäden bei Ölbohrung, BGH NJW 1978, 41).

11/22 Der Gesichtspunkt der *Verletzung von Aufklärungspflichten* hat sich angeboten, um insbesondere bei Schädigung eines intellektuell oder organisatorisch auf die Gefahren eines Vertrages nicht hinlänglich eingerichteten Vertragspartners zu Ersatzansprüchen zu kommen und so in einem Teilbereich das im Schuldrecht oft vermisste Vorsorgedenken zu verwirklichen (Rn 1/37 ff). Zu erwähnen ist etwa die Rechtsprechung zur Haftung einer Bank, die in die Finanzierung eines riskanten Geschäfts eingeschaltet war und der die irreführenden Angaben des wirtschaftlich eigentlich interessierten Geldnehmers über § 278 zugerechnet wurden[51]. In solchen Fällen gelangt man zur Haftung für **„reine" Vermögensschäden** (Rn 14/3 aE).

11/23 In jüngerer Zeit hat der BGH für Ansprüche aus cic in den Fällen **beeinträchtigter Entscheidungsfreiheit** jedoch als „Minimum" das Vorliegen eines *Vermögensschadens* gefordert: Die bloß subjektiv als nachteilig empfundene Vermögensumschichtung (durch einen „ungewollten"

---

[49] BT-Drs. 14/6040, S. 125 f, 163 (mit Widersprüchen bei der Zuordnung der bloßen Vermögensinteressen).

[50] So gewährt etwa das OLG Hamm (siehe Fn 75) dem Käufer über cic ein Rücktrittsrecht. Für ein schadenersatzrechtlich begründetes Lösungsrecht statt vieler *B. Mertens* AcP 203 (2003), 818; *ders.* ZGS 2004, 67; siehe ferner die Nachweise in Fn 52.

[51] Lesenswert BGH NJW 1978, 2145 (Haftung bei „Drittfinanzierung" einer als „Vermögensbildung in Arbeitnehmerhand" erklärten Einlage der Arbeitnehmer in ein konkursgefährdetes Unternehmen).

Vertrag) reiche nicht aus⁵². Als hinreichend für die Bejahung eines Vermögensschadens sieht es der BGH allerdings an, dass der Vertragsschluss nach der Verkehrsanschauung als – unvernünftig und daher – nachteilig empfunden wird. Einen rechnerischen Nachteil muss der Vergleich zwischen der Vermögenslage vor und nach Vertragsschluss hingegen offenbar nicht ergeben. Abgesehen davon, dass der BGH damit den Begriff des Vermögensschadens über Gebühr strapaziert, wurde die vom BGH betonte Einschränkung der cic-Haftung auf eingetretene *Vermögens*schäden als zu eng kritisiert⁵³. Dieser Kritik ist grundsätzlich beizupflichten: Auch die durch vorwerfbares Verhalten des Partners erfolgte, eigentlich gar nicht gewollte (bloße) Vermögensumschichtung stellt einen Nachteil dar, der einer Wiederherstellung iS des § 249 zugänglich ist. Überdies wurde bei Erlassung des Schuldrechtsmodernisierungsgesetzes mehrfach betont, dass auch die Entscheidungsfreiheit geschützt sei⁵⁴.

Als Hindernisse einer derart weit gefassten Ersatzpflicht könnten sich allerdings die Grenzen der Vertragsanfechtung erweisen. So ist die Anfechtung wegen arglistiger Täuschung oder wegen Drohung (§ 123) nur innerhalb eines Jahres möglich (§ 124). Die dahinter stehenden Wertungen wären durchkreuzt, wenn nach Fristablauf das gleiche Ergebnis, nämlich Vertragsbeseitigung, unter Berufung auf cic erreicht werden könnte⁵⁵; und dies womöglich bei bloßer *Fahrlässigkeit* des Schädigers⁵⁶. Um Widersprüche zu vermeiden, wird man daher die Frist des § 124 zumindest auf den Wiederherstellungsanspruch anzuwenden haben⁵⁷ (zur Art der Ersatzleistung in solchen Fällen Rn 11/30). – Zu weiteren Konkurrenzfragen Rn 11/33 ff.

## III. Rechtsfolgen der schuldhaften Verletzung vorvertraglicher Pflichten⁵⁸

### 1. Allgemeines

Auch hinsichtlich der **Rechtsfolgen** gilt ein einheitlicher Ausgangspunkt: Durch einen Schadenersatzanspruch ist der Verletzte so zu stellen, wie wenn die betreffende Pflicht beobachtet worden wäre. Man prüft also wie auch sonst im Schadenersatzrecht die „**Kausalität der Pflichtwidrigkeit**": Welche Schäden hat der Beklagte gerade durch sein in contrahendo vorgenommenes (bzw unterlassenes) rechtswidriges und schuldhaftes Verhalten verursacht?

11/24

### 2. Vertrauens- und Nichterfüllungsschaden

Aufgrund dieses Ansatzes wird als Grundsatz nahezu einhellig vertreten, dass die schuldhafte Verletzung vorvertraglicher Pflichten zur Haftung auf das **negative Inte-**

11/25

---

52 BGH NJW 1998, 302 und 898; offen lassend jedoch BGHZ 145, 121, 130 f.
53 Statt vieler *Fleischer* AcP 200 (2000), 91, insb. 111 ff, mwN, der selbst (108, 118) eine Fahrlässigkeitshaftung bejaht.
54 BT-Drs. 14/6040, S. 126, 163.
55 Ansonsten bejaht die Rspr jedoch ausdrücklich eine von den Schranken des Anfechtungsrechts unabhängige Haftung aus cic (statt vieler BGH NJW 1979, 1983).
56 Zur – umfangreichen – Diskussion aus jüngerer Zeit mwN etwa *St. Lorenz*, Der Schutz vor dem unerwünschten Vertrag (1998), 392 ff; *Singer* JZ 1999, 342, 345 f; *Grigoleit* NJW 1999, 900; *Canaris* AcP 200 (2000), 273, 305 ff; *Krüger* FS Kollhosser Bd II (2004), 329.
57 So etwa *Fleischer* AcP 200, 91, 119 f.
58 Dazu umfassend *Nickel*, Die Rechtsfolgen der culpa in contrahendo (2004).

resse, also auf den **Vertrauensschaden**, führt[59]. Immer wieder wird jedoch – mit unterschiedlichen Beispielen und Grenzen – ein Recht des Geschädigten bejaht, den **Nichterfüllungsschaden** (= **positives Interesse** bzw **Erfüllungsinteresse**) zu beanspruchen[60]; zur Unterscheidung Rn 14/4.

**11/26** a) Von einer Haftung auf das **Erfüllungsinteresse** kann man jedoch allenfalls dann sprechen, wenn man auf die verletzte (vorvertragliche) Pflicht blickt: Der Schädiger muss den Geschädigten eben so stellen, als hätte er die entsprechende Aufklärungs- bzw sonstige Schutzpflicht erfüllt. Dieser Blickwinkel ist allerdings ganz unüblich. Regelmäßig geht man vom bloß vermeintlich oder ungewollt abgeschlossenen Vertrag aus. Dann passt der Begriff „**Vertrauensschaden**": Der zu Unrecht auf Vertragsperfektion vertrauende Geschädigte ist so zu stellen, wie wenn er von Anfang an nicht vertraut – und daher zB bestimmte Aufwendungen unterlassen – hätte; der durch pflichtwidriges Verhalten des Partners zu einem Vertragsschluss Veranlasste kann grundsätzlich „Wiederherstellung" verlangen. Das bedeutet aber nicht eine eng verstandene Wiederherstellung; also etwa bloß die Rückgängigmachung des infolge Verletzung von Aufklärungspflichten geschlossenen Vertrages (dazu Rn 11/30). Vielmehr hat der Geschädigte ein Recht auf umfassende, dh vollständige Herstellung iS des § 249: Dabei ist die Pflichtverletzung „wegzudenken" (siehe Rn 11/24). Hat der Geschädigte etwa aufgrund schlechter Beratung zu Anlagezwecken X-Aktien gekauft, so ist also zu berücksichtigen, dass er bei korrekter Beratung sein Geld nicht im Sparstrumpf gelassen, sondern in Y-Anleihen oder in Z-Fonds-Werten investiert hätte[61].

**11/27** b) Von vornherein keine Anwendungsfälle einer cic-Haftung auf das **Erfüllungsinteresse** sind die bereits (Rn 11/9) angesprochenen Arglist-Konstellationen im Zusammenhang mit Formmängeln: Dort ergäbe sich die – nicht unbedenkliche – Rechtsfolge einer Vertragserfüllungspflicht ja über § 242: Einem Vertragspartner wird die Berufung auf den Formmangel – weil rechtsmissbräuchlich – versagt. Mit cic hat das nichts zu tun. Über dieses Rechtsinstitut könnte eben nur der *Vertrauensschaden* begehrt werden: Dem Partner steht ein Anspruch auf Vergütung der nunmehr nutzlosen Aufwendungen oder auf eine Entschädigung zu, die es ihm erlaubt, sich anderswo gleichwertig einzudecken (was er bei rechtzeitiger Kenntnis von der Unwirksamkeit

---

59 Deutlich und ausführlich idS etwa *Katzenstein* Jura 2004, 800 und 2005, 73;
60 *Gottwald* JuS 1982, 877, 880 (der möglicherweise sogar ausgebliebene Verträge mit Dritten erfassen will); *Früh* JuS 1995, 125, 128 (der sogar bei pflichtwidrig unterlassener Aufklärung über Unwirksamkeitsgründe den Nichterfüllungsschaden zusprechen will); *Horn* JuS 1995, 383 (zumindest für den Fall, dass der Vertrag wegen cic mit anderem Inhalt zu Stande kam). Zum Problem ferner etwa *Teichmann* FS Konzen (2006), 903. Grundsätzlich gegen einen Ersatz des Nichterfüllungsschadens die Rspr: BGH WM 1981, 787; NJW-RR 1988, 288. Den Ersatz des „Erfüllungsinteresses" gesteht der BGH ausnahmsweise dann zu, wenn der Geschädigte beweisen kann, dass ohne die Pflichtverletzung ein für ihn günstigerer Vertrag zustande gekommen wäre. In diesem Fall könne der Geschädigte verlangen, so gestellt zu werden, wie wenn er diesen günstigeren Vertrag geschlossen hätte (zuletzt BGH ZGS 2006, 258 mwN). In Wahrheit ist dieser Ersatz entgangenen Gewinns jedoch eine spezielle Ausformung des Vertrauensinteresses (so zu Recht MünchKomm/*Emmerich*, BGB[5], § 311 Rn 267; aA Palandt/*Heinrichs*, BGB[65], § 311 Rn 58).
61 Auf die häufig bestehenden heiklen Beweisprobleme kann hier nicht eingegangen werden.

bereits früher getan hätte)⁶². *Wirtschaftlich* kann ein derartiger Ersatzanspruch dem Erfüllungsanspruch also durchaus nahe kommen. Rechtlich bestehen aber doch deutliche Unterschiede: Zum einen liegt auf dem hypothetischen Verhalten des Geschädigten im Fall sofortiger hinreichender Information das entscheidende Gewicht; zum anderen erhält dieser nicht die formunwirksam versprochene Leistung, sondern nur Geldersatz (dazu noch Rn 11/29 ff).

Ansprüche auf das Erfüllungsinteresse sind auch bei **grundlosem Abbruch von Vertragsverhandlungen** abzulehnen⁶³. Prämisse für die Gegenansicht wäre eine Pflicht zum Vertragsabschluss, die dann konsequenterweise auch unmittelbar einklagbar sein müsste. Vor der Abgabe entsprechender Willenserklärungen kann eine Bindung wie bei geschlossenem Vertrag aber nicht begründet werden. Abgesehen von dogmatisch-systematischen Erwägungen sprechen jedoch auch die Sachargumente (nur) für eine Haftung auf den Vertrauensschaden: Dem Abbrecher wird ja nicht allein oder primär der Nichtabschluss vorgeworfen, sondern die Kombination von Erweckung und Enttäuschung konkreten Vertrauens. Korrekt hätte sich der andere Teil daher auch dann verhalten, wenn er von vornherein keine Erwartungen geweckt hätte. Da er dies aber getan – und dennoch nicht kontrahiert – hat, hat er für die Vertrauensenttäuschung einzustehen; mit anderen Worten: den Vertrauensschaden zu ersetzen. Dieses Ergebnis überzeugt auch aus der Warte des Geschädigten: Mangels wirksamer Einigung gebührt ihm eben noch keine Vermögensposition wie nach Vertragsdurchführung.

11/28

### 3. Schadenersatzformen

a) Im Regelfall geht der Anspruch aus cic auf **Ersatz in Geld**. Auf diese Weise erhält der Geschädigte etwa seine Einbußen ersetzt, die er erlitten hat, weil er durch unterlassene Aufklärung über bedeutsame Umstände zu einem Vertrag veranlasst wurde, den er sonst nicht geschlossen hätte⁶⁴. Gleiches gilt für den Ersatz von Aufwendungen vor Vertragsabschluss, sofern der Geschädigte ausnahmsweise mit baldiger Vertragsperfektion rechnen durfte (oben Rn 11/10).

11/29

b) Die Frage, ob der Geschädigte, der infolge pflichtwidriger Einwirkung auf seinen *Willen* in bestimmter Weise kontrahiert und dadurch einen Nachteil erlitten hat, vom schädigenden Partner auch die **Rückgängigmachung des ungewollten Vertrages** bzw eine **Vertragsanpassung**⁶⁵ verlangen kann (Wiederherstellung nach § 249), wurde im Grundsatz bereits angesprochen (Rn 11/23). Vorzugswürdig, weil weitestgehend frei von Wertungswidersprüchen, erscheint die Lösung, zumindest die voll-

11/30

---

62 Vgl BGH NJW 1965, 812: Eine Wohnungsbaugesellschaft hatte mit geschäftlich unerfahrenen Käufern formungültige Grundstückskaufverträge geschlossen.
63 Siehe die Nachweise in Fn 60 sowie etwa *Singer* FG Canaris (2002), 135, insb. 147; *Wertenbruch* ZIP 2004, 1525.
64 BGHZ 40, 218, 222 ff; 47, 207 ff; BGH WM 1983, 1385.
65 Siehe nur *Horn* JuS 1995, 383; *Gebhardt*, Herabsetzung der Gegenleistung nach culpa in contrahendo (2001); zu praktischen Problemen (Nachweis der Kausalität sowie der hypothetischen Entscheidung des Geschädigten, Wahl zwischen Aufhebung und Anpassung) mwN MünchKomm/*Emmerich*, BGB⁵, § 311 Rn 267 ff.

ständige Vertragsbeseitigung nur solange zuzulassen, wie dem Geschädigten ein Anfechtungsrecht zusteht. Danach ist er auf Geldersatz beschränkt, bei dem die spezifischen Rückabwicklungsprobleme ja nicht bestehen.

11/31 c) Damit sei nochmals ausdrücklich festgehalten: Die Haftung aus cic ist immer (bloß) auf **Ersatz des Vertrauensschadens** gerichtet. Ein Anspruch auf das Erfüllungsinteresse kommt nicht in Betracht: Dem Geschädigten darf über die cic-Haftung nicht das zukommen, was er (nur) bei wirksamem Vertrag erhalten hätte. Anderes gilt ausschließlich im Anwendungsbereich von Sondervorschriften, so bei der Haftung des Stellvertreters ohne Vertretungsmacht nach § 179 Abs. 1.

### 4. Mitverschulden

11/32 Natürlich kann der Schädiger auch bei der Haftung aus cic grundsätzlich ein **Mitverschulden** des Geschädigten (§ 254) einwenden[66]. Bei (vertrags)typischem Informationsvorsprung eines Verhandlungsteils ist die Rechtsprechung mit der Annahme, der Geschädigte selbst habe sich in eigenen Angelegenheiten sorglos verhalten, jedoch sehr zurückhaltend.

**Beispiel** dafür ist die **fehlerhafte Anlageberatung** durch Kreditinstitute und Vermögensberater. In solchen Fällen wird regelmäßig zu voller Ersatzpflicht verurteilt[67], was bei bloßer Fahrlässigkeit des Schädigers nicht ganz unbedenklich ist. So wurde einem Geschädigten keinerlei Mitverschulden angelastet, dem über 30% Zinsen versprochen wurden – wohlgemerkt für das Vierteljahr[68].

## IV. Das Verhältnis zu anderen Regelungskomplexen

### 1. Willensmängel

11/33 Wie schon am Beispiel des Verhältnisses zur Anfechtung wegen **List oder Drohung** nach § 123 zu sehen war (Rn 11/23), gibt es manche Vorschriften, die mit der cic-Haftung in Konflikt geraten können. Dann stellt sich die Frage, ob einzelnen Regelungen **Vorrang** zukommt. Für § 119 gilt das sicherlich nicht: Wegen der Haftungsvoraussetzung des Verschuldens („vertreten müssen" iSd § 280) kommt ein Ersatzanspruch aus cic wegen eines „ungewollten" Vertrages auch in den schlichten **Irrtumsfällen** in Betracht; und zwar auch ohne unverzügliche Geltendmachung (vgl § 121 Abs. 1) und ohne eine Pflicht des Anspruchsberechtigten, seinerseits dem Partner dessen Vertrauensschäden gemäß § 122 zu ersetzen[69].

---

66 Statt vieler *Gottwald* JuS 1982, 884.
67 Vgl BGH NJW 1992, 2146; OLG Karlsruhe WM 1992, 1101, 1103; OLG Köln NJW-RR 1992, 278, 280.
68 BGH NJW 1973, 456.
69 Siehe etwa *Medicus*, BGB AT[9], Rn 447 ff.

## 2. Gewährleistung

Schutzpflichtverletzungen bzw Verstöße gegen Aufklärungspflichten können selbstverständlich auch mit Tatbeständen der (kaufrechtlichen) **Gewährleistung** kollidieren: Bei den Verhandlungen über einen Kauf wird eine erforderliche Information in Bezug auf die Sacheigenschaften des Kaufgegenstandes fahrlässig unterlassen. Die Rechtsprechung ging zum alten Recht grundsätzlich vom Vorrang des Gewährleistungsrechts aus. Daher waren Ansprüche aus cic jedenfalls dann ausgeschlossen, wenn sich das Verschulden des Verkäufers auf einen Sachmangel[70] bezog[71]. Ausnahmen wurden aber etwa dann gemacht, wenn der Verkäufer *vor* Begründung der vertraglichen Lieferpflicht, also noch in contrahendo (und nicht erst als vertragliche Nebenpflicht!), die Beratung des Käufers übernommen hatte[72]. Zum neuen Leistungsstörungs- und Kaufrecht wird der Grundsatz eines *Vorrangs des Gewährleistungsrechts* aufrecht erhalten[73]. Allerdings hat sich die Begründung ein wenig geändert. Vor allem unter Hinweis auf § 437 Nr 3 wird darauf hingewiesen, dass die Gewährleistungsregeln nunmehr ein vollständiges Programm der Schadenersatzhaftung beinhalten, dessen Ausdifferenzierungen durch die Anwendung des § 311 Abs. 2 (iVm § 280) nicht unterlaufen werden dürften[74].

11/34

Genau ist allerdings darauf zu achten, *ob* überhaupt ein Gewährleistungsfall vorliegt[75]. Hat etwa die Kaufsache die geschuldeten Eigenschaften und kann dem Verkäufer nur vorgeworfen werden, die nötige Gefahrenaufklärung unterlassen zu haben, so gibt es von vornherein keine Konkurrenzprobleme[76]. Im Einzelfall kann sich allerdings die Frage stellen, ob nicht eher eine vertragliche als eine „bloß" vorvertragliche Informationspflicht verletzt wurde. Den zweiten Lösungsweg hat der BGH[77] zu Recht im sog „Dispersionskleberfall" eingeschlagen: Der Käufer wurde weder in seinem Kaufentschluss noch sonst in seiner Entscheidungsfreiheit beeinträchtigt; er wollte diesen Kleber ja tatsächlich haben. Nur wurde ihm vom fachkundigen Verkäufer nicht gesagt, wie er damit umzugehen habe, um Schäden zu vermeiden. Anders formuliert: Die Gebrauchsanweisung fehlte.

---

70 Für konkurrierende cic-Ansprüche bei Vorliegen eines *Rechts*mangels hingegen BGH NJW 2001, 2875 = JA 2001, 918 *(Marienfeld)*.
71 BGHZ 60, 319; 69, 53; BGH NJW 1977, 1055; für die Konkurrenz zu Gewährleistungsansprüchen siehe auch BGH NJW 1980, 777; BGHZ 88, 130, 134; BGHZ 114, 263, 266; NJW 2000, 804 (Rechtsmangel). Ausführlich *Marutschke* JuS 1999, 729.
72 BGH NJW 1984, 2938 (EDV-Anlage); BGHZ 88, 130, 135 (Verkauf eines Klebers); BGH NJW 1997, 3227, 3228; siehe ferner *Medicus* JuS 1965, 209 (dort auch eingehende Stellungnahme zu anderen Konkurrenzproblemen).
73 Statt vieler BGH NW 2004, 2301 = JA 2005, 321 *(Wied)* (dort auch zu den Grenzen der Aufklärungs- und Beratungspflicht eines Fachhändlers); *Canaris*, in: E. Lorenz (Hrsg), Karlsruher Forum 2002: Schuldrechtsmodernisierung (2003), 5, 87 ff mwN, der diese Lösung für Sach- und Rechtsmängel vertritt. Für Gewährleistungsvorrang etwa auch *U. Huber* AcP 202 (2002), 179, 228 f (Fn 165 mwN); *Schulze/Ebers* JuS 2004, 462, 463 mwN. Genau gegenteilig hingegen zB MünchKomm/*Emmerich*, BGB[5], § 311 Rn 143, der die Verschuldensunabhängigkeit der Gewährleistungsbehelfe betont.
74 *Canaris*, aaO (Fn 73), 88.
75 Anschaulich dazu OLG Hamm NJW-RR 2003, 1360 = JuS 2004, 163 *(Emmerich)* (Verschweigen der Tatsache, dass der zum Verkauf stehende PKW aus Italien importiert wurde). Vgl ferner OLG Hamm ZGS 2005, 315 (bewusst wahrheitswidrige Verneinung der Frage nach einem wirtschaftlichen Totalschaden).
76 Auch hierzu *Canaris*, aaO (Fn 73), 89 f, der jedoch (aaO, 99 f) für eine analoge Anwendung der kaufrechtlichen Gewährleistungs-Verjährungsfristen des § 438 auf cic-Ansprüche etwa dann plädiert, wenn sich die Aufklärungspflichtverletzung auf Umstände bezieht, die zum Gegenstand einer Beschaffenheitsabrede hätten gemacht werden können.
77 BGHZ 88, 130, 135.

## 3. Verletzung vertraglicher Schutzpflichten

**11/35** Die letzten Erwägungen leiten zum Verhältnis der vorvertraglichen zur vertraglichen Haftung über. Es wurde bereits gezeigt, dass hinsichtlich der Pflichten (zu Information, Aufklärung usw) große Ähnlichkeiten bestehen können. Eine echte Konkurrenz kommt aber von vornherein nicht in Betracht. Vielmehr ist danach abzugrenzen, ob die betreffende Pflicht schon *vor* oder erst *nach* Vertragsschluss verletzt wurde[78]; genauer: ob sie schon allein aufgrund des geschäftlichen Kontakts zu erfüllen gewesen wäre oder ob sie (erst) aus einem wirksam geschlossenen Vertrag resultiert. Damit sei hier ein Aspekt ganz besonders betont, der bereits in den bisherigen Ausführungen an manchen Stellen – zumindest indirekt – zur Sprache kam, von Studierenden aber nicht selten falsch gesehen wird: Eine Einstandspflicht nach den hier dargestellten Grundsätzen kann durchaus auch noch dann eingreifen, wenn der vorvertraglichen Pflichtverletzung ein **Vertragsschluss der Beteiligten nachfolgte.** Dass dem so ist, haben nicht zuletzt die Fälle beeinträchtigter Entscheidungsfreiheit deutlich gezeigt.

## 4. Verhältnis zum Minderjährigenschutz

**11/36** Der Ersatzanspruch wegen Verschuldens beim geschäftlichen Kontakt darf schließlich nicht dazu führen, klare gesetzliche Entscheidungen zu unterlaufen. So sehen die zwingend ausgestalteten Vorschriften der §§ 104 ff vor, dass **Minderjährige** durch eigene rechtsgeschäftliche Erklärungen grundsätzlich nicht verpflichtet werden. Fraglich ist daher, ob ein solcherart geschützter Minderjähriger aus cic haftbar gemacht werden kann; etwa dann, wenn er über sein Alter falsche Angaben gemacht und damit beim Partner Vertrauensschäden verursacht hat. Die §§ 104 ff beschäftigen sich nur mit der *Wirksamkeit von Willenserklärungen* Minderjähriger und sehen dabei sehr typisiert „Schutz durch Unwirksamkeit" vor. Ob daraus aber ohne Einschränkungen gefolgert werden darf, dass Minderjährige nicht fähig sind, ein Schuldverhältnis ohne primäre Leistungspflicht iS des § 311 Abs. 2 mit auch sie treffenden Pflichten zu Stande zu bringen? Der Gesetzgeber hat das Problem offensichtlich nicht geregelt. Wertungsmäßig erscheint eine **automatische Parallelschaltung**, wie sie die ganz hA vertritt[79], nicht wirklich überzeugend: Es ist eben ein Unterschied, ob jemand von der Erfüllung eines Vertrages, dessen Notwendigkeit, Belastung und Risiko er typischerweise nicht überblicken kann, „befreit" ist (und auch die Gegenleistung nicht erhält), oder ob er Schäden ersetzen soll, die er einem anderen verursacht hat. Es wäre daher wohl zu einfach, die Gleichbehandlung nur damit zu begründen, dass ein Vertrauensschutz (des Partners) dem Schutz des Minderjährigen nachrangig sei. Ein durchschnittlicher 17-jähriger weiß doch genau, dass das Vortäuschen eines höheren Alters – womöglich gar unter Vorlage gefälschter Papiere[80] – beim Verhandlungspartner unrichtige Erwartungen und in der Folge auch Schäden auslösen kann. Die Schadensträchtigkeit seines Verhaltens ist ihm wohl nicht viel weniger bewusst, als wenn er mit einem Fußball auf eine mit Fenstern versehene Hauswand zielt. (Wie teuer der Austausch des Fensterglases sein könnte, wird er sich davor nicht besser überlegt haben als die Frage, welche konkreten Nachteile dem getäuschten Verkäufer drohen.) Gegenüber einer vollständigen Haftungsfreistellung erscheint die **Heranziehung des flexiblen (deliktsrechtlichen)**

---

78 *Müller* NJW 1969, 2169, 2173; *Gerhardt* JuS 1970, 535.
79 Statt mancher MünchKomm/*J. Schmitt*, BGB⁵, § 106 Rn 16, der sogar einen Größenschluss befürwortet; und dies auch für die bewusste Täuschung über das Alter. Siehe ferner etwa auch MünchKomm/*Emmerich*, BGB⁵, § 311 Rn 90 mwN.
80 Siehe nur die Rechtsprechung, nach der das Vermögen des Einzelnen über § 267 StGB („Urkundenfälschung") keinen Schutz erfährt (seit BGHZ 2, 52) und diese Vorschrift deshalb auch kein Schutzgesetz iSd § 823 Abs. 2 darstellt (BGHZ 100, 13).

**Instrumentariums der §§ 828 f** daher auch bei Schädigungen durch Minderjährige im Rahmen eines geschäftlichen Kontakts (§ 311 Abs. 2) vorzugswürdig. Für diesen Ansatz spricht nicht zuletzt, dass es im Schadenersatzrecht – im Unterschied zum Recht der Rechtsgeschäfte bzw Willenserklärungen – auf (Vorweg-)Rechtssicherheit nicht entscheidend ankommt[81]. Überdies: In den „Fahrlässigkeitsfällen" wird vor allem bei geringerem Alter die erforderliche Einsichtsfähigkeit (vgl § 828 Abs. 2) öfters fehlen und daher eine Ersatzpflicht ohnehin auszuschließen sein; abgesehen davon, dass der Partner mit einem Minderjährigen allein nur selten in „problematischen" geschäftlichen Kontakt treten bzw sich auf die Richtigkeit und Vollständigkeit von dessen Erklärungen nur selten verlassen wird. Unzumutbares droht Minderjährigen daher auch bei dem hier zur Diskussion gestellten Lösungsansatz nicht.

## V. Lösung Fall 24

### I. Anspruch H gegen K auf Schadenersatz nach den §§ 823 Abs. 1, 842, 847 iVm 831

1. Da H am Körper verletzt wurde, könnten ihr deliktische Ersatzansprüche zustehen. Konkret könnte K die Verletzung ihn treffender Verkehrssicherungspflichten vorgeworfen werden. Dafür wäre nötig, dass K sich das Verhalten von A zurechnen lassen muss.

2. Eine Zurechnung gemäß § 831 scheidet aber im Ergebnis aus. A ist nach dem Sachverhalt an sich sehr sorgfältig. K wird daher der Entlastungsbeweis gemäß § 831 Abs. 1 S. 2 gelingen.

3. Ergebnis: H stehen gegen K aus Deliktsrecht keine Ersatzansprüche zu.

### II. Anspruch H gegen K auf Schadenersatz nach den §§ 280 Abs. 1, 311 Abs. 2, 241 Abs. 2 iVm § 278

1. H hatte das Kaufhaus mit Kaufinteresse betreten. Sie stand zu K bei ihrem Sturz daher bereits in einem (vorvertraglichen) Schuldverhältnis iS des § 311 Abs. 2 Nr 2, wodurch Rücksichtnahmepflichten von K gemäß § 241 Abs. 2 entstanden. Dazu gehörte es insbesondere, die körperliche Unversehrtheit von H nicht zu beeinträchtigen bzw zu gefährden. Diese Pflicht könnte durch die mangelhafte Säuberung des Treppenabsatzes verletzt worden sein. Die mangelhafte Reinigung, die sogar zu einer Verstärkung der Rutschgefahr führte, hatte zwar K's Arbeiter A vorgenommen. Da zwischen H und K jedoch ein Schuldverhältnis iSd § 311 besteht, könnte K das unsorgfältige Verhalten von A nach den strengeren Haftungsgrundsätzen des Vertragsrechts zuzurechnen sein (siehe § 278 sowie die Verschuldensvermutung nach § 280 Abs. 1). Dem könnte allerdings folgender Einwand entgegenstehen: Das Schuldverhältnis zwischen H und K wurde erst mit Betreten des Kaufhauses durch H begründet. Zu diesem Zeitpunkt war die – misslungene – Reinigung aber bereits abgeschlossen. Dennoch gelangt man zur Haftung von K.

Dieser hatte die Rechtsgüter der H jedenfalls zu wahren. Daher kann ihm (bzw seinem Erfüllungsgehilfen) A die schuldhafte Unterlassung ausreichender Schutzmaßnahmen vorgeworfen werden: sei es die Aufstellung eines Warnschildes, sei es die unverzügliche Vornahme der notwendigen „Nachreinigung". Beides erfolgte nicht, ohne dass sich aus dem Sachverhalt dafür ein Entlastungsgrund iSd § 280 Abs. 1 S. 2 finden lässt.

2. Ergebnis: Der Schadenersatzanspruch besteht.

---

81 Zur Rechtfertigung der für die §§ 104 ff entscheidenden starren Altersgrenzen statt vieler Münch-Komm/*J. Schmitt*, BGB⁵, vor § 104 Rn 9.

# § 12 Störung der Geschäftsgrundlage (§ 313 BGB)[1]

**Fall 25:** K hat von V einen gebrauchten PKW gekauft, der lange aufgebockt war und deshalb nicht fahrbereit ist. K hat auch noch keine Fahrerlaubnis. Die Parteien vereinbaren, dass der Wagen gründlich überholt werden soll; die Kosten sind im Kaufpreis enthalten. Jetzt stellt sich aber heraus, dass die Reparatur wegen eines unerkannten Motorschadens viel teurer wird als erwartet. Außerdem besteht K die Fahrprüfung nicht. V fühlt sich wegen der Höhe der Reparaturkosten nicht an den Vertrag gebunden. Kann K Lieferung verlangen? Wie, wenn K mit Rücksicht auf die nicht bestandene Fahrprüfung vom Kauf loskommen will, V aber Zahlung Zug um Zug gegen Übereignung des Wagens verlangt?

**Fall 26:** Der Tiefbauunternehmer U hat vom Land B einen Auftrag über Straßenarbeiten zu einem Festpreis erhalten. Der Vertrag sieht unter anderem Abschlagszahlungen vor, die nach Maßgabe des Baufortschritts in Prozenten des Werklohns ausgezahlt werden sollen. Für alle Beteiligten unerwartet werden wegen des hohen Grundwasserstands erhebliche Mehraufwendungen für Pumparbeiten notwendig. Daraufhin teilt U dem Landesstraßenbauamt mit, er werde ein um 150 000 € höheres Entgelt verlangen und bittet außerdem um eine entsprechende, etwa 5000 € betragende Erhöhung der nächsten Abschlagszahlung. Außerdem weist er auf die erheblich gestiegenen Lohnkosten hin. Das Amt lehnt seine Forderungen ab. Darauf erklärt U die Auflösung des Vertrags und verlangt Bezahlung der bis dahin geleisteten Teilarbeiten. Das Landesstraßenbauamt will den U im Namen des Landes auf Schadenersatz in Anspruch nehmen.

**Fall 27:** Die Filmproduktions-GmbH F schloss mit der Rundfunkanstalt R im Jahr 1988 einen Vertrag ab, worin R das Recht eingeräumt wurde, die von F produzierte Serie „Ulmenstraße" im Gebiet der Bundesrepublik Deutschland gegen Zahlung eines Entgelts von DM 200 000,– (entspricht ca. € 102 260,–) einmalig auszustrahlen. Für jede weitere Ausstrahlung (Wiederholung) wurde ein Entgelt von DM 20 000,– (entspricht ca. € 10 230,–) vereinbart. Nach der Erstausstrahlung im Jahr 1989 wiederholte R die Staffel 1991; diesmal selbstverständlich auch in den „neuen Bundesländern". F verlangt eine Erhöhung des vereinbarten Entgelts um 50%, da beide Parteien bei Vertragsschluss von einem dementsprechend kleineren Sendegebiet ausgegangen seien[2]. **Lösungen Rn 12/31**

## I. Die Entwicklung des Rechtsinstituts

12/1 Wie cic (dazu Rn 11/1 ff) und pVV bzw pFV (dazu insb Rn 9/2 ff) ist im Zuge der Schuldrechtsmodernisierung auch das von Wissenschaft und Rechtsprechung außergesetzlich entwickelte Rechtsinstitut des Fehlens bzw Wegfalls der Geschäftsgrundlage in das BGB aufgenommen worden: **§ 313** enthält nunmehr eine Regelung über

---

1 Aus der Ausbildungsliteratur siehe *Eidenmüller* Jura 2001, 824; *Lettl* JuS 2001, 248 (Teil 2), 660 (Teil 3); *Rösler* JA 2001, 215; *ders.* JuS 2004, 1058, 2005, 27 und 2005, 120; *Yushkova/Stolz* JA 2003, 70; ferner etwa die Klausur (Schwierigkeitsgrad Anfängerübung) von *Weyand* JuS 1983, 134. Aus der Fülle einen Überblick bietender bzw monographischer Arbeiten (zT mit speziellen Schwerpunkten, etwa im Arbeits- oder Mietrecht) *Feldhahn* NJW 2005, 3381; *Quass*, Die Nutzungsstörung (2003); *Rösler* ZGS 2003, 383;
2 Ähnlich BGH NJW 1997, 320.

die „**Störung der Geschäftsgrundlage**". Sie ist allerdings ziemlich allgemein gehalten, sodass viele bisher vorgenommene Abgrenzungen und Differenzierungen auch noch heute von Bedeutung sind. Überhaupt war das Bestreben des Gesetzgebers (auch) im Bereich der Geschäftsgrundlage nicht primär Rechtsänderung, sondern – weitestgehend bloß deklarative – Klarstellung der Rechtslage[3].

Bestimmend für die Entwicklung des Rechtsinstituts wirkten vorwiegend Konstellationen, die weder vom Irrtumsrecht noch vom Recht der Leistungsstörungen zufrieden stellend erfasst werden können. Häufig lagen Leistungshindernisse vor, über deren Möglichkeit die Parteien geirrt hatten, allerdings nur in Gestalt des an sich unbeachtlichen Motivirrtums. Meist ging es überdies um *zukünftige* Entwicklungen; die fehlende oder falsche Vorstellung bezog sich dann nicht einmal auf Gegenwärtiges. Man sprach daher auch vom Wegfall (im Unterschied zum schon ursprünglichen Fehlen) der Geschäftsgrundlage des Vertrages. Eine weitere wichtige Fallgruppe erfasst Änderungen in der Lebens- oder Rechtswirklichkeit, die sich auf die Bewertung der versprochenen Leistungen auswirken (vgl **Fall 27**: Wiedervereinigung Deutschlands, aber auch an wesentliche Änderungen von Steuervorschriften ist zu denken). Wie die Geschichte zeigt, stellen sich Geschäftsgrundlagefragen vor allem in Zeiten großer Ereignisse, nach denen – etwas überspitzt formuliert – kein Stein auf dem anderen bleibt: Kriegs- und Nachkriegsgeschehnisse, Wirtschaftszusammenbrüche und galoppierende Inflation, grundlegende politische Umwälzungen, aber auch Naturkatastrophen können sich auf davor abgeschlossene Verträge massiv auswirken. (Demgegenüber treten Sachverhalte wie in **Fall 25** und **26**, die vor allem aus didaktischen Gründen gewählt wurden, ein wenig in den Hintergrund.) Zu wichtigen Fallgruppen Rn 12/7 ff.

12/2

Wann darf aber nun in Verträge eingegriffen und die privatautonom getroffene, übereinstimmende Entscheidung der Parteien beiseite geschoben werden? Und würde ein solches Vorgehen (primär) zum **Wegfall** des gesamten Vertrags oder nur zu dessen **Anpassung** führen? Auszugehen ist selbstverständlich von den klaren Entscheidungen und Wertungen des positiven Rechts. Das BGB sah bis zur Schuldrechtsmodernisierung den zu einer Willenserklärung führenden Motivationsprozess nur im (begrenzten) Rahmen der §§ 119 Abs. 2, 123 für rechtserheblich an. Im Übrigen gilt der Grundsatz, dass Verpflichtungsgeschäfte trotz Verfehlung der – auch beiderseitigen – Zwecke Bestandskraft haben (**pacta sunt servanda**). Dies schloss und schließt eine einvernehmliche Vertragsaufhebung selbstverständlich nie aus; meist hat ein Teil jedoch gute – regelmäßig wirtschaftliche – Gründe, den Vertrag wie geschlossen erhalten zu wollen. Und noch ein weiterer Gesichtspunkt schränkte den Spielraum des Rechtsanwenders ein: Die im Gemeinen Recht bekannte **clausula rebus sic stantibus**, nach der alle Schuldverträge vom unveränderten Bestand der für das Geschäft maßgeblichen Tatsachenlage abhängen, hatte der Gesetzgeber seinerzeit ganz bewusst nicht in das BGB übernommen: Die Parteien sollten, wenn sie einer Veränderung der Verhältnisse rechtliche Wirkung beimessen wollen, eine **Bedingung** (§ 158) vereinba-

12/3

---

3 BT-Drs. 14/6040, S. 175 f.

ren. Das ließ aber gerade jene Vertragspartner schutzlos, die von einer bestimmten tatsächlichen Entwicklung ausgingen, ohne sie in irgendeiner Weise in Zweifel zu ziehen, und daher gar nicht auf die Idee kamen, derartiges ausdrücklich in den Vertrag aufzunehmen. Deshalb hat man ursprünglich versucht, einer grundlegenden Änderung der für die Motivation der Parteien ausschlaggebenden Verhältnisse durch die Vorstellung von einem *stillschweigend* gemachten Vorbehalt Rechnung zu tragen. Die dabei entwickelten Lehren von der „*Voraussetzung*" als einer „unentwickelten Bedingung" oder einem „virtuellen Vorbehalt"[4] haben sich aber nicht durchgesetzt, weil sie mit rechtsgeschäftlichen Auslegungsgrundsätzen nicht im Einklang standen, weil die „Voraussetzung" schwer vom Motivirrtum zu trennen war und weil die objektive Risikoverteilung bei den Rechtsgeschäften in der subjektiv ansetzenden Voraussetzungslehre zu kurz kam.

Dagegen wurde die Lehre *Oertmanns* vom Fortfall der Geschäftsgrundlage[5] in ihrer einprägsamen Formulierung von der Judikatur aufgegriffen. Man kann die damit begonnene Entwicklungslinie schlagwortartig als den Weg vom beiderseitigen Irrtum zur **subjektiven Geschäftsgrundlage** kennzeichnen (dazu Rn 12/6). Daneben stand eine andere, nicht minder wichtige Fallgruppe: schwere Äquivalenzstörungen, die für eine Partei das Festhalten am Vertrag unzumutbar erscheinen lassen, und die fallweise mit der Rechtsfigur der „wirtschaftlichen Unmöglichkeit" (dazu Rn 7/18 ff) erfasst wurden. Sie konnten unter dem Gesichtspunkt des Fehlens oder Fortfalls der **objektiven Geschäftsgrundlage** zu einer Auflösung des Vertrages oder zu einer Anpassung der Verbindlichkeit an die erst im Nachhinein erkannten bzw an die neuen Umstände führen. Hiermit rückte das Rechtsinstitut in die Nähe der Leistungsstörungen. Die Zweiteilung des Begriffs der Geschäftsgrundlage durfte aber auch schon früher nicht dahin missverstanden werden, als handle es sich um zwei grundverschiedene Tatbestände. In den Wertungskriterien sowie in den Rechtsfolgen überwiegen vielmehr die Gemeinsamkeiten[6].

12/4 Angesichts der lange Zeit fehlenden gesetzlichen Regelung verwundert es nicht, dass die Entwicklung hauptsächlich durch die Diskussion höchstrichterlicher Urteile vorangetrieben wurde. Das Reichsgericht setzte einmal beim gemeinsamen Irrtum der Parteien an und versuchte – im berühmten **„Rubel-Fall"** – wenig überzeugend eine Lösung mithilfe einer Ausdehnung des Inhaltsirrtums[7]. Sodann arbeitete es mit einer

---

4 Vgl dazu hauptsächlich *Windscheid* AcP 78 (1892), 161; *Krückmann* AcP 131 (1929), 1.
5 Die Geschäftsgrundlage. Ein neuer Rechtsbegriff (1921), 37. Dazu im Schrifttum etwa *Larenz*, Geschäftsgrundlage und Vertragserfüllung[3] (1963), 7 ff.
6 Überhaupt gegen eine Unterscheidung zwischen subjektiver und objektiver Geschäftsgrundlage beispielsweise *Medicus*, BGB AT[9], Rn 860; *ders.*, BR[20], Rn 165; *Chiotellis*, Rechtsfolgenbestimmung bei Geschäftsgrundlagenstörungen in Schuldverträgen (1981), 19 f.
7 Bei einem in Russland vereinbarten Rubel-Darlehen, das in Deutschland zurückgezahlt werden sollte, waren die Parteien von einem zu hohen Rubelkurs ausgegangen. RGZ 105, 406 nahm in diesem (hier nur verkürzt wiedergegebenen) Fall einen *gemeinsamen Inhaltsirrtum* an. Weitere Fälle des sog „Kalkulationsirrtums": RGZ 116, 15 (Börsenkurs); RGZ 149, 235 (Friedensmiete). Heute wird für den Rubelfall die Ansicht vertreten, die Rückzahlungspflicht zum richtigen Umrechnungskurs in Mark könne dem Vertrag *durch Auslegung* entnommen werden; vgl *Köhler* JA 1979, 498, 500. Ähnlich wie der Rubelfall ist wohl auch der von RGZ 90, 268 über § 119 Abs. 1 gelöste Brockeneisen-Fall mithilfe von § 313 zu entscheiden.

von *Oertmann* beeinflussten subjektiven Formulierung der Geschäftsgrundlage. Das RG verstand darunter die bei Geschäftsabschluss zu Tage getretene, vom Vertragspartner in ihrer Bedeutsamkeit erkannte und nicht beanstandete Vorstellung eines Erklärenden; desgleichen die gemeinsame Einschätzung beider Parteien vom Vorhandensein oder Eintreten von Umständen, auf deren Grundlage sich der Geschäftswille aufbaut[8].

## II. Die Regelung im Rahmen der Schuldrechtsmodernisierung

Um es gleich vorwegzunehmen: Die strengen Anforderungen, die schon früher an einen Wegfall der Geschäftsgrundlage gestellt wurden, sollen auch mit Kodifizierung dieses Rechtsinstitutes aufrecht erhalten bleiben[9]. Der Gesetzgeber strebte mit Einführung des § 313[10] weder eine Änderung der materiell-rechtlichen noch der prozessualen Behandlung[11] der Geschäftsgrundlage an[12]. Die Norm soll nur die von der Rechtsprechung und Wissenschaft entwickelten Leitlinien in allgemeiner Form wiedergeben, also das „ohnehin schon Anerkannte"[13] in Gesetzesform gießen. Eine weitere Konkretisierung bleibt der Rechtsanwendung vorbehalten[14].

12/5

Die zu lösenden Probleme (früher: Gesetzeslücken) seien hier nochmals kurz an den Eingangsfällen illustriert:

> In **Fall 25** mag (auch) V über verkehrswesentliche Eigenschaften geirrt haben. Dennoch kommt eine Anfechtung nach § 119 Abs. 2 nicht in Betracht, denn sie darf nicht dazu herhalten, Gewährleistungsansprüche des Käufers den Boden zu entziehen. Die Verteuerung der versprochenen Reparatur kann auch nicht von der Pflicht zur Vertragstreue entbinden, da die Rechtssicherheit ansonsten zu sehr beeinträchtigt würde. Für den Fall, dass K sich ebenfalls vom Vertrag lösen will, befreit ihn die Unmöglichkeit, den Wagen selbst zu fahren, ebenfalls nicht von der Pflicht zur Abnahme und Bezahlung. Welche Bedeutung hat aber die Tatsache, dass beide Parteien dem gleichen Irrtum hinsichtlich der Kosten der Reparatur unterlagen und beide mit gleicher Selbstverständlichkeit vom Erwerb der Fahrerlaubnis durch K ausgingen?
>
> Im **Fall 26** lässt sich von einer für beide Parteien unerwarteten Änderung der Beurteilungsgrundlage sprechen, da die Kalkulation des U den hohen Grundwasserstand und die dadurch

---

8 RGZ 103, 328, 332; RGZ 168, 121, 126 f. Die Formel erweist sich jedoch als ausgesprochen langlebig; vgl aus jüngerer Zeit zu zwei „Wiedervereinigungsfällen" nur BGHZ 120, 10, 23 (Wegfall bejaht); BGHZ 121, 378, 391 (Wegfall verneint).
9 BT-Drucks 14/6040, S. 176. Dennoch ergibt ein Blick auf die veröffentlichte Rechtsprechung bloß der letzten Jahre, dass Berufungen auf Geschäftsgrundlagestörungen recht häufig erfolgreich waren. Zumindest aus rechtspraktischer Sicht erscheint es daher unrichtig, vom absoluten Ausnahmecharakter und vom sehr engen Anwendungsbereich zu sprechen (so aber etwa ausdrücklich *Yushkova/Stolz* JA 2003, 70 f).
10 Dazu insbesondere *Canaris* JZ 2001, 499; *Eidenmüller* Jura 2001, 824; *Hey* FG Canaris (2002), 21; *Köhler* 50 Jahre Bundesgerichtshof, FG aus der Wissenschaft Bd I, (2000) 295; *Lettl* JuS 2001, 248 (Teil 2), 660 (Teil 3); *Schmidt-Kessel/Baldus* NJW 2002, 2076. Siehe ferner die Nachweise in Fn 1.
11 Hierzu ausführlich *Schmidt-Kessel/Baldus* NJW 2002, 2076.
12 BT-Drs. 14/6040, S. 176.
13 BT-Drs. 14/6040, S. 175.
14 BT-Drs. 14/6040, S. 93.

notwendigen Mehraufwendungen sowie die Lohnerhöhungen nicht einbezog. U kann unter diesen Umständen nicht „auf seine Kosten kommen". Nun steckt in jeder Kalkulation, die einem Abschluss zum Festpreis zu Grunde liegt, ein gewisses Unsicherheitsmoment, und das damit verbundene Risiko kann der Unternehmer grundsätzlich nicht abwälzen. Es fragt sich lediglich, ob die Bindung an den Vertrag nicht auch irgendwo eine Grenze hat, bei deren Überschreitung der Vertrag an die wirklichen oder nachträglich eingetretenen Umstände angepasst werden muss. Unter diesem Aspekt ist dann nicht nur die Frage nach dem gesamten Entgelt, sondern auch die nach der Erhöhung der Abschlagszahlung oder nach sonstigen Anpassungsmöglichkeiten zu stellen.

Im **Fall 27** sind beide Parteien offensichtlich ganz selbstverständlich davon ausgegangen, dass „die Bundesrepublik" auf absehbare Zeit in den bei Vertragsschluss aktuellen Grenzen bestehen bleibe. Überlegt man, was die Parteien vermutlich vereinbart hätten, wenn sie die eingetretenen Veränderungen vorausgesehen hätten, so erscheint es zumindest fraglich, ob sie den Vertrag mit demselben Inhalt abgeschlossen hätten, wie sie es unter Zugrundelegung ihrer gemeinsamen, aber irrigen Zukunftserwartungen getan haben. Entscheidend ist wohl, ob derartige Entgelte unter besonderer Bedachtnahme auf die Anzahl der im Sendegebiet liegenden Empfängerhaushalte berechnet werden.

## III. Die Störung der Geschäftsgrundlage im Einzelnen

### 1. Grundsätzliches

12/6 Konstellationen, in denen sich vertragswesentliche Umstände *nach Vertragsschluss* verändert haben (früher häufig als „objektive" Geschäftsgrundlage bezeichnet), werden nunmehr von Grundtatbestand des § 313 Abs. 1 erfasst. Gemäß § 313 Abs. 2 gleich behandelt werden aber auch Fälle, in denen sich Vertragsgrundlagen im Nachhinein als falsch herausstellen („subjektive" Geschäftsgrundlage). **Rechtsfolge** beachtlicher Geschäftsgrundlagestörungen ist nunmehr ein Anspruch des Benachteiligten gegen seinen Partner auf Vertragsanpassung (dazu noch näher Rn 12/11 ff). Nur dann, wenn die Anpassung nicht möglich oder einer Vertragsseite unzumutbar ist, tritt gemäß § 313 Abs. 3 an die Stelle des Anpassungsrechts ein Rücktritts- bzw Kündigungsrecht.

### 2. Nachträgliche Störungen der Geschäftsgrundlage (§ 313 Abs. 1)

12/7 Dass der Gesetzgeber im Rahmen des § 313 keine gesetzliche Verfestigung von Fallgruppen und Regelbeispielen anstrebte[15], zeigt bereits ein Blick in dessen Abs. 1, der das Vorliegen einer beachtlichen Störung der Geschäftsgrundlage generalklauselhaft an folgende **kumulative Voraussetzungen** knüpft:

---

15 Vgl nur Abschlussbericht der Kommission zur Überarbeitung des Schuldrechts (2002), 151 f.

> – Es müssen sich Umstände nach Vertragsschluss schwerwiegend verändert haben;
> – diese Umstände müssen zwar Grundlage, nicht aber Inhalt des Vertrages gewesen sein;
> – die Parteien hätten den Vertrag nicht oder bloß mit einem anderen Inhalt geschlossen, wenn sie die Veränderungen vorausgesehen hätten;
> – das Festhalten am unveränderten Vertrag kann einem Vertragsteil unter Berücksichtigung aller Umstände des Einzelfalles, insbesondere der vertraglichen oder gesetzlichen Risikoverteilung, nicht zugemutet werden.

In Abs. 1 des § 313 wird ausdrücklich nur auf die **geänderten Umstände** Bezug genommen. Damit erfasst die Bestimmung allein jene Fallgruppe, die bisher regelmäßig unter dem Stichwort „objektive Geschäftsgrundlage" behandelt wurde; also insbesondere schwere Zweck- und Äquivalenzstörungen[16]. Auch jene Fälle, die gelegentlich der „großen Geschäftsgrundlage" zugeordnet wurden[17], wie Umstandsänderungen durch Kriege oder Naturkatastrophen, unterfallen dem Abs. 1. Nach wie vor kommt jedoch dem Rechtsanwender die zentrale und schwierige Frage der Konkretisierung der Tatbestandsmerkmale zu. So muss im Einzelfall entschieden werden, *wann* ein Umstand vorliegt, der (bloß) „zur Grundlage", nicht aber zum Inhalt des Vertrages wurde. Nach dem BGH schließen etwa bereits bei Vertragsschluss zumindest im Groben mitbedachte mögliche künftige Entwicklungen eine Berufung auf nachträglichen Geschäftsgrundlagewegfall zumindest dann aus, wenn dieses Mitbedenken in konkreten Vertragsklauseln Niederschlag gefunden hat[18]. Auch die Frage, ob einer Partei das Festhalten am Vertrag in concreto „unzumutbar" ist, kann Probleme bereiten. In diesem Zusammenhang ist auch zu berücksichtigen, ob der betreffende Umstand einer Partei zuzuordnen ist, weshalb es sachgerecht erscheint, ihr das Risiko von Veränderungen zuzuweisen. Der damit angesprochene, früher immer besonders betonte **Sphärengedanke** findet zwar weder im Tatbestand des Gesetzes noch in den Materialien ausdrückliche Erwähnung; mangels gegenteiliger Hinweise im Gesetzgebungsprozess ist aber davon auszugehen, dass insoweit keine substanzielle Änderung der Rechtslage erfolgen sollte[19]. Auch die **leichte Vorhersehbarkeit** (bzw große Wahrscheinlichkeit) der künftigen Entwicklung für den später änderungswilligen Teil schon bei Vertragsschluss spricht zumindest tendenziell gegen eine Berufung auf § 313[20].

12/8

Insbesondere im **Fall 25** kommt das wichtige Wertungskriterium der Sphäre zum Tragen: Auch wenn V wusste, dass K noch keine Fahrerlaubnis hatte, war es ihm nicht ohne Weiteres zumutbar, die Erheblichkeit dieses Punktes ausdrücklich von sich zu weisen und noch weniger,

---

16 BT-Drs. 14/6040 S. 176.
17 Siehe nur *Medicus*, BGB AT⁹, Rn 859.
18 Vgl BGH NJW 2004, 58: gemeinsamer Erwerb einer Immobilie durch nichteheliche Lebensgefährten als Alterssitz unter dauerhaftem Ausschluss des Rechts, die Aufhebung der Eigentumsgemeinschaft zu verlangen, und späteres Scheitern der Lebensgemeinschaft. – § 311 selbst ist allerdings *nicht dispositiv*: vgl etwa MünchKomm/*Roth*, BGB⁵, § 313 Rn 112 f.
19 Der Umstand, dass der Sphärengedanke im Gesetz nicht erwähnt ist, wird soweit zu sehen von niemandem explizit angesprochen. Allerdings geht die ganz hL wie selbstverständlich davon aus, dass § 313 BGB hinsichtlich dieses Punktes keine Änderung bewirkt hat: vgl Erman/*Hohloch*, BGB¹¹, § 313 Rn 19 ff; MünchKomm/*Roth*, BGB⁵, § 313 Rn 57 ff; *Larenz/Wolf*, BGB AT⁹, § 38 Rn 35 ff.
20 BT-Drs. 14/6040 S. 175; *Eidenmüller* Jura 2001, 824, 829 ua.

den Kauf später rückgängig zu machen. Vielmehr wäre es an K gelegen, die Perfektion des Kaufes an die Bedingung der bestandenen Fahrprüfung zu knüpfen. Dieser Umstand betrifft eben (allein) seine *Sphäre*, weshalb er für V rechtlich irrelevant bleibt. Anderes gilt hingegen für die Veränderung der Rechtslage, aber auch für Änderungen einer gefestigten Rechtsprechung, die die Parteien ihrer Vereinbarung zugrunde gelegt haben[21].

### 3. Ursprüngliche Geschäftsgrundlagestörungen (§ 313 Abs. 2)

**12/9** Die eben erörterte Beschränkung auf *nachträgliche* Umstandsänderungen ist aber nur eine systematisch-technische. Einer solchen Veränderung steht es nach § 313 Abs. 2 nämlich gleich, wenn sich wesentliche Vorstellungen der Parteien, die zur Grundlage des Vertrages geworden sind, im Nachhinein als falsch herausstellen. Abs. 2 erfasst damit im Wesentlichen jene Fälle, die früher der „subjektiven Geschäftsgrundlage" zugerechnet wurden. Es geht vor allem um den **gemeinsamen Motivirrtum** (der nicht von § 119 Abs. 2 erfasst wird)[22]. Liegt also eine die Motivation *beider* Parteien bestimmende sichere Erwartung vor, deren Zweifelhaftigkeit oder Unrichtigkeit die Parteien bei entsprechender Kenntnis davon abgehalten hätte (oder nach Treu und Glauben hätte abhalten müssen), den Vertrag in dieser Weise zu schließen oder der Gegenpartei zuzumuten, ist nunmehr § 313 Abs. 2 einschlägig. Diese Voraussetzung hat der BGH etwa in folgendem Fall bejaht[23]: Sowohl die Mutter der minderjährigen Patientin als auch der Krankenhausträger gingen zu Unrecht vom Bestehen einer gesetzlichen Krankenversicherung aus. Daher fand sich im Vertrag die ausdrückliche Klausel, dass die Behandlung der Tochter kostenlos sei. Folge nach dem BGH: Der Vertrag sei dahin gehend anzupassen, dass die Mutter für die Behandlung ein für Privatpatienten übliches Entgelt zu zahlen hat, was bei Behandlungsnotwendigkeit wohl auch dem hypothetischen Parteiwillen entspricht[24].

**12/10** Trotz der gesetzestechnischen Aufspaltung wird auch folgende denkmögliche *Kombination* unter § 313 fallen: Die Parteien unterliegen bei Vertragsschluss einer zunächst bloß unwesentlichen Fehlvorstellung, die aber in Kombination mit nachträglichen, für sich allein ebenfalls nicht allzu schwer wiegenden Änderungen einen Teil derart benachteiligt, dass für ihn das Festhalten am Vereinbarten als unzumutbar erscheint.

---

21 Vgl OLG Schleswig NJW-RR 2004, 223. Zu den rechtlichen Konsequenzen der gegenüber den Erwartungen der Mietvertragsparteien deutlich zurückbleibenden Akzeptanz eines Einkaufszentrums durch die Kunden siehe BGH NJW 2006, 899: grundsätzlich Risiko des gewerblichen Mieters, daher keine Berufung auf Störung der Geschäftsgrundlage möglich.
22 BT-Drs. 14/6040, S. 176.
23 BGH NJW 2005, 2069 = JZ 2005, 949 *(Katzenmeier)*; kritisch dazu etwa *Dettling* VersR 2005, 949, 951.
24 AA offenbar *Katzenmeier* JZ 2005, 953.

## IV. Rechtsfolgen von Störungen der Geschäftsgrundlage

### 1. Anspruch auf Vertragsanpassung (§ 313 Abs. 1)[25]

#### a) Grundsätzliches

Die **Rechtsfolgen** von Geschäftsgrundlagestörungen waren vor Einführung des § 313 besonders problematisch[26]. Nunmehr ist klargestellt, dass gänzliche Vertragsauflösung nur in extremen Fällen in Betracht kommt; sie ist gegenüber der Anpassung also bloß eine subsidiäre Rechtsfolge. Anders als nach der bisherigen Rspr[27] erfolgt allerdings keine „automatische", amtswegige Änderung des Vertrages[28]. Vielmehr gewährt das Gesetz dem benachteiligten Vertragspartner einen **Anspruch auf Anpassung** des Vertragsinhalts. Die Formulierung, dass Anpassung des Vertrages *verlangt* werden kann, spricht eher dafür, dem Partner eine entsprechende Zustimmungspflicht aufzuerlegen, wobei die Zustimmung bei Verletzung dieser Pflicht gerichtlich einklagbar wäre. Nach den Gesetzesmaterialien soll der Vertragspartner allerdings – wie bei der von der Rspr zur gewährleistungsrechtlichen Aufhebung beim Kaufvertrag nach altem Recht entwickelten Herstellungstheorie – *unmittelbar* auf die (angepasste) Leistung bzw auf Rückzahlung des zu viel Bezahlten klagen können[29].

12/11

In der Praxis wird es in Geschäftsgrundlagefällen wohl häufig zu ausführlichen Verhandlungen zwischen den Parteien kommen, bevor ein Prozess angestrengt wird. Ob entsprechende *Pflichten zur Neuverhandlung* bestehen[30], ist ungeregelt. Relativiert wird das Problem insoweit, als der Anpassungsanspruch dem Schuldner, der infolge der Geschäftsgrundlagestörung anpassungsberechtigt ist, im Falle der Inanspruchnahme durch seinen Partner ein (anteiliges) **Leistungsverweigerungsrecht** gewährt[31]. Die Annahme einer Neuverhandlungspflicht bringt wenig. Der Partner des Benachteiligten muss *zustimmen*, nicht aber verhandeln. Diese Erkenntnis ändert aber nichts am faktischen Hauptproblem: Zustimmen muss der Partner nur einem präzisen Änderungsverlangen des Benachteiligten, das inhaltlich berechtigt ist. Darüber wird aber selten Einigkeit zu erzielen sein.

12/12

---

25 Dazu etwa *Bayreuther*, Die Durchsetzung des Anspruchs auf Vertragsanpassung beim Wegfall der Geschäftsgrundlage (2004); *Heinrichs* FS Heldrich (2005), 183; *Lettl* JuS 2001, 248 und 660; *Riesenhuber* BB 2004, 2697; *Wieser* JZ 2004, 654.
26 Ausführlich etwa *Chiotellis*, Rechtsfolgenbestimmung bei Geschäftsgrundlagenstörungen in Schuldverträgen (1981).
27 Siehe nur BGH NJW 1972, 152 f.
28 BT-Drs. 14/6040, S. 175.
29 Vgl BT-Drs. 14/6040, S. 176; zum bisherigen Recht BGHZ 91, 32, 36. Zu beachten ist, dass Rücktritt wegen mangelhafter Leistung (früher Wandelung) und Minderung seit der Schuldrechtsmodernisierung ausdrücklich als *Gestaltungsrechte* ausgeformt sind (siehe nur § 441 Abs. 1).
30 Dafür etwa *Horn* AcP 181 (1981), 255; *Nelle*, Neuverhandlungspflichten (1993), 316; *Eidenmüller* ZIP 1995, 1063; dagegen etwa *Martinek* AcP 198 (1998), 329, 363 ff; MünchKomm/*Roth*, BGB[5], § 313 Rn 93; *Köhler*, 50 Jahre BGH, FG für die Wissenschaft Bd I (2000), 295, 324. Siehe auch *Picker* JZ 2003, 1035, 1046 f, der hervorhebt, dass es im Zuge der Vertragsanpassung gar nicht zu einer privatautonomen Willenseinigung der Parteien kommt, vielmehr eine Partei die Änderung erzwingen könne.
31 Vgl auch *Arnold*, in: Dauner-Lieb, SR, 148 f (Rn 56 f); *Lorenz/Riehm*, SR, Rn 398 (Fn 484).

**§ 12** *Störung der Geschäftsgrundlage (§ 313 BGB)*

**12/13** Ein Anpassungsanspruch besteht nach dem klaren Wortlaut von § 313 Abs. 1 nicht nur dann, wenn die Parteien bei Mitbeachtung der Änderungen den Vertrag mit anderem Inhalt geschlossen hätten. Er ist sogar dann denkbar, wenn die Parteien unter Zugrundelegung der Veränderungen *überhaupt nicht* kontrahiert hätten.

### b) Durchsetzung

**12/14** Wie schon erwähnt, ist die Einbringung einer gesonderten, auf (Zustimmung zur) Anpassung gerichteten Klage nicht erforderlich. Vielmehr kann der Benachteiligte *unmittelbar* auf die angepasste Leistung (bzw auf Rückzahlung) klagen (oben Rn 12/11). Der die Anpassung begehrende Vertragspartner muss aber jedenfalls wie auch sonst einen inhaltlich bestimmten Leistungsantrag stellen (§ 253 Abs. 2 Nr 2 ZPO); ein Antrag an das Gericht, die angemessene Vertragsänderung zu klären, genügt nicht[32].

Der Anspruch auf Vertragsanpassung unterliegt der regelmäßigen **Verjährungsfrist** des § 195, verjährt also in *drei Jahren*. Die Frist beginnt grundsätzlich für Fälle des § 313 Abs. 1 mit Eintritt der nachträglichen Störung und für Abs. 2 mit Vertragsschluss (siehe die Details in § 199 Abs. 1). Eine Analogie zu § 314 Abs. 3, wonach Kündigungen aus wichtigem Grund innerhalb angemessener Frist zu erfolgen haben, ist nicht zu befürworten[33]. UU droht aber eine *Verwirkung* des Anspruchs[34].

### c) Anspruchsinhalt

**12/15** Eine weitere schwierige Frage, für deren Beantwortung § 313 kaum Hilfestellung bietet, ist die nach dem **Inhalt des Anpassungsanspruchs**. Hierbei geht es um die Ermittlung der „richtigen" Risikoverteilung unter den Parteien. Wie aufseiten des Tatbestandes ist die *Zumutbarkeit* auch auf der Rechtsfolgenseite ein ganz maßgebliches Kriterium[35]. Für den Partner des Benachteiligten Unzumutbares darf also keinesfalls Ergebnis der Anpassung sein. Um zu konkreteren Ergebnissen zu gelangen, muss aber weiter gefragt werden, welcher zumutbare Vertragsinhalt nach den Umständen der am ehesten *angemessene* ist. Dabei soll soweit wie möglich am Vereinbarten festgehalten werden; ein Eingriff in den Vertrag soll nur so weit erfolgen, wie er durch die veränderten Umstände geboten ist[36].

**12/16** Am wenigsten problematisch ist dabei die Anpassung durch **Herabsetzung von Leistungspflichten** des durch die Störung Benachteiligten, da die bloße Kürzung von Pflichten das tatsächlich Vereinbarte wohl am wenigsten verändert. Soweit bereits

---

32 MünchKomm/*Roth*, BGB[5], § 313 Rn 94.
33 Hierzu etwa MünchKomm/*Roth*, BGB[5], § 313 Rn 99 und 144, der (Rn 99) die Analogielösung allerdings favorisiert.
34 Ausführlich zur Verwirkung durch Zeitablauf im Allgemeinen MünchKomm/*Roth*, BGB[5], § 242 Rn 296 ff (mit dem zutreffenden Hinweis Rn 302, dass die Verkürzung der Verjährungsfristen durch das Schuldrechtsmodernisierungsgesetz die Bedeutung der Verwirkung deutlich verringert).
35 MünchKomm/*Roth*, BGB[5], § 313 Rn 102 f; Palandt/*Grüneberg*, BGB[65], § 313 Rn 40 mwN.
36 Deutlich idS etwa BAG NJW 2003, 3005.

über die verbliebene Pflicht hinaus Leistungen erbracht wurden[37], können diese nach Bereicherungsrecht zurückgefordert werden.

Immer wieder wurde auch die **Erweiterung von Leistungspflichten** (so zB durch die Zubilligung eines Ausgleichsanspruchs) für möglich gehalten[38]. Dies begegnet jedoch grundsätzlichen Bedenken: So gibt es häufig gute Gründe, warum jemand nicht mehr als eine bestimmte Summe zu zahlen bereit ist. Ein derartiges Ergebnis ist daher wohl nur im Wege der (ergänzenden) Vertragsauslegung denkbar.

Nicht zu kritisieren ist hingegen folgender Lösungsweg: Ein Werkvertrag, in dem der Unternehmer seine Leistung zu einem Festpreis angeboten hatte, litt an fehlerhafter Geschäftsgrundlage. Der BGH hat die Weigerung des Bestellers, sich auf eine zusätzliche Zahlungspflicht und auf die damit verbundene Erhöhung der geschuldeten Abschlagszahlung einzulassen, als Grund für eine Kündigung des Werkvertrages angesehen[39]. Beim oben erwähnten Kauf eines Fertighauses, das auf gepachtetem Grund aufgestellt werden sollte, hielt es der BGH für zumutbar, dass der Käufer ein geeignetes Ersatzgrundstück suchen müsse[40].

### d) Folgen der Anpassung

Anpassung des Vertrages führt zumindest auf einer Vertragsseite zu einer **Veränderung der Leistungspflichten**. Dabei wird wohl zu befürworten sein, dass die erfolgte Anpassung zumindest auf jenen Zeitpunkt *zurückwirkt*, in dem der Benachteiligte erstmals sein – inhaltlich zutreffendes – Anpassungsbegehren gestellt hat. Sein Partner war ab diesem Augenblick ja verpflichtet, diesen Anspruch zu erfüllen. Aber sogar eine Rückwirkung auf den (früheren) Zeitpunkt der Umstandsänderung (Abs. 1) bzw des Vertragsschlusses (Abs. 2) erscheint diskutabel[41] (siehe auch Rn 12/19 zu den Wirkungen eines Totalrücktritts).

12/17

## 2. Vertragsauflösung (§ 313 Abs. 3)

Erweist sich die Anpassung eines Vertrages als *nicht möglich* oder ist sie für einen Vertragsteil *unzumutbar*, so steht der benachteiligten Partei ein **Rücktrittsrecht** zu (§ 313 Abs. 3). Anders als bei Verträgen, die einer Anpassung zugänglich sind, wird hier dem Benachteiligten also ein echtes *Gestaltungsrecht* gewährt, das durch außergerichtliche Erklärung ausgeübt werden kann. Bei Dauerschuldverhältnissen tritt an die Stelle des Rücktrittsrechts das **Recht zur Kündigung** (§ 313 Abs. 3 S. 2; zum Verhältnis des § 313 Abs. 3 S. 2 zu § 314 Rn 12/30).

12/18

Da § 313 Abs. 3 dem Benachteiligten ausdrücklich ein Rücktrittsrecht gewährt, richtet sich die **Rückabwicklung nach erfolgtem Rücktritt** nun nicht mehr nach allge-

12/19

---

37 Vgl aber auch MünchKomm/*Roth*, BGB[5], § 313 Rn 72, der zeigt, dass relevante Geschäftsgrundlagenstörungen nach Leistungserbringung durch den Benachteiligten in der Regel nicht anzunehmen sein werden.
38 Siehe RGZ 141, 198, 202; RGZ 141, 212, 217 f; RGZ 163, 324, 333 f; in BGHZ 25, 390 wurde eine Nachzahlungspflicht bei bereits abgewickeltem Vertrag bejaht. Zusammenstellung bei *Köhler* JA 1979, 498, 504 ff.
39 NJW 1969, 233.
40 JZ 1966, 409.
41 Näher – und flexibel – zum Problem etwa MünchKomm/*Roth*, BGB[5], § 313 Rn 76 ff.

meinem Bereicherungsrecht, sondern nach den besonderen Regeln der §§ 346 ff. Aus dieser konstruktiven Lösung dürfte sich zumindest für den Regelfall ergeben, dass die Vertragsauflösung zwar erst mit Zugang der Rücktrittserklärung erfolgt, aber auf den Zeitpunkt des Vertragsschlusses bzw der Leistungserbringung *zurückwirkt*: Nach § 346 Abs. 1 S. 1 sind ja auch die seit Erhalt der Leistung gezogenen Nutzungen herauszugeben[42], was bei bloßer *Ex-nunc*-Wirkung nicht zu begründen wäre.

Anderes gilt anerkanntermaßen im Regelfall bei der **Kündigung von Dauerschuldverhältnissen**[43]; jedenfalls dann, wenn sie bereits (beiderseits) in Vollzug gesetzt wurden. Lag hingegen ein Fall des Abs. 2 vor und gab es noch keine Periode, in der Leistungen dem Vertrag entsprechend ausgetauscht wurden, erscheint eine Rückwirkung wie beim Rücktritt sachgerechter.

12/20 Da Gestaltungsrechte nicht verjähren (vgl § 194 Abs. 1) und konkrete Ausschlussfristen nicht vorgesehen sind, könnte man auf den ersten Blick meinen, dass der Benachteiligte Rücktritt bzw Kündigung gemäß § 313 Abs. 3 auch noch nach vielen Jahren erklären kann. Dem ist jedoch nicht so. Die *Kündigung* eines Dauerschuldverhältnisses wegen Störung der Geschäftsgrundlage steht einer Kündigung aus wichtigem Grund zumindest sehr nahe (näher Rn 12/30), weshalb § 314 Abs. 3 Anwendung findet: Kündigt der Benachteiligte nicht innerhalb angemessener Frist nach Kenntniserlangung von der Geschäftsgrundlagestörung, verliert er sein Auflösungsrecht. Entsprechendes könnte man unter den Gesichtspunkten fehlender Unzumutbarkeit der Vertragszuhaltung sowie der Verwirkung auch für das Rücktrittsrecht vertreten. Ein anderer sachgerechter, dogmatisch allerdings nicht unproblematischer Weg läge darin, die Verjährungsfrist für den Anpassungsanspruch trotz § 194 Abs. 1 auch auf das Rücktrittsrecht anzuwenden[44].

## V. Die wichtigsten Fallgruppen und ihre rechtliche Behandlung

### 1. Problemdarstellung

12/21 Der Frage, ob Umstandsänderungen für den Vertrag **schwerwiegend** sind bzw ob enttäuschte Vertragsgrundlagevorstellungen **wesentlich** waren, kann man sich – wie so oft – am besten durch die Bildung von Fallgruppen nähern. Für die Zumutbarkeit eines Festhaltens am Wortlaut des Vertrages kann es nicht entscheidend darauf ankommen, ob sich die Parteien über eine bestimmte Tatsache ausreichend Gedanken machten. Sachlich geht es vielmehr um die sachgerechte **Risikoverteilung** zwischen den Parteien. Entspricht die aus dem Vertragswortlaut erschlossene Verteilung weiterhin dem offensichtlichen Parteiwillen oder hat sich die (vorweg nicht beachtete) Veränderung so massiv ausgewirkt, dass eine derartige Risikozuweisung nunmehr ohne sachliche Gründe deutlich zulasten eines Vertragsteils ginge?

---

42 MünchKomm/*Gaier*, BGB⁵, § 346 Rn 24 ff.
43 BGH JZ 1951, 526; NJW 1997, 1702.
44 IdS wohl MünchKomm/*Roth*, BGB⁵, § 313 Rn 109.

Zunächst muss man prüfen, ob die Bewertung der Vertragsrisiken durch die Parteien  12/22
wegen einer Fehleinschätzung der gegenwärtigen Lage oder der künftigen Entwicklung die **„Richtigkeitsgewähr"** (besser wohl: Richtigkeits*vermutung*) vermissen
lässt, die grundsätzlich aus privatautonomem Handeln folgt[45]. Dies kann der Fall sein,
wenn die Vorstellungen der Parteien bereits bei Vertragsschluss grob falsch waren
(§ 313 Abs. 2); aber auch dann, wenn eine **schwere**, von keinem Vertragsteil zu vertretende und außerhalb des Risikobereichs der Vertragsparteien liegende **Äquivalenzstörung** (§ 313 Abs. 1) die Ausgewogenheit des Vertrages stört[46]. Dabei muss sich
das Augenmerk hauptsächlich darauf richten, ob eine der Parteien nach dem interessengerecht ausgelegten Vertrag oder in entsprechender Anwendung gesetzlicher Vorschriften (§§ 321, 528, 490) das Risiko einer im Einzelnen nicht vorhersehbaren Entwicklung oder einer irrtümlichen Beurteilung der gegebenen Tatsachenlage zu tragen
hat. Dagegen spricht etwa in Bau- oder Architektenverträgen (vgl **Fall 25**) die Vereinbarung eines Festpreises, der den Sachleistungsschuldner zwingt, Nachteile aufgrund
veränderter Kalkulationsgrundlagen selbst zu tragen[47] (zugleich kommen ihm günstige Veränderungen, zB Preissenkungen bei Baustoffen, zugute). Ergibt die Auslegung, dass die Veränderung bestimmter Kostenfaktoren von der einen oder anderen
Partei zu tragen ist, so geht dies also einer Anwendung der Geschäftsgrundlagenlehre
vor[48]. Dieses Ergebnis erklärt sich schlicht daraus, dass sogar über unerwartete und
von keinem Vertragsteil beeinflussbare Risiken vertragliche Zuweisungen an den einen oder den anderen im Rahmen des Gesetz- und Sittengemäßen zulässig sind[49]. Damit zeigt sich eine weitere **Subsidiarität** des Geschäftsgrundlagenansatzes: Er kann
von vornherein nur dann zum Tragen kommen, wenn die Parteien das konkret eingetretene – unerwartete – Risiko nicht selbst wirksam verteilt haben. Rechte aus § 313
sollen im rechtsgeschäftlichen Bereich also nur letzte Hilfsmittel sein, wenn die
gesetzlichen Regelungen über Irrtum, Unmöglichkeit oder Sachmängelhaftung versagen[50].

---

45 Zur Bedeutung der Risikoverteilung, die entweder dem Vertrag oder der dispositiven Gesetzesregelung zu entnehmen sei, im neueren Schrifttum grundlegend *Flume*, AT II⁴, 494, 507 ff; *Fikentscher*, Die Geschäftsgrundlage als Frage des Vertragsrisikos (1971), 22 ff, 31 ff, 38 ff; *Köhler*, Unmöglichkeit und Geschäftsgrundlage bei Zweckstörung im Schuldverhältnis (1971, Nachdruck 1995), 152 ff. Zum Ziel der „Richtigkeit" privatautonomer Gestaltung in diesem Zusammenhang wohl erstmals *Schmidt-Rimpler* FS Nipperdey (1955), 1.
46 Dazu ausführlich *Härle*, Die Äquivalenzstörung: ein Beitrag zur Lehre von der Geschäftsgrundlage (1995).
47 Siehe aus der Rechtsprechung BGH DB 1969, 833; JR 1979, 61; vertiefend *Ulmer* AcP 174 (1974), 167, 185 ff.
48 Siehe dazu zB BGH NJW 1978, 695 und in der Sache auch BGH DB 1994, 777.
49 Daher ist die neuere BGH-Judikatur zum Leasing nicht unbedenklich: Die Geschäftsgrundlage für den Leasingvertrag soll dann wegfallen, wenn der Leasingnehmer gegenüber dem Lieferanten der Leasingsache wandelt, obwohl der Leasingvertrag das Risiko der Mangelhaftigkeit dem Leasingnehmer zuweist und diesem für solche Fälle die Gewährleistungsrechte gegen den Lieferanten übertragen werden (BGH NJW 1985, 796; NJW 1990, 314); kritisch etwa *Medicus*, BGB AT⁹, Rn 862.
50 BGH WM 1969, 498; *Larenz/Wolf*, AT⁹, 711 f; *Medicus*, BGB AT⁹, Rn 873 ff. An diesem lückenfüllenden Charakter des Rechtsinstituts sollte das Gießen in eine gesetzliche Form nichts ändern: BT-Drs. 14/6040, S. 175 f.

## 2. Beiderseitiger Irrtum

12/23 Eine wesentliche Rolle im Rahmen des § 313 Abs. 2 spielen die Fälle des **beiderseitigen Motivirrtums**. Betrifft er Umstände, die beide Parteien maßgeblich in ihrer Motivation beeinflusst haben, so kann er die Richtigkeitsvermutung des Vertrages aufheben; vor allem dann, wenn sich der Irrtum einseitig zum Nachteil bloß eines Partners auswirkt. Dass Derartiges rechtlich beachtlich sein kann, ist für den *Vergleich* in § 779 mit der Folge der Unwirksamkeit anerkannt[51], gilt aber in einem weiteren Bereich. So kommt es vor, dass die Parteien übereinstimmend die Vertragsrisiken falsch einschätzen, von der Verwendbarkeit der Leistung oder dem Fehlen oder dem baldigen Wegfall von Hindernissen der Leistung oder Verwendbarkeit ausgingen, wobei sich der Partner der benachteiligten Partei die Leistung in Kenntnis der wahren Sachlage billigerweise nicht hätte ausbedingen dürfen.

**Beispiel:** Beim Kauf eines Holzhauses gingen beide Parteien davon aus, der Käufer werde ohne Weiteres die Genehmigung zur Aufstellung auf seinem Grundstück erhalten[52]. Die Genehmigung wurde aber versagt. Ergibt Vertragsauslegung nicht, dass ein Teil das Risiko der Verwendbarkeit übernommen hat, stellt sich das Geschäftsgrundlage-Problem. Der BGH[53] ist vom Fehlen der Geschäftsgrundlage ausgegangen. Dieses Ergebnis ist schon deshalb zweifelhaft, weil den Verkäufer die Erreichbarkeit des Verwendungszwecks nach dem Gesetz grundsätzlich nichts angeht und weil das Risiko fehlender Baugenehmigung deutlich in der Sphäre des Käufers liegt[54]. In anderen Fällen scheitert die Berücksichtigung eines „Doppelirrtums" daran, dass eine Partei das Risiko einer vom Vorgestellten abweichenden Entwicklung zu tragen hat: Kauf eines Grundstücks zu einem spekulativen Preis, weil das Gelände einmal Baugrund werden soll. Anders vielleicht, wenn der bereits vorliegende Bebauungsplan überraschend geändert wird; hier hat sich die einverständlich angenommene Bewertungsgrundlage als falsch erwiesen, und die Entscheidung hängt davon ab, welcher Partei das Risiko der Fehlspekulation zugemutet werden kann. UU kann man hier aber schon durch (ergänzende) Auslegung helfen: Wird ein Grundstück als Bauland angeboten, was regelmäßig der Fall ist, wenn es der aktuelle Bebauungsplan als solches ausweist, so bedeutet dies nach redlichem und üblichem Verständnis, dass es auch noch einige Zeit nach dem Kauf zur Bebauung geeignet sein muss.

## 3. Äquivalenz- und Zweckstörungen

12/24 Ein Anwendungsfall des § 313 Abs. 1 liegt etwa vor, wenn ohne konkrete Erwartungen der Parteien hinsichtlich des Bestehens und der Unveränderlichkeit bestimmter Rahmenbedingungen des Vertrages eine **schwere Äquivalenz-** bzw **Zweckstörung** eintritt, die einer Partei die Erfüllung ihrer Vertragspflichten unzumutbar macht. Diese Fälle gehen zum Teil in die Unmöglichkeit ein, nämlich dann, wenn die Vorstellung von der Geschäftsgrundlage oder vom Zweck einer Verpflichtung zum Vertragsinhalt

---

51 **Beispiel:** Die Parteien streiten, in welcher Höhe ein geschuldeter Kaufpreis bereits gezahlt war. Sie vergleichen sich auf die Hälfte. Später stellt sich die Nichtigkeit des Kaufvertrages heraus.
52 Zu den Konsequenzen verweigerter Baugenehmigung auf Kauf- und Werkvertrag *Miersch* JuS 2001, 1083.
53 BGH JZ 1966, 409.
54 Anders lag der Fall BGHZ 47, 48: Hier wurden Liegenschaften als „Baugrundstücke" verkauft. Allerdings wussten *beide* Parteien, dass eine Baugenehmigung erst – unter anderem – nach Anschluss an den Ortskanal erteilt werden würde.

geworden ist. Hier bestimmt der dann vorrangig anwendbare § 326 Abs. 1 S. 1, dass der Gläubiger seinen Gegenleistungsanspruch verliert. Gehört aber der Zweck – etwa der Verwendungszweck beim Kauf – nicht zum Vertragsinhalt, so kann mit seiner Unerreichbarkeit die Geschäftsgrundlage weggefallen sein, wenn bei einem Festhalten am Vertrag einer Partei ein Risiko zugemutet würde, das sie nach der erkennbaren vertraglichen und der gesetzlichen Bewertung nicht treffen sollte.

Immer wieder als markantes Beispiel genannt wird hierzu der **„Krönungszugsfall"**: A hat von B einen Fensterplatz in dessen Haus gemietet, um von dort aus einem Krönungszug zuzuschauen. Der Zug fällt aus. Nach Meinung mancher liegt Unmöglichkeit vor[55]. Der Vermieter könnte sich bei dieser Sicht nicht darauf berufen, der Fensterplatz sei dem Mieter wie vereinbart zur Verfügung gestanden; er erhielte kein Entgelt. Wertungsmäßig spricht für ein solches Ergebnis, dass die Vermietung des Aussichtsplatzes gegen gutes Geld überhaupt nur wegen des Krönungszugs möglich war. Allerdings greift Unmöglichkeitsrecht nur dann ein, wenn jemand zu einer bestimmten Leistung verpflichtet war, die er in der Folge nicht erbrachte (vgl § 275). B war aber nicht verpflichtet, den Krönungszug an seinem Haus vorbeizuführen, sondern nur zum Bereitstellen des Fensterplatzes. Das hat er getan. Der Vertrag stand wohl auch nicht unter der Bedingung des Vorbeiziehens zur vorgesehenen Zeit. Daher dürfte für den Krönungszugs-Fall nach wie vor der Lösungsweg über die Geschäftsgrundlagenlehre vorzugswürdig sein: Das Ereignis, nämlich die Absage des Zuges, war unvorhersehbar und entstammte nicht der Sphäre einer der beiden Parteien. Überdies hätten redliche Parteien, wenn sie an die Möglichkeit des Ausfalls gedacht hätten, für diesen Fall mit großer Wahrscheinlichkeit keine – oder eine deutlich geringere – Zahlungspflicht vorgesehen.

Den Wegfall der Geschäftsgrundlage hat der BGH bejaht, als der Käufer von Maschinen, die zum Export nach Osteuropa bestimmt waren, wegen eines Exportverbots die Waren nicht mehr weiterverkaufen konnte[56]. Wenn hingegen der Vater aufgrund der Verlobung seiner Tochter Möbel kauft, so kann dem Verkäufer nicht zugemutet werden, bei Auflösung der Verlobung den Kaufvertrag rückgängig zu machen; schon deshalb nicht, weil der „störende Umstand" deutlich zur Sphäre des Käufers gehört.

### 4. „Große Geschäftsgrundlage"

Eine weitere Fallgruppe, die von § 313 Abs. 1 erfasst wird, ist die der nicht vorhersehbaren **Verschiebung der Vertragsrisiken durch allgemeine Katastrophen** (Krieg, Revolution, Inflation, Naturereignisse; man stelle sich vor, im **Fall 25** wäre die Notwendigkeit umfangreicher Mehraufwendungen des U durch ein Hochwasser verursacht worden). Gelegentlich wird insoweit von **„großer Geschäftsgrundlage"** gesprochen[57]. Bisweilen beruht die Risikoveränderung auch auf erfreulichen Ereig-

---

55 *Beuthien*, Zweckerreichung und Zweckstörung im Schuldverhältnis (1969), 163 f; *Flume*, AT II⁴, 499.
56 BGH MDR 1968, 486; die Grenze des Einflusses politisch motivierter Veränderungen der Äquivalenz markiert BGH JR 1979, 60 (Ölpreissteigerung durch den Jom-Kippur-Krieg).
57 Vgl zu den Fällen politischer Wirren im Ausland BGHZ 83, 197 (Lieferung und Montage einer Tierkörperverwertungsanlage in den Iran; der BGH hat in diesem Fall allerdings Unmöglichkeit angenom-

nissen; so auf der schon erwähnten Wiedervereinigung Deutschlands[58]. In allen diesen Fällen hängt es allein vom Zufall ab, wer Nachteile erleidet. Auch dann geht aber die entscheidende Frage dahin, ob – etwa bei Gesetzesänderungen – eine der Parteien billigerweise das Risiko einer Änderung der Verhältnisse übernehmen muss. Man könnte einwenden, dass hier eigentlich der Gesetzgeber eingreifen müsse. Doch wird man es den Gerichten nicht verdenken können, wenn sie schwere Äquivalenzstörungen mithilfe des Gedankens der Geschäftsgrundlage korrigieren.

12/26 Auch in der Anpassung von Geldansprüchen an den **Kaufkraftschwund** spielt der Gedanke des Wegfalls der Geschäftsgrundlage eine Rolle, wobei die wirtschaftspolitische Bedeutung des Festhaltens am nominalistischen Prinzip „Mark ist gleich Mark" (heute: „Euro ist gleich Euro") nicht verkannt werden darf[59]. Nachdem der BGH die Geschäftsgrundlagenlehre zunächst nur auf Ruhegehaltszusagen sowie auf laufende Pensionsansprüche wegen deren Versorgungscharakters und wegen des Gleichstellungsgedankens, nicht jedoch auf (Kali-) Abbauverträge, Mietzinsanpassungen und Erbbauzinsvereinbarungen angewandt hatte, rückte er mittlerweile auch bei Verträgen ohne Versorgungscharakter zu Recht vom Grundsatz des Nominalismus ab[60].

## VI. Das Verhältnis von § 313 zu anderen Normen und Rechtsinstituten

### 1. Anfechtungsrecht

12/27 Wie bereits dargelegt (vgl Rn 12/9), ist nunmehr § 313 Abs. 2 einschlägig, wenn sich wesentliche Vorstellungen der Parteien, die zur Geschäftsgrundlage wurden, als irrig erweisen[61]. Die Fälle des „doppelten Motivirrtums" hat der Gesetzgeber bewusst zu einem Anwendungsfall des § 313 gemacht[62]. Irrten beide Parteien über eine verkehrswesentliche Eigenschaft iS des § 119 Abs. 2 (und geht nicht ohnehin Sachmän-

---

men) mit Besprechung von *Kronke* JuS 1984, 758, der Geschäftsgrundlagenwegfall annimmt; BGH NJW 1984, 1746 = JuS 1986, 272, *Wieling* (Lieferung von Dosenbier in den Iran – Wegfall bejaht); LG Karlsruhe NJW 1992, 3177 (Engagement von Musikern für eine Faschingsveranstaltung, die wegen des Golfkrieges abgesagt wurde – Wegfall verneint).

58 BGHZ 120, 10 (Ausbleiben der Finanzierungsmittel aus einem staatlichen Vorgaben folgenden Wirtschaftsvertrag – Wegfall bejaht); BGH ZIP 1993, 955 (Wegfall eines Wirtschaftsvertrages – Wegfall verneint); BGH NJW 1994, 2688 (Anpassung von Nutzungsverträgen – Wegfall bejaht); BGH NJW 1996, 990 (vor der Wende abgeschlossenes DDR-Grundstücksgeschäft – Wertsteigerung noch vor der Wende – Wegfall verneint); BGH NJW 1997; 320 (Filmkoproduktionsvertrag mit Rundfunkanstalt – Senderechte auf altes Bundesgebiet beschränkt – Zurückverweisung). Zum Ganzen *Görk*, Deutsche Einheit und Wegfall der Geschäftsgrundlage (1995); *Grün* JZ 1994, 763.

59 Siehe vor allem BAG JZ 1974, 384 (dazu *Stötter* JZ 1974, 375); BAG NJW 1977, 828; BGHZ 61, 31. Zur Preisanpassung in Kali-Abbauverträgen BGH BB 1980, 1183.

60 Erstmals in der Entscheidung NJW 1980, 1746 (Erhöhung des Erbbauzinses bei fehlender Anpassungsklausel; dazu *Emmerich* JuS 1981, 145). Weitere Erbbauzins-Fälle, bei denen eine Anpassung bejaht wurde: BGHZ 90, 277; BGHZ 91, 32; BGHZ 94, 257; BGHZ 96, 371; BGHZ 97, 171. – Zum Ganzen *Kollhosser* JA 1983, 49, insb. 53 ff; zum Problemkreis „Inflation und Geschäftsgrundlage" *K. Schmidt* JuS 1984, 737, insb. 746 f.

61 Ebenso MünchKomm/*Roth*, BGB[5], § 313 Rn 139.

62 BT-Drs. 14/6040, S. 176.

gelrecht vor⁶³), stellt sich allerdings die Vorrangs- bzw Konkurrenzfrage nach wie vor. Für einen Vorrang der klassischen Irrtumsanfechtung spricht die *lückenfüllende Funktion* des § 313; gegen den Vorrang insbesondere die beim beiderseitigen Irrtum wenig sachgerechte Schadenersatzpflicht des Anfechtenden gemäß § 122 und wohl auch die extrem kurze Frist des § 121. Auf Details dazu kann hier nicht eingegangen werden⁶⁴.

### 2. „Faktische" und „persönliche" Unmöglichkeit (§ 275 Abs. 2 und Abs. 3)

Gemäß § 275 Abs. 2 kann (richtig wohl: darf) der Schuldner die Leistung verweigern, wenn diese einen Aufwand erfordert, der unter Beachtung des Inhalts des Schuldverhältnisses und der Gebote von Treu und Glauben in einem groben Missverhältnis zu dem Leistungsinteresse des Gläubigers steht. Auf den ersten Blick scheinen in § 275 Abs. 2 nunmehr auch die Fälle der sog wirtschaftlichen Unmöglichkeit Eingang gefunden zu haben, obwohl gerade diese Konstellationen nach fast einhelliger Ansicht dem Bereich der Geschäftsgrundlage unterfielen. Der Gesetzgeber wollte mit § 275 Abs. 2 jedoch *nur* die sog **faktische** (oder: praktische) **Unmöglichkeit** gesetzlich fixieren⁶⁵, während Fälle der sog wirtschaftlichen Unmöglichkeit nach wie vor über den Wegfall der Geschäftsgrundlage, also § 313, gelöst werden sollen⁶⁶. Eine klare tatbestandliche Abgrenzung erscheint allerdings schwierig; wegen der unterschiedlichen Rechtsfolgen ist sie aber nötig⁶⁷.

12/28

Das gilt umso mehr für § 275 Abs. 3, nach dem der Schuldner die Leistung verweigern kann (darf), wenn er die Leistung persönlich zu erbringen hat und sie ihm unter Abwägung des seiner Leistung entgegenstehenden Hindernisses mit dem Leistungsinteresse des Gläubigers nicht zugemutet werden kann. Diese sog **persönliche Unmöglichkeit** war bisher als Geschäftsgrundlagestörung anerkannt⁶⁸. Der Gesetzgeber geht offensichtlich generell von einem Vorrang des § 275 gegenüber § 313 aus⁶⁹.

### 3. Gewährleistungsrecht

Zwar enthält das BGB keine Aussagen über das Verhältnis des Gewährleistungsrechts zur Geschäftsgrundlagestörung. Bereits vor der Schuldrechtsmodernisierung war aber einhellig anerkannt, dass im Anwendungsbereich des Gewährleistungsrechts eine Be-

12/29

---

63 Der früher ganz herrschend befürwortete Vorrang von Sachmängelrecht vor Irrtumsanfechtung nach § 119 Abs. 2 BGB ist mit dem In-Kraft-Treten des SMG unsicher geworden. Für Konkurrenz etwa mit guten Gründen *Larenz/Wolf*, BGB AT⁹, § 36 Rn 48 ff mwN.
64 Für Anwendbarkeit des § 313 (Wegfall der Geschäftsgrundlage) etwa *Schulze/Schulze*, HK-BGB⁵, § 313 Rn 6; für Vorrang von § 119 Abs. 2 etwa BGH NJW 1988, 2597, 2598; MünchKomm/*Kramer*, BGB⁵, § 119 Rn 121; *Pawlowski* JZ 1997, 746 f; *Medicus*, BR²⁰, Rn 162; *ders.*, BGB AT⁹, Rn 778; *Hübner*, BGB AT², Rn 808 f; *Flume*, AT II⁴, 488.
65 BT-Drs. 14/6040, S. 130; *Canaris* JZ 2001, 499, 503 ff; *Teichmann* BB 2001, 1485, 1487.
66 BT-Drs. 14/6040, S. 130; *Canaris* JZ 2001, 499, 503.
67 Ausführlich dazu etwa *A. Helm*, Die Einordnung wirtschaftlicher Leistungserschwerungen in das Leistungsstörungsrecht nach der Schuldrechtsreform (2005).
68 Vgl auch MünchKomm/*Roth*, BGB⁵, § 313 Rn 140.
69 BT-Drs. 14/6040, S. 176; vgl auch *Lorenz/Riehm*, SR, Rn 409.

rufung auf den Wegfall der Geschäftsgrundlage ausgeschlossen ist[70]. **Achtung!** Auch wenn Gewährleistungsrechte wirksam abbedungen wurden, ist eine Heranziehung von § 313 selbstverständlich unzulässig: Dann hat der Käufer das Risiko der Mangelhaftigkeit ja gerade kraft gesonderter vertraglicher Vereinbarung übernommen[71]; er kann es daher nicht mithilfe des § 313 auf den Verkäufer überwälzen.

### 4. Recht zur außerordentlichen Kündigung (§ 314)

12/30 Dauerschuldverhältnisse konnten nach der überzeugenden Rechtsprechung[72] schon immer **aus wichtigem Grund** gekündigt werden, auch wenn hierfür eine ausdrückliche gesetzliche Regelung fehlte. Mit dem Schuldrechtsmodernisierungsgesetz hat das Recht zur außerordentlichen Kündigung von Dauerschuldverhältnissen in **§ 314** eine ausdrückliche und generelle Regelung[73] erfahren. Nach der Regierungsbegründung zu § 314[74] geht § 313 dem § 314 dann vor, wenn der Vertrag angepasst werden kann; das soll sich aus § 313 Abs. 3 ergeben[75]. Für den Tatbestand des § 314 dürfte diese – sachlich überzeugende – Ansicht bedeuten, dass von einem wichtigen Grund im Sinne dieser Bestimmung nur gesprochen werden kann, wenn auch das Festgehaltenwerden an einem inhaltlich veränderten Vertrag für einen Teil unzumutbar ist. Das ist nun durchaus häufig der Fall: Es geht nämlich in aller Regel um gravierende Vertrauenserschütterungen, die der Partner zu verantworten hat. In solchen Fällen kommt eine Anpassungsmöglichkeit nach § 313 Abs. 1 aber ohnehin nicht in Frage, sodass der Vertrag auf jeden Fall aufgehoben werden kann. Unbefriedigend bleibt jedoch, dass gravierende Störungen von Dauerschuldverhältnissen offenbar sowohl unter § 313 als auch unter § 314 subsumiert werden können. Warum existieren aber dann überhaupt zwei verschiedene Normen, die zur Vermeidung von Wertungswidersprüchen auch noch aufeinander abgestimmt werden müssen (siehe Rn 12/14 und 12/20 zur Behandlung von Verjährungs- bzw Fristfragen im Rahmen des § 313)? Eine Erklärung könnte darin liegen, dass es bei den Geschäftsgrundlagestörungen historisch gesehen um Ereignisse „von außen" ging, während die außerordentliche Kündigung regelmäßig aus Gründen erwogen wird, die in der Person des Partners liegen. Dieser *Sphärengedanke* hat in den sehr allgemein formulierten Tatbeständen der beiden Normen allerdings keinen Niederschlag (mehr) gefunden.

---

70 Siehe OLG Frankfurt, ZMR 2000, 700.
71 BGHZ 98, 103.
72 Vgl nur BGHZ 29, 171, 172; BGH NJW 1989, 1482, 1483.
73 Die Bedeutung des § 314 BGB darf aufgrund einer Vielzahl konkreter Vorschriften (siehe etwa die §§ 490, 498, 543, 569, 580, 594e, 626, 723 BGB sowie § 89a HGB und die §§ 24, 39 VVG), die allesamt das Recht zur außerordentlichen Kündigung von Dauerschuldverhältnissen beinhalten und als leges speziales dem § 314 vorgehen, allerdings nicht überschätzt werden.
74 BT-Drs. 14/6040, S. 177; kritisch *Eidenmüller* Jura 2001, 824, 832.
75 Ausführlich dazu *Hirsch*, Kündigung aus wichtigem Grund und Geschäftsgrundlage (2005).

## VII. Lösung der Ausgangsfälle

Damit können die Eingangsbeispiele wohl wie folgt gelöst werden: Im **Fall 25** gehört der Zustand des Autos ohne Zweifel zur Sphäre des V. Es ist ihm daher durchaus zumutbar, die Reparatur vorzunehmen, weshalb er den reparierten Wagen zum vereinbarten Preis liefern muss. Entsprechendes gilt für das Nichtbestehen der Fahrprüfung: Dieses Ereignis betrifft allein K's Bereich. K kann es daher nicht zum Anlass nehmen, vom Vertrag loszukommen.

12/31

Im **Fall 26** sind die – offenbar nicht exorbitanten – Lohnsteigerungen allein Sache des Unternehmers U. Heikler ist die Behandlung des sog Baugrundrisikos[76]. Dieses Problem tritt immer wieder auf und erfährt deshalb häufig eine vertragliche Sonderregelung (leider nicht hier). Man kann deswegen aber noch nicht sagen, der hohe Grundwasserstand sei für die Parteien vorhersehbar gewesen. Sie hätten allenfalls abstrakt mit *irgendwelchen* Baugrundproblemen rechnen müssen. Umgekehrt gehört der Boden zur Sphäre des Auftraggebers B. Ferner ergibt sich aus dem Vertrag nicht, dass derart massive Erschwernisse von U getragen werden müssen. Zwischenergebnis: U muss die versprochene Bauleistung nicht zum vereinbarten Preis erbringen. Da U stark benachteiligt wäre, wenn er den Vertrag trotz der Geschäftsgrundlagenstörung wie geschlossen erfüllen müsste, ist zuerst zu fragen, ob ihm ein Anpassungsanspruch gegenüber B zusteht. Eine Anpassung könnte einmal durch Reduktion der Leistungspflichten von U bei gleich bleibendem Preis erfolgen, in dem U etwa nur einen Teil der Straße baut. Das dürfte für B aber nicht zumutbar sein, da sie mit einer bloß teilweise fertig gestellten Straße nichts anfangen kann. Unzumutbar ist aber wohl auch eine drastische Preiserhöhung: Gerade Länder haben knappe Budgets und würden in solchen Fällen das Projekt häufig lieber verschieben als deutlich mehr zu bezahlen. Sofern B nicht signalisiert, ausnahmsweise doch an der Leistungserbringung zu einem höheren Preis interessiert zu sein (dann keine Unzumutbarkeit dieser Anpassung!), wird U ein Vertragsauflösungsrecht gemäß § 313 Abs. 3 zustehen. Da es sich beim Straßenbau um ein Zielschuldverhältnis handelt, besteht ein Rücktrittsrecht (kein Kündigungsrecht). Schadenersatz kann B wegen der berechtigten Auflösung nicht verlangen. B hat nur Anspruch auf Rückzahlung des Geleisteten gemäß § 346 Abs. 1. Die von U bereits erbrachten Leistungen sind demgegenüber nach § 346 Abs. 2 zu vergüten.

Im **Fall 27** handelte es sich demgegenüber jedenfalls um ein von außen kommendes Ereignis. Dieses brachte auch eine Äquivalenzstörung mit sich. Ob sie allerdings ausreichend stark ist, erscheint fraglich. Es gibt eben auch unverdiente „Glücksgewinne", die vor der Rechtsordnung Bestand haben.

---

76 Dazu zB *Lange*, Baugrundhaftung und Baugrundrisiko: Die Verantwortlichkeit von Bauherr, Architekt, Bauunternehmer und Sonderfachmann beim Einheitspreisvertrag nach VOB/B (1997).

Teil III

# Schadenersatzrecht

## § 13 Funktionen und Grundelemente des Schadenersatzrechts[1]

**Fall 28:** Bei einem Verkehrsunfall, an dem ein Werksbus der E-AG und der von S gesteuerte PKW der F-GmbH beteiligt waren und den allein S verschuldet hat, wurden mehrere Insassen des Busses verletzt. Die 48-jährige Näherin N wurde mit Schnittwunden am Kopf ins Krankenhaus eingeliefert. Bei der Untersuchung stellte sich noch eine Augenkrankheit heraus, die nicht durch den Unfall verursacht war, die aber dazu führte, dass die N ihre Arbeit aufgeben und ausscheiden und in Frührente gehen musste. Außerdem war sie durch unfallbedingte Kopfschmerzen kaum noch in der Lage, ihre Hausarbeit zu bewältigen, sodass sie mit Rücksicht auf ihre fünfköpfige Familie ständige Aushilfe benötigte. Welche Schadenersatzansprüche hat Frau N? (Ansprüche gegen die Sozialversicherung sind nicht zu prüfen.)
**Lösung Rn 13/22**

**Fall 29:** A ist Miteigentümer eines vermieteten Hausgrundstücks in Rostock und wurde von den anderen Miteigentümern dazu beauftragt, das Grundstück zu verwalten und die Mieten einzuziehen. Vereinbarungsgemäß sollte er die Gelder auf ein Konto bei der Bank B einzahlen. Als sich herausstellt, dass A sich nicht an diese Verabredung gehalten hat, sondern die Mieterträge bei riskanten Aktiengeschäften verloren hat, wird er auf Schadenersatz in Anspruch genommen. A wendet ein, die Bank B sei mittlerweile zusammengebrochen und habe ihren Gläubigern nur 10% ihrer Forderungen gezahlt; deshalb könnten auch die anderen Miteigentümer nur diese 10% von ihm verlangen, da sie, wenn er das Geld auftragsgemäß angelegt hätte, auch nicht mehr erhalten hätten. Stehen den übrigen Miteigentümern darüber hinausgehende Ersatzansprüche zu[2]?

### I. Die Funktionen des Schadenersatzrechts

#### 1. Prinzipien und Problematik

**13/1** Das in den §§ 249 ff niedergelegte Schadensrecht ist Schadenersatzrecht. Es bestimmt Inhalt und Umfang eines – aus welchen Gründen auch immer bestehenden – Ersatzanspruchs. Schon die systematische Stellung dieser Normengruppe im BGB zeigt, dass sie **vertragliche und deliktische Ersatzpflichten** erfasst (zum Deliktsrecht ausführlich Schuldrecht Besonderer Teil §§ 20–27). Die Vorschriften füllen also beispielsweise den Anspruch auf Schadenersatz statt der Leistung (§§ 280–283; § 311a

---

[1] Zu den Grundzügen des Schadensrechts etwa *Schwerdtner* Jura 1987, 142, 304, 475 (dreiteilige Serie); siehe ferner *Gehrlein* JA 1995, 69 (anhand eines praktischen Falles). Einen guten Überblick über die Novelle aus dem Jahre 2002 bieten etwa *Wagner*, Das neue Schadensersatzrecht (2002) und *Ch. Huber*, Das neue Schadenersatzrecht (2003).
[2] RGZ 141, 365 nachgebildet.

Abs. 2) oder den auf Ersatz eines negativen Interesses (§§ 122, 179 Abs. 2) aus; im zweiten Fall freilich nur in dem beschränkten Rahmen, der sich durch die Begrenzung auf den Vertrauensschaden ergibt. Sie geben aber auch den Ansprüchen aus den §§ 823 ff ihren Inhalt.

Die §§ 249 ff enthalten **zentrale Prinzipien** des gesamten Schadenersatzrechts. Darüber darf aber nicht vernachlässigt werden, dass sich viele praktisch ungemein wichtige Vorschriften dieses Rechtsbereichs heutzutage außerhalb des BGB finden.

> Bei der Abwicklung von **Fall 28** steht der fraglos gegebene deliktische Ersatzanspruch der N gegen S im Hintergrund: Die N ist sozialversichert und hat, wenn es sich um einen versicherten Wegeunfall handelte, Ansprüche gegen einen Träger der Sozialvorsorge. Dies hängt von einer schuldhaften Rechtsgutsverletzung durch S nicht ab. Daneben bestehen Ansprüche der N gegen S aus § 823 sowie § 18 Abs. 1 StVG und gegen die F-GmbH als Halterin des Kraftfahrzeuges aus § 7 Abs. 1 StVG. Insoweit muss allerdings weiter geprüft werden, ob die durch die Sozialversicherung schadlos gestellte N noch einen Schaden hat. Dies gilt schließlich auch im Verhältnis zum Haftpflichtversicherer, gegen den der Geschädigte nach § 3 PflVG einen direkten Anspruch wegen aller durch den Versicherten angerichteten Schäden hat.

Zwei Fragen machen die hauptsächliche Problematik des bürgerlich-rechtlichen Schadensrechts aus: **Welche Nachteile** in der Interessensphäre des Verletzten sind überhaupt **ersatzfähig**? **Welche** der eingetretenen, an sich ersatzfähigen **Schäden sind dem Handelnden** (besser: dem auf Ersatz Belangten) **zuzurechnen**? Beide Fragen sind ohne Eingehen auf die Zwecke des gesetzlichen Normenkomplexes häufig nicht zu lösen. Bei der damit nötigen Funktionsbestimmung des geltenden bürgerlich-rechtlichen Schadensrechts ist freilich zu bedenken, dass die wichtigsten Lebenssachverhalte durch verschiedenartige Normen privat- und öffentlich-rechtlichen Inhalts geregelt werden. Ihnen allen ist die **Ausgleichsfunktion** gemeinsam (Wiedergutmachung; vgl den Wiederherstellungsgrundsatz des § 249 Abs. 1). Sie wird, wie angedeutet, in weitem Umfang durch das Sozialversicherungsrecht wahrgenommen, steht aber auch im Schadensrechts des BGB zu Recht ganz im Vordergrund. Dem gegenüber kommt der **Prävention** (Schadensverhütung) durch Verhaltenssteuerung lediglich nachrangige Bedeutung zu, wenn auch nicht zu verkennen ist, dass die Androhung massiver vermögensrechtlicher Nachteile manchen zu besonderer Sorgfalt anhalten wird[3]. Das im Strafrecht zentrale **pönale Element** ist dem Zivilrecht und damit auch dem Schadenersatzrecht hingegen grundsätzlich fremd[4].

13/2

Die aus dem **Ausgangsfall 28** ersichtliche **Zurückdrängung der Schadensregulierung nach den BGB-Regeln** durch die Inanspruchnahme von Versicherungsleistungen hat die Frage aufkommen lassen, ob denn das Schadensrecht des BGB es wirklich noch mit dem Ausgleich von Risiken zwischen einem einzelnen Geschädigten und einem einzelnen Schädiger und in diesem Sinne mit rechtlicher Verantwortung zu tun habe. De lege lata sollte daran jedoch auch heutzutage kein prinzipieller Zweifel bestehen.

13/3

---

3 Eher positive Bewertung des Präventions- bzw Verhaltenssteuerungsgedankens etwa bei *Wagner* AcP 206 (2006), 352; speziell zum Schadenersatzrecht 451 ff.
4 Vgl hierzu zB *Körner* NJW 2000, 241; ferner *Wagner* NJW 2006, Beilage zu Heft 22, 5, 8.

Wenn ein Schadensfall durch eine Sozialversicherung oder eine private Krankenversicherung reguliert wird, nimmt diese nach den versicherungsrechtlichen Vorschriften beim Schädiger **Rückgriff (Regress)**. Das bedeutet, dass der Anspruch des Geschädigten gegen den Schädiger (oder dessen Haftpflichtversicherung) nach § 116 SGB X oder § 67 VVG auf den Leistenden übergeht; beim Geschädigten verbleiben allein etwaige Schmerzensgeldansprüche (aus § 253 Abs. 2), da er dafür aufgrund der versicherungsrechtlichen Vorschriften keinen Ersatz erhält. Häufig wird also die Verantwortlichkeit für einen Unfallschaden im Verhältnis zwischen Versicherungen – und damit letztlich den Kollektiven der Geschädigten und der Schädiger – geklärt. Das private Haftungsrecht wird somit zumindest teilweise zu einem Recht der Regressvoraussetzungen[5]. Natürlich steckt auch darin eine Art Ausgleichsfunktion und zumindest ein Rest des Präventionsgedankens. Aber da die großen Versicherer zwecks vereinfachter (und damit kostengünstiger) Ausgleichung untereinander Schadensteilungsabkommen geschlossen haben, die die Risiken nach anderen Kriterien als dem der individuellen Verantwortlichkeit im Einzelfall verteilen[6], tritt die Prävention weiter in den Hintergrund, zumal die privaten Haftpflichtversicherungen gegen ihren Versicherungsnehmer zumindest im Regelfall keinen Regress nehmen können (zu Ausnahmen siehe § 158 f VVG). Eine rudimentäre Präventionsfunktion bleibt dem Schadenersatzrecht aber insofern erhalten, als in den Versicherungsverträgen nicht selten an die Inanspruchnahme von Versicherungsleistungen eine **Prämienerhöhung** geknüpft und/oder ein **Selbstbehalt** vorgesehen ist (die Versicherung verpflichtet sich nur, für den einen bestimmten Betrag übersteigenden Schaden aufzukommen).

13/4 Ein weiterer Grundzug der modernen Entwicklung beruht auf der Einsicht, dass der Gedanke individueller Verantwortlichkeit überall dort nicht mehr passt, wo jemand aus wohlerwogenen Gründen, die zum Teil mit der Versorgung der Öffentlichkeit (etwa mit Energie oder Beförderungsleistungen) zusammenhängen, bewusst mit Gefahrenquellen umgeht und eine **Gefährdungshaftung** auf sich nehmen muss (vgl § 1 HaftPflG, § 7 Abs. 1 StVG, § 22 WHG, § 25 AtomG)[7]. Im privaten Bereich kann man noch sagen, es sei sehr nahe liegend, denjenigen auch ohne Verschulden haften zu lassen, der sich **im eigenen Interesse** einer gefährlichen Sache bediene. Warum sollte dieses Risiko auch der Geschädigte tragen, der sich auf das von der konkreten Gefahrenquelle ausgehende Risiko nicht freiwillig eingelassen hat? Ein wenig anders fällt die grundsätzliche Abwägung bei den zunächst angesprochenen Gemeinwohleinrichtungen aus. Als Zurechnungskriterium für verursachte Schäden bleibt hier nicht viel mehr übrig als die Möglichkeit, die Risiken besser zu kalkulieren, dh sie auf die Gesamtheit der potenziell Geschädigten umzulegen oder/und zu versichern. Auch der betriebswirtschaftliche Aspekt der Haftung als Anreiz, den Schaden gering zu halten oder aber die Verantwortlichkeit wegen Unerschwinglichkeit wirksamer Prävention hinzunehmen[8],

---

5 Zu diesem Befund statt vieler *Deutsch*, Haftungsrecht², Rn 2, 922 ff.
6 Dazu etwa *Ebel* JuS 1979, 357, 361 ff; *Deutsch*, Haftungsrecht², Rn 939; *Kötz/Wagner*, Deliktsrecht¹⁰, Rn 780 f.
7 Zur Gefährdungshaftung siehe etwa *Deutsch* NJW 1992, 73; *dens.* Jura 1983, 617; *Medicus* Jura 1996, 561.
8 Siehe *Deutsch*, Haftungsrecht², Rn 634 ff.

verdient Beachtung; ebenso die gesamtwirtschaftlich ansetzende Frage, bei welchen Subjekten denn eigentlich die Kosten für Schaden und Schadensvermeidung am günstigsten lokalisiert werden können. Die Berücksichtigung dieser Aspekte ist aber – jedenfalls ganz primär – Aufgabe der Rechtspolitik, nicht der Rechtsanwendung.

## 2. Grundstruktur

Die dogmatische **Grundstruktur des Haftungsrechts** ist hauptsächlich an der Ausgleichsfunktion ausgerichtet, was es gestattet, auch unter leicht veränderten Rahmenbedingungen mit diesem System zu arbeiten. Den Ausgangspunkt bildet eine **pflichtwidrige Rechts- bzw Rechtsgutsverletzung**, entweder ein Verstoß gegen eine Vertragspflicht oder ein Eingriff in fremde absolut geschützte Rechte bzw Rechtsgüter (§ 823 Abs. 1). Gleich behandelt werden schuldhafte Verstöße gegen konkrete Gesetzesnormen (etwa des Straßenverkehrs- oder des Strafrechts), die gerade den Zweck haben, Personen vor Schäden zu bewahren (**Schutzgesetzverletzung**, siehe § 823 Abs. 2), wenn die Gesetzesverletzung zu entsprechenden schädlichen Folgen geführt hat[9]. Der Ersatzanspruch steht grundsätzlich dem Gläubiger der verletzten Vertragspflicht oder dem Inhaber des verletzten Rechtsguts zu, niemandem sonst, mag er auch durch das inkriminierte Verhalten Vermögensnachteile erlitten haben. Ob und in welchen Fällen dieses **Identitätserfordernis** ausnahmsweise durchbrochen wird, kann hier nicht erörtert werden; beispielhaft hingewiesen sei bloß auf die sog **Drittschadensliquidation** (näher dazu Rn 16/16 ff).

13/5

Im **Fall 28** kann es sein, dass durch den Ausfall der N die E-AG einen Schaden erleidet. Da aber nicht sie an einem der in § 823 Abs. 1 geschützten Rechtsgüter verletzt wurde, steht ihr ein Ausgleichsanspruch für ihren Schaden nicht zu. Das würde auch für den Ehemann oder die Kinder der Frau N gelten, wenn hier nicht die Sondervorschrift des § 845 Abhilfe schüfe. Es gibt zahlreiche weitere Beispiele dieser Art (§§ 10 Abs. 1 S. 2, Abs. 2 StVG, 35 Abs. 1 S. 2, Abs. 2 LuftVG), die aber als Ausnahmen die Regel nicht beseitigen. Nicht in diesen Zusammenhang gehört hingegen die Zubilligung von Schadenersatz für vorgeburtliche Gesundheitsschädigungen: Der BGH[10] geht von einer unmittelbaren Schädigung des Kindes aus.

Die Rechtsgutsverletzung muss durch **(zurechenbares) Verhalten des als Schädiger Belangten** verursacht sein (zur Ursächlichkeit näher Rn 13/8 ff). Dieses Verhalten kann entweder in einem aktiven **Tun** oder aber auch in einem bloßen **Unterlassen** bestehen; Letzteres kann allerdings nur dann eine Schadenersatzpflicht auslösen, wenn eine Rechtspflicht zum Handeln bestand und die Vornahme der entsprechenden Handlung den Eintritt des Schadens verhindert hätte. Bloße Verursachung (Kausalität) begründet im Regelfall aber noch keine Haftung: Der auf Schadenersatz in Anspruch Genommene muss die Rechtsgutsverletzung darüber hinaus **verschuldet** haben, soweit nicht Tatbestände der Gefährdungshaftung eingreifen (zu den Haftungsvoraus-

13/6

---

9 Zur zentralen Aufgabe des Rechtsanwenders, den konkreten *Schutzzweck* der verletzten Norm festzustellen, statt vieler *Kötz/Wagner*, Deliktsrecht[10], Rn 195 ff.
10 BGHZ 8, 243; BGHZ 58, 48.

setzungen der Rechtswidrigkeit und des Verschuldens schon Rn 6/1 ff). Das Verschuldenserfordernis wird durch die allgemeine Formel des § 276 Abs. 1 mit Inhalt gefüllt (dazu Rn 6/3 ff).

13/7 Liegen die damit umrissenen Voraussetzungen vor, so ordnen die §§ 249 ff als Rechtsfolge die Haftung für den **gesamten** verursachten Schaden an, ohne nach dem Grad des Verschuldens – soweit ein solches gefordert wird – zu differenzieren. Dieses rechtspolitisch umstrittene **„Alles-oder-Nichts-Prinzip"**[11] wird im geltenden Recht nur bei Mitverschulden des Geschädigten (§ 254; dazu Rn 14/19 ff) abgeschwächt. Dennoch ist die fehlende Proportionalität von Haftungsumfang und Verschulden schon seit längerem Anlass für Reformüberlegungen. So wurde anlässlich der letzten Novellierung der §§ 249 ff noch im Regierungsentwurf vorgeschlagen, einen Anspruch auf Ersatz ideeller Schäden (*„Schmerzensgeld"*; früher geregelt in § 847) nur dann zu gewähren, wenn die Verletzung vorsätzlich herbeigeführt wurde oder der eingetretene Schaden erheblich ist. Diese Absicht wurde jedoch wieder aufgegeben, sodass sich nunmehr in § 253 Abs. 2 keine derartige Differenzierung findet (zu den ideellen Schäden näher Rn 14/1, 28, 36).

Dennoch existieren bereits einige Einschränkungen des „Alles-oder-Nichts-Prinzips". Sie beruhen auf der Überzeugung, dass eine derart weitgehende – „uferlose" – Haftpflicht unzumutbar sein könne. So ist die Gefährdungshaftung oft auf eine **Höchstsumme** begrenzt, siehe etwa die §§ 12, 12a StVG. Eine darüber hinausgehende Verschuldenshaftung bleibt unberührt. Einen anderen systematischen Ansatzpunkt wählte die Rechtsprechung für die Begrenzung der Vertragshaftung eines Arbeitnehmers: Im Wege kühner Rechtsfortbildung wird der Arbeitnehmer bei leichtester Fahrlässigkeit überhaupt von jeder Ersatzpflicht freigestellt; nur bei grober Fahrlässigkeit hat er entsprechend dem Gesetzeswortlaut, also voll zu haften, während bei leichter Fahrlässigkeit eine Schadensteilung unter Abwägung von Verschulden des Arbeitnehmers und Betriebsrisiko des Arbeitgebers stattfindet. Während diese Privilegierung ursprünglich auf Pflichtverletzungen bei „gefahrgeneigter Arbeit" beschränkt war, wurde sie später auf alle Fälle der **„Arbeitnehmerhaftung"** erstreckt[12]. Hier vermischen sich eine Änderung des Haftungsmaßstabs und eine Anpassung des Haftungsumfangs an die spezielle Interessenlage. Sauberer wäre es wohl gewesen, die gewünschte Arbeitnehmerbegünstigung auf gesetzlicher Basis einzuführen.

---

11  Dieser rechtspolitisch fragwürdige und schon de lege lata durchaus nicht unumstrittene Grundsatz (siehe nur die Vorschläge des 43. Deutschen Juristentages) soll nach einer Ansicht (zB *Canaris* JZ 1987, 1002) jedenfalls insofern gegen das Grundgesetz verstoßen, als es um die Haftung von Kindern und Minderjährigen geht. Die Problematik wurde durch das am 1.1.1999 in Kraft getretene Minderjährigenhaftungsbeschränkungsg (BGBl I 1998, 2487), insbesondere durch den neu eingeführten § 1629a, entschärft; allerdings nur für rechtsgeschäftliche, kraft gesetzlicher Vertretungsmacht begründete Schulden des Minderjährigen. Zur schadenersatzrechtlichen Privilegierung von schädigenden Kindern unter 10 Jahren im motorisierten Verkehr siehe den neuen, am 1.8.2002 in Kraft getretenen § 828 Abs. 2. § 828 Abs. 3 (vor dem Jahr 2002: Abs. 2) ist nach dem BVerfG NJW 1998, 3557 einer Normenkontrolle entzogen, da diese Vorschrift dem „vorkonstitutionellen" Recht angehört. (Das BVerfG regte übrigens an, eine Reduktion der Minderjährigenhaftung im Einzelfall auf der Grundlage des – damit sicherlich überstrapazierten – § 242 BGB durchzuführen.).

12  Die im Einzelnen stark differenzierende Rechtsprechung findet sich nahezu vollständig in AP bei § 611 BGB – Haftung des Arbeitnehmers; vgl vor allem den Vorlagebeschluss des GS des BAG NJW 1993, 1732; NJW 1995, 210; BGH NJW 1996, 1532. Siehe im Übrigen *Lieb*, Arbeitsrecht[8], Rn 210 ff; ausführlich *Otto/Schwarze*, Haftung des Arbeitnehmers[3] (1998), 81 ff.

## II. Die Kausalität[13]

### 1. Äquivalenztheorie

Unter den Grundelementen des Schadensrechts kommt der Feststellung, dass der Schädiger einen bestimmten Schaden **verursacht** habe, eine zweifache Funktion zu: Einmal wird dem Handelnden – bzw bei der Gefährdungshaftung dem Beherrscher einer Gefahrenquelle – eine bestimmte eingetretene Rechtsgutsverletzung (zB Eigentumseingriff), zum anderen eine für den Inhaber des Rechtsguts nachteilige Folge (regelmäßig ein Vermögensschaden) zugerechnet[14]. Diese beiden Aspekte werden mit den Begriffen der „haftungsbegründenden" bzw der „haftungsausfüllenden" Kausalität bezeichnet. Dabei versteht man unter **haftungsbegründender Kausalität** den Ursachenzusammenhang zwischen schädigendem Verhalten und Verletzung eines Rechtsgutes; unter **haftungsausfüllender Kausalität** hingegen den Ursachenzusammenhang zwischen der Verletzung des Rechtsgutes und dem dadurch eingetretenen Schaden[15].

13/8

**Beispiel** zur haftungs*begründenden* Kausalität: Fußballspieler A ist über eine Entscheidung des Schiedsrichters B erbost. Er geht auf B los und will ihm, um seinen Argumenten Nachdruck zu verleihen, mit der Faust ins Gesicht schlagen. B kann ausweichen und die Faust des A trifft C, der durch den Schlag mehrere Zähne verliert.

**Beispiel** zur haftungs*ausfüllenden* Kausalität (Fortsetzung): Aufgrund des heftigen Schlages kommt C zu Fall. Er schlägt sich auf dem harten Sandplatz das Knie auf und eilt sofort zu einem Arzt, der ihn gegen Wundstarrkrampf impft. C zeigt allergische Reaktionen auf die Spritze, auch ein mehrwöchiger Krankenhausaufenthalt kann die immer schlimmer werdenden Folgen, die letztendlich zur Arbeitsunfähigkeit des C führen, nicht lindern.

Das Gesetz lässt nicht klar erkennen, diese Differenzierung – wie überhaupt die Frage der Verursachung – als Problem gesehen und entschieden zu haben. Das zeigt sich in den schlichten Formulierungen etwa des § 823 (den „daraus entstehenden Schaden") oder des § 280 Abs. 1 („Ersatz des hierdurch entstehenden Schadens"). Immerhin deutet der Wortlaut dieser Vorschriften darauf hin, dass nach Feststehen einer Haftung dem Grunde nach, also bei Bejahung einer vom Schädiger verursachten und von ihm regelmäßig auch verschuldeten Rechtsgutsverletzung, die Verantwortlichkeit für alle hiermit kausal zusammenhängenden Schäden jedenfalls im Regelfall geklärt ist. Anders gesagt: **Es reicht für die Haftung aus, dass die Rechts(guts)verletzung also solche schuldhaft erfolgte**. Dass dem Rechtsträger aus diesem Verhalten Schäden entstehen würden, muss vom Schädiger hingegen nicht konkret vorhersehbar gewesen sein[16]. Bei

13/9

---

13  Dazu aus jüngerer Zeit etwa *Bratzke/Kauert* (Hrsg), Kausalität (2006); *Mäsch*, Chance und Schaden (2004); *Röckrath*, Kausalität, Wahrscheinlichkeit und Haftung (2004); knapp und anschaulich *Faust* in *Rönnau/Faust/Fehling* JuS 2004, 113, 115 ff.
14  Zur besonders diffizilen Beweisführung der Ursächlichkeit in den „Raucherfällen" *Rohlfing/Thiele* VersR 2000, 289, 291 ff; zur Kausalität bei fehlerhafter Rechtswahrnehmung durch Anwälte und Steuerberater *Adam* VersR 2001, 809.
15  Vgl *Kupisch/Krüger* JuS 1981, 30. Zum Nachweis der haftungsbegründenden Kausalität *Musielak* JuS 1983, 609, insb. 612.
16  *Deutsch*, Haftungsrecht[2], Rn 127; *Larenz*, SR I[14], 431 ff. Zweifel bei MünchKomm/*Oetker*, BGB[5], § 249 Rn 103.

vorwerfbaren (dh fahrlässigen oder vorsätzlichen) Eingriffen in fremde Rechte und bei der schuldhaften Verletzung von Schutzgesetzen hat der Handelnde daher grundsätzlich auch für Schäden zu haften, mit deren Eintritt sogar ein sorgfältiger Mensch in concreto nicht rechnen musste.

> Im **Fall 28** geht bereits die Verletzung der N auf eine mehr oder weniger lange Kausalkette zurück, die im Einzelnen von manchen Zufällen beeinflusst sein kann. Dennoch dürfte an der Haftung des Schädigers für die eigentlichen Unfallschäden kein Zweifel bestehen. Fraglich ist aber, ob S auch die Entdeckung der Arbeitsunfähigkeit der N zurechenbar verursacht hat. Bedenken dieser Art sind nicht selten: Im Anschluss an eine Verletzung bekommt der Verletzte im Krankenhaus eine ansteckende Krankheit. Es treten nach Jahren Spätfolgen auf. Aber auch die zur eigentlichen Rechtsgutsverletzung führende, die haftungsbegründende Kausalität, kann manchmal problematisch sein, so im lesenswerten Fall BGH NJW 1976, 1143: Ein vom beklagten Bauern mit beleidigenden Worten von einem Grundstück vertriebener, als Landvermesser tätiger Werkstudent erleidet durch die Erregung über den Vorfall eine Gehirnblutung. Für derartige Extremfälle wurde die Adäquanztheorie entwickelt (dazu sofort Rn 13/11 f).

13/10 Bei Verabschiedung des BGB scheint die Überzeugung geherrscht zu haben, durch eine „natürliche" oder – soweit dies reflektiert wurde – eine an naturwissenschaftlichen Methoden orientierte Betrachtungsweise die haftungsbegründenden von den nicht mehr relevanten Verhaltensweisen abgrenzen zu können. Das ist in einem ersten Schritt auch tatsächlich immer zu tun: Nach der sog **Äquivalenztheorie** ist zu klären, ob der Erfolg oder die fragliche Handlung entfiele bzw – im Hinblick auf die Unterlassung – ob der beanstandete Erfolg auch bei Hinzudenken der fehlenden gebotenen Handlung eingetreten wäre (**conditio sine qua non – Formel**). Danach hat aber jedes Geschehen eine unendliche Kette von Ursachen und eine ebenso lange Reihe von Folgen. Also muss nach anderen Maßstäben, denen des Rechts, **gewertet** werden, welche Erfolge und welche Schäden dem Handelnden bzw dem für ein Geschehen Verantwortlichen zugerechnet werden können. Es muss ein Kriterium für die Verantwortung gefunden werden, das unter den verschiedenen natürlichen Ursachen **abstuft**. Hierum bemühen sich mehrere Theorien. Sie haben gemeinsam, dass sie im Sinne eines **normativen** Urteils eine Eingrenzung der Haftung suchen, wobei sie eine **Grenze** ermitteln müssen, bis zu der dem Urheber einer Schadensbedingung eine Haftung für ihre Folgen billigerweise zugemutet werden kann[17], ohne dabei auf das Verschulden abzustellen.

### 2. Adäquanztheorie

13/11 Nach der **Adäquanztheorie**, die heute meist um zusätzliche Abwägungskriterien ergänzt wird, ist dem Handelnden ein Erfolg nur zuzurechnen, wenn sein Eintritt vom Standpunkt eines (nachträglichen) objektiven Beobachters dem **gewöhnlichen** (bzw dem nicht ganz ungewöhnlichen) Verlauf der Dinge entsprach. Es scheiden also diejenigen Ursachen aus, die nur durch eine ganz unwahrscheinliche Verkettung von

---

17  BGHZ 3, 261, 267; 18, 286; 58, 162; BGH NJW 1976, 1143; NJW 1995, 126, 127.

Umständen den Erfolg herbeiführen konnten[18]. In der Adäquanztheorie stecken zwei Ansätze für eine wertende Korrektur des rein naturwissenschaftlichen Kausalitätsurteils: Zum einen wird eine typisierende Betrachtung des Kausalverlaufs mit dem Ziel der Eliminierung ganz außergewöhnlicher Bedingungen gefordert. Zum anderen wird auf den Standpunkt eines Beobachters abgestellt, dessen Einsichtsvermögen mindestens gut, wenn nicht optimal ist[19], der jedenfalls gegenüber dem konkret Handelnden auch nur eine typisierte Figur ist. Natürlich kann gegen diese Theorie manches eingewendet werden[20]. Ihr kommt aber zumindest das Verdienst zu, eine erste Einschränkung der Zurechnung aller Folgen einer noch so zufälligen Kausalitätskette erreicht zu haben. Eine (zumindest) derartige Einschränkung wird im Ergebnis auch von den meisten Stimmen befürwortet. Von vornherein unanwendbar ist die Adäquanztheorie jedoch in Fällen, in denen nicht nur die Rechtsverletzung, sondern gerade auch der **Erfolg** vom Vorsatz des Schädigers umfasst war: Eine Haftung ist daher auch dann zu bejahen, wenn der Erfolgseintritt ex ante betrachtet noch so unwahrscheinlich erschien[21].

Nimmt man den erwähnten Fall des im Krankenhaus von einer ansteckenden Krankheit befallenen Unfallopfers, so wird man sagen müssen, dass nach der Lebenserfahrung mit solchen Ereignissen gerechnet werden muss. Auch Spätfolgen, mit deren Auftreten allenfalls ein Mediziner konkret rechnen muss, sind danach adäquat; ebenso eine als Folge der Schädigung auftretende **„Rentenneurose"** (neurotische Zwangsvorstellung des Geschädigten, er könne nicht mehr selbst für seine Lebenssicherung aufkommen). Nachdem der BGH – in Abkehrung von der Rechtsprechung des Reichsgerichts[22] – lange Zeit eine Ersatzpflicht des Schädigers verneinte[23], da eine solche dem Sinn und Zweck des Schadenersatzrechts zuwiderliefe (gerade durch die Gewährung eines Schadenersatzanspruchs würde nämlich die „Wiedereinführung in den sozialen Lebens- und Pflichtenkreis" erschwert oder gar verhindert), stellt das Höchstgericht heute psychische Leiden den körperlichen Schäden weitgehend gleich[24].

Da die meisten Schäden nicht infolge einer ganz unwahrscheinlichen Verkettung von Umständen entstehen, wird die Adäquanz nur selten verneint[25]. Die haftungsbe-

13/12

---

18 Klare Formulierung in RGZ 133, 126; vgl ferner BGHZ 7, 204 und BVerwG NJW 2001, 1878, 1881. Im Schrifttum siehe *Schünemann* JuS 1979, 19; *Weitnauer* JuS 1979, 697; *Honsell/Harrer* JuS 1985, 161; *Michalski* Jura 1996, 393. Aus der Rechtsprechung noch etwa BGHZ 59, 139; BGH NJW 1995, 126, 127; NJW 1998, 138, 140. Amüsant AG Regensburg NJW 2000, 1047: Katze erschrickt (angeblich) durch des Nachts eingehendes Telefax und verletzt sich.
19 Das RG (RGZ 133, 126 f) wollte eine objektive Betrachtung ex ante anstellen. BGHZ 3, 267 und die heute überwiegende Lehre fordert eine „nachträgliche objektive Prognose", ohne zu leugnen, dass dabei eine Wertung stattfindet (BGHZ 18, 288). – Diskutiert werden könnte auch noch, ob man auf den Standpunkt eines „optimalen Beobachters" oder (wie *Larenz*, SR I[14], 436) den eines „erfahrenen Beurteilers" abstellt.
20 Siehe etwa *Esser/E. Schmidt*, SR I/2[8], 231 ff; *Kötz/Wagner*, Deliktsrecht[10], Rn 193 f.
21 Vgl BAG NJW 1990, 3228: Haftung des Diebes für Schäden, die aus der Verpfändung und späteren Versteigerung des Diebesgutes entstanden.
22 RGZ 105, 264; 151, 279.
23 BGHZ 20, 137; BGH NJW 1965, 2293.
24 BGHZ 132, 341, 345 f (seelischer Schaden infolge psychisch bedingter Anfälligkeit); NJW-RR 1999, 819 (Fahrradunfall; Haftung im Falle eines sog Ursachenbündels). Selbst wenn der Anlass eine Bagatelle darstellt, wird bei einer entsprechenden Schadensanlage des Geschädigten dennoch zugerechnet: BGH NJW 1998, 810, 812; aA OLG Oldenburg, DAR 2001, 313.
25 Siehe aber immerhin die Ausführungen des erwähnten Urteils BGH NJW 1976, 1143, das die Gehirnblutung als Folge der Beleidigung eines jungen Menschen für nicht mehr adäquat erklärt. In BGHZ

schränkende Wirkung allein dieser Lehre ist also gering. Umgekehrt gilt: Wenn feststeht, dass ohne die Handlung der Erfolg nicht eingetreten wäre, bedarf es eines Grundes, weshalb der Verletzte ohne Ersatzanspruch bleiben soll. Ein solcher Grund kann nur in einer **normativen** Risikoverteilung liegen, und diese darf sich nicht darauf beschränken, dem Täter alle Risiken zuzurechnen, die sein Handeln nach dem gewöhnlichen Verlauf der Dinge in der Sphäre des Verletzten begründet. Daher sind **weitere Kriterien einer Haftungsbeschränkung** nötig. Auf der anderen Seite ist man sich darüber einig, dass die Zurechnung nach dem Wahrscheinlichkeitsurteil die äußerste Marke darstellt, bis zu der den Handelnden eine Verantwortlichkeit trifft. Jenseits dieser Grenze realisiert sich in aller Regel für den Geschädigten das gewöhnliche eigene Schadensrisiko, mag auch der erste Anstoß zum schädigenden Kausalverlauf von einer fremden Handlung ausgegangen sein.

Zur Adäquanz sollte man sich also zumindest merken, dass sie die bloß den Ursachenverlauf analysierende Äquivalenztheorie bei der ersten Grenzziehung unterstützt. Prägnant formuliert: Für inadäquate Schäden ist grundsätzlich nicht zu haften. Damit ist aber noch nicht gesagt, dass für alle adäquat verursachten Nachteile einzustehen ist.

### 3. Schutzzweck der verletzten Norm

13/13 Ein weiterer Einschränkungsversuch liegt im Ansetzen am **Schutzzweck der verletzten (Verbots-) Norm**: Man fragt, ob die Gesetzesvorschrift, die der Schädiger verletzt hat, gerade (auch) solche Nachteile wie den tatsächlich eingetretenen verhindern wollte. Wenn ja, wird gehaftet, wenn nein, nicht. Dies wird auch so ausgedrückt: Dem Handelnden sind nur solche Schäden zuzurechnen, die innerhalb des Schutzbereichs der verletzten Norm liegen[26]. Bei der Feststellung der Schutzreichweite ist der Rechtsanwender selbstverständlich nicht auf die vom historischen Gesetzgeber ausdrücklich geäußerten Bereiche beschränkt.

Die **Normzwecklehre**[27] eignet sich zur Bestimmung der Rechtsfolgen beim Verstoß gegen eine spezielle Vertragspflicht oder eine allgemein gültige Verhaltensregel und kommt dem Bedürfnis nach einem normativen Maßstab der Verantwortlichkeit entgegen. Entwickelt wurde sie an einem Sachverhalt, dem **Fall 28** nachgebildet ist.

---

107, 359 (mit Besprechung von *Lipp* JuS 1991, 809) wurde die Adäquanz einer Gehirnblutung, die infolge eines Streits anlässlich eines Verkehrsunfalls auftrat („psychisch vermittelter Gesundheitsschaden"), hingegen grundsätzlich bejaht. Adäquat verursacht ist auch jener Schaden, der deshalb eintritt, weil jemand aus dem Fenster einer im zweiten Stock gelegenen Wohnung springt, um sich vor einem Tobenden zu retten, der zuvor die Wohnungstür eingetreten hat: BGH NJW 2002, 2232 = JA 2003, 3 (*Krauss*).

26 Grundlegend *von Caemmerer*, Das Problem des Kausalzusammenhangs im Privatrecht (1956); *Hans Stoll*, Kausalzusammenhang und Normzweck im Deliktsrecht (1968); *H. Lange* JZ 1976, 198, 201 ff. Siehe ferner etwa *Michalski* Jura 1996, 393.

27 Sie wird auch als *Schutzzweck-* bzw. *Schutzbereichs*lehre bezeichnet; gelegentlich ist auch von der *Lehre vom Rechtswidrigkeitszusammenhang* die Rede. Generell zur Rechtswidrigkeit als Voraussetzung der Haftung aus unerlaubter Handlung (§ 823) Schuldrecht Besonderer Teil § 20 Rn 10 ff.

Dass bei Frau N anlässlich ihres Krankenhausaufenthalts eine weitere, an sich nicht mit der Unfallverletzung zusammenhängende Erkrankung festgestellt werden würde, lag nicht außerhalb jeder Wahrscheinlichkeit. Zumindest der Zeitpunkt der Feststellung der Arbeitsunfähigkeit wurde durch das von S zu verantwortende Geschehen beeinflusst. Wenn aber die Verletzung der Frau N rechtswidrig war, so nicht deshalb, weil die Entdeckung der Augenkrankheit mit den daraus sich ergebenden Folgen vom Recht missbilligt wurde. Das lässt sich gegen die Zurechnung des Erfolgs als solchen ins Feld führen. Daher ist der eigentlich entscheidende Punkt weniger die Vorstellung von einem mehr oder weniger ausgedehnten Schutzbereich des § 823 Abs. 1 als die Überlegung, dass die früher oder später unvermeidliche Entdeckung der Arbeitsunfähigkeit schlechterdings nicht, auch nicht infolge des Unfalls, der Risikosphäre der Frau N (bzw ihrer Versicherung) entzogen werden kann[28].

Trotz ihrer auf den ersten Blick einleuchtenden normativen Grundlage hat auch die Normzwecklehre Schwächen. Am besten passt sie im Rahmen der **Deliktshaftung** nach § 823 Abs. 2. Hier liegt es auf der Hand, dass ein Ersatzanspruch nur gegeben ist, soweit das verletzte Rechtsgut durch das „den Schutz eines anderen bezweckende Gesetz" umfasst ist. Nicht immer ist freilich ganz klar, wessen Schutz eine Vorschrift im Auge hat[29]; doch hilft bei der Anwendung des § 823 Abs. 2 die Vorstellung weiter, dass die Schutzbereichslehre im Wesentlichen nur solche Folgen ausschließen will, die das konkret verletzte Gesetz nicht im Auge hatte. Es muss also nicht immer festgestellt werden, dass eine Norm einen ganz bestimmten Erfolg auch positiv verhindern wollte. Auch ginge es nicht an, mittels der Normzwecklehre aus dem zurechenbar verursachten Schaden alle die Folgen auszunehmen, die wenig wahrscheinlich sind; oder gar jene, die besonders schwer wiegen[30]. Es ist unter diesen Umständen sogar möglich, weiter entfernte, etwa durch eigenes Tun des Verletzten hervorgerufene Folgen dem Täter zuzurechnen, sofern ihre Verhinderung vom Schutzzweck der Norm mitumfasst wird.

13/14

**Beispiel** für die Abgrenzungsschwierigkeiten[31]: Wegen eines Verkehrsunfalls gerieten in einer modernen Intensivzucht gehaltene Schweine in Panik, wobei einige verendeten und einige vorzeitig warfen. Die dadurch verursachten Schäden sind nach Ansicht des BGH vom Schutzzweck des § 7 Abs. 1 StVG (die Schutzzwecktheorie wird also auch im Bereich der *Gefährdungshaftung* angewendet!) nicht mehr erfasst, da der Geschädigte die „entscheidende Ursache" für den Schaden

---

28 Siehe zur Falllösung BGH JZ 1969, 602; *Larenz*, SR I[14], 440 ff; *Esser/E. Schmidt*, SR I/2[8], 238 ff.
29 **Beispiel:** Kann ein Bauherr wegen seines durch mangelhafte Bauausführung entstandenen Vermögensschadens den Unternehmer wegen eines Verstoßes gegen baupolizeiliche Vorschriften nach § 823 Abs. 2 iVm den bauordnungsrechtlichen Bestimmungen belangen oder schützen diese Normen nur öffentliche Interessen (dazu BGH NJW 1965, 534; BayObLG NJW 1967, 354)? Siehe aber jetzt auch § 319 StGB.
30 Bedenklich daher BGHZ 56, 163 (Schockschaden aufgrund der Nachricht vom Tod eines nahen Angehörigen): Ein Schadenersatzanspruch soll nicht schon zugebilligt werden, wenn die medizinischen Auswirkungen (im konkreten Fall) nicht über die gesundheitlichen Beeinträchtigungen hinausgehen, denen nahe Angehörige bei Todesnachrichten erfahrungsgemäß (generell) ausgesetzt sind; kritisch *Deubner* JuS 1971, 622.
31 BGHZ 115, 84; siehe dazu die ablehnende Besprechung von *H. Roth* JuS 1993, 716. Vgl ferner BGH NJW 1978, 2027 (Folgen der sittlichen Verwahrlosung eines vom Beklagten verführten Mädchens); OLG Düsseldorf NJW 1978, 2036 (Folgen der Panik eines anderen als des vom Beklagten unsachgemäß behandelten Pferdes).

– gerade die Bedingungen der Intensivzucht waren nämlich der hauptsächliche Grund für die besondere Anfälligkeit der Schweine gegenüber Panikanfällen – bewusst und freiwillig gesetzt habe.

13/15 Die Schutzzwecklehre passt auch bei der **Schädigung durch Vertragsverletzung**. Dadurch verursachte Nachteile können dem Täter nur zugerechnet werden, wenn die verletzte Pflicht den Eintritt des konkreten Schadens verhindern sollte[32]. Gerade bei Vertragspflichten ist deren Schutzumfang allerdings nicht immer leicht zu ermitteln. So besteht zwar etwa kein Zweifel daran, dass ein Rechtsanwalt haftet, wenn er Ansprüche seines Mandanten verjähren lässt. Fraglich könnte aber sein, ob der Schutzzweck der vertraglichen Aufklärungs- und Sorgfaltspflichten des Anwalts auch noch dann greift, wenn der Mandant bereits vor Ablauf der Verjährungsfrist – mit seinem ersten Anwalt unzufrieden – einen weiteren Rechtsanwalt mit der Prüfung von Ersatzansprüchen gegen den ersten beauftragt. Der BGH hat diese Frage bejaht: Selbst ein Fehler des neuen Anwalts unterbreche den *Zurechnungszusammenhang* grundsätzlich nicht[33].

Die nach der Verkehrsauffassung als Realisierung des allgemeinen Lebensrisikos aufzufassenden Schäden sollten dem Täter hingegen nicht angelastet werden. Diese – ebenfalls unscharfe – Grenze wird auch vom BGH generell anerkannt: Wenn sich eine Gefahr verwirklicht, die im täglichen Leben unter Billigung der Rechtsordnung in Kauf genommen werden muss, so soll jeder dafür selbst einzustehen haben[34].

Im vertraglichen Bereich kann und soll die Schutzzwecklehre selbstverständlich nicht verhindern, dass der Schadenersatz statt der Leistung (§§ 280 ff) grundsätzlich das gesamte Interesse an der primären Leistungspflicht umfasst. Dasselbe gilt für die weitgehend anerkannten Nebenpflichten.

**Beispiele:** Ein gekauftes Tier ist krank und steckt die anderen Tiere des Käufers an. Hier steht neben den Gewährleistungsbehelfen das vertragliche Recht auf Ersatz des sonstigen Schadens. Aber auch weitere Kausalverläufe können vom Schutzzweck einer Vertragspflicht umfasst sein: A wird während einer Bahnfahrt aufgefordert, seinen Fahrausweis zu zeigen. Da dieser nicht in Ordnung ist, flieht er. Der ihn verfolgende Beamte stürzt und wird verletzt. Eine Verantwortlichkeit ist zu bejahen, soweit die Körperschäden sich als Verwirklichung eines gesteigerten, durch die Verfolgung übernommenen Risikos darstellen[35]. Hier kehrt der Gesichtspunkt der Zurechnung des Schadens nach Risikosphären wieder und ergänzt die Betrachtung nach der Adäquanzlehre. Es wird aber auch vertreten, dass der zur Begutachtung eines Kfz-Unfallschadens herangezogene Sachverständige nicht für die Einbuße haftet, die der Eigentümer bei der späteren Inzahlunggabe des beschädigten Fahrzeugs erlitt[36].

---

32 *H. Lange* JZ 1976, 198, 202 f; *Larenz*, SR I[14], 440.
33 NJW 2002, 1117, 1120. Ausführlicher zum Problemkreis der Unterbrechung des Zurechnungszusammenhanges durch das Hinzutreten des Verhaltens eines Dritten oder des Geschädigten selbst etwa *Esser/E. Schmidt*, SR I/2[8], 235 ff; *Lange/Schiemann*, Schadenersatz[3], 143 f Fn 394.
34 BGHZ 107, 359, 367 (nach einem Verkehrsunfall wurde der an Bluthochdruck leidende Kläger vom Beklagten vor der Polizei wahrheitswidrig als der Schuldige dargestellt und erlitt aus Erregung darüber eine Gehirnblutung mit einem Schlaganfall).
35 BGHZ 57, 25; siehe auch BGH NJW 2000, 947. Weitere Nachweise bei MünchKomm/*Oetker*, BGB[5], § 249 Rn 161 ff.
36 LG Flensburg JZ 1978, 238; kritisch *von Olshausen* JZ 1978, 227.

Insgesamt hat die Schutzzwecklehre zwar nicht immer voll befriedigende Ergebnisse gebracht. Das ist bei heiklen Abgrenzungsfragen aber auch nicht anders zu erwarten. Bei sorgfältiger Anwendung ist sie gemeinsam mit der Adäquanztheorie zur sachgerechten Haftungseingrenzung jedoch prinzipiell sehr geeignet.

### 4. Rechtmäßiges Alternativverhalten[37]

Als weiteres Korrektiv kommt der Einwand „**rechtmäßigen Alternativverhaltens**" in Betracht: Der Schädiger beruft sich darauf, der Schaden wäre auch dann eingetreten, wenn er sich rechtmäßig verhalten hätte. Kann er dies beweisen[38], scheidet eine Ersatzpflicht regelmäßig aus. Eine *Ausnahme* wird von manchen allerdings dann vertreten, wenn im Interesse des Geschädigten *Verfahrensgarantien* bestehen und diese verletzt wurden; so bei Verhaftung ohne richterlichen Haftbefehl[39]. Da an den vom „Schädiger" zu führenden Beweis, der Haftbefehl wäre bei Beantragung jedenfalls erteilt worden (etwa wegen dringenden Tatverdachts, der sich erst später zerschlägt), ohnehin ein strenger Maßstab angelegt werden muss, sollte der Einwand rechtmäßigen Alternativverhaltens bei entsprechenden Beweisergebnissen auch in solchen Fällen möglich sein[40].

13/16

**Beispiele:** Sachlich gerechtfertigte Beschlagnahme von mit Salmonellen vergiftetem Fleisch durch eine unzuständige Behörde (BGH NJW 1971, 239); keine Ersatzpflicht des vertragsbrüchigen Arbeitnehmers für Inseratskosten, die auch bei ordnungsgemäßer Kündigung angefallen wären (BGH NJW 1981, 2430); ein auf Schadenersatz in Anspruch genommener Arzt kann geltend machen, dass der Patient die wegen fehlender Aufklärung unwirksame Einwilligung auch bei ordnungsgemäßer Aufklärung erteilt hätte (BGHZ 90, 103).

Im **Fall 29** hat A durch seine Handlung zwar die real wirksame Bedingung für den Eintritt des Schadens gesetzt, der Schaden ist also (zunächst) durch seine Handlung entstanden und eine Ersatzpflicht dem Grunde nach gegeben. Allerdings hätten die übrigen Miteigentümer ihre Mietertrags-Anteile auch bei korrekten Verhalten des A weitestgehend verloren, nämlich infolge des (späteren) Zusammenbruchs der Bank B. Wem es missfällt, dass eine Berufung auf rechtmäßiges Alternativverhalten auch in derartigen Fällen vorsätzlicher Pflichtverletzung bzw strafbaren Handelns möglich sein soll, müsste eine weitere, bereits angesprochene Differenzierung erwägen; nämlich den Einwand dann nicht zuzulassen, wenn die verletzte Gesetzesnorm die Einhaltung eines ganz bestimmten Verfahrens sicher stellen bzw bestimmte „Schadensentstehungswege" verhindern will.

---

37 *Brehm/Kleinheisterkamp* JuS 2000, 844; *Gotzler*, Rechtmäßiges Alternativverhalten im haftungsbegründenden Zurechnungszusammenhang (1977); *Großerichter*, Hypothetischer Geschehensverlauf und Schadensfeststellung (2001); *Hanau*, Die Kausalität der Pflichtwidrigkeit (1971).
38 Die bloße *Möglichkeit*, dass es auch bei rechtmäßigem Handeln zur Schadensverursachung gekommen wäre, genügt selbstverständlich nicht: LG Nürnberg-Fürth VersR 2002, 100; BGH NJW 1959, 1316.
39 *Von Caemmerer*, Das Problem der überholenden Kausalität im Schadenersatzrecht (1962), 32; *Deutsch/Ahrens*, Deliktsrecht[4], Rn 75; *Lange/Schiemann*, Schadensersatz[3], 206 ff; Palandt/*Heinrichs*, BGB[65], vor § 249 Rn 106; Staudinger/*Schiemann*, BGB[14], § 249 Rn 106; vgl ferner etwa *Larenz*, SR I[14], 529.
40 In diese Richtung gehen etwa *Hanau*, Die Kausalität der Pflichtwidrigkeit (1971), 114 ff; *Gotzler*, Rechtmäßiges Alternativverhalten im haftungsbegründenden Zurechnungszusammenhang (1977), 125 ff; MünchKomm/*Oetker*, BGB[5], § 249 Rn 217. Siehe etwa auch OLG Oldenburg, VersR 1991, 306, 307 (verfahrenswidrige vorläufige Einweisung eines Paranoiden in ein Krankenhaus).

## 5. Tätermehrheit

**13/17** Haben **mehrere Personen (Mittäter)** durch eine gemeinschaftlich, also im bewussten Zusammenwirken begangene unerlaubte Handlung Schaden gestiftet, so hat gemäß § 830 Abs. 1 jeder von ihnen für den **gesamten** Schaden einzustehen; und zwar auch dann, wenn sich nicht ermitteln lässt, welcher der Beteiligten den Schaden konkret verursacht hat. Das Verhalten aller Beteiligten wird also als **Handlungseinheit** betrachtet und es findet eine **Gesamtzurechnung** statt. Bei bloßen – zufälligen – **Nebentätern** findet hingegen wie auch sonst eine gesonderte Prüfung aller Haftungsvoraussetzungen für jeden (möglichen) Schädiger statt; die Kausalität der Handlung des Belangten muss vom Geschädigten also nachgewiesen werden.

## 6. Sonderformen der Kausalität

**13/18** Es gibt aber noch einige weitere Sonderkonstellationen, die vom Gesetz nicht eigens geregelt sind und deren sachgerechte Lösung auf besondere Schwierigkeiten stößt: Was soll etwa dann gelten, wenn zwar zwei (oder mehrere) unterschiedliche Ereignisse zu einem Schaden geführt haben, aber jedes von ihnen den Schaden **auch alleine** verursacht hätte **(kumulative Kausalität)**? Brächte man hier die Formel von der conditio sine qua non zur Anwendung, so würde dies zum unbefriedigenden Ergebnis führen, dass die Haftung jedes Beteiligten entfiele, da er sich darauf berufen könnte, der Schaden wäre auch ohne sein rechtswidriges Verhalten eingetreten. Richtigerweise wird man hier mit dem BGH eine Haftung aller Beteiligten bejahen müssen[41].

In einem vom BGH entschiedenen Fall[42] lehnte eine Bauaufsichtsbehörde eine Bauvoranfrage aufgrund eigener Erwägungen und aufgrund der Tatsache, dass die dafür zuständige Gemeinde ihr Einvernehmen versagte, zu Unrecht ab. Der BGH ließ sowohl die Gemeinde als auch die Bauaufsichtsbehörde für die durch die Ablehnung entstandenen Schäden haften. In einem anderen Fall hatten verschiedene Täter unabhängig voneinander ein Grundstück mit Schadstoffen kontaminiert. Die vollständige Sanierung brachte gegenüber der Beseitigung bloß eines der Schadstoffe keinen zusätzlichen Aufwand mit sich. Daher sah der BGH zu Recht jede Verunreinigungshandlung als voll schadenskausal an und ließ einen der Schädiger für den gesamten Sanierungsaufwand einstehen[43].

**13/19** Anders zu entscheiden sind dagegen regelmäßig Fälle von **hypothetischer** oder **überholender Kausalität**: Hier geht es darum, dass der durch eine Handlung des Schädigers verursachte Schaden aufgrund eines anderen, späteren Ereignisses („Reserveursache") ohnehin eingetreten wäre[44]: Wäre die Fensterscheibe vom Nachbarsjungen nicht bereits wenige Tage vorher mit dem Fußball zerstört worden, wäre auch sie dem

---

41 BGH NJW 1992, 2691, 2692. Für den praktisch wichtigen Bereich der Umweltschäden vgl die Kausalitätsvermutung des § 6 UmwHG. Zur Problematik der ökologischen Schäden *Klass* JA 1997, 509.
42 BGH NJW 1992, 2691, 2692.
43 BGH NJW 2004, 2526.
44 Zur überholenden Kausalität *Frank/Löffler* JuS 1985, 689; zum Verhältnis von kumulativer und hypothetischer Kausalität *Backhaus* VersR 1982, 210; *Brehm/Kleinheisterkamp* JuS 2000, 844. Aus der Judikatur siehe zuletzt BGH ZfBR 2001, 286 (rechtswidrige Versagung eine Baugenehmigung, wobei bei rechtmäßiger Erteilung der Baugenehmigung mit Nachbarwidersprüchen zu rechnen gewesen wäre, die den Schaden – Verdienstentgang – möglicherweise ebenfalls verursacht hätten).

Brand des Hauses zum Opfer gefallen. Das Beispiel zeigt deutlich, dass es wohl zu einfach ist, eine Entlastung des Sportlers nur mit dem Argument zu verwerfen, real sei die Scheibe eben nur durch sein Verhalten zerstört worden. Dafür spricht auch die Parallele zum Einwand rechtmäßigen Alternativverhaltens. Noch deutlicher werden die Bedenken gegen volle Haftung des Täters bei vorhandener Krankheit oder Krankheitsanlage des Geschädigten: Die Handlung des Schädigers führt dann nur zu einem früheren Ausbruch des Leidens oder zu einer Vorverlegung des ohnehin kurz bevorstehenden Todes. Dementsprechend wird eine Vielzahl von Lösungsvorschlägen gemacht, die regelmäßig zu berücksichtigen versuchen, dass der Geschädigte ex post betrachtet auch ohne den Schädiger wenig später um seinen Vermögenswert, seine Gesundheit oder sein Leben gekommen wäre. In den „Anlagefällen" ist anerkannt, dass die Ersatzpflicht des Schädigers auf jene Nachteile zu beschränken ist, die dadurch entstehen, dass der Schaden „vorverlagert" wurde[45].

**Beispiel:** Bei der Obduktion eines durch einen Verkehrsunfall getöteten Mannes wird festgestellt, dass dieser wegen einer bis dahin unentdeckten, schon weit fortgeschrittenen unheilbaren Krankheit ohnehin nur noch wenige Wochen zu leben gehabt hätte. Der Täter hat den gegenüber dem Opfer Unterhaltsberechtigten gemäß § 844 Abs. 2 nur für jene Zeit Ersatz zu leisten, in der der Getötete ohne den Verkehrsunfall noch gelebt hätte und leistungsfähig gewesen wäre.

Allgemein wird zu Recht darauf hingewiesen, dass im hier erörterten Problemkreis eigentlich gar kein Kausalitätsproblem vorliegt; vielmehr geht es um andere Fragen der Zurechnung[46], etwa um die Berechnung des dem Schädiger anzulastenden Schadensanteils. Zu unterscheiden ist schließlich noch danach, ob das hypothetische Wirksamwerden der **„Reserveursache"** zu einer Schadenstragung des Geschädigten selbst geführt hätte (Brand durch Blitzschlag) oder ob ein weiterer Schädiger vorhanden ist (zB ein Brandstifter). In der zweiten Konstellation erscheint eine Entlastung des Erstschädigers keinesfalls interessengerecht: Der Zweitschädiger (= Brandstifter) muss nämlich keinesfalls mehr ersetzen als den Wert, den die Sache im Zeitpunkt seiner Schadenszufügung hatte. Und der Geschädigte darf nicht deshalb auf einem Teil seines Schadens sitzen bleiben, weil es mehrere Schädiger gibt!

Zu erwähnen ist schließlich noch die **alternative Kausalität**[47]: Für einen Schaden kommen zwei (oder mehrere) konkrete Ursachen in Frage; es lässt sich aber nicht feststellen, welche den Schaden tatsächlich verursacht hat. (**Beispiel:** Verletzung eines Treibers durch Schrotkörner, wobei zwei Jäger, die nahezu zeitgleich abgedrückt haben, aufgrund ihres Standorts als Täter in Frage kommen.) Keinesfalls geht es an, jemanden allein wegen **möglicher** Täterschaft mit Ersatzpflichten zu belegen. Eine derartige Unaufklärbarkeit fällt also grundsätzlich dem Opfer zur Last. § 830 Abs. 1 S. 2 macht davon eine – in ihren Grenzen unklare – Ausnahme und lässt die „mehreren Beteiligten" als Gesamtschuldner (§ 840) auf den vollen Schaden haften.

13/20

---

45 BGHZ 20, 275, 280; BGH NJW 1985, 676, 677; OLG Schleswig NJW 2005, 439. Zur Haftung für Zusatzschäden aufgrund anlagebedingter „psychischer Fehlverarbeitung" von Unfallfolgen durch den Verletzten siehe etwa BGH NJW 2004, 1945; OLG Celle NJW-RR 2004, 1252.
46 BGHZ 104, 355, 359 f.
47 Ausführlich dazu zuletzt *Kruse*, Alternative Kausalität im Deliktsrecht (2006).

Die Rechtsprechung versteht diese Vorschrift zu Recht restriktiv und stellt **vier Haftungsvoraussetzungen** auf[48]:

- Mehrere Personen haben unabhängig voneinander (ansonsten Haftung nach § 830 Abs. 1 S. 1) eine für den Rechtskreis des Geschädigten konkret gefährliche – und daher verbotene – Handlung begangen;
- eine dieser Handlungen hat den Schaden tatsächlich verursacht;
- die Handlung eines jeden Beteiligten kann den Schaden verursacht haben;
- der wirkliche Urheber des Schadens ist nicht zu ermitteln.

**13/21** Besonders problematisch sind jene Fälle, in denen eine (mögliche) Schadensursache keine Ersatzansprüche des Geschädigten auslösen würde.

**Beispiel:** Ein Wanderer wird von einem Stein verletzt. Dieser hat sich entweder selbst gelöst oder wurde von einem anderen, sorglosen Bergfreund losgetreten. In der ersten Alternative wäre der Schaden also durch ein **Zufallsereignis** verursacht worden, der dem Geschädigten zur Last fiele. Nach hA setzt die Anwendbarkeit des § 830 Abs. 1 S. 2 voraus, dass dem Geschädigte jedenfalls ein Ersatzanspruch zusteht und lediglich die Person des Passivlegitimierten ungeklärt ist[49]. Ausgehend von dieser Prämisse müsste ein Schadenersatzanspruch daher **zur Gänze** entfallen, wenn eine der möglichen Schadensursachen – abgesehen von der ungeklärten Kausalität – keinen Deliktstatbestand verwirklicht; so, wenn einer der potenziellen Schädiger verschuldensunfähig ist. Damit hätte im Beispielsfall der verletzte Wanderer keinen Schadenersatzanspruch gegen seinen möglichen Schädiger. Dieses Ergebnis ist jedoch ganz offensichtlich unbefriedigend: Da das Verhalten des einen Beteiligten möglicherweise kausal und darüber hinaus konkret schadensgeeignet war, wäre es für ihn ein ganz unverdienter Glücksfall, wenn er nur deshalb **vollständig** von der Haftung verschont bliebe, weil auch noch ein anderes, „zufälliges" Ereignis den Schaden verursacht haben könnte[50]. Daher sollte in solchen Fällen dem Geschädigten zumindest **anteilig** Schadenersatz zugesprochen werden (dessen Höhe analog § 287 ZPO vom Gericht zu schätzen wäre)[51].

---

[48] BGHZ 25, 271, 271; BGHZ 67, 14, 19; BGH NJW 1987, 2810, 2811.
[49] BGHZ 67, 14, 19; BGH NJW 1996, 3205, 3207; MünchKomm/*Wagner*, BGB⁴, § 830 Rn 38; Erman/*Schiemann*, BGB¹¹, § 830 Rn 6 f; *Deutsch*, Haftungsrecht², Rn 152.
[50] *Larenz/Canaris*, SR II/2¹³, 578.
[51] *Larenz/Canaris*, SR II/2¹³, 579 zur Konkurrenz mit Zufall im Anschluss an *F. Bydlinski*, Probleme der Schadensverursachung nach deutschem und österreichischem Recht (1964), 77 ff; *dens.* FS Beitzke (1979), 30 ff; *dens.* FS Frotz (1993), 4 ff. Grundlegend *Wilburg*, Die Elemente des Schadensrechts (1941), 74. Vgl auch *Gottwald*, Kausalität und Zurechnung, Karlsruher Forum 1986, 21 f.

## III. Lösung Fall 28[52]

Frau N könnte Ansprüche gegen die Haftpflichtversicherung der F-GmbH, gegen die F-GmbH sowie gegen S persönlich haben. Da die Versicherung nur in Anspruch genommen werden kann, wenn die Ersatzpflicht einer vom Versicherungsschutz erfassten Person gegeben ist, muss die Prüfung mit den Ansprüchen gegen S und F begonnen werden.

### I. Ansprüche von N gegen S

1. Ein Schadenersatzanspruch der N gegen S ergibt sich zum einen aus § 823 Abs. 1 sowie aus § 823 Abs. 2 iVm der StVO: S hat durch sein Tun N widerrechtlich (durch die Körperverletzung der N indiziert; nach dem Sachverhalt liegt auch ein Verstoß gegen Normen der StVO nahe) und schuldhaft an ihrem Körper verletzt.

a) Dieser Anspruch umfasst nicht den Einkommensausfall, der sich durch die vorzeitige Erwerbsunfähigkeit ergibt. Zwar ist der Unfall eine nicht hinwegzudenkende Bedingung dieses Ereignisses, doch liegt die Verhinderung der Entdeckung von Krankheiten nicht im Schutzbereich der hier verletzten Normen (StVO, § 823 Abs. 1).

b) Die Kosten einer Haushaltshilfe – selbst wenn diese letztendlich vom Mann der N aufgebracht werden und diesem finanziell zur Last fallen – können, wenn man den normativen Schadensbegriff des BGH zugrunde legt, von N geltend gemacht werden (vgl BGHZ 50, 304, wo einer nicht berufstätigen Ehefrau nach einer Verletzung Schadenersatz für ihr Ausfallen unabhängig davon, ob eine Ersatzkraft angestellt wurde, zugebilligt wurde; siehe dazu Rn 14/32 f).

2. § 253 Abs. 2 ordnet für den Fall einer Körperverletzung des Weiteren eine Pflicht des Schädigers zur Zahlung eines angemessenen Schmerzensgeldes an.

3. Eine Verpflichtung des S zum Schadenersatz ergibt sich neben § 823 auch aus § 18 Abs. 1 StVG, wonach der Führer eines Kraftfahrzeugs neben dem Halter für Schäden (Tötung eines Menschen, Körperverletzung, Gesundheitsschädigung, Sachbeschädigung) aus dem Betrieb eines KFZ haftet, falls ihn ein Verschulden trifft.

Der Umfang des Schadenersatzanspruchs bei Körperverletzung folgt aus § 11 StVG: Er umfasst alle vermögenswerten Nachteile, Heilungskosten, Verdienstausfall, Schmerzensgeld. Dabei sind aber grundsätzlich die Haftungshöchstbeträge des § 12 Abs. 1 StVG zu beachten.

### II. Ansprüche von N gegen die F-GmbH

1. Gemäß § 831 hat die F-GmbH für das Verschulden ihres Verrichtungsgehilfen S einzustehen, falls ihr nicht der Entlastungsbeweis gemäß S. 2 (kein Auswahl- oder Überwachungsverschulden) gelingt. Im Rahmen des Anspruchs aus § 831 haftet sie der N auch für deren Anspruch auf Schmerzensgeld (§ 253 Abs. 2).

2. Als Halter des von S gesteuerten PKW ist F der N gegenüber gemäß § 7 Abs. 1 StVG zum Schadenersatz verpflichtet. Dieser Anspruch ist – im Gegensatz zur Haftung des Führers – unabhängig davon, ob der Lenker des Fahrzeugs den Unfall verschuldet hat (Gefährdungshaftung). Eine Ausnahme besteht lediglich, wenn der Unfall durch höhere Gewalt verursacht wurde (§ 7 Abs. 2 StVG), was hier jedoch nicht der Fall ist.

---

[52] Diese Kurzlösung beinhaltet nicht nur in diesem Abschnitt behandelte Fragen, sondern auch weitere Aspekte des Schadensersatzrechts.

### III. Ansprüche von N gegen die Haftpflichtversicherung der F-GmbH

1. Gemäß § 3 Abs. 1 PflVG kann N ihren Schadenersatzanspruch gegen die F-GmbH aus § 7 Abs. 1 StVG auch *direkt* gegen deren Haftpflichtversicherer geltend machen. § 3 Abs. 2 PflVG ordnet eine gesamtschuldnerische Haftung (§§ 421 ff BGB) des Versicherers und des Halters an.

2. Da gemäß § 1 PflVG die Kfz-Haftpflichtversicherung vom Halter auch für den Führer des KFZ abzuschließen ist, kann N gegenüber dem Versicherer auch ihre Ansprüche aus § 823 Abs. 1, § 823 Abs. 2 iVm der StVO sowie § 18 Abs. 1 StVG gemäß § 3 Abs. 1 PflVG geltend machen. Auch zwischen der Haftpflichtversicherung und S entsteht ein Gesamtschuldverhältnis (§ 3 Abs. 2 PflVG).

3. Wenn die Haftpflichtversicherung der N Schadenersatz leistet, so gehen deren Ansprüche gegen S und die F-GmbH gemäß § 67 VVG (Legalzession!) auf sie über.

# § 14 Schadensbegriff, Schadensberechnung und Arten des Ersatzes[1]

**Fall 30:** A hat einen Personenkraftwagen des Baujahrs 1925, den er sorgfältig pflegt und durch den er weithin bekannt geworden ist. Er erhält daher häufig Aufträge, mit dem Wagen an Werbeaktionen teilzunehmen. Bei einem Verkehrsunfall, den B verschuldet, wird der Wagen vollkommen zerstört und A verletzt. Er macht als Schadenersatz geltend: Krankenhaus- und Arztkosten, Schmerzensgeld sowie einen Geldbetrag für die Erträge, die er bei den bereits abgeschlossenen Werbekampagnen verdient hätte. An Stelle seines Wagens verlangt er Lieferung des einzigen in Europa noch vorhandenen Automobils dieses Typs, das sich im Besitz eines französischen Bankiers befinde und für einen angemessenen Preis zu kaufen sei. Wenn dies nicht gelinge, soll die Versicherung den Wert des Wagens ersetzen und einen zusätzlichen Betrag als Ausgleich für den durch den Verlust des Automobils erlittenen seelischen Schmerz bezahlen.

**Fall 31:** Der Fabrikant F hat für seinen Produktionsbetrieb bei H eine serienmäßig zu fertigende Maschine bestellt. Die Maschine wird geliefert und soll bei F durch die Leute des H mithilfe des Ingenieurbüros I installiert werden. Dabei wird sie durch Verschulden der Leute des I so stark beschädigt, dass sie einer gründlichen, mindestens zwei Wochen dauernden Reparatur bedarf und nicht mehr pünktlich eingebaut werden kann. F will wissen, ob er für den Produktionsausfall bis zum Einbau Ersatz verlangen kann. H fragt, in welcher Höhe er sich bei I erholen könne. I macht geltend, für die Beschädigung seien mangelnde Auskünfte durch die Mitarbeiter des H mitursächlich gewesen.

**Fall 32:** Der neunjährige P hat zum Geburtstag von seinen Eltern einen Bogen und mehrere Pfeile im Köcher erhalten. Die Eltern bewundern die Zielsicherheit, die der Junge schon nach kurzem an den Tag legt, und haben daher auch keine Einwände, als er eines Morgens mit Bogen und Pfeilen auf die Straße geht. Als bewegliches Ziel hat P diesmal den mannscharfen Hofhund des Nachbarn N ausgewählt, den er mit zwei Schüssen trifft, ohne freilich darauf zu

---

[1] Zum Ganzen *Honsell/Harrer* JuS 1991, 441; *Keilmann* JA 2005, 700.

achten, dass das Tier versehentlich nicht angekettet ist und das Hoftor offen steht. Nach dem zweiten Schuss hat der Hund den Schützen entdeckt, greift ihn an und verletzt ihn erheblich. Seinem Schadenersatzanspruch hält N entgegen, P sei selbst schuld und auch seine Eltern hätten besser auf ihn aufpassen müssen.

**Fall 33:** Die Eheleute F und M haben bereits drei gemeinsame Kinder. Da sie – vor allem aus finanziellen Gründen – vermeiden wollen, ihre Familie noch weiter zu vergrößern, beschließt M nach eingehender Beratung mit seiner Frau, sich sterilisieren zu lassen. Dennoch bringt F zehn Monate nach der an M vorgenommenen Vasektomie (Samenleiterdurchtrennung) Zwillinge zur Welt. Durch Nachfrage bei einem Spezialisten erfährt M, dass der Arzt A, der die Operation durchgeführt hat, ihn davor unzureichend aufgeklärt hat; er hätte darauf hinweisen müssen, dass der Erfolg der Operation endgültig erst nach Durchführung eines Spermiogramms frühestens vier Wochen nach dem Eingriff hätte beurteilt werden können. M verlangt von A monatlichen Unterhalt für die beiden Kinder; F nimmt den A auf Zahlung von Schmerzensgeld in Anspruch, da sie bereits seit dem dritten Schwangerschaftsmonat heftigen und schmerzhaften Wehen ausgesetzt war[2]. **Lösung Rn 14/39**

## I. Begriff und Arten des Schadens

### 1. Begriff

Das BGB greift bei seinen Formulierungen häufig auf die Umgangssprache zurück und gibt keine näheren Definitionen. So sagt § 249 nicht, was unter „Schaden" zu verstehen ist, sondern umreißt lediglich den Umfang der Schadenersatzpflicht. Es geht also um den **rechtlich ersatzfähigen Schaden**. Aber wann liegt ein solcher vor? Zwar entspräche es dem Ausgleichsgedanken (Rn 13/2), den rechtlich ersatzfähigen Schaden dem „natürlichen" möglichst anzunähern[3]. Damit wäre dann *jede* – materielle oder auch bloß ideelle – Beeinträchtigung erfasst, die jemand in seiner Rechtssphäre erleidet. Doch wenn die Ersatzpflichten nicht unübersehbar (Drittschäden) und Schadensberechnungen nicht zum Lotteriespiel werden sollen (immaterielle Schäden), müssen möglichst klare Grenzen gezogen werden. So ist der Gesetzgeber nicht gehindert, den auszugleichenden Schaden der Höhe nach zu beschränken, die Berechnung zu regeln, die ersatzfähigen Rechtsgüter abschließend zu benennen oder bestimmte individuelle Wertvorstellungen des Geschädigten für unerheblich zu erklären. Dies ist gemeint, wenn man den **Schaden** allgemein als **unfreiwillige Einbuße an den rechtlich geschützten Vermögensgütern einer Person** versteht, die vom Recht für irgendwie ausgleichungsfähig erklärt worden sind. 14/1

Dass das Gesetz dem Geschädigten gewisse Nachteile nicht abnehmen kann und will, zeigt **Fall 30**. Bei der Bemessung eines Geldersatzes für den Wagen, den A fordern kann (§ 249 Abs. 2 S. 1), muss der Wert bestimmt werden, was in gewisser Weise ein Eingehen auf die sub-

---

2 BGH NJW 1995, 2407 nachgebildet.
3 Zum Folgenden statt vieler *Larenz*, SR I[14], 426 ff; *Honsell* JuS 1973, 69. Zur Abwägung zwischen „natürlichem" und „normativem" Schadensbegriff siehe etwa die Übersicht von *Grunsky* Jura 1979, 57; ferner *Steffen* NJW 1995, 2057 (ausgehend vom praktisch bedeutsamen Bereich der Verkehrsschäden), *Schlechtriem* ZEuP 1997, 232 (auch unter rechtsvergleichenden Gesichtspunkten).

jektive Sicht des Eigentümers erfordert. Man spricht insoweit vom **Interesse** des Geschädigten, zu dem aber ein bloßer Liebhaberwert (das sog Affektionsinteresse) nicht gerechnet wird. Hiermit setzt man sich darüber hinweg, dass der Inhaber des zerstörten Rechtsguts das Geschehene ganz besonders schmerzlich als Einbuße empfindet. Nun ist A aber nach § 249 Abs. 1 grundsätzlich berechtigt, einen Ausgleich durch Wiederherstellung des früheren Zustandes zu verlangen (etwa durch Beschaffung des Ersatzwagens). Wenn dies dem Schädiger im konkreten Fall zuzumuten ist (vgl § 251 Abs. 2), findet also eine weitergehende Ausgleichung statt als im Fall des Geldersatzes. Da die Zwecke des Schadenersatzrechts regelmäßig vollen Ausgleich verlangen, wird in § 249 der **Vorrang der Naturalherstellung** angeordnet; zur Verfolgung seines Integritätsinteresses kann der Geschädigte in den Fällen des § 249 Abs. 2 S. 1 sogar (wahlweise) fordern, dass ihm der Schädiger den zur Wiederherstellung notwendigen Geldbetrag zur Verfügung stellt.

## 2. Schadensarten

14/2 Häufig ist von **Schadensarten** die Rede. Hinter all diesen Unterscheidungen stehen praktisch wichtige Sachfragen. Zunächst ist zu unterscheiden zwischen dem unmittelbaren Schaden an einem bestimmten Gut, dem **Objektschaden**, und einer durch diese Rechtsgutsverletzung im sonstigen Vermögen des Geschädigten eingetretenen (weiteren) Einbuße, dem sogenannten **Vermögensfolgeschaden**. Auf diesen Unterschied kommt es überall da an, wo ein Vermögensschaden nur ersatzfähig ist, wenn er aus bestimmten Objektschäden hervorgeht, etwa im Rahmen des § 823 Abs. 1. Für die Ersatzpflicht kommt es hingegen nicht darauf an, ob der eingetretene Schaden (zum Teil) bloß als **entgangener Gewinn** anzusehen ist, da auch dieser immer zu ersetzen ist (§ 252).

In **Fall 30** hat A Schäden an seiner Gesundheit und an seinem Eigentum erlitten, wodurch aber weitere Verluste in seinem Gesamtvermögen auftraten: Heilungskosten, entgangene Honorare für die Teilnahme an Werbeaktionen.

14/3 An die Art des Objektschadens knüpft eine weitere wichtige Unterscheidung an, die zwischen **Vermögens-** und **Nichtvermögensschaden**[4]. Entgegen einem verbreiteten Missverständnis ist zu betonen, dass auch Schäden an nicht vermögenswerten (immateriellen) Gütern ersatzfähig sind, indem § 249 die Wiederherstellung (Naturalrestitution) anordnet. So kann etwa der Beleidigte oder der durch eine Veröffentlichung rechtswidrig in seinem Persönlichkeitsrecht Beeinträchtigte als Schadenersatz eine Ehrenerklärung verlangen. Auch soweit die Beschädigung eines nicht vermögenswerten Objekts weitere Folgeschäden im Vermögen nach sich zieht, kann eine Ersatzpflicht gegeben sein. Allerdings ist bei Beschädigung immaterieller Güter für den Fall der Unmöglichkeit einer Wiederherstellung der Ersatz des Interesses **in Geld** ausgeschlossen, sofern das Gesetz nicht ausnahmsweise die Ersatzfähigkeit vorsieht (§ 253

---

[4] *Tonner* JuS 1982, 411; *Busl* JuS 1987, 108; *Paschke/Wolfram* DZWir 1995, 485; *Brinker*, Die Dogmatik zum Vermögensschadenersatz (1982). Zum immateriellen Schaden siehe statt vieler *Ebbing* ZGS 2003, 223; *E. Lorenz*, Immaterieller Schaden und billige Entschädigung in Geld (1981); *Schwerdtner* Jura 1985, 521; *Wagner* JZ 2004, 319.

Abs. 1). Gesetzliche Ausnahmen bilden § 253 Abs. 2 (in **Fall 30** bekommt A ein Schmerzensgeld[5]), § 611a Abs. 2 und § 651 f Abs. 2, wobei hinzuzufügen ist, dass im Zusammenhang mit dem Geldersatz bei Verletzung des sogenannten „Allgemeinen Persönlichkeitsrechts" (dazu Schuldrecht Besonderer Teil § 22 Rn 14 ff) diese Beschränkung von der Rechtsprechung im Wege einer de lege lata methodisch nicht unbedenklichen Rechtsfortbildung überwunden worden ist[6].

Erklärungsbedürftig ist auch der Begriff des **bloßen (reinen) Vermögensschadens**. Man verwendet ihn dann, wenn jemandem materielle Nachteile entstanden sind, ohne dass in dessen absolut geschützte Güter (Rechte iS des § 823 Abs. 1) eingegriffen wurde. So erleidet ein Unternehmer infolge eines neuen Konkurrenten Gewinneinbußen oder verliert jemand Geld, weil er aufgrund eines (schlechten) Rates in ein windiges Unternehmen investiert hat. In der Sache geht es dabei um die Frage, ob bzw unter welchen Umständen die Zufügung derartiger Schäden überhaupt **rechtswidrig** ist und daher ersatzpflichtig machen kann. In der Regel ist das nicht der Fall. Ausnahmen können sich aus speziellen Vorschriften (wie etwa § 823 Abs. 2 oder § 826) oder aus Vertragspflichten ergeben, die gerade (auch) den Zweck haben, das Vermögen des Partners zu schützen, wie zB bei der Anlage-, Rechts- oder Steuerberatung.

Auf einer ganz anderen Ebene liegt die Unterscheidung zwischen dem **Nichterfüllungsschaden** und dem **Vertrauensschaden**, die den Umfang eines zu ersetzenden Schadens im vertraglichen und vorvertraglichen Bereich betrifft. Regelmäßig wird dabei an den Schaden angeknüpft, der gerade durch das rechtswidrige Verhalten des Schädigers entstanden ist. Wer den Vertrauensschaden (das **negative Interesse**) zu ersetzen hat, muss den Geschädigten so stellen, als hätte dieser auf die Erklärungen (siehe die Fälle der §§ 122, 179 Abs. 2) des anderen Teils nicht vertraut, weshalb etwa bestimmte Aufwendungen unterblieben wären, die so das Vermögen des Geschädigten gemindert haben (vgl hierzu auch den neuen § 284). Zum Ersatz von Vertrauensschäden kommt es etwa in den Fällen der culpa in contrahendo, die nunmehr in den §§ 311 Abs. 2 und 3, 241 Abs. 2 aufgegangen ist (siehe Rn 11/5 und 25 ff). Dagegen müssen beim **Schadenersatz statt der Leistung (positives Interesse = Erfüllungsinteresse)** die Einbußen ersetzt werden, die bei ordnungsgemäßer Erfüllung des *vertraglichen* Pflichten des Schuldners (Erbringung der Hauptleistung, uU auch Einhal-

14/4

---

[5] Zur Entwicklung in diesem Bereich etwa *Scheffen* ZRP 1999, 189. Zur Frage, ob bzw unter welchen Voraussetzungen Angehörigen von Verkehrs- oder Verbrechensopfern Schmerzensgeldansprüche zustehen, BGH NJW 2004, 1476; *Bischoff* MDR 2004, 557 (Verbrechensopfer); *Klinger* NZV 2005, 290 (Verkehrsopfer); zur Frage von Angehörigenansprüchen bei Arzthaftung (Tod des Vaters infolge falscher Diagnose) OLG Koblenz NJW-RR 2005, 677. S. ferner etwa OLG Naumburg NJW-RR 2005, 900 (kein Anspruch der Mutter, wenn Sohn nach brutaler Misshandlung bei ihr erscheint und 36 Stunden später im Krankenhaus an den Folgen stirbt).
[6] Spektakulär die Entscheidungen „Caroline von Monaco I" (BGHZ 128, 1 = NJW 1995, 861) und „Caroline von Monaco II" (BGH NJW 1996, 984); zum Problem etwa *H.P. Westermann*, in: Einheit und Folgerichtigkeit im juristischen Denken. Symposion zu Ehren von Claus-Wilhelm Canaris (1998), 125. In einer aktuellen Entscheidung stellt der BGH (NJW 2005, 125) für die Höhe des Geldersatzes bei Persönlichkeitsverletzungen ausdrücklich auf folgende Faktoren ab: Intensität der Verletzung, Genugtuung des Opfers und Prävention.

tung von Nebenpflichten) nicht entstanden wären (§§ 280 ff; dazu Rn 5/7 ff). Um Missverständnissen vorzubeugen: Aus diesen Definitionen darf keinesfalls der Schluss gezogen werden, dass der **Schadenersatz statt der Leistung** immer den **Vertrauensschaden** übersteigt, mag dies auch häufig tatsächlich der Fall sein. Dass es aber nicht notwendigerweise so sein muss, verdeutlicht schon die immer wieder anzutreffende ausdrückliche Beschränkung des zu ersetzenden Vertrauensschadens mit dem Betrag des Erfüllungsinteresses (etwa in § 179 Abs. 2).

## II. Das System der Ersatzansprüche[7]

14/5 Da der „Schaden" iS des BGB stets die **rechtlich ersatzfähige Einbuße** ist, setzen die Festlegung der Art der geschuldeten Ersatzleistung sowie das Verfahren zur Berechnung eines Vermögensfolgeschadens normative Anweisungen des Gesetzes voraus. Bei beiden Gedankengängen wird nicht mit natur- oder wirtschaftswissenschaftlichen Methoden operiert, sondern eine dem Zurechnungsurteil (Rn 13/8) entsprechende Wertung vollzogen.

### 1. Inhalt der Schadenersatzpflicht

14/6 Den **Inhalt der Schadenersatzpflicht** hat das Gesetz verhältnismäßig genau geregelt. Ausgangspunkt ist das Gebot, den Zustand herzustellen, der ohne die zum Ersatz verpflichtende Handlung bestehen würde (§ 249 Abs. 1). Zu der dabei hervortretenden Ausgleichsfunktion des Schadensrechts gehört in zweiter Linie auch die Möglichkeit, eine nicht mehr gutzumachende Schädigung in Geld auszugleichen (Kompensation; § 251). Im konkreten Fall verfährt man so, dass zunächst geprüft wird, inwieweit Naturalherstellung vom Geschädigten gefordert werden kann, sodann, wann der Geschädigte Geldersatz verlangen oder der Schädiger diesen anbieten darf. Hierbei spielen dann die Berechnungsmethoden (Rn 14/17) sowie das Verbot der Abgeltung eines Nichtvermögensschadens in Geld (§ 253 Abs. 1) eine wichtige Rolle.

14/7 a) Die Verpflichtung zur **Naturalherstellung**[8] bedeutet zunächst, dass der Schädiger (*in eigener Person!*; vgl § 249 Abs. 1) den gleichen (wirtschaftlichen) Zustand, der ohne das schädigende Ereignis bestünde, (wieder)herzustellen hat[9]; noch genauer: einen künftigen Zustand, der dem hypothetischen Verlauf der Dinge ohne dem Schadensfall entspricht[10]. Er muss also für eine zerstörte[11] – bzw nicht richtig gelieferte – Sache eine gleichartige beschaffen (im **Fall 30** also vorbehaltlich des § 251 Abs. 2 das

---

7 Dazu *Schiemann* JuS 1992, Lernbogen 8, L 57.
8 Zur Naturalrestitution *Coester-Waltjen* Jura 1996, 270. Ein praktischer Fall dazu findet sich etwa bei E. Schmidt JuS 1986, 517.
9 BGH NJW 1985, 793.
10 *Schiemann* JuS 1992, Lernbogen 8, L 58.
11 Bei Zerstörung scheidet ein Geldanspruch nach § 249 Abs. 2 aus, nicht jedoch der Anspruch nach Abs. 1 leg cit; vgl bloß Palandt/*Heinrichs*, BGB[65], § 249 Rn 2, 11.

Ersatzfahrzeug[12]); er hat eine beschädigte Sache auszubessern, unwahre und beleidigende Äußerungen zu widerrufen und diesen Widerruf notfalls gehörig bekannt zu machen[13]. Ob das beeinträchtigte Rechtsgut für den Inhaber einen Vermögenswert oder überhaupt irgendeine Bedeutung hatte, ist für den Anspruch auf Naturalherstellung unerheblich. Allerdings darf der Geschädigte durch die Ersatzleistung am Ende nicht besser stehen, als er bei normaler Entwicklung seiner vorher gegebenen Vermögenslage stünde. Das damit angesprochene **Bereicherungsverbot**[14] folgt aus der Ausgleichsfunktion des Schadensrechts, ist jedoch im Einzelfall nicht immer leicht zu verwirklichen (näher Rn 14/27 ff). Diesem Grundsatz zur Seite steht die für den Geldersatz bei Personen- und Sachschäden ausdrücklich ausgesprochene (schädigerfreundliche) Regel, wonach nur der zur Herstellung des früheren Zustands **erforderliche Geldbetrag** verlangt werden kann (§ 249 Abs. 2 S. 1); nicht daher etwa vom Geschädigten tatsächlich bezahlte überhöhte Mietwagenkosten während der Reparatur seines beschädigten Fahrzeugs[15].

In vielen Fällen kommt „Wiederherstellung" durch den Schädiger selbst nicht in Betracht oder ist **für den Geschädigten unzumutbar**. Man denke nur an den Professor, der das von ihm beschädigte Auto reparieren oder den Berufskraftfahrer, der den von ihm verletzten Lenker operieren sollte. In solchen Fällen kann der Geschädigte vom Schädiger den Geldbetrag verlangen, der nötig ist, um die für die Naturalrestitution notwendigen professionellen – nicht professoralen – Leistungen von dritter Seite zu erhalten (§ 249 Abs. 2 S. 1).

14/8

Die **Naturalrestitution** ist häufig **unmöglich** oder wird vom Gesetz durch Vernichtung des Erfüllungsanspruchs **ausgeschlossen** (etwa in § 281 Abs. 4); bisweilen erscheint sie für den Schädiger auch wegen der hohen Kosten **unzumutbar**. Bei Unmöglichkeit oder Unzulänglichkeit für den Geschädigten tritt ein **Geldersatzanspruch** an die Stelle des Rechts auf vollständige Herstellung (§ 251 Abs. 1). Die Kosten der Wiederherstellung des früheren Zustandes berücksichtigt das Gesetz nur, wenn die Kosten für die Herstellung „unverhältnismäßig" sind, dh den Wert, den die Sache vor ihrer Beschädigung hatte, *erheblich* übersteigen. Der Schuldner darf dann den Gläubiger in Geld entschädigen (**Ersetzungsbefugnis**; § 251 Abs. 2). Für den praktisch wichtigen Bereich der Schäden an Kraftfahrzeugen geht die Rechtsprechung dann von einer Unverhältnismäßigkeit aus, wenn die Reparaturkosten (einschließlich des etwaigen Minderwerts) mindestens 130% des Wiederbeschaffungs-

---

12  Vgl BGHZ 115, 365; 115, 375 (die zweite Entscheidung betraf den Fall eines sog „wirtschaftlichen Totalschadens"). Der BGH sieht die Beschaffung einer gleichartigen Ersatzsache nicht als Wertersatz nach § 251 Abs. 2, sondern als eine Form der Naturalrestitution nach § 249 S. 2 aF bzw § 249 Abs. 2 S. 1 nF an (ständige Rechtsprechung seit NJW 1972, 1800, 1801). Er zählt darüber hinaus aber auch die bei Ausfall eines KFZ entstehenden Mietwagenkosten zu den Kosten der „Herstellung" iSd § 249 S. 2 aF = Abs. 2 S. 1 nF (BGH NJW 1985, 793). – Zur Schadensberechnung, wenn der Geschädigte selbst ein Ersatzfahrzeug anschafft, etwa *Heinrich* NJW 2005, 2749.
13  Bei Persönlichkeitsrechtsverletzungen können dieselben Rechtsfolgen allerdings auch – verschuldensunabhängig und mit langer Verjährungsfrist! – durch Geltendmachung eines Beseitigungsanspruchs (§§ 12, 1004 analog) erreicht werden: *Grimm* NJW 1995, 1697.
14  Siehe *Deutsch*, Haftungsrecht², Rn 633.
15  Dazu etwa BGH NJW 2005, 51 und 135 = JA 2005, 243 *(Luckey)*.

werts (ohne Berücksichtigung des Restwerts) betragen[16]. Die Kosten können auch nicht in einen wirtschaftlich unvernünftigen und einen wirtschaftlich vernünftigen Teil (bis 130%) gespalten werden[17]. Die Schadenersatzpflicht (an sich) besteht nach der Rechtsprechung von vornherein nur insoweit, als sich die Aufwendungen im Rahmen wirtschaftlicher Vernunft halten[18].

> In **Fall 30** kann sich B, wenn das Ersatzfahrzeug zu angemessenem Preis zu beschaffen ist, auf § 251 Abs. 2 nicht berufen. Aus diesem Gesichtspunkt hat BGH NJW 1975, 640 eine bedenkliche Einschränkung des Ausgleichs für Körperschäden abgeleitet, indem die Ersatzfähigkeit der Kosten für eine kosmetische Operation in ein „zumutbares" Verhältnis zu dem – oft recht knapp bemessenen – Schmerzensgeld gebracht werden muss. Allerdings will der BGH dem Versagen der Operationskosten durch ein entsprechend höheres Schmerzensgeld Rechnung tragen.

**14/9** Damit wurden bereits die wichtigsten Konstellationen angesprochen, in denen es zum **Geldersatz** kommen kann. Hinzu kommt, dass der zur Herstellung Verpflichtete trotz Fristsetzung nicht in angemessener Frist leistet; dann tritt gemäß § 250 ein Anspruch auf Ersatz in Geld an die Stelle des Herstellungsanspruchs. In allen diesen Fällen ist jedoch der Geschädigte grundsätzlich nicht gehalten, den erhaltenen Geldbetrag auch wirklich für die Wiederherstellung zu verwenden. Solange er sich nicht bereichert, darf er „in die eigene Tasche sparen"[19]. Dies gilt jedoch nicht für Personenschäden, da es der dem § 253 Abs. 1 zugrunde liegenden Wertung zuwiderliefe, wenn der Geschädigte daraus materiellen Profit schlagen könnte[20].

**14/10** b) Die gesetzlichen Normen können nicht auf Dauer festschreiben, **welche vermögenswerten Positionen** bei der Schadensregulierung zu Buch schlagen und wie sie zu **bewerten** sind. Im Rahmen der Ansprüche auf Geldersatz haben sich insoweit eine

---

16 Vgl etwa BGHZ 115, 364, 368; 115, 375, 378; BGH NJW 1992, 1618, 1620; umfangreiche Darstellung der Rechtsprechung bei *Haug* VersR 2000, 1329 und 1471; siehe ferner *Kirchhoff* MDR 1999, 273. Für den Fall, dass die Mietwagenkosten eines Taxiunternehmers für ein Ersatztaxi den (vermutlichen) Verdienstausfall übersteigen, hat es der BGH aber abgelehnt, eine starre Zumutbarkeitsgrenze (Vorschlag des 31. deutschen Verkehrsgerichtstags: plus 100%) zu ziehen (BGH NJW 1993, 3321 mit zustimmender Besprechung von *Benicke* JuS 1994, 1004). Begehrt der Geschädigte nach § 249 Abs. 2 die (fiktiven) Reparaturkosten, so ist der sog Integritätszuschlag (30%) nicht geschuldet. Umstritten ist allerdings, ob die fiktiven Reparaturkosten bis zum vollen Wiederbeschaffungswert zu ersetzen sind oder vom Schädiger nur der sog Wiederbeschaffungsaufwand (unter Abzug des Restwertes) vergütet werden muss. Der BGH (NJW 2003, 2085) hat sich entgegen der früheren Rspr für den Ersatz bis zum vollen Wiederbeschaffungswert entschieden, sofern der Geschädigte den Restwert nicht durch Weiterveräußerung realisiert. Ausführlich zum Problem etwa MünchKomm/*Oetker*, BGB[5], § 249 Rn 351, § 251 Rn 41 ff. Zur Verletzung von Tieren siehe die ausdrückliche Sonderregelung des § 251 Abs. 2 S. 2; zur Einschränkung des Verhältnismäßigkeitsgrundsatzes für den Bereich ökologischer Schäden vgl § 16 UmwHG (dazu *Klass* JA 1997, 509).
17 BGHZ 115, 364, 371 ff.
18 BGHZ 111, 168, 178.
19 BGHZ 61, 56; BGH NJW 1996, 2924, 2925; 1997, 520. Generell gegen eine abstrakte Schadensberechnung (und damit wohl zu weit gehend) *Honsell/Harrer* JuS 1991, 443. Zum Ersatz „fiktiver" Schäden vgl auch *Reinhold Weber* VersR 1990, 934; *Schiemann* VersR 2006, 160.
20 BGHZ 97, 14, 15 (Anspruch auf Kostenersatz für Beseitigung einer unfallbedingten Narbe nur, wenn die Absicht besteht, eine Operation tatsächlich durchführen zu lassen; vgl ferner *Steffen* NJW 1995, 2057, insb. 2060. Ebenso für ökologische Schäden *Klass* JA 1997, 521, der diese aus § 16 UmwHG gewonnene Wertung auch für § 249 S. 2 fruchtbar machen will.

Reihe von Rechtsfragen ergeben. Sie können kaum noch mit dem Anspruch auf logisch zwingende Ableitung aus dem Gesetzestext bewältigt werden, sondern lösen sich, methodischen Entwicklungen der Zeit entsprechend, in die Abwägung des Gewichts einzelner Grundsätze und Wertvorstellungen auf: Berücksichtigung des Integritätsinteresses, Bereicherungsverbot, keine Geldwertkompensation bei Einbußen an immateriellen Gütern[21]. Diese unterschiedlichen Ziele ordnen sich zwar alle einem richtig verstandenen Ausgleichsgedanken unter, vereiteln aber eine für alle Fälle einheitliche Bestimmung des **Vermögensschadens (Interesses)**. Es handelt sich dabei um die Feststellung, worin die nach den Vorschriften der §§ 251, 249 Abs. 2 S. 1 in Geld ersatzfähige **Vermögenseinbuße bei Sach- und Personenschäden** eigentlich besteht.

---

Würde es im **Fall 30** bei Unmöglichkeit der Beschaffung des Ersatzfahrzeugs etwas ausmachen, dass ein Gegenstand ohne „Marktwert" zu ersetzen ist? Kann die „Gewinnträchtigkeit" der Sache berücksichtigt werden? Ist in **Fall 31** der Produktionsausfall und in **Fall 30** der Ausfall der Arbeitskraft eine ersatzfähige Größe? Spielt es eine Rolle, ob A in **Fall 30** während seines Krankenhausaufenthalts durch eine Tagesgeldversicherung schadlos gestellt wurde oder seine Frau durch zusätzlichen Arbeitsaufwand die anfallenden Arbeiten mit erledigte? Muss in **Fall 31** ein Ersatz dafür geleistet werden, dass der Besteller am Ende keine fabrikneue, sondern eine reparierte Maschine bekommen hat?

---

Nach verbreiteter Ansicht ist eine **Differenzrechnung** anzustellen[22]: Der Vermögensschaden ist durch Vergleich zwischen dem gegenwärtigen Gesamtvermögen des Geschädigten und dem Bestand, den das Vermögen ohne das schädigende Ereignis haben würde, zu ermitteln[23]. Charakteristisch für diese Differenzmethode ist das Abstellen auf die **Vermögensgesamtlage** und nicht, wie die §§ 249, 251 zunächst anzuordnen scheinen, auf die Herstellung eines tatsächlichen Zustandes durch Behebung oder Kompensation eines einzelnen Rechtsgüterverlusts. Hierbei muss bis zu einem gewissen Stichtag – der Schadenersatzleistung – eine hypothetische Entwicklung berücksichtigt werden; auch dies ist vom Wortlaut des § 249 Abs. 1 gedeckt. Zu diesem Zeitpunkt müssen dann alle Vor- und Nachteile in einer Differenz abschließend erfasst werden[24].

14/11

Dennoch ist die Differenzmethode, die auf das römische und das gemeine Recht zurückgeht[25], nicht unbestritten. Zunächst ist streitig, ob und inwieweit bei der Fest-

---

21  Zu den diesbezüglichen Entwicklungstendenzen im Schadenersatzrecht *Honsell/Harrer* JuS 1985, 161. Zum Bereicherungsverbot im Besonderen *Greger* NZV 2000, 1, 3; *H. Köhler* 2. FS Larenz (1983), 349, 351, 354, 359.
22  Überblick über die anerkannten Berechnungsmöglichkeiten bei *Betz* JA 2006, 60.
23  BGHZ 27, 181, 183; aus neuerer Zeit etwa BGH NJW 1994, 2357.
24  Recht anschaulich in diesem Zusammenhang BGH NJW 2006, 1424: Die Beschädigung eines gepflanzten Gehölzes führt nur insoweit zu einem Ersatzanspruch, als dadurch der Grundstückswert vermindert ist; und hinsichtlich des Grundstücks stellt die geringere Restlebensdauer des Gehölzes bloß einen (noch) nicht ersatzfähigen „Zukunftsschaden" dar.
25  An der Differenzmethode halten im Wesentlichen fest: *Esser/E. Schmidt*, SR I/2[8], 182 ff; *Fikentscher/Heinemann*, SR[10], Rn 588; *Larenz*, SR I[14], 424. Kritisch im neueren Schrifttum etwa MünchKomm/*Oetker*, BGB[5], § 249 Rn 21.

stellung der Vermögensgesamtlage die konkrete Nutzung der beschädigten Sache im Vermögen des Geschädigten berücksichtigt werden muss[26]. Weiter wird die Unsicherheit des hypothetischen Urteils sowie seine Undurchführbarkeit bei Sonderproblemen geltend gemacht, vor allem in einigen Problemfällen der Abgrenzung von Vermögens- und Nichtvermögensschaden (Rn 14/30 ff) sowie bei der „Vorteilsausgleichung" (Rn 14/27 ff). Als Gegenposition ist der **„normative Schadensbegriff"** aufgebaut worden[27]. Er sollte im Ausgangspunkt dazu dienen, den Schaden vom objektiven, „gemeinen" Wert des verletzten Rechtsguts her zu berechnen, ist aber inzwischen zum Stichwort einer grundlegenden Umorientierung des Schadensrechts geworden[28], die dem Schadenersatz die Rolle einer Rechtsverfolgung für die Verletzung eines Rechtsguts zuspricht. Die zT recht unterschiedlichen Ausprägungen des normativen Schadensbegriffs haben sich in der Judikatur zu Einzelproblemen niedergeschlagen und jedenfalls partiell zu einer Korrektur der Differenzmethode geführt. Tatsächlich spricht manches dafür, weiterhin zuerst die – für den Regelfall nach wie vor am besten geeignete – Differenzmethode heranzuziehen. In Sonderkonstellationen, die bereits stichwortartig genannt wurden, sind die Ergebnisse jedoch gegebenenfalls durch normative Wertungen zu korrigieren[29]. Ein Vergleich der Güterlagen bleibt also nach wie vor wesentlich. Allerdings stößt ein vollständiger Gesamtvermögensvergleich auf manche (praktische) Schwierigkeiten. Um Uferlosigkeiten zu vermeiden, sollte daher geklärt werden, auf welche Positionen des Gesamtvermögens der Differenzvergleich im Einzelnen zu beziehen ist. Dafür lassen sich je nach der Art des beschädigten Rechtsguts einige Regeln angeben.

**14/12**  c) Bei **Sachschäden** spielt die Naturalherstellung durch Wiederbeschaffung einer der zerstörten wirtschaftlich gleichwertigen oder Reparatur der beschädigten Sache theoretisch eine größere Rolle als in der Praxis. Bei **Personenschäden** steht der Ersatz des zugefügten Schadens in Geld durchaus im Vordergrund.

Kommt es bei Sachschäden zum Ersatz des Interesses gemäß den §§ 249 Abs. 2 S. 1, 251, so muss der Wert der intakten Sache für das Gesamtvermögen des Geschädigten ermittelt werden (man denke an die Wertermittlung für einen „Oldtimer", vgl **Fall 30**). Wie schon erwähnt, kann der Geschädigte auch dann, wenn er sich gegen eine Reparatur der beschädigten Sache entscheidet, grundsätzlich auf Reparaturkostenbasis abrechnen[30]. Diese „fiktiven", von einem Sachverständigen ermittelten Reparaturkosten sind jedoch nur bis zu den Kosten einer Ersatzbeschaffung zu ersetzen, da der Geschädigte zwar Wiederherstellung verlangen kann, dabei aber prinzipiell die *günstigste* Möglichkeit der Schadensbeseitigung zu wählen hat[31]. Verkauft der Eigen-

---

26  Dafür zB *Esser/E. Schmidt*, SR I/2[8], 187 f.
27  Grundlegend *Selb*, Schadensbegriff und Regressmethoden (1963); siehe ferner *Lange/Schiemann*, Schadenersatz[3], 38 ff; *Steffen* NJW 1995, 2057.
28  Vgl dazu *Lange/Hagen*, Wandlungen des Schadensersatzrechts (1987), 36 ff; *Deutsch*, Haftungsrecht[2], Rn 784 ff.
29  Zur Arbeit mit einem solchen „dualistischen" Schadensbegriff siehe nur BGH WM 1980, 248, 250.
30  BGHZ 66, 239, 241.
31  BGHZ 115, 364, 368.

tümer sein beschädigtes Fahrzeug³², so ist der Erlös als „Restwert" schadensmindernd anzurechnen³³.

Die **Abrechnung fiktiver Reparaturkosten** ist im Schrifttum verbreitet auf Kritik gestoßen³⁴. Zum Teil wurde eingewandt, dass einer solchen Entschädigung das Bereicherungsverbot entgegenstehe³⁵; auch sei der Ersatz fiktiver Reparaturkosten für die Verkehrssicherheit von Nachteil, weil ältere, schadhafte Fahrzeuge in Betrieb gehalten würden³⁶. Der Gesetzgeber hat die Abrechnung fiktiver Reparaturkosten mit dem Schadensrechtsänderungsgesetz 2002 allerdings nicht abgeschafft, sondern lediglich *eingeschränkt*: § 249 Abs. 2 S. 2 sieht nämlich eine Kürzung des zur Herstellung erforderlichen Geldbetrags im Falle der Sachbeschädigung um die Umsatzsteuer vor, wenn keine Reparatur stattfand³⁷. Lässt der Geschädigte die Reparatur nicht durchführen, kann er daher nicht auf der Grundlage der im Sachverständigengutachten kalkulierten Brutto-Reparaturkosten abrechnen, sondern nur die um die Umsatzsteuer verminderten Reparaturkosten ersetzt verlangen³⁸.

Hinzu treten die **Folgeschäden**, die die Zerstörung bzw Beschädigung im Vermögen des Rechtsgutinhabers ausgelöst haben, mag man sie nun durch einen Gesamtvermögensvergleich oder durch Weiterdenken der durch den Sachschaden begonnenen Kausalkette ermitteln. Der Eintritt eines Vermögensschadens ist ein längeres Geschehen, in dessen Verlauf bis zu einem bestimmten Stichtag auch vorteilhafte Folgen eintreten können, die möglicherweise den Schädiger entlasten (dazu Rn 14/27 ff).

14/13

> Die Schadensermittlung durch Vermögensvergleich fällt schwer, wenn an Stelle eines fabrikneuen Gegenstandes ein reparierter tritt (**Fall 31**) oder wenn eine gebrauchte Sache nur durch eine neuwertige ersetzt werden kann (in **Fall 30** erklärt sich A bereit, hinfort einen Rennwagen neuester Bauart zu benutzen). Zweifel hinsichtlich der Durchführung des Vermögensvergleichs ergeben sich in der ersten Alternative daraus, dass die reparierte Sache im Gesamtvermögen für eine im Voraus nicht zu übersehende Zeit dieselben Dienste leisten kann wie die neuwertige; in der Umkehrung handelt es sich dagegen darum zu verhindern, dass die Leistung des vollen Vermögensinteresses den Geschädigten günstiger stellt, als er ohne das schädigende Ereignis stünde (Vorteilsausgleichung, dazu Rn 14/27 ff). Praktisch wichtig ist das Sonderproblem, das sich ergibt, wenn der Geschädigte nach § 249 Abs. 2 S. 1 auf der Grundlage der (fiktiven) Reparaturkosten abrechnen kann, wenn er die Sache durch eine neue ersetzt und – so beim Kfz-Kauf – die beschädigte unrepariert in Zahlung gegeben hat³⁹.

---

32  Zur Frage, welchen Einfluss eine spätere, mit Zusatzkosten verbundene Veräußerung und Ersatzbeschaffung auf die bereits vorher erfolgte Schadensabrechnung auf der Grundlage eines Sachverständigengutachtens hat, siehe BGH VersR 2006, 1088.
33  Für die Behauptung, dass ohne Weiteres ein höherer Preis zu erzielen gewesen wäre, trägt der Schädiger die Darlegungs- und Beweislast: BGH NJW 2005, 3134.
34  Statt vieler *Larenz*, SR I¹⁴, 469 ff; *Honsell/Harrer* JuS 1991, 441, 445; *Otto* NZV 2001, 335, 336 f; *Greger* NZV 2000, 1, 2; *Menken* DAR 1998, 250, 251; *Macke* DAR 2000, 506, 511.
35  *Greger* NZV 2000, 1, 3; *Köhler* 2. FS Larenz, 349, 351, 354, 359; *Honsell/Harrer* JuS 1991, 441, 445.
36  *Greger* NZV 2000, 1, 2; *Otto* NZV 1998, 433, 434 f; *Köhler* 2. FS Larenz, 349, 367 f.
37  Zum Hintergrund dieses Kompromisses näher *Ch. Huber* DAR 2000, 20, 22; *ders.* ZVR 2002, 38 f.
38  Zu den möglichen Abrechnungskonstellationen etwa *Wagner*, Das neue Schadenersatzrecht (2002) Rn 49 ff.
39  Bejahend BGHZ 66, 239 (mit Einschränkungen zu der Möglichkeit, daneben noch Ersatz für den Nutzungsausfall zu verlangen; dazu Rn 14/35 ff); BGH NJW 1989, 451.

14/14 „Klassiker" eines vorwiegend durch hypothetischen Gesamtvermögensvergleich festzustellenden Interesses ist der **entgangene Gewinn**. Er ist ersatzfähig, wenn sein Entstehen nach den Umständen erwartet werden konnte (§ 252). Der Gesetzgeber bezieht hier, vom Ausgleichsgedanken her zutreffend, die (wahrscheinliche) **künftige** Entwicklung des Vermögens des Geschädigten in die Betrachtung mit ein. Das praktische Problem liegt in der hinlänglichen Konkretisierung der Erwerbsaussicht[40] und wiederum in der Berechnung.

> Welche Höhe hat etwa in **Fall 31** der von F geltend gemachte „Produktionsausfall"; muss in **Fall 30** A Verträge über künftige Werbeaktionen vorlegen oder genügt eine Wahrscheinlichkeitsberechnung nach seinen Durchschnittsumsätzen?

14/15 Entgangener Gewinn ist immer hypothetisch; seine Einbuße daher nie mit völliger Sicherheit feststellbar. § 252 hilft dem Geschädigten daher mit einer **Beweiserleichterung**: Tut er die Umstände dar, die die Wahrscheinlichkeit eines Gewinns begründen, so ist der Schädiger auf einen Gegenbeweis verwiesen[41]. Werden etwa marktgängige Waren eines Kaufmanns beschädigt oder zerstört, wird vermutet, dass er sie zum Marktpreis hätte absetzen können[42].

14/16 Bei **Personenschäden** stehen neben den Aufwendungen, die für die Herstellung der Gesundheit erforderlich sind (Arzt-, Krankenhauskosten), die Vermögensschäden. Hierunter fallen zB die bei deliktischer Verletzung gemäß § 843 zu ersetzenden vermehrten Bedürfnisse, ferner wiederum entgangener Gewinn. Dies bestimmt für den Fall deliktischen Schadenersatzes § 842 (im **Fall 30** befand sich A gerade auf dem Weg zu einer Werbefahrt); aber § 842 geht weiter als § 252, weil er auch einen Ersatz für rechtlich noch nicht begründete Erwerbs*aussichten* (Fortkommen) gewährt[43]. Der BGH hat auch den Verdienstausfall der Eltern, den diese durch Besuche bei ihrem verletzten Kind erleiden, zu den Heilungskosten gerechnet, wenn die Besuche medizinisch geboten erscheinen[44]; ferner die für die Bezahlung eines während des Besuchs des Ehepartners im Krankenhaus engagierten Babysitters aufgewendeten Kosten[45].

## 2. Schadensberechnung

14/17 Die **Schadensberechnung** geschieht, ohne dass es dabei zunächst maßgeblich auf den zugrunde gelegten Schadensbegriff ankäme, **konkret**, dh nach den im Einzelfall erlittenen und im Streitfall beweisbaren Vermögenseinbußen[46].

---

40 Noch heikler sind Konstellationen, in denen die schädigende Handlung überhaupt nur zum *Verlust einer Chance* geführt hat (zB Nachwuchsfußballer muss seine Karriere frühzeitig beenden; Kunstfehler des Arztes macht eine kleine Heilungschance zunichte; Klient verliert einen unsicheren Rechtsstreit wegen eines Fehlers des Anwalts). Ausführlich dazu insb. *Mäsch*, Chance und Schaden (2004).
41 BGHZ 29, 393; BGH NJW 1964, 661; MünchKomm/*Oetker*, BGB⁵, § 252 Rn 31, 37.
42 BGH NJW-RR 2006, 243.
43 RGZ 141, 169; 171; 163, 40, 44.
44 BGH NJW 1985, 2757 (kritisch dazu *Schwerdtner* Jura 1987, 308); BGHZ 106, 28; BGH NJW 1990, 1037; Einschränkend BGH NJW 1991, 2340 (mit kritischer Besprechung von *Oetker* JuS 1991, 907): Dieser Grundsatz soll nur für die „eigentlichen Besuchskosten", also etwa den Vergütungsausfall eines Arbeitnehmers, der unbezahlten Urlaub nehmen muss, nicht aber etwa für reine Verzögerungsschäden wegen verspäteter Aufnahme einer selbstständigen Tätigkeit gelten.
45 BGH NJW 1990, 1037.
46 Zu Personenschäden siehe statt vieler *Pardey*, Berechnung von Personenschäden³ (2005).

Im **Fall 30** kann A unter Vorlage von Verträgen dartun, welche Verdienste er mit dem Wagen hätte erzielen können. Im **Fall 31** werden die materiellen Folgen des Produktionsausfalls im Einzelnen belegt.

Wie gezeigt, erlaubt daneben § 252 für den wichtigen Fall des entgangenen Gewinns die Zuhilfenahme eines Wahrscheinlichkeitsurteils. Dies könnte man im Gegensatz zur konkreten als **„abstrakte"** Schadensberechnung bezeichnen. Der wesentliche Unterschied liegt (nur) in einer Beweiserleichterung für den Geschädigten[47]. Häufig wird aber darüber hinaus unter abstrakter (oder „normativ-abstrakter") Schadensberechnung die gesetzliche Festlegung eines Mindestschadens verstanden, der ohne Widerlegungsmöglichkeit immer gefordert werden kann; höhere Einbußen müsste der Geschädigte hingegen nach allgemeinen Regeln (**„konkret"**) beweisen. Hierher gehört der Mindest-Verzugszins nach § 288 (beachte vor allem dessen Abs. 2!), die Zinszahlungspflicht des Deliktsschuldners gemäß § 849 sowie für den im Handelsverkehr wichtigen Fall des Deckungskaufs der Börsen- oder Marktpreis einer Ware (§ 376 Abs. 2 HGB).

An der Grenze zwischen Schadensberechnung und Ermittlung der ersatzfähigen Vermögenspos- **14/18** ten liegt die lange Zeit umstrittene Vergütung für den **merkantilen Minderwert** beschädigter Sachen, die in erster Linie bei der Regelung von Kfz-Haftpflichtschäden eine Rolle spielt. Ein repariertes Kraftfahrzeug mag seiner Funktion im Vermögen des Eigentümers völlig genügen und bedeutet daher, wenn der Unfall keine Spätfolgen oder schnelleren Verschleiß erwarten lässt, aktuell keine Vermögensminderung. Dennoch ist an der Tatsache nicht vorbeizukommen, dass der Verkehrswert, der sich spätestens bei einem Verkauf realisiert, bei einem „Unfallwagen" niedriger ist als bei einem unfallfrei gefahrenen Fahrzeug[48]. Ein Vermögensschaden lässt sich daher nicht leugnen[49], fraglich ist lediglich die Berechnung des Schadens. Hierbei ist anerkannt, dass sich der Minderwert im Vermögen des Geschädigten schon bei Ingebrauchnahme der reparierten Sache realisiert, weil die geringere Wertschätzung durch die beteiligten Verkehrskreise schon und gerade auf diesen Zeitpunkt bezogen ist. Bei der Berechnung im Einzelnen haben sich bestimmte formelhafte Wertabschläge nach Maßgabe der steuerlichen Abschreibungssätze und der Preislisten für Gebrauchtfahrzeuge durchgesetzt, die allerdings nicht schematisch angewendet werden dürfen[50].

## III. Anspruchsmindernde Faktoren

Abgesehen von den **Haftungshöchstgrenzen**, die hauptsächlich in Spezialgesetzen **14/19** vorkommen (vgl die §§ 12, 12a StVG), sind als anspruchsmindernde Faktoren in erster Linie das durch § 254 für erheblich erklärte **Mitverschulden** sowie die nicht gesetzlich geregelte **Vorteilsausgleichung** zu erwähnen.

---

47  Vgl *Larenz*, SR I[14], 511 f. Für den Bereich des kaufmännischen Verkehrs siehe etwa BGH WM 98, 931.
48  Anschauliche Erklärung dafür bei *Gregor* JA 2005, 820, der mit guten Gründen nur dann für einen Ersatz dieses Minderwerts plädiert, wenn der Eigentümer die reparierte Sache tatsächlich verkauft.
49  BGHZ 27, 181, 184; BGHZ 35, 396; BGH NJW 1967, 552; *Esser/E. Schmidt*, SR I/2[8], 207 f.
50  So etwa nicht bei Nutzfahrzeugen: BGH NJW 1980, 281.

## 1. Mitverschulden

**14/20** Da das Schadensrecht das Risiko für die Folgen menschlichen Handelns verteilt, entspricht die **Berücksichtigung mitwirkender Sorglosigkeit des Verletzten**[51] einem Gebot der Gerechtigkeit. Es gilt für die haftungsbegründenden wie für die haftungsausfüllenden Vorgänge (zum Letzteren siehe § 254 Abs. 2).

**14/21** a) Der **Grund der Zurechnung** aufseiten des Verletzten ist freilich vom Gesetz unklar bezeichnet. Als Voraussetzung der Schadensteilung nennt § 254 Abs. 1 „ein Verschulden des Geschädigten", hebt dann aber bei der Abwägung im Einzelnen auf die „Verursachung" ab. Das Wort „Verschulden" ist jedenfalls nicht im technischen Sinne gebraucht. Das bestätigt die Überlegung, dass dem Verletzten keine Pflichtwidrigkeit zur Last fällt, sondern nur zurechenbare Unachtsamkeit in *eigenen* Angelegenheiten (**„Verschulden gegen sich selbst"**). Es geht also bloß um die Verletzung einer **Obliegenheit**[52]. Daher dürfen auch die für die Haftung des Schädigers aufgestellten Erfordernisse nicht unbesehen auf die Anspruchsminderung wegen Mitverschuldens übertragen werden. Auf der anderen Seite hat die unmittelbare Herkunft des Schadensteilungsgedankens aus Geboten der Gerechtigkeit (§ 254 könnte als Einzelausprägung von Treu und Glauben bezeichnet werden[53]) zur Neigung der Praxis geführt, die Möglichkeit der Schadensteilung in fast uferlos weiter analoger Anwendung[54] auf andere Tatbestände auszudehnen. Dies macht es nötig, sich über die maßgeblichen Zurechnungskriterien klar zu werden.

**14/22** b) Anzuwenden sind die Regeln über die **Verursachung**, wobei haftungsbegründende (§ 254 Abs. 1) und haftungsausfüllende (§ 254 Abs. 2) Kausalität gleich zu behandeln sind. Es gilt ferner die Gleichwertigkeit von positivem Tun und Unterlassen. Andere Entsprechungen zur Beurteilung des Tuns des Schädigers stoßen dagegen auf Widerspruch.

> So erscheint es nicht selbstverständlich, dass aufseiten des Geschädigten auch Verschuldensfähigkeit iS der §§ 827 f vorliegen muss. Die Meinung, die objektives Fehlverhalten des Geschädigten ausreichen lässt, bürdet praktisch dem nicht Deliktsfähigen die Folgen einer ihn selbst treffenden Unachtsamkeit auf, während die hM den Schädiger dieses Risiko mittragen lässt[55]. Wenn etwa im **Fall 32** N aus § 833 haftet, so scheint es nicht unbillig, eine Minderung wegen Mitverschuldens des P anzunehmen, auch wenn er die konkrete Einsichtsfähigkeit noch nicht gehabt haben sollte.

---

51 Vgl dazu *Kupisch/Krüger* JuS 1981, 347; *Henke* JuS 1988, 753; *dens.* JuS 1991, 265.
52 Zum Begriff etwa MünchKomm/*Kramer*, BGB[5], Bd 2, Einl Rn 50 ff; *Medicus*, SR AT[17], Rn 675.
53 BGH NJW 1982, 168; *Henke* JuS 1988, 753.
54 Übersicht bei Erman/*Kuckuk*, BGB[11], § 254 Rn 6 ff.
55 HM BGHZ 9, 316; 24, 325; zum Zeitpunkt der konkreten Einsichtsfähigkeit OLG Celle NJW 1968, 2146; zur Anwendbarkeit des § 829 BGHZ 37, 102. Zustimmend *Larenz*, SR I[14], 541; MünchKomm/ *Oetker*, BGB[5], § 254 Rn 34; Erman/*Kuckuk*, BGB[11], § 254 Rn 26 f; aM *Esser/E. Schmidt*, SR I/2[8], 280. Zum Mitverschulden unter besonderer Berücksichtigung minderjähriger Geschädigter *Bruggner-Wolter* JuS 1990, Lernbogen 9, L 65 (beachte nunmehr auch die Neufassung des § 828!). Speziell zum Problem des Mitverschuldens des gesetzlichen Vertreters *Schreiber* Jura 1994, 164.

Will man den Geschädigten für die eigenen Einbußen grundsätzlich nach denselben Maßstäben aufkommen lassen wie den Schädiger für fremde Verluste, so liegt es nahe, die Grundsätze der **Gefährdungshaftung** (Schuldrecht Besonderer Teil § 27) auch hier anzuwenden. Dafür spricht, dass die Gesetze, die eine verschuldensunabhängige Haftpflicht vorsehen, sowohl ein mitwirkendes Verschulden des Verletzten (§ 9 StVG) als auch eine auf seiner Seite eingreifende mitwirkende Betriebsgefahr (§ 17 StVG) zur Anspruchsminderung heranziehen. Da es im Ausgangspunkt um eine Risikoverteilung geht, ist bei der Abwägung von einer grundsätzlichen Gleichwertigkeit von Verschulden und Betriebsgefahr auszugehen, sodass der Geschädigte sich eine von ihm zu vertretende Betriebsgefahr unabhängig davon zurechnen lassen muss, ob der Schädiger wegen Verschuldens haftet[56]. 

14/23

Ein weiteres wichtiges Beispiel einer Verantwortlichkeit ohne eigenes Verschulden regelt § 278, und angesichts der praktischen Bedeutung des Einsatzes von Mitarbeitern (vgl das Geschehen in **Fall 31**) erscheint das Bedürfnis unabweisbar, ein **Verschulden von Hilfspersonen** anspruchsmindernd zu berücksichtigen. Das Gesetz gibt für die Zurechnung eigener Hilfspersonen im Rahmen des § 254 aber nur ungenügende Anhaltspunkte, da § 278 lediglich im Rahmen der Schadensminderungsobliegenheit (§ 254 Abs. 2) für entsprechend anwendbar erklärt ist. Es hilft hier auch nicht weiter, § 254 Abs. 2 S. 2 als selbständigen dritten Absatz der Vorschrift zu lesen, da dann noch geklärt werden müsste, ob die Einstandspflicht des Geschädigten für gesetzliche Vertreter und Erfüllungsgehilfen voraussetzt, dass bereits ein Schuldverhältnis bestand oder ob die Mitwirkung bei der Entstehung des Schuldverhältnisses (etwa aus unerlaubter Handlung) genügt[57]. In den zuletzt genannten Fällen wäre ja auch daran zu denken, die Regelung der Besorgungsgehilfenhaftung (§ 831) fruchtbar zu machen.

14/24

> Das Problem zeigt **Fall 32**. Man wird das Verhalten des P und auch das seiner Eltern, die gegen die Aufsichtspflicht verstießen, als schuldhafte Mitverursachung des Schadens ansehen können, für den N nach § 833 haftet. Wenn aber nicht § 278 anwendbar ist, fehlt es an einer Zurechnungsnorm, zumal § 832 auf den Fall nicht passt.

Die Rechtsprechung, die auch im Schrifttum Gefolgschaft hat[58], sieht in § 254 Abs. 2 S. 2 eine Rechtsgrundverweisung und will § 278 daher nur im Rahmen eines schon bestehenden Schuldverhältnisses heranziehen.

> In **Fall 32** würde danach dem P das Verschulden seiner Eltern nicht zugerechnet (anders, wenn er im Rahmen von „Ferien auf dem Bauernhof" mit seinen Eltern auf dem Hof wohnte)[59].

---

56 BGHZ 6, 319; 20, 259; 67, 129.
57 Zum Problem der Zurechenbarkeit des Verhaltens Dritter im Rahmen des § 254 *Henke* JuS 1990, 30.
58 BGHZ 1, 249; 9, 317; 24, 325; 103, 338, 342; OLG Düsseldorf NJW 1978, 891; zustimmend *Fikentscher/Heinemann*, SR[10], Rn 713; MünchKomm/*Oetker*, BGB[5], § 254 Rn 128 f. AA etwa *Larenz*, SR I[14], 546 ff; *Deutsch*, Haftungsrecht[2], Rn 576 f.
59 Siehe etwa den Fall BGHZ 24, 325.

§ 831 bietet wohl keine Lösung[60]. Im Schrifttum wird teilweise eine Ausdehnung des § 278 auf alle Fälle eines mitwirkenden Gehilfenhandelns befürwortet; teils sieht man auch von § 278 überhaupt ab, da der Geschädigte durch Einsatz eines mit der Obhut über die Sache betrauten Mitarbeiters die Schadensursache mit gesetzt habe[61]. Die letztere Ansicht hat manches für sich, weil den Inhaber eines Rechtsguts eben gerade keine Pflicht trifft, Eigenschäden zu verhindern. Die Anrechnung richtet sich bei dieser Sicht also weder nach § 278 noch nach § 831, sondern folgt allgemeinen Zurechnungskriterien. Gerade neuere Haftungsregelungen zeigen deutlich, dass der Rechtsgutsinhaber generell das Risiko von Einwirkungen des von ihm ausgesuchten **„Bewahrungsgehilfen"** auf seine Sachen zu tragen hat (siehe § 9 StVG, § 34 LuftVG, § 27 AtomG, § 4 HaftpflG, § 6 Abs. 1 ProdHaftG, § 11 UmweltHG). Nichts Anderes kann dann gelten, wenn mit einem Fehlverhalten des Gehilfen die schädigende Handlung eines Dritten zusammentrifft. Dass hiernach der Geschädigte wiederum nach schärferen Maßstäben haftet als der Schädiger, liegt daran, dass die Verantwortlichkeiten für den eigenen und für die Tätigkeit in einem fremden Risikobereich nicht in paralleler Weise ausgestaltet sind.

**14/25**  c) Hinsichtlich der **Rechtsfolgen der Mitverantwortlichkeit** verlangt das Gesetz, den Schaden nach „den Umständen", vor allem nach dem Ausmaß der Verursachung, zwischen Schädiger und Geschädigtem zu verteilen. Allerdings kann es einen größeren oder geringeren Grad von Kausalität nicht geben: Entweder wurde der Schaden(steil) auch vom Geschädigten verursacht oder nicht. Soweit schon die Verursachung fehlt, kommt eine Zurechnung ohnehin nicht in Betracht. Daher hat die Vorschrift von vornherein nur insoweit Bedeutung, als beide Beteiligte für den betreffenden (Gesamt- oder Teil-)Schaden ursächlich waren; uU auch für Konstellationen, in denen die Kausalität nicht vollends geklärt werden kann. Damit ist im Regelfall den anderen Zurechnungsmomenten entscheidende Bedeutung beizumessen: So muss der Richter auf die Gefährlichkeit des Handelns (das Maß an Adäquanz), das Verschulden und den Verschuldensgrad oder auf die Stärke einer mitwirkenden Betriebsgefahr abstellen und die Schädiger und Geschädigten belastenden Zurechnungskriterien in ihrer – meist unterschiedlichen – Stärke gegeneinander abwägen. Das mitwirkende Verschulden kann so geringfügig sein, dass es den Schadenersatzanspruch nicht mindert. Es kann den Beitrag des Schädigers aber auch derart überwiegen, dass der Anspruch ganz entfällt. Umgekehrt wird insbesondere bei Vorsatzschädigungen eine Schmälerung des Ersatzanspruchs in aller Regel auch nicht bei grober Sorglosigkeit des Geschädigten in Betracht kommen[62].

**14/26**  Im Einzelnen wird es oft entscheidend sein, welches Maß an Sorgfalt in eigenen Angelegenheiten, an Gefahrenabwehr und Risikoverringerung man dem Inhaber eines Rechtsguts als vernünftigem

---

60  Die Rechtsprechung will § 831 bei Fehlen einer vertraglichen Sonderverbindung zumindest entsprechend anwenden: vgl BGHZ 1, 248, 249; 73, 190, 192; 103, 338, 342; siehe ferner OLG Köln NJW 2000, 2905; zustimmend MünchKomm/*Oetker*, BGB[5], § 254 Rn 129; *Henke* JuS 1990, 33.
61  Für eine Rechtsfolgenverweisung *Deutsch*, Haftungsrecht[2], Rn 577; *Lange/Schiemann*, Schadenersatz[3], 605; gegen die Anwendbarkeit des § 278 *Esser/E. Schmidt*, SR I/2[8], 285 f.
62  Gegen eine derartige Regel allerdings der BGH NJW 2002, 1643.

Menschen zumuten kann⁶³. So ist etwa im **Straßenverkehr** ein nicht verkehrsrichtiges Verhalten stets ein Mitverschulden, desgleichen das Nichtanlegen des Sicherheitsgurts⁶⁴ sowie beim Motorradfahrer das Nichttragen eines Sturzhelms⁶⁵. Bei Körperverletzungen ist der Angriff oder die Provokation durch den Verletzten ein Mitverschulden, allgemein die Nichtbeachtung von Hinweisen und Warnschildern (zB „bissiger Hund")⁶⁶.

Weitere anschauliche **Beispiele aus der Judikatur**: Bei der Abwägung im Rahmen von § 254 BGB ist das Mitverschulden des Rauschgiftkonsumenten und das der Lieferanten gleich zu bewerten. Dies führt insbesondere im Falle des Todes des Rauschgiftkonsumenten zur Verpflichtung des Lieferanten, den Erben die Hälfte der entstehenden Beerdigungskosten zu erstatten⁶⁷. Einem durch einen Auffahrunfall verletzten Pannenhelfer kann es zum Mitverschulden gereichen, wenn er sich an einem auf der rechten Fahrspur der Autobahn mit eingeschalteter Warnblinkanlage liegen gebliebenen Fahrzeug, das nicht durch zusätzliche Aufstellung eines Warndreiecks gesichert ist, zum Zweck der Befestigung eines Abschleppseils zu schaffen macht, es sei denn die Nachholung einer entsprechenden Absicherung ist wegen der an der Pannenstelle vorhandenen Gegebenheiten gefahrlos nicht möglich oder in sonstiger Weise untunlich⁶⁸. Da Gäste beim Durchschreiten einer Tür grundsätzlich auf Unebenheiten eingestellt sein müssen, müssen sie sich bei Verletzung infolge Stolpern ein Mitverschulden entgegenhalten lassen⁶⁹.

## 2. Vorteilsausgleichung⁷⁰

Als anspruchsmindernder Gerechtigkeitsgedanke lässt sich in gewisser Weise auch das Institut der **Vorteilsausgleichung** kennzeichnen. Da es aber an einer gesetzlichen Regelung der Vorteilsausgleichung fehlt, die der Gesetzgeber bewusst unterlassen hat⁷¹, herrscht Unklarheit über ihre Reichweite.

14/27

Angenommen, bei einem Verkehrsunfall hat der nichtschuldige Fahrer seine private Unfallversicherung wegen der Gesundheitsschäden in Anspruch genommen. Das Fahrzeug ist, obwohl nur an einer Seite erheblich beschädigt, vollständig lackiert worden. Muss jetzt, was den Schadensausgleich wegen der Körperverletzung angeht, im Zuge des nach der Differenzmethode vorzunehmenden Gesamtvermögensausgleichs zwischen Krankheitskosten und Versicherungssumme saldiert werden mit der Folge, dass uU kein ersatzfähiger Schaden vorhanden ist? Oder kann bei der Anrechnung der Leistungen der Versicherung auf die Vermögenseinbuße berücksichtigt werden,

---

63 Die Rechtsprechung legt darauf besonderen Wert und sagt immer wieder formelhaft, dass den Geschädigten dann ein Mitverschulden trifft, wenn er diejenige Aufmerksamkeit und Sorgfalt außer Acht lässt, die jedem ordentlichen und verständigen Menschen obliegt, um sich vor Schaden zu bewahren; vgl RGZ 105, 119; BGHZ 3, 46, 49; 9, 316, 318.
64 BGHZ 74, 25; 119, 268, 270 (anders vor Erlass des § 21a StVO BGH NJW 1970, 944); MünchKomm/ *Oetker*, BGB⁵, § 254 Rn 38. Vgl zuletzt BGH NJW 2001, 1485: Einem Kfz-Insassen, der den Sicherheitsgurt nicht anlegt, fällt grundsätzlich ein Mitverschulden an seinen infolge der Nichtanlegung des Gurts erlittenen Unfallverletzungen zur Last. Die Gurtanlegepflicht entfällt auch nicht bei kurzzeitigem, verkehrsbedingtem Anhalten. Kritisch hierzu *Hentschel* NJW 2001, 1471, da diese Ansicht mit dem Wortlaut des § 21a StVO („Fahrt") unvereinbar sei.
65 Wegen Fehlens von Statistiken und Umfrageergebnissen hielt der BGH NJW 1979, 980 bei einem Mopedfahrer das Nichttragen eines Sturzhelms vor der Gesetzesänderung von 1979 noch nicht für ein Mitverschulden an den Unfallfolgen (aM OLG München NJW 1978, 324). Anders wurde schon immer beim Fahren mit einem Motorrad entscheiden: BGH NJW 1965, 1075; BGH VersR 1983, 440.
66 OLG Stuttgart VersR 1955, 686; OLG Frankfurt VersR 1983, 1040.
67 LG Hechingen NJW 2002, 1729.
68 BGH NJW 2001, 149.
69 OLG Hamm NJW 2000, 3144.
70 Siehe dazu etwa *Henke* FS Hagen (1999), 371.
71 Motive II, 19; BGHZ 74, 25.

welcher Art und Herkunft die Vorteile sind? Eine ähnliche Frage stellt sich im Zusammenhang mit der Neulackierung des gebrauchten Fahrzeugs: Oft lässt sich bei gebrauchten Sachen eine Naturalherstellung nicht in der Weise bewerkstelligen, dass der Geschädigte eine wertmäßig genau gleiche Sache wiederbekommt. Entweder steigt sie durch die Reparatur im Wert, oder der Geschädigte kann nach §§ 249 Abs. 2 S. 1, 251 den Geldbetrag verlangen, den er für eine neuwertige Ersatzsache benötigt. Hier drängt die Praxis der Haftpflichtversicherungen auf einen Abzug **„neu für alt"** vom Betrag der Ersatzsumme. Tatsächlich hätte sich der Geschädigte nach Ablauf der Lebensdauer der Sache ohnehin einen Ersatzgegenstand anschaffen müssen. Auf welchem Weg diese Überlegung praktikabel umgesetzt werden soll, ist noch nicht ganz geklärt. Als eine Lösung bietet sich an, dem Geschädigten neben dem Wertersatz die Kosten der *vorzeitigen* Neuanschaffung zuzusprechen; danach müsste der Schädiger den Erwerb also (nur) *vor*finanzieren[72].

**14/28** Die Probleme liegen freilich verschieden. Unter Vorteilsausgleichung versteht man abstrakt die **Anrechnung solcher Vorteile auf die Schadenersatzschuld, die ohne das schädigende Ereignis nicht eingetreten wären. (Beispiel:** Der Geschädigte hat sich während des Krankenhausaufenthalts Kosten erspart; etwa für die Beheizung seiner Wohnung oder die Wahrnehmung verschiedener gesellschaftlicher Pflichten.) Es kommt nicht darauf an, ob die Vorteile von vornherein eine Einbuße verhindern (so etwa die Lohnfortzahlung beim arbeitsunfähigen Arbeitnehmer) oder ob sie den Schaden später ausgleichen (der Geschädigte erhält eine Spende).

Die Anrechnung beruht auf dem Gedanken, den Geschädigten durch den Schadensausgleich nicht reicher werden zu lassen, als er ohne das schädigende Ereignis wäre[73]. Dies bedeutet, dass Vorteile, die durch das schädigende Geschehen entstanden sind, etwa die Nutzung eines Grundstücks bis zur Rückabwicklung des Kaufvertrages[74], grundsätzlich angerechnet werden müssen und eine Beschränkung der Anrechenbarkeit besonderer Gründe bedarf. Keine Anrechnung findet etwa dann statt, wenn die Tante dem verletzten Neffen als „Trostpflaster" € 100 schenkt, damit aber keinesfalls den Schädiger entlasten will[75]. In anderen Konstellationen ist die Entscheidung weit schwieriger. So spielt nach der Rechtsprechung die Adäquanz des Vorteils eine wesentliche Rolle (zur Adäquanz Rn 13/11 f): Ein nicht adäquater, ganz unwahrscheinlicher Vorteil hat danach außer Betracht zu bleiben[76]; ein adäquater kann – muss aber nicht – zur Anrechnung führen[77]. In der Lehre wird vor allem der Zweck der Ersatzpflicht besonders betont[78]. Im Übrigen kommt es aber entscheidend darauf an, ob nach Art und Herkunft des jeweiligen Vorteils eine Zurechnung zum Interessenkreis des Schädigers gerechtfertigt ist, dh dass die Anrechnung dem Zweck des Schadenersatzes nicht widerspricht und zu keiner unbilligen Entlastung des Schädigers führt[79].

---

72 Ähnlich Staudinger/*Schiemann*, BGB[14], § 249 Rn 176 (Vorteilsausgleichung wird erst fällig, wenn sich der Vorteil durch die verlängerte Lebensdauer auswirkt). Siehe ferner *Esser/E. Schmidt*, SR I/2[8], 250 (Vorteil sei als „unselbstständiger Verrechnungsposten" abzuziehen). Die Judikatur nimmt uneinheitliche Abzüge vor: OLG Karlsruhe VersR 1973, 471; OLG Stuttgart VersR 1976, 766; OLG Schleswig VersR 1985, 373.
73 Zur Beweislast für alle Anrechnungsvoraussetzungen, die den Schädiger trifft, BGHZ 94, 195, 217.
74 Ausführlich zur Bemessung des Wertes der Eigennutzung eines Grundstücks BGH NJW 2006, 1582.
75 Vgl BGHZ 21, 112, 117.
76 Ständige Rechtsprechung, siehe etwa BGHZ 49, 56, 61; 81, 271, 275; BGH NJW 1990, 1360.
77 Siehe etwa BGHZ 49, 56, 61 f; BGH NJW 1978, 536, 537; NJW 1979, 760; NJW 1980, 2187.
78 Siehe zB *Medicus*, SR AT[17], 606; MünchKomm/*Oetker*, BGB[5], § 249 Rn 230.
79 BGHZ 8, 325, 329; 30, 29, 33; 91, 357, 361; vgl ferner etwa BGH NJW 2000, 2818.

Maßgeblich ist auch, ob die Anrechnung dem Geschädigten zumutbar ist[80]. Auf diese Weise kann insbesondere verhindert werden, dass Vorteile angerechnet werden, die auf eigenen – uU auch bloß ideellen – Opfern des Geschädigten beruhen und nicht von seiner Obliegenheit erfasst sind, den Schaden möglichst gering zu halten (**Beispiel:** Wer jeden Abend in einem Gourmettempel teuer zu speisen pflegt, muss sich nicht einwenden lassen, er habe sich diese Ausgaben während eines Krankenhausaufenthaltes erspart), oder die sonst zu einer unbilligen Entlastung des Schädigers führen[81]. Des Weiteren wird ein „innerer Zusammenhang" zwischen Schaden und Vorteil verlangt, der dazu führt, dass beide Posten gewissermaßen zu einer Rechnungseinheit verbunden sind[82]. Es kann somit nicht erstaunen, dass auch bei der Konkretisierung des Gedankens der Vorteilsausgleichung **Fallgruppen** entstanden sind, die jeweils typische Wertungsgesichtspunkte beachten. Allerdings verbleiben genügend Fälle, in denen auch die genannten Kriterien zu keinen klaren Ergebnissen führen. Sollen etwa hohe Honorare, die ein Entführungsopfer für die Veröffentlichung seiner Geschichte erhält, die Ersatzpflicht des Entführers vermindern, da diese Gelder ausschließlich wegen der schrecklichen Vorgeschichte bezahlt werden, oder soll sie das Opfer neben dem vollen Ersatzanspruch für materielle und ideele Schäden behalten dürfen[83]?

Nach den genannten Kriterien hat der BGH eine **Vorteilsanrechnung abgelehnt**, als der ehemalige Mieter seiner Pflicht zur Vornahme von Schönheitsreparaturen nicht nachkam und der Vermieter den neuen Mieter vertraglich zur Renovierung verpflichtete[84]. Für den Schadenersatzanspruch des Käufers eines Grundstücks, dem der Verkäufer einen höheren als den tatsächlichen Mieterträg vorgespiegelt hatte, wurde es als unerheblich angesehen, dass es dem Käufer später gelang, mit den Mietern höhere Mieten zu vereinbaren[85]. Ebenso wenig wurden Erträgnisse einer dem Unterhaltsberechtigten ausgezahlten Summe einer Lebensversicherung auf den ihm aufgrund der Tötung des Unterhaltsschuldners nach § 844 Abs. 2 zu ersetzenden Schaden angerechnet[86]. Auch ein gekündigter Arbeitnehmer musste sich die im Kündigungsschutzprozess vereinbarte Abfindung nicht auf den Ersatzanspruch wegen seines Verdienstausfallsschadens anrechnen lassen[87].

14/29

> Dass im **Fall 30** die Krankenhauskosten von einer privaten Unfallversicherung ersetzt werden, entlastet den Schädiger nicht, da der Geschädigte selber die Prämien gezahlt hat (BGHZ 19, 94). Allerdings gehen in solchen Fällen die Ansprüche des Geschädigten gegen den Schädiger regelmäßig auf denjenigen über, der die Leistungen erbringt (so nach § 6 EFZG auf den Arbeitgeber, nach § 67 VVG auf den Schadenversicherer, nach § 93 SGB XII auf den Sozialhilfeträger, nach § 116 SGB X auf den Sozialversicherungsträger). Bei einer solchen Zession des

---

80 BGHZ 10, 107, 108.
81 In diesem Sinn etwa OLG Hamm NJW-RR 1999, 1119: kein Vorteilsausgleich, wenn Geschädigter ein klassentieferes Ersatz-Kfz anmietet, um sich Eigenbetriebskosten zu ersparen.
82 BGH NJW 1997, 2378. Einen „qualifizierten Zusammenhang" zwischen Vorteil und Schaden verlangt der BGH in NJW 2006, 1582.
83 Gegen eine Vorteilsanrechnung etwa MünchKomm/*Oetker*, BGB⁵, § 249 Rn 244: Der, dem es gelinge, sein Unglück finanziell zu verwerten, müsse sich nichts auf seinen Schadenersatzanspruch anrechnen lassen.
84 BGHZ 49, 56.
85 BGH WM 1965, 272.
86 BGH NJW 1979, 760 (Aufgabe von BGHZ 34, 249 = NJW 1963, 1604).
87 BGH NJW 1990, 1360.

– ungeschmälerten – Ersatzanspruchs stellt sich das Anrechnungsproblem also von vornherein nicht. Leistungen aus einer Lebensversicherung sind nicht auf den Anspruch aus den §§ 844 Abs. 2, 845 anzurechnen; zu den Unterhaltsleistungen Dritter siehe § 843 Abs. 4. Ersparte Aufwendungen für häusliche Verpflegung sind demjenigen anzurechnen, der im Krankenhaus versorgt wird, desgleichen das vom Arbeitgeber ersparte Gehalt auf den Anspruch gegen den vertragsbrüchigen Arbeitnehmer (BAG AP Nr 5 zu § 60 HGB). Der BGH (NJW 1980, 2187) hat auf den Zinsbelastungsschaden desjenigen, der ein unwirksam verkauftes Grundstück nicht pünktlich zurückerhalten hatte, die Vorteile aus der Wertsteigerung des Grundstücks angerechnet, weil beide Entwicklungen gleichzeitig stattgefunden hätten. Nach denselben Kriterien ist hinsichtlich des Abzugs **„neu für alt"** im Ausgangsbeispiel zu verfahren: Was die Lackierung des Wagens betrifft, so ist es unmöglich, anders als durch eine gewisse Verbesserung dem Ausgleichsinteresse des Eigentümers gerecht zu werden; es ist ihm daher nicht zuzumuten, sich durch einen Abzug von den Reparaturkosten an dieser Art der Naturalherstellung zu beteiligen. Dies mag in manchen Fällen der Zahlung des Wiederbeschaffungswerts einer neuen an Stelle einer gebrauchten Sache anders sein, doch ist auch dabei große Zurückhaltung geboten, will man nicht dem Geschädigten Ausgaben zumuten, die er sich nicht geleistet hätte oder hätte leisten können (siehe zum Ganzen BGHZ 30, 29).

## IV. Problemfälle zur Abgrenzung von Vermögens- und Nichtvermögensschaden

14/30 Das Schadensrecht des BGB kann, wie verschiedentlich gezeigt, dem idealen – und daher auch in anderen Bereichen nie ganz erreichbaren – Anspruch auf eindeutige Ableitung seiner Lösungen aus dem Gesetzestext nicht durchweg genügen. Schon in vielen Grundfragen bestehen Kontroversen; nicht wenige Einzelprobleme finden im System keinen Platz. So ist an die Stelle gesetzesgebundenen Argumentierens vielfach die Suche nach **Einzelfallgerechtigkeit** unter Abwägung verschiedener Leitideen getreten, deren Überzeugungskraft sich weniger auf die Autorität des Gesetzes als auf mehr oder weniger anerkannte gesellschaftliche Wertvorstellungen gründet. Eine dieser Ideen – im Übrigen ein Symptom für die aktuelle Entwicklung des Schadensrechts – besagt, dass das BGB immaterielle Güter im Vergleich zu Sach- und Vermögenswerten zu wenig geschützt habe, und dass es deshalb gerechtfertigt sei, insoweit das Recht fortzubilden oder zu korrigieren[88].

14/31 § 253, der den Geldersatz (nicht die Naturalherstellung!) für **immaterielle Schäden** weitestgehend ausschloss, stand und steht im Mittelpunkt dieser Kritik; die Einfügung des Abs. 2 in § 253 durch das Schadenersatzänderungsgesetz 2002 hat die Akzente nicht verschoben, da damit bloß eine deliktsrechtliche Norm (§ 847 aF) – inhaltlich kaum verändert – in das allgemeine Schadenersatzrecht überführt wurde. Das rechtliche Umfeld hat sich bloß punktuell geändert: So kann „Urlaubsfrust" heutzutage unzweifelhaft zu Geld gemacht werden (siehe § 651 f Abs. 2). Anderseits wird die verständliche Sorge geäußert, das Schadensrecht könne zu einer unerwünschten Kom-

---

88 Vgl hierzu den Streit um den Geldersatz für die Verletzung des allgemeinen Persönlichkeitsrechts (siehe Fn 6).

merzialisierung menschlicher und höchstpersönlicher Güter und Gefühle führen[89]. In dieser Auseinandersetzung vermischen sich Fragen der Anerkennung von Interessen als ersatzfähige Güter mit Problemen der Schadensberechnung.

Manche Unklarheiten hängen mit der Verwendung des plakativen, aber nicht immer ganz fassbaren normativen Schadensbegriffs (Rn 14/11) zusammen. Dabei sind die praktisch bedeutsamsten Fallgestaltungen auf den ersten Blick durchaus verschiedenartig.

### 1. Ausfall der Arbeitskraft

Eine erste Gruppe umfasst die schadensrechtliche Beurteilung eines **Ausfalls der Arbeitskraft.** Die Fragen werden häufig praktisch, etwa bei Körperverletzungen des Arbeitnehmers und bei Arbeitsvertragsbruch. Dabei muss die Bewertung der ausgefallenen Arbeitskraft für den Gläubiger (Arbeitgeber) nicht unbedingt dieselbe sein wie für den Inhaber des Rechtsguts (Arbeitnehmer).

14/32

BGHZ 54, 45 ff wies die Klage des Inhabers einer kleinen chemisch-pharmazeutischen Fabrik, der bei einem Unfall verletzt worden war, auf Schadenersatz wegen Verdienstausfalls ab, weil der Verlust der Arbeitsfähigkeit des selbst als Chemiker mitarbeitenden Klägers nicht zu einem Rückgang von Umsatz und Gewinn geführt habe und die Arbeitskraft selbst kein Vermögensgut sei[90]. In gewissem Gegensatz dazu stehen andere höchstrichterliche Urteile. Einmal hatte das BAG einem Arzt, dessen Sprechstundenhilfe unter Bruch des Arbeitsvertrages der Arbeit ferngeblieben war, Schadenersatz zugesprochen, obwohl der Kläger eine effektive Einkommensminderung verhindert hatte, indem er in täglich mehrstündiger Zusatzarbeit die Aufgaben der Angestellten mit erledigte (BAG NJW 1968, 221; ausführlicher AP Nr 7 zu § 249 BGB). In einer ähnlichen Gestaltung kam das BAG (JZ 1971, 380) zu einem Ersatzanspruch, als ein Handelsunternehmen für einen fristlos entlassenen Filialleiter kurzfristig leitende Angestellte aus anderen Zweigstellen abziehen musste. Bei der Schadensberechnung ging das BAG vom Vergütungswert der ersatzweise eingesetzten Arbeit aus, indem es im „Arzthelferinnen-Fall" den Stundensatz für ärztliche Tätigkeit abzüglich des ersparten Helferinnen-Gehalts zusprach und im „Filialleiter-Fall" einen Schaden in Höhe des anteiligen Gehalts der eingesprungene Angestellten abzüglich des beim Beklagten ersparten Gehalts annahm. BGHZ 50, 304 gewährte einer nicht berufstätigen Ehefrau nach einer Verletzung Schadenersatz für ihr Ausfallen unabhängig davon, ob eine Ersatzkraft angestellt worden war. Vgl andererseits aber auch OLG Celle NJW 1988, 2618 (mit Besprechung von *Gotthardt* JuS 1995, 12), das einem Benediktinermönch, der vorwiegend als Kirchenmusiker tätig war, keinen Anspruch auf Schadenersatz (Vergütung für einen angestellten Kirchenmusiker) gewährte, da die Grundsätze der Rechtsprechung zum Schadenersatz bei Ausfall einer Ehefrau und Hausfrau nicht anwendbar seien: Der Ordensbruder gehe mit seinem Orgelspiel nämlich keiner gesetzlich geschuldeten Tätigkeit nach. BGH NJW 1990, 1037 gewährte einen Ersatzanspruch für verletzungsbedingt unterbliebene Eigenleistungen an einem Bauvorhaben (der Verletzte war Schreiner und wollte seine Zimmerdecken mit Holz verkleiden – das Berufungsgericht hatte einen Anspruch noch mit dem Argument abgelehnt, bei diesem Vorhaben handele es sich um eine „handwerkliche Liebhaberei"). Gegen einen **abstrakten Erwerbsschaden** spricht sich der BGH auch in NJW-RR 1992, 852 (Bestattungsunternehmer) und NJW 1995, 1023 (Taxifahrer) aus: Es komme darauf an, ob sich der Ausfall oder die Beeinträchtigung der Erwerbsfähigkeit als konkreter Verlust in der Vermögensbilanz ausgewirkt habe.

---

89 Zur Kommerzialisierung im Rahmen des Schadensbegriffs statt vieler *Larenz*, SR I[14], 495 ff; siehe auch die Bemerkungen in BGHZ 45, 212 ff.
90 Zustimmend etwa *Stoll* JZ 1977, 97; aM *Grunsky* JZ 1973, 425; *ders.* DAR 1988, 404.

**14/33** Allen Fällen ist gemeinsam, dass mit der Differenzmethode **kein messbarer Schaden** festgestellt werden kann. Für die Bewertung der Tatsache, dass der Verlust durch Leistung des Geschädigten aufgefangen worden ist, ist kein rechtlicher Ansatzpunkt ersichtlich. Eine Ausdehnung der in § 254 Abs. 2 normierten „Schadensminderungspflicht" kommt offensichtlich nicht in Betracht, weil sonst das Risiko gänzlich auf den Geschädigten überwälzt würde. Genau das Gegenteil soll aber das Schadensrecht leisten. Soweit in den erwähnten Urteilen ein (ersatzfähiger) Schaden bejaht wurde, wollte das Gericht den vom Gläubiger oder seinen Angehörigen geleisteten oder doch finanzierten Mehraufwand, der die Entstehung einer Vermögensdifferenz verhinderte, nicht dem Schädiger zugute kommen lassen. Das reicht aber, obwohl es auch im Rahmen der Vorteilsausgleichung eine Rolle spielt (Rn 14/27 ff), als tragender Gedanke nicht aus. Deshalb behalf sich die Rechtsprechung auch hier teilweise mit dem normativen Schadensbegriff, der allerdings stark fallbezogen formuliert wurde und allenfalls insoweit verallgemeinerungsfähig erscheint, als er Billigkeitsgesichtspunkte in die Schadensfeststellung einfließen lässt.

So formulierte das BAG[91], der Eintritt eines Schadens setze „nicht wesensnotwendig voraus, dass sich der Geschädigte bei Betrachtung seiner gesamten Vermögenslage infolge des schadenstiftenden Ereignisses im Ergebnis schlechter stehen muss als er sonst stehen würde". Vielmehr bestehe die Ersatzpflicht auch dann, „wenn die konkrete wirtschaftliche Lage des Geschädigten vor einer nachteiligen Änderung (nur) infolge von Leistungen eines anderen bewahrt geblieben ist, die ihrer Natur nach nicht dem Schädiger zugute kommen sollen". „Normativ", also vom „natürlichen" abweichend, ist dieser Schadensbegriff insofern, als er es erlaubt, durch die Nichtberücksichtigung der allein dem Geschädigten zuzurechnenden Schadensverhinderung einen „hypothetischen" Schaden[92] zum Gegenstand des Ausgleichsanspruchs zu machen. Die Art der Schadensberechnung passt dazu nicht, denn sie geht ganz konkret vom **„Marktwert"** der eingesetzten Ersatzkraft – im Arzthelferinnen-Fall gar des klagenden Arztes selbst! – aus. Mehr als die Kosten einer (billigeren) Ersatzkraft hätten ihm aber allenfalls dann zugesprochen werden können, wenn geeigneter Ersatz aus bestimmten Gründen nicht zu erlangen war.

**14/34** Worin liegt nun das Kernproblem? Es entspricht im Grunde nicht mehr den bestehenden wirtschaftlichen und gesellschaftlichen Verhältnissen, der Arbeitskraft unabhängig von ihrer Nutzung im konkreten Fall Vermögenswert abzusprechen[93]. Wenn der Aufwand für die Herstellung eines immateriellen Guts nach § 249 Abs. 1 ersatzfähig ist, desgleichen die Einbuße, die durch die Unmöglichkeit der Herstellung im Gesamtvermögen des Rechtsgutsträgers eintritt, so sind geldeswerte Aufwendungen, die dazu dienen, eine sonst unvermeidliche Vermögensminderung abzufangen, wie Vermögensschäden zu behandeln. Ihr Wert kann wie immer **konkret** berechnet werden. Nur

---
91 NJW 1968, 222.
92 So ausdrücklich BAG NJW 1968, 222; ähnlich BAG JZ 1971, 380. (In jüngeren Entscheidungen findet sich der Terminus „hypothetischer Schaden" offenbar nicht mehr.)
93 *Esser/E. Schmidt*, SR I/2⁸, 189 f; *Stoll*, Haftungsfolgen im Bürgerlichen Recht (1993), 377; *Grunsky* JZ 1973, 425. AA MünchKomm/*Oetker*, BGB⁵, § 249 Rn 81; *Würthwein* JZ 2000, 337, 341.

so kann das Schadensrecht eine unbillige Entlastung des Schädigers auf Kosten des Geschädigten verhindern.

In den berichteten Fällen bedeutet dies, dass innerbetriebliche Auffangmöglichkeiten, die herzustellen (Filialleiter-Fall) oder auszufüllen (Arzthelferinnen-Fall) nicht ohne Vermögensopfer möglich gewesen ist, dem Schädiger nicht zugute kommen. Dies setzt im Arzthelferinnen-Fall zusätzlich voraus, die aufgewendete Freizeit als Vermögensopfer anzusehen, was wohl mit Rücksicht darauf gebilligt werden kann, dass die Zeit eines freiberuflich Tätigen tatsächlich Vermögenswert hat. Außerdem hätte der Kläger eine Ersatzkraft einstellen können, wenn er eine gefunden hätte. Soweit dagegen die ausgefallene Arbeitskraft während eines bestimmten Zeitraums auch ohne das Ergreifen von Ersatzmaßnahmen nicht zu Buche schlägt (Chemiker-Fall), scheidet ein (ersatzfähiger) Schaden jedenfalls aus.

## 2. Nutzungsausfall beim Kfz

Ähnlich heftig diskutiert wird die Frage des Schadenersatzes für den **Nutzungsausfall eines beschädigten Kraftfahrzeugs**. Der Nutzungsausfall ist zwar ein Schaden, doch muss es sich nicht auch um einen **Vermögens**schaden handeln.

14/35

Der Eigentümer eines durch unerlaubte Handlung beschädigten Kraftfahrzeugs kann, wenn er für die Dauer der Reparatur einen Ersatzwagen mietet, nach § 249 Abs. 2 S. 1 die Kosten ersetzt verlangen; jedenfalls soweit sie objektiv erforderlich sind[94]. Wenn er sich für die Zeit der Reparaturdauer ohne Ersatzwagen behilft und andere Einbußen nicht eintreten, entsteht nach der Differenzmethode kein Vermögensschaden. Die Rechtsprechung hat dies aus verschiedenen Gründen als unbefriedigend empfunden und gewährt einen Ausgleich für den Nutzungsausfall (**abstrakte Nutzungsentschädigung**) in Höhe von etwa 25–30% des Mietpreises für ein gleichwertiges Ersatzfahrzeug[95]. Durch den Abzug vom Betrag des Mietpreises soll der Tatsache Rechnung getragen werden, dass die Nichtbenutzung dem Eigentümer auch Vorteile bringt.

Für einen derartigen Ausgleichsanspruch sind eine Reihe von Gründen geltend gemacht worden. ZT werden die Mietkosten in die Nähe der nach § 249 Abs. 2 S. 1 geschuldeten Herstellungskosten gerückt[96], wobei besonders zu beachten ist, dass im Rahmen des § 249 Abs. 2 S. 1 der Geschädigte frei entscheiden kann, ob er den Geldbetrag zur Herstellung verwendet. Stärkeres Gewicht hat in der Rechtsprechung der Gesichtspunkt, dass die nicht mehr wiederherstellbaren Gebrauchsvorteile ersetzt würden und infolgedessen § 251 anzuwenden sei. Schon deshalb könnten nicht die vollen Mietwagenkosten angesetzt werden. Das setzt voraus, den **Gebrauchsvorteilen** oder der durch Gebrauch eines PKW gewonnenen Freizeit einen eigenständigen, neben dem Substanzwert stehenden Vermögenswert zuzuweisen. Im Ergebnis läge darin wiederum eine Abgeltung bloß ideeller Nachteile. Auf der anderen Seite verei-

14/36

---

94 Zur Frage, inwieweit ein deutlich über dem Normaltarif liegender „Unfallersatztarif" vom Schädiger zu ersetzen ist, BGH NJW 2005, 51 und 135 = JA 2005, 243 *(Luckey)*; NJW 2005, 1041.
95 Grundlegend BGHZ 40, 345 ff = JZ 1964, 420 *(Steindorff)*; BGHZ 45, 212; BGH NJW 1985, 2471. Zur Höhe des Anspruchs siehe BGHZ 56, 214 und – bezeichnenderweise – die inzwischen erarbeiteten Tabellen *(Sanden/Danner/Küppersbusch*, teilweise abgedruckt in NJW 1997, 700). Ablehnend *Honsell/Harrer* JuS 1985, 162. Vgl. zum Ganzen auch *K. Müller* JuS 1985, 279; *Kötz/Wagner*, Deliktsrecht[10], Rn 678 ff.
96 BGHZ 40, 345 ff. Dagegen *Bötticher* VersR 1966, 301, 307; im Ansatz ähnlich *Esser/E. Schmidt*, SR I/2[8], 194 ff; zweifelnd auch *Medicus*, BR[20], Rn 824, der sich allerdings ebenso gegen den Ansatz *Bötticher*s (Ersatz frustrierter Aufwendungen) wendet.

telt der Nutzungsausfall teilweise den Zweck einer vermögenswerten Anschaffung, und es ist heute nicht mehr lebensfremd, die bloße Nutzungsmöglichkeit eines PKW als wirtschaftliches Gut anzusehen. Schließlich spielt die Überlegung eine gewisse Rolle, dass derjenige Geschädigte, der sich – möglicherweise mit einigen Unbequemlichkeiten – ohne Ersatzfahrzeug beholfen hat, nicht schlechter stehen dürfe als derjenige, der sich einen Ersatzwagen „geleistet" hat. Anderseits bleibt im Vermögen dessen, der seinen Wagen vollwertig repariert zurückerhält und der während der Reparaturzeit keine Aufwendungen hat machen müssen (etwa weil er von Freunden zur Arbeitsstelle mitgenommen wurde), keine Differenz zurück. Wenn dennoch ein Schaden bejaht wird, so kommt es also auch hier wieder zu Korrekturen des herkömmlichen Schadensbegriffs. Da bis heute keine dogmatisch wirklich überzeugende Begründung für diese Rechtsprechung gefunden werden konnte, wird gelegentlich angeführt, dass es sich dabei bereits um **Gewohnheitsrecht** handle[97].

14/37 Der Standpunkt der Rechtsprechung hat sich bei der Entscheidung einiger Folgeprobleme nicht ganz durchhalten lassen:

Der Geschädigte fuhr einen PKW Marke Jaguar, konnte aber als Ersatzwagen in der Eile nur einen VW 1500 bekommen. Er verlangt Ersatz für die entgangenen „überschießenden" Gebrauchsvorteile. Die Rechtsprechung gewährt dem Geschädigten dann, wenn die Nutzungsausfallentschädigung (laut Tabelle) höher ist als die tatsächlich aufgewendeten Kosten für einen (billigeren) Mietwagen, einen Anspruch auf den Differenzbetrag[98]. Die Vorteile der Benutzung des teureren Wagens stehen den rein immateriellen Werten noch näher als sonst die Gebrauchsvorteile eines Wagens, sodass die Anwendung des § 251 wohl nicht mehr zu rechtfertigen ist[99]. Allerdings ist zu bedenken, dass die anteiligen laufenden Aufwendungen durch die zeitweilige Unmöglichkeit des Gebrauchs nutzlos werden (Frustrationsgedanke)[100]. Dann bilden die nutzlosen Aufwendungen für den teureren Wagen den Ausgangspunkt für die Schadensberechnung. Am Ende steht freilich hier wie dort eine unsichere Schadensschätzung nach Maßgabe des § 287 ZPO, die wie bei der Schmerzensgeldberechnung nach § 253 Abs. 2 das Vordringen von „Daumenregeln" oder Tabellen über die durchschnittliche Bewertung typischer Schäden verständlich erscheinen lässt. Im Übrigen können auch bezüglich der Art der Rechtsgüter, deren Nutzung ersatzfähige Gebrauchsvorteile abwerfen soll, Widersprüche nicht immer vermieden werden. Schließlich ist die Rechtsprechung heute Knecht ihrer einstmals freien Entscheidung, indem sie die Gebrauchsvorteile vom Wohnhaus oder PKW bis hin zur Jagdtrophäe beurteilen muss[101]. Die uneinheitliche Rechtsprechung führte zu einem Vorlagebeschluss des V. Zivilsenats[102], in dem sich dieser mit

---

97 Vgl etwa Palandt/*Heinrichs*, BGB[65], vor § 249 Rn 20 f: Ersatzpflicht sei das Ergebnis richterlicher Rechtsfortbildung und als solche anzuerkennen. Ablehnend *Honsell/Harrer* JuS 1985, 166 f.
98 BGH NJW 1970, 1120.
99 Für Annahme eines Vermögensschadens OLG Frankfurt MDR 1968, 757; anders früher BGH NJW 1967, 552; OLG Köln NJW 1967, 570; siehe aber auch BGH NJW 1970, 1120.
100 Dazu etwa *Stoll*, in: FS Duden (1977), 641 ff; *Deutsch*, Haftungsrecht[2], Rn 827 ff; *Esser/E. Schmidt*, SR I/2[8], 194 ff. Den Frustrationsgedanken ablehnend zB *Lange/Schiemann*, Schadenersatz[3], 255 ff.
101 Siehe etwa BGH JZ 1975, 529 (keine Nutzungsentschädigung bei Luxuspelzmantel); OLG Köln NJW 1974, 560 (Nutzungsentschädigung für privates Schwimmbad); BGH NJW 1980, 775, 1386 (keine Nutzungsentschädigung für Schwimmbad); BGH NJW 1984, 722 (keine Nutzungsentschädigung für Motorboot); BGH NJW 1993, 1793 (keine Nutzungsentschädigung für Garage). Eine gute Übersicht über die wenig einheitliche Judikatur findet sich in der E BGH NJW 1986, 2037 sowie bei *Kötz/Wagner*, Deliktsrecht[10], Rn 679.
102 BGH NJW 1986, 2037 (Nichtbenutzbarkeit eines Hauses bei anderweitiger – und auch tatsächlich in Anspruch genommener – Wohn- und Übernachtungsmöglichkeit).

guten Gründen¹⁰³ generell gegen die Gewährung abstrakter Nutzungsentschädigungen aussprach. Der **Große Zivilsenat** hat jedoch – dogmatisch wenig überzeugend – mittels normativer Korrektur der Differenztheorie entschieden, dass ein Anspruch auf Nutzungsentschädigung für den Ausfall von „Wirtschaftsgütern von allgemeiner, zentraler Bedeutung für die Lebenshaltung" auch dann zugebilligt werden kann, wenn nach der Differenzmethode im konkreten Fall gar keine ziffernmäßige Verminderung des Vermögens festgestellt werden kann¹⁰⁴.

### 3. „Kind als Schaden"

Die Beispiele für die Abgrenzungsschwierigkeiten zwischen Vermögens- und Nichtvermögensschaden ließen sich vermehren. Ein besonders heißes Eisen ist dabei die Frage nach dem **„Kind als Schaden"**; das Thema wird heutzutage in aller Welt unter den Schlagworten „wrongful life" und „wrongful birth" diskutiert¹⁰⁵.

14/38

Im Jahre 1993 hatte der 2. Senat des BVerfG über verfassungsrechtliche Fragen bezüglich der Rechtfertigung (bzw Straflosigkeit) einer Abtreibung zu entscheiden¹⁰⁶. Bei dieser Gelegenheit führte er auch aus¹⁰⁷, dass eine rechtliche Qualifikation des Daseins eines Kindes als Schadensquelle wegen Art 1 Abs. 1 GG nicht in Betracht komme. Daher verbiete es sich auch, die Unterhaltspflicht für ein Kind als Schaden zu begreifen; die Rechtsprechung der Zivilgerichte zur Haftung für ärztliche Beratungsfehler oder für fehlgeschlagene Schwangerschaftsabbrüche sei deshalb „der Überprüfung bedürftig"¹⁰⁸. Der BGH ist dem nicht gefolgt¹⁰⁹ und hat bei fehlerhafter „genetischer Beratung"¹¹⁰ (die Klägerin, die bereits eine behinderte Tochter hatte, befürchtete eine mögliche fehlerhafte genetische Disposition und wollte sich vor dem Entschluss zu einem weiteren Kind beraten lassen), die zur Geburt eines genetisch behinderten Kindes führte, den Eltern einen auf den vollen Unterhaltsbedarf gerichteten Schadenersatzanspruch zugebilligt. Begründung: Der Beratungsvertrag mit dem Arzt war darauf gerichtet, die Geburt eines geschädigten Kindes zu vermeiden. Die Eltern hätten bei richtiger Aufklärung auf die Zeugung eines Kindes verzichtet. Der Vermögensschaden bestehe daher in dem durch die planwidrige Geburt des Kindes ausgelösten Unterhaltsaufwand¹¹¹. Auch der Schutzzweck des Beratungsvertrages¹¹² erstrecke sich durchaus auf die Belastung mit dem finanziellen Aufwand für ein schwer behindertes Kind. Daneben stellte der BGH klar, dass er auch bei aus ärztlichem Verschulden misslunge-

---

103 Hauptargumente: 1. Der Entzug der Gebrauchsmöglichkeit ist nur eine potenzielle Schadensquelle, nicht aber schon ein Vermögensschaden. 2. Der Gebrauchswert steht nicht selbstständig neben dem Substanzwert, sondern ist mit diesem untrennbar im Verkehrswert verbunden; eine Verminderung des Gebrauchswertes wird in der Regel auch zu einem Absinken des Verkehrswerts führen; mit dem Ausgleich der Differenz des Verkehrswerts ist zugleich die Minderung des Gebrauchswerts ausgeglichen. 3. Der Kommerzialisierungsgedanke ist für die Abgrenzung von Vermögens- und ideellem Schaden nicht wirklich brauchbar; 4. ebenso nicht die Einschätzung durch die Verkehrsanschauung. 5. Eine Differenzierung zwischen Alltags- und Luxusgütern überzeugt nicht.
104 BGHZ 98, 212, 217. Ablehnend *Medicus* Jura 1987, 240; *Schiemann* JuS 1988, 24; *Honsell/Harrer* JuS 1991, 448.
105 Aus der deutschen Literatur statt vieler *Picker*, Schadenersatz für das unerwünschte eigene Leben (1995); *ders.* AcP 195 (1995), 483; *Lange*, Haftung für neues Leben (1991); *G. Müller* FS Steffen (1995), 355; *Losch/Radau* NJW 1999, 821; *Winter* JZ 2002, 330.
106 BVerfG NJW 1993, 1751.
107 *Deutsch* NJW 1998, 510 meint dazu: „unnötiger- und überflüssigerweise".
108 BVerfG NJW 1993, 1751, 1764.
109 BGHZ 124, 128.
110 Dazu etwa BGHZ 86, 240; BGH NJW 1987, 2923.
111 Zur Unterhaltspflicht als Schaden etwa *Müller* NJW 2003, 697.
112 Auf diesen stellt nunmehr auch BGHZ 143, 389 ab, wo vom „Schutzumfang des Behandlungsvertrages" die Rede ist.

nen Sterilisationen[113] und bei verhinderten oder fehlgeschlagenen indizierten Schwangerschaftsabbrüchen[114] an dieser Rechtsprechung festhalten werde. Diese Auffassung wurde schließlich anlässlich einer Verfassungsbeschwerde (ein Beschwerdeführer war der in BGHZ 124, 128 zum Schadenersatz verurteilte Arzt) vom Ersten Senat des BVerfG bestätigt: Die Rechtsprechung der Zivilgerichte zur ärztlichen Haftung bei misslungener Sterilisation sowie bei mangelhafter genetischer Beratung verstoße nicht gegen Art 1 Abs. 1 GG[115]. Die Diskussionen sind damit aber wohl noch lange nicht am Ende. So hat es der BGH bereits bejaht, dass der ungewollt schwanger gewordenen Frau gegen den dafür verantwortlichen Arzt wegen schmerzhafter Frühwehen ein Schmerzensgeldanspruch zusteht, wobei er die ungewollte Schwangerschaft als Körperverletzung einordnet[116]. Konsequenter Weise müsste der Anspruch dann auch für die typischen Schwangerschafts- und Geburtsschmerzen gewährt werden.

## V. Lösung Fall 33

14/39 Daher ist im **Fall 33** M gegen A ein **Anspruch auf Ersatz der Unterhaltsleistungen** für die Kinder zuzubilligen. Gerade in diesem Beispielsfall wird deutlich, dass es nicht nur missverständlich, sondern unzutreffend ist, die vorliegende Problematik mit dem Schlagwort „Kind als Schaden" zu versehen: Der Schaden besteht eben nicht darin, dass F und M weitere Kinder bekommen haben (vielleicht hätten sie das sogar begrüßt, wenn sie finanziell besser stünden), sondern in der zusätzlichen finanziellen Belastung für deren Unterhalt. Und dieser Schaden ist auch ganz eindeutig vom Schutzzweck des Vertrages des M mit dem Arzt A (der im Übrigen auch keinen rechtlichen Bedenken begegnet, da jeder frei über den Erhalt oder die Beendigung seiner Fortpflanzungsfähigkeit bestimmen können muss) erfasst. Verdeutlicht man sich das, so leuchtet auch ohne Weiteres ein, dass durch die Gewährung eines Schadenersatzanspruchs der Schutz der Menschenwürde (Art 1 Abs. 1 GG) keineswegs untergraben wird: Ansonsten müsste man ja auch einem Behinderten einen Schadenersatzanspruch – bei Vorliegen der sonstigen Anspruchsvoraussetzungen – gerade mit der Begründung versagen, dass er sich ansonsten als minderwertig begreifen müsste. Und überhaupt ist der Würde des Kindes ohne Zweifel besser gedient, wenn es aufgrund der Ersatzleistung nicht in großer Armut aufwachsen muss.

Auch der **Anspruch der F gegen A auf Zahlung von Schmerzensgeld** ist – mit dem BGH[117] – zu bejahen: Grundsätzlich wird die Herbeiführung einer Schwangerschaft gegen den Willen der Frau als Körperverletzung angesehen[118]. Zwar wurde die Schwangerschaft der F in diesem Fall (gleichsam indirekt) dadurch herbeigeführt, dass die Sterilisation des M erfolglos war (genauer: dass M mangels hinreichender Aufklärung durch A den Geschlechtsverkehr mit F verfrüht wieder aufnahm). Der Eintritt einer Schwangerschaft bei F mit all ihren Folgen (auch der nach der allgemeinen Lebenserfahrung nicht gänzlich unwahrscheinlichen schmerzhaften Frühwehen) ist aber sicherlich vom Schutzbereich des zwischen M und A geschlossenen Vertrages erfasst.

---

113 Dazu auch BGHZ 76, 249; BGH NJW 1981, 630; NJW 1981, 2002; NJW 1984, 2625; NJW 1992, 2961; NJW 1995, 2407.
114 Vgl BGHZ 95, 199; BGH NJW 1985, 671; NJW 1985, 2749; NJW 1992, 1556. Der Unterhaltsaufwand für das Kind sei aber dann nicht mehr vom Schutzzweck des Arztvertrages erfasst, wenn der Schwangerschaftsabbruch nicht rechtmäßig, sondern nur straffrei sei: BGH NJW 1995, 1609.
115 BVerfG NJW 1998, 519. Eine vom Zweiten Senat des BVerfG geforderte Vorlage an das Plenum wurde vom Ersten Senat abgelehnt. Siehe dazu etwa *Stürner* JZ 1998, 317; *Deutsch* NJW 1998, 510.
116 BGH NJW 1995, 2407, 2408 f; zum Problemkreis *Jaeger* MDR 2004, 1280 mwN, der selbst allerdings einen Eingriff in das allgemeine Persönlichkeitsrecht der Frau annimmt.
117 BGH NJW 1995, 2407, 2408 f.
118 BGH NJW 1980, 1452; NJW 1995, 2407. Anders etwa *Jaeger* (Fn 116).

Teil IV
# Einbeziehung Dritter in das Schuldverhältnis

## § 15 Vertrag zugunsten Dritter[1]

**Fall 34:** W, die Witwe eines Fuhrunternehmers, verkauft das von ihrem verstorbenen Mann geerbte Geschäft an K, der sich selbstständig machen möchte. Sie handelt dabei nach eingehender Rücksprache mit ihrer volljährigen Tochter T, die sie einmal beerben soll. K kann nicht den gesamten Kaufpreis in bar bezahlen. Da er keine Sicherheiten anbieten kann, wird folgendes vereinbart: K zahlt monatlich eine Kaufpreisrate von 1500 €, von der Frau W 400 € auf ein von ihr auf T's Namen bei der Bank B eingerichtetes Sparkonto einzahlt. Das Sparbuch behält allerdings Frau W für den Fall, dass sie einmal in Geldverlegenheit gerät, was sie T und B auch so erklärt. K schließt ferner zugunsten von Frau W eine Lebensversicherung ab, die nach 10 Jahren, dem Zeitpunkt, zu dem K voraussichtlich seine Restschuld abgetragen haben wird, auf seine Ehefrau umgestellt werden soll.

Nachdem K seinen Verpflichtungen drei Jahre lang mühsam nachgekommen ist, kommt er bei einem Verkehrsunfall ums Leben; über seinen Nachlass wird das Insolvenzverfahren eröffnet. Die Versicherung weigert sich, an Frau W zu zahlen, weil K beim Kaufvertrag über das Alter und die Tauglichkeit der zum Fuhrgeschäft gehörigen Fahrzeuge getäuscht worden sei. Da Frau W befürchtet, in einem Rechtsstreit gegen die Versicherung nicht durchzudringen, möchte sie die auf dem Sparkonto angesammelten Beträge zur Begleichung eigener dringender Verbindlichkeiten benutzen. Hiergegen protestiert ihre Tochter T. Wie ist die Rechtslage?
**Lösung Rn 15/20**

**Fall 35:** Die Eltern V und M wollen ihrer erwachsenen Tochter T beim Aufbau eines eigenen Haushalts behilflich sein und ihr zu diesem Zweck eine Waschmaschine schenken. Sie suchen im Geschäft des W ein Modell mit 4,5 kg Fassungsvermögen und 1200 U/min Drehgeschwindigkeit aus und vereinbaren mit W, dass T das Gerät selbst abholen soll. Als T nach der ersten Benutzung bemerkt, dass die Wäsche bei der Entnahme aus der Trommel noch triefend nass ist, lässt sie das Gerät von W überprüfen. Dieser stellt fest, dass die Maschine aufgrund eines Defektes nur mit maximal 700 U/min läuft. T setzt dem W erfolglos eine Frist zur Nachbesserung. Auf Drängen ihres Freundes, der vom Geschenk ohnehin nicht sonderlich begeistert war, verlangt T von W nun den gesamten Kaufpreis gegen Rückgabe der Waschmaschine, um damit den Kauf eines Motorrads finanzieren zu können. Als V und M von dem Begehren ihrer Tochter erfahren, beklagen sie die Undankbarkeit ihrer Tochter. Unverzüglich informieren sie W, dass sie die Reparatur wünschen. W hat sich zwischenzeitlich hierzu auch bereit erklärt. Welche Pflichten treffen W?

---
1 Dazu ausführlich *Bayer*, Der Vertrag zu Gunsten Dritter (1995).

## I. Grundstruktur und Hauptfälle des Vertrags zugunsten Dritter

### 1. Problematik

15/1 Das Schuldverhältnis berechtigt und verpflichtet gewöhnlich nur die vertragsschließenden Parteien (oder beim gesetzlichen Schuldverhältnis die an einem Vorgang unmittelbar Beteiligten, so den Inhaber und den Verletzer eines Rechtsguts). Für die Pflichtenposition gibt es davon grundsätzlich keine Ausnahmen: Niemand kann ohne seine Zustimmung aufgrund eines Rechtsgeschäfts Schuldner werden (siehe vor allem § 415); genereller: Niemandem können auf diese Weise Pflichten auferlegt werden. **Verträge zulasten Dritter** sind also **nicht wirksam**[2]. Anderes gilt für die „Aktivseite": Manchmal erweist es sich nämlich als wünschenswert, einem anderen als den vertragsschließenden Parteien einen Anspruch auf die vereinbarte Leistung einzuräumen, ohne ihn in den Vertragsschluss mit einzubeziehen; vielleicht sogar, ohne den Dritten vorher überhaupt zu fragen[3]. Diese Durchbrechung der Privatautonomie[4] erscheint im Grundsatz unbedenklich, weil der „ungefragte" Dritte nur Vorteile erlangt[5]. Doch auch schenken muss sich niemand etwas lassen. Will der Dritte das ihm zugedachte Recht einmal nicht, so kann er es daher ohne weiteres mit ex-tunc-Wirkung zurückweisen (§ 333).

> Im **Fall 34** braucht etwa K die Einzelheiten seiner Abreden mit der Versicherung nicht mit Frau W zu erörtern; sie wird damit zufrieden sein, wenn sie die Begünstigte des Versicherungsvertrages ist.

---

2 Siehe statt vieler BGHZ 58, 219; 61, 361; 78, 375; MünchKomm/*Gottwald*, BGB[5], § 328 Rn 188 ff (der in Rn 192 einen Vertrag zulasten Dritter lediglich auf der Grundlage einer Verpflichtungsermächtigung als zulässig erachtet). Doch auch wenn im Grundsatz Einigkeit besteht, ist die Rechtslage für manche Konstellationen nicht eindeutig: So stellt sich etwa die Frage, ob eine mit einer Auflage verbundene Rechtsbegründung an einen Dritten zulässig und wie die Zuweisung komplexer – aus Vor- und Nachteilen gemischter – Rechtspositionen an einen Dritten (etwa im Gesellschaftsrecht) zu beurteilen ist.
3 Es kommen jedoch auch Konstellationen in Betracht, bei denen derjenige, der nach dem Willen der Parteien begünstigt werden soll, gar nicht gefragt werden *kann*; vgl etwa BGHZ 130, 377 (vertraglich begründete Unterhaltspflicht für ein aus heterologer Insemination hervorgehendes Kind).
4 Gelegentlich sieht bereits das Gesetz bei Abschluss bestimmter Verträge die Begünstigung eines Dritten vor; so kann etwa der Empfänger aus einem Frachtvertrag eigenständige Befugnisse erwerben (vgl nur § 421 HGB), obwohl der Vertrag bloß zwischen Absender und Frachtführer abgeschlossen wird. Siehe dazu aus jüngerer Zeit nur LG Memmingen NJW-RR 2004, 1175.
5 Bedenklich ist hingegen, dem Dritten gerade aufgrund seiner Begünstigung zusätzliche Pflichten aufzulegen, die über die Schutz- und Sorgfaltspflichten im Vollzugsverhältnis (dazu MünchKomm/*Roth*, BGB[5], § 328 Rn 30 f) hinausgehen. Nicht unproblematisch daher BGH NJW 2005, 3778 = JA 2006, 321 *(Althammer)*; zu dieser E näher *Althammer* NZM 2006, 163: Ein im Kaufvertrag begründeter Provisionsanspruch gegen den Liegenschaftskäufer (unter gleichzeitiger interner Befreiung des Verkäufers von seiner Provisionszahlungspflicht) soll besondere Aufklärungspflichten des begünstigten Maklers gegenüber dem Käufer begründen. Nicht nur deshalb, weil sich am Anspruch des Maklers durch die Vertragsklausel nichts Substanzielles ändert, sollte die Frage etwaiger Aufklärungspflichten über (ihm bekannte und für die Käufer relevante) Mängel unabhängig von der – womöglich gar widerruflichen – Drittbegünstigung entschieden werden. Eine bewusste Täuschung des Kaufinteressenten ist einem Makler ja auch dann nicht gestattet, wenn er bloß vertragliche Provisionsansprüche gegen den Verkäufer hat. Umgekehrt kann die Drittbegünstigung keinesfalls dazu führen, dass der Makler gegenüber seinem Vertragspartner bestehende Verschwiegenheitspflichten verletzen muss.

Diesen und ähnlichen Bedürfnissen kommt die Rechtsfigur des **Vertrages zugunsten Dritter** (§§ 328 ff) entgegen. Allerdings hat das Gesetz die Schwierigkeiten, die aus der Bewertung eines Geflechts dreier Interessenrichtungen folgen, nur sehr unvollkommen bewältigt.

Terminologisch unterscheidet das Gesetz als Beteiligte den **Versprechenden**, der aufgrund eines Rechtsverhältnisses zum **Versprechensempfänger** eine Leistung zusagt, sowie den **Dritten**, der die Leistung erhalten soll.

15/2

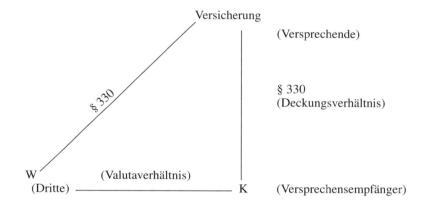

## 2. Echter und unechter Vertrag zugunsten Dritter

Der Vertrag zugunsten Dritter ist kein von einer bestimmten wirtschaftlichen Anschauung abgeleiteter Vertragstyp, sondern eines der vom Schuldrecht zur Verfügung gestellten Grundelemente rechtsgeschäftlicher Gestaltung[6]. Das Gesetz spricht bewusst abstrakt vom Versprechenden, Versprechensempfänger und Dritten (siehe insbesondere die §§ 332, 334). Für, die Anwendbarkeit der Rechtsfigur kommt es daher nicht darauf an, ob eine Geldleistung (die Versicherungssumme), eine Warenlieferung oder ein anderer Vertragsgegenstand dem Dritten geschuldet wird. Aus der Abstraktheit folgt weiter, dass für die Pflichten des versprechenden Schuldners das zwischen Empfänger und Drittem bestehende Rechtsverhältnis ohne jede Bedeutung ist. Der Versprechende muss also sogar dann an den Dritten leisten, wenn diese Leistung keinerlei aktuelle Rechtfertigung im Verhältnis zum Versprechensempfänger hat (zum Problemkreis näher Rn 15/9 ff).

15/3

**Beispiel:** Der Vater vereinbart mit einem Möbelhändler, von ihm gekaufte und bezahlte Möbel direkt an seine Tochter zu liefern und auch mit ihr wegen etwaiger Mängel oder Umtauschwünsche zu verhandeln.

---

6 *Medicus*, SR AT[17], Rn 759.

Ebenso wenig stellt das Gesetz darauf ab, auf welchem **Vertragstyp** das Versprechen beruht (im **Fall 34** Versicherungsvertrag und Sparvertrag). Zugunsten eines Dritten können alle Leistungsverpflichtungen übernommen werden, die auch sonst als Gegenstand eines Schuldverhältnisses geeignet sind[7].

15/4 Grundlegend ist folgende Unterscheidung: Ein **echter (berechtigender)** Vertrag zugunsten Dritter iS des § 328 Abs. 1 liegt vor, wenn der Dritte nach dem Inhalt des dem Empfänger gegebenen Versprechens die vorgesehene Leistung in eigener Person fordern kann. Die Rechtslage ist der bei Abtretung (dazu Rn 17/17 ff) nicht unähnlich (vgl nur die Einwendungsregelung des § 334); der konstruktive Unterschied liegt vor allem darin, dass das Recht unmittelbar beim Dritten *entsteht*. Von einem **unechten (ermächtigenden)** Vertrag zugunsten Dritter spricht man, wenn der Dritte zwar mit Erfüllungswirkung (§ 362; dazu Rn 19/11 f) die Leistung soll entgegennehmen dürfen, ein eigenes Forderungsrecht aber nicht erhält. Hier kann also nur der Versprechensempfänger (als Vertragspartner und Gläubiger) verlangen, dass der Schuldner an den Dritten leistet.

15/5 Welcher Fall vorliegt, ist eine nicht immer leicht zu entscheidende **Auslegungsfrage**. § 328 Abs. 2 bietet für diese wichtige Abgrenzung nur eine sehr bescheidene Hilfestellung, indem er die Umstände, insbesondere den Zweck des Vertrages, als Abgrenzungskriterien nennt[8]. Diese Merkmale führen etwa dann zu einer klaren Entscheidung im Sinne eigenständiger Ansprüche des Dritten, wenn Eltern ihr Kind ärztlicher Behandlung anvertrauen; desgleichen bei dem einen bestimmten Patienten betreffenden Krankenhausaufnahmevertrag zwischen einem Träger der Sozialversicherung und einem Krankenhaus[9]. Anders liegt es zB dann, wenn zur Vermeidung von Transportkosten bei der Abwicklung von Kaufverträgen eine so genannte abgekürzte Lieferung vereinbart wird: Der Verkäufer einer Waschmaschine bittet den Großhändler, bei dem er sich einzudecken pflegt, das Gerät direkt dem Kunden auszuliefern. Hier bestehen zwar zwei Kaufverträge, aber man wird nicht davon ausgehen können, dass der Großhändler sich unmittelbar gegenüber dem Kunden verpflichtet sehen wollte. Der BGH hat aber beispielsweise eine in einem Grundstückskaufvertrag enthaltene Klausel, wonach der Käufer die Provision des Maklers zu tragen hatte, dahingehend interpretiert, dass der Makler einen unmittelbaren Anspruch gegen den Käufer haben solle und demnach ein echter Vertrag zugunsten des Maklers vorliege[10]. Ebenso soll ein Chartervertrag, den eine Fluggesellschaft als Leistungsträger mit einem Reiseveranstalter abschließt, als Vertrag zugunsten des Reisenden zu qualifizieren sein, der für diesen einen eigenen Anspruch auf Beförderung gegen die Fluggesellschaft begrün-

---

7   Nicht ganz unumstritten ist die analoge Anwendbarkeit der §§ 328 ff auf (insbesondere dingliche) Verfügungsgeschäfte. Ablehnend BGHZ 41, 95, 96; BGH JZ 1965, 361; BGH NJW-RR 1986, 848; BGH NJW 1993, 2617; bejahend *Larenz*, SR I[14], 232 f; *Esser/E. Schmidt*, SR I/2[8], 299. Vgl zum Ganzen auch *Kaduk* FS Larenz (1983), 303, insb. 307 ff.
8   Reiche Beispiele etwa bei Palandt/*Heinrichs*, BGB[65], § 328 Rn 8 ff.
9   Zu den eigenen Erfüllungs- und (praktisch wichtigen!) Ersatzansprüchen des Kindes RGZ 152, 175; *Medicus*, SR BT[13], Rn 348 ff; zu den Ansprüchen eines in ein Krankenhaus eingewiesenen Kassenpatienten BGH NJW 1959, 816; BGHZ 97, 276; 100, 363.
10  BGH NJW 1998, 1552. Ganz deutlich in diesem Sinne die Vertragsformulierung im Fall BGH NJW 2005, 3778 = JA 2006, 321 *(Althammer)*; dazu in Fn 5.

det[11]. Auch die Mitversicherung in der privaten Krankenversicherung des Ehegatten stellt nach der Rechtsprechung im Zweifel einen echten Vertrag zugunsten des mitversicherten Gatten iS des § 328 Abs. 1 dar[12]. Drittbegünstigungen sind aber nicht nur durch Verschaffung eigenständiger Leistungsansprüche möglich; so können Dritte auch – über den Wortlaut des § 328 hinaus – durch sie begünstigende Verjährungsverkürzungs-[13] oder Haftungsbeschränkungsklauseln Vorteile erlangen, für die ebenfalls die Wertungen der §§ 328 ff gelten.

> Im **Fall 35** spricht zunächst schon die Vereinbarung, dass T die Waschmaschine selbst abholen soll, dafür, dass sie nach dem Willen ihrer Eltern selbst Übergabe und Übereignung (§ 433 Abs. 1) verlangen können soll. Für den Versprechenden W war außerdem ganz offensichtlich, dass der Vertragsschluss ausschließlich im Interesse der T erfolgte. Es liegt daher ein echter Vertrag zugunsten der T vor.

Eine ebenfalls ungemein wichtige Streitfrage hat sich besonders bezüglich der **Inhaberschaft an Sparforderungen** ergeben, wenn das Konto auf den Namen eines anderen als des Errichtenden lautet. Geht man davon aus, dass durch die Begründung eines Sparguthabens eine (Darlehens-) Forderung des Kunden gegen die Bank entsteht, so ist es durchaus denkbar und kommt auch vor, dass die Bank die Rückzahlung des Sparbetrages einem Dritten, also einem anderen als dem Partner des Sparvertrages verspricht. Umstände, die iS des § 328 Abs. 2 erheblich sein könnten, sind etwa: Sicherungsbedürfnis des begünstigten Dritten; zum Ausdruck gekommener Wunsch des Einzahlenden, von dem regelmäßig die Mittel stammen, sich der Verfügungsgewalt über die Forderungen nicht vorzeitig zu begeben. Die reine Kontobezeichnung ist unter diesen Umständen wohl weniger bedeutsam als die Regelung, wer das Sparbuch in Besitz nehmen soll[14]. Nach alledem spricht im **Fall 34** deutlich mehr dafür, trotz der Kontobezeichnung keinen echten Vertrag zugunsten Dritter anzunehmen, weil sich Frau W das Sparbuch von der Bank aushändigen ließ und den Erlös aus dem Geschäftsverkauf offensichtlich nicht mit ihrer Tochter T teilen, sondern sich vorbehalten wollte, die eingehenden Gelder im Notfall für ihren eigenen Unterhalt zu verwenden. Dieses letzte Argument ist hier deshalb voll überzeugend, weil der Versorgungsaspekt auch der Bank B gegenüber aufgedeckt wurde[15]. Und um die Auslegung der zwischen W und B getroffenen Vereinbarung geht es ja gerade!

15/6

Für andere typische Fälle stellt das Gesetz hinsichtlich der Stärke der Position des Dritten **Auslegungsregeln** zur Verfügung. So soll der Gläubiger, dessen Schuldner

15/7

---

11 BGHZ 93, 271.
12 Siehe BGH NJW 2006, 1434, der dem begünstigten Dritten neben dem Anspruch auf die Versicherungsleistung auch das Recht gewährt, den Fortbestand des Versicherungsverhältnisses gerichtlich feststellen zu lassen.
13 Vgl dazu nur BGH NJW-RR 2004, 780 = EWiR 2004, 483 *(Zeller)*.
14 Vgl auch BGH NJW 1994, 726 und 931 sowie BGH WM 1990, 537, wonach in erster Linie maßgeblich sein soll, wer nach dem erkennbaren Willen des die Kontoeröffnung beantragenden Kunden Gläubiger der Bank werden soll. Die Nichtaushändigung eines Sparbuchs stellt jedenfalls ein starkes Indiz dafür dar, dass der das Konto Einrichtende Verfügungsberechtigter und somit Gläubiger der Bank bleiben will: OLG Koblenz NJW 1989, 2545; OLG Düsseldorf WM 1993, 835. Zum Problemkreis etwa *Gößmann*, in: Schimansky/Bunte/Lwowski, Bankrechts-Handbuch I[2], 539 f (§ 29 Rn 17 f). Hinsichtlich der – nicht immer einfachen – Abgrenzung zur Kontoerrichtung im Wege der Stellvertretung siehe etwa *Canaris*, Bankvertragsrecht[4], Rn 148.
15 Siehe demgegenüber OLG Hamm FamRZ 2001, 158: Wenn ein Vater ein Sparkonto und einen Sparkassenbrief, die auf seinen Namen lauten, auf den Namen seines – wohl minderjährigen – Kindes umschreiben lässt, wird das Kind Gläubiger der Sparkasse, wenn der Vater keine gegenteilige Absicht zum Ausdruck brachte; etwa, dass das Kind nur Treuhänder (für ihn?) sein soll.

von einem anderen die Begleichung der Schulden versprochen worden ist, im Zweifel nicht unmittelbar von diesem die Leistungen fordern können (**Erfüllungsübernahme**, § 329). Hingegen ist die Benennung eines Zahlungsempfängers im **Versicherungsvertrag** in Zweifelsfällen als echte Drittbegünstigung zu verstehen (§ 330). Hier ist es wirtschaftlich sinnvoll, dass der Anspruch auf die Versicherungssumme, wenn nicht der Versicherungsnehmer allein berechtigt sein will, dem Begünstigten direkt und ohne Umweg über das Vermögen des Versicherungsnehmers zufällt (siehe aber auch § 166 VVG).

> So würde im **Fall 34** eine Entstehung des Anspruchs auf die Versicherungssumme als Nachlassgut das Zugriffsrecht des Insolvenzverwalters begründen können. Das wird durch eine echte Drittbegünstigung verhindert.

15/8 Auf der anderen Seite begibt sich der Versicherungsnehmer mit der Benennung eines Drittbegünstigten nicht unbedingt jeder Verfügungsbefugnis über das Recht. Vielmehr richtet es sich nach den Umständen, ob die Einräumung der Position für den Dritten **widerruflich** ist oder nicht (§ 328 Abs. 2). Bei der gewöhnlichen Lebensversicherung[16] hat der Versicherungsnehmer in der Regel das Recht, den Begünstigten jederzeit zu ändern (siehe § 166 Abs. 1 S. 2 VVG). Hierzu passt auch, dass nach § 331 Abs. 1 der Dritte das Recht gewöhnlich erst mit dem Tode des Versprechensempfängers erwirbt.

### 3. Struktur

15/9 Der Vertrag zugunsten Dritter beruht auf **mehreren Schuldverhältnissen**, die bei der Beurteilung des Schicksals der verschiedenen Rechtspositionen auseinander zu halten sind.

Zwischen dem Versprechenden und dem Versprechensempfänger (also im **Fall 34** zwischen der Versicherung und K bzw der Bank B und Frau W) besteht das so genannte **Deckungsverhältnis**. Aus ihm erwartet der Versprechende regelmäßig das

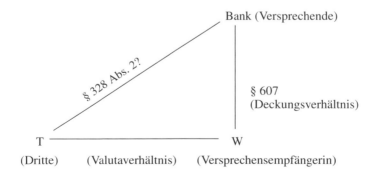

---
16 Ausführlich zum Problemkreis *Elfring*, Drittwirkungen der Lebensversicherung (2003).

Entgelt für die an den Dritten zu erbringende Leistung, also die „Deckung". Allein nach dem Deckungsverhältnis richtet sich aber auch die Rechtsstellung des Dritten, der ja eine eigene Forderung nur erhält, wenn ein wirksames Deckungsgeschäft den Versprechenden unmittelbar ihm gegenüber verpflichtet. Dies gilt, obwohl der Dritte am Deckungsverhältnis nicht selbst beteiligt ist. Hiervon unterscheidet man das **Valutaverhältnis** zwischen dem Versprechensempfänger und dem Dritten, aufgrund dessen der Versprechensempfänger, der ja für die Leistungen des Versprechenden an den Dritten regelmäßig ein Opfer bringen muss, sich zu diesem Opfer entschließt. Das Valutaverhältnis ist maßgebend für die Ansprüche und Verpflichtungen zwischen dem Versprechensempfänger und dem Dritten; es entscheidet darüber, ob der Dritte die Leistung im Verhältnis zum Versprechensempfänger behalten darf[17]. Schließlich gibt es – zumindest beim echten Vertrag zugunsten Dritter – ein Schuldverhältnis zwischen dem Dritten und dem Versprechenden, da der Dritte von Letzterem die Leistung fordern kann. Dieses Schuldverhältnis, bei dem es sich nicht um ein Vertragsverhältnis handelt und das gerade durch den drittbegünstigenden Vertrag entsteht, kann als **Vollzugs-** oder **Drittverhältnis** bezeichnet werden[18]. Da auch bei echter Drittbegünstigung nicht ausgeschlossen ist, dass weiterhin der Versprechensempfänger die Leistung an den Dritten verlangen kann (siehe die Zweifelsregel des § 335), besteht nach hM zwischen Versprechensempfänger und dem Dritten eine besonders geartete Forderungsmehrheit[19].

> Im **Fall 34** will K als Versprechensempfänger seiner Pflicht nachkommen, der Frau W in Gestalt des Versicherungsanspruchs eine Sicherheit zu verschaffen. Dasselbe Bestreben, verbunden mit der Befriedigung ihrer erbrechtlichen Erwartungen, ist auch im Verhältnis zwischen Frau W und ihrer Tochter T maßgebend, soweit es sich hier überhaupt schon um einen Vertrag zugunsten Dritter handeln sollte. Dem Valutaverhältnis liegt oft eine Schenkung zugrunde, nicht selten auch die Erfüllung sonstiger schuldrechtlicher Verbindlichkeiten. Es kann sich aber auch um die Erfüllung gesetzlicher Pflichten (zB Unterhaltsansprüche) handeln. Bestand bisher noch kein besonderes Rechtsverhältnis, wird man wohl von einer Art Offerte (etwa zum Abschluss eines Schenkungsvertrages) ausgehen müssen. Die Schenkungsvereinbarung kommt dann – ganz ähnlich wie bei der Handschenkung – in dem Zeitpunkt zu Stande, in dem der Dritte die Leistung des Versprechenden annimmt[20].

### 4. Formvorschriften

Bei Verträgen zugunsten Dritter erhält der Begünstigte Vermögenswerte häufig über eine Person, mit der er in keinerlei vertraglicher Verbindung steht. Der Vermögenswert stammt meist aus der Sphäre des Versprechensempfängers, da er dem Versprechenden Deckung schuldet. Das Deckungsverhältnis ist also regelmäßig ein entgeltlicher Vertrag, der auch formlos wirksam ist. Damit stellt sich zwangsläufig die Frage,

---

17 BGHZ 91, 288, 290; MünchKomm/*Gottwald*, BGB[5], § 328 Rn 29; Erman/*H.P. Westermann*, BGB[11], § 328 Rn 8.
18 Vgl *Medicus*, SR AT[17], Rn 764; MünchKomm/*Gottwald*, BGB[5], § 328 Rn 30 f.
19 BGHZ 5, 385, 389; BGH NJW 1967, 2262; Erman/*H.P. Westermann*, BGB[11], § 335 Rn 3.
20 Soergel/*Hadding*, BGB[12], § 328 Rn 21; Staudinger/*Jagmann*, BGB[14], § 328 ff Rn 45.

wie **gesetzliche Formvorschriften** bei dieser Kombination von Vertragsbeziehungen wirken. Kann man ihnen „entgehen", wenn statt der Leistung an den Versprechensempfänger selbst eine Leistung an einen Dritten vereinbart wird oder wenn der Zuwendungswillige statt einer direkten Verpflichtung gegenüber dem Dritten den Umweg über den Versprechenden wählt? Kollisionen sind hier vor allem mit der Schenkungsform und erbrechtlichen Formgeboten vorstellbar.

Eine solche Kollision mit Formvorschriften wäre im **Fall 34** etwa denkbar, wenn Frau W als Alleinerbin ihres Mannes den auf dem Sparkonto angesammelten Betrag nicht der als Erbin vorgesehenen T, sondern direkt ihrer Enkelin E zuwenden will, indem sie ein Konto auf den Namen der E anlegt, deren Recht aber erst mit dem Tode der W wirksam werden soll (Zuwendung unter Lebenden auf den Todesfall). Der übliche Weg wäre in einem solchen Fall das der Testamentsform bedürftige Vermächtnis (§§ 2147 ff).

15/11 Formvorschriften sind häufig auf die Sicherung desjenigen ausgerichtet, der sich verpflichtet. Meist geht es um **Schutz vor Übereilung**. Deshalb trifft es zu, wenn die hM auch beim Vertrag zugunsten Dritter für die Notwendigkeit einer Form allein auf das Deckungsverhältnis abstellt, da für den Dritten ja lediglich ein vom Vertragsverhältnis zwischen Schuldner und Versprechensempfänger abgespaltenes Forderungsrecht entsteht und der Rechtsgrund für die Leistung des Schuldners an den Dritten im Vertrag zwischen Schuldner und Versprechensempfänger zu sehen ist[21]. Wiederum ist die Parallele zur Abtretung unübersehbar. Ob im Valutaverhältnis eine nach § 518 formbedürftige Schenkung oder eine Verpflichtung zur Grundstücksveräußerung enthalten ist, ist also ohne Belang.

15/12 Nicht sicher ist hingegen, was gelten soll, wenn die Formvorschrift **anderen Interessen** als denen des Versprechenden dienen soll. So behandelt § 2301 im Interesse der Erben – im soeben **abgewandelten Fall 34** also etwa der T – Schenkungen unter der Bedingung, dass der Beschenkte den Schenker überlebt, wie Verfügungen von Todes wegen. Sie sind also ohne Einhaltung der Testamentsform ungültig. Man kann zweifeln, ob dieser Schutz entfallen soll, wenn der Schenker nicht direkt, sondern auf dem Umweg über einen Dritten den Gegenstand dem Begünstigten zuwenden will. § 331 besagt hierzu nichts. Die Vorschrift regelt nur den Zeitpunkt, in dem das Recht anfällt. Die Frage ist gerade beim Abschluss eines Sparvertrages bzw der Anlegung eines Wertpapierdepots zugunsten eines Dritten aktuell geworden. Die Rechtsprechung prüft, ob im Valutaverhältnis ein gültiges Schenkungsversprechen vorliegt, das der Dritte gemäß den §§ 130 Abs. 2, 153, 151 nach dem Tode annehmen kann, wenn es ihm vom Versprechenden (der Bank) überbracht wird[22]. Die Erben müssen dann den

---

21 HM: siehe etwa BGHZ 54, 145, 147; MünchKomm/*Gottwald*, BGB[5], § 328 Rn 27; *Schlechtriem/Schmidt-Kessel*, SR AT[6], Rn 720; Staudinger/*Jagmann*, BGB[14], § 328 ff Rn 52 ff; für eine Einbeziehung auch des Dritten in das Synallagma *Hadding* FS Gernhuber (1993), 153 ff.
22 Zur Auslegung des § 130 Abs. 2 – auch unter Bezugnahme auf den vorliegenden Zusammenhang – *Brun* Jura 1994, 291; *G. Vollkommer* ZEV 2000, 10, 12 f. In diesem Zusammenhang weist *Vollkommer* (12) darauf hin, dass dem Valutaverhältnis nicht zwingend eine Schenkung zugrunde liegen müsse; auch ein erbrechtliches Rechtsgeschäft (wie das Vermächtnis) könne Causa genug sein. Dagegen *J. Mayer* DNotZ 2000, 905, 919. Für einen Verzicht auf ein besonderes Valutaverhältnis, da die Causa in den Vertrag zugunsten des Dritten integriert sei, *M. Wolf* FamRZ 2002, 147, 148 f.

Schenkungsvertrag gegen sich gelten lassen, können freilich bis zum Zugang der Mitteilung beim Dritten das Angebot gemäß § 130 Abs. 1 S. 2 widerrufen[23]. Hat der Schuldner bis zu seinem Tode die Verfügungsmöglichkeit nicht aufgegeben – im Ausgangsfall behält Frau W das Sparbuch –, so kann aber keinesfalls von einem vollzogenen Schenkungsversprechen ausgegangen werden (siehe § 518); anders, wenn das Sparbuch bereits vorweg übergeben und die Schenkung bloß unter die (aufschiebende) Bedingung gestellt wurde, dass der Beschenkte den Schenker überlebt. Misslich ist auch, dass bei Annahme einer Widerruflichkeit des Schenkungsangebots noch durch die Erben der Erwerb des Dritten vom Ergebnis eines Wettlaufs zwischen Erben und Drittem abhängt. Um rein zufällige Ergebnisse zu vermeiden und die Umgehung erbrechtlicher Formvorschriften zu verhindern, erscheint es daher vorzugswürdig, der Anwendung des § 2301 den Vorrang einzuräumen[24].

## II. Abwicklung der verschiedenen Rechtsbeziehungen[25]

Schon die bisherigen rechtlichen Überlegungen zu Abgrenzungs- und Formfragen sind nicht gerade einfach. Noch komplizierter wird es dann, wenn das Deckungs- oder/und das Valutaverhältnis an Mängeln leidet bzw nachträglich in der Abwicklung gestört wird. Als **Grundsatz** gilt, dass bei der Abwicklung das Übergewicht des Deckungs- über das Valutaverhältnis zum Tragen kommt.

15/13

### 1. Einwendungen des Versprechenden

Hat der Versprechende **Einwendungen** gegen seine Leistungspflicht, etwa weil seine Verpflichtungserklärung unwirksam oder anfechtbar ist, so könnte er dies an sich nur demjenigen entgegenhalten, dem gegenüber er sich verpflichtet hat. Das wäre der Versprechensempfänger und nicht der begünstigte Dritte.

15/14

> Im **Fall 34** müsste sich die Versicherung bei fehlerhaftem Versicherungsvertrag ausschließlich mit den Erben des Versicherungsnehmers K auseinandersetzen.

Da aber das Deckungsverhältnis den Grund für die Verpflichtung des Versprechenden gegenüber dem Dritten abgibt, ordnet § 334 an, dass der Dritte (im **Fall 34** also Frau W) sich auch die Einwendungen „**aus dem Vertrage**", dh aus dem Deckungsverhältnis, entgegenhalten lassen muss. Dazu gehört sachgerechterweise auch der Einwand, im Deckungsverhältnis sei kein oder bloß ein anfechtbarer Vertrag zustande gekommen. Diese Anordnung leuchtet auch deshalb ein, weil der Dritte nicht besser stehen kann als der Versprechensempfänger, von dem er seine Stellung ableitet; das ent-

15/15

---

23 Zu dieser Lösung statt vieler BGHZ 46, 198; BGH JZ 1987, 361, 362; NJW 1995, 953; BGHZ 127, 239; OLG Düsseldorf NJW-RR 1996, 1329. Zum Problemkreis etwa *Schreiber* Jura 1995, 159; *Schäfer*, Konto und Depot zu Gunsten Dritter auf den Todesfall (1983).
24 So auch *Medicus*, BR[20], Rn 394 ff; *Olzen* Jura 1987, 16, insb. 22 ff.
25 Eine gute Darstellung von Problemen der Leistungsstörungen beim Vertrag zugunsten Dritter findet sich bei *Lousanoff/Lüke* JuS 1981, 39.

spricht wiederum zessionsrechtlichen Grundsätzen. Daher kann der Versprechende dem Anspruch des Dritten etwa die Einrede des nicht erfüllten Vertrages entgegenhalten, wenn sich der Versprechensempfänger im Deckungsverhältnis zur Vor- oder zur Zug-um-Zug-Leistung verpflichtet hat. Anderes gilt nur, wenn die Auslegung des Deckungsverhältnisses ergibt, dass der Versprechende auf derartige Einreden **verzichtet** hat[26]. Mängel des Valutaverhältnisses, hier also der Rechtsbeziehungen zwischen Frau W als der Dritten und K, beeinträchtigen das Forderungsrecht des Dritten gegen den Versprechenden hingegen von vornherein nicht. Auch führen sie in aller Regel nicht zur Anfechtbarkeit des im Deckungsverhältnis geschlossenen Vertrages, da die Mangelfreiheit des Valutaverhältnisses bestenfalls ein bloßes Motiv für den drittbegünstigenden Vertrag darstellt.

Somit kann sich im **Fall 34** die Versicherung nicht darauf berufen, dass K beim Vertrag mit Frau W getäuscht worden ist. Eine Rückabwicklung hätte, wenn die Anfechtung im Valutaverhältnis erklärt wird und durchgreift, nach den Grundsätzen des Bereicherungsrechts (dazu Schuldrecht Besonderer Teil §§ 16–19) allein zwischen den Erben des K und Frau W zu erfolgen.

### 2. Leistungserbringung trotz Einwendungsrechts

15/16 § 334 lässt nicht erkennen, was gelten soll, wenn der Versprechende auf seine Verpflichtung eine Leistung erbracht hat, obwohl er – was sich häufig erst später herausstellt – Einwendungen besaß, mit deren Hilfe er die Leistung hätte **verweigern** können.

Im (in Rn 15/3) erwähnten Fall des Möbelkaufs stellt sich nach Lieferung der Möbel an die Tochter die Unwirksamkeit des Kaufvertrages oder die Fälschung des vorgelegten Zahlungsbelegs heraus. Ähnliche Fragen tauchen im **Fall 34** auf, wenn erst nach der Zahlung der Versicherungssumme an Frau W die Unwirksamkeit des Versicherungsvertrages bekannt wird.

15/17 Das – primär bereicherungsrechtliche – Problem sei hier kurz anhand des **unwirksamen Deckungsverhältnisses** angesprochen. Für die meisten übrigen Fälle ergibt sich schon aus § 813, dass eine Rückforderung (zunächst) nicht in Betracht kommt. Sofern der im Deckungsverhältnis bestehende Vertrag erfolgreich angefochten wurde, gilt Gleiches wie bei ursprünglicher Unwirksamkeit. Die grundsätzliche Problematik resultiert daraus, dass der Versprechende in solchen Fällen von einer Verpflichtung gegenüber *zwei* Personen ausgeht (vgl § 335) und daher sowohl die Pflicht gegenüber dem Versprechensempfänger als auch die gegenüber dem Drittbegünstigten erfüllen will. Zugleich ist die Leistung aus der Sicht des Dritten nicht selten als solche **des Ver-**

---

26 Diesen Begründungsweg wählte der BGH in BGHZ 93, 271: Bei einem zwischen einer Fluggesellschaft und einem Reiseveranstalter zugunsten des Reisenden abgeschlossenen Chartervertrag verwehrte er der Fluggesellschaft, sich dem Reisenden gegenüber darauf zu berufen, der Reiseveranstalter habe den Preis für den Charterflug noch nicht bezahlt, da von einem *stillschweigenden Ausschluss des § 334* auszugehen sei, wenn der Reisende damit rechne, einen einredefreien Beförderungsanspruch gegen die Fluggesellschaft erworben zu haben. Dazu *Gottwald* JuS 1985, 575.

**sprechensempfängers** zu qualifizieren: Dieser hat dafür gesorgt, dass er die Leistung erhält. Auf welche Art und Weise dies erfolgt (persönliche Erbringung, Erfüllung durch Gehilfen oder eben mithilfe eines unmittelbar drittbegünstigenden Vertrages), ist für den Dritten von nachrangiger Bedeutung. Man kann sich vorstellen, dass bei der – hier nur angedeuteten – Komplexität des Problems nahezu alle denkbaren Lösungsmöglichkeiten vertreten werden; diese nachzuzeichnen, ist hier nicht der Ort[27]. Die Diskussion verläuft ähnlich wie im Anweisungs- und Zessionsrecht; überwiegend wird einer **Rückabwicklung auf langem Weg** („über's Dreieck") der Vorzug vor der Direktkondiktion gegeben[28]. Danach muss sich der Leistende an seinen vermeintlichen Vertragspartner, also den Versprechensempfänger, halten[29]. Ob und in welchem Umfang sich der Versprechensempfänger beim Dritten erholen kann, entscheidet das zwischen diesen konkret bestehende Valutaverhältnis. Behalten kann der Dritte eine Zahlung etwa dann, wenn sie ihm der Versprechensempfänger bereits selbst schuldete.

### 3. Leistungsstörungen

Fraglich ist auch, wie sich die Tatsache, dass der Dritte ein selbstständiges Forderungsrecht hat, bei der Beurteilung der **Folgen von Leistungsstörungen** auswirkt. Noch unproblematisch sind Fälle, in denen der Versprechensempfänger seine Pflichten aus dem Deckungsverhältnis verletzt: Daraus können zum Ersten gemäß § 334 Einwendungen gegenüber dem Leistungsbegehren des Dritten folgen. Zum Zweiten kann der Versprechende in seiner Rolle als Gläubiger alle ihm zustehenden Sekundärrechte ausüben, zB vom Vertrag zurücktreten. Auf diese Weise kann der Dritte seine Rechte sogar dann wieder (gegen seinen Willen!) verlieren, wenn nur er allein forderungsberechtigt war[30].

15/18

> Also kann, wenn im **Fall 34** K die Prämien nicht zahlte, die Versicherung den Vertrag kündigen und damit auch für die Zukunft die Grundlage ihrer Verpflichtung gegenüber Frau W vernichten.

---

27 Zum Fragenkreis Schuldrecht Besonderer Teil § 18; ausführlich etwa *Hadding*, Der Bereicherungsausgleich beim Vertrag zu Rechten Dritter (1970); aus der Ausbildungsliteratur *Beuthien* JuS 1987, 841; *Joost/Dikoney* JuS 1988, 104; *Kamionka* JuS 1992, 929.
28 Für die *Anweisung* BGHZ 122, 46, 52; BGH NJW 1994, 2356; MünchKomm/*Lieb*, BGB[4], § 812 Rn 35 ff; *Larenz/Canaris*, SR II/2[13], 224. Eine Direktkondiktion wird allerdings für den Fall bejaht, dass eine Anweisung überhaupt fehlt: BGHZ 111, 382; BGH NJW 1994, 2357; 1995, 3315; MünchKomm/*Lieb*, BGB[4], § 812 Rn 54 ff; *Larenz/Canaris*, SR II/2[13], 225. Für die *Zession* – vorausgesetzt, dass die abgetretene Forderung überhaupt existiert – BGHZ 105, 365; 122, 46; BGH NJW 1993, 2678; MünchKomm/*Lieb*, BGB[4], § 812 Rn 141 ff; *Larenz/Canaris*, SR II/2[13], 237; aA *Medicus*, BR[20], Rn 685a. Zum speziellen Problem der Ausführung eines Überweisungsauftrags trotz zwischenzeitigen – der Bank bei Durchführung unbekannten – Kontoinhaberwechsels aufgrund eines mit der Bank vereinbarten Vertrages zugunsten Dritter auf den Todesfall *Preuß* Jura 2000, 25, 29 (zu OLG Hamm WM 1998, 2236).
29 MünchKomm/*Lieb*, BGB[4], § 812 Rn 129 ff; *Esser/Weyers*, SR II/2[8], 48; aA BGHZ 58, 184; *Medicus*, BR[20], Rn 683: Es soll auf die „engere Verbindung zu dem mit der Leistung verfolgten Zweck" ankommen.
30 Zum Ganzen *Bayer*, Der Vertrag zu Gunsten Dritter (1995), 346; MünchKomm/*Gottwald*, BGB[5], § 334 Rn 4; Soergel/*Hadding*, BGB[12], § 334 Rn 6 ff; Staudinger/*Jagmann*, BGB[14], § 334 Rn 7 ff. Aus der Rechtsprechung etwa BGH NJW 1980, 450 (Zurückbehaltungsrecht gemäß § 273).

**15/19** Sehr umstritten ist hingegen, was bei **Pflichtverletzungen des Versprechenden** gelten soll. Zum Teil wird vorgeschlagen, allein den Versprechensempfänger über das Deckungsverhältnis verfügen zu lassen[31]. Ein Recht des Dritten zur Abgabe der Rücktrittserklärung oder auf Schadenersatz wird mit dem Argument abgelehnt, er könne ansonsten in das Deckungsverhältnis eingreifen, an dem er nicht beteiligt ist. Es darf aber nicht vernachlässigt werden, dass der Vertrag nicht nur eine Leistung an den Dritten vorsieht, sondern den Dritten darüber hinaus selbst zum Forderungsberechtigten macht. Daraus folgt zumindest, dass die Geltendmachung von Verzugsschäden direkt durch den Dritten ganz unproblematisch ist. Man wird darüber aber noch hinausgehen müssen. So wird als Art Faustregel vorgeschlagen, der Dritte könne Schäden, die bei ihm aufgrund des Verzugs, der vom Versprechenden zu vertretenden Unmöglichkeit oder Schlechtleistung eingetreten sind, selbst geltend machen, nicht jedoch vom Vertrag zurücktreten oder zwischen Rücktritt und Schadenersatz wählen[32]. **Verändernde** Einwirkungen auf den im Deckungsverhältnis vorliegenden Vertrag, etwa die Ausübung vertragsändernder oder vertragsvernichtender **Gestaltungsrechte**, sollen dem Dritten also nicht möglich sein. Begründet kann diese Position wohl nur mit (möglichen) gegenläufigen Interessen des Versprechensempfängers werden. Dass diese vorrangig schützwürdig sind, ist aber für den Regelfall nicht zu sehen. Vielmehr zeigt bereits die Tatsache echter Drittbegünstigung, dass insoweit die Position des Dritten im Vordergrund steht. Ferner können Umgestaltungen des Vertrages den Versprechensempfänger gar nicht belasten: Seine Verpflichtung bleibt ja gleich oder wird sogar (uU bis auf Null!) verringert. Und schließlich könnte ein Verbleib der betreffenden Befugnisse beim Versprechensempfänger zu einer Beeinträchtigung der Position des Dritten gegen dessen Willen führen. Eine Auslegung des Vertrages wird daher zumindest in vielen Fällen – wenn nicht sogar im Regelfall – dazu führen, dass der „echt" Drittbegünstigte neben dem Forderungsrecht auch die Sekundärrechte und damit in gewisser Weise Einflussmöglichkeiten auf Inhalt und Bestand seiner Ansprüche, aber auch des gesamten Vertrages, erwirbt. Ob und wie sich derartige Entscheidungen des Dritten auf seine Rechte und Pflichten im Valutaverhältnis auswirken, ist eine andere Frage.

**Beispiel:** Beim Bankvertrag zugunsten Dritter (vgl **Fall 34**) begeht die Bank gegenüber dem Dritten (der T) eine **Pflichtverletzung gem § 241 Abs. 2,** indem sie über die Geschäftsbeziehungen unter Verstoß gegen das Bankgeheimnis falsche Angaben macht.

Ob im **Fall 35** T das Recht haben soll, *ohne* die Zustimmung der Versprechensempfänger (ihrer Eltern) gemäß den §§ 437 Nr 2, 440, 323 Abs. 1 vom Vertrag zurückzutreten, ist zweifelhaft. Denn dann läge es ganz in ihrer Hand, den von ihren Eltern durch den Vertrag angestrebten tatsächlichen Erfolg zu vereiteln. T die Waschmaschine aufzudrängen, ist aber ohnehin nicht möglich; und zwar weder rechtlich (vgl nur das Zurückweisungsrecht nach § 333) noch faktisch. Umgekehrt hat es aber auch T nicht in der Hand, sich durch Rücktritt an Stelle

---

31 So grundsätzlich MünchKomm/*Gottwald*, BGB[5], § 335 Rn 7 ff; Erman/*H.P. Westermann*, BGB[11], § 328 Rn 8. Auch „Zustimmungsmodelle" werden vertreten: Vgl etwa RGZ 101, 275 f (zu einer iS des § 328 Abs. 2 unentziehbaren Drittberechtigung); BGH NJW 1972, 152; *Lange* NJW 1965, 657 ff. – Ausführlich *Papanikolaou*, Schlechterfüllung beim Vertrag zu Gunsten Dritter (1977).
32 *Larenz*, SR I[14], 223.

der ihr zugedachten Maschine deren finanziellen Wert zu verschaffen. Rücktritt würde nämlich zum Wegfall des Vertrags und damit zu einem Rückzahlungsanspruch *der Eltern* führen. Das Rücktrittsrecht hilft T insoweit also nichts. Gänzlich unproblematisch wäre es demgegenüber, wenn sich T für die Nachbesserung entscheidet: Dieser Weg entspricht ohnehin den Interessen ihrer Gönner. Wohl noch stärkeren rechtlichen Gehalt hat das Argument, dass die Nachbesserung zu dem Ergebnis führt, das ohne die Störung, nämlich bei mangelfreier Lieferung, von vornherein eingetreten wäre; und genau auf dieses Ergebnis war T's Anspruch gerichtet.

## III. Lösung Fall 34

### I. Muss die Versicherung an Frau W zahlen?

1. Anspruchsgrundlage könnte ein Lebensversicherungsvertrag (§ 159 VVG) sein, wenn Frau W unmittelbar die Leistung fordern und die Versicherung dem keine Einwände entgegenhalten kann.

2. Das Forderungsrecht der Frau W ergibt sich aus ihrer Benennung als Bezugsberechtigte (§ 166 VVG), was im Zweifel die Zuwendung eines unmittelbaren Anspruchs bedeutet (§ 330). Dieser Anspruch ist ihr mit dem Tode des K zugefallen.

3. Der Einwand der Versicherung, K sei beim Abschluss des Kaufvertrages getäuscht worden, ist nur dann erheblich, wenn sich die Versicherung als Versprechender gegenüber der W als der Dritten hierauf berufen kann. Es handelt sich aber um Mängel des Valutaverhältnisses, die im Verhältnis zwischen dem Versprechenden und dem Dritten keine Rolle spielen. § 334 betrifft nur Mängel des Deckungsverhältnisses.

4. Ergebnis: W hat gegen die Versicherung Anspruch auf Auszahlung der Versicherungssumme.

### II. Hat Frau W das Recht, über die auf dem Sparkonto angesammelten Beträge zu verfügen?

1. Da der Sparvertrag ein Darlehensvertrag ist, kann Frau W die Summe nach Maßgabe des Darlehensvertrages kündigen, wenn sie Gläubigerin der Forderung ist.

2. Hiergegen könnte sprechen, dass das Konto auf den Namen der T lautet. Aus diesem Grund könnte ein die T unmittelbar berechtigender Sparvertrag abgeschlossen worden sein.

a) Ob dies der Fall ist, hängt von allen Umständen des Einzelfalls ab, vor allem vom Vertragszweck (§ 328 Abs. 2).

b) Da Frau W das Sparbuch im Besitz behielt und der Bank B gegenüber sogar ausdrücklich auf den Zweck des Sparbuchs als Sicherheit für eigene Notfälle hinwies, ist ein *echter* Vertrag zugunsten der T jedenfalls abzulehnen. (Nicht einmal ein unechter Vertrag zugunsten Dritter dürfte vorliegen, da W nach Lage der Dinge „im Notfall" erkennbar Leistung an sich selbst und nicht an T verlangen können möchte.) T hat also noch kein Recht erworben und daher auch keine rechtliche Möglichkeit, die Auszahlung an ihre Mutter zu verhindern.

3. Ergebnis: W kann das Sparguthaben kündigen und in der Folge Auszahlung an sich selbst verlangen.

# § 16 Vertraglicher Drittschutz und Drittschäden[1]

**Fall 36:** Frau K betreibt in einem von V gemieteten Laden ein Kindermodengeschäft, das sie in besonders ansprechender Weise mit antikem Kinderspielzeug dekoriert. Für eine Werbewoche hat P gefälligkeitshalber zwei wertvolle antike Porzellanpuppen für das Schaufenster zur Verfügung gestellt. Am Abend vor dem Beginn der Werbewoche gerät durch einen Defekt in der Stromleitung das Schaufenster in Brand. Die Puppen werden zerstört, der zufällig anwesende P sowie E, der Ehemann der K, werden beim Versuch des Löschens verletzt. Sie verlangen von V Schadenersatz. **Lösung Rn 16/29**

**Fall 37:** Chefarzt Dr. H möchte einen antiken Schrank kaufen, den er im Geschäft des V gesehen hat. Da er aber befürchtet, dass ihm V bei Nennung seines Namens einen überhöhten Preis abverlangen werde, bittet er einen Freund, Richter R, um Hilfe: R möge den Schrank im eigenen Namen bei V kaufen und ihn zu H liefern lassen. So geschieht es auch. Beim Transport und bei der Aufstellung des außerordentlich schweren Schranks wird im Hause des H durch Verschulden der Leute des V eine Marmortreppe angeschlagen und das Wohnzimmerparkett beschädigt. Auf das Schadenersatzverlangen des H macht V geltend, er habe mit H keinen Vertrag geschlossen und brauche sich nur mit seinem Vertragspartner R auseinanderzusetzen, der aber keine Schäden erlitten habe. Seine Mitarbeiter seien gut ausgesucht und würden von ihm ständig überwacht und instruiert.

**Fall 38:** V und K verhandeln über den Kauf eines Hauses. Im Zuge dessen beauftragt V den Sachverständigen S mit der Erstellung eines Wertgutachtens. Bei der Besichtigung des Hauses bemüht sich V erfolgreich, S vom Betreten des Dachspitzbodens abzuhalten, da er weiß, dass dieser ernsthafte Feuchtigkeitsschäden aufweist. S erstellt ein Gutachten, indem es heißt, dass zurzeit keine nennenswerten Reparaturen erforderlich seien. K entscheidet sich für den Kauf des Hauses und unterzeichnet einen Kaufvertrag, in dem die Haftung des Verkäufers V für sichtbare sowie unsichtbare Schäden ausgeschlossen ist. Bereits kurze Zeit später bemerkt K beim Anbringen einer Satellitenantenne die Feuchtigkeitsschäden, die sich als so schwerwiegend erweisen, dass der gesamte Dachstuhl erneuert werden muss. K verlangt von S Schadenersatz[2].

## I. Die Problematik des vertraglichen Drittschutzes

### 1. Problemdarstellung

16/1 Die Ausgangsfälle zeigen deutlich, dass der Abschluss und die Abwicklung von Verträgen den Interessenkreis nicht am Vertrag beteiligter Personen berühren können. Ein besonderer vertraglicher Schutz auch von deren Interessen bzw Rechtsgütern liegt aber nur selten auf der Hand; nämlich dann, wenn dritte Personen und/oder deren Güter ganz ausdrücklich in den Schutz der Vereinbarung einbezogen wurden.

---

[1] Dazu etwa *Ries* JA 1982, 453; *Strauch* JuS 1982, 823; *von Schroeter* Jura 1997, 343; *Sutschet*, Der Schutzanspruch zu Gunsten Dritter (1999); *van Eickels*, Die Drittschutzwirkung von Verträgen (2005).
[2] Der Sachverhalt ist BGHZ 127, 378 nachgebildet.

Wäre in **Fall 38** zwischen V und S vereinbart worden, dass S eine Kopie des Gutachtens direkt an den Kaufinteressenten K schicken solle, müsste man an der Einbeziehung auch von K's Interessen in den Gutachtervertrag wohl nicht zweifeln. Hier war es aber anders: Von K war keine Rede. Es besteht also nur ein „gewöhnliches" Vertragsverhältnis zwischen V und S; eine deliktische Haftung des S gegenüber K scheidet aus, da K lediglich in seinem Vermögen geschädigt ist. (Für den Sachschaden am Dachspitzboden ist das Verhalten des S natürlich nicht kausal!) In **Fall 36** können Ersatzansprüche aus dem Mietvertrag nur der K als Mieterin des Ladens zustehen. Im Übrigen bleibt es allenfalls bei Ansprüchen aus unerlaubter Handlung. In **Fall 37** hat Dr H, wenn R nicht in seiner Vertretung (§ 164) gehandelt hat, keine Vertragsbeziehungen zu V, aus deren Verletzung (unter Berücksichtigung des § 278) ein Ersatzanspruch folgen könnte. Der deliktische Ersatzanspruch nach § 831 ist, wenn V der Entlastungsbeweis gelingt, nicht begründet.

Der **Schutz von Nichtvertragspartnern**, die mit der Vertragssphäre in Kontakt kommen, erscheint zumindest auf den ersten Blick als schwach. Grundsätzlich sieht aber unsere Rechtsordnung vor, dass Schäden, die außerhalb vertraglicher Beziehungen verursacht worden sind, nach den Regeln über unerlaubte Handlungen auszugleichen sind. Damit bestimmt in einer Gruppe von Fällen das Deliktsrecht auch dann die Lösungen, wenn erst ein zwischen dem Schädiger und einer anderen Person geschlossener Vertrag die schadenstiftenden Kontakte zwischen dem Schädiger und dem in einem Rechtsgut Verletzten geschaffen hat (vgl etwa die Situation des P in **Fall 36**). Hier besteht eine gewisse Neigung, den vertraglichen Schutz auszudehnen. Nun decken **Vertrags- und Deliktshaftung** theoretisch das Feld der möglichen Fälle vollkommen ab, indem (nur) derjenige Schadenersatz beanspruchen kann, der entweder Gläubiger eines nicht gehörig erfüllten Anspruchs oder Inhaber eines außervertraglich verletzten absolut geschützten Rechtsguts ist. Man spricht dogmatisch von der Identität des Trägers des verletzten Rechtsguts (bzw des Gläubigers der nicht richtig erfüllten Pflicht) und dem Inhaber des Ersatzanspruchs (Rn 13/5). Unbeschadet der theoretischen Folgerichtigkeit dieses Systems befriedigen die praktischen Ergebnisse nicht, wenn die entstandenen Drittschäden der Vertragssphäre zugeordnet zu sein scheinen und der für die Fallentscheidung tragende Grund weniger in der Inhaberschaft am verletzten Rechtsgut als im Gedanken der Verantwortlichkeit des Handelnden zu liegen scheint.

16/2

So drängt sich zu **Fall 37** der Gedanke auf, es könne doch nicht darauf ankommen, ob das Möbelstück an den Käufer oder an einen von diesem benannten Dritten geliefert wird. Schuldhafte Schädigungen bei der Lieferung sollten V in beiden Varianten gleich stark belasten.

## 2. Lösungsmöglichkeiten

Aus derartigen Überlegungen haben sich zwei „außergesetzliche" Rechtsinstitute entwickelt, die miteinander nahe verwandt sind[3]: der **Vertrag mit Schutzwirkung zugunsten Dritter** und die **Drittschadensliquidation**. Beide Male handelt es sich da-

16/3

---

3   Vgl *Medicus*, BR[20], Rn 840 ff; *Traugott*, Das Verhältnis von Drittschadensliquidation und vertraglichem Drittschutz (1996).

291

rum, eine vertragliche Anspruchsberechtigung auf den Ausgleich bestimmter durch die Vertragsabwicklung berührter Drittinteressen zu erstrecken. Es werden also gleichsam durch eine „Zusammenrechnung" von Anspruchsvoraussetzungen einer Person vertragliche (Schutz-)Rechte zugewiesen, die nicht Gläubigerin der verletzten Pflicht ist (Ausnahme vom Dogma des Gläubigerinteresses). Der wichtigste Unterschied zwischen den beiden Rechtsinstituten ist der, dass bei der Drittschadensliquidation eine (für den Schädiger zufällige) **bloße Schadensverlagerung** berücksichtigt wird, während der Vertrag mit Schutzwirkung zugunsten Dritter durchaus auch zu einer **Vergrößerung des Haftungsrisikos** führt[4]. Die in der älteren Rechtsprechung praktizierte Anwendung der Drittschadensliquidation auf Sach- und Vermögensschäden[5] und des Vertrages mit Schutzwirkungen zugunsten Dritter auf Personenschäden[6] stellt kein taugliches Abgrenzungskriterium dar. Bezüglich des konstruktiven Unterschieds könnte folgende griffige Formulierung hilfreich sein: „Bei der Drittschadensliquidation wird der Schaden zur Anspruchsgrundlage, bei der vertraglichen Schutzwirkung die Anspruchsgrundlage zum Schaden gezogen"[7].

Eine solche Erweiterung der Vertragshaftung wäre in den Ausgangsbeispielen erreicht, wenn in **Fall 36** P wegen seines Sachschadens und E sowie P wegen des Personenschadens vertragliche Ansprüche gegen V geltend machen könnten, insbesondere unter Heranziehung der verschuldensunabhängigen Haftung aus § 536a Abs. 1 Fall 1. Im **Fall 37** geht es darum, ob H, obwohl nicht Vertragspartner des V, sich ihm gegenüber dennoch auf die vertragliche Gehilfenhaftung (§ 278) berufen kann, die ihn wegen der bei § 278 fehlenden Möglichkeit eines Entlastungsbeweises günstiger stellt als die deliktische Gehilfenhaftung nach § 831[8].

## II. Vertrag mit Schutzwirkung zugunsten Dritter[9]

### 1. Rechtliche Einordnung

16/4 Schon die **dogmatische Einordnung** dieses Rechtsinstituts ist nicht unumstritten. Es wurde in einer mehr formalen Anlehnung an § 328 entwickelt, beruht aber weitestgehend auf einer interessegeleiteten **Fortbildung des Haftungsrechts**[10].

---

4 HM. Vgl etwa BGHZ 51, 91, 95; *Schwerdtner* Jura 1980, 493; *von Schroeter* Jura 1997, 349. Zur Abgrenzung von Drittschadensliquidation und vertraglichem Drittschutz auch *Traugott* ZIP 1997, 872; *Büdenbender* JZ 1995, 920; *Ries* JA 1982, 458 f; *Strauch* JuS 1982, 824.
5 RGZ 93, 39, 40; 170, 246; BGHZ 15, 224.
6 RGZ 98, 210, 212; 102, 231, 234; 127, 218, 222.
7 *Medicus*, BR[20], Rn 839.
8 Weitere Vorteile gegenüber der deliktischen Haftung: 1. Günstigere Beweislastregelung (§ 280 Abs. 1 S. 2); 2. Längere Verjährungsfrist (gegenüber § 852 Abs. 1); 3. Auch ohne die Verletzung eines Rechts- bzw Rechtsgutes iS des § 823 Abs. 1 können Ersatzansprüche geltend gemacht werden, der Geschäftsherr haftet also auch für reine Vermögensschäden.
9 Vgl dazu *Bayer* JuS 1996, 473; *Assmann* JuS 1986, 885. Ein praktischer Fall (LG Frankfurt NJW-RR 1986, 966) findet sich klausurmäßig gelöst bei *Strauch* JuS 1987, 947. Aus jüngerer Zeit *Ziegeltrum*, Der Vertrag mit Schutzwirkungen für Dritte (1992); *Sutschet*, Schutzanspruch zu Gunsten Dritter, 21 ff, 96 ff.
10 Dazu *von Caemmerer* FS Wieacker (1978), 311; *Bayer* JuS 1996, 475; *ders.*, Der Vertrag zu Gunsten Dritter (1995), 185; *Sutschet*, Schutzanspruch zu Gunsten Dritter, 28 ff; MünchKomm/*Gottwald*, BGB[5], § 328 Rn 110 f; Erman/*H.P. Westermann*, BGB[11], § 328 Rn 12.

Durch den echten Vertrag zugunsten Dritter erwachsen dem Dritten eigene Forderungsrechte, die er gegen den Versprechenden geltend machen kann, obwohl er an dem die Obligation begründenden Vertrag nicht teilhatte (Rn 15/4). Die Figur des Vertrages mit Schutzwirkung für Dritte beruht auf der Beobachtung, dass der Gläubiger vertraglicher Ansprüche häufig ein Interesse daran hat, die mit der Erfüllung der Verbindlichkeit zusammenhängenden Sorgfaltspflichten des Schuldners auch im Verhältnis zu vertragsfremden Personen anerkannt und befolgt zu sehen. Dabei geht es um Personen (und deren Rechtsgüter), die von der Leistungserbringung durch den Schuldner tangiert werden könnten. Besonders deutlich ist das für Familienmitglieder des Gläubigers, die mit diesem in dem Haushalt leben, in dem der Schuldner seine Vertragspflichten (Ausmalen der Wohnung, Anschluss eines Elektrogeräts, Lieferung einer Sache) zu erfüllen hat. Derartigen Dritten wird nun naheliegenderweise kein Anspruch auf die primäre Vertragsleistung eingeräumt; ihnen wird aber hinsichtlich der **Schutzpflichten** eine **gläubigergleiche Position** gewährt (zur Teilung der vertraglichen Schuld in Leistungs- und Schutzpflichten Rn 2/37 ff). Dass man sich dieser Gläubigerschaft erst erinnert, wenn die Pflichten verletzt und daraus Schäden entstanden sind, trifft für nicht wenige der heute aus § 241 Abs. 2 abgeleiteten und vertraglichen Nebenpflichten zu. Anspruchsgrundlage ist dann regelmäßig § 280 iVm **§ 241 Abs. 2** (bisher: „**positive Vertragsverletzung**"; näher dazu Rn 5/7 ff und 9/1 ff). Da der neue **§ 311 Abs. 3 S. 1**, der die Einbeziehung von den Vertragsparteien verschiedener Dritter in ein Schuldverhältnis regelt, entsprechend weit formuliert ist, wird man auch diese Bestimmung für die Rechtsfigur des Vertrages mit Schutzwirkung zugunsten Dritter fruchtbar machen können[11].

Ursprünglich begründete die Rechtsprechung die Ausdehnung der Schutzpflichten mit dem Hinweis auf stillschweigende Willenserklärungen, später mit **ergänzender Vertragsauslegung**[12]. Eine derartige beim Parteiwillen anknüpfende Begründung ermöglicht es, die neben der Hauptleistung zur Erreichung des typischen Vertragsziels nötigen Handlungen und Unterlassungen als geschuldet anzuerkennen und – insbesondere bei ergänzender Auslegung nach § 157 – den durch die Schutzpflichten begünstigten Personenkreis praktisch nach dem Maßstab von Treu und Glauben zu bestimmen. Die Begründung aus dem Parteiwillen ist dabei aber häufig rein fiktiv; präzise geht es wohl auch nur um die Ermittlung eines übereinstimmenden **hypothetischen** Parteiwillens: Wer wäre von redlichen und vorausschauenden Parteien für den Fall fehlerhafter Leistungserbringung in den Schutzbereich des abgeschlossenen Vertrages einbezogen worden?

An diesem Ansatz hat sich durch die Einführung des neuen § 241 Abs. 2 nichts geändert. Diese Norm denkt zum einen gar nicht an den (Mit-)Schutz Dritter, sondern

---
11 So etwa *Canaris* JZ 2001, 499, 520 f; *M. Schwab* JuS 2002, 872, 873 ff.
12 Zum stillschweigenden Vertragsschluss zugunsten Dritter RGZ 91, 24; 102, 232; zur ergänzenden Vertragsauslegung BGH NJW 1954, 874; NJW 1968, 1929; NJW 1984, 355 (Schutzpflichten eines Sachverständigen zugunsten eines Dritten – im konkreten Fall abgelehnt); BGH NJW 1998, 1059 = JuS 1998, 557 *(Emmerich)* (Schutzwirkung eines Gutachtervertrages zugunsten eines Dritten). Der dogmatischen Einordnung durch die Rechtsprechung zustimmend *Dahm* JZ 1992, 1167; überwiegend kritisch hingegen das Schrifttum: vgl etwa *Bayer* JuS 1996, 475 f.

## § 16 *Vertraglicher Drittschutz und Drittschäden*

spricht nur vom „anderen Teil". Zum anderen enthält sie keinerlei Hinweise zur Feststellung derartiger vertraglicher Schutzpflichten. Es wird nur gesetzlich klargestellt, dass es derartige vertragliche Pflichten geben *kann.* Auch dem § 311 Abs. 3 S. 1 lässt sich bloß entnehmen, dass ein Drittschutz *möglich* ist; nicht aber, wann und in welchen Grenzen Dritte in concreto mitgeschützt sind.

**16/7** Die Berufung auf einen entsprechenden (hypothetischen) Parteiwillen überzeugt etwa dann, wenn Eltern ihre Kinder, ohne sie zur Vertragspartei zu machen, ärztlich behandeln lassen (RGZ 152, 176) oder bei einer Beförderung durch ein Verkehrsmittel mitnehmen (BGHZ 24, 325, 327). Sie ist schon nicht mehr ohne gewisse Willkür bei Miet- und Werkverträgen, durch deren Erfüllung Angehörige oder Mitarbeiter des Gläubigers mit dem Leistungsgegenstand in Berührung kommen: Sind etwa, wenn jemand eine Wohnung mietet, alle Mitbewohner, alle Besucher oder nur diejenigen geschützt, deren Gelangen in den Gefahrenbereich vorhersehbar ist? Wie sieht es zB mit E und P im **Fall 36** aus? Wie steht es bei einem Arzt hinsichtlich seiner Patienten? Ein anderes **Beispiel:** Durch die fehlerhafte Reparatur eines Gasbadeofens können neben dem Auftraggeber auch verschiedene andere Personen zu Schaden kommen: Familienangehörige, ständiges Hauspersonal, Gäste, eine Putzhilfe. Welche dieser Personengruppen kann sich gegenüber dem Installateur auf vertragliche Haftung berufen? Oder: Bei einem Mietvertrag kann, wenn eigene Sachen des Mieters aufgrund eines vom Vermieter zu vertretenden Mangels der Mietsache beschädigt werden, gemäß § 536a Abs. 1 ein Anspruch des Mieters auf Schadenersatz in Betracht kommen. Was soll aber gelten (vgl wiederum **Fall 36**), wenn sich *mieterfremde* Sachen in der Wohnung befinden? In manchen Fällen versagt eine Berufung auf den hypothetischen Parteiwillen von vornherein: Eine Bank hatte unbezahlte Lastschriften weder an die Gläubigerbank zurückgeleitet noch diese von der Nichteinlösung benachrichtigt. Laut Lastschriftabkommen sollten ausdrücklich ausschließlich Rechte und Pflichten zwischen den beteiligten Kreditinstituten begründet werden. Der BGH, der in diesem Fall dennoch einen Vertrag mit Schutzwirkungen zugunsten Dritter bejahte, operierte mit dem eher vagen Begriff des „Vertragszwecks der dargelegten Rechtsverhältnisse" und berief sich daneben auf den Grundsatz von Treu und Glauben[13].

**16/8** Die Vertragsauslegung und die mehr oder weniger fiktive Anknüpfung beim Parteiwillen sind getragen von der Überzeugung, dass bestimmte Drittinteressen aufgrund ihrer engen Verbindung mit der Sphäre des Gläubigers über den Bereich der Deliktshaftung hinaus schutzwürdig sind[14]. Daher soll auch eine weite Gehilfenzurechnung nach § 278 (Haftung für Erfüllungsgehilfen) stattfinden und nicht § 831 (Haftung für bloße Besorgungsgehilfen) zur Anwendung kommen. Der **begünstigte Personenkreis**[15] kann dann offen danach abgegrenzt werden, welche Berührungen mit der Interessensphäre des Vertragsgläubigers eng genug sind, um in den Bereich des Vertragsschutzes einbezogen zu werden, und wo umgekehrt der Dritte keinen anderen Schutz genießen sollte als der allgemeine Rechtsverkehr, der sich nur auf die Deliktshaftung berufen kann.

---

13 BGHZ 69, 82, 89 (Lastschriftverfahren). Siehe jedoch die Entscheidung BGH ZIP 1996, 1667, 1669, wo der BGH – unter Abkehr von seiner früheren Rechtsprechung (vgl etwa BGH NJW 1991, 352) – im Falle einer Bankauskunft (bezüglich der Kreditwürdigkeit eines potenziellen Darlehensnehmers) an einen „verdeckten Stellvertreter" die Voraussetzungen der Drittschadensliquidation prüfte.
14 Vgl hierzu auch *Sutschet,* Schutzanspruch zu Gunsten Dritter, 101 ff.
15 Zu dessen Bestimmung jüngst etwa BGH NJW-RR 2006, 611 (künftige Genussrechtserwerber hinsichtlich des vom Wirtschaftsprüfer geprüften Jahresabschlusses).

## 2. Voraussetzungen

Im Wesentlichen anerkannt sind folgende **Voraussetzungen**: 16/9

### a) Tatsächliche Leistungsnähe des Dritten („Gefahrenbereich" des Vertrages)

„**Leistungsnähe**" bedeutet, dass der Dritte mit der Leistung bestimmungsgemäß in Berührung kommen muss und die Gefahr, dass er durch die Verletzung einer Schutzpflicht geschädigt wird, nicht wesentlich geringer ist als beim eigentlichen Gläubiger. 16/10

**Beispiele:** Die Gefahr einer Schädigung durch eine vom Vermieter zu vertretende Verletzung des Mietvertrages ist für den Ehepartner/Lebensgefährten und für in der Wohnung lebende Kinder genauso hoch wie für den Mieter. Für (kurzfristige) Besucher und (unwillkommene) Gäste soll das jedoch nicht gelten[16]. Nicht in den Schutzbereich eines Zeltaufstellvertrages einbezogen werden auch Dritte, die durch die Beschädigung einer Stromleitung beim Aufbau Schäden erleiden[17].

### b) Interesse des eigentlichen Vertragsgläubigers am Schutz des Dritten

Früher hat die Rechtsprechung – in erster Linie bei Sach- und Körperschäden – einen Vertrag mit Schutzwirkungen zugunsten Dritter nur dann angenommen, wenn der Gläubiger „für das Wohl und Wehe des Dritten mitverantwortlich" ist, weil ihn diesem gegenüber eine Verpflichtung zu Schutz und Fürsorge trifft[18]. Dieses Kriterium der „**Gläubigernähe**" wurde allerdings zunehmend durch allgemeinere Erwägungen zur ergänzenden Vertragsauslegung aufgeweicht[19]: Anstatt auf das persönliche Verhältnis zwischen Gläubiger und Drittem abzustellen, wurde immer weiter gehend der vergleichbare Bezug zum Vertragsobjekt als entscheidend angesehen[20]. Der zu schützende Personenkreis müsse zwar „objektiv abgrenzbar" sein[21]; Zahl oder Namen der Dritten brauchten dem Schuldner jedoch im Vorhinein nicht bekannt zu sein[22]. 16/11

Demnach kann sich eine Mitverantwortung des Gläubigers für die Interessen des Dritten schon daraus ergeben, dass er für Schäden aufzukommen hätte oder, wenn keine Ersatzpflicht besteht, sich doch aus wirtschaftlichen Gründen zum Ersatz verpflichtet fühlt (so Frau K gegenüber P in **Fall 36**). So überrascht es nicht, dass der BGH beispielsweise die Schutzwirkung der Ladenmiete auf mieterfremde Sachen (eines Lieferanten) ausgedehnt und dabei dem Dritten sogar den weitgehenden Schutz des § 536a Abs. 1 zugebilligt hat. Ein personenrechtliches Verhältnis zwischen dem Gläubiger und dem Dritten fehlte hier. In dieser Entscheidung lässt der BGH eine nicht näher bestimmte Vorsorge- und Obhutspflicht des Gläubigers für die personelle Ausdehnung der Schutzpflichten des Schuldners ausreichen, wenn die Einbeziehung von Drittinteressen für den

---

16 MünchKomm/*Gottwald*, BGB⁵, § 328 Rn 168. Soweit ersichtlich findet sich die einzige (ablehnende) Stellungnahme der Judikatur in einem obiter dictum bezüglich eines Krankenhausvertrages (BGHZ 2, 94, 97).
17 OLG Nürnberg NJW-RR 2004, 1254.
18 BGHZ 51, 91, 95.
19 Vgl etwa BGHZ 69, 82, 86 („Lastschriftfall"); BGH NJW 1984, 355; NJW 1994, 2231; ZIP 1996, 1667. Kritisch *Littbarski* NJW 1984, 1667, 1669; *Honsell* JZ 1985, 952, 953. Praktisch bedeutsam war diese Entwicklung vor allem für die Fälle der „Expertenhaftung": Eine Darstellung der Rechtsprechung dazu findet sich in BGH NJW 1992, 2080, 2082; reiche Nachweise auch etwa bei *Plötner*, Die Rechtsfigur des Vertrags mit Schutzwirkungen für Dritte und die sogenannte Expertenhaftung (2003).
20 BGHZ 61, 227, 233 f; BGH NJW 1976, 1843, 1844 (Mietverträge).
21 BGH NJW 1985, 951, 952.
22 BGH NJW 1987, 1758, 1759; BGHZ 127, 378, 381.

Schuldner erkennbar war[23]. Das Merkmal verflüchtigt sich weiter, wenn sogar der Vertrag zwischen dem Geschäftsführer einer GmbH und der Gesellschaft zugunsten der Kommanditisten einer „Abschreibungsgesellschaft" wirken soll, deren Geschäfte die GmbH führt (BGHZ 75, 321).

Blickt man etwa auf den Fall schuldnerfremder Sachen, so könnte man noch argumentieren, der Schädiger solle nicht durch die Zufälligkeit entlastet werden, dass einzelne Gegenstände in der Wohnung nicht dem Mieter, sondern einem Dritten gehören. Eine derartige Argumentation passt allerdings weit besser zum für die Drittschadensliquidation (Rn 16/16 ff) zentralen Gedanken **bloßer Schadensverlagerung**.

16/12 Der BGH ist jedoch sogar noch einen Schritt weiter gegangen und hat das Vorliegen eines Vertrages mit Schutzwirkungen zugunsten eines Dritten bejaht, obwohl die Interessen des Dritten denen des Gläubigers **entgegengesetzt** waren.

> So beispielsweise BGHZ 127, 378 (dieser Entscheidung ist **Fall 38** nachgebildet), wo das Vorliegen eines Vertrages mit Schutzwirkungen für Dritte nicht schon deshalb verneint wurde, weil die Interessen von Gläubiger und Drittem hinsichtlich der Bewertung des Grundstücks *gegenläufig* gewesen seien. Dass der Grundstückseigentümer bei der Besichtigung des Hauses dessen Mängel bewusst verheimlicht habe, sei ebenfalls unschädlich. Wohl noch krasser der BGH NJW 1998, 1059: Hier hatte ein Sachverständiger dem Eigentümer ein Grundstückswertgutachten erstattet, das dieser bei einer Bank vorlegen wollte, um mithilfe des Gutachtens hypothekarisch gesicherten Kredit zu bekommen. Das Gutachten war fehlerhaft, der Wert daher zu hoch geschätzt. Der BGH ließ den Sachverständigen nun sogar gegenüber dem Kreditbürgen haften, der bei Abgabe seiner Bürgschaftserklärung von dem Gutachten keinerlei Kenntnis hatte! Diese Entscheidungen sind markante Beispiele dafür, dass die Rechtsfigur des Vertrages mit Schutzwirkungen zugunsten Dritter von der Rechtsprechung gerade in den Fällen der Sachverständigenhaftung[24] zugunsten des Dritten immer „großzügiger" angewendet wird. Klar gesagt: Die beiden BGH-Urteile gehen eindeutig zu weit und sind daher abzulehnen[25]. Aus dem *Vertrag* lassen sich derartige Schutzpflichten gegenüber Dritten nicht ableiten; der Grund für die Haftung müsste vielmehr im Gesetz selbst gefunden werden, wobei vor allem an cic (vgl § 11) zu denken ist[26]. Dieser Haftungsgrund wäre in den Wertgutachtenfällen etwa dann zu bejahen, wenn der Sachverständige wusste oder zumindest damit rechnen musste, dass das Gutachten einem Dritten – zB einer Kredit gewährenden Bank oder einem Kaufinteressenten – als Entscheidungsgrundlage dienen sollte; anders hingegen, wenn der Gutachter davon ausgehen durfte, dass es allein Informationsinteressen des Auftraggebers befriedigen soll[27]. Angaben im Gutachten selbst können drittschützende Wirkungen nach sich

---

23 BGHZ 49, 350; einschränkend jedoch BGHZ 70, 327 (Untermiete); BGH NJW 1985, 489 (Miete eines Möbellagers); BGH NJW 1985, 2411 (Lagerhaltung). Zustimmend *Bayer*, Vertrag zu Gunsten Dritter, 193 f; MünchKomm/*Gottwald*, BGB[5], § 328 Rn 111 ff; für eine Anwendung der Grundsätze der Drittschadensliquidation hingegen *Larenz*, SR I[14], 464 f; *Medicus*, BR[20], Rn 842. Vgl zum Ganzen ausführlich *Puhle*, Vertrag mit Schutzwirkungen zu Gunsten Dritter und Drittschadensliquidation (1982), 102 ff, 121 ff.
24 Zur Haftung für Rat und Auskunft – auch unter Einbeziehung Dritter – vgl *Haller* Jura 1997, 234, insb. 236 f; *Strauch* JuS 1992, 897, insb. 899. Die Dritthaftung eines gerichtlich bestellten Sachverständigen ablehnend OLG Brandenburg WM 2001, 1920; OLG Frankfurt BauR 2001, 1286.
25 Kritisch etwa *Canaris* JZ 1995, 441; *Medicus* JZ 1995, 308. Zu den Grenzen des vertraglichen Drittschutzes auch *Saar* JuS 2000, 220.
26 IdS insb. *Canaris*, etwa in ZHR 163 (1999), 206, 220 ff.
27 Vgl etwa BGHZ 159, 1 = NJW 2004, 3035 = JuS 2004, 1102 *(Emmerich)* = JA 2005, 83 *(Wied)*: Auch eine namentlich nicht bekannte Vielzahl privater Kleinanleger kann in den Schutzzweck eines Vertrages über die Erstattung eines Grundstückswertgutachtens einbezogen sein. Dazu zB *Balzer* ZfIR 2005,

ziehen, wenn aus ihnen hervorgeht, dass das Gutachten auch für vom Auftraggeber verschiedene Personen als Entscheidungsgrundlage dienen soll[28]: Stimmen diese Angaben mit dem zugrunde liegenden Vertrag überein, ist er eben von vornherein mit Schutzwirkungen zugunsten dieser Dritten ausgestattet; sind die Angaben durch den Vertrag nicht gedeckt, wird das Gutachten aber dennoch einem interessierten Dritten vorgelegt, haftet ihm der Gutachter aufgrund seiner eigenen (unrichtigen) Erklärungen zum Zweck der Expertise.

### c) Erkennbarkeit (und Zumutbarkeit) für den Schuldner

Des Weiteren müssen die Verpflichtungen gegenüber den Dritten sowie deren Kreis **erkennbar** sein, um deren Kalkulierbarkeit zu gewährleisten und damit dem Schuldner etwa eine ausreichende Versicherungsmöglichkeit zu geben[29]. 16/13

### d) Besonderes Schutzbedürfnis des Dritten

Schließlich verlangt die Rechtsprechung, dass nach dem Gebot von Treu und Glauben ein Bedürfnis besteht, den Dritten in den Schutzbereich einzubeziehen, da er andernfalls nicht ausreichend geschützt wäre[30]. Der Dritte kann daher regelmäßig nur dann Schadenersatzansprüche geltend machen, wenn er über keine eigenen (inhaltsgleichen) vertraglichen Ansprüche gegen seinen Partner verfügt[31]. Bloß eine ansonsten bestehende „Schutzlücke" rechtfertigt eine entsprechende (ergänzende) Auslegung des Vertrages, die einen Vertragsteil mit zusätzlichen Pflichten bzw Haftungsrisiken (gegenüber Dritten) belastet. 16/14

Ein besonderes Schutzbedürfnis fehlt etwa im Bürgschaftsfall (BGH NJW 1998, 1059): Informiert sich der Bürge nicht selbst über den Wert einer Mitsicherung, ja vertraut er in keiner Weise auf die Wertermittlung durch einen anderen, so kann ihn das Fehlverhalten des Sachverständigen nicht vom insoweit unbedacht, aber auch unbeeinflusst übernommenen Risiko befreien.

## 3. Rechtsfolgen

Die **Rechtsfolgen** eines Verstoßes gegen die zugunsten Dritter bestehenden Schutzpflichten gehen ziemlich weit. Sie umfassen Ansprüche auf **Ersatz aller Körper-** 16/15

---

101; *Nawroth* NJ 2005, 34. Zur Schutzreichweite siehe ferner etwa BGHZ 145, 187 = NJW 2001, 360 = JuS 2001, 296 *(Emmerich)* (unrichtiges Testat eines Wirtschaftsprüfers) und BGH ZIP 2004, 1810 (fehlerhafte Prüfung eines Anlageprospekts durch Wirtschaftsprüfer). Aus der Literatur *Janert/Schuster* BB 2005, 987; *Kindler/Otto* BB 2006, 1443.

28 Vgl BGH NJW 2004, 3035 und 3703, wo der Zweck des Gutachtenauftrages („zu Planungs- und Finanzierungszwecken") im Gutachten genannt war und vom BGH daraus geschlossen wurde, es sei auch für die Vorlage gegenüber Dritten gedacht.

29 BGH NJW 1985, 2411 mwN; *Martiny* JZ 1996, 24; MünchKomm/*Gottwald*, BGB[5], § 328 Rn 126; aA *Strauch* JuS 1982, 827, der – objektivierend – auf ein „typisches Risiko" abstellen will.

30 BGH ZIP 1987, 1260; NJW 1993, 655, 656; ZIP 1995, 819, 830.

31 Vgl BGHZ 70, 327, 330 (Mieter klagt Schädiger, hätte aber ohnehin einen Ersatzanspruch gegen seinen Vermieter); BGH NJW 1996, 2927, 2928 = JA 1997, 267 (bei Durchführung eines Werkvertrages wird Gut des einen Bestellers durch das – ungeeignete – Gut eines anderen zerstört). Gegen eine solche „Subsidiarität" des Drittschutzes *R. Schwarze* AcP 203 (2003), 348.

**und Sachschäden** des Dritten[32] (vgl die Ansprüche des E und des P im **Fall 36**)[33]; aber auch – wie insbesondere in den Vermögensanlagefällen – bloßer Vermögensschäden (Rn 14/3 aE), wenn es wie bei Wertgutachten oder zu Unrecht als richtig bestätigten Bilanzen gerade um den Schutz derartiger (Dritt-)Interessen geht[34]. Allerdings hat der Dritte, der ja nicht Vertragspartner oder Inhaber eines Anspruchs gemäß § 328 wird, keinen Anspruch auf das Erfüllungsinteresse. Aus diesem Grund wurde es lange Zeit abgelehnt, dem Dritten einen Schadenersatzanspruch wegen Nichterfüllung einer vertraglichen Leistungspflicht zuzubilligen. Richtigerweise wird dabei jedoch – an Stelle einer pauschalen Lösung – nach der Art der nicht erfüllten Leistungspflicht zu differenzieren sein[35].

Im Fall BGH JZ 1966, 141 („Testamentsfall") wurde erstmals einem Dritten ein Ersatzanspruch wegen Verletzung einer vertraglichen Leistungspflicht, die einen Vermögensschaden zur Folge hatte, zugebilligt: Ein Vater wollte seine Tochter zur Alleinerbin einsetzen; durch Verschulden des damit betrauten Anwalts unterblieb jedoch die Errichtung eines Testaments und sie erlangte lediglich die Stellung einer gesetzlichen Miterbin[36].

### III. Drittschadensliquidation[37]

#### 1. Begriff

16/16  Unter **Drittschadensliquidation** versteht man eine gesetzlich nicht geregelte Art der Befriedigung der Haftungsansprüche eines nicht direkt, sondern nur **mittelbar** Geschädigten gegen den Schädiger: Die Verwandtschaft des Instituts mit dem Vertrag mit Schutzwirkung zugunsten Dritter besteht darin, dass die Folgen aus der fehlenden Identität von Geschädigtem und Gläubiger des verletzten Rechts bzw Inhaber des verletzten Rechtsguts überwunden werden. Dies wiederum erscheint notwendig, weil die Aufteilung der Voraussetzungen des Schadenersatzanspruchs auf zwei Personen dem Schädiger nicht zugute kommen soll. Daher „liquidiert" der Gläubiger den Schaden des Dritten beim Schädiger. Er macht also den Ersatzanspruch geltend und gibt das so Erhaltene an den tatsächlich Geschädigten weiter (Details Rn 16/26 f).

16/17  Der Unterschied zum Vertrag mit Schutzwirkungen wurde schon erläutert (Rn 16/3): Dort wird der „Einzugsbereich" des Vertrages ausgeweitet. Bei der Drittschadensliquidation wird dem Anspruchsberechtigten hingegen (zunächst) ein nicht bei ihm aufgetretener Schaden hinzugerechnet. Man spricht von **Schadensverlagerung**. Plakativ

---

32  Zu möglichen Einwendungen des Schädigers *Wertenbruch* FS U. Huber (2006), 635.
33  BGH NJW 1965, 1955; BGHZ 49, 355; NJW 1970, 40; 1975, 344; *von Caemmerer* FS Wieacker, 311, 320 f.
34  Grundlegend BGH NJW 1965, 1955. Gegen Vorrang speziellerer Ansprüche, etwa aus Prospekthaftung (vgl Rn 11/18), und somit für Anspruchsgrundlagenkonkurrenz BGH NJW 2004, 3420.
35  *Von Caemmerer* FS Wieacker, 311, 321 ff; *W. Lorenz* JZ 1995, 317.
36  Ähnlich BGH NJW 1995, 51 und 2551.
37  Dazu etwa *Peters* AcP 180 (1980), 329; *Steding* JuS 1983, 29; *Büdenbender* JZ 1995, 920, insb. 925 ff (mit Schwerpunkt auf den Fällen der obligatorischen Gefahrentlastung); *von Schroeter* Jura 1997, 343; *Goerth* JA 2005, 28.

gesagt: **A hat den Anspruch, aber B den Schaden**[38]. Hier gibt es also immer nur *einen* Anspruchsberechtigten, den Gläubiger; bei der Ausdehnung der Schutzwirkung des Vertrages aber möglicherweise mehrere.

> **Fall 37** zeigt eine typische Interessenlage: Der Vertrag wirkt nach den Grundsätzen der „mittelbaren Stellvertretung" (Allgemeiner Teil Rn 464) allein zwischen R und V. An einem Ersatzanspruch nach Vertragsgrundsätzen ist aber H interessiert, wobei es dem V gleichgültig sein kann, ob der Schaden beim Käufer R oder dem Hintermann H auftritt. Diesem fehlen aber Vertragsansprüche, und man wird mangels Erkennbarkeit für V auch nicht annehmen können, dass der Kaufvertrag zwischen R und V Schutzwirkung zugunsten des H entfaltet. Hier stellt sich also die Frage nach den Voraussetzungen einer Drittschadensliquidation. Im **Fall 36** dagegen ist eine Befriedigung des Geschädigten P schon durch die Schutzwirkung des Mietvertrages zu seinen Gunsten möglich.

## 2. Voraussetzungen und gesetzliche Anhaltspunkte

Das Bisherige war noch nicht viel mehr als die Beschreibung eines in bestimmten Konstellationen für sachgerecht gehaltenen Ergebnisses. Welches sind nun aber die **Voraussetzungen**, unter denen eine Schadensliquidation im Drittinteresse zulässig ist? Jemanden für einen im beschriebenen Sinne bloß „verlagerten" Schaden haften zu lassen, ist nur dann gerechtfertigt, wenn zwischen dem Gläubiger einer Leistung und dem dritten Geschädigten ein gesetzliches oder vertragliches Schuldverhältnis besteht, das die wirtschaftliche Gefahr einer richtigen Pflichterfüllung durch den Schuldner dem Dritten aufbürdet[39]. Vom Schädiger her gesehen ist dies **zufällig**, sodass es unbillig erschiene, ihn wegen des Auseinanderfallens der Anspruchsvoraussetzungen zu entlasten. Andererseits darf die Zusammenziehung von Anspruchsvoraussetzungen das Haftungsrisiko des Schuldners nicht (wesentlich) vergrößern (dazu Rn 16/26 f).

16/18

Im Gesetzesrecht finden sich nur vereinzelt Regelungen zur Schadensverlagerung. Genannt werden immer wieder § 844 (Tötung eines Unterhaltspflichtigen) und § 845 (Tötung, Verletzung oder Freiheitsentziehung eines Dienstverpflichteten); vgl ferner § 10 Abs. 2 StVG, § 5 Abs. 2 HaftpflichtG, § 35 Abs. 2 LuftVG sowie § 28 Abs. 2 AtomG) Die dort geregelten Tatbestände sind mit den hier diskutierten (Fallgruppen folgen sofort) aber nicht voll vergleichbar: So ist im Fall des § 844 der denkbar schlimmste Nachteil (Verlust des Lebens!) selbstverständlich beim unmittelbar Geschädigten, dem Getöteten, eingetreten. Das Gesetz gibt jedoch ausdrücklich und ausnahmsweise bestimmten bloß **mittelbar Geschädigten** eigene Ersatzansprüche.

16/19

---

38 Da der Schaden zu den zwingenden Voraussetzungen eines Ersatzanspruches gehört, wäre es wohl präziser, zu formulieren, dass an sich A und B *bloß gemeinsam* die Anspruchsvoraussetzungen erfüllen, was im Normalfall nicht ausreicht.

39 Dazu *Lorenz* JZ 1960, 108; *Medicus*, BR[20], Rn 842. Eine fundierte Kritik des Differenzschadensbegriffs führt *Hagen* (Die Drittschadensliquidation im Wandel der Rechtsdogmatik, 1971, 10 ff) zu einer erheblichen Einschränkung der Drittschadensliquidation. Kritisch bezüglich der Zulässigkeit der Drittschadensliquidation auch *M. Junker* AcP 193 (1993), 348 und *Büdenbender* JZ 1995, 920, die aber – auf anderem Begründungsweg – letztendlich zu denselben Ergebnissen gelangen wie die hM.

Grund dafür ist die besondere Schutzbedürftigkeit der Unterhaltsberechtigten; weniger geht es um den bei der Drittschadensliquidation zentralen Gedanken bloßer Schadensverlagerung.

Näher liegt ein Vergleich mit der frachtrechtlichen Vorschrift des § 421 Abs. 1 S. 2 HGB (Ansprüche des Empfängers gegen den Frachtführer bei Beschädigung, Verlust oder verspäteter Ablieferung des Frachtguts). Auch dieser Regel liegt aber offenbar eine spezielle Ratio zu Grunde (vermutlich das Streben nach Vereinfachung)[40]: Nach S. 3 leg cit spielt es nämlich keine Rolle, ob Empfänger oder Absender im eigenen bzw im Fremdinteresse handeln. Damit stellt die Norm nicht darauf ab, wer den Schaden im Ergebnis erlitten hat. Schließlich ordnet S. 2 unmissverständlich an, dass sowohl Empfänger als auch Absender die Ersatzansprüche geltend machen können.

### 3. Fallgruppen

16/20 Aus diesen Überlegungen zu Spezialvorschriften – deren Wertungen keine Verallgemeinerung erlauben – folgt: Die Liquidation eines Drittschadens ist nur ganz ausnahmsweise zulässig. Im Zuge der Entwicklung dieses Rechtsinstituts haben sich im Wesentlichen **drei Fallgruppen** gebildet, die typische vertragliche Gefahrverschiebungen zusammenfassen:

#### a) Handeln für fremde Rechnung

16/21 Es ist allgemein anerkannt, dass in den Fällen der – wenig glücklich so genannten – „mittelbaren Stellvertretung" (jemand schließt ein Rechtsgeschäft im Interesse und für Rechnung eines anderen, tritt dabei jedoch nicht in dessen Namen auf; vgl **Fall 37**) schon mangels Offenlegung (§ 164 Abs. 2) schuldrechtliche Beziehungen nur zwischen dem im eigenen Namen Handelnden und dem Erklärungsempfänger bestehen, dass aber die gesamten Risiken der Vertragserfüllung beim Auftraggeber liegen. Deshalb kann der Handelnde als Gläubiger den Schaden seines Auftraggebers liquidieren[41].

Einen gesetzlich geregelten Fall „mittelbarer Stellvertretung" stellt das **Kommissionsgeschäft** (§ 383 HGB) dar: Der Einkaufskommissionär kauft gewerbsmäßig Waren oder Wertpapiere im eigenen Namen für Rechnung eines anderen (des Kommittenten). Leistet der andere Vertragsteil mangelhaft, so steht dem Kommissionär an sich ein vertraglicher Schadenersatzanspruch gegen diesen zu. Da der Schaden jedoch letztendlich vom Kommittenten zu tragen ist, beliefe sich der „Anspruch" des Kommissionärs auf Null; dem geschädigten Kommittenten hingegen fehlt eine

---

40 Die Gesetzesmaterialien schweigen sich dazu aus; begründet wird nur der 2. Halbsatz: „Die Statuierung einer Doppellegitimation von Empfänger und Absender soll eine Durchsetzung der Ersatzansprüche sichern. Insbesondere soll vermieden werden, dass ein Anspruchsverlust dadurch eintritt, dass die ‚falsche' Partei reklamiert oder klagt" (BT-Drs. 13/8445, S. 55). In der Literatur wird meist lapidar darauf hingewiesen, dass diese – Art 13 CMR nachgebildete – Regelung „der bisherigen Rechtsprechung entspricht" (zB *Herber* NJW 1988, 3302).

41 RGZ 90, 246; 170, 249; BGHZ 49, 356; BGH NJW 1989, 3099; OLG Frankfurt NJW-RR 1986, 577; MünchKomm/*Oetker*, BGB[5], § 249 Rn 284 ff; Staudinger/*Schiemann*, BGB[14], vor §§ 249 ff Rn 69 f; zustimmend insoweit auch *Hagen*, Drittschadensliquidation (Fn 39), 252 ff. Vgl aber auch BGHZ 133, 36, 41: Unzulässigkeit einer Drittschadensliquidation, wenn der mittelbare Stellvertreter für den Dritten eine Auskunft eingeholt hat.

(vertragliche) Anspruchsgrundlage, auf die er einen Schadenersatzanspruch stützen könnte. Um eine – zu Recht als unbillig empfundene – Entlastung des Schädigers zu vermeiden, wird dem Kommissionär daher zugestanden, den Schaden des Kommittenten zu liquidieren[42]. In diese Fallgruppe sind auch manche Treuhandverhältnisse einzuordnen, bei denen die hM ebenfalls die Zulässigkeit der Drittschadensliquidation anerkennt[43]; allerdings kann hier dem Treugeber eine eigene gesicherte Rechtsposition (Besitz, Anwartschaftsrecht) zukommen[44].

### b) Obligatorische Gefahrentlastung

Bisher wurde regelmäßig der **Versendungskauf** (§ 447; dazu Schuldrecht Besonderer Teil § 3 Rn 11 ff) als Schulbeispiel für diese Fallgruppe angesehen. Im Zuge der Novellierung des Transportrechts erfolgten jedoch Gesetzesänderungen, die ernste Zweifel entstehen ließen, ob überhaupt noch ein Anwendungsfall der Drittschadensliquidation gegeben ist[45], auch wenn der Novellengesetzgeber von dieser bis dato anerkannten Zuordnung nicht abweichen wollte[46]. Zuweilen wird auch formuliert, in § 421 I 2 HGB sei eine *gesetzlich geregelte* Drittschadensliquidation zu erblicken, bei der dem Dritten ausnahmsweise ein *eigener* vertraglicher Anspruch gewährt werde[47]. Dabei handele es sich aber schon wegen der Gesamtgläubigerschaft von Absender und Empfänger um eine nicht verallgemeinerungsfähige Sonderkonstellation, weshalb der Versendungskauf im Fall der Anwendbarkeit des § 421 I HGB nicht mehr als Modell dieses Rechtsinstituts herangezogen werden könne[48].

16/22

Deshalb und weil den Lesern Spezialitäten des Transportrechts erspart bleiben sollen, sei hier ein anderes Beispiel in den Vordergrund gestellt, nämlich die **Beschädigung oder Zerstörung der Kaufsache im Annahmeverzug des Käufers durch einen Dritten**.

16/23

Gemäß § 446 Satz 3 geht die Gefahr mit Beginn des Annahmeverzugs auf den Käufer über. Der Verkäufer erleidet daher in der Regel keinen Schaden, weil er trotz Beschädigung den vollen Kaufpreisanspruch gegen seinen Käufer behält. Dass aber auch der Käufer im Ergebnis keinesfalls leer ausgeht, ergibt sich bereits aus § 285 Abs. 1 (dazu Rn 7/47 ff). Die dort vorgesehene Pflicht des Verkäufers, den Ersatzanspruch gegen den Schädiger an den Käufer herauszugeben, wäre ein möglicher Lösungsweg: Man fragt zunächst ohne Berücksichtigung des Verkaufs, welcher Schaden beim Verkäufer (= Eigentümer) eingetreten ist. Daraus resultiert ein konkreter Schadenersatzanspruch des Verkäufers. Und genau diesen könnte der Käufer an Stelle des vertraglichen Erfüllungsanspruchs nach § 285 Abs. 1 abgetreten verlangen[49].

---

42 RGZ 90, 240, 246.
43 BGH NJW 1995, 1282, 1283; MünchKomm/*Oetker*, BGB[5], § 249 Rn 294; *von Schroeter* Jura 1997, 348.
44 *Medicus*, SR AT[17], Rn 612.
45 Gute Übersichten zur Problematik beim Versendungskauf finden sich bei *Homann* JA 1999, 978 und bei *Oetker* JuS 2001, 833 die für § 421 HGB die Drittschadensliquidation ablehnen. Anders offenbar etwa MünchKomm/*Dubischar*, HGB, Bd 7a, § 421 Rn 5.
46 BT-Drs. 13/8445, S. 55.
47 *Canaris*, Handelsrecht § 31 Rn 61; *Koller*, Transportrecht[5] (2004), § 421 Rn 18.
48 *Canaris*, Handelsrecht § 31 Rn 61.
49 Zur Lösung BGHZ 49, 356; *Esser/E. Schmidt*, SR I/2[8], 263 f. In einem ähnlichen Fall hat BGH NJW 1970, 38 die Grundsätze der Drittschadensliquidation angewendet; kritisch insb. *Hagen* JuS 1970, 442.

Als Alternative wäre an einen Fall **obligatorischer Entlastung** und damit an die Drittschadensliquidation zu denken[50]. Wesentlicher Unterschied: Bereits die **Berechnung** des Schadens orientierte sich an den Verhältnissen des *Käufers*, nicht an denen des Verkäufers. Im Anwendungsbereich des § 285 – der aufgrund seines generellen Verweises auf § 275 unzweifelhaft auch die Beschädigung bzw Zerstörung der Kaufsache im Annahmeverzug erfasst – ist für die Drittschadensliquidation jedoch von vornherein kein Platz: Rechtsfortbildung hat jedenfalls insoweit zurückzutreten, wie das Gesetz konkrete Regelungen enthält. In den ungeregelten, aber ähnlichen Fällen sind aus methodischer Sicht zunächst Analogieüberlegungen anzustellen.

Das am Beispiel der Beschädigung im Annahmeverzug des Käufers erörterte Problem stellt sich generell immer dann, wenn Eigentum und Gefahrtragung auseinander fallen: so etwa auch bei Beschädigung eines Bauwerks zwischen Eigentumsübergang und Abnahme (vgl die §§ 644 Abs. 1, 946).

Nach allem fragt sich tatsächlich, ob die Fälle obligatorischer Gefahrentlastung nicht ohnehin vollständig von § 285 erfasst werden, sodass für Drittliquidationsüberlegungen kein Raum bleibt[51].

### c) Obhutsverhältnisse

16/24  Schließlich kann bei Miet- und Verwahrungsverträgen die Aufnahme von gläubigerfremden Sachen in den Verantwortungsbereich des Schuldners eine Gefahrverlagerung bedeuten, auf die das Recht durch die Befugnis des Vertragsgläubigers zur Geltendmachung des dem Eigentümer entstandenen Schadens reagieren muss (Liquidation des Drittinteresses durch den **Obhutspflichtigen**)[52]. Eine ausdrückliche gesetzliche Regelung zur Liquidation eines möglichen Drittschadens für diese Fallgruppe enthält § 701: Da die Bestimmung nicht differenziert, erfasst die Haftung des Gastwirts nach ganz hA auch jene vom Gast eingebrachten Sachen, die einem Dritten gehören[53]. Ein vertraglicher Schadenersatzanspruch des Besitzers kann nach der Rechtsprechung auch mit einem allfälligen deliktischen Anspruch des Eigentümers konkurrieren[54].

16/25  Theoretisch sind natürlich auch **vertragliche Vereinbarungen** über das Eingreifen der „Drittschadensliquidationsregeln" denkbar: Die Vertragsparteien könnten – ausdrücklich oder konkludent – übereinkommen, dass auch das Interesse eines am Vertrag nicht beteiligten Dritten liquidiert werden kann[55]. Die Rechtsprechung nimmt das beispielsweise an, wenn bei Vertragsschluss konkrete Anhaltspunkte dafür vorliegen,

---

50  Dafür über eine analoge Anwendung des § 844 Abs. 1 *Stamm* AcP 203 (2003), 366.
51  In der Lehre mehren sich die Stimmen gegen eine Anwendbarkeit der Drittschadensliquidation auf Fälle obligatorischer Gefahrentlastung: statt mancher *Büdenbender* NJW 2000, 986, 989 ff.
52  BGHZ 15, 224, 229; BGH NJW 1985, 2411; *von Caemmerer* ZHR 127, 241; Erman/*Kuckuk*, BGB[11], vor §§ 249–253 Rn 143; *von Schroeter* Jura 1997, 347 f; aM *Hagen* (Fn 39), 198 ff; *Peters* AcP 180, 366.
53  Zitate bei Palandt/*Sprau*, BGB[65], § 701 Rn 1.
54  BGH NJW 1985, 2411, 2412. Zustimmend MünchKomm/*Oetker*, BGB[5], § 249 Rn 293; ablehnend Staudinger/*Schiemann*, BGB[14], vor § 249 Rn 72.
55  RGZ 170, 246, 251.

dass eine Vertragspartei lediglich Drittinteressen wahrnehmen will[56]. Freilich verschwimmen in einem solchen Fall die Grenzen zum Vertrag (mit Schutzwirkungen) zugunsten Dritter[57]. Man erhält wohl am ehesten klare Orientierung, wenn man bei vertraglicher Einbeziehung Dritter in den Schutzbereich generell die Grundsätze dieses Rechtsinstituts (= Vertrag mit Schutzwirkungen) zur Anwendung bringt.

### 4. Rechtsfolgen

Die **Rechtsfolgen** wurden bereits angedeutet: Im Gegensatz zum Vertrag mit Schutzwirkungen zugunsten Dritter, bei dem der geschädigte Dritte selbst einen Schadenersatzanspruch geltend machen kann, ist bei der Drittschadensliquidation nach ganz hM der (formelle) Inhaber des verletzten Rechtsgutes anspruchsberechtigt[58]. Er ist aber verpflichtet, seinen Schadenersatzanspruch (als stellvertretendes commodum) an den tatsächlich Geschädigten abzutreten (vgl § 285 Abs. 1)[59].

16/26

Umstritten ist freilich die **Berechnung des Schadenersatzanspruchs**: Manche betonen, die Drittschadensliquidation solle lediglich verhindern, dass der Schädiger durch eine zufällige Schadensverlagerung entlastet wird und demnach nur die „typischen" Schäden, die auch beim Inhaber des verletzten Rechtsguts hätten entstehen können, zu ersetzen habe[60]. Für diese Position spräche auch § 285. Demgegenüber bejahen Rechtsprechung[61] und hL[62] eine **volle Ersatzpflicht** des Schädigers. Das heißt: Für den Umfang des Ersatzanspruchs kommt es allein auf die beim Dritten entstandenen Nachteile an. Begründet wird dies im Wesentlichen damit, dass „Schadensverlagerung" lediglich die Verlagerung der Schadensentstehungsmöglichkeit, nicht jedoch die Verlagerung eines der Höhe nach feststehenden Schadens bedeute[63].

16/27

## IV. Drittgerichtete Ausdehnungen des vorvertraglichen Schutzbereichs (§ 311 Abs. 2 und 3)

Eine neuere Entwicklung führt den Vertrag mit Schutzwirkung zugunsten Dritter mit der Anerkennung vertragsähnlicher Pflichten aus geschäftlichem Kontakt (§ 311 Abs. 2 und 3, § 241 Abs. 2; dazu § 11, zum Mitschutz Dritter Rn 11/14) zusammen[64].

16/28

---

56 BGH NJW 1974, 502 (Geltendmachung des einem Dritten durch Verletzung eines Lizenzvertrages entstandenen Schadens).
57 *Medicus*, SR AT[17], Rn 610.
58 Vgl nur BGH NJW 1989, 3099; MünchKomm/*Oetker*, BGB[5], § 249 Rn 277. AA *Junker* AcP 193, 352 (Anspruch des Dritten wegen Verletzung seines „wirtschaftlichen Eigentums" aus § 823 Abs. 1); *Peters* AcP 180, 383 (Prozessstandschaft).
59 *Medicus*, SR AT[17], Rn 609; MünchKomm/*Emmerich*, BGB[5], § 285 Rn 1.
60 *Peters* AcP 180, 340; *Büdenbender* JZ 1995, 928.
61 BGHZ 49, 356, 361 f; BGH VersR 1972, 1138, 1140.
62 Palandt/*Heinrichs*, BGB[65], vor § 249 Rn 114; Erman/*Kuckuk*, BGB[11], vor §§ 249–253 Rn 145; Staudinger/*Schiemann*, BGB[14], vor § 249 Rn 70; MünchKomm/*Oetker*, BGB[5], § 249 Rn 286.
63 *Von Caemmerer* FS Wieacker, 311, 320; *Lorenz* JZ 1966, 144; *von Schroeter* Jura 1997, 349.
64 BGHZ 66, 51 = *Schack/Ackmann*[5] Nr 35; kritisch *Kreuzer* JZ 1976, 778; siehe ferner *Hohloch* JuS 1977, 304; *Dahm* JZ 1992, 1167; *Medicus*, BR[20], Rn 200.

Wenn Schutzpflichten schon aufgrund von Vertragsverhandlungen und bei bloßer Vertragsanbahnung existieren, so erscheint es nur folgerichtig, bereits in diesem Stadium auch **Dritte**, die bei gültigem Vertrag in dessen Schutzwirkung einbezogen worden wären, in den Genuss der vertraglichen Pflichterfüllung kommen zu lassen[65].

**Beispiel** (BGHZ 66, 51): Frau M nimmt ihre Tochter T zum Einkauf in einen Selbstbedienungsladen mit. Bevor Frau M noch etwas gekauft hat, rutscht das Kind vor einem Regal auf einem Gemüseblatt aus und verletzt sich. Hier könnte ein Anspruch der T wegen Verstoßes gegen die *Verkehrssicherungspflicht* bestehen, der sich nach § 823 richtet (Schuldrecht Besonderer Teil § 23 Rn 1 ff). Obwohl dieser Lösungsweg gesichert ist, hat der BGH die Grundsätze des Vertrages mit Schutzwirkung zugunsten Dritter herangezogen. Damit kommt das als vertraglich qualifizierte, eigentlich nur durch § 823 sanktionierte Schädigungsverbot auch einem Dritten zugute, der dem potenziellen Vertragspartner nahe steht. Der konkrete Grund für die Wahl des Schutzwirkungsansatzes lag wohl darin, dass ein bloßer Deliktsanspruch nach der kurzen Frist der §§ 195, 199 Abs. 2 (§ 852 aF) bereits verjährt gewesen wäre. Schon dies zeigt, dass in diesem Bereich generell Vorsicht am Platze ist; zu groß wird ansonsten die Gefahr, fast nur noch mit Blick auf das gewünschte Ergebnis zu argumentieren. Schon wegen der Bindung an das Gesetz muss aber streng darauf geachtet werden, dass die (einschränkende) Funktion der Deliktsregeln nicht immer weiter unterlaufen wird. Eine gesetzwidrige Zurückdrängung des Rechts der unerlaubten Handlungen ist hier aber wohl noch nicht festzustellen: Wäre das Kind selbst potenzielle Kundin gewesen, gäbe es gegen die Anwendung der §§ 311, 241 Abs. 2 iVm § 280 keinerlei Bedenken. Nichts anderes würde nach den Regeln der Verträge mit Schutzwirkungen für Dritte dann gelten, wenn die Mutter in Begleitung ihres Kindes bereits gekauft hätte und dadurch Vertragspartnerin geworden wäre. Auch aus der Sicht des Schädigers ist das Ergebnis des BGH keinesfalls sachwidrig: Wer sich verletzt, ist ex ante gesehen reiner Zufall. Schließlich ist als Letztes darauf hinzuweisen, dass die Verkehrssicherungspflicht für Fälle entwickelt wurde, in denen – anders als hier – keinerlei Nähe zum Vertragsrecht besteht (ein Passant fällt in eine schlecht abgesicherte Baugrube)[66].

## V. Lösung Fall 36

### I. Ansprüche des E gegen den Vermieter V

1. Ansprüche aus unerlaubter Handlung können auf einen möglichen Verstoß gegen die Verkehrssicherungspflicht (§ 823 Abs. 1) gestützt werden. An dem Defekt in der Stromleitung trifft V nach dem Sachverhalt aber offenbar kein Verschulden.

2. Ansprüche des E gegen V aus den §§ 280, 241 Abs. 2 („positive Vertragsverletzung") können nur bestehen, wenn sie aus der Rechtsstellung der K abgeleitet werden können, weil nur K zu V in Vertragsbeziehungen steht.

a) Der Mietvertrag kann im Hinblick auf die aus ihm folgenden Schutzpflichten auch auf solche Personen ausgedehnt werden, an deren Schutz der Mieter auch für den Vermieter erkennbar ein besonderes Interesse hat (Vertrag mit Schutzwirkung zugunsten Dritter). Zu diesem Personenkreis gehört E als Ehemann der K.

---

65 Näher dazu *Sutschet* FS Ehmann (2005), 95; speziell zur Haftung Dritter für fehlerhafte Auskünfte *J. Koch* AcP 204 (2004), 59.

66 Grundlegend RGZ 52, 373 (Umstürzen eines morschen Baumes); aus neuerer Zeit etwa BGH NJW 1998, 2436 (Feuerwerkskörper); BGH NJW 1995, 2631 (Bahn-Oberleitung). Zum Ganzen *von Bar*, Verkehrspflichten (1980); *ders.* JuS 1988, 169; *K. Huber* 2. FS von Caemmerer (1987), 359.

b) § 280 setzt aber grundsätzlich Verschulden voraus (Rn 6/1 f), das hier wohl fehlt. Deshalb kann E wegen des erlittenen Schadens gegen V bestenfalls dann Ansprüche erheben, wenn V ausnahmsweise ohne Verschulden ersatzpflichtig ist. Das könnte gemäß § 536a Abs. 1 der Fall sein. Dafür wäre notwendig, dass der Defekt in der Stromleitung schon bei Vertragsabschluss vorhanden war (§ 536a Abs. 1 Fall 1) und sich die verschuldensunabhängige Haftpflicht des Vermieters auf Personenschäden erstreckt (vgl. zur Falllösung Schuldrecht Besonderer Teil § 7 Rn 48).

**II. Ansprüche des P gegen V**

1. Hinsichtlich der Deliktsansprüche gilt dasselbe wie zu I 1.

2. Ansprüche aus den §§ 280, 241 Abs. 2 („positive Vertragsverletzung") lassen sich ebenfalls nur begründen, wenn man dem Mietvertrag zwischen Frau K und V Schutzwirkung zugunsten des Eigentümers von Sachen beilegt, derentwegen Frau K eine Obhutspflicht trifft. Es erscheint aber nicht unbedenklich, unabhängig von konkreter Erkennbarkeit für V alle im Geschäftslokal befindlichen Sachen als aufgrund eines übereinstimmenden (hypothetischen) Parteiwillens mitgeschützt anzusehen.

3. Überzeugender ist daher der Ansatz bei der Drittschadensliquidation. V war zwar nicht erkennbar, ob fremde Sachen in den Mietgegenstand eingebracht wurden oder werden sollten. Ebenso wenig konnte er aber mit bestimmten K gehörenden Sachen rechnen: Auch wenn alle Gegenstände von K stammten (und darüber hinaus noch sehr wertvoll gewesen wären), hätte V vollen Ersatz verlangen können. Wem die zerstörten Puppen gehörten, ist so gesehen reiner Zufall. Aus diesem Grund erscheint der Schadensverlagerungsgedanke als ausreichend tragfähig.

4. Doch sogar wenn auf diese Weise ein ersatzfähiger Drittschaden bejaht wird, ist der Anspruch von P nach hA abzuweisen, da der Schaden von der Vertragspartnerin K liquidiert werden muss. Diese Konsequenz könnte nur durch Abtretung vermieden werden, die nach dem Sachverhalt aber offensichtlich (noch) nicht erfolgt ist. [Welchen Weg man aber auch immer wählt: Der Umfang der Verpflichtungen des V sollte trotz unterschiedlicher Gläubigerschaft in den Konstruktionen zu II 2 und 3 derselbe bleiben.]

# § 17 Abtretung

**Fall 39:** Der Kaufmann F, der eine Lampenfabrik betreibt, hat Verbindlichkeiten bei der B-Bank. Die von ihm verarbeiteten Materialien wurden großteils unter Eigentumsvorbehalt geliefert, sodass als Sicherheit für die Bank nur seine Forderungen aus Lieferungen an den Einzelhandel in Betracht kommen, der üblicherweise mit Fristen bis zu drei Monaten zahlt. Deshalb tritt F der B-Bank formularmäßig sämtliche – bereits bestehende und zukünftige – Forderungen an Kunden in den Bezirken Köln und Düsseldorf ab. Dies wird den Kunden jedoch nicht mitgeteilt, sodass sie weiterhin an F zahlen, der aus diesen Mitteln seinen Kredit bei der Bank zurückführen soll. Die wirtschaftlichen Verhältnisse des F verschlechtern sich aber, weshalb die Bank fürchtet, auf diesem Wege nicht mehr zu ihrem Geld zu kommen. Deshalb teilt sie nunmehr den Kunden mit Hilfe von Kopien der Auftragsbestätigungen, die sie sich stets hat geben lassen, die Abtretung mit und fordert sie auf, direkt an sie – die Bank – zu zahlen. In der Folgezeit gehen daraufhin zwar einige Zahlungen bei B ein, doch beschleunigt sich auch die Krise bei F. Er wird zahlungsunfähig, bevor die Forderung der Bank getilgt ist. Nach Eröffnung des Insolvenzverfahrens erklärt der Insolvenzverwalter, Rechtsanwalt Dr. K, er erkenne die Gültigkeit der zwischen B und F vereinbarten Abtretung nicht an. Die Bank tritt trotzdem an die Abnehmer des F heran, die noch nicht gezahlt haben, und verlangt Zahlung.

Hierbei stößt sie auf Widerstand. So weigert sich E aus Düsseldorf, an die Bank zu zahlen, da er kurz vor Erhalt der Mitteilung an F gezahlt habe. Z aus Köln erklärt, er rechne mit einer Gegenforderung gegen F auf. Ein großer Kunde des F, das Kaufhaus K in Köln, teilt mit, in den Lieferverträgen mit F, die auf der Grundlage ihrer Einkaufsbedingungen geschlossen seien, sei die Abtretung der Kaufpreisforderung des F von der Zustimmung der Käuferin abhängig gemacht worden, die weder eingeholt noch erteilt worden sei.

Wie steht es mit den Befriedigungsaussichten der B-Bank? **Lösung Rn 17/33**

## I. Begriff, Voraussetzungen und Hauptfälle der Abtretung

### 1. Grundsätzliches

17/1 Die **Abtretung (Zession)**[1] ist ein **Gläubigerwechsel** hinsichtlich einer schuldrechtlichen Forderung. Sie erfolgt üblicherweise durch einen Vertrag zwischen dem Veräußerer (dem **Altgläubiger** oder **Zedenten**) und dem Erwerber der Forderung (dem **Neugläubiger** oder **Zessionar**) und hat die Wirkung, dass nunmehr der neue an die Stelle des alten Gläubigers tritt (§ 398). Da hierbei ein bloßes Recht und keine (körperliche) Sache übertragen wird, bedarf es einer gewissen Vorstellungskraft, um sich das Geschehen einigermaßen anschaulich zu machen. Erfahrungsgemäß hilft dabei am besten ein Vergleich mit der Eigentumsverschaffung: Ebenso wie dort geht es hier darum, dass eine umfassende Berechtigung („Rechtszuständigkeit") an einem Vermögenswert auf einen anderen übergeht. Mangels Körperlichkeit kommen Übertragungsakte iS der §§ 929 ff allerdings nicht in Betracht. Und auch ansonsten darf man nicht in Versuchung geraten, an Stelle der §§ 398 ff sachenrechtliche Vorschriften heranzuziehen[2].

Der **Schuldner** der abgetretenen Forderung (auch **debitor cessus** oder kurz **Zessus** genannt; gelegentlich auch Drittschuldner[3]) ist an dem Übertragungsgeschäft nicht beteiligt, er muss nicht einmal verständigt werden. Vielmehr genügt die Einigung zwischen Alt- und Neugläubiger über den Forderungsübergang (vgl § 398 S. 2; näher Rn 17/5, 10). Damit muss selbstverständlich dann, wenn die Abtretung nicht offen, sondern „still" erfolgt, ein Schutz des nicht verständigten Schuldners, der etwa mangels Kenntnis von der Abtretung an den Altgläubiger zahlt, einher gehen (näher dazu Rn 17/18 ff).

17/2 Die §§ 398 ff regeln primär die **rechtsgeschäftliche Abtretung**, die in diesem Kapitel deutlich im Vordergrund steht. Es gibt allerdings auch Fälle **gesetzlichen** Forderungs-

---
1 Guter Überblick über die zentralen Probleme bei *Coester-Waltjen* Jura 2003, 23. Anspruchsvoll und unter Beachtung internationaler Entwicklungen *Eidenmüller* AcP 204 (2004), 457; zu Vereinheitlichungsbestrebungen aus jüngerer Zeit etwa *Kieninger/Schütze* ZIP 2003, 2181 mwN.
2 Vgl nur die Warnung von *Coester-Waltjen* Jura 2003, 23 f mit Fn 10.
3 Dies wohl deshalb, weil bei der praktisch wichtigen Sicherungszession auch der Zedent Schuldner (des Zessionars) ist, weshalb beim Zessus ein unterscheidender Zusatz gemacht wird.

übergangs, so etwa zugunsten des zahlenden Bürgen (§ 774), wobei die §§ 398 ff weitestgehend auch für diese Form des Gläubigerwechsels gelten (§ 412; zu dieser Legalzession kurz Rn 17/8). Entsprechendes gilt für die **Übertragung anderer Rechte** als Forderungsrechte (§ 413), so insbesondere von Gestaltungsrechten (Rücktritt, Kündigung, Anfechtung usw)[4].

## 2. Der Abtretungsvorgang

Die Abtretung ist zwar im zweiten Buch des BGB geregelt. Es handelt sich jedoch um ein Geschäft, durch das die Zuordnung eines Rechtsguts zu einer Person unmittelbar geändert wird, also um eine **Verfügung** ähnlich der Übereignung einer Sache (vgl Rn 17/1). Zwischen der Abtretung und dem dieser Verfügung zugrunde liegenden Rechtsgrund ist also wie auch sonst streng zu unterscheiden. Die beiden Teile eines wirtschaftlich einheitlichen Vorgangs sind nach deutschem Recht eben weitestgehend voneinander getrennt (Abtretung als abstraktes Geschäft)[5]. Die Abtretung bewirkt daher den Übergang der Forderung auch dann, wenn das zugrunde liegende Geschäft an einem Mangel leidet (siehe Rn 1/49). Das würde im **Fall 39** bedeuten, dass die Forderungen auf die Bank auch dann übergehen, wenn der Darlehensvertrag und das in ihm enthaltene Versprechen des F, der Bank eine Sicherheit zu verschaffen, ungültig waren. Das schließt allerdings nicht aus, dass die Abtretung als solche gegen Verbote verstoßen kann (§ 134)[6] oder wegen Sittenwidrigkeit nichtig ist (§ 138)[7]; und es kann auch sein, dass die Sicherungsabtretung so ausgestaltet ist, dass sie vom Bestand des gesicherten Anspruchs abhängt[8].

17/3

**Unwirksamkeit** der Abtretung wird bei der Verwendung der Abtretung als Mittel der Kreditsicherung immer wieder behauptet. Damit bestreitet der Insolvenzverwalter des (Sicherungs-)Zedenten die Gültigkeit der Abtretung, um die Forderungen zur Konkursmasse einziehen zu können (so im **Fall 39**; zu diesen Fragen bei Rn 17/31 f). Es ist kommt aber auch nicht selten vor, dass die Abtretung als solche nicht oder jedenfalls nicht ohne Zustimmung des Schuldners stattfinden soll; etwa, weil dieser jede Komplikation vermeiden will oder ein Interesse daran hat, dass niemand anders als der Zedent mit den Vorgängen befasst wird, aus denen sich die Forderung ergibt. Dann kann nach § 399 Fall 2 bereits bei Begründung der Forderung ihre **Unabtretbarkeit vereinbart** werden; eine Abrede, die grundsätzlich gegen Dritte wirkt und so eine Abtretung gegen den Willen des Schuldners verhindert (näher zu solchen Vereinbarungen Rn 17/14 ff). In manchen anderen Konstellationen ist hingegen anzunehmen, dass die Leistung an den Zessionar nicht ohne **Veränderung ihres Inhalts** erfolgen kann, was nach § 399 Fall 1 ebenfalls zur Unabtretbarkeit führt;

17/4

---

[4] Dazu siehe insb. *Bydlinski*, Die Übertragung von Gestaltungsrechten (1986); *Steinbeck*, Die Übertragbarkeit von Gestaltungsrechten (1994); zuletzt ausführlicher *Schürnbrand* AcP 204 (2004), 177 mwN.
[5] Zur Abstraktheit der Abtretung *Medicus*, SR AT[17], Rn 711.
[6] Etwa im Zusammenhang mit strafrechtlich relevantem Verhalten: s. BGH NJW 2005, 1505 (§ 203 StGB); zur Nichtigkeit wegen Umgehung von Vorschriften des Rechtsberatungsgesetzes (Art 1 § 1 RBerG) etwa BGH NJW 2003, 1938; einschränkend nunmehr BGH NJW 2005, 3570. Zum Problemkreis etwa *Bette* WM 2002, 205.
[7] Vgl BGH NJW-RR 1987, 1401; s. des Weiteren MünchKomm/*Armbrüster*, BGB[5], § 138 Rn 98 ff (zum Problem der Übersicherung).
[8] S. nur BGH NJW 1982, 275.

so vor allem bei manchen höchstpersönlichen Ansprüchen Dieser Veränderungsgedanke[9] könnte uU hinter der von der ganz herrschenden Rechtsprechung angenommenen Unwirksamkeit der Abtretung von Forderungen auf Arzt- oder Anwaltshonorare stehen, da hierdurch das Interesse des Patienten oder Mandanten an der Vertraulichkeit der ihn betreffenden Daten verletzt werde[10]; die Unwirksamkeit der Abtretung wird dabei vom BGH allerdings auf § 134 gestützt (Verstoß gegen ein gesetzliches Verbot). Für dem Bankgeheimnis unterliegende Ansprüche werden ähnliche Bedenken interessanterweise seltener erhoben[11]. Die Ablehnung freier Abtretbarkeit macht nicht selten Schwierigkeiten, wenn eine Praxis übertragen werden soll, deren Erwerber natürlich Zugang zu den Patientenkarteien oder Mandanten-Unterlagen haben will[12]. Diese Rechtsprechung ist im Grundsatz anerkannt[13], auch wenn es manche Gründe gibt, die gegen eine derart weitreichende Einschränkung der Gläubigerrechte sprechen. So wären nach dieser Rspr ganze Berufsgruppen wie Ärzte oder Rechtsanwälte vom Zessionskredit praktisch ausgeschlossen, obwohl gerade bei ihnen vor allem ihre Honoraransprüche als Vermögenswerte vorhanden sind. Auch ist es trotz Zession in der ganz überwiegenden Zahl der Fälle nicht nötig, Geheimnisse zu offenbaren, da der Schuldner ohnehin bei Fälligkeit zahlt. Im Streitfall bestünde aber auch ohne Abtretung im Prozess uU die Notwendigkeit, zum Beweis des Anspruchs an sich der Geheimhaltung Unterliegendes vorzubringen. Schließlich fragt sich, ob die Geheimhaltungsinteressen des Schuldners wirklich für das reine (abstrakte) Verfügungsgeschäft der Abtretung (Rn 17/5) eine Rolle spielen, das ja zunächst nur einen Gläubigerwechsel bewirkt, wozu keinerlei Detailinformationen des Zessionars nötig sind.

**17/5** Wie bereits erwähnt, genügt die bloße **Einigung** zwischen Alt- und Neugläubiger, um den Forderungsübergang zu bewirken. Dem entspricht § 398 S. 2, nach dem der Gläubigerwechsel mit dem „Abschluss des Vertrags" erfolgt. Diesbezüglich sind allerdings zwei Präzisierungen angebracht: Zum einen ist damit nicht das Titelgeschäft (Rechtsgrund), sondern die bloße Vereinbarung des Rechtsübergangs, also das **Verfügungsgeschäft**, gemeint. Zum anderen sind Verfügungsverträge denkbar, die nicht zum sofortigen Forderungsübergang führen. Beispiel dafür ist die Globalzession, die üblicherweise auch noch gar nicht entstandene, also künftige Forderungen des Zedenten erfasst (so auch im **Fall 39**). Solche Ansprüche können selbstverständlich erst übergehen, wenn sie in der Folge begründet werden (näher zur Vorausabtretung noch Rn 17/23 im Zusammenhang mit der Sicherungszession).

### 3. Praktische Bedeutung

**17/6** Die Art des der Abtretung zugrunde liegenden Geschäfts ist durch die bloß die Verfügung betreffenden §§ 398 ff in keiner Weise festgelegt. In Frage kommen insbesondere (Rechts-)Kauf (§ 453) und Schenkung, aber etwa auch Auftrag und Ge-

---

9 So etwa *H.P. Westermann* in der Vorauflage; Erman/*H.P. Westermann*, BGB[11], § 399 Rn 8.
10 Für Arzthonorar grundlegend BGHZ 115, 123; ebenso BGH NJW 1993, 2371 für Abtretung an eine berufsständische Rechnungsstelle (s. dazu auch OLG Karlsruhe NJW 1998, 831); für Anwaltshonorar BGHZ 122, 115; BGH NJW 1993, 2795; einschränkend nunmehr BGH NJW 2005, 507; für die Zulassung der Abtretung an einen anderen Anwalt etwa vom *Paulus* NJW 2004, 21. Die Pfändbarkeit privatärztlicher Honorarforderungen wird hingegen ohne Weiteres bejaht: BGH NJW 2005, 1505.
11 Vgl OLG Stuttgart ZIP 2005, 1777, wo allerdings nur das Vorliegen einer stillschweigenden Abtretungsausschlussvereinbarung diskutiert (und abgelehnt) wird. Ein Spannungsverhältnis orten aber etwa *Klüwer/Meister* WM 2004, 1157.
12 BGHZ 122, 115; BGH NJW 1995, 2915; für Abwicklung bei Aufgabe der Kanzlei etwas großzügiger BGH NJW 1997, 188.
13 MünchKomm/*Roth*, BGB[5], § 399 Rn 26 mwN.

schäftsbesorgung, eine Sicherungsabrede oder ein Vermächtnis. Zunächst ist aber zu fragen, welche wirtschaftlichen Motive einen Gläubiger zur Abtretung bewegen: Ist die Forderung fällig, könnte er sie ja auch selbst einziehen. Manchmal scheut der Zedent jedoch Mühen und Risiken einer Prozessführung. Der Zessionar schätzt die Befriedigungsmöglichkeiten hingegen besser ein oder ist im Gegensatz zum Zedenten bereit, um die vom Schuldner nicht freiwillig befriedigte Forderung einen Rechtsstreit zu führen oder sie zur Aufrechnung gegen eine Forderung des Schuldners zu benutzen.

Vor allem im gewerblichen Bereich dient die **Abtretung noch nicht fälliger Forderungen** vor allem auch der sofortigen Liquiditätssteigerung: Im Zuge des sogenannten **echten Factoring** erfolgt eine Bevorschussung und Einziehung der abgetretenen Forderungen (meist sämtlicher oder großer Teile der Außenstände eines Unternehmers) durch das Factoring-Unternehmen als Zessionar. Es trägt hinsichtlich der erworbenen Forderungen die Gefahr ihrer Uneinbringlichkeit, das sogenannte Bonitätsrisiko, während beim **unechten Factoring** ein Rückgriff auf den Zedenten im Falle der Zahlungsunfähigkeit des Schuldners vereinbart ist[14]. Ein anderer Weg zu liquiden Mitteln ist die Verwendung offener, insbesondere auch künftiger, Forderungen zur **Kreditsicherung**: Die Forderungen dienen dann dem Kreditgeber ähnlich einem Pfand zur Sicherung und gegebenenfalls Befriedigung (näher zu dieser Sicherungszession Rn 17/22 ff). Schließlich kann die Abtretung dem Ziel dienen, dem Zessionar die Möglichkeit zu geben, sich wegen seiner aus anderen Beziehungen herrührenden Forderungen gegen den Zedenten aus den abgetretenen Forderungen zu befriedigen. Dann ist die Abtretung eine **Leistung erfüllungshalber** (dazu näher Rn 19/15 ff), die dem Zessionar eine zusätzliche Befriedigungsmöglichkeit verschafft. Da er aber noch nicht weiß, ob er die abgetretene Forderung gegen den Schuldner durchsetzen kann, erlischt seine Forderung gegen den Zedenten mit der Abtretung noch nicht.

**17/7**

Die prozessuale Geltendmachung abgetretener Forderungen hat nicht zuletzt dann große praktische Bedeutung, wenn Forderungen im Wege eines gesetzlichen Übergangs (sogenannte **cessio legis** oder **Legalzession**) demjenigen zufallen, der den eigentlichen Forderungsinhaber wegen der Vorgänge, die die Forderung begründet haben, schadlos gehalten hat. Dies ist der Fall des § 67 VVG, nach dem etwa ein privater Schadensversicherer, der dem Versicherungsnehmer seinen Schaden ersetzt, den Anspruch gegen den Schädiger ipso iure erwirbt. Ähnliches gilt nach den §§ 116 ff SGB X für den Sozialversicherungsträger (s. ferner § 94 SGB XII für den Sozialhilfeträger)[15]. Aber auch der Erwerb der gesicherten Forderung durch den zahlenden Bürgen gemäß § 774 gehört hierher.

**17/8**

Von der Abtretung zu unterscheiden ist die bloße **Einziehungsermächtigung**. Sie soll für den Empfänger die Befugnis begründen, die Forderung im eigenen Namen zwangsweise einzuziehen,

**17/9**

---

14 Zum echten und unechten Factoring *Roth/Fitz* JuS 1985, 188 ff; *Hagenmüller* (Hrsg.), Handbuch des nationalen und internationalen Factoring³ (1997); *Bette*, Factoring (2001).
15 Zum Ganzen *Hannemann* Jura 1984, 624.

ohne dass sie auf ihn übergeht, so dass er auch nicht das Bonitätsrisiko trägt. Die Zulässigkeit der Einziehungsermächtigung ist nicht unbestritten, weil eine Verdoppelung der Gläubigerstellung befürchtet wird, und sie wird im Prozess gegen den Schuldner nur beschränkt anerkannt[16].

### 4. Wirksamkeitsvoraussetzungen

#### a) Grundsatz

17/10 Forderungsrechte sind grundsätzlich abtretbar; auch besondere Wirksamkeitserfordernisse bei der Abtretung gibt es an sich nicht, sodass die **formlose Einigung** zwischen Alt- und Neugläubiger für den Rechtsübergang regelmäßig ausreicht. Insbesondere wird vom Gesetz keine Benachrichtigung des Schuldners gefordert (zu für ihn deshalb notwendigen Schutzmechanismen Rn 17/18 ff). Ausnahme ist die Existenz gesetzlicher oder rechtsgeschäftlicher Abtretungsausschlüsse (näher dazu Rn 17/12 ff) oder gleich wirkender Beschränkungen wie Zustimmungsvorbehalte.

#### b) Das Bestimmtheitsproblem

17/11 Ein Problem kann sich aber daraus ergeben, dass Forderungen schon mangels Körperlichkeit nicht so einfach individualisierbar sind wie Sachen, was besonders dann spürbar wird, wenn (etwa im Rahmen von Kreditsicherungsverträgen wie im **Fall 39**) nicht nur eine einzelne aktuelle, sondern eine Mehrzahl auch künftig entstehender Forderungen[17] übertragen werden soll (im **Fall 39** aus Lieferungen des F, die nach dem Abschluss des Kreditvertrages mit der Bank stattgefunden haben). Man spricht von einer **Vorausabtretung**, die möglich ist, wenn die Forderung spätestens bei ihrer Entstehung nach Gegenstand und Person des Schuldners bestimmbar ist[18] (näher dazu Rn 17/29 f). Generell ist die Abtretung nur wirksam, wenn der Gegenstand der Abtretung genügend **bestimmt** ist. Grund dafür ist die für Verfügungen nötige Offenkundigkeit. Das bedeutet, dass jede von einem Verfügungsgeschäft betroffene Sache genau konkretisiert sein muss, damit Dritte, die in die Verhältnisse der Parteien nur oberflächlich eingeweiht sind, feststellen können, wem der Vermögenswert zusteht. Bei in diesem Sinn ausreichender Bestimmtheit ist etwa auch eine **Teilabtretung** möglich[19].

Problematisch ist die Abtretung einer **Mehrheit von Forderungen** bis zu der Höhe, die dem Betrag des Anspruchs des Zessionars gegen den Zedenten entspricht (sogenannte Maximalzes-

---

16 Für die Zulassung etwa BGHZ 4, 153; 70, 193; *Roth/Fitz* JuS 1985, 188, 190; Erman/*H.P. Westermann*, BGB[11], § 398 Rn 37; Staudinger/*Busche*, BGB[14], vor §§ 398 ff Rn 122 ff; kritisch etwa *Esser/E. Schmidt*, SR I/2[8], 316 f, nach denen die Einziehungsermächtigung allerdings als Produkt der richterlichen Rechtsschöpfung hinzunehmen ist. Ein Klagerecht des Ermächtigten macht die Rechtsprechung vom Vorliegen eines „eigenen rechtlichen Interesses" abhängig, BGHZ 1, 333; 4, 165; 92, 349; 96, 153; BGH NJW 1989, 1933; zum Ganzen *Bork* JA 1986, 121 ff.
17 Zur Auslegung einer Abtretungsvereinbarung hinsichtlich künftiger Forderungen s. BGH NJW-RR 2003, 1690.
18 BGHZ 198, 98, 105; BGH NJW 1985, 800, 801 f; *Medicus*, SR AT[17], Rn 713.
19 HA. Kritisch aufgrund dem Schuldner drohender Nachteile aber MünchKomm/*Roth*, BGB[5], § 398 Rn 63 ff.

sion)²⁰. Hier ist namentlich aus der Sicht der Schuldner nicht ersichtlich, ob sie nun einen anderen Gläubiger erhalten haben oder nicht²¹. Hingegen ist eine Bestimmung nach Sitz des Schuldners, wie sie im Ausgangsfall gewählt wurde, wegen klarer Festlegung der erfassten Forderungen unbedenklich²².

## 5. Beschränkung und Ausschluss der Abtretung

### a) Gesetzliche Einschränkungen

Abtretungsausschlüsse – oft unpräzise als „Abtretungsverbote" bezeichnet" – können sich aus einer Vereinbarung mit dem Schuldner ergeben (dazu Rn 17/14 ff) oder unmittelbar auf dem Gesetz beruhen. Gesetzliche Einschränkungen der Forderungsabtretung sind allerdings selten (zum Ausschluss wegen Inhaltsänderung bereits Rn 17/4). Ein Beispiel dafür sind **der Pfändung entzogene Ansprüche (§ 400)**. Die Vorschrift, deren praktischer Anwendungsbereich hauptsächlich die Ansprüche auf Arbeitslohn umfasst, die grundsätzlich abtretbar sind und zur Sicherung von gegen den Arbeitnehmer gerichteten (etwa Darlehens-)Forderungen auch häufig abgetreten werden, sorgt dafür, dass die in besonderen gesetzlichen Vorschriften (§§ 850 ff ZPO) vorgesehenen Pfändungsfreigrenzen für das lebensnotwendige Einkommen nicht durch freiwillige Abtretungen unterlaufen werden. Es handelt sich hierbei um eine der nicht seltenen Vorschriften, die dem Schutz einer Person vor sich selbst dienen²³.

17/12

Es kommt allerdings vor, dass an einer Forderungsabtretung derjenige interessiert ist, der dem Inhaber vorher den Gegenwert des Rechts geleistet hat, so etwa der Unfallversicherer oder der Arbeitgeber, der dem Inhaber einer Schadenersatzforderung (welche sich aus einem Unfall ergibt), pflichtgemäß Rentenleistungen erbracht hat und aus der abzutretenden Ersatzforderung gegen den Verantwortlichen vorgehen will²⁴. Daher lässt § 115 SGB X (ausnahmsweise) auch unpfändbare Lohnforderungen auf den Sozialversicherer übergehen.

Von Gesetzes wegen unabtretbar sind ferner jene Forderungen, bei denen ein Gläubigerwechsel den **Inhalt der Leistung verändern** würde (§ 399 Fall 1). Es geht dabei um den Schutz des Schuldners, dem nicht ein Gläubiger aufgezwungen werden soll, dessen Person eine – uU unzumutbare – Änderung des Schuldverhältnisses bedeuten würde. So liegt es auf der Hand, dass Ansprüche auf Dienstleistungen nicht ohne Weiteres auf einen anderen Dienstgeber übergehen können. Es gibt auch andere Forderungen, deren Erfüllung bei einem Wechsel der Person des Gläubigers ganz andere Chancen und Risiken mit sich bringt als die Parteien ursprünglich vorgesehen hatten. So ist es für den Vermieter keineswegs gleichgültig, wer Mieter sein Wohnung ist, so dass der ursprüngliche Vertragspartner seinen Anspruch auf Gebrauchsüberlassung (§ 535) grundsätzlich nicht an einen anderen abtreten kann (zur Unter-

17/13

---

20 BGH WM 1968, 1054; NJW 1978, 1050.
21 Dazu besonders OLG Dresden NJW-RR 1997, 1070; zu den Anforderungen an die Bestimmtheit OLG Rostock NZG 2001, 945.
22 Näher mit Nachweisen Erman/*H.P. Westermann*, BGB¹¹, § 398 Rn 17.
23 Zu diesem Phänomen ausführlich etwa *Singer* JZ 1995, 1133.
24 BGHZ 59, 109; BAG BB 1964, 640; MünchKomm/*Roth*, BGB⁵, § 400 Rn 6.

vermietung siehe §§ 540, 553)²⁵, während einer Abtretung der Mietzinsforderung nichts Gleichartiges entgegensteht²⁶. Auch die bereits in Rn 17/4 erörterten Hindernisse für die Abtretung von Ansprüchen auf Arzt- oder Anwaltshonorare, die nur durch eine konkrete Zustimmung des Patienten bzw Mandanten überwindbar sind, gehören hierher.

### b) Rechtsgeschäftliche Einschränkungen

17/14 § 399 Fall 2 lässt es zu, dass zwischen Gläubiger und Schuldner bei Begründung der Forderung vereinbart wird, diese solle der (rechtsgeschäftlichen) Disposition entzogen sein. Ein solcher **vertraglicher Ausschluss der Abtretung** lässt einen Abtretungsversuch des Gläubigers ins Leere gehen, weshalb man davon spricht, dass die Vereinbarung **absolut**, also auch gegen jeden Dritten wirkt²⁷. Es handelt sich also nicht bloß um ein schadenersatzrechtlich bewehrtes Zessionsverbot, sondern um einen echten Abtretungsausschluss: Die Forderung ist dem Rechtsverkehr entzogen und kann immer nur von Gläubiger selbst geltend gemacht werden. Eine abredewidrige **Abtretung** ist **unwirksam**, sofern ihr der Schuldner nicht zustimmt. Im Gegensatz zur Veräußerung von beweglichen Sachen (§§ 932 ff) und Grundstücken (§§ 892 ff) gibt es bei Veräußerungen von Forderungen auch keinen gutgläubigen Erwerb vom Nichtberechtigten. Deshalb kann sich der Schuldner durch eine Abrede gemäß § 399 verlässlich gegen einen Gläubigerwechsel sichern (siehe auch den **Fall 39**). Für den Gläubiger der Forderung, der wirtschaftlich durchaus der Schwächere sein kann (man denke etwa an den Lieferanten einer großen Kaufhausgruppe wie im **Fall 39** des Kaufhauses K), hat das Abtretungsverbot die missliche Folge, dass er die Forderung nicht durch Abtretung zur Besicherung seiner eigenen Verbindlichkeiten, etwa gegenüber Kreditinstituten, nützen kann. Dennoch hat die Rechtsprechung Abtretungsausschlüsse auch in Formularverträgen nicht beanstandet²⁸ bzw werden solche Klausel überwiegend nicht als Verstoß gegen die guten Sitten beurteilt²⁹. Allerdings darf man nicht übersehen, dass die mit dem Ausschluss verfolgten Interessen des Schuldners nicht allzu hoch zu bewerten sind, da die Abtretung seine rechtliche Position an sich ohnehin nicht verschlechtern würde: Der Schuldner spart sich bloß das Evidenthalten von ihm mitgeteilten Abtretungen und ist vor Fehlzahlungen trotz Kenntnis des wahren Gläubigers geschützt. Daher sollte man zumindest in Extremfällen Abtretungsausschlussvereinbarungen als sittenwidrige Knebelung und damit als unwirksam ansehen; etwa dann, wenn der Gläubiger – zB als Zulieferer – in großem Maße von diesem einen Schuldner abhängt und der Ausschluss seine wirtschaftliche Bewegungsfreiheit massiv beeinträchtigt³⁰.

---

25 Es ist bezeichnend, dass in den §§ 563 ff Sonderregelungen für das Eintreten von Ehegatten, Kindern oder Lebenspartnern des Mieters in das Mietverhältnis beim Tod des Mieters getroffen sind.
26 Vgl nur BGH NJW 2003, 2987.
27 BGHZ 112, 387, 389; *Medicus*, SR AT¹⁷, Rn 718; für nur relative Wirkung aber *E. Wagner* JZ 1988, 689, 704 ff; *Canaris* FS Serick (1992), 9 ff.
28 BGHZ 77, 274; 102, 293, 300; zum Ganzen *Hadding/van Look* WM 1988, Sonderbeil. 7.
29 Vgl BGHZ 51, 113, 119; 56, 173, 175.
30 Ähnlich auch MünchKomm/*Roth*, BGB⁵, § 399 Rn 35.

Der Gedanke, dass drittwirkende Ausschlussvereinbarungen den Gläubiger häufig über Gebühr belasten, ohne dass dafür vorrangige Interessen des Schuldners ins Treffen geführt werden können, liegt auch dem im Jahre 1994 neu geschaffenen **§ 354 a HGB** zugrunde; einer Sonderregelung[31] für die Abtretung von **Geldforderungen**, die sich **aus einem beiderseitigen Handelsgeschäft** iS des § 343 HGB ergeben oder sich gegen einen Schuldner im Bereich der öffentlichen Hand richten[32]. Nach dieser Norm ist eine trotz der Ausschlussvereinbarung vorgenommene Abtretung (zwingend) wirksam, der Zessionar wird also neuer Forderungsinhaber. Allerdings konnte sich der Gesetzgeber nur zu einer Kompromisslösung durchringen. Vom vereinbarten Abtretungsausschluss bleibt nämlich immerhin übrig, dass der Schuldner trotz Kenntnis von der Abtretung[33] mit schuldbefreiender Wirkung an den Zedenten leisten kann (§ 354 a S. 2). Damit lässt das Gesetz die Ausschlussvereinbarung im Ergebnis bloß **teilunwirksam** sein.

17/15

Diese Halbherzigkeit[34] dürfte die Intention des Gesetzgebers, dem Gläubiger zu größerer wirtschaftlicher Bewegungsfreiheit zu verhelfen, weitestgehend vereiteln. Zwar ist der Zedent zur Einziehung nicht mehr berechtigt, sondern bloß für die Zahlung (auch) empfangszuständig. Bei Zahlung des Schuldners an ihn kassiert der Zedent also eine fremde Forderung ein. Den erhaltenen Wert müsste er daher gemäß § 816 Abs. 2 an den Zessionar weitergeben. Und in der Insolvenz des Zedenten (so im **Fall 39** beim wirtschaftlichen Zusammenbruch des F nach Abtretung der gegen die Kaufhauskette gerichteten Forderung) könnte der Zessionar den Forderungsbetrag aussondern, sofern dieser noch unterscheidbar vorhanden ist[35], oder – bei der Sicherungsabtretung – vorzugsweise Befriedigung verlangen[36]. Allerdings ist das alles äußerst mühselig und es steht zu befürchten, dass Factoring- und Kreditinstitute beim Erwerb von Forderungen sehr zurückhaltend sind, wenn sie damit rechnen müssen, dass sie ihren wirksam erworbenen Anspruch gegen den Schuldner trotz dessen Kenntnis von der Abtretung an sie einbüßen, weil sich dieser – ohne dass sie dies verhindern könnten – zur schuldbefreienden Zahlung an den Altgläubiger oder zur Aufrechnung mit einer gegen den Zedenten bestehenden Forderung[37] entschließt.

17/16

---

31 Kurzer Überblick dazu bei *Petersen* Jura 2005, 680.
32 Auch in diesem Bereich, besonders im öffentlichen Vergabewesen, waren Abtretungsausschlüsse sehr gebräuchlich.
33 BGH WM 1994, 1909, 1919; *E. Wagner* WM 1996, Sonderbeil. 1, 11; *Canaris*, Handelsrecht § 26 Rn 24.
34 Manche bewerten die gesetzlich angeordnete Möglichkeit befreiender Zahlung an den Zedenten – als weniger gravierenden Eingriff in die privatautonom getroffene Abtretungsvereinbarung – positiv, wollen dann aber die Wahlmöglichkeit des Schuldners durch schwer konkretisierbare Rechtsmissbrauchserwägungen einschränken: Siehe nur *Canaris*, Handelsrecht § 26 Rn 24 ff mwN.
35 Dazu unter besonderer Beachtung von Bar- und Buchgeldzahlungen etwa *Uhlenbruck* in Uhlenbruck (Hrsg.), Insolvenzordnung[12] (2003) § 48 Rn 27 f mwN. Weitere insolvenzrechtliche Fragen in diesem Zusammenhang können hier nicht zur Sprache kommen.
36 Eingehende Darstellung des Problemfeldes durch *E. Wagner* WM 1996, Sonderbeil. 1 ff; *Saar* ZIP 1999, 988; Erman/*H.P. Westermann*, BGB[11], § 399 Rn 5.
37 IdS BGH NJW-RR 2005, 624 = JA 2005, 561 *(Keltsch)*, der es dem Schuldner überdies frei zur Wahl stellt, ob er die Aufrechnung dem Alt- oder dem Neugläubiger erklärt.

§ 17 *Abtretung*

Wie sich die Situation der Beteiligten darstellt, ist am **Fall 39** abzulesen. Die B-Bank, die sich zur Sicherung ihrer Ansprüche gegen F unter anderen die Forderungen gegen das Kaufhaus K hat abtreten lassen, erwirbt diese Ansprüche zwar trotz des zwischen K und F vereinbarten Abtretungsausschlusses. Aber sie kann nicht verhindern, dass K auch nach Abtretung und selbst nach Erhalt der Abtretungsanzeige an F bzw. den Insolvenzverwalter leistet; und ob F, wenn er vor Eröffnung des Insolvenzverfahrens die Zahlung erhalten hat, das Geld an die Bank weitergibt, wie es vereinbart ist, erscheint bei angespannter wirtschaftlicher Lage durchaus zweifelhaft.

### 6. Die Wirkungen der Abtretung

17/17 Die zentrale Wirkung der Abtretung besteht nach § 398 darin, dass der Neugläubiger an die Stelle des bisherigen Gläubigers tritt. Der Zessionar wird Inhaber der ansonsten unveränderten Forderung: Er kann sie einziehen und einklagen, er kann sie aber auch weiter abtreten, zur Aufrechnung verwenden oder erlassen (zur Sicherungszession siehe jedoch Rn 17/24). Der Zedent muss nach dem regelmäßig zugrunde liegenden Verpflichtungsgeschäft eine trotz der Abtretung bei ihm eingegangene Leistung des Schuldners an den Zessionar abführen (§ 816 Abs. 2). Mit der Forderung gehen Neben- und Vorzugsrechte, insbesondere die in § 401 genannten, für die Forderung bestellten Sicherheiten auf den Gläubiger über.

## II. Schuldnerschutz bei der Zession

### 1. Ausgangslage

17/18 Wie bereits erwähnt, hat sich der Gesetzgeber dafür entschieden, die Abtretung ohne Information oder gar Mitwirkung des Schuldners zu ermöglichen. Dies kommt in Betracht, weil und wenn die Abtretung **keinerlei rechtliche Nachteile für den Schuldner** mit sich bringt. Zwar könnte die Einbindung des Schuldners für alle Beteiligten hilfreich sein, insbesondere Klarheit über die Forderung mit sich bringen. Dennoch kommt es häufig zur **stillen Zession**, also zur Abtretung ohne Schuldnerverständigung. Und das trotz der damit verbundenen Unsicherheiten: Zum einen läuft der Zessionar Gefahr, mangels Bestehens einer Forderung leer auszugehen. Er wird deshalb seine Gegenleistung oft zurückhalten, bis der Schuldner zahlt. Zum anderen könnte der Schuldner im Nachhinein Einwände erheben. Wenn die Parteien dennoch den Weg eine stiller Abtretung als Sicherheit für eine Vorleistung wählen (etwa für eine unbezahlte Warenlieferung oder für einen Barkredit), so deshalb, weil die Mitteilung einer Abtretung auf den sogenannten Drittschuldner einen ungünstigen Eindruck von der wirtschaftlichen Lage des Zedenten machen könnte. Dies wollen die Parteien, wenn der Zedent auf weitere Geschäfte mit den Drittschuldnern Wert legt, tunlichst vermeiden; ein schneller wirtschaftlicher Zusammenbruch nach der Offenbarung der Zession wie im **Fall 39** ist erfahrungsgemäß fast die Regel. Zumeist lässt sich der Zessionar allerdings das Recht einräumen, unter bestimmten Umständen, etwa Nichtzahlung der gesicherten Forderung trotz Fälligkeit, die Verständigung des Schuldners nachzuholen; insb. durch Vorlage der Abtretungsurkunde (vgl § 403 und § 409 Abs 1 S. 2).

Deshalb erfolgt im **Bankverkehr** die Sicherungszession regelmäßig ohne Verständigung der Drittschuldner, die auch weiterhin an den Zedenten zahlen sollen. Dieser ist also, da nicht mehr Inhaber der Forderung, lediglich zur Einziehung ermächtigt und muss sich im Innenverhältnis zur Bank verpflichten, die eingezogenen Beträge an sie abzuführen. Dagegen scheint im **Fall 39** die Bank, als sie die Zession „offenlegte", davon überzeugt gewesen zu sein, dass der Zusammenbruch des F nicht mehr aufzuhalten sei. Es kann auch vereinbart werden, dass der Zessionar zur Weiterabtretung oder zur Offenlegung der Zession nur bei Zahlungseinstellung des Zedenten berechtigt sein soll[38], und der BGH hat einen Zessionar, der eine unwirksame Abtretung offengelegt hatte, auf Schadenersatz haften lassen[39].

## 2. Einwendungen des Schuldners

Es ist nahezu selbstverständlich, dass ein Gläubigerwechsel ohne Zustimmung des Schuldners für diesen **keine Nachteile** mit sich bringen darf: Er muss sich dem Neugläubiger gegenüber daher etwa auf mangelnde Fälligkeit, auf Unwirksamkeit oder bereits erfolgte Tilgung der abgetretenen Forderung oder auf Gegenrechte berufen können. Zentralvorschrift ist insofern § **404**, wonach der Schuldner dem Neugläubiger all jene **Einwendungen** entgegensetzen kann, die ihm im Zeitpunkt der Abtretung **gegen den Altgläubiger** zustanden. In den folgenden Vorschriften werden besonders wichtige Einwendungen behandelt, zB die abgetretene Forderung sei bereits getilgt (zur Zahlung nach Abtretung näher Rn 17/21) oder der Schuldner könne mit einem ihm gegen den bisherigen Gläubiger zustehenden Recht aufrechnen (§ 406). 17/19

Im **Fall 39** beruft sich D darauf, dass er in Unkenntnis der Abtretung an F bezahlt habe. Dieser Einwand betrifft § 407: D hat also, wenn auch an den falschen Gläubiger, dennoch mit befreiender Wirkung gezahlt (näher Rn 17/21). Dagegen fällt der Einwand des Z, er könne gegen die nunmehr der Bank zustehende Forderung mit einer Gegenforderung aufrechnen, unter § 406, wonach es aber noch auf weitere Umstände ankommt (dazu Rn 19/22 ff)[40].

Sinn der §§ 404 ff ist es, sicherzustellen, dass sich die Rechtsstellung des Schuldners durch die Abtretung nicht verschlechtert. Der Schuldner muss es zwar hinnehmen, dass der neue Gläubiger die Forderung möglicherweise rücksichtsloser durchzusetzen versucht als der alte; er kann auch nicht verhindern, dass er bei verschiedenen Teilabtretungen, die ihm angezeigt werden (nicht selten bei Ansprüchen auf Arbeitslohn), über die jeweils aktuelle Inhaberschaft an den Forderungen umständlich Buch führen muss (mit ein Grund für die häufige Vereinbarung von Abtretungsausschlüssen gemäß § 399). Aber im Übrigen greifen alle Einwände, die im Zuge der Entwicklung des Schuldverhältnisses dem Zedenten entgegengestanden wären, auch gegenüber dem Zessionar durch. Denn der Neugläubiger übernimmt zwar bloß einen einzelnen Anspruch, der allerdings häufig – vor allem, wenn er einem Vertrag entspringt – in ein 17/20

---
38 BGH NJW 1993, 1640.
39 BGH NJW 1994, 2754 mit Kurzkomm. *Häuser* EWiR 1995, 25; siehe auch BGH NJW 1997, 461.
40 Zu dem – im Einzelnen schwierigen – Verhältnis der Schuldnerschutzvorschriften zueinander s. *Nörr/Scheyhing/Pöggeler*, Sukzessionen[2], 42 f.

vielschichtiges Gefüge von Rechten und Pflichten eingebunden ist. Der Schuldner kann sich also auch auf das Nichtbestehen der Forderung, ihre Verjährung, eine Stundung durch den Zedenten, ein Zurückbehaltungsrecht oder die Anfechtung des der Forderung zugrunde liegenden Rechtsgeschäfts berufen.

Gewisse Schwierigkeiten macht die Voraussetzung, dass die Einwendungen „zur Zeit der Abtretung der Forderung gegen den bisherigen Gläubiger begründet" gewesen sein müssen (§ 404). Da die Entwicklung des Schuldverhältnisses durch den Gläubigerwechsel nicht zum Nachteil des Schuldners beeinflusst werden darf, ist die Norm so auszulegen, dass es genügt, wenn die erhobenen Einwendungen im Rechtsverhältnis zwischen dem Schuldner und dem Altgläubiger angelegt waren[41]. Eine bei der Abtretung laufende Verjährungsfrist läuft also fort; und ein nach der Abtretung eingetretener Umstand kann den Schuldner zum Rücktritt nach § 323 berechtigen, da die Forderung durch die Abtretung nicht aus der Gegenseitigkeitsbindung an die Ansprüche des Schuldners ausscheidet[42]. Wurde also etwa eine Kaufpreisforderung abgetreten und wird die Ware erst danach an den Kaufpreisschuldner (= Käufer) geliefert, so kann dieser bei mangelhafter Leistung die Zahlung an den Zessionar so lange zurückhalten, wie er einen durchsetzbaren Anspruch gegen seinen Verkäufer, den Zedenten, auf Beseitigung des Mangels hat.

### 3. Schuldbefreiende Zahlung an den Altgläubiger

17/21 Das **zessionsrechtliche Verschlechterungsverbot** hat bei der stillen Zession eine ganz besondere Bedeutung, die sich auch im Gesetz niederschlägt. Da § 398 die Gültigkeit der Abtretung nicht vom Einverständnis oder auch nur von der Kenntnis des Schuldners abhängig macht, mussten Vorkehrungen getroffen werden, den Schuldner vor doppelter Inanspruchnahme zu schützen. Da er nicht weiß, dass der Zedent nicht mehr Gläubiger ist, wird er wie vorgesehen bzw auf dessen Anforderung an ihn zahlen. Könnte sich nun der Zessionar dem Schuldner gegenüber dennoch weiterhin auf seinen Forderungserwerb berufen, müsste der Schuldner nochmals zahlen. Er hätte dann zwar das Recht, die erste Zahlung an den Zedenten als rechtsgrundlos erbracht nach Bereicherungsrecht (§ 812) zurückzufordern. Neben den damit verbundenen Mühen ist aber auch zu beachten, dass der Altgläubiger mittlerweile insolvent geworden oder untergetaucht sein könnte. Schließlich käme uU auch eine Berufung des Zedenten auf den Wegfall der Bereicherung ( § 818 Abs. 3) in Betracht. All das ist dem Schuldner nicht zuzumuten; vielmehr sind alle aus der Nichtverständigung resultierenden Risiken dem Neugläubiger zuzuweisen, der es ja in der Hand gehabt hätte, diese Gefahren von vornherein auszuschalten. Aus all diesen Gründen wirkt nach **§ 407 Abs. 1 die in Unkenntnis der Abtretung erfolgte Zahlung an den Altgläubiger schuldbefreiend.** Dasselbe gilt für andere den Bestand der Forderung betreffende

---

41 Daher wirkt auch eine vom Schuldner erst nach der Abtretung ausgesprochene Kündigung aus wichtigem Grund gegenüber dem Neugläubiger: BGH JA 2004, 777 = NJW-RR 2004, 1347.
42 Zum Grundsätzlichen RGZ 83, 279; 124, 111; BGHZ 25, 27, 29; 58, 327; BGH NJW 1985, 864; NJW-RR 1989, 1208. Zur Verjährung RGZ 170, 290. Zur Problematik der sekundären Gläubigerrechte nach einer Abtretung siehe den Klausurfall von *Röder* JuS 1984, 618.

Rechtsgeschäfte zwischen Altgläubiger und Schuldner, etwa für Erlass und Stundung, soweit sie den Schuldner begünstigen. Eine gegen den Schuldner gerichtete „forderungsbezogene" Maßnahme des Altgläubigers wie Mahnung oder Kündigung ist nach der Abtretung dagegen unwirksam[43]. Allerdings darf der Schuldner bei Vornahme eines ihn begünstigenden Rechtsgeschäftes nicht wissen, dass die Forderung abgetreten war. Somit muss er nach einer wirksamen Abtretungsverständigung[44] die Zahlung an den Altgläubiger verweigern. Da § 407 eine bloß den Schuldner begünstigende Rechtsscheinvorschrift darstellt, kann er sich dieses Schutzes aber auch begeben. So kann der Schuldner eine Zahlung an den Zedenten, der ja nicht mehr Gläubiger war, als nicht geschuldet nach § 812 Abs. 1 zurückzuverlangen, muss dann allerdings an den Zessionar leisten[45].

Wenn im **Fall 39** der Schuldner D die Mitteilung von der Abtretung wirklich nicht erhalten hat[46], so durfte er auf die fortbestehende Gläubigerschaft des F vertrauen und an ihn zahlen. Wusste er dagegen von der Zession, so ging er das Risiko ein, an den wahren Gläubiger, die Bank, nochmals leisten zu müssen. Fraglich ist in diesem Zusammenhang allerdings, ob und inwieweit es eine **Erkundigungsobliegenheit** des Schuldners gibt. Schon weil § 407 auf die **Kenntnis** des Schuldners von der Abtretung abstellt, aber auch wegen des zentralen Verschlechterungsverbots, ist hier große Zurückhaltung am Platze. „Kennen Müssen" – besser wohl: „Kennen Können" – reicht nach richtiger Ansicht eben nicht aus[47]. Dennoch wird, zB unter dem Gesichtspunkt der Treupflicht oder des Organisationsverschuldens, dem Schuldner eine gewisse Sorgfaltsobliegenheit auferlegt, was aber wohl nur in ganz speziell gelagerten Fällen überzeugt. So wird etwa eine Bank, die in Unkenntnis der Abtretung einer Sparforderung an den Zedenten gezahlt hat, ohne sich das Sparbuch vorlegen zu lassen, dem Zessionar gegenüber nicht frei[48]; ebenso ein Schuldner, der seinen Betrieb EDV-mäßig so organisiert, dass Kenntniserlangung durch die jeweiligen Wissensvertreter praktisch ausscheidet[49]. Behaupten hingegen zwei Personen, forderungsberechtigt zu sein, wobei sich eine auf Zession beruft[50], so wird man dem Schuldner regelmäßig das Recht geben müssen, an seinen ihm bekannten bisherigen Gläubiger zu bezahlen; allenfalls erst nach Rückfrage bei diesem.

---

43 Auf das besonders schwierige Problem, wem – Alt- oder Neugläubiger – nach der Abtretung vertraglicher Ansprüche (etwa einer Kaufpreisforderung) Gestaltungsrechte wie Anfechtung oder Rücktritt zustehen, die auch zur Vernichtung der abgetretenen Forderung führen können, kann hier nicht eingegangen werden.
44 Kenntnis von einer Vorausabtretung genügt: Vgl BGH WM 2002, 1845 (zu § 406).
45 BGHZ 102, 68, 71; BGH NJW 2001, 231; *Lüke* JuS 1996, 588, 590.
46 Die Beweislast für die Kenntnis trifft nach hA den Zessionar: s. nur BGH NJW-RR 1998, 1744. Damit würde, wenn über die Unkenntnis im Prozess keine Klarheit gewonnen werden kann, die Leistung an F den D befreien.
47 BGH WM 1997, 958.
48 Siehe OLG Düsseldorf NJW-RR 1991, 1337; zu den Anforderungen an die Organisation des Schuldners BGH NJW 1977, 581; Erman/*H.P. Westermann*, BGB[11], § 407 Rn 5.
49 IdS etwa *Kothe* BB 1988, 638.
50 Das damit angesprochene Problem, unter welchen Umständen eine vom (angeblichen) Zessionar stammende Abtretungsanzeige für den Schuldner wirksam ist, ist durchaus umstritten. Der BGH vertritt etwa die These, dass eine solche Anzeige (nur) dann zu beachten ist, wenn sie von einer vertrauenswürdigen Person stammt (BGHZ 102, 68, 74; NJW-RR 2004, 1145). Richtigerweise folgt aus dem zessionsrechtlichen Verschlechterungsverbot hingegen die grundsätzliche Unbeachtlichkeit einer „Zessionarsanzeige"; allenfalls kann sie geringfügige Nachfrageobliegenheiten (beim bisherigen Gläubiger) begründen (ausführlich dazu *Bydlinski* in einem 2007 erscheinenden FS-Beitrag). Für eine Befugnis des Schuldners zur Hinterlegung bei unklaren Abtretungsvorgängen zu Recht etwa BGH NJW-RR 2004, 656.

## III. Die Abtretung als Kreditsicherungsinstrument

17/22 Heutzutage haben Forderungen – und damit auch Abtretungen – besondere Bedeutung im Bereich der **Kreditsicherung**. Namentlich kleine und mittlere Unternehmen können oder wollen ihre Betriebsmittel nicht verpfänden oder zur Sicherung übereignen. Auch taugliche Bürgen finden sich nicht leicht. Vorhanden sind aber regelmäßig Forderungen gegen Kunden; wenn auch häufig bloß als noch nicht fällige oder gar erst als zukünftig erwartete. Nach dem Motto „besser als gar nichts" lassen sich Banken häufig auf die Gewährung solcher „Zessionskredite" ein: Dabei muss der Kreditnehmer einzelne oder gar alle Forderungen gegen seine Kunden **zur Sicherheit abtreten**, Die **Sicherungszession**[51] gehört sogar zu den wichtigsten Kreditsicherungsgeschäften[52]. Der Zessionar soll die Forderung hierbei aber – jedenfalls zunächst – nicht selbst einziehen, sondern soll aus den vom Kreditschuldner, dem Zedenten, vereinnahmten Beträgen wegen seiner eigenen Ansprüche befriedigt werden. Es handelt sich also regelmäßig um eine stille Zession, die erst offen gelegt wird, wenn der Sicherungs-Zedent seinen Verpflichtungen nicht mehr nachkommt oder nachkommen kann (dazu schon oben Rn 17/18).

17/23 Rechtstatsächlich ist zu beobachten, dass die Sicherungszession häufig auch künftige Forderungen betrifft, insoweit also **Vorausabtretung** ist; nicht selten in der Form, dass sämtliche künftigen Forderungen aus der Geschäftsverbindung des Kreditnehmers mit seinen Kunden abgetreten werden (**Globalzession**). Die Vorausabtretung ist ein verbreitetes Sicherungsmittel beim Bankkredit, weil sie im Gegensatz zur streng publizitätsgebundenen Verpfändung einer Forderung (vgl § 1280) den Parteien die für den Sicherungsgeber unangenehme Mitteilung der Verfügung erspart. Sie stellt aber auch die Rechtsform für den sog **verlängerten Eigentumsvorbehalt** dar. Hier sucht derjenige, der Waren unter der aufschiebenden Bedingung späterer Zahlung des Kaufpreises veräußert hat, der aber aus wirtschaftlichen Gründen nicht umhin kann, dem Vorbehaltskäufer die Weiterveräußerung der Ware im ordnungsmäßigen Geschäftsverkehr oder die Verarbeitung der Ware zu gestatten, eine Sicherheit; und zwar eine solche, die über diesen Eigentumsverlust hinausreicht. Er findet sie darin, dass er sich die aus dem geplanten künftigen Weiterverkauf der Ware resultierenden Forderungen von seinem Kaufpreisschuldner im Voraus abtreten lässt[53]. Die Abtretung kann also zur Sicherung sowohl von Bank- als auch von Lieferantenkrediten eingesetzt werden.

### 1. Die Rechtsstellung des Sicherungsnehmers

17/24 Das Rechtsverhältnis zwischen den an einer Sicherungsabtretung Beteiligten ist – wie bei der Sicherungsübereignung – dadurch geprägt, dass der Neugläubiger „dinglich" eine Rechtsstellung erhält, die er nach seinen schuldrechtlichen Absprachen mit dem Altgläubiger nur in bestimmter Weise handhaben darf, obwohl sie ihm an sich

---
51 Überblick dazu etwa bei *Meyer/von Varel* JuS 2004, 192.
52 Näher etwa *Bamberger/Roth/Rohe*, BGB, vor § 398 Rn 1 ff.
53 Zum Ganzen BGB-Sachenrecht, Rn 176 ff.

weitergehende Rechte, nämlich die volle, nach außen unbeschränkte Forderungsberechtigung gegenüber dem Drittschuldner einräumt. Kurz gesagt: **Der (Sicherungs-) Zessionar kann mehr, als er darf.** Das kommt darin zum Ausdruck, dass er als Inhaber der Forderung die geschuldete Leistung notfalls auch klageweise einziehen oder sie weiter abtreten könnte, dies aber nicht darf, solange der Zedent nicht gegen seine Pflichten aus dem zugrunde liegenden Rechtsverhältnis verstoßen hat, also etwa mit der vereinbarten Kreditrückzahlung in Verzug geraten ist. Deshalb wird auch der Zedent, obwohl nicht mehr Inhaber der Forderung, vom Zessionar regelmäßig zur Einziehung im ordnungsgemäßen Geschäftsverkehr ermächtigt[54], wobei natürlich erwartet wird, dass er die eingezogenen Beträge zur Befriedigung des Sicherungszessionars verwendet. Dies geschieht oft ganz unauffällig; etwa dadurch, dass die Zahlungen auf das Konto des Zedenten zu leisten sind, das dieser bei der Zessionars-Bank eingerichtet hat und über das auch der gesicherte (Kontokorrent-)Kredit abgewickelt wird. So reduzieren die Zahlungen der Schuldner automatisch den Kredit und kommen so unmittelbar dem Sicherungszessionar zugute. Ein Fehlverhalten des Zedenten – etwa durch „Umleiten" der Schuldner auf ein anderes Konto – gibt dem Zessionar üblicherweise das Recht, den Drittschuldnern gegenüber die Abtretungen offenzulegen.

Wegen der überschießenden Rechtsposition des Zessionars wird auch formuliert, er habe die Forderung **treuhänderisch** (fiduziarisch) inne[55]. Die Treuhand, ein im deutschen Recht nicht eigenständig vorhandenes, sondern von der Praxis entwickeltes Institut[56], steht danach dem Vollrecht nicht ganz gleich. Wenn und insoweit es der Sicherungszweck verlangt, ist der Zessionar (in der Sprache des Kreditsicherungsrechts: der Sicherungsnehmer) uneingeschränkt Inhaber der abgetretenen Forderung. Er kann daher, wenn etwa die Forderung beim Sicherungsgeber gepfändet werden sollte, ein Recht auf vorzugsweise Befriedigung geltend machen, und in der Insolvenz des Sicherungsgebers (man denke an die Situation im **Fall 39**) abgesonderte Befriedigung verlangen[57]. Andererseits könnte der Sicherungsgeber, wenn die Bank in Schwierigkeiten gerät, eine Pfändung der abgetretenen Forderung bei der Zessionars-Bank nach § 771 ZPO verhindern und in der Insolvenz gemäß § 47 InsO vorgehen. Der Schuldner hingegen kann sich, da er auch eine Vollzession hätte hinnehmen müssen, auf die Tatsache, dass der Sicherungsnehmer nicht beliebig über die Forderung verfügen durfte, nicht berufen; vielmehr genießt er (bloß) den gewöhnlichen Schuldnerschutz (Rn 17/18 ff).

Da das Gesetz die Sicherungszession nicht eigens behandelt, fragt man sich, worauf die geschilderten Besonderheiten beruhen. Die Antwort liegt in der Anerkennung ei-

---

54 Das ist etwa dann nicht mehr gegeben, wenn der Zedent sein Geschäft aufgibt und die eingezogenen Gelder verwenden will, um andere Gläubiger abzufinden.
55 *Larenz*, SR I[14], 594 ff: Treuhandgläubigerschaft; siehe auch *Nörr/Scheyhing/Pöggeler*, Sukzessionen[2], 138 ff; Erman/*H.P. Westermann*, BGB[11], § 398 Rn 35.
56 Zu den historischen Quellen der Lehre, ihrer Rolle im ausländischen Recht sowie zu ihrer gegenwärtigen Bedeutung umfassend *Coing*, Die Treuhand kraft privaten Rechtsgeschäfts (1973); *Kötz*, Trust und Treuhand (1963); *Gernhuber* JuS 1988, 355.
57 MünchKomm/*Roth*, BGB[5], § 398 Rn 116 f; aM *Gursky* JuS 1984, 197, 202, der ein Widerspruchsrecht einräumen will. Zur Rechtslage nach der InsO *Eickmann* in HK-InsO[4], § 51 Rn 2, 5.

ner eigenständigen, wegen der Vertragsfreiheit möglichen sogenannten **Sicherungsabrede**[58]. In ihr wird die Verpflichtung des Sicherungsgebers zur treuhänderischen Übertragung des Sicherungsguts festgelegt, desgleichen die Rechte des Sicherungsnehmers in Bezug auf das Sicherungsgut sowie seine Pflichten; schließlich die Pflichten des Sicherungsgebers, etwa dahingehend, Beträge, deren Einziehung ihm gestattet ist, ausschließlich auf ein bei der kreditgebenden Bank geführtes Konto einzahlen zu lassen (sog Zahlstellenabrede).

### 2. Rechtslage bei Zurückführung der gesicherten Forderung

17/26 Schließlich muss die Sicherungsabrede, notfalls durch ergänzende Auslegung, erkennen lassen, was mit dem Sicherungsgut geschehen soll, wenn der Sicherungsgeber den Sicherungsnehmer befriedigt hat. Dann ist der Sicherungsnehmer verpflichtet, die Forderungen zurück zu übertragen, da der Sicherungszweck erreicht ist (zur Alternative eines automatischen Rückfalls Rn 17/28). Diese Rechtsfolge ergibt sich in aller Regel durch Auslegung der Sicherungsabrede, sie ließe sich aber wohl auch bereicherungsrechtlich begründen (§ 812 Abs. 1). Ein entsprechender (Teil-)Rückübertragungsanspruch des Zedenten kann uU auch dann bejaht werden, wenn der Sicherungsgeber nach teilweiser Tilgung der gesicherten Forderung deutlich mehr an Sicherungsgut hält, als zur Sicherung noch erforderlich erscheint. Diese – in der Praxis allerdings seltene[59] – Situation hat zu einer Auseinandersetzung zwischen mehreren Senaten des BGH geführt, nachdem eine über einige Jahre hinweg im Wesentlichen stabile Rechtsprechung Formularverträge als sittenwidrig oder zumindest gegen § 9 AGBG (jetzt: § 307 BGB) verstoßend betrachtete, wenn nicht zugunsten des Zedenten/Sicherungsgebers eine sogenannte **Freigabeklausel** vereinbart war. Diese musste den Sicherungsnehmer zur Freigabe von Sicherungsgut verpflichten, sobald der Wert der abgetretenen Forderungen[60] die Höhe der gesicherten Forderung um einen bestimmten Prozentsatz übersteigt (Überschreiten der sog **Deckungsgrenze**)[61]. Maßgebend ist hierbei der Gesichtspunkt der **Übersicherung** des Sicherungsnehmers, dessen Forderungen ohne sachlichen Grund zugunsten des einen Kreditgebers gebunden sind. An Vereinbarungen zur Freigabepflicht fehlte es nun häufig; oft wohl auch deshalb, weil bei Vertragsschluss kaum vorherzusehen – und auch in der Folge nicht ohne Weiteres feststellbar – ist, was das Sicherungsgut im Falle seiner eventuellen Realisierung wert sein wird.

---

58 Insoweit ebenso wie bei der Sicherungsübereignung, dazu BGB-Sachenrecht, Rn 150; näher *H. Westermann/H.P. Westermann*, Sachenrecht, 347 ff (§ 44 III); *Medicus*, SR AT[17], Rn 723; zum Inhalt der Sicherungsabrede die Urteile BGH NJW-RR 1999, 1075 f; WM 1997, 13, 16; Bamberger/Roth/*Rohe*, BGB, § 398 Rn 46 ff.
59 Dazu *Claussen* FS Brandner (1996), 527 ff, der darauf aufmerksam macht, dass die gesicherte Forderung jedenfalls bei den praktisch häufigen Kontokorrentkrediten zwar vorübergehend zu einem Teil zurückgeführt wird, dann aber durch erneute Inanspruchnahme der Kreditlinie wieder anzusteigen pflegt.
60 Dasselbe gilt bei der Sicherungsübereignung von Warenlagern mit wechselndem Bestand, die ebenfalls als revolvierende Sicherheiten bezeichnet werden, näher *H. Westermann/H.P. Westermann*, Sachenrecht, 357 ff (§ 44 VI 2).
61 BGHZ 94, 105, 115; 109, 240; 125, 83; dazu krit. *H. Weber* WM 1994, 1549; *Claussen*, Bank- und Börsenrecht[3] (2003), § 8 Rn 178 ff.

Der **Fall 39** gibt einen Eindruck davon, auf welche Widerstände der Zessionar bei der Durchsetzung abgetretener Forderungen stoßen kann. Hinzu kommen etwa Mängelrügen der Schuldner und zu einem gewissen Prozentsatz erfahrungsgemäß auch Ausfälle durch Insolvenzen.

Am Erfordernis einer solchen Freigabeklausel scheiterten Sicherungsverträge nicht selten zur Gänze, da die Zurückführung einer unwirksamen Regelung auf das zulässige Maß infolge der herrschend befürworteten Unzulässigkeit geltungserhaltender Reduktion[62] nicht möglich schien. Dieser Einwand wurde regelmäßig vom Insolvenzverwalter des Zedenten erhoben[63]. Nunmehr ist aber aufgrund einer Änderung der Rechtsprechung, die durch eine Entscheidung des Großen Senats für Zivilsachen aus dem Jahre 1998 bestätigt wurde[64], die Praxis einen anderen Weg gegangen. Es hatte sich die Ansicht durchgesetzt, dass es einer ausdrücklichen Freigabeklausel – auch weil im Vorhinein kaum eine realistische Deckungsgrenze vereinbart werden kann – nicht bedarf. Wenn eine Freigabeklausel fehlt, hat dies also nun auch nach der Rechtsprechung des BGH nicht die Ungültigkeit der Sicherungsabrede zur Folge; und der Sicherungsnehmer ist auch ohne eine solche Abrede verpflichtet, dauerhaft nicht mehr benötigte Sicherungsgegenstände zurückzugeben. Das wäre allerdings unpraktikabel, wenn der Sicherungsnehmer nicht doch wegen des unsicheren Werts des Sicherungsguts eine gewisse **„Überdeckung"** beanspruchen kann, was oftmals auch so vereinbart wird[65]. Der Große Senat verlangt keine ausdrückliche Vereinbarung einer Deckungsgrenze, lässt es aber zu, dass die Bank, bevor sie Sicherheiten freigibt, einen Aufschlag von 10 % auf den (vermutlich) realisierbaren Wert der gesicherten Forderungen zuzüglich Zinsen macht. Für die daneben erforderliche Bewertung der Sicherungsgegenstände glaubte man dagegen keine festen Regeln aufstellen zu können. Informierte Vertragspartner werden heute also jedenfalls eine Deckungsgrenze vereinbaren, wobei eine Übersicherung noch nicht anzunehmen sein wird, wenn ein Zuschlag von 30 bis 40 % auf den Nennwert der abgetretenen Forderungen gemacht wird[66].

17/27

Erlischt die gesicherte Forderung zur Gänze, wäre infolge fehlenden Sicherungsbedürfnisses auch ihr **automatisches Zurückfallen** an den Zedenten, also ohne neuerliche (Rück-)Übertragungsabrede, denkbar. Das widerspräche allerdings der Abstrakt-

17/28

---

62 Grundsätzlich BGHZ 107, 273 f; abschwächend BGH ZIP 1994, 309; krit. etwa *Kötz* NJW 1979, 785 f; *Hager* JZ 1996, 175.
63 Auch dazu *Claussen*, aaO Fn 61, § 8 Rn 168; *H.P. Westermann* FS Claussen (1997), 561, 564 ff.
64 BGHZ 137, 212; schon vorher in diesem Sinne BGHZ 130, 115; 133, 25; 108, 98; BGH NJW 1996, 847; zur Thematik eingehend insb. *Canaris* ZIP 1986, 1577; *ders.* ZIP 1996, 1909; *Serick* NJW 1997, 1529; *Medicus* BB 1998, 801 ff; *Stürner* JZ 1998, 462 ff.
65 Im Einzelnen dazu *Rellermeyer* WM 1994, 1053 ff; *Ganter* WM 2001, 1 ff.
66 Zu dieser „Faustregel" gelangt man durch sinngemäße Anwendung des § 237 S. 1, wonach mit beweglichen Sachen nur in Höhe von zwei Drittel des Schätzwertes Sicherheit geleistet werden kann. Die Rechtsprechung hat erheblich höhere Zuschläge hingenommen, die in den betreffenden Fällen auch durch die praktische Entwicklung der Wertverhältnisse gerechtfertigt waren: siehe etwa BGHZ 98, 303, 316 f; BGH NJW-RR 1992, 884. Zum Problemkreis näher *Nobbe* FS Schimansky (2000), 433 ff. Zum generellen Problem der Übersicherung siehe (dort insb. zur Sicherungsübereignung) nur BGB-Sachenrecht, Rn 171 ff.

heit der Abtretung als Verfügungsgeschäft (Rn 17/3)[67]. Eine Lösung könnte darin bestehen, dass die Sicherungszession iS des § 158 Abs. 2 auflösend bedingt vereinbart wird, wobei die Bedingung in der Tilgung der gesicherten Forderung liegt. Eine ausdrückliche Bedingung dieses Inhalts findet sich in der Praxis allerdings regelmäßig nicht. Und die Annahme einer derartigen Abrede durch schlüssiges Verhalten widerspräche in vielen Fällen den Parteiinteressen; so etwa des Kreditnehmers und Sicherungszedenten, der einen ganz oder teilweise zurückgeführten Kontokorrent-Kredit auch wieder unbürokratisch in Anspruch nehmen möchte, ohne neuerliche Abtretungen zu vereinbaren. Für den voll zurückgeführten Einmalkredit sieht die Interessenlage zwar anders aus. Dennoch dürfte auch dort manches gegen die Annahme einer stillschweigend vereinbarten auflösenden Bedingung sprechen; man denke nur an den Streit darüber, ob voll zurückgeführt wurde.

### 3. Vorausabtretung und Bestimmbarkeit

17/29 Zusätzliche Fragen eher rechtstechnischer Art wirft die **Vorausabtretung** auf. Eine Abtretung künftiger Forderungen ist nämlich um der Rechtssicherheit willen nur möglich, wenn der Gegenstand der Zession hinreichend **bestimmbar** ist (vgl Rn 17/11). Bei einer Mehrzahl von Forderungen kann dabei etwa auf die Art der Begründung (vertragliche Ansprüche oder alle Ansprüche aus der geschäftlichen Tätigkeit des Zedenten), den Kreis der Schuldner oder die Fälligkeitstermine abgestellt werden[68].

> Im **Fall 39** wurden sämtliche Forderungen aus Lieferungen an Kunden im Bezirk Köln und Düsseldorf abgetreten. Das reicht auch für die Individualisierbarkeit erst künftig entstehender Ansprüche aus.

Würde man verlangen, dass nur Forderungen abgetreten werden können, die bereits entstanden sind, so müssten die Parteien den Bestand an abgetretenen Forderungen regelmäßig durch neue Abtretungen ergänzen. Die globale Vorausabtretung führt hier zur Vereinfachung, da sie es erlaubt, durch eine vorweggenommene Einigung zu bestimmen, welche künftig entstehenden und unter die vereinbarten Kriterien fallenden Forderungen dem Sicherungsnehmer zufallen sollen. Auf der anderen Seite muss man allerdings auch sehen, dass die Abtretung künftiger Forderungen (ähnlich wie die vorweggenommene Sicherungsübereignung von Waren, die der Sicherungsgeber möglicherweise einmal erwerben wird) ein juristisches Konstrukt darstellt, das keine sichere Befriedigung des Sicherungsnehmers gewährleistet. Wiederum regiert das Motto: Besser eine ungewisse Sicherheit als gar keine.

17/30 Im Übrigen darf aus der Abtretbarkeit bestimmbarer künftiger Forderungen nicht geschlossen werden, schon mit der Abtretung erwachse dem Zessionar ein Recht. Wenn das künftige Recht nicht entsteht oder mit rückwirkender Kraft wegfällt (der Arbeits-

---
67 Zur Abstraktheit der Sicherungsabtretung Erman/*H.P. Westermann*, BGB[11], § 398 Rn 27.
68 RGZ 67, 167; 136, 102; BGHZ 19, 16; 26, 188; aM *Schwerdtner* NJW 1974, 1785.

vertrag, durch den die künftigen Lohnansprüche erworben werden sollten, wird gekündigt; der Liefervertrag des F mit dem Kaufhaus K im **Fall 39** wird aufgehoben), so hat der Zessionar selbstverständlich niemals etwas erworben. Kommt eine Forderung aber zustande, so entsteht sie sogleich beim Zessionar, ohne dass der Zedent noch in Gestalt eines sog „Durchgangserwerbs" vorübergehend berechtigt würde[69].

## 4. Gültigkeitsschranken bei der Globalzession

Bedenken gegen eine Vorausabtretung können auch dann aufkommen, wenn sie alle Forderungen des Schuldners erfassen soll. Diese **Globalzession** wird vom Kreditgeber-Zessionar einerseits wegen der damit verbundenen weitreichenden Sicherung gewählt – auf die erfassten Forderungen können dann andere Gläubiger des Zedenten ja nicht mehr greifen –, andererseits aber auch wegen der eben angesprochenen Bestimmtheitserfordernisse: Diese Voraussetzung ist bei Abtretung aller (gegenwärtig und künftig zustehenden) Forderungen des Sicherungsgebers ja jedenfalls erfüllt. Eine derartige Vereinbarung, die insbesondere auch erst künftig entstehende Forderungen erfasst (sog **revolvierende Sicherheit**) wird häufig als notwendig angesehen, um einen über längere Zeit hinweg bestehenden (Kontokorrent-)Kredit, der in wechselnder Höhe in Anspruch genommen wird, abzudecken. Allerdings stellt sich aus der Sicht des Zedenten immer wieder die Frage, ob hierdurch nicht seine wirtschaftliche Bewegungsfreiheit in einer sittenwidrigen Weise (§ 138) beschnitten wird (**„Knebelung"**).

17/31

> Wenn im **Fall 39** F auch alle seine künftigen Forderungen an die B-Bank abgetreten hat, bleibt ihm kein Spielraum mehr, diese Forderungen an andere Kreditgeber, namentlich an die Lieferanten von Waren abzutreten, die nur gegen Barzahlung oder unter Eigentumsvorbehalt zu Lieferungen bereit sind und bei Kreditierung eine Sicherheit für den Fall der Weiterveräußerung der Ware verlangen. Die Rechtsprechung hat gegenüber einer umfassenden Zession aller gegenwärtigen und künftigen Rechte immer wieder Vorbehalte unter dem Gesichtspunkt der Sittenwidrigkeit[70], doch kommt es – wie immer beim Sittenwidrigkeitsurteil – auf den Einzelfall an.

Fehlt es an einer Knebelung, also einer übermäßigen Beschränkung der wirtschaftlichen Bewegungsfreiheit des Zedenten, die nicht durch schutzwürdige Interessen des Sicherungszessionars gerechtfertigt ist, so ist die Globalzession grundsätzlich wirksam. Es kann allerdings sein, dass sich unter einem anderen Gesichtspunkt Bedenken gegen die Gültigkeit der Abtretung ergeben. Dabei geht es um die gegenläufigen **Interessen anderer (künftiger) Gläubiger** des Zedenten, namentlich von Warenverkäufern. Die Vorausabtretung aller – auch noch gar nicht existierender – Forderungen, könnte nämlich die Rechte solcher Lieferanten, die unter **verlängertem Eigentumsvorbehalt** (vgl Rn 17/23) Waren an den Sicherungsgeber geliefert haben, nachhaltig

17/32

---

69 Das Problem des Durchgangserwerbs ist streitig und wenig durchsichtig. Seine praktische Relevanz zeigt sich meist erst in der Insolvenz des Zedenten. Näher *Medicus* JuS 1967, 385; Staudinger/*Busche*, BGB[14], § 398 Rn 72 ff, 75; Erman/*H.P. Westermann*, BGB[11], § 398 Rn 12.
70 BGHZ 30, 149; BGH NJW 1969, 318; NJW 1998, 2047; NJW 1999, 940.

beinträchtigen. Wäre die vorher vereinbarte Globalzession voll wirksam, ginge die spätere Vereinbarung eines verlängerten Eigentumsvorbehalts, die eben auch eine Vorausabtretung beinhaltet, ins Leere, da der Zedent über die betroffenen Forderungen (aus der geplanten Weiterveräußerung der erworbenen Ware) gar nicht mehr verfügungsbefugt ist. Somit tritt das Problem der **Kollision** von verlängertem Eigentumsvorbehalt als einer wichtigen Form der Sicherung eines **Lieferantenkredits** und der globalen Vorausabtretung von Kundenforderungen als einer Form der Sicherung eines **Geldkredits** auf; es muss entschieden werden, welche Abtretung den Vorrang hat. Die Frage hat erhebliche praktische Bedeutung, die bis in die wirtschaftspolitische Betrachtung des Fragenkreises hineinreicht, weil die Unternehmen (wie der Fabrikant F im **Fall 39**) meist auf Lieferanten- wie Geldkredit angewiesen sind und in der Insolvenz des Zedenten/Sicherungsgebers immer wieder die Interessen der verschiedenen Sicherungsnehmer aufeinander stoßen. Hier sei auf diese Problematik bloß hingewiesen, da sie in einem anderen Band der Schwerpunkte-Reihe ausführlich behandelt wird[71].

## IV. Klausurgliederung Fall 39

17/33 **I. Anspruch der B-Bank gegen E**

1. Die Bank kann nur aus abgetretenem Recht gegen K vorgehen. Die Forderung könnte sie durch Abtretung von F erworben haben. Diese Abtretung müsste auch gegenüber dem Insolvenzverwalter des F wirken.

2. Der Gegenstand der Abtretung ist genügend bestimmt, die Forderung gegen F (Kunde aus dem Bezirk Düsseldorf) ist davon erfasst. Bedenken gegen die Abtretung ergeben sich auch nicht aus dem Umstand, dass E möglicherweise keine Mitteilung von der Zession erhalten hat, denn einer solchen Mitteilung an den Schuldner bedarf es nicht.

3. Auch eine Nichtigkeit der Zession wegen Sittenverstoßes ist nicht anzunehmen.

a) Das Fehlen einer Freigabeklausel schadet nicht.

b) Es liegen keine Anhaltspunkte dafür vor, dass F durch den Verlust der Forderungen aus Lieferungen lediglich in den Raum Köln-Düsseldorf in seiner wirtschaftlichen Bewegungsfreiheit anstößig beschränkt wurde.

4. Hat E tatsächlich (noch) ohne Kenntnis von der Abtretung an F gezahlt, wurde er von seiner Schuld frei, was auch gegenüber der B-Bank wirkt (§ 407 Abs. 1). Gegenteiliges, nämlich Kenntnis des E von der Abtretung, müsste die B-Bank beweisen.

**II. Anspruch der B-Bank gegen Z**

1. Hinsichtlich der Gültigkeit der Abtretung und des Forderungserwerbs der Bank gilt das unter I. Gesagte.

2. Z kann aber mit einer ihm gegenüber F zustehenden Forderung auch der Bank gegenüber aufrechnen, wenn er seine Forderung vor Kenntnis von der Abtretung erworben hat (§ 406; (näher dazu Rn 19/32 f).

---

71 Zu den Lösungsmöglichkeiten BGB-Sachenrecht, Rn 177 ff.

### III. Anspruch der B-Bank gegen K

1. Der Erwerb der gegen K bestehenden Forderungen durch B könnte an dem einem Abtretungsausschluss gleichwertigen Zustimmungserfordernis scheitern, das in den AGB von K enthalten ist (§ 399 Fall 2).

2. Da aber F und K Kaufleute iS des HGB sind, greift § 354 a HGB[72] ein, wonach die Vereinbarung eine Abtretung nicht hindert.

3. K könnte aber trotz Kenntnis von der Abtretung an den Insolvenzverwalter des Zedenten F zahlen. Geschieht dies, geht B's Anspruch gegen K wegen befreiender Zahlung an den Insolvenzverwalter, der die rechtliche Stelle des Altgläubigers einnimmt, unter (§ 354 a S. 2 HGB).

# § 18 Schuldnerwechsel und Schuldnermehrheit

**Fall 40:** Dr K will sich als Zahnarzt niederlassen. Dr V, der als Schularzt ins Beamtenverhältnis übernommen werden möchte, bietet ihm die Einrichtung seiner Praxis zum Kauf an und sorgt dafür, dass K auch in den Mietvertrag über die Praxisräume eintreten kann. Ferner vereinbaren K und V, dass K die Bankverbindungen des V weiterführen und insbesondere auch verpflichtet sein soll, einen von V bei der Bank B aufgenommenen Bankkredit zurückzuzahlen. Die Übernahme der Praxis geht zunächst reibungslos vonstatten. Als V allerdings B von der Übernahme der Verpflichtungen verständigt, erklärt diese, sie könne V nicht aus der Haftung entlassen.

Welche Verpflichtungen hat K? Kann er geltend machen, er habe den Kaufvertrag mit V wegen Täuschung über den Wert der zur Praxis gehörenden medizinischen Geräte angefochten?

**Fall 41:** Der Juwelier J hat sein Schaufenster, in dem er vor Weihnachten einige besonders wertvolle Stücke ausgelegt hatte, durch eine Alarmanlage der A-GmbH sichern lassen. Dennoch ist in einer Nacht Schmuck im Wert etwa von 150 000 € gestohlen worden, ohne dass die Alarmanlage funktionierte. Als Täter werden nach einiger Zeit D und G ermittelt, die die Beute versilbert und den Erlös fast ganz ausgegeben haben. J verlangt Ersatz von seiner Versicherung V, die ihn an A verweist und außerdem geltend macht, es sei unverantwortlich, Schmuck in diesem Wert nachts im Schaufenster liegen zu lassen. Wie ist die Rechtslage?
**Lösung Rn 18/52**

**Fall 42:** Der Langzeitstudent G, der zurzeit in Rostock studiert, will zu Weihnachten in seine Heimatstadt Wien reisen. Da er aber im Moment nicht über das nötige Kleingeld für ein Bahnticket verfügt, beschließt er zu trampen. Nach einigen Stunden erfolglosen Wartens erklärt sich schließlich L, der mit seinem LKW gerade nach St Pölten unterwegs ist, dazu bereit, G bis dorthin mitzunehmen. Allerdings stellt er eine Bedingung: G müsse schriftlich einwilligen, im Falle eines Unfalls keinerlei Forderungen an L zu stellen. G erklärt sich ohne langes Zögern dazu bereit und unterschreibt eine Erklärung dieses Inhalts. Als der – bereits in Rostock leicht übermüdete – L bei einem Autohof von der Autobahn abfährt um aufzutanken, übersieht er den mit überhöhter Geschwindigkeit von rechts herankommenden S und kollidiert mit dessen Wagen. G prallt bei dem Unfall gegen das Armaturenbrett und verletzt sich das Nasenbein. Da

---

72 Diese Norm ist auch bei vertraglich vereinbarter Bindung der Abtretung an die Zustimmung des Schuldners anwendbar: BGH WM 2005, 429.

er zu allem Unglück wegen überlanger Studiendauer nicht sozialversichert ist, nimmt er S auf Zahlung von Schadenersatz (Heilungskosten und Schmerzensgeld) in der Höhe von 500 € in Anspruch. Nach Rücksprache mit seiner Haftpflichtversicherung entschließt sich S, den Ersatz aus eigener Tasche zu leisten, um Prämiennachteile zu vermeiden. Nach Zahlung will er die Hälfte davon von L ersetzt haben, da dieser am Unfall mitschuldig gewesen sei. L beruft sich jedoch auf den mit G vereinbarten Haftungsausschluss. Rechte von S gegen L[1]?

## I. Vorbemerkung

18/1 Die Fälle machen verschiedene Aspekte eines im Rechtsleben verbreiteten Problems deutlich, nämlich der – möglichen – **Schuldnermehrheit**. Diese kann durch Vereinbarung oder allein auf Grund des Gesetzes entstehen. Nicht selten ist aber vorweg zu klären, ob und inwieweit wirklich mehrere für ein und dieselbe Schuld in Anspruch genommen werden können. Möglicherweise schuldet von vornherein nur einer oder hat der zweite den ersten Schuldner abgelöst **(Schuldnerwechsel)**. Wird die Mehrheit bejaht, ist in einem zweiten Schritt zu fragen, ob und inwieweit der zahlende Mitschuldner die Übrigen in **Regress** nehmen kann.

Im **Fall 40** wäre an eine vertraglich begründete Schuldnermehrheit zu denken. Allerdings ist es wegen der ablehnenden Reaktion der B-Bank nicht sicher, ob K dennoch gegenüber B zur Kreditrückzahlung verpflichtet sein soll: Geplant war ja offenbar, dass K als Schuldner an die Stelle von V tritt. Im **Fall 41** haben D und G gemeinsam eine unerlaubte Handlung begangen; daher muss jeder für den ganzen Schaden aufkommen (§ 830). Die Ersatzpflicht der Versicherung hat ihre Grundlage im Versicherungsvertrag. Ein wieder anders gearteter vertraglicher Anspruch könnte gegen A bestehen. Da J seinen Schaden im Ergebnis nur einmal ersetzt bekommen darf, fragt sich, an welchen der verschiedenen möglichen Schuldner er sich halten und ob der in Anspruch Genommene von den anderen einen Ausgleich verlangen kann.

## II. Schuldübernahme[2]

### 1. Begriff

18/2 Tritt ein neuer Schuldner **an die Stelle** des alten, liegt eine **Schuldübernahme** vor (§§ 414 f); dies im Gegensatz zum Schuld**beitritt** (Schuld*mit*übernahme; dazu Rn 18/11 ff) oder zur – schon ursprünglichen – **Mit**schuld. Diese Terminologie ist anderen Begriffsbildungen vorzuziehen; so der Unterscheidung von befreiender („privativer") und kumulativer Schuldübernahme. Der vollständige Schuldnerwechsel stellt in gewisser Weise das Gegenstück zur Abtretung dar. Im Regelfall erfolgt die Übernahme durch Rechtsgeschäft. Häufig ist das Geschäft mit einer Rechtsnachfolge in eine Forderung oder in eine vollständige Vertragsposition gekoppelt.

---

1 Dieser Fall ist BGHZ 12, 213 nachgebildet.
2 Dazu etwa *Nörr/Scheyhing/Pöggeler*, Sukzessionen[2], 222 ff; *Redick*, Haftungsbegründung und Schuldbefreiung bei §§ 415, 416 BGB (1991).

Im **Fall 40** möchte K, wenn er in den Mietvertrag „eintritt", das Recht auf Gebrauchsüberlassung (§ 535) erwerben und ist dann auch bereit, die Pflicht zur Mietzahlung zu übernehmen[3]. An eine reine Schuldübernahme denken K und V dagegen im Hinblick auf die Pflicht zur Rückzahlung des Darlehens. Hier taucht aber angesichts des Protests der Bank die Frage auf, ob die Schuldübernahme der Mitwirkung des Gläubigers bedarf.

In der **Terminologie** des Gesetzes ist der bisherige bzw Alt-Schuldner schlicht der „Schuldner"; der Übernahmewillige bzw Neuschuldner wird als „Dritter" bezeichnet.

### 2. Voraussetzungen

Bei den **Voraussetzungen der Schuldübernahme** hält sich das Gesetz streng an den Grundsatz der Unwirksamkeit von Verträgen zulasten Dritter. Dem Gläubiger kann also gegen seinen Willen kein anderer – möglicherweise weniger solventer und/oder zuverlässiger – Schuldner „untergeschoben" werden (§ 415 Abs. 1). Zugleich bleiben aber auch die Interessen des die Verbindlichkeit übernehmenden Neuschuldners gewahrt (§ 415 Abs. 2). 18/3

Die Schuldübernahme ist in **zwei Arten** denkbar: Vertrag zwischen Gläubiger und Neuschuldner (§ 414) und Vertrag zwischen Schuldner und Übernehmer. Im zweiten, praktisch bedeutsameren Fall bedarf es einer zusätzlichen **Genehmigung** durch den Gläubiger (§ 415)[4]. Eine Form ist grundsätzlich nicht vorgeschrieben[5]. An die Annahme einer konkludenten Zustimmung sind nach der Rechtsprechung aber strenge Anforderungen zu stellen[6]. Die Genehmigung steht im Belieben des Gläubigers, der sich überlegen wird, ob der Schuldnerwechsel für ihn günstig ist, ob er durch seine Weigerung erreichen kann, dass der Dritte sich zum Schuldbeitritt entschließt, oder ob bei einer Weigerung Gefahr besteht, dass der Übernehmer „abspringt". Gemäß § 415 Abs. 2 S. 2 kann die Entscheidung des Gläubigers jedoch durch Setzen einer Frist zur Erklärung über die Genehmigung beschleunigt werden. 18/4

In § 414 ist von einem Mitwirkungserfordernis des (Alt-)Schuldners bei der vom Gläubiger mit dem Neuschuldner vereinbarten Schuldübernahme keine Rede. Hier könnte man ein Zurückweisungsrecht des (Alt-)Schuldners analog § 333 (dazu schon Rn 15/1) mit dem Argument befürworten, dieser müsse sich die durch das Geschäft 18/5

---

3 Das Gesetz regelt Abtretung und Schuldübernahme nur in Bezug auf einzelne Forderungen. Die darüber hinausgehende Übernahme der Stellung als Vertragspartei kommt aber ebenfalls in Betracht, vor allem bei vertraglichen Dauerschuldverhältnissen. Hier spricht man von Vertragsübernahme. Gesetzliche Beispiele bieten etwa die §§ 566 und 613a. Vgl allgemein zum Ganzen BGHZ 95, 88, 94; *Pieper*, Vertragsübernahme und Vertragsbeitritt (1963); *Wagner* JuS 1997, 690. Speziell zum Mietrecht *Derleder/Bartels* JZ 1997, 981; zum Arbeitsrecht EuGH ZIP 1994, 1036 („Christel Schmidt"); *Lutter* ZIP 1994, 1514; *Louven* JuS 1995, 677; zu den §§ 491–504 (vormals: VerbrKrG) BGHZ 129, 375; *Ulmer/Masuch* JZ 1997, 654.
4 Zulässig ist auch die vorausgehende Einwilligung (§ 183) des Gläubigers (BGH NJW-RR 1996, 193, 194); dann bedarf es natürlich auch keiner gesonderten Mitteilung an ihn.
5 Unterliegt die Begründung der Verpflichtung allerdings einer Formvorschrift, so ist diese auch bei Übernahme der Verpflichtung zu beachten: BGH NJW 1996, 2503, 2504.
6 BGH NJW 1983, 678.

für ihn eintretende Schuldbefreiung nicht aufdrängen lassen[7]. Damit wäre sichergestellt, dass die befreiende Schuldübernahme stets im Einverständnis der drei Beteiligten erfolgt. Wie sich aus einem Vergleich von § 414 mit § 415 ergibt, ist Derartiges den Gesetzesverfassern vermutlich nicht vorgeschwebt. Daher wird von manchen ein solches Zurückweisungsrecht abgelehnt[8]. Die fehlende Erwähnung in § 414 wiegt allerdings schon deshalb nicht so schwer, weil die Gläubigerzustimmung natürlich von ganz anderem Kaliber ist und der befreite Schuldner regelmäßig sehr einverstanden sein wird. Ein automatischer Umkehrschluss – bei § 414 schadet auch kein Altschuldnerwiderspruch – ist daher nicht gerechtfertigt; das Problem könnte auch übersehen worden sein. Was schließlich den Hinweis auf § 267 Abs. 1 S. 2[9] anbelangt, der eine Drittzahlung ausdrücklich auch ohne Einwilligung des Drittzahlers zulässt, so ist darauf hinzuweisen, dass diese Lösung dort durch massive Gläubigerinteressen gerechtfertigt ist und der Schuldner überdies regelmäßig gerade nicht befreit wird, da der Drittzahler gegen ihn Rückgriff nehmen kann (zB nach dem Recht der Geschäftsführung ohne Auftrag oder nach Bereicherungsrecht)[10]. Zu einem vergleichbaren Ergebnis könnte man wohl auch über eine analoge Anwendung der Vorschriften über die Gläubigergenehmigung bei reinem Schuldnervertrag (§ 415 Abs. 2) gelangen, was die Gesetzesverfasser aber offensichtlich nicht beabsichtigt hatten.

18/6 Der praktische Anwendungsbereich des Schuldnerwechsels ist begrenzt, weil der Gläubiger damit oft nicht einverstanden sein wird und auch nur selten Anlass besteht, die Verbindlichkeiten eines anderen zu übernehmen. In **AGB**, die einen Kauf-, Dienst- oder Werklieferungsvertrag betreffen, kann sich der Verwender grundsätzlich nicht die Möglichkeit ausbedingen, ohne Zustimmung des Kunden seine Verpflichtung auf andere zu übertragen (es sei denn, der Dritte wird namentlich bezeichnet oder dem anderen Vertragsteil wird für diesen Fall ein vertragliches Rücktrittsrecht eingeräumt; § 309 Nr 10). Eine befreiende Schuldübernahme kommt vor, wenn – wie in **Fall 40** – ein Geschäftsbetrieb oder die Praxis eines freiberuflich Tätigen mit Aktiven und Passiven übergehen soll[11]. Ein anderes Beispiel, dessen rechtliche Problematik indessen hauptsächlich im Hypothekenrecht liegt, ist die Übernahme einer hypothekarisch gesicherten Verpflichtung beim Erwerb eines Grundstücks (hier fingiert § 416 eine Genehmigung, wenn sie der Gläubiger nicht innerhalb von 6 Monaten nach Mitteilung durch den Veräußerer diesem gegenüber verweigert). Schließlich tritt gemäß § 566 Abs. 1 der Erwerber eines Grundstücks an Stelle des Veräußerers in ein bestehendes Mietverhältnis ein. Dies ist ein seltener Fall gesetzlich angeordneter **Vertragsübernahme:** Der Erwerber wird Vermieter. Die Übernahme ist allerdings keine vollständige: Abs. 2 dieser Vorschrift lässt eine Einstandspflicht des Veräußerers für Verletzungen des Mietvertrages in der Form einer selbstschuldnerischen Bürgenhaftung fortbestehen. Diese Haftung endet allerdings dann, wenn der Vermieter dem Mieter Mitteilung von der Veräußerung gemacht hat und der Mieter den Vertrag nicht zum nächstmöglichen Termin kündigt.

---

7 Vgl *Hirsch* JZ 1960, 292; *Esser/E. Schmidt*, SR I/2[8], 318.
8 *Dörner*, Dynamische Relativität (1985), 131; MünchKomm/*Möschel*, BGB[5], § 414 Rn 6; *Nörr/Scheyhing/Pöggeler*, Sukzessionen[2], 239; *Medicus*, SR AT[17], Rn 61, 743.
9 *Medicus*, SR AT[17], Rn 61.
10 Siehe nur Jauernig/*Vollkommer*, BGB[11], § 267 Rn 11.
11 Für die Übertragung eines „Handelsgeschäfts" schafft § 25 HGB eine Sonderregelung (dazu kurz Rn 18/18).

## 3. Rechtsfolgen

Durch eine nach § 414 oder § 415 wirksame Schuldübernahme tritt der neue in die Stellung des bisherigen Schuldners ein. Der alte scheidet hingegen aus seiner Position als Schuldner vollständig aus[12]. Es handelt sich um einen Fall der **Rechtsnachfolge**[13]. Sie beruht regelmäßig auf dem zwischen den Parteien des Übernahmevertrages bestehenden Rechtsverhältnis: Im Falle des § 415 verpflichtet sich der Übernehmer etwa deshalb dem Altschuldner gegenüber, ihn von seiner Schuld zu befreien, weil der übernommene Betrag auf seine eigenen Verpflichtungen gegenüber dem Altschuldner angerechnet wird.

18/7

> So wäre im **Fall 40** der Kaufpreis entsprechend höher festgesetzt worden, wenn K die Verpflichtung zur Rückzahlung des Darlehens nicht übernommen hätte.

Diese Verknüpfung ist aber eine rein wirtschaftliche. Rechtlich gesehen ist die Schuldübernahme selbst vom Grundverhältnis getrennt (**Abstraktionsprinzip**)[14]. Deswegen kann der Übernehmer dem Gläubiger Einwände aus dem Grundverhältnis zum Altschuldner nicht entgegenhalten (§ 417 Abs. 2)[15]. Der Übernehmer kann sich dem Gläubiger (im **Fall 40** der Bank) gegenüber also nicht darauf berufen, er sei auf Grund seines Verhältnisses zum Altschuldner zur Übernahme der Verbindlichkeit gar nicht verpflichtet gewesen. Das muss er allein mit dem Altschuldner ausmachen. Dabei ist die rechtsgrundlose Befreiung von einer Verbindlichkeit selbstverständlich ein Fall ungerechtfertigter Bereicherung. Andererseits folgt aus der Konstruktion als Rechtsnachfolge die Befugnis des Übernehmers, dem Gläubiger alle diejenigen **Einwendungen** entgegenzuhalten, die auch dem Altschuldner zustanden (§ 417 Abs. 1), im **Fall 40** also etwa die Einrede einer Stundung der Darlehenssumme. Mit einer Forderung des Altschuldners gegen den Gläubiger kann er allerdings nicht aufrechnen (§ 417 Abs. 1 S. 2), da ihm die Forderungszuständigkeit fehlt (zum Gegenseitigkeitsprinzip Rn 19/25). Auf **Mängel der Schuldübernahme** selbst kann sich der als Übernehmer Belangte hingegen immer berufen: Ist die Schuldübernahme unwirksam, so wurde er eben gar nicht Schuldner. Ferner kann er alle Einwendungen aus eigenem Recht gegen den Gläubiger erheben, zB mit einer eigenen Forderung aufrechnen oder sich auf einen ihm selbst gewährten Teilerlass stützen.

18/8

---

12 Vgl dazu nur BGH IBR 2003, 1070: Zahlung des ehemaligen Schuldners wirkt grundsätzlich nicht schuldbefreiend.
13 Allerdings nicht im „technischen" Sinn der §§ 265, 325, 727 ZPO: BGHZ 61, 140, 141; MünchKomm/*Möschel*, BGB⁵, vor § 414 Rn 6.
14 Vgl aber BGHZ 31, 321, 323, wonach Schuldübernahme gemäß § 415 mit dem Vertrag zwischen Alt- und Neuschuldner eine wirtschaftliche Einheit im Sinn des § 139 bilden können soll. Ablehnend *Larenz*, SR I¹⁴, 608; MünchKomm/*Möschel*, BGB⁵, vor § 414 Rn 5; Palandt/*Grüneberg*, BGB⁶⁵, § 415 Rn 2.
15 Aus der Schuldübernahme soll sich aber nach der Rechtsprechung die Nebenpflicht des Gläubigers ergeben können, das Innenverhältnis zwischen Alt- und Neuschuldner zu berücksichtigen: BGH NJW-RR 1990, 812.

Praktisch wichtig ist die Frage, ob der Übernehmer, der durch eine arglistige Täuschung seitens des Altschuldners zu den mit diesem getroffenen Vereinbarungen veranlasst wurde, auch die eigentliche Schuldübernahme anfechten kann (so ein Einwand des K in **Fall 40**). Wenn nur der Altschuldner Empfänger der Übernahmeerklärung ist, macht eine Täuschung durch ihn die Erklärung anfechtbar. Der Gläubiger kann sich dann nicht darauf berufen, er brauche sich die vom Schuldner als von einem Dritten verübte Täuschung gemäß § 123 Abs. 2 mangels Kenntnis hiervon nicht entgegenhalten zu lassen. Anders wäre dann insoweit die vom Übernehmer direkt mit dem Gläubiger getroffene Abmachung zu beurteilen. Ein so erheblicher Unterschied zwischen den wirtschaftlich gleichwertigen Formen der Schuldübernahme leuchtet aber nicht ein: Deshalb sollte man in jedem Fall – analog § 123 Abs. 2 S. 2[16] – darauf abstellen, ob der Gläubiger die Täuschung kannte bzw kennen musste oder nicht[17].

### 4. Schicksal von Sicherheiten

18/9 § 418 regelt das **Schicksal von Sicherheiten**, die von Dritten für die übernommene Schuld bestellt wurden: Willigt der Sicherungsgeber nicht in den Fortbestand der Sicherheit ein, so erlöschen Bürgschaften und Pfandrechte; für Hypotheken fingiert das Gesetz einen Verzicht des Gläubigers (Rechtsfolge: Erwerb durch den Eigentümer, § 1168)[18]. Damit werden die Interessen des Sicherungsgebers hinreichend gewahrt, da ihm – ebenso wenig wie dem Gläubiger – ein zahlungsschwächerer Hauptschuldner „untergeschoben" werden kann. Das hat sowohl für die Frage der Zahlungswahrscheinlichkeit durch den Hauptschuldner selbst (Primärinteresse des Sicherungsgebers!) als auch für den Fall der Nichtzahlung im Regress große Bedeutung.

### 5. Genehmigungsverweigerung

18/10 Nicht selten wird der Gläubiger etwas gegen die Schuldübernahme einzuwenden haben, da er seinen bisherigen, ihm uU gut bekannten, Schuldner nicht verlieren will. Es kommt zur **Verweigerung der Genehmigung**. Dann treten keine Rechtswirkungen gegenüber dem Gläubiger ein (§ 415 Abs. 2 S. 1), ohne dass jedoch die Abrede zwischen Schuldner und Übernehmer ganz ohne Folgen bliebe. Vielmehr ist der Übernehmer „im Zweifel" – dh mit der Möglichkeit anderer Auslegung – verpflichtet, den Gläubiger zu befriedigen (§ 415 Abs. 3 S. 1). Er muss also zumindest den Versuch machen, als Dritter gemäß § 267 die Schuld zu tilgen. Der Gläubiger erwirbt hieraus aber keine eigenen Forderungsrechte gegen den „Übernehmer"; vielmehr handelt es sich um eine reine **Erfüllungsübernahme** iS des § 329 und nicht um einen echten Vertrag zugunsten Dritter nach § 328 (dazu Rn 15/4).

---

16 Dazu ausführlich *Heckelmann*, Die Anfechtbarkeit von Schuldübernahmen (1966), 90, 101 ff.
17 In diesem Sinn ein Teil des Schrifttums: *Brox* JZ 1960, 370; *Heckelmann* NJW 1966, 1925; *Rimmelspacher* JR 1969, 201; *Fikentscher/Heinemann*, SR[10], Rn 755; *Esser/E. Schmidt*, SR I/2[8], 320; Staudinger/*Rieble*, BGB[14], § 417 Rn 8. Anders BGHZ 31, 321, 327; *Larenz*, SR I[14], 607; MünchKomm/*Möschel*, BGB[5], § 417 Rn 17; *Nörr/Scheyhing/Pöggeler*, Sukzessionen[2], 209; Palandt/*Grüneberg*, BGB[65], § 417 Rn 3.
18 Umstritten ist, ob § 418 auch – analog – auf gesetzliche Sicherheiten angewendet werden kann; bejahend MünchKomm/*Möschel*, BGB[5], § 418 Rn 2; *Medicus*, SR AT[17], Rn 749; verneinend *Nörr/Scheyhing/Pöggeler*, Sukzessionen[2], 249.

In **Fall 40** stellt sich dies wie folgt dar. Dass die Bank erklärt hatte, sie wolle V nicht aus der Haftung entlassen, muss als Verweigerung der Genehmigung gewertet werden. Die Bank muss sich also an V halten und hat gegen K keinerlei Ansprüche. (Deswegen wird sie häufig darauf hinwirken, dass K der Schuld *beitritt*; dazu sofort Rn 18/11 ff) Dagegen kann V von K verlangen, dass er entsprechend den getroffenen Abreden an die Bank leistet, die eingehende Zahlungen kaum zurückweisen wird; schon deshalb nicht, weil ihr e contrario § 267 Abs. 2 in solchen Fällen (Schuldner ist mit Drittzahlung einverstanden) kein Ablehnungsrecht zusteht. Da diese Verpflichtung des K aber nur „im Zweifel" besteht, kann K gegebenenfalls geltend machen, die Erfüllungsübernahme sei nicht vereinbart gewesen, etwa weil für den Fall des Ausbleibens der Genehmigung eine besondere Vergütung für V vorgesehen gewesen sei. Insoweit ist also eine Auslegung des Grundgeschäfts zwischen K und V maßgebend.

## III. Schuldbeitritt

### 1. Begriff

Der **Schuldbeitritt kraft entsprechender Vereinbarung**[19] ist im Gesetz nicht besonders vorgesehen. Er ist als privatautonomer Akt (§ 311 Abs. 1) gültig und muss in Anlehnung an die Regeln über die (befreiende) Schuldübernahme behandelt werden. Der Beitritt verschafft dem Gläubiger in der Person eines **zusätzlichen** Schuldners eine Sicherheit für die Einbringung seiner Forderung[20] und steht deshalb wirtschaftlich häufig in der Nähe anderer Personalsicherheiten wie der Bürgschaft. Grundsätzliche Bedenken gegen die Wirksamkeit einer solchen Vereinbarung bestehen nicht. Dies zeigt vor allem ein Vergleich zum Garantievertrag, der im Grundsatz ganz auf Akzessorietät verzichtet[21].

18/11

Ein Schuldbeitritt kann aus unterschiedlichen Gründen erfolgen[22]. Überragende Bedeutung hat heutzutage der *Sicherungszweck*: Der Beitritt eines Dritten soll dem Gläubiger – ähnlich einer Bürgschaft – zusätzliche Sicherheit verschaffen. Dieser **Sicherungs-Schuldbeitritt** steht im Vordergrund der folgenden Erwägungen. Daneben findet sich manchmal auch der **„Übernahme"-Schuldbeitritt**, wie er etwa bei Unternehmensveräußerungen vorkommt. Der Erwerber soll auch die Schulden des Veräußerers übernehmen. Stimmt der Gläubiger einer befreienden Schuldübernahme aber nicht zu, wird im Innenverhältnis nicht selten ein mit einer *Erfüllungsübernahme* kombinierter Schuldbeitritt vereinbart. In der zweiten Fallgruppe soll also der Beitrittsschuldner zahlen und mit der damit verbundenen Vermögenseinbuße endgültig belastet sein, während in den Sicherungsfällen die Zahlung des Beigetretenen einen Rückgriffsanspruch gegen den Erstschuldner auslöst.

18/12

---

19 Grundlegend immer noch *Reichel*, Schuldmitübernahme (1909); aus neuerer Zeit *Kittlitz*, Der vertragliche Schuldbeitritt (1994); *Madaus*, Der Schuldbeitritt als Personalsicherheit (2001); *Schürnbrand*, Der Schuldbeitritt zwischen Gesamtschuld und Akzessorietät (2003); *Edenfeld* JZ 1997, 1034; *Kohte* JZ 1990, 997.
20 Der Schuldbeitritt kann sich auch auf künftige Forderungen beziehen; diese müssen jedoch hinreichend bestimmt sein: BGH NJW 1996, 2865, 2866; NJW 1997, 452, 453.
21 Statt aller Staudinger/*Horn*, BGB[13], vor §§ 765 ff Rn 202; *Bülow*, Recht der Kreditsicherheiten[6], Rn 1552.
22 Dazu etwa *Madaus*, Schuldbeitritt, 12 ff.

## 2. Abgrenzung

**18/13** Die **Abgrenzung von anderen Verpflichtungen**, namentlich von der Bürgschaft[23], ist vor allem deshalb praktisch bedeutsam, weil die Rechtsprechung trotz heftiger Kritik der neueren Lehre[24] die analoge Anwendung des § 766 (Schriftformgebot) auf den Schuldbeitritt[25] generell ablehnt; also auch auf den nur zu Sicherungszwecken erklärten[26]. Zum Zweiten ist für den Schuldbeitritt die Akzessorietät – oder wie man diese zwingende Verbindung auch nennen will[27] – bloß auf den Begründungszeitpunkt zu beziehen; spätere Änderungen der Erstschuld („Urschuld") wirken sich für den Beigetretenen hingegen weder positiv noch negativ aus. Wollten die Parteien hingegen volle akzessorische Verknüpfung der Haftung mit der gesicherten Schuld, haben sie eine – falsch bezeichnete – **Bürgschaft** vereinbart. Nicht immer einfach ist schließlich auch die Unterscheidung zwischen bloßem Schuldbeitritt und Beteiligung als **Mitvertragspartner**[28]; so etwa beim Darlehensvertrag: Entscheidend ist, ob der Betreffende nach dem Willen aller Beteiligten bloß (zusätzlicher) Schuldner oder zugleich Mitgläubiger sein sollte.

Andere **Formvorschriften** (beispielsweise § 311b Abs. 1) wendet die Rechtsprechung durchaus auf den Schuldbeitritt an, wenn schon die ursprüngliche Verpflichtung, der beigetreten werden soll, formbedürftig ist (BGH NJW 1991, 3098). Die Einhaltung einer Form soll jedoch dann nicht erforderlich sein, wenn die einschlägige Formvorschrift lediglich Beweiszwecken dient (BGHZ 121, 1 zu § 781 BGB). Nach der höchstrichterlichen Rechtsprechung soll der Schuldbeitritt eines Verbrauchers auch der Formvorschrift der §§ 492, 502 Abs. 1 unterliegen (BGH NJW 1996, 2156), und zwar – im Unterschied zu anderen Formvorschriften – sogar dann, wenn die Begründung der gesicherten Schuld formlos möglich war (BGH NJW 1997, 414). Der Anwendung der verbraucherrechtlichen Schutzbestimmungen der §§ 491–504 auf Kreditsicherheiten (vormals: VerbrKrG) steht jedoch der eindeutige Wille des Gesetzgebers entgegen[29]. Die Problematik (wie schützt man den Verbraucher vor Übereilung?) ließe sich – methodisch überzeugender – durch einen Analogieschluss zu § 766 wesentlich entschärfen.

**18/14** Ob ein Schuldbeitritt oder eine andere, ähnliche Pflichtenübernahme (wie insbesondere eine selbstschuldnerische Bürgschaft) vorliegt, ist durch **Auslegung** zu ermitteln.

---

23 Vgl dazu *K. Schmidt* JuS 1986, 311; *Coester* JuS 1994, 370; *Madaus*, Schuldbeitritt, 84 ff; *Schürnbrand*, Schuldbeitritt, 166 ff. Zur Garantie bereits kurz Rn 18/11 aE.
24 *Bydlinski* WM 1992, 1301, 1303; *Dehn* WM 1993, 2118; *Baumann* ZBB 1993, 171; *Rüßmann* FS Heinrichs (1998), 484 f; *Madaus*, Schuldbeitritt, 261 f; *Schürnbrand*, Schuldbeitritt, 57 ff: jeweils zum zwecks Kreditsicherung erklärten Schuldbeitritt.
25 Vergleichbar ist der Diskussionsstand bei der zu Sicherungszwecken übernommenen *Garantie*. Für Formfreiheit BGH WM 1964, 62. In der neueren Lehre wird immer wieder für eine analoge Anwendung des § 766 plädiert: *Koziol*, Der Garantievertrag (1981), 39 f; *Bydlinski*, Bürgschaft, 45; *Larenz/Canaris*, SR II/2[13], 77 (mwN in Fn 29); *Rimmelspacher*, Kreditsicherungsrecht[2], Rn 95 ff. Dafür spricht nicht zuletzt ein Vergleich mit den §§ 780 f.
26 Ständige Rechtsprechung seit RGZ 29, 230, 233; BGH NJW 1993, 584; vgl ferner die Nachweise bei Staudinger/*Horn*, BGB[13], vor §§ 765 ff Rn 365 f.
27 Gegen die Verwendung des Begriffs *Pöggeler* JA 2001, 65, 70, demzufolge die Gleichrangigkeit von (Ur-)Schuld und Beitrittsschuld Akzessorietät im üblichen Sinn ausschließt.
28 Dazu etwa BGH NJW 2005, 973. Zum *Vertragsbeitritt* (Eintritt in einen bereits bestehenden Vertrag als Mitvertragspartner) siehe etwa BGH NJW 2005, 2620 (konkludenter Eintritt in Mietvertrag des Ehegatten).
29 Vgl Beschlussempfehlung und Bericht des Rechtsausschusses, BT-Drs. 11/8274, S. 23. Hierzu auch *Auer* ZBB 1999, 161, 165 ff; *Bülow* ZIP 1999, 1613.

Dabei ist zunächst vom Wortlaut der Vereinbarung auszugehen. Ist dieser unklar oder deuten wesentliche Indizien in eine andere Richtung, ist nach dem vermutlichen übereinstimmenden Willen der Beteiligten zu fragen. Ein Schuldbeitritt, bei dem der Beitretende die Schuld nicht nachrangig, sondern unmittelbar als eigene mit übernimmt, soll nach der Rechtsprechung dann vorliegen, wenn die Erklärung auf einen Willen zur Übernahme einer **selbstständigen Verpflichtung** – im Unterschied zu einer bloß an die Hauptschuld angelehnten Verpflichtung – schließen lässt[30]. Als wichtigstes Indiz dafür wird in der Regel ein eigenes wirtschaftliches oder rechtliches Interesse des Dritten, sich selbst zu verpflichten, angesehen[31]. Aber sehr häufig geht es auch bei der Bürgschaft darum, die Forderung aus eigenen Interessen zu sichern: Mit dem vom Ehemann oder Vater angestrebten Darlehen soll das gemeinsam bewohnte Haus renoviert, ein Familienauto angeschafft oder ein Unternehmen finanziert werden, von dessen Erträgen die Familie lebt. Der Hinweis auf ein eigenes Interesse des bisher Außenstehenden besagt also nicht viel; er wirft auch kaum lösbare Abgrenzungsfragen auf. Außerdem kann es auf Grund der Privatautonomie keinen Zweifel daran geben, dass die Parteien auch ohne wirtschaftliches Eigeninteresse des Dritten einen Schuldbeitritt oder trotz massiven wirtschaftlichen Eigeninteresses eine Bürgschaft vereinbaren können[32]. Schließlich sollte man nicht übersehen, dass es in der Praxis wohl meist der – wirtschaftlich überlegene – Gläubiger (in der Regel eine Bank) sein wird, der dem Dritten die Rechtsform für die Sicherung einer Schuld vorgibt und den Vertragstext nicht selten vorformuliert (vgl § 305c Abs. 2 und den dahinter stehenden Rechtsgedanken). Steht fest, dass es um Sicherung geht, wird man auch aus diesen Gründen in verbleibenden Zweifelsfällen wohl zu der vom Gesetz als „klassisch" angesehenen Art persönlicher Haftung für fremde Schuld, also zur Bürgschaft gelangen[33].

Angenommen, in **Fall 40** drohte der Praxiskauf daran zu scheitern, dass die Bank mit Vollstreckungsmaßnahmen gegen V vorgehen wollte. Sie wäre zu weiterem Warten nur bereit, wenn K sich verpflichtete, für die Verbindlichkeiten des V einzutreten. Ein solches Versprechen könnte, da es ersichtlich auf eine eigenständige Verpflichtung des K ankam, als Schuldbeitritt gedeutet werden.

### 3. Rechtliche Behandlung

Die **rechtliche Behandlung des Schuldbeitritts** im Einzelnen ist mangels klarer gesetzlicher Vorgaben schwierig. Da er deutlich anders strukturiert ist und mit ihm regelmäßig andere Zwecke verfolgt werden (Sicherung!), kommen Analogien zu den §§ 414 ff grundsätzlich nicht in Betracht. Primär einschlägig sind die **Gesamtschuldvorschriften** der §§ 421 ff.

18/15

---

30 BGH NJW 1986, 580; OLG Hamm NJW 1988, 3022.
31 RGZ 64, 318; 71, 118; BGH NJW 1981, 47; 1986, 580; *Larenz*, SR I[14], 612; MünchKomm/*Möschel*, BGB[5], vor § 414 Rn 21.
32 So auch *Coester* JuS 1994, 371.
33 Staudinger/*Horn*, BGB[13], vor §§ 765 ff Rn 368; *Bülow*, Recht der Kreditsicherheiten[6], Rn 1555; *Esser/Weyers*, SR II/1[8], 359.

Da das mit dem Genehmigungserfordernis in § 415 anerkannte Schutzbedürfnis des Gläubigers beim bloßen Hinzutreten eines Schuldners nicht besteht, kommen als Begründungstatbestände sowohl Abmachungen durch **„Gläubigervertrag"**, also zwischen Gläubiger und Beitrittschuldner, als auch durch – drittbegünstigenden – **„Schuldnervertrag"** (entsprechend den §§ 415, 328) in Betracht. Eine Mitteilung an den Gläubiger ist danach zur Begründung des Schuldbeitritts entgegen der Rechtslage bei der befreienden Schuldübernahme nicht erforderlich. Auch beim Schuldnervertrag fällt das Forderungsrecht dem Gläubiger bereits mit Abschluss dieser Vereinbarung zu; dieser kann es jedoch gemäß § 333 zurückweisen (vgl dazu Rn 15/1).

**18/16** Beim (häufigen) **Schuldbeitritt zu Sicherungszwecken** können manche Vorschriften und Wertungen des Bürgschaftsrechts fruchtbar gemacht werden. Man denke nur an die Obliegenheit des Gläubigers, die Stellung des Bürgen nicht durch die Aufgabe etwaiger sonstiger Sicherheiten zu verschlechtern. § 776 ordnet für diesen Fall an, dass der Bürge insoweit frei wird, als er (gemäß § 774) aus dem aufgegebenen Recht einen Ersatzanspruch erlangt hätte. Da bei dem einer Schuld interzessionshalber Beitretenden genau das gleiche – schützenswerte – Interesse gegeben ist, drängt sich eine analoge Anwendung dieser Norm förmlich auf[34]. Die Gleichbehandlung zeigt sich etwa bei der Wirksamkeitskontrolle von Haftungsübernahmen durch vermögensschwache Familienangehörige in der Rechtsprechung des BGH ebenfalls ganz deutlich[35]. Als *Grundsatz* könnte formuliert werden: Bürgschaftsnormen, die auf Subsidiarität und (dauerhafter) Akzessorietät aufbauen (und daher bürgschaftsspezifisch sind), kommen als Analogiebasis nicht in Betracht, andere sehr wohl[36].

### 4. Gesamtschuldverhältnis

**18/17** Durch den Schuldbeitritt entsteht zwischen dem Erstschuldner und dem Beitretenden ein **Gesamtschuldverhältnis** im Sinne der §§ 421 ff[37]. Das ist vor allem dann von Bedeutung, wenn der Beigetretene den Gläubiger befriedigt, also für Fragen des internen Ausgleichs zwischen den Schuldnern. Doch schon bei der Belangung eines Schuldners stellt sich die Frage, ob der Gläubiger volle oder nur teilweise Befriedigung verlangen kann; dazu näher Rn 18/38 ff und 49 ff.

### 5. Gesetzlicher Schuldbeitritt

**18/18** Neben der bisher behandelten Schuldmitübernahme durch gesondertes Rechtsgeschäft gibt es auch einen **gesetzlichen Schuldbeitritt**. Beispiel dafür ist die sich an den Erwerb eines Handelsgeschäfts schon von Gesetzes wegen knüpfende, nur in Grenzen disponible Erwerber-Mithaftung für die Schulden des Veräußerers nach § 25 HGB.

---

34 AA *Bülow*, Recht der Kreditsicherheiten[6], Rn 1598 f, der mit einem „Umweg" über § 242 jedoch zum selben Ergebnis gelangt.
35 Zu den Kriterien für eine Sittenwidrigkeitsprüfung vgl bloß aus jüngster Zeit zur Bürgschaft BGH NJW 2001, 2466; zum Schuldbeitritt BGH ZIP 2002, 123; NJW 2001, 815, jeweils mit zahlreichen Nachweisen.
36 Dazu insb. *Madaus*, Schuldbeitritt, 320 ff (zu den einzelnen Bürgschaftsnormen 322 ff).
37 So etwa *Bartels* JZ 2000, 608, 610, der von „Sicherungsgesamtschuld" spricht.

## IV. Schuldnermehrheit und Gesamtschuldnerausgleich[38]

### 1. Erscheinungsformen der Schuldnermehrheit

Bisher wurde erörtert, wie auf der Schuldnerseite eines Schuldverhältnisses ein Personenwechsel stattfinden oder eine Personenmehrheit[39] zusammen treffen kann. Die **Schuldnermehrheit** tritt in zumindest **vier Erscheinungsformen** auf: Einerseits ist denkbar, dass jeder Schuldner nur einen Teil der Leistung zu erbringen hat (**Teilschuld**; § 420). Der Gläubiger kann dann von jedem Schuldner auch nur den auf diesen entfallenden Teil der Leistung verlangen. Eine derartige Gestaltung ist von vornherein bloß bei im natürlichen Sinn teilbaren Leistungen möglich (zB bei Geld, nicht hingegen bei Einzelsachen). Praktisch bedeutsamer und häufiger – sowie für den Gläubiger günstiger – ist aber der andere Fall, dass der Anspruchsberechtigte bis zu seiner vollständigen Befriedigung nach seinem freien Belieben von dem einen oder dem anderen fordern kann (§ 421). Leistet einer der Schuldner, so werden insoweit auch die anderen von ihrer Verbindlichkeit befreit (§ 422 Abs. 1). Auf das Innenverhältnis zwischen den Schuldnern braucht der Gläubiger bei seinem Vorgehen keine Rücksicht zu nehmen[40]. Räumt ihm das Gesetz oder eine vertragliche Abrede eine solche „Paschastellung"[41] ein, so spricht man von einer **Gesamtschuld**. Die §§ 421 ff regeln das Verhältnis des Gläubigers zu den verschiedenen Gesamtschuldnern sowie die Beziehungen der Schuldner untereinander. Diese wichtige Form wird im Zentrum der folgenden Erörterung stehen.

18/19

> Kommt es etwa in **Fall 41** der Versicherung zugute, wenn J der A-GmbH versprochen hatte, sie nicht in Anspruch zu nehmen? Kann die Versicherung, wenn sie den Schaden reguliert hat, bei A oder bei D und G Rückgriff nehmen?

Schließlich kommt drittens die **zwingend gemeinschaftliche Schuld**[42] in Frage: Dabei kann die geschuldete Leistung nur von allen Schuldnern **gemeinsam** erbracht werden. Die vierte Form ist die **Gesamthandschuld** (zu diesen beiden Sonderformen Rn 18/25 ff).

---

38 Ausführlich *Selb*, Mehrheiten von Gläubigern und Schuldnern (1984); *Ehmann*, Die Gesamtschuld (1972); ferner *Preißer* JuS 1987, 208, 289, 628, 710, 797, 961; *Schreiber* Jura 1989, 353; *Wolf/Niederführ* JA 1985, 369; zum Ausgleich auch *Wendehorst* Jura 2004, 505, 507 (mit Beispielen).
39 Nicht behandelt werden die verschiedenen Formen einer *Gläubigermehrheit* (siehe etwa die §§ 428, 432); schon deshalb nicht, weil der gesetzlich bedeutsamste Fall der gemeinschaftlichen Berechtigung direkt mit der Gesamthandgemeinschaft und damit dem Gesellschaftsrecht zusammenhängt. Übersicht über die Probleme der Gläubigermehrheit bei *Medicus* JuS 1980, 697; *Rütten*, Mehrheit von Gläubigern (1989).
40 BGH NJW 1991, 1289.
41 Dieser plastische Ausdruck stammt von *Heck*, Grundriss des Schuldrechts (1929), 234.
42 Für diese Gruppe findet sich auch der Ausdruck „gemeinschaftliche Schuldnerschaft".

## 2. Teilbare Schulden

**18/20** Das Gesetz stellt für **teilbare** Schulden, also auch für die besonders wichtigen **Geldschulden**, in § 420 eine doppelte **Zweifelsregel** auf: Zum einen schuldet jeder nicht das Ganze, sondern nur einen Teil; zum Zweiten sind die Anteile aller Schuldner gleich groß. Die Vermutung bloßer Teilhaftung wird aber durch gegenteilige Einzelvorschriften weitgehend ausgehöhlt. So wird gerade für die gemeinsame **vertragliche** Schuldbegründung in § 427 eine gesonderte, gegenteilige Lösung von Zweifelsfällen erreicht. Als Gesamtschuldner haften auch die für ein und denselben Schaden deliktisch Verantwortlichen (§ 840).

## 3. Entstehung von Gesamtschuldverhältnissen

**18/21** Bezüglich der Entstehung von Gesamtschuldverhältnissen[43] lassen sich **zwei Gruppen** unterscheiden:

### a) Gesamtschuldverhältnisse kraft vertraglicher Vereinbarung

**18/22** Für die rechtsgeschäftliche Entstehung einer Gesamtschuld stellt die Auslegungsregel[44] des § 427 die zentrale Norm dar: Verpflichten sich mehrere Schuldner **durch Vertrag** gemeinschaftlich zu einer teilbaren Leistung, so sollen sie im Zweifel als Gesamtschuldner haften. Hierher gehören also die Fälle, in denen eine gesamtschuldnerische Haftung entweder vertraglich ausdrücklich vereinbart wird oder sich – allenfalls unter Zuhilfenahme des § 427 – durch Auslegung ermitteln lässt. Aus besonderen Umständen könnte sich aber auch ergeben, dass gerade keine Gesamtschuld gewollt war[45].

**Beispiele:** Die Ehegatten F und M schließen mit V einen Vertrag über die Miete eines Hauses und verpflichten sich gemeinschaftlich zur Zahlung des Mietzinses. A und B, die im selben Studentenwohnheim wohnen, steigen nach einer ausgedehnten Zechtour gemeinsam in ein Taxi. Gemäß § 427 ist der rechtsgeschäftliche Verpflichtungswille der jeweiligen Schuldner dahingehend auszulegen, dass ein Gesamtschuldverhältnis entstehen soll. Ein Beispiel für eine Auslegung des Parteiwillens in dem Sinn, dass gerade keine gesamtschuldnerische Haftung angestrebt war, ist die gemeinsame Beauftragung von Bauarbeiten an einem Haus durch mehrere Wohnungseigentümer: In diesem Fall haften die Werkbesteller lediglich im Verhältnis ihrer Miteigentumsanteile als Teilschuldner für die Zahlung des Werklohns[46].

### b) Gesamtschuldverhältnisse kraft gesetzlicher Anordnung

**18/23** In einer Reihe von Normen ordnet das *Gesetz* – teils ausdrücklich, teils der Sache nach – an, dass mehrere zu einer Leistung Verpflichtete als Gesamtschuldner haften sollen. Dabei kann sowohl der Abschluss bestimmter Rechtsgeschäfte als auch das Entstehen

---

43 Ausführlich etwa MünchKomm/*Bydlinski*, BGB⁵, § 421 Rn 17 ff.
44 AA *Ehmann*, Die Gesamtschuld, 200 (die „offene Regelung" des § 427 soll als Dispositivvorschrift, nicht als Auslegungsregel zu verstehen sein).
45 *Schreiber* Jura 1989, 353 f.
46 BGHZ 75, 27; 76, 86.

gesetzlicher Schuldverhältnisse zu einer gesamtschuldnerischen Haftung der jeweils Verpflichteten führen:

Zur ersten Fallgruppe gehören beispielsweise § 54 Abs. 2 (Haftung mehrerer, die für einen nicht rechtsfähigen Verein auftreten) § 613a Abs. 2 (Haftung bei rechtsgeschäftlichem Betriebs[teil]übergang), § 769 (Haftung mehrerer Bürgen), § 1357 Abs. 1 S. 2 (Haftung des Ehegatten im Rahmen der Schlüsselgewalt); § 2382 Abs. 1 (Haftung beim Erbschaftskauf), § 25 Abs. 1 HGB (Haftung bei Firmenfortführung), § 59 Abs. 1 VVG (Doppelversicherung), Art 47 Abs. 1 WG (Haftung der Wechselschuldner). Auch Schuld- und Vertragsbeitritt sind – obwohl nicht ausdrücklich geregelt – am ehesten hier einzuordnen.

Allen diesen Fällen ist gemeinsam, dass ein (entweder zwischen den Schuldnern oder von einem der Schuldner mit dem Gläubiger geschlossenes) **Rechtsgeschäft** den Auslöser für die gesamtschuldnerische Haftung darstellt. Im Gegensatz zu den zuerst behandelten Fällen ist hier ein – auch gegebenenfalls durch Auslegung unter Zuhilfenahme des § 427 gewonnener – rechtsgeschäftlicher Wille der Verpflichteten, ein Gesamtschuldverhältnis zu begründen, jedoch nicht erforderlich. So werden etwa auch gesondert betraute Werkunternehmer, deren Fehler zu Mängeln geführt haben, die einer einheitlichen Beseitigung bedürfen, als Gesamtschuldner des Werkbestellers angesehen[47]. 18/24

Für die zweite Fallgruppe hat die (deliktsrechtliche) Vorschrift des § 840 besondere Bedeutung: Wenn mehrere für den aus einer unerlaubten Handlung entstehenden Schaden verantwortlich sind, haften sie als Gesamtschuldner.

> Da D und G dem J im **Fall 41** gemeinschaftlich und schuldhaft durch Verletzung von dessen Eigentum einen Schaden zugefügt haben, ist gemäß den §§ 823 Abs. 1, 830 jeder der beiden für den gesamten Schaden verantwortlich. Das führt über § 840 zur Haftung als Gesamtschuldner. Nichts anderes gilt im Ergebnis – von der Freistellungserklärung einmal abgesehen – für die Ersatzpflicht von L und S im **Fall 42**, da nach § 840 eine Verantwortlichkeit „nebeneinander" ausreicht. Als Gesamtschuldner haften etwa auch die Bundesrepublik und der Träger der konkreten Beschäftigungsdienststelle, wenn der ihr zugeteilte Zivildiener Schaden stiftet[48].

Ferner gehört hierher die Haftung der Vorstandsmitglieder eines Vereins (§ 42 Abs. 2 S. 2), der Liquidatoren eines Vereins (§ 53), der Eltern (§ 1664 Abs. 2), des Vormundes und Gegenvormundes (§ 1833 Abs. 2 S. 1), der Testamentsvollstrecker (§ 2219 Abs. 2), der Vorstandsmitglieder einer AG (§ 93 Abs. 2 AktG), der Geschäftsführer einer GmbH (§ 43 Abs. 2 GmbHG) sowie des Versicherers und des Versicherungsnehmers (§ 3 Nr 2 PflVG).

In all diesen Fällen ist nicht die Vornahme eines Rechtsgeschäfts, sondern die Tatsache, dass der Tatbestand eines **gesetzlichen Schuldverhältnisses** bei mehreren Verpflichteten erfüllt ist, der gesetzliche Anknüpfungspunkt für eine gesamtschuldnerische Haftung.

---

47 BGH NJW 2003, 2980 = JA 2004, 1 *(Jäckel)*. Im Ergebnis ebenso *Stamm* NJW 2003, 2940, der allerdings im vorliegenden Fall eine gestufte Haftung der Schuldner annimmt (zum Gleichstufigkeitskriterium s. Rn 18/31).
48 BGH NJW 2003, 348.

### 4. Abgrenzung

**18/25** Auf **Abgrenzungsprobleme** wurde schon hingewiesen. Folgende beiden Rechtsfiguren sind von der eigentlichen Gesamtschuld zu unterscheiden:

#### a) Gemeinschaftliche Schuld und Gesamtschuld bei unteilbarer Leistung

**18/26** Die gemeinschaftliche Schuld ist dadurch gekennzeichnet, dass zwar mehrere eine Leistung schulden, diese jedoch nur von sämtlichen Schuldnern in gemeinschaftlichem Zusammenwirken erbracht werden kann[49].

**Beispiel:** Ein in der internationalen Fachwelt renommiertes Jazztrio (Pianist, Kontrabassist, Schlagzeuger) verpflichtet sich gegen hohe Gage zum Auftritt bei einem Jazzfestival. Erkrankt einer der Musiker kurzfristig, so sind die beiden anderen fraglos außer Stande, die geschuldete Leistung (Auftritt als Trio) zu erbringen. Selbst wenn es gelingen sollte, einen Ersatzmann aufzutreiben, mit dem ein passables Zusammenspiel möglich ist, so wird es dem Veranstalter ganz wesentlich auf den Auftritt des Trios in seiner Originalbesetzung ankommen. Die geschuldete Leistung kann daher nicht erbracht werden[50].

Auf den ersten Blick könnte man meinen, dass § 431 genau die hier erörterte Konstellation erfasst. Er spricht in seinem Tatbestand von einer **unteilbaren** Leistung, die **mehrere** schulden. Allerdings passt die Rechtsfolge nicht, die eine Haftung als Gesamtschuldner iS der §§ 421 ff vorsieht. Daraus folgt, dass § 431 nur Fälle erfassen kann, in denen die Leistung von jedem der Schuldner auch allein erbracht werden kann[51]. Die eigentlich gemeinschaftliche Schuld ist damit im Gesetz nicht eigens geregelt.

**Beispiel zu § 431:** Die allein erziehende junge M, die sich wieder einmal ins sonnabendliche Nachtleben stürzen will, vereinbart – um Eifersüchteleien zu vermeiden – mit ihren beiden (bereits volljährigen) Nichten, dass diese gegen eine Belohnung von jeweils 15 € während ihrer Abwesenheit auf ihr kleines Kind aufpassen sollen. Wenn den beiden jungen Damen plötzlich eine andere Abendgestaltung attraktiver erscheint und sie sich von ihrer Verpflichtung drücken wollen, so kann M – ganz nach ihrem Belieben – entweder von beiden oder nur von (irgend)einer allein verlangen, ihr Versprechen einzuhalten: Diese unteilbare Leistung – beide haben ja jeweils zugesagt, für den ganzen Abend zur Verfügung zu stehen – kann zum einen objektiv gesehen von jeder der beiden alleine erbracht werden und genügt zum anderen auch dem mit dem Vertrag verfolgten Zweck: M verpflichtete nicht deshalb beide Schwestern, um eine noch bessere Aufsicht zu bewirken, sondern lediglich, um möglichen Konflikten aus dem Weg zu gehen.

#### b) Gesamthandschuld

**18/27** Von der Gesamtschuld unterscheidet sich auch die **Gesamthandschuld**. Bei den sogenannten Gesamthandverhältnissen (Vermögensgemeinschaft ohne Rechtsfähigkeit; vom Gesetz sind die folgenden Fällen – abschließend – normiert: Gesellschaft, §§ 718 ff; Offene Handelsgesellschaft, § 105 ff HGB; Kommanditgesellschaft, § 161 ff

---

49 Vgl dazu OLG Schleswig NJW 1982, 2672 (Wohnraummietverhältnis).
50 Zu den Rechtsfolgen der Vereinbarung einer gemeinschaftlichen Schuld *van Venrooy* JuS 1982, 93, 95.
51 Im Gegensatz zu § 427 stellt § 431 keine Auslegungsregel dar, sondern ist zwingendes Recht: Palandt/*Grüneberg*, BGB[65], § 431 Rn 1.

HGB; Gütergemeinschaft, §§ 1416 ff; fortgesetzte Gütergemeinschaft, §§ 1485 ff; Erbengemeinschaft, §§ 2033 ff) schulden die Gesamthänder aus dem Gesamthandvermögen (gleichsam als Sondervermögen) gemeinschaftlich die gesamte Leistung, haften daneben aber in der Regel auch mit ihrem eigenen Vermögen, und zwar meist als Gesamtschuldner (vgl etwa die §§ 1437 Abs. 2, 2058 oder § 128 HGB), was insoweit ebenfalls zur Anwendbarkeit der §§ 421 führt.

### 5. Merkmale der Gesamtschuld

Abgesehen vom Bestreben einer Gläubigersicherung und der daraus folgenden gemeinschaftlichen Tilgung aller gegenüber dem Gläubiger bestehenden Verpflichtungen, konnte bisher noch **kein einheitliches Prinzip der Gesamtschuld** ausgemacht werden; das spricht dafür, dass ein solches auch nicht existiert. Deshalb fällt es schwer, den Anwendungsbereich der §§ 421 ff präzise zu bestimmen, soweit dieser Normenkomplex nicht unmittelbar durch Gesetz oder Vertrag für anwendbar erklärt wird. Es gibt zahlreiche Fälle, in denen ein und dasselbe Gläubigerinteresse von mehreren Schuldnern und aus unterschiedlichen rechtlichen Gesichtspunkten befriedigt werden muss, ohne dass eine durch Vertrag oder Gesetz angeordnete Tilgungsgemeinschaft iS der §§ 421, 422 bestünde[52]. Zu klären sind damit die prägenden **Charakteristika der Gesamtschuld**.

18/28

> In welchem Verhältnis stehen zB die Verpflichtungen der Diebe, der A-GmbH und der V-Versicherung im **Fall 41**? Sind die Gesamtschuldregeln im Verhältnis zwischen einem Bauherrn als Gläubiger einerseits und dem gemäß den §§ 634 Nr 1, 635 bzw §§ 634 Nr 2, 637 zur Nacherfüllung bzw zu Mängelbeseitigung und Kostenersatz verpflichteten Unternehmer sowie dem gemäß den §§ 636, 280, 281 (uU iVm den §§ 283, 311a) zum Geldersatz verpflichteten Architekten als Schuldner andererseits anwendbar[53]?

Um vor allem im Hinblick auf die Regressprobleme zwischen Gesamtschuld (für die § 426 gilt) und anderen Schuldnermehrheiten abgrenzen zu können, werden mehrere – natürlich nicht ganz unumstrittene – „ungeschriebene" Merkmale der Gesamtschuld diskutiert:

#### a) Identität des Gläubigerinteresses

Anerkannte Grundvoraussetzung für das Vorliegen einer Gesamtschuld ist zunächst, dass mehrere Verpflichtete dieselbe Leistung schulden. Die rechtliche Qualifikation der einzelnen Leistungspflichten soll allerdings nicht entscheidend sein: Eine Pflicht zur **Befriedigung desselben Leistungsinteresses** des Gläubigers reicht anerkannter-

18/29

---

[52] Eine Ansicht im Schrifttum geht jedoch davon aus, dass § 421 keine Gesamtschuld voraussetzt, sondern deren Begründungstatbestand darstellt; vgl etwa *Ehmann*, Gesamtschuld, 116. Ausführlich *Boecken/von Sonntag* Jura 1997, 1, 3 ff.
[53] Vgl BGHZ 43, 227. Zu diesem Problemkreis *Kaiser* BauR 1984, 32; ausführlich zur Gesamtschuld im Bauwesen *Glöckner* BauR 2005, 251.

maßen aus[54]. Nach überwiegender Ansicht schadet es nicht, wenn die Schulden nur in der Länge der *Verjährungsfrist* divergieren[55].

Ein Fall, in dem zwar Identität in Hinblick auf das Leistungsinteresse des Gläubigers, wohl aber nicht bezüglich des jeweiligen konkreten Leistungsinhalts vorlag, lag der Entscheidung BGHZ 43, 227 zu Grunde: Verpflichtung eines Bauunternehmers zur Mängelbeseitigung, Verpflichtung des Architekten zum Schadenersatz. Der BGH hat hier von „enger Verwandtschaft" aber „inhaltlicher Verschiedenheit", die jedoch „hart an der Grenze zur inhaltlichen Gleichheit (Identität)" liegt, gesprochen und das Vorliegen eines Gesamtschuldverhältnisses bejaht.

### b) Zweckgemeinschaft?

18/30 In der Vergangenheit wurde – insbesondere vom BGH – im Hinblick auf das Vorliegen eines Gesamtschuldverhältnisses in erster Linie auf das Vorliegen einer **„Zweckgemeinschaft"** zwischen den Verpflichteten abgestellt[56]. Die heute hM lehnt dieses Kriterium aber ab[57], da es je nach „Leseart" (von den Schuldnern oder vom Gesetz verfolgter Zweck) entweder bei den deliktischen Begründungstatbeständen versagt oder nichts anderes beschreibt als die Identität des Gläubigerinteresses[58]. Nach wie vor klingt der Zweckgemeinschaftsgedanke aber in einzelnen Entscheidungen an[59].

### c) Gleichstufigkeit

18/31 Heute wird von der hM die **Gleichstufigkeit der Verpflichtungen** als das wesentliche Charakteristikum der Gesamtschuld angesehen[60]. Diese ist dann nicht gegeben, wenn es nur einen primär Verpflichteten gibt und der andere – wenn er vom Gläubiger in Anspruch genommen wird – in gewisser Weise nur „vorläufig" zur Leistung verpflichtet sein soll[61]. Natürlich weist auch dieses Kriterium im Randbereich Unschärfen auf. Und auch insofern kann man sich der Abgrenzung leichter auf „negativem Wege" nähern. So scheidet Gleichstufigkeit jedenfalls aus, wenn das Gesetz an die Zahlung durch einen bestimmten Schuldner automatisch den Erwerb der gesamten bezahlten Forderung knüpft **(Legalzession)**. Keine Gesamtschuld besteht aus ähnlichen Gründen bei gesetzlich angeordneter **„Abtretungspflicht"** (§ 255; dazu Rn 18/45). Die bloße Vorläufigkeit der Leistungspflicht darf sich schließlich nicht allein aus dem Verhältnis der Gesamtschuldner untereinander ergeben: So haften die

---

54 MünchKomm/*Bydlinski*, BGB[5], § 421 Rn 5; Staudinger/*Noack*, BGB[14], § 421 Rn 32; Soergel/*Wolf*, BGB[12], § 421 Rn 18.
55 BGHZ 58, 216, 218 ff; MünchKomm/*Bydlinski*, BGB[5], § 421 Rn 5; aA *Reinicke/Tiedtke*, Gesamtschuld und Schuldsicherung[2] (1988), 1, die anfänglich vollkommen identische Schulden verlangen.
56 BGHZ 13, 360, 365; 19, 114, 123; 59, 97, 99; ebenso *Enneccerus/Lehmann*, Schuldverhältnisse[14], 224 ff.
57 *Larenz*, SR I[14], 636 f; MünchKomm/*Bydlinski*, BGB[5], § 421 Rn 11; *Fikentscher/Heinemann*, SR[10], Rn 774; Soergel/*Wolf*, BGB[12], § 421 Rn 8 ua.
58 *Larenz*, SR I[14], 637.
59 Vgl etwa BGH NJW 1992, 2817, 2818.
60 BGHZ 106, 313, 319; 108, 179, 182; *Steinbach/Lang* WM 1987, 1237, 1240; *Reeb* JuS 1970, 214, 215; *Larenz*, SR I[14], 634; im Ergebnis für Gleichstufigkeit auch etwa MünchKomm/*Bydlinski*, BGB[5], § 421 Rn 12, 14. Ausführlich zum Kriterium der Gleichstufigkeit – dieses jedoch im Ergebnis ablehnend – *Boecken/von Sonntag* Jura 1997, 1; ebenso Erman/*Ehmann*, BGB[11], vor § 420 Rn 44. Für Gesamtschuld auch bei gestufter Haftung ferner *Stamm* NJW 2003, 2940.
61 Vgl dazu *Larenz*, SR I[14], 634 f; *Schreiber* Jura 1989, 353, 355; *Boecken/von Sonntag* Jura 1997, 1 f.

Gesellschafter einer OHG für Gesellschaftsschulden nach § 128 HGB immer als Gesamtschuldner; also etwa auch dann, wenn einer der Gesellschafter intern durch Vereinbarung vorweg freigestellt wurde, weshalb er nach Zahlung vollen Regress nehmen kann. Diese Tatsache wird (erst) bei der Anwendung des § 426 berücksichtigt. Gleiches wird für den Schuldbeitritt gelten, der definitionsgemäß zu einer gleichstufigen Verpflichtung führt, auch wenn er bloß bürgschaftsähnliche Zwecke verfolgt. Für die Abgrenzung muss somit primär berücksichtigt werden, wie die Schuldner dem Gläubiger gegenübertreten: Entscheidend ist somit das **Außen-,** nicht das **Innenverhältnis**[62]. Zur rechtlichen Behandlung sonstiger Schuldnermehrheiten noch Rn 18/46 f.

**Beispiele für Gleichstufigkeit:** Verbürgung mehrerer für eine Forderung (§ 769), deliktische Haftung mehrerer (§§ 830, 840), Verbürgung und Bestellung einer Grundschuld durch Dritte[63]. Keine Gleichstufigkeit liegt hingegen im Verhältnis selbstschuldnerischer Bürge – Hauptschuldner vor, da der Bürge nach Zahlung auf Grund einer Legalzession beim „Primärverpflichteten" vollen Regress nehmen kann (vgl § 774 Abs. 1): In diesen Fällen besteht kein Bedarf, § 426 zur Anwendung zu bringen. So auch in **Fall 41**: Wenn die Versicherung dem J seinen Schaden ersetzt, gehen dessen Ansprüche gegen D und G im Wege der Legalzession (§ 67 VVG) auf sie über. Für die Anwendung des § 426 bleibt dann kein Raum.

### d) Gleicher Rechtsgrund?

Nicht erforderlich ist hingegen, dass die einzelnen Verpflichtungen auf **demselben Rechtsgrund** beruhen[64]; beispielsweise kann sich die Verpflichtung eines Schuldners aus einem Auftragsverhältnis, die eines anderen aus den Regeln über die Geschäftsführung ohne Auftrag ergeben[65]. Oder: Der eine schadenersatzpflichtige Gesamtschuldner haftet aus Delikt, der andere aus Vertragsverletzung.  18/32

### 6. Außenverhältnis

Das **Außenverhältnis** der Gesamtschuld wird begriffsprägend von der alle Mitverpflichteten erfassenden **Erfüllungswirkung der Leistung eines Schuldners** beherrscht (§ 422); ausdrücklich erfasst sind auch Erfüllungssurrogate (Leistung an Erfüllungs statt, schuldbefreiende Hinterlegung und Aufrechnung). Der Gläubiger kann, wenn er von einem Schuldner durch eine der in § 422 bezeichneten Handlungen befriedigt worden ist, die anderen nicht mehr in Anspruch nehmen.  18/33

Nach § 423 wirkt ein mit einem der Gesamtschuldner vereinbarter **Erlass** (§ 397) auch für die anderen Schuldner, wenn das ganze Schuldverhältnis aufgehoben werden  18/34

---

62 Deutlich Soergel/*Wolf*, BGB[12], § 421 Rn 15.
63 BGHZ 108, 179; BGH NJW 1992, 3228. Zum Ausgleich zwischen mehreren (dritten) Sicherungsgebern etwa *Meyer* JuS 1993, 559; *Kerbein* JA 1999, 377.
64 BGHZ 19, 114, 124; 52, 39, 44; BGH NJW 1991, 1683, 1685; *Larenz*, SR I[14], 636; MünchKomm/*Bydlinski*, BGB[5], § 421 Rn 10.
65 So in BGH NJW 1992, 2817, 2818.

sollte. Ob eine solche **Gesamtwirkung** gewollt war, ist Auslegungsfrage[66]. Im Zweifel wird man zumindest bei unentgeltlichem Erlass nur von Einzelwirkung zugunsten des an der Vereinbarung beteiligten Schuldners ausgehen dürfen[67]. Dann liegt ein sog **pactum de non petendo** vor: Die Schuld besteht noch; der „befreite" Schuldner hat jedoch dem Gläubiger gegenüber eine Einrede gegen ihre Klagbarkeit[68]. Bei Gesamtwirkung steht jenen Gesamtschuldnern, die am Erlassvertrag nicht beteiligt waren, das Zurückweisungsrecht nach § 333 zu (Rn 15/1).

18/35 Eine Gesamtwirkung ist in § 424 auch für den **Gläubigerverzug** vorgesehen. In diesem Bereich sind gegenteilige Vereinbarungen denkbar; § 423 spricht dies schon im Tatbestand aus.

18/36 Andere als die in den §§ 422–424 bezeichneten Tatsachen wirken nach § 425 regelmäßig „nur für und gegen den Gesamtschuldner, in dessen Person sie eintreten"; insoweit gilt also das **Prinzip der Einzelwirkung**. Besonders wichtig sind in diesem Zusammenhang **Leistungsstörungen auf Schuldnerseite**[69] (vgl dazu die in § 425 Abs. 2 – nicht abschließend – aufgezählten Beispiele). Die Folge, dass Pflichtverletzungen eines Schuldners die anderen nicht betreffen, erscheint sachgerecht, wenn unter den Schuldnern keine Interessengemeinschaft besteht und dem Gläubiger zuzumuten ist, sich insoweit mit mehreren Personen auseinanderzusetzen. Der Gläubiger muss also beispielsweise jeden Einzelnen mahnen oder den Rücktritt bzw die Kündigung gegenüber jedem erklären. Im Prozess müssen alle Schuldner verklagt werden; sie werden auch „als Gesamtschuldner" verurteilt. Auch der Verzicht eines Gesamtschuldners auf die Einrede der Verjährung wirkt nicht zulasten der übrigen[70].

Diese vom Gesetz getroffene Regelung ist keineswegs selbstverständlich. So ist etwa das Bürgschaftsrecht, wo einem Gläubiger ebenfalls mehrere „Schuldner" gegenüberstehen (besonders deutlich tritt die Verwandtschaft zur Gesamtschuld dann zu Tage, wenn die Einrede der Vorausklage nach § 773 ausgeschlossen wird und der Gläubiger den Bürgen daher sofort in Anspruch nehmen kann), vom Grundsatz der Akzessorietät (§§ 767 f, 770) geprägt: Durchsetzbarkeit und Umfang der Forderung gegen den Bürgen richten sich grundsätzlich nach der Forderung gegen den Hauptschuldner. Da die §§ 422–424 und § 425 (dazu sogleich) aber ebenfalls eine gewisse Verknüpfung zwischen den Forderungen des Gläubigers gegen die einzelnen Schuldner schaffen, kann man von einer **„limitierten Akzessorietät"** sprechen[71].

---

66 Wenn der Erlass mit demjenigen Schuldner vereinbart wird, der im Innenverhältnis allein verpflichtet ist, so spricht das für eine Gesamtwirkung des Erlasses: OLG Köln NJW-RR 1992, 1398; LG Stuttgart NJW-RR 1994, 504. Dasselbe gilt für einen Vergleich: OLG Köln MDR 1992, 1050; OLG Oldenburg VersR 1992, 956. Anders daher, wenn die Gesamtwirkung einen nicht am Vergleich beteiligten Gesamtschuldner belasten würde (BGH NJW 2003, 2980 = JA 2004, 1 *(Jäckel)*), was bei (Teil-)Erlass jedoch gar nicht denkbar ist. In der erwähnten Entscheidung geht der BGH jedenfalls im Ergebnis wohl von Gesamtwirkung aus; insoweit zustimmend *Stamm* NJW 2003, 2940, 2943 f.
67 Soergel/*Wolf*, BGB[12], § 423 Rn 2; *Wacke* AcP 170 (1970), 42, 51. Eine Auslegung, die den erlassenden Gläubiger zur Rückgewähr bereits empfangener Teilleistungen an den Erlasspartner verpflichten würde, kommt keinesfalls in Betracht: BGH NJW-RR 2005, 34.
68 Dann bleibt der vom Erlass Begünstigte aber im Innenverhältnis dem Rückgriff in Höhe seines Anteils ausgesetzt: *Wacke* AcP 170, 42 ff. Ansonsten läge nämlich ein Vertrag zulasten der Übrigen vor. – Zur insoweit unbedenklichen Möglichkeit der Vereinbarung bloß *beschränkter* Gesamtwirkung Jauernig/*Stürner*, BGB[11], §§ 422–424 Rn 4.
69 Ein Mitverschulden des Gläubigers wirkt auch zugunsten der anderen Schuldner: BGHZ 90, 86, 90 f.
70 Vgl BGH NJW-RR 2006, 923.
71 Grundsätzlich zur Akzessorietät *Pöggeler* JA 2001, 65, speziell zum Schuldbeitritt 70.

§ 425 erwähnt ausdrücklich die Möglichkeit, dass sich aus dem Schuldverhältnis, das die Gesamtschuld begründet, „ein anderes", dh **Gesamtwirkung**, ergeben könne. So wäre eine *Vereinbarung* denkbar, wonach der Vermieter alle vertragsbezogenen Erklärungen, zB Mahnungen, mit Wirkung für alle Mieter dem Mieter 1 zugehen lassen könne. Fehlen solche ausdrücklichen Absprachen, muss man fragen, ob eine Gesamtwirkung schlüssig vereinbart ist. Dies wird vor allem dann bejaht, wenn die Gesamtschuldner gemeinsam für einen Erfolg wirken oder durch ihr Auftreten im Rechtsverkehr eine Zusammenarbeit an den Tag legen, die für den Gläubiger den Eindruck erweckt, es trete einer für den anderen ein.

18/37

Mit dieser Begründung hat die Rechtsprechung zB die Teilhaber einer **Anwaltssozietät** für die Fehler eines von ihnen aufkommen lassen, da die Pflichten aus dem Beratungsvertrag alle Sozien träfen und der Handelnde Erfüllungsgehilfe seiner Partner sei[72]. Das wurde später sogar auf den Fall erweitert, dass die Anwälte nur den Anschein einer Sozietät hervorgerufen hatten[73]. In Teilbereichen existieren konkrete gesetzliche Regelungen dieses Problemkreises. So sieht § 8 des 1995 in Kraft getretenen Partnergesellschaftsgesetzes (PartGG) in seinem Abs. 1 grundsätzlich eine gesamtschuldnerische Haftung der Partner vor; Abs. 2 macht jedoch bei der Haftung für berufliche Fehler eine Ausnahme für den Fall, dass nur Einzelne der Partner mit einem Auftrag befasst waren. Seit 1994 kennt auch die BRAO eine ähnliche Regelung: 51a Abs. 2 statuiert eine gesamtschuldnerische Haftung der Mitglieder einer Sozietät; diese kann jedoch – auch durch vorformulierte Vertragsbedingungen – auf einzelne Mitglieder beschränkt werden, wenn diese ein Mandat im Rahmen ihrer eigenen beruflichen Befugnisse bearbeiten und namentlich bezeichnet werden.

## 7. Innenverhältnis

Wenn durch die Leistung eines der Gesamtschuldner die Verpflichtungen der anderen gegenüber dem Gläubiger getilgt werden, so werden diese doch nicht endgültig frei. Vielmehr behält die alte Forderung noch eine Funktion im **Innenverhältnis**, und zwar bei der Abrechnung unter den Schuldnern. Sie geht nach hM zur Sicherung eines etwaigen **Ausgleichsanspruchs** (§ 426 Abs. 1) des zahlenden Schuldners[74] auf ihn über; nach dem klaren Wortlaut des § 426 Abs. 2 („soweit") aber auch nur in diesem Umfang. Das „soweit" bezieht sich sowohl auf den Umfang der Zahlung als auch auf das unter den Gesamtschuldnern bestehende Ausgleichsverhältnis.

18/38

**Beispiel:** Vier Gesamtschuldner schulden 100. Im Innenverhältnis haftet jeder für 25. Zahlt nun der erste Schuldner die gesamte Schuld, erfasst die Legalzession die (Teil-)Forderung in Höhe von 75. In Höhe von 25 (dem eigenen Anteil des Schuldners) ist der Anspruch erloschen. Zahlt er hingegen nur 50, so geht die Forderung in Höhe von 25 auf ihn über, da sie ebenfalls wieder im Ausmaß seines eigenen Anteils (25) erloschen ist. Nur wenn er von vornherein 25 oder weniger bezahlt, geht nicht einmal ein Teil der Gläubigerforderung auf ihn über.

---

72 BGHZ 56, 355. Vgl ferner BGHZ 97, 273, wo im Fall einer ärztlichen Gemeinschaftspraxis das Vorliegen eines Gesamtschuldverhältnisses bejaht wurde.
73 BGHZ 70, 247 und BGH NJW 1999, 3040. Ebenso BGH NJW 1990, 827 (Steuerberater); zur Haftung des Scheinmitglieds zuletzt OLG Dresden DStRE 2000, 952.
74 Nach hM soll jeder der Gesamtschuldner, schon bevor der Gläubiger ihn in Anspruch nimmt, einen Anspruch gegen die anderen auf Mitwirkung an der Befriedigung des Gläubigers haben: RGZ 79, 288, 290; BGHZ 23, 361, 363; *Larenz*, SR I[14], 648; *Schreiber* Jura 1989, 353, 357.

**18/39** Der Ausgleichsanspruch nach § 426 Abs. 1[75] und die dem leistenden Gesamtschuldner durch Legalzession (cessio legis) zugefallene ursprüngliche Forderung stehen *nebeneinander*. Der Grund liegt darin, dass mit der Forderung des Gläubigers gemäß § 401 auch etwaige Sicherheiten übergehen[76], sodass der Zahlende sich notfalls aus ihnen befriedigen kann. Zweck dieser Regelung ist es, denjenigen Gesamtschuldner, den der Gläubiger möglicherweise willkürlich „herausgegriffen" hat, im Endergebnis nicht mehr leisten zu lassen, als im Verhältnis zu den Mitverpflichteten auf ihn entfällt. Er kann dann bei den anderen Schuldnern Rückgriff nehmen[77].

**18/40** Nach ganz überwiegender Ansicht stehen die übrigen Schuldner dem, der den Gläubiger befriedigt hat, *nicht gesamtschuldnerisch* gegenüber. Vielmehr soll im Regress jeder Gesamtschuldner dem Zahler nur auf seinen internen Anteil haften (**Teilrückgriff**)[78].

Hat der erste Schuldner 100 bezahlt (siehe das vorige Beispiel), so könnte er danach von jedem der drei anderen nur je 25, nicht aber von einem die gesamten 75 verlangen. Insoweit wirkte sich die Legalzession also nicht aus. Ihre Bedeutung läge bloß im Miterwerb etwaiger Sicherheiten.

Diese Ansicht sollte einer kritischen Nachprüfung unterzogen werden. Der voll zahlende Gesamtschuldner tut ohnehin schon viel mehr, als er nach dem Innenverhältnis müsste, während die übrigen „säumig" sind. Bereits das spricht dafür, den Zahler im Ernstfall nicht in mehrere Regressprozesse gegen jeden der übrigen Gesamtschuldner hinein zu zwingen, sondern einen gesamtschuldnerischen Regress zuzulassen (**Ausgleichsgesamtschuld**)[79].

Anerkannt ist eine Ausgleichsgesamtschuld bisher nur dann, wenn unter den Ausgleichspflichtigen **Haftungseinheiten (Haftungsgruppen)** entstehen[80]. Die Mitglieder einer solchen Haftungseinheit werden für den Ausgleich so behandelt, als wären sie eine Person. Anwendungsbeispiele sind der Schuldner und sein Gehilfe[81], Fahrer und Halter eines Kraftfahrzeuges[82] sowie Reiter und Halter eines Pferdes[83].

**18/41** Kann von einem der Gesamtschuldner der von diesem zu tragende Anteil nicht erlangt werden (Regelfall: Zahlungsunfähigkeit), so bestimmt § 426 Abs. 1 S. 2, dass die übrigen zum Ausgleich Verpflichteten den **Ausfall eines Gesamtschuldners** zu tragen haben. Entgegen dem missglückten Wortlaut dieser Vorschrift ergibt sich aus dem Sinn und Zweck des Gesamtschuldnerausgleichs, dass auch der Ausgleichsberechtigte selbst den Ausfall anteilig mitzutragen hat. Es wäre nämlich nicht einzusehen,

---

75 Für ein anderes Verständnis des Abs. 1 (nur Phase vor Zahlung erfasst) und damit für Regress nur über Abs. 2 etwa *Stamm* NJW 2004, 811.
76 Siehe den interessanten Fall LG Darmstadt NJW 1977, 251.
77 Umfassender Überblick zu Rückgriffsfragen bei *Wendehorst* Jura 2004, 505.
78 Statt vieler BGHZ 17, 214; BGH NJW 1986, 1097; Soergel/*Wolf*, BGB[12], § 426 Rn 36; Staudinger/*Noack*, BGB[14], § 426 Rn 27.
79 Weitere Argumente dafür bei MünchKomm/*Bydlinski*, BGB[5], § 426 Rn 30.
80 RGZ 136, 275, 288; BGHZ 6, 3, 27 = NJW 1952, 1087; *Thiele* JuS 1968, 149, 155; *Reinicke/Tiedtke*, Gesamtschuld[2], 68. Zu Spezialfragen der Haftungseinheit etwa *Kirchhoff* NZV 2001, 361.
81 Zum Erfüllungsgehilfen BGHZ 6, 3, 27, 28; BGH DB 1970, 1682, 1683.
82 BGH NJW 1966, 1262, 1263.
83 OLG Schleswig OLG-Rp 1997, 138 = ZfS 1998, 128.

warum allein der Umstand, vom Gläubiger in Anspruch genommen zu werden, eine Besserstellung gegenüber den anderen Verpflichteten bewirken sollte[84].

Ist der vierte Schuldner zahlungsunfähig, so ist die Gesamtlast unter den Übrigen drei zu verteilen. Der zahlende erste kann also nicht in Höhe von insgesamt 75, sondern nur von 66,66 Rückgriff nehmen.

§ 426 Abs. 1 S. 1 weist jedem der Gesamtschuldner im Innenverhältnis zunächst eine gleich große Quote zu; dies allerdings nur, **„soweit nicht ein anderes bestimmt ist"**. Eine derartige andere Bestimmung kann sich aus ausdrücklichen oder stillschweigenden Abreden der Gesamtschuldner, aber wohl auch aus gesetzlichen Regelungen ergeben. Auf diese Weise gelangt man nicht selten zu unterschiedlichen Rückgriffsquoten.

18/42

> Angenommen, im **Fall 40** wäre K der Schuld des V gegenüber der Bank beigetreten. Als die Bank von K keine Zahlung erhielt, wandte sie sich an V und konnte sich durch Lohnpfändung befriedigen. Wenn nun der Schuldbeitritt mit dem Ziel vereinbart wurde, dass K die Forderung tilgen und einen entsprechend geringeren Kaufpreis für die Praxis zahlen sollte, so beseitigt die Leistung durch V das von den Schuldnern gewollte Gleichgewicht. Infolgedessen steht dem V ein Ausgleichsanspruch in **voller** Höhe zu, und insoweit geht gemäß § 426 Abs. 2 die Forderung der Bank auf ihn über. (Eine solche cessio legis wäre zB dann wichtig, wenn sich zusätzlich ein Dritter für die Schuld des K verbürgt hätte.)

Auch dem bloß zu Sicherungszwecken beigetretenen Schuldner ist gegen den Erstschuldner nach Zahlung ein **ungeschmälerter Regressanspruch** zuzugestehen[85]. Entsprechendes, etwa die alleinige Schadensüberwälzung auf einen Gesamtschuldner, kommt in Betracht, wenn die Verbindlichkeit gegenüber dem Gläubiger durch ein Verhalten eines Mitverpflichteten zu Stande gekommen ist, das sich auch im Verhältnis zu den Mitschuldnern als Pflichtwidrigkeit darstellt[86]; so bei schuldhaft fehlerhafter Beratung durch ein Mitglied einer Anwaltssozietät (siehe Rn 18/37 aE). Im Fall der Mitverpflichtung von Ehegatten wird in der Regel eine Ausgleichspflicht desjenigen entfallen, der den Haushalt führt und kein Einkommen bezieht[87]. Nach Scheitern der Ehe wird für vorher gemeinsam begründete Schulden im Regelfall jeder Teil 50% beizutragen haben[88]. Hingegen wird sich der interne Ausgleich zwischen Gesellschaftern in aller Regel nach ihren Beteiligungsverhältnissen richten[89].

18/43

---

84 Soergel/*Wolf*, BGB[12], § 426 Rn 34; *Medicus*, SR AT[17], Rn 803.
85 *Bülow*, Recht der Kreditsicherheiten[6], Rn 1605; *Ehmann*, Gesamtschuld, 359. – Zum Regress zwischen Beigetretenem und Bürgen (grundsätzlich kein Vorrang des Beigetretenen!) OLG Celle NJW 1986, 1761; *Bülow*, aaO, Rn 1607; *Medicus*, BR[20], Rn 944; *Schmitz* FS Merz (1992), 553.
86 BGH VersR 1984, 443.
87 BGH NJW 1995, 652; zu weitgehend wohl OLG Bremen FamRZ 2000, 1152, das schon daraus einen stillschweigenden Ausschluss des Ausgleichs ableitet, dass ein Ehegatte während bestehender Lebensgemeinschaft die Tilgung gemeinsamer Verbindlichkeiten (bloß) dauerhaft vornimmt, selbst dann, wenn beide Ehegatten über eigenes Einkommen verfügen. Näher zum Gesamtschuldnerausgleich unter Ehegatten etwa *Gernhuber* JZ 1996, 696, 765; zum Verhältnis der Regeln über den Gesamtschuldnerausgleich zwischen Ehegatten zu den Vorschriften über den Zugewinnausgleich *Gerhards* FamRZ 2001, 661.
88 Siehe nur BGH NJW 2005, 2307 = JA 2005, 761 *(Keltsch)* (Darlehen für Renovierung und Möblierung der Ehewohnung).
89 Statt vieler BGHZ 47, 157, 165; BGH NJW-RR 1989, 685.

**§ 18** *Schuldnerwechsel und Schuldnermehrheit*

**18/44** Dem § 426 Abs. 1 S. 1 als **leges speciales** jedenfalls vorgehende Regelungen des internen Ausgleichs enthalten auch einige gesetzliche Vorschriften zur Gesamtschuld. Sie beruhen dann auf der Vorstellung, dass eine der Personen, die aus der Sicht des Gläubigers nebeneinander für dasselbe Interesse aufkommen müssen, im Verhältnis zu den anderen Schuldnern „näher dran" ist, den durch die Zahlung entstandenen Vermögensnachteil endgültig zu tragen. In diesem Sinn sind die §§ 840 Abs. 2, Abs. 3, 841, 1833 Abs. 2 S. 2 sowie § 59 Abs. 2 VVG zu verstehen. Zur systematischen Einordnung solcher Vorschriften wird häufig gesagt, sie gehörten an sich zum Gesamtschuldnerausgleich; nur die Vermutung paritätischer Belastung sei außer Kraft gesetzt[90]. In manchen Fällen, so bei der Haftung für Verrichtungsgehilfen (§ 840 Abs. 2), kann man jedoch schon daran zweifeln, ob – mangels echter Gleichstufigkeit (Rn 18/31) – überhaupt eine „klassische" Gesamtschuld vorliegt.

Dem „Auffangtatbestand" des § 426 vorgehende Regressregeln existieren auch in anderen Bereichen des Schadenersatzrechts: so nach § 17 Abs. 1 StVG, wenn mehrere Kraftfahrzeuge einen Schaden verursacht haben oder bei mehreren nach dem HaftpflG (Gefährdungshaftung auf Grund des Betriebes gefährlicher Anlagen und ähnlicher Tatbestände) zum Schadenersatz Verpflichteten (siehe § 13 HPflG). Vorbild für diese Regelungen ist § 254, der auf das Verhältnis mehrerer Schädiger untereinander entsprechend angewendet wird[91]. Eine Alleinhaftung eines Schädigers ist auch auf dieser Grundlage denkbar, etwa im Verhältnis zwischen Fahrer und Halter eines Kraftfahrzeugs oder zwischen Abschleppunternehmer und Fahrer des abgeschleppten Wagens[92].

> Im Rahmen derartiger Ausgleichsansprüche unter mehreren Schuldnern greifen auch andere gesetzliche Vorschriften die Rechtsfigur der **cessio legis** wieder auf. So kann im **Fall 41**, wenn die A-GmbH nach den §§ 636, 280, 281 für den Schaden des J haftet, die auf Grund des Versicherungsvertrags leistende Versicherung V bei ihr Rückgriff nehmen (§ 67 VVG). J hat ja die Versicherungsprämien gezahlt, um nicht das Risiko der Unausforschbarkeit sowie der Zahlungsunfähigkeit der Diebe D und G oder der A tragen zu müssen. Die Existenz einer Versicherung soll aber den Schädigern auch nicht teilweise zugute kommen. Diese Überlegungen zeigen zugleich, dass es zwischen V und den Dieben bzw A an Gleichstufigkeit (Rn 18/31) fehlt. Vielmehr verschafft die Legalzession der V eine – wertungsmäßig überzeugende – Vorrangstellung. Eine echte Gesamtschuld liegt also gar nicht vor. Anderes gilt für das Verhältnis von D und G zueinander: Diese beiden sind echte Gesamtschuldner; sie können daher untereinander im Regelfall zur Hälfte Regress nehmen. Doch auch da sind je nach Sachverhalt gemäß § 426 andere Lösungen denkbar: Hat etwa D den gesamten Erlös aus dem Verkauf der Beute behalten, so wird er im kriminellen Innenverhältnis mehr als 50% zu tragen haben[93]. Zur Lösung von **Fall 41** im Einzelnen Rn 18/52.

---

90 Siehe etwa *Esser/E. Schmidt*, SR I/2[8], 349.
91 BGHZ 17, 214, 222; 51, 275, 279; 59; 103; BGH NJW 1983, 623. Es kommt nur eine entsprechende Anwendung in Betracht, weil § 254 an sich nur ein Mitverschulden des Gläubigers betrifft. Näher liegt deshalb eine Analogie zu § 17 StVG. BGHZ 51, 275, 279 wandte den Gedanken aber auch auf das Verhältnis von Architekt und Bauunternehmer an.
92 Siehe BGH NJW 1966, 1262; OLG Celle VersR 1975, 1051.
93 Vgl OLG Stuttgart NJW-RR 1994, 876 sowie MünchKomm/*Bydlinski*, BGB[5], § 426, Rn 14 aE.

Eine andere Form des Ausgleichs unter mehreren Schuldnern regelt § 255. **18/45** Danach kann der Schuldner eines durch den Verlust einer Sache begründeten Ersatzanspruchs verlangen, dass ihm Zug um Zug gegen seine Ersatzleistung die Ansprüche abgetreten werden, die der Ersatzberechtigte auf Grund seines Eigentums gegen Dritte hat. Hier handelt es sich nicht um eine cessio legis, sondern um eine zum Zweck des Regresses angeordnete rechtsgeschäftliche Abtretung. Solange der Gläubiger nicht zur Abtretung bereit ist, kann der Schuldner die Ersatzleistung zurückbehalten[94] (vgl § 273). Um denjenigen Schuldner nicht zu benachteiligen, der von seinen Befugnissen – etwa mangels hinreichender Rechtskenntnisse – nichts weiß, ist anerkannt, dass analog § 255 nach Zahlung ein Abtretungsanspruch besteht[95].

Die Anwendung des § 255 schließt die Heranziehung der Gesamtschuldregeln aus und umgekehrt. Nach überwiegender Ansicht muss der Anwendungsbereich von § 255 eng gezogen werden: Erfasst sollen nur Ansprüche wegen der noch vorhandenen Sache (etwa Herausgabeansprüche) sein, die dann gegen Zahlung von Geldersatz an den Schuldner des Ersatzanspruchs abgetreten werden müssen[96]. Im Übrigen gehen im Verhältnis zwischen einem wegen des Verlusts einer Sache zum Ersatz Verpflichteten und anderen aus demselben Umstand Haftenden die Gesamtschuldregeln vor[97].

### 8. „Unechte" Gesamtschuld

Die bisherigen Überlegungen haben trotz mancher Abgrenzungsprobleme eines deutlich gezeigt: Verlangt man mit der hA für die Gesamtschuld iS der §§ 421 ff neben der Identität des Gläubigerinteresses **Gleichstufigkeit** (dazu Rn 18/31), so existieren **(sonstige) Schuldnermehrheiten**, auf die dieses Kriterium nicht zutrifft. Hält das Gesetz konkrete Lösungen bereit, etwa eine Legalzession (vgl § 774), eine Abtretungspflicht (§ 255) oder eine detaillierte Rückgriffsregel, bedarf es aus praktischen Gründen keiner eingehenden systematisch-dogmatischen Bemühungen. Daher spielt es etwa für den Regress zwischen Geschäftsherrn und Verrichtungsgehilfen wegen der eindeutigen Regel des § 840 Abs. 2, die dem Geschäftsherrn vollen Rückgriff gewährt[98], keine wesentliche Rolle, ob man von einer echten Gesamtschuld ausgeht oder nicht. Überhaupt ist die Rechtslage immer dann unproblematisch, wenn zwischen den Schuldnern ein besonderes Verhältnis besteht; etwa ein Dienstvertrag, ein Auftrag oder eine entgeltliche Geschäftsbesorgung. Anderes gilt für alle nicht geregelten Konstellationen, für die sich der Ausdruck **„unechte" Gesamtschuld** eingebürgert hat: Hier muss im Einzelnen überlegt werden, nach welchen Regeln der Ausgleich unter den mehreren „Neben"-Schuldnern zu erfolgen hat.

**18/46**

---
94 BGH WM 1997, 1062.
95 BGHZ 52, 39, 42.
96 *Stamm*, Regressfiguren im Zivilrecht (2000), 72 ff; Soergel/*Mertens*, BGB[12], § 255 Rn 5 f; *Lange/Schiemann*, Schadenersatz[3], 674; *Kühne* JZ 1969, 566; *Rüssmann* JuS 1974, 292, 298; *Ehmann*, Gesamtschuld, 69 f; im Ergebnis ebenso *H. Roth* FS Medicus (1999), 495; aA *Dilcher* JZ 1967, 115; MünchKomm/*Oetker*, BGB[5], § 255 Rn 10, 15; Erman/*Kuckuk*, BGB[11], § 255 Rn 4.
97 BGHZ 59, 97 für das Zusammentreffen einer Ersatzverpflichtung aus § 823 mit einer Vertragshaftung wegen schlechter Verwahrung der Sache; dazu ausführlich *Rüssmann* JuS 1974, 292.
98 Im Arbeitsverhältnis sind allerdings gewisse Einschränkungen zu beachten: vgl Vorlagebeschluss des GS des BAG NJW 1993, 1732; BAG NJW 1995, 210; BGH NJW 1996, 1532. Zum Ganzen *Lieb*, Arbeitsrecht[8], Rn 212 ff.

Ein berühmtes **Beispiel** für eine derartige Schuldnermehrheit bietet der vom RG entschiedene **Dombrand-Fall**: Nach dem durch Brandstiftung verursachten Brand des Doms von Fulda hatte der Baulastpflichtige den Schaden ersetzt und wollte beim Brandstifter Rückgriff nehmen. Man ging davon aus, dass mit Rücksicht auf die Leistungen des Baulastpflichtigen der Geschädigte keinen Anspruch gegen den Brandstifter mehr hatte, doch lag auf der Hand, dass der Brandstifter nicht von seinen Pflichten befreit worden sein konnte. Vielmehr sollte er als derjenige, dem die Wiedergutmachung des Schadens letztlich oblag, dem Baulastpflichtigen gegenüber zum Ausgleich verpflichtet sein. Eine entsprechende Interessenlage besteht auch in folgenden Konstellationen: Diebstahl einer schlecht verwahrten[99] oder entgegen vertraglicher Vereinbarung schlecht gesicherten Sache (vgl **Fall 41**); gesamtschuldnerische Verantwortlichkeit des Architekten (auf Schadensersatz) und des Bauunternehmers (auf Mängelbeseitigung) für einen Schaden des Bauherrn[100].

Als Regressgrundlage zog das RG im Dombrand-Fall die Regeln über die Geschäftsführung ohne Auftrag (§ 683) heran[101]. Das wird heute zu Recht abgelehnt: von manchen mit der Begründung, dass der in Anspruch Genommene nur ein *eigenes* Geschäfte führen wollte[102]; von anderen mit dem Argument, die Leistung des Baulastpflichtigen habe zu keiner Befreiung des Schädigers geführt[103].

**18/47** Welche Ansatzmöglichkeiten bestehen? Einmal wäre eine analoge Anwendung von § 426 denkbar. Man müsste dann aber immer noch nach der „Bestimmung" eines vom Grundsatz 50 : 50 abweichenden Verhältnisses suchen; überdies würde eine „flächendeckende" Analogie die Frage aufwerfen, warum man die Gesamtschuld dann überhaupt auf Gleichstufigkeitsfälle beschränkt. Die Rechtsprechung ist früher häufig entsprechend § 426 vorgegangen[104]. Heute gibt sie einer (entsprechenden) Heranziehung des § 255 den Vorzug[105]. Doch auch dieser Ansatz ist immer dann nicht unproblematisch, wenn der Zahler erst im Nachhinein Abtretung begehrt; etwa, weil er bei Zahlung nichts von seinem Abtretungsanspruch weiß. Dieser analog (siehe Rn 18/45) § 255 bestehende Abtretungsanspruch des Zahlenden ist zwar auch in der Insolvenz des Abtretungspflichtigen durchsetzbar, da dieser bereits volle Befriedigung erhalten hat. Der Anspruch verbleibt ja nur deshalb beim Geschädigten, weil der „eigentliche" Schädiger nicht frei werden soll. Ein entsprechender *zusätzlicher* Vermögenswert steht der Insolvenzmasse also keinesfalls zu. Will man den Rückgriff allerdings nur auf ein fremdes, vom Gläubiger abgeleitetes Recht, nämlich dessen ursprüngliche Forderung, stützen, entstehen weitere Probleme. So muss der Zahler im Erstfall zwei Prozesse führen: Zuerst muss er vom Gläubiger die Abtretung erreichen, erst dann kann er gegen seinen Nebenschuldner vorgehen. Damit droht die Gefahr einer Verjährung des Rückgriffsrechts; die Durchsetzung von Ersatzansprüchen wegen schuldhafter Verzögerung durch den Gläubiger hängt von dessen Zahlungsfähigkeit ab. Der

---

99 Vgl *Dilcher* JZ 1967, 113; BGHZ 59, 97 und dazu *Rüssmann* JuS 1974, 292.
100 Siehe BGHZ 43, 227 und dazu *Frotz* NJW 1965, 1257; ferner etwa *Wiesner* MDR 1999, 455, 460. Diese Regeln gelten aber nicht bei Planungsfehlern, die allein den Architekten treffen: OLG Frankfurt NJW 1974, 62.
101 Der Dombrand-Fall wurde entschieden von RGZ 82, 206; dazu insb. *Ehmann*, Gesamtschuld, 93 ff und zuletzt ausführlich *Wendlandt* Jura 2004, 325, jeweils mwN.
102 Palandt/*Grüneberg*, BGB[65], § 421 Rn 8; vgl auch *Stamm* Jura 2002, 730.
103 So etwa *Wendlandt* Jura 2004, 325, 331 f mwN.
104 BGHZ 43, 227, 230 (zum Verhältnis zwischen Architekt und Bauunternehmer); BGHZ 52, 39, 43; BGHZ 59, 97.
105 BGHZ 106, 313, 319; OLG München NJW-RR 1995, 814.

Weg über eine (doppelte) Analogie zu § 255 ist für den zahlenden Nebenschuldner also uU nachteiliger als der analog § 426[106].

Ob die Lösung daher doch darin liegt, die §§ 421 ff entgegen der hA als **umfassende** Regelung aller Konstellationen zu verstehen, in denen mehrere eine Leistung schulden, der Gläubiger diese aber nur einmal zu fordern berechtigt ist[107], ist allerdings fraglich. So haftet de lege lata der selbstschuldnerische Bürge anerkanntermaßen gerade nicht gesamtschuldnerisch neben dem Hauptschuldner. Nichts spricht allerdings dagegen, auch auf „ungleichstufige" Schulden einzelne Bestimmungen der §§ 421 ff (analog) anzuwenden[108].

### 9. Legalzession[109]

Der Rückgriff des leistenden Gesamtschuldners wird durch die in § 426 Abs. 2 angeordnete **Legalzession** erleichtert: Der Zahler kann sich damit auch auf die Grundforderung stützen und erhält mit dieser vor allem die mit ihr verbundenen Sicherungsrechte. Der gesetzliche Forderungsübergang findet aber seine Grenze an vorrangigen **Gläubigerinteressen**: Zum einen geht die bezahlte Forderung nur im Umfang der erfolgten Zahlung über (§ 426 Abs. 2 S. 1: „soweit"). Zum anderen kann der Übergang nicht zum Nachteil des Gläubigers geltend gemacht werden (S. 2 leg cit; gleich lautend § 774 Abs. 1 S. 2). Diese Anordnung wird insbesondere bei Vorhandensein von Sicherheiten bedeutsam. Sie führt zum sachgerechten Ergebnis, dass dem Gläubiger für seine weiterhin gesicherten (Rest-)Forderungen ein **Befriedigungsvorrang** zusteht.

18/48

### 10. „Gestörter" Gesamtschuldnerausgleich

Besondere Probleme bereitet der sog **„gestörte" Gesamtschuldnerausgleich**[110]. Darunter versteht man Konstellationen, in denen – an sich – mehrere Personen dem Gläubiger als Gesamtschuldner gegenüberstünden, eine von ihnen jedoch durch Vertrag oder Gesetz *bereits vorweg* von ihrer Haftung (ganz oder zum Teil) freigestellt ist[111]. Von solchen Vorwegfreistellungen zu unterscheiden sind **nachträgliche Befreiungen** bloß einzelner Gesamtschuldner. Dieser kommt gemäß den §§ 423, 425 regelmäßig bloß *Einzelwirkung* zu und ist daher vor allem im Regress der Gesamtschuldner untereinander nicht zu beachten[112].

18/49

Bei bereits *ursprünglicher* „Störung" entsteht in Wirklichkeit von vornherein kein Gesamtschuldverhältnis im Sinne der §§ 421 ff. Fraglich ist jedoch, ob – und wenn ja, in

18/50

---

106  Zur Abgrenzung von Gesamtschuld- und Zessionsregress ausführlich *Stamm*, Regressfiguren, 72 ff.
107  In diesem Sinn *Ehmann*, Gesamtschuld, 62 ff; *Rüßmann* JuS 1974, 292; *Boecken/von Sonntag* Jura 1997, 1 (mit Nachweisen weiterer Gegner des „Gleichstufigkeitsdogmas" in Fn 2); *Stamm* NJW 2003, 2940. Gegen die Gleichstufigkeit etwa auch *Esser/E. Schmidt*, SR I/2⁸, 343.
108  Zum Problemkreis zB MünchKomm/*Bydlinski*, BGB⁵, § 421 Rn 12 ff, insb. 14 und 70.
109  Dazu etwa *Wendehorst* Jura 2004, 505, 507 ff.
110  Dazu *Schwab* JuS 1991, 18.
111  Dazu speziell für Personenschäden in arbeitsrechtlichem Zusammenhang (§§ 104, 105 SGB VII) etwa BGHZ 157, 9 = NJW 2004, 951; BGH NJW 2005, 2309; *Waltermann* NJW 2004, 901.
112  Siehe etwa MünchKomm/*Bydlinski*, BGB⁵, § 426 Rn 8 ff.

welchem Ausmaß – der im Außenverhältnis gegenüber dem Gläubiger allein Verpflichtete von dem von seiner Haftung Freigestellten **Ausgleich** nach dem Modell des § 426 verlangen können soll. Denkbar wäre allerdings auch, dem Gläubiger in solchen Fällen gegen den allein Haftenden bloß einen *reduzierten* Anspruch zu gewähren, damit dieser „Allein-Gesamtschuldner" im Ergebnis keinen Nachteil erleidet. Das Problem stellt sich etwa auch dann, wenn ein Arbeitnehmer gemeinsam mit einem Dritten seinem Arbeitgeber einen Schaden zufügt, er nach den Grundsätzen der Rechtsprechung zur „Arbeitnehmerprivilegierung" jedoch von seiner Haftung ganz oder teilweise befreit ist, und der Arbeitgeber den Dritten auf Schadenersatz belangt[113].

> Im **Fall 42** kann G lediglich S auf Schadenersatz in Anspruch nehmen, da sich L ja von seiner Haftung freigezeichnet hat und ein Gesamtschuldverhältnis somit gar nicht entsteht. Es begegnet jedoch Bedenken, dass diese lediglich zwischen G und S getroffene Vereinbarung sich alleine zulasten des L auswirken soll, der ja schließlich nur die „halbe" Schuld am Unfall und somit an der Schädigung des G trägt.

18/51 Der BGH schlug zur Lösung dieses Problems ursprünglich folgenden Weg ein: Der nicht begünstigte Schuldner haftet zwar im Außenverhältnis dem Gläubiger gegenüber *voll*, hat jedoch gegen den Privilegierten einen Ausgleichsanspruch in der Höhe des Betrages, den dieser ohne Haftungsausschluss gemäß § 426 zu tragen hätte[114]. Gegen diese Lösung spricht jedoch, dass der eigentliche Kern des Problems – nämlich der Haftungsausschluss – fast völlig unberücksichtigt bleibt: Dieser kommt dem dadurch „Begünstigten" nämlich paradoxerweise nur – dann aber sogar in vollem Ausmaß – zu Gute, wenn ihn das alleinige Verschulden trifft[115]. Existiert ein weiterer Schädiger, müsste er im Ergebnis – qua Regress – aber doch wieder genau jenen Teil des Schadens ersetzen, den er ohne Befreiung zu tragen gehabt hätte. Überzeugender ist daher ein Weg, der dem Verhältnis zwischen dem Gläubiger und dem von seiner Haftung Freigestellten stärker Rechnung trägt: Vom Anspruch des Gläubigers gegen den dritten Schädiger ist bereits von vornherein der Betrag abzuziehen, den der Begünstigte ohne Haftungsausschluss gemäß § 426 an den zahlenden (Gesamt-)Schuldner hätte leisten müssen[116]. Damit kann den Interessen sämtlicher Beteiligten am besten Rechnung getragen werden.

---

113 Siehe zu diesem Problem die Nachweise in Fn 97 sowie Rn 13/7.
114 BGHZ 12, 213 (vertraglicher Haftungsausschluss); BGHZ 35, 317 (gesetzliche Haftungsbeschränkung gemäß § 1359); abgrenzend (einen Ausgleich gänzlich verneinend) BHGZ 103, 338 (Haftungsbeschränkung der Eltern gemäß § 1664 Abs. 1).
115 *Medicus*, SR AT[17], Rn 807.
116 *Medicus*, SR AT[17], Rn 807; *ders.*, BR[20], Rn 933; *Fikentscher/Heinemann*, SR[10], Rn 779 f; *Esser/ E. Schmidt*, SR I/2[8], 346 f; teilweise auch die Rechtsprechung, siehe etwa BGHZ 110, 114; BGH NJW 1997, 2669. Im Extremfall führt diese Kürzung zum völligen Anspruchsverlust: vgl nur BGH NJW 2003, 2984 und dazu *Unberath* JuS 2004, 662, 664.

## V. Lösung Fall 41

### I. Ansprüche des J

1. Grundlage für die – in der Sache ganz unproblematischen – Ersatzansprüche gegen D und G sind die §§ 823 Abs. 1, 830.

2. J hat außerdem einen Anspruch aus dem Versicherungsvertrag gegen V, wenn eine Schadensversicherung besteht, die – was nicht selbstverständlich ist – auch den Diebstahl des im Schaufenster liegenden wertvollen Schmuck durch Einbruch umfasst. Der Einwand der Versicherung, es sei unverantwortlich, Schmuck in solchem Wert nachts im Schaufenster liegen zu lassen, könnte nach § 254 erheblich sein. Indessen kommt es im Versicherungsrecht nur selten zur Schadensteilung. Üblicherweise wird im Versicherungsvertrag festgelegt, welche Kontrolleinrichtungen nötig sind und ob nach Geschäftsschluss nur eine sogenannte Nachtdekoration oder Schmuck bis zu einem bestimmten Wert im Schaufenster belassen werden darf. Hat sich J an diese Vereinbarungen gehalten, so scheidet § 254 aus. Hat er dagegen verstoßen, ist V gemäß § 6 Abs. 3 VVG zur Gänze leistungsfrei, wenn die Verletzung der Obliegenheit auf grober Fahrlässigkeit des Versicherungsnehmers beruhte und entweder Einfluss auf die Feststellung des Versicherungsfalls oder auf die Feststellung oder den Umfang der dem Versicherer obliegenden Leistung hatte. [Ein Freiwerden der Versicherung gemäß § 25 Abs. 1 VVG (Gefahrenerhöhung nach Vertragsabschluss; § 23 VVG) ist nach dem Sachverhalt wohl eher zu verneinen.]

3. Schließlich steht dem J ein Ersatzanspruch gegen die A-GmbH (A) nach den §§ 636, 280, 281 zu. Ein Einwand aus § 254 kommt hier dann nicht in Betracht, wenn die Firma A darüber informiert war, welchem Zweck die Alarmanlage dienen sollte. Davon kann nach dem Sachverhalt ausgegangen werden. Wohl aber könnte A Zug um Zug gegen Zahlung Abtretung der gegen D und G bestehenden Ersatzansprüche verlangen: A leistete J Schadenersatz für den Verlust einer Sache und der Ersatzanspruch von J gegen D und G beruht auf J's Eigentum. Daher ist § 255 einschlägig, der A bis zur Abtretung ein Leistungsverweigerungsrecht einräumt.

### II. Verhältnis dieser Ansprüche zueinander

1. D und G haften dem J gesamtschuldnerisch (§ 830).

2. Zwischen den Verbindlichkeiten des D, des G, der A-GmbH und der V-Versicherung besteht hingegen kein Gesamtschuldverhältnis iS der §§ 421 ff: Leistet V aus dem Versicherungsvertrag, gehen gemäß § 67 VVG die Ansprüche des J gegen schadenersatzpflichtige Dritte im Wege der Legalzession auf V über. Die Gleichstufigkeit der Verpflichtung von V in Bezug auf die Verpflichtungen von D, G und A ist folglich nicht gegeben. Da es zudem nicht der Sinn der Verpflichtung von A gegenüber J ist, die aus einer unerlaubter Handlung verpflichteten D und G zu entlasten, liegt auch insoweit mangels Gleichstufigkeit keine Gesamtschuld vor. Da nur D und G aus dem Gesichtspunkt der unerlaubten Handlung haften, nicht aber V und A, greift insbesondere auch nicht § 840 ein.

3. Dennoch kann J seinen Schaden insgesamt nur einmal ersetzt verlangen, sodass er nach einer Ersatzleistung durch V, A, D oder G keine weiteren Ansprüche geltend machen kann.

### III. Ausgleich unter den Mitverpflichteten

1. Zahlt V an J, so gehen gemäß § 67 VVG die Ansprüche des J gegen A, D und G auf sie über.

a) Dies gilt ohne jeden Zweifel für die Ersatzansprüche, die J gegen D und G zustehen. Der Umstand, dass nach einer vollen Entschädigung des J dieser keinen Schaden mehr hat, spielt bei gesetzlichem Forderungsübergang keine Rolle: Die Zahlung von V soll die eigentlichen Schädiger ja nicht entlasten.

b) § 67 VVG gilt jedoch auch für die vertraglichen Ersatzansprüche von J gegen A, da die Norm zwischen den verschiedenen Haftungsgründen nicht differenziert.

c) Da § 426 nicht eingreift, kann sich V nach Zahlung aussuchen, gegen wenn sie vorgeht. A, D und G haften ihr als Legal-Zessionarin – ebenso wie vorher dem Legal-Zedenten G – jeweils auf den vollen Betrag.

2. Zahlt die A-GmbH an J, so könnten sich Ausgleichsansprüche nach (bzw analog) § 255 oder § 426 Abs. 2 iVm Abs. 1 ergeben.

a) A haftete nicht gleichstufig mit D und G (II 2). Daher scheidet nach hA die (direkte) Anwendung des § 426 aus. Aber auch eine analoge Anwendung ist abzulehnen, da § 255 eingreift (I 3). Zahlt A, so muss er sich daher keinen Eigenanteil abziehen, sondern kann zu 100% gegen D und/oder G Rückgriff nehmen.

b) Da A über § 255 die Ansprüche von J erwirbt, stehen ihm im Regress – wie bei Legalzession (1 c) – D und G als Ausgleichs-Gesamtschuldner gegenüber. Er kann daher jeden von ihnen auf den gesamten Betrag in Anspruch nehmen.

c) Auf Grund der klaren Wertung des § 67 VVG, wonach die Versicherung einen Schaden immer nur subsidiär zu tragen hat, scheiden Rückgriffsansprüche von A gegen V aus.

3. Leistet D oder G an J, so steht ihm nach dem Ausgeführten weder gegen V noch gegen A ein Ausgleichsanspruch zu. Hingegen kann der zahlende Dieb gegen seinen Komplizen nach § 426 Rückgriff nehmen. Mangels anderer Bestimmung geht der Regress gemäß § 426 Abs. 1 S. 1 auf die Hälfte.

Teil V
# Erlöschen von Schuldverhältnissen

## § 19 Erfüllung und Erfüllungssurrogate

**Fall 43:** M hat eine Wohnung bei V gemietet, ist aber seit einiger Zeit mit der Miete im Rückstand. Als V erscheint und mit Kündigung droht, bietet M ihm folgendes an: Der aktuelle Rückstand soll durch Übereignung einer Stereoanlage abgegolten sein. V geht auf dieses Angebot ein. Als er jedoch am nächsten Tag feststellt, dass der CD-Player der Anlage defekt ist, will er den gesamten Mietzins in bar haben. Da M darauf beharrt, seine Schulden bereits beglichen zu haben, erklärt V die Kündigung.

**Abwandlung:** M begleicht die rückständige Miete mit einem Verrechnungsscheck.

**Fall 44:** S hat bei G Verbindlichkeiten für Warenlieferungen. Als S von der B-Bank mit dem Hinweis zur Zahlung aufgefordert wird, sie habe die Forderung durch Abtretung von G erworben, weigert er sich zu zahlen, weil er den Betrag bereits früher auf ein Konto des G bei der Sparkasse überwiesen habe. Als die B-Bank darauf hinweist, auf den Rechnungen des G sei für bargeldlose Zahlungen ausschließlich ein bei ihr unterhaltenes Konto angegeben gewesen, beruft sich S hilfsweise darauf, er rechne mit einer gegen G bestehenden Schadenersatzforderung auf. Muss S an die B-Bank zahlen? **Lösung Rn 19/38**

### I. Erfüllung und Erfüllungsersatz[1]

#### 1. Erfüllungswirkung

Man unterscheidet zwischen dem **Erlöschen einer einzelnen Pflicht** und dem **Untergang eines ganzen Schuldverhältnisses**. Wenn ein Schuldverhältnis ganz beseitigt werden soll, so müssen sämtliche Einzelpflichten aller Parteien erlöschen, wobei freilich noch eine Rückabwicklung geschuldet sein kann. So geschieht es etwa beim Rücktritt (dazu Rn 10/1 ff) oder bei der Kündigung. Wie dagegen **Fall 43** zeigt, kann eine einzelne Schuld, so die Pflicht zur Zahlung rückständiger Miete, erlöschen, ohne dass das Mietverhältnis in seinem Bestand betroffen ist. § 362 bringt diesen Unterschied nicht scharf zum Ausdruck, indem er vom Erlöschen des Schuldverhältnisses spricht; gemeint ist aber die Forderung auf eine zu bewirkende Leistung bzw das „Schuldverhältnis im engeren Sinne" (siehe Rn 1/8 f).

19/1

---

1 Dazu ausführlich *Bülow* JuS 1991, 529; *Muscheler/Bloch* JuS 2000, 729.

§ 19 *Erfüllung und Erfüllungssurrogate*

## 2. Erlöschensgründe

**19/2** Das Gesetz behandelt verschiedene Gründe des Erlöschens einer Forderung. Am wichtigsten ist die **Erfüllung**, das Bewirken der geschuldeten Leistung[2] (§ 362 Abs. 1). An ihre Stelle können aber **Ersatzleistungen** treten (vgl § 364). Eine geringere Rolle als Erlöschensgründe spielen der **Erlassvertrag** (§ 397) sowie die **Hinterlegung** bestimmter geschuldeter Gegenstände bei einer dazu bestimmten öffentlichen Stelle (§§ 372 ff)[3]. Hervorzuheben ist schließlich die **Aufrechnung** mit einer Gegenforderung des Schuldners gegen den Gläubiger (vgl dazu **Fall 44**); sie dient vor allem der Vereinfachung und führt ebenfalls zum Wegfall der betroffenen Forderungen (§ 389).

> Das Urteil über die Erfüllung hängt stets von einer genauen Inhaltsbestimmung des Geschuldeten (dazu Rn 2/37 ff) ab: Konnte der Schuldner im **Fall 44** schuldbefreiend auf ein beliebiges Konto des Gläubigers überweisen? Können und wollten in **Fall 43** Gläubiger und Schuldner die Leistung durch Übereignung der Stereoanlage oder durch Hingabe des Schecks als Erfüllung gelten lassen? Unter welchen Voraussetzungen kann oder muss der Gläubiger die Leistungen eines Dritten annehmen?

**19/3** Hinter den genannten Fragen steht das Problem der **Rechtsnatur der Erfüllung**, das allerdings, soll mehr als eine begriffsjuristische Einordnung geleistet werden, strukturiert werden muss. Der Wortlaut des § 362 Abs. 1 stellt für das Vorliegen einer Erfüllung anscheinend allein auf das tatsächliche Bewirken einer geschuldeten Leistung ab. Damit bleibt vor allem zweierlei offen: Kommt es für das Eintreten der Erfüllungswirkung auf die **Handlung** des Schuldners oder auf den **Erfolg** beim Gläubiger an? Und: welche Rolle spielen die Willensakte von Gläubiger und Schuldner (Übereignung der Anlage in **Fall 43**, Weisung an die Bank in **Fall 44**), die mit dem tatsächlichen Bewirken der Leistung zusammenhängen?

**19/4** a) Zunächst zum **Verhältnis von Leistungshandlung und Leistungserfolg**: Zentral geht es um die Verwirklichung eines ganz bestimmten Gläubigerinteresses. Dies hat im Regelfall durch eine Handlung des Schuldners zu geschehen; wenn man die zunehmend erweiterten und verfeinerten Nebenpflichten (Rn 2/38 ff) hinzunimmt: durch ein vertragsgemäßes Verhalten des Schuldners[4].

Im Recht der Leistungsstörungen stehen bei der Bestimmung der Unmöglichkeit der Leistung die Hindernisse bei der Verwirklichung des Erfolgs im Vordergrund (§ 275 Abs. 1 bis 3), doch bestimmt im Element des Vertretenmüssens bei der Haftung für Unmöglichkeit sowie beim Verzug auch die fehlende (bzw zumindest nicht ausreichende) Anstrengung des Schuldners die konkreten Rechtsfolgen. In der Erfüllungslehre ist hingegen weitestgehend das objektive Eintreten des Leistungs*erfolgs* ent-

---

[2] Zur rechtlichen Relevanz eines Rückforderungsvorbehalts durch den Leistenden im Augenblick der Leistungserbringung etwa OLG Saarbrücken MDR 2004, 329.
[3] Zu den Voraussetzungen erfüllungswirksamer Hinterlegung in jüngerer Zeit BGH NJW 2003, 1809; NJW-RR 2004, 656; NJW-RR 2005, 712.
[4] Eingehend *Wieacker* FS Nipperdey Bd I (1965), 783.

scheidend. Das Schuldnerverhalten als solches spielt eine untergeordnete Rolle. Das zeigen die Formulierungen der Ansprüche durch die Vorschriften im Besonderen Teil des Schuldrechts: Der Käufer kann Übereignung, der Mieter Gebrauchsüberlassung verlangen. Ist der Schuldner nicht zu höchstpersönlicher Leistung verpflichtet, kann auch ein Dritter mit befreiender Wirkung leisten (§ 267), sofern nur das Gläubigerinteresse richtig, dh obligationsgemäß, verwirklicht wird. Umgekehrt nutzen dem Schuldner noch so intensive Bemühungen regelmäßig nichts, wenn er den versprochenen bzw geschuldeten Erfolg nicht herbeiführt.

Es gibt freilich auch Verbindlichkeiten, die lediglich durch ein bestimmtes Tun zu erfüllen sind, zB Unterlassungspflichten wie ein vertragliches Wettbewerbsverbot. Hier liegt der Erfolg bloß im Verhalten (nämlich im „Nichtstun") des Schuldners, während im Allgemeinen dieses Verhalten den geschuldeten Erfolg, die Erfüllung, hervorgebracht haben muss. Bisweilen fallen der Eintritt des Leistungserfolges und die letzte vom Schuldner zu bewirkende Handlung auseinander, so bei der Schickschuld (siehe dazu Rn 3/10 f; zu den Folgen im Bereich der Haftung für Leistungsstörungen Rn 5/7 ff). Von diesen Sonderfällen abgesehen, muss aber der Gläubiger regelmäßig endgültig in den Genuss des geschuldeten Leistungserfolgs gelangt sein.

Das führt den BGH etwa zur Ansicht, die vereinbarte **Kaufpreiszahlung auf ein Notaranderkonto**[5] habe noch keine Erfüllungswirkung[6]. Dabei ist zu beachten, dass die Hinterlegung des Kaufpreises beim Notar regelmäßig im Interesse beider Parteien erfolgt. Es sollen Vorleistungsrisiken ausgeschaltet und der gegenseitige Leistungsaustausch koordiniert werden[7]. Hätte schon die Hinterlegung des Kaufpreises auf dem Notaranderkonto Erfüllungswirkung, so trüge der Käufer die Gefahr, dass über das Vermögen des Verkäufers das Insolvenzverfahren eröffnet wird, bevor dieser seine Leistungspflichten erfüllt hat[8]. Deshalb wird hinsichtlich der Erfüllungswirkung auf die „Auszahlungsreife"[9] (Übereignung und Übergabe des enthafteten Grundstücks) oder auf die Auszahlung des Betrages an den Gläubiger abgestellt[10]. Bedeutung erlangt dieser Streit zB bei Veruntreuung des hinterlegten Betrages durch den Notar.

19/5

b) Die **Ausgangsfälle** zeigen, dass die Parteien häufig über die Erfüllungseignung konkret angebotener Leistungen verhandeln und nicht selten modifizierende Vereinbarungen treffen. Der Lösung konkreter Fälle ist aber eine allgemeine Frage vorgelagert; nämlich, ob für die Erfüllung selbst generell rechtsgeschäftliche Akte zu verlangen sind. Vier Ansichten („**Erfüllungstheorien**") sollen kurz vorgestellt werden, da deren Vergleich das Problemverständnis fördert:

19/6

---

5  Umfassend dazu *Dornis*, Kaufpreiszahlung auf Notaranderkonto: Erfüllung, Pfändung, Insolvenz (2005).
6  NJW 1983, 1605; NJW 1994, 1403 = JuS 1996, 103 mit krit. Anm. von *Preuß*. Ausgenommen sind selbstverständlich jene Fälle, in denen die Parteien ausdrücklich die *Erfüllungswirkung* der Einzahlung auf dem Notaranderkonto *vereinbart* haben.
7  *Preuß* JuS 1996, 103.
8  BGH NJW 1994, 1403, 1404.
9  BGH NJW 1994, 1403.
10 MünchKomm/*Wenzel*, BGB⁵, § 362 Rn 17; Jauernig/*Stürner*, BGB¹¹, § 362 Rn 6.

In ihrer reinen Form wohl nicht mehr vertreten wird die **Vertragstheorie**. Danach soll zur Erfüllung neben dem tatsächlichen Bewirken der Leistung ein „Erfüllungsvertrag" gehören[11]. Die **modifizierte Vertragstheorie** schränkt die Forderung nach einem Vertrag auf Fälle ein, in denen das Gesetz ein derartiges Rechtsgeschäft ausdrücklich verlangt[12], so bei der Übereignung (vgl nur die §§ 873, 929). Dafür bedarf es aber wohl keiner eigenen Theorie. Nach der **Theorie der realen Leistungsbewirkung** genügt die Herbeiführung des Leistungserfolgs[13]. Dieser Ansicht wird jedoch eingewandt, dass sie den Leistungsbegriff nicht hinreichend beachte, der eine Zweckbestimmung erfordere. Die **Theorie der finalen Leistungsbewirkung** verlangt daher das Bewirken der Leistung *und* eine (gleichzeitige) Zweckbestimmung durch den Leistenden[14].

**Beispiele für finale Leistungsbewirkung:** Ein Uhrmacher repariert eine fremde Uhr in der Annahme, es handle sich um seine eigene[15]; Erfüllung soll erst eintreten, wenn er die richtige Zweckbestimmung nachholt. Oder: Jemand will seine Schulden bei mehreren Gläubigern begleichen, jedoch aus irgendeinem Grund einen davon ausnehmen. Irrtümlich unterschreibt er aber den falschen Zahlschein[16]. Nach der Theorie der finalen Leistungsbewirkung könnte er die Zahlung (trotz entsprechender Zahlungsverpflichtung!) nach § 812 zurückfordern.

19/7 In vielen Fällen führen die unterschiedlichen Theorien zu gleichen oder ähnlichen Ergebnissen. Ein strenger Vertragsansatz steht jedoch wohl vor den größten Problemen. Tatsächlich entspricht es im Normalfall nicht der Auffassung der Beteiligten, über den auf der Hand liegenden Erfüllungszweck einer Leistung – sei sie rechtsgeschäftlich oder nicht – noch eine Verabredung zu treffen. Demgemäß reicht an sich die **Leistungsbewirkung**, der nach den Umständen oder nach dem Verhalten des Schuldners der Erfüllungszweck innewohnt, zur Erfüllung aus. Auf die Geschäftsfähigkeit der Partner zum Abschluss eines Erfüllungsvertrages kommt es nicht an. Allerdings muss der Empfänger einer Leistung, soll sie zur Erfüllung geeignet sein, eine der Verfügungsbefugnis entsprechende **„Empfangszuständigkeit"** besitzen, dh er muss berechtigt sein, die geschuldete Leistung mit der Folge des Untergangs des Anspruchs entgegenzunehmen. Das ist gerade bei Minderjährigen nicht der Fall[17]. Hierhin können sich die beiden gegensätzlichen Theorien einigen. Davon unabhängig nimmt die hM an, dass das dingliche Geschäft als lediglich rechtlich vorteilhaft wirksam ist.

19/8 Die Tatsache, dass abgesehen von den – wichtigen – Fällen, in denen für die Erfüllung ein weiterer rechtsgeschäftlicher Akt (wie beispielsweise die Einigung über den Eigentumsübergang gemäß § 929) erforderlich ist, für die Erfüllung keine zusätzliche Vereinbarung zwischen Gläubiger und Schuldner nötig ist, bedeutet nicht, dass solche

---

11 Dazu *Gernhuber*, Die Erfüllung und ihre Surrogate[2], 106 mwN; *Muscheler/Bloch* JuS 2000, 729, 731 f.
12 Siehe nur *Fikentscher/Heinemann*, SR[10], Rn 314.
13 HM: siehe etwa *Larenz*, SR I[14], 238; *Medicus*, SR AT[17], Rn 237; MünchKomm/*Wenzel*, BGB[5], § 362 Rn 10, 12.
14 *Gernhuber*, Erfüllung[2], 110; *Bülow* JuS 1991, 531; *Muscheler/Bloch* JuS 2000, 729, 732 ff.
15 Nach *Welker*, Bereicherungsausgleich wegen Zweckverfehlung (1974), 26, 49 f.
16 Nach *Bülow* JuS 1991, 530.
17 Zur Minderjährigenproblematik eingehend *Schreiber* Jura 1993, 666 f (dessen eigener Vorschlag manche Abgrenzungsprobleme aufwirft).

Abreden ausgeschlossen wären. Ist zB unklar, auf welche von mehreren Forderungen des Gläubigers eine Leistung verrechnet werden soll, so stellt § 366 Abs. 1 auf die einseitige Bestimmung des Schuldners ab, die nicht einmal ausdrücklich erfolgen muss[18]. Dabei ist unbestritten, dass Gläubiger und Schuldner durch eine besondere Vereinbarung einer anderen als der eigentlich geschuldeten Leistung befreiende Wirkung beimessen können (siehe etwa § 362 Abs. 2 iVm § 185 oder § 364; dazu Rn 19/12 ff).

c) Auszugehen ist also von der schuldbefreienden Wirkung einer realen Leistung, jedoch mit der Maßgabe, dass **Vereinbarungen über den Erfüllungszweck** vorgehen. Generell hängt somit die Erfüllungswirkung einer tatsächlichen Leistung allein davon ab, ob sie inhaltlich, zeitlich oder örtlich dem Schuldverhältnis bzw den über die Schuldtilgung getroffenen Abreden entspricht. Damit ist wohl auch die Zweckbestimmung durch den Leistenden ganz unproblematisch vorhanden.

19/9

In der Abwandlung von **Fall 43** wurde durch **Verrechnungsscheck** gezahlt. Dies ist, da bei Geldschulden (Rn 3/16 ff) an sich voll gültige Zahlungsmittel (= Scheine oder Münzen) geschuldet sind, nicht selbstverständlich. Was die aus der modernen Wirtschaft nicht mehr hinweg zu denkende Begleichung von Geldschulden durch **Überweisung** anbelangt, so zeigt **Fall 44**, dass die Verbuchung des Betrages auf einem beliebigen Konto des Gläubigers dessen Interessen verletzen kann, die nicht ohne Weiteres als unberechtigt bezeichnet werden können; im Beispiel das Bestreben des G, aus seinen Außenständen gerade die B-Bank zu befriedigen. **Tilgungswirkung** hat daher nur die Überweisung auf das vereinbarte oder das vom Gläubiger angegebene Konto[19]. In seltenen Fällen kann die Berufung des Gläubigers auf fehlerhafte Tilgung allerdings auch rechtsmissbräuchlich und daher unwirksam sein; so nach dem BGH etwa dann, wenn aus dem nachträglichen Verhalten des Gläubigers zwar hervorgeht, dass er eine Zahlung auf das falsche Konto als seinem Vermögen tatsächlich zugeflossen betrachtet, er sich aber gegenüber seinem Schuldner dennoch auf die ausgebliebene Tilgung beruft[20].

Immerhin besteht hinsichtlich der Erfüllungseignung der Zahlung durch **Überweisung** (= Verschaffung von „**Buchgeld**", dh einer Forderung gegen die kontoführende Bank) oder durch Scheckhingabe ein Unterschied: Ein überwiesener Betrag steht dem Gläubiger mit der Gutschrift durch seine Bank endgültig zur Verfügung, sodass hier nur entschieden zu werden braucht, ob Buchgeld dem an sich geschuldeten Bargeld gleichsteht. Hingegen hat der, der einen **Scheck** annimmt, noch keine Gewähr dafür, in Kürze über die entsprechende Geldsumme auch verfügen zu können (näher Rn 19/18 f). Der Unterschied zwischen den beiden Formen bargeldloser Zahlung schlägt sich darin nieder, dass nach hM im Fall der Überweisung § 362 anwendbar sein kann, während die Entgegennahme eines Schecks nur als Annahme erfüllungshalber aufzufassen ist (dazu noch Rn 19/19).

19/10

---

18 Vgl BGH NJW 2001, 3781: Kann der Gläubiger eine Leistung des Schuldners, etwa weil genau ein bestimmter offener Betrag gezahlt wird, einer von mehreren offenen Verbindlichkeiten zuordnen, steht es der Erfüllungswirkung der Zahlung nicht entgegen, dass der Schuldner sie nicht mit einer ausdrücklichen Tilgungsbestimmung versehen hat.
19 BGH NJW-RR 2004, 1281 mwN; OLG Düsseldorf NJW-RR 2006, 660.
20 BGH NJW-RR 2004, 1281.

Buch- und Bargeld sind für den Berechtigten nahezu gleichwertig. Zwar bestehen insoweit rechtliche Unterschiede, als Buchgeld nur eine Forderung gegen die kontoführende Bank gewährt. In deren Insolvenz (zum Glück selten!) oder bei Geltendmachung von Zurückbehaltungs- oder Aufrechnungsrechten zeigt sich sehr anschaulich der Unterschied zum Geldschein „in der Hand". Dennoch: Schon wegen der überragenden Bedeutung und praktischen Verbreitung bargeldloser Zahlung lässt sich die Erfüllungseignung einer Überweisung heute weitgehend bejahen. Es genügt, wenn der Schuldner von einem entsprechenden Einverständnis des Gläubigers ausgehen durfte[21]. Das kann etwa schon dann angenommen werden, wenn auf den Geschäftspapieren des Gläubigers dessen Bankverbindung abgedruckt ist und der Gläubiger vom konkreten Schuldner nicht ausdrücklich Barzahlung verlangt hat[22]. Ähnliches gilt, wenn der Gläubiger über mehrere Konten verfügt. Hier kann der Schuldner grundsätzlich frei wählen, wohin er überweist. Wurde hingegen wie im **Fall 44** Überweisung auf ein ganz bestimmtes Konto verlangt, so ist nur die Überweisung auf dieses Konto als schuldbefreiende Erfüllung anzusehen[23].

### 3. Beteiligung Dritter

19/11 Wie schon die Überweisung zeigt, werden Schulden nicht immer durch direkte Zuwendungen des Schuldners an den Gläubiger erfüllt. An den Umsatzgeschäften der heutigen Wirtschaft sind häufig mehrere Personen beteiligt. So kann es vorkommen, dass auch in die Erfüllung von Forderungen aufseiten des Gläubigers oder des Schuldners **dritte Personen** eingeschaltet werden.

19/12 § 362 Abs. 2 erfasst den **Dritten als Leistungsempfänger** und bestimmt, dass an einen Dritten, der nicht Gläubiger ist, „zum Zwecke der Erfüllung" geleistet werden kann[24]. Diese Leistung befreit den Schuldner von seiner Verbindlichkeit, wenn der Gläubiger die an den Dritten erbrachte Leistung durch eine rechtsgeschäftliche Erklärung als Erfüllung gelten lässt; dies besagt der in § 362 Abs. 2 enthaltene Hinweis auf § 185. Öfter ist schon im Vertrag – also vorweg – vorgesehen, dass die Leistung nicht direkt dem Gläubiger, sondern einem Dritten zu erbringen ist. Zur Frage, wann darin ein Vertrag zugunsten Dritter zu sehen ist, bereits Rn 15/3 ff.

Dies wird zB im Fall der „abgekürzten Lieferung" praktisch: Der Verkäufer einer Ware deckt sich nach Kaufabschluss seinerseits durch einen Kaufvertrag bei seinem Lieferanten ein und weist diesen an, die Ware direkt an seinen Käufer auszuliefern. Beim „finanzierten Abzahlungskauf" nimmt der Käufer, der den vollen Kaufpreis nicht auf einmal zahlen kann, ein Darlehen auf, das aber vom Darlehensgeber nicht an ihn, sondern an den Verkäufer ausgezahlt wird (dazu Schuldrecht Besonderer Teil § 6 Rn 16 ff).

---

21 *Gernhuber*, Erfüllung[2], 206 ff; *Medicus*, SR AT[17], Rn 158; Staudinger/*K. Schmidt*, BGB[13], vor §§ 244 ff Rn C 45; Erman/*H.P. Westermann*, BGB[11], § 362 Rn 8; MünchKomm/*Wenzel*, BGB[5], § 362 Rn 21 f; *Larenz*, SR I[14], 167; *Schwintowski/Schäfer*, Bankrecht[2], 282 (Rn 135). Offen lassend BGH NJW 1986, 2429. Zur Erfüllung durch Buchgeld zuletzt BGH WM 1999, 11 (BGH verlangt entsprechende Vereinbarung). – Für die Einordnung der Buchgeldzahlung als Leistung an Erfüllungs statt BGHZ 58, 108, 109; *Fikentscher/Heinemann*, SR[10], Rn 261; *Canaris*, Bankvertragsrecht[4], Rn 391 ff; OLG Hamm NJW 1988, 2115; OLG Köln, NJW-RR 1991, 50.
22 BGHZ 98, 24, 30; Staudinger/*Olzen*, BGB[13], vor §§ 362 ff Rn 37.
23 BGH NJW 1985, 2700; NJW 1995, 520; Staudinger/*K. Schmidt*, BGB[13], vor §§ 244 ff Rn C 46; Erman/*H.P. Westermann*, BGB[11], § 362 Rn 8.
24 Siehe *Taupitz* JuS 1992, 449; *Muscheler/Bloch* JuS 2000, 729, 736 ff.

Eine ähnliche, wenn auch nicht dem § 362 Abs. 2 unterfallende Konstruktion findet sich bei der **Einziehungsermächtigung** nach *verdeckter* Forderungsabtretung (dazu Rn 17/9). Wie **Fall 44** zeigt, zieht der Zedent, der nicht mehr Gläubiger der Forderung ist, im Einverständnis mit dem Neugläubiger die Forderungen ein. Die Leistung an den Zedenten hat aufgrund der Ermächtigung befreiende Wirkung gegenüber dem Gläubiger. Bei einer *offenen*, also dem Schuldner bekannten Abtretung, kommt es im Falle des Einzugs durch den Zedenten hingegen auf die genauen Grenzen der erteilten Ermächtigung (bzw eines vom Zessionar selbst gesetzten Rechtsscheins) an[25].

19/13

Die **Leistung durch Dritte** ist im Zusammenhang mit der Bestimmung des Schuldinhalts geregelt. § 267 bestimmt, dass bei Verbindlichkeiten ohne ausgeprägten Persönlichkeitsbezug auch ein Dritter die geschuldete Leistung erbringen kann. Weder Schuldner noch Gläubiger können allein dieses Einspringen zurückweisen. Der Schuldner kann im Falle seines Widerspruchs lediglich hoffen, dass der Gläubiger die Leistung ablehnt (§ 267 Abs. 2). Der Gläubiger muss sich auf die Drittleistung einlassen, solange der Schuldner nicht widerspricht.

19/14

### 4. Erfüllungssurrogate

Es können aber nicht nur andere Personen als Gläubiger und Schuldner in die Erfüllung einbezogen werden. Das Gläubigerinteresse lässt sich uU auch durch eine **andere als die eigentlich geschuldete Leistung** befriedigen.

19/15

a) § 364 lässt dies zu, wenn die Parteien einen derartigen Tilgungsmodus **vereinbart** haben[26]. Dabei stellt § 364 Abs. 1 klar, dass die Annahme einer anderen als der geschuldeten Leistung **an Erfüllungs statt** die ursprüngliche Forderung zum Erlöschen bringt. Die ursprüngliche Forderung fällt also nur unter zwei Voraussetzungen weg: Erstens müssen sich Schuldner und Gläubiger über die „andere Leistung" geeinigt haben; und zweitens muss diese Leistung auch erbracht worden sein. In der Sache handelt es sich also um eine einvernehmliche Änderung der Hauptleistung, die nahezu gleichzeitig erbracht wird. Ob der Gläubiger wirklich eine derartige – endgültige – Ersetzung wollte, ist Auslegungsfrage, die nach allgemeinen Regeln zu entscheiden ist[27]. Auf einen solchen Handel wird sich der Gläubiger regelmäßig nur einlassen, wenn die ihm erbrachte Leistung genauso gut und unmittelbar verwertbar ist wie die ursprünglich geschuldete oder wenn er – vgl **Fall 43** – lieber den Spatz in der Hand als die Taube auf dem Dach haben will (dem Mietzins müsste er im schlimmsten Fall mittels Klage nachlaufen).

19/16

b) Wird hingegen – ohne tatsächliche Leistung – „zum Zwecke der Befriedigung" eine **neue Verbindlichkeit bloß begründet**, geht das Gesetz davon aus, dass der Gläubiger im Regelfall nicht endgültig auf seine alte Forderung verzichten will (§ 364 Abs. 2). Die neue Verpflichtung wurde vom Schuldner dann im Zweifel nur **erfül-**

19/17

---

25 BGH NJW 2002, 1417.
26 Zum Problemkreis *Schreiber* Jura 1996, 328; *Mischeler/Bloch* JuS 2000, 729, 739 f.
27 BGHZ 116, 278, 283.

**lungshalber** übernommen, sodass dem Gläubiger eine **zusätzliche** Befriedigungsmöglichkeit erwächst.

„Zum Zwecke der Befriedigung" bedeutet: zur Befriedigung des **ursprünglichen** Anspruchs. Die Zweifelsregel trifft daher vor allem Geldforderungen: Der Gläubiger erhält einen Scheck oder Wechsel, mit dessen Hilfe er an „sein Geld" kommen soll. Anderes gilt im Regelfall für die Verpflichtung zur Leistung einer Sache: Kommen die Parteien etwa darüber überein, dass nicht wie bisher vereinbart ein Auto, sondern ein Motorrad zu liefern ist, denken die Parteien nicht daran, dass der Gläubiger das Motorrad nach Erhalt zu Geld machen wird, um sich damit das Auto zu beschaffen. Die Verpflichtung zur Leistung des Motorrads wurde also nicht zwecks Befriedigung des ursprünglichen Anspruchs (auf das Auto) begründet, sondern weil der Gläubiger nun mit dem Zweirad einverstanden ist.

19/18  c) Beachtenswert sind auch die Unterschiede in den **Rechtsfolgen von Leistungsstörungen**. Bei der **Leistung an Erfüllungs statt** gibt es an sich keinen Verzug, da die Erbringung Tatbestandsmerkmal ist. War die erbrachte Leistung mangelhaft, stehen dem Empfänger Gewährleistungsrechte wie bei Kauf zu (§ 365). Entschließt sich der Leistungsempfänger in einem solchen Fall zum Rücktritt, fällt damit die Erfüllungs(änderungs)vereinbarung dahin. Auf diese Weise kann der Anspruch auf die seinerzeit vereinbarte Leistung wieder zur Entstehung gebracht werden[28]. Bei bloß **erfüllungshalber** erbrachter Leistung tritt der ursprüngliche Anspruch hingegen nur (vorläufig) in den Hintergrund. Die Vereinbarung lautet nämlich, der Gläubiger solle Befriedigung primär aus dem Surrogat – etwa dem Wechsel oder Scheck (siehe die Abwandlung zu **Fall 43**) – suchen. Gelingt das dem Gläubiger mit verkehrsüblicher Sorgfalt nicht, kann er wieder auf den ursprünglichen, bloß *gestundeten* Anspruch zurückgreifen[29]. Der Schuldner muss dann aber nur Zug um Zug gegen Rückgabe des – untauglichen – Ersatzes leisten[30].

> Die Interessenlage zeigt **Fall 43**: V wollte offenbar einen Wert in die Hand bekommen, der ihn veranlassen könnte, M eine weitere Zeit wohnen zu lassen. Die Stereoanlage, der die Parteien einen festen Wert beimaßen, wurde an Erfüllungs statt angenommen mit der Folge, dass die Mietzinsforderung insoweit beseitigt wurde. Somit ist der Standpunkt des M, er habe für diesmal seine Schulden getilgt, im Grundsatz zutreffend. Allerdings haftet der Anlage ein Sachmangel an. Daher kann V gemäß § 437 vorgehen. Dann muss M die ursprüngliche Forderung wiederherstellen, sofern sie nicht ohnehin wieder von selbst auflebt, was wohl zu befürworten ist.

19/19  Etwas anderes gilt bezüglich des **Schecks**. Er ist kein unmittelbar realisierbarer Wert, da seine Güte von der auf dem Konto des Ausstellers F vorhandenen Deckung bzw einer Einlösungspflicht der Bank abhängt. Auch erfolgt eine Gutschrift beim Schecknehmer nach der Bankpraxis zunächst immer nur „Eingang vorbehalten"; sie kann also bei Nichteinlösung rückgängig gemacht

---

28  Vgl BGHZ 46, 338, 342 (der dem Gläubiger allerdings nur einen Anspruch auf Begründung der „alten" Forderung gewähren will); Jauernig/*Stürner*, BGB[11], §§ 364, 365 Rn 3.
29  Siehe etwa BGHZ 96, 182, 193; *Bülow* JuS 1991, 529, 535.
30  *Gernhuber*, Erfüllung[2], 171 f; Soergel/*Zeiss*, BGB[12], § 364 Rn 6.

*Erfüllungssurrogate* § 19 I 4

werden[31]. Somit erwirbt der Nehmer eines Schecks keine Stellung, die ihn bewegen könnte, in Höhe des Scheckbetrages auf seine alte Forderung zu verzichten. Die Scheckhingabe erfolgt daher nur erfüllungshalber: Der Gläubiger soll die Möglichkeit erhalten, sich mit dessen Hilfe zu befriedigen. Tilgung tritt erst mit vorbehaltsloser Gutschrift[32] oder dann ein, wenn der Scheck von der Bank des Ausstellers nach Vorlage honoriert wird, indem sie auf seinem Konto eine Lastschrift vornimmt[33].

Ein ebenfalls praktisch wichtiger Fall ist die Hingabe eines **Wechsels**. Aus dem Wechsel wird der Aussteller wie der Bezogene selbstständig verpflichtet, und der Wechselbegünstigte kann das Papier an seine Bank verkaufen (diskontieren), wofür er sofort die Wechselsumme gutgeschrieben erhält[34]. Wird aber bei Fälligkeit der Wechsel nicht eingelöst, so wird dem früheren Wechselinhaber, der das Papier zum Diskont gegeben hat, der Betrag rückbelastet. Vorher ist die alte Forderung noch nicht endgültig getilgt. Daher wird auch ein Wechsel regelmäßig nur **erfüllungshalber** angenommen.

19/20

Nach dem BGH liegt bei der **Inzahlungnahme eines Gebrauchtwagens** im Rahmen eines Neuwagenkaufs ein **einheitlicher** Vertrag vor, bei dem der Käufer das Recht hat (**Ersetzungsbefugnis**), einen vertraglich näher festgelegten Teil seiner Zahlungsverpflichtung durch Übergabe des Gebrauchtwagens zu tilgen[35]. Macht der Käufer von diesem Recht Gebrauch, so führt dies nach der Rechtsprechung zu einer **Leistung an Erfüllungs statt** iS des § 364 Abs. 1 BGB. Das hat zur Folge, dass der Fahrzeughändler bei Mängeln des Gebrauchtwagens nach §§ 365, 437 vorgehen kann. Diese Lösung des Problems bevorzugt den Kfz-Händler, der so seinen Neuwagen verkaufen kann, ohne den (mangelhaften) Gebrauchtwagen des Käufers abnehmen zu müssen; und dies, obwohl der Käufer in den meisten Fällen aus finanziellen Gründen einen Neuwagenkauf nur unter Inzahlunggabe seines Gebrauchtwagens in Betracht gezogen hat. In der Literatur und Teilen der Rechtsprechung wird deshalb ein *typengemischter* Vertrag mit Elementen aus Kauf und Tausch angenommen[36]. Danach erfüllt der Käufer seine Verpflichtung aus dem Vertrag von vornherein zum Teil durch die Übergabe des Gebrauchtwagens (§ 362). Ein Rücktritt vom Vertrag kommt dann nur hinsichtlich des *gesamten* Vertrages in Betracht. In jüngster Zeit wird immer wieder über die Frage gestritten, ob bei vorgesehener **Tilgung der Schuld aus einem endfälligen Darlehen durch eine Lebensversicherung** (als sog „Tilgungsträger") die Auszahlung der Lebensversicherung an den Kreditgeber erfüllungshalber oder an Erfüllungs statt erfolgt, was immer dann einen Unterschied macht, wenn die Versicherungssumme den offenen Darlehensbetrag über- oder unterschreitet[37]. Entscheidend ist die Auslegung der zwischen Kreditgeber und Kreditnehmer getroffenen Vereinbarung. Da es bei der Entwicklung des Lebensversicherungsguthabens, vor allem seiner Gewinnanteile, ersichtlich um Risiken (und Chancen) geht, die den Kreditnehmer treffen sollen, sollte die Auszahlung regelmäßig als bloß **erfüllungshalber** erfolgt angesehen werden. Bei Negativdifferenzen zum offenen Kredit bleibt daher eine Restkreditschuld bestehen, während ein Übererlös dem Kreditnehmer gebührt[38].

19/21

---

31 Zum Scheckverkehr im Einzelnen *Nobbe*, in: *Schimansky/Bunte/Lwowski*, Bankrechts-Handbuch I[2], 1358 f (§ 60 Rn 185 f), 1360 (§ 60 Rn 190 f).
32 Vgl nur BGH NJW 1995, 3388; BGH JZ 1996, 804.
33 Erman/*H.P. Westermann*, BGB[11], § 364 Rn 10.
34 Zur wirtschaftlichen Funktion des Wechsels *Zöllner*, Wertpapierrecht[14] (1987), 59 ff; *Hueck/Canaris*, Das Recht der Wertpapiere[12] (1986), 45 ff; zur Wirkung der Wechselbegebung auf das Kausalverhältnis *Zöllner*, aaO, 123 f; *Hueck/Canaris*, aaO, 165 ff.
35 BGH NJW 1984, 429. Zum Problemkreis *Binder* NJW 2003, 393.
36 OLG Oldenburg NJW-RR 1995, 689; *Honsell* Jura 1983, 524, 525.
37 Siehe dazu etwa OLG Köln NJW-RR 2001, 260; OLG Karlsruhe NJW 2003, 2322; LG Freiburg/Br. WM 2005, 2090; LG Göttingen WM 2005, 2092; LG Mainz WM 2005, 2093.
38 Ausführlich dazu *Artzt/S. Weber* BKR 2005, 264.

## II. Die Aufrechnung[39]

### 1. Begriff und Zwecke

**19/22** Unter den Erlöschensgründen nimmt die **Aufrechnung** nach ihrer praktischen Bedeutung hinter der Erfüllung wohl den zweiten Rang ein[40]. Hier ist der **Schuldner zugleich Gläubiger** seines Gläubigers. Die Aufrechnung dient daher dazu, den Austausch der beiden Leistungen und damit unnötigen Aufwand zu vermeiden. Zugleich ermöglicht sie dem Aufrechnenden, die ihm zustehende Forderung ohne Rechtsstreit und Zwangsvollstreckung dadurch zu realisieren, dass er sich seiner eigenen Schuld entledigt. Dies geschieht, indem eine Partei (der Aufrechnende) durch einseitige Erklärung (§ 388) mit ihrer Forderung, der **Aktivforderung (oder Gegenforderung)**, gegen die dem Aufrechnungsgegner zustehende Forderung, die **Passivforderung (oder Hauptforderung)**, aufrechnet. Die Aufrechnung dient damit der **Vereinfachung**: Sie führt zugleich zu **Forderungsbefriedigung** und **Schuldtilgung**. Darüber hinaus wohnt der Aufrechnung eine **Sicherungsfunktion** inne, da sie grundsätzlich auch noch nach Eröffnung eines Insolvenzverfahrens über das Vermögen des Aufrechnungsgegners möglich ist[41].

**19/23** In der Praxis begegnet die Aufrechnung häufig als **Prozessaufrechnung**: Die eigene Forderung wird dem eingeklagten Anspruch, der in der Regel als nicht bestehend geleugnet wird, nur für den Fall entgegengesetzt, dass das Gericht der Klage ansonsten stattgeben würde. Der Beklagte wehrt sich also primär gegen die Berechtigung der Klage und will seine Gegenforderung nur (subsidiär) dann zur Abwehr einsetzen, wenn der eingeklagte Anspruch als gegeben festgestellt wird.

> Ähnliches kann auch schon außerprozessual geschehen. So beruft sich im **Fall 44** S hauptsächlich darauf, er habe mit befreiender Wirkung geleistet. Nur *hilfsweise* stellt er seine Schadenersatzforderung zur Aufrechnung; er will sie also nicht geltend machen, soweit er mit dem Einwand der Zahlung Erfolg hat (zur Frage, ob derartige „Eventualaufrechnungen" wirksam sind, Rn 19/29). Der Fall zeigt auch den praktischen Hintergrund der Aufrechnung: Wenn, wofür vieles spricht, der ursprüngliche Gläubiger G der Schadenersatzpflicht mangels Zahlungsunfähigkeit nicht mehr nachkommen könnte, würde die Aufrechnung dem S volle Befriedigung ermöglichen, obwohl er in der Insolvenz des G nur mit einer Quote rechnen könnte.

### 2. Aufrechnungslage

**19/24** Die Abgabe einer Aufrechnungserklärung ist nach § 388 unabdingbar (Details Rn 19/29). Sie entfaltet ihre Wirkungen jedoch nur, wenn auch alle (materiellen) **Aufrech-**

---

39 *Von Feldmann* JuS 1983, 357; *Coester-Waltjen* Jura 2003, 246; zur Aufrechnung im Prozess *Coester-Waltjen* Jura 1990, 27; *Musielak* JuS 1994, 817.
40 Zur vergleichbaren Verrechnung im *Kontokorrentverhältnis* (§ 355 HGB) etwa *Canaris*, Handelsrecht § 25 Rn 15 ff.
41 Ausführlich dazu *Höhn/Kaufmann* JuS 2003, 751. anderes gilt für sog „Konzernverrechnungsklausel"; eine Abrede, die – über die gesetzlichen Befugnisse hinaus – trotz fehlender Gegenseitigkeit eine Aufrechnung „im Dreieck" ermöglicht (und daher besonderer Vereinbarung bedarf): BGH NJW 2004, 3185; OLG Köln NJW 2005, 1127.

**nungsvoraussetzungen** vorliegen. Die damit angesprochene **Aufrechnungslage** umreißt § 387.

a) Zwei Forderungen (Aktiv- und Passivforderung) müssen einander in der Weise gegenüberstehen, dass jede Partei zugleich Gläubiger und Schuldner ist (**Gegenseitigkeit**). Aus welchem **Rechtsgrund** die jeweiligen Ansprüche erwachsen, ist unerheblich; Konnexität wie beim Zurückbehaltungsrecht (siehe Rn 2/10 ff) verlangt das Gesetz nicht. Das Erfordernis der Gegenseitigkeit erklärt sich daraus, dass der Aufrechnende über die zur Aufrechnung gestellte Forderung verfügt, was ihm nur bei eigener Inhaberschaft zusteht, und dass sich grundsätzlich nur derjenige die in der Aufrechnung liegende „Privatvollstreckung" gefallen lassen muss, der selbst schuldet[42]. Nur aus besonderen Gründen (dazu Rn 19/30) lässt das Gesetz Ausnahmen vom Erfordernis der Gegenseitigkeit zu.

19/25

b) Das Gesetz verlangt aus nahe liegenden Gründen ferner **Gleichartigkeit** des Anspruches. Dies betrifft aber nur ihren Gegenstand, nicht hingegen alle Leistungsmodalitäten. So hindert die Verschiedenheit der Leistungsorte die Aufrechnung nicht (§ 391). Im Wesentlichen beschränkt sich die Aufrechnung damit auf Verpflichtungen aus der gleichen Gattung (Verschaffung von Rohöl, von Wertpapieren und ähnlichem) und hier wieder auf **Geldschulden**. Da der Schuldgrund aber keine Rolle spielt, können, was namentlich im Prozess häufig geschieht, Schadenersatzforderungen in Geld gegen Zahlungsansprüche aufgerechnet werden. Die – teilbaren – Forderungen müssen auch nicht den genau gleichen Umfang haben. Selbstverständlich erlöschen die beiden Ansprüche aber immer nur insoweit, wie sie sich decken (§ 389).

19/26

c) § 387 macht die Aufrechenbarkeit schließlich davon abhängig, dass der Aufrechnende „die ihm gebührende Leistung fordern und die ihm obliegende Leistung bewirken kann". Beide Forderungen müssen also nicht nur existieren. Die (Aktiv-) Forderung des Aufrechnenden muss darüber hinaus **durchsetzbar** und die Passivforderung **erfüllbar** (vgl § 271) – dh zumindest entstanden[43] – sein. Dass das Gesetz Durchsetzbarkeit verlangt, ist konsequent: Die Aufrechnung dient primär der *Vereinfachung*. Wer seine eigene Forderung nicht mittels Klage durchsetzen kann (etwa, weil ihr eine Einrede entgegensteht oder weil sie noch nicht fällig ist), soll daher auch nicht auf anderem Wege zum Erfolg kommen können (siehe § 390).

19/27

Für **verjährte Forderungen** weicht § 215 von diesem Grundsatz ab: Die Aufrechnung mit einer verjährten und damit eigentlich undurchsetzbaren Forderung – § 214 Abs. 1 gewährt dem Schuldner ein Leistungsverweigerungsrecht – wird dann zugelassen, wenn diese Aktivforderung bei Entstehen der Aufrechnungslage noch nicht verjährt war. Diese Sonderbehandlung der Verjährung gegenüber anderen Einreden wird auf verschiedene Arten zu rechtfertigen versucht: mit einem Hinweis auf den Rückforderungsausschluss bei Leistung trotz Verjährung (§§ 214 Abs. 2, 813 Abs. 1

19/28

---

42 BGH NJW 1992, 435.
43 BGHZ 103, 362, 367.

S. 2)⁴⁴, unter Berufung auf die Rückwirkung der Aufrechnungserklärung (dazu Rn 19/ 31) oder mit der Behauptung, mit dem Entstehen der Passivforderung habe der Inhaber der Aktivforderung keinerlei Anlass mehr, den Klageweg zu beschreiten. Tatsächlich sprechen zentrale Verjährungszwecke (Beweisproblematik!) an sich gegen die gesetzliche Ausnahme: Unter Umständen muss noch lange nach Fristablauf über Entstehen und Schicksal der Aktivforderung Beweis erhoben werden⁴⁵.

**Beispiel:** Der Schuldner, der wegen einer fälligen Schuld gemahnt wird, entsinnt sich seiner seit einiger Zeit verjährten Forderung gegen den Gläubiger. Er könnte sie nicht mehr durchsetzen, kann sie aber, wenn sie im Zeitpunkt des Beginns der Aufrechnungslage noch nicht verjährt war, immer noch zur Tilgung seiner eigenen Schuld benutzen.

### 3. Aufrechnungserklärung

19/29 Zu der damit umschriebenen Aufrechnungslage muss eine **Aufrechnungserklärung** hinzutreten (§ 388). Dies ist schon aus Gründen der Rechtsklarheit zweckmäßig, wenn auch nicht selbstverständlich. Geschichte und Rechtsvergleichung zeigen, dass ein automatisches Erlöschen der gegenseitigen Forderungen ebenfalls denkbar wäre. § 388 fordert eine einseitige, empfangsbedürftige Gestaltungserklärung. Sie ist ähnlich wie sonstige Gestaltungserklärungen **bedingungsfeindlich** (§ 388 S. 2), weil sie als Erlöschenstatbestand keinen Schwebezustand schaffen soll. Die Wirkungen der Aufrechnungserklärung (dazu Rn 19/31 ff) treten mit ihrem Zugang ein.

Mit diesen Vorgaben steht die im Prozess häufige, aber auch sonst gelegentlich vorkommende hilfsweise Aufrechnung, wie sie S im **Fall 44** ausspricht, auf den ersten Blick nicht im Einklang. Wie verhält sich bei der **Prozessaufrechnung** die Aufrechnungserklärung der Partei als materiellrechtliches Geschäft zum richterlichen Urteilsspruch? Was gilt insbesondere, wenn der Richter die Klage abweist, weil die Aufrechnung mit einer Gegenforderung durchgreife? Kann dann nicht das Bestehen der Forderung, gegen die aufgerechnet wird, dahingestellt bleiben? Was zunächst die letzte Frage anbelangt, so ist heute geklärt, dass das Gericht die sonstigen gegen die Passivforderung erhobenen Einwände des Beklagten (Nichtbestehen, Erfüllung, Verjährung) auf ihre Stichhaltigkeit prüfen muss und erst dann auf die zur Aufrechnung gestellte Forderung zurückgreifen darf. Nur wenn das Gericht auf die Aufrechnung hin die Klage abweist, wird damit die Aktivforderung „verbraucht"; dh die Wirkungen des § 389 treten ein. Wie man sieht, ist die **im Prozess erklärte** Aufrechnung häufig bloße **Eventualaufrechnung**; ihre Zulässigkeit ist unbestritten⁴⁶. Beweise für die Wirksamkeit der bloß eventualiter erklärten Prozessaufrechnung liefern nicht zuletzt die §§ 204 Abs. 1 Nr 5 und 204 Abs. 2.

Doch auch die **außerhalb eines Prozesses** „hilfsweise" erklärte Aufrechnung (vgl den **Fall 44**) ist nicht iS des § 388 bedingt. Der Grund für die Bedingungsfeindlichkeit von Gestaltungserklärungen liegt darin, die Rechtslage nicht auf längere Zeit durch Schwebezustände unsicher zu machen. Der Eintritt einer bestimmten Rechtsfolge soll also nicht von Ereignissen abhängig gemacht werden, deren Eintritt bei Abgabe der Erklärung ungewiss ist (siehe die

---

44 Dagegen spricht, dass hier der Schuldner der verjährten Forderung gerade nicht freiwillig leistet.
45 De lege ferenda für eine Streichung des § 215 (390 S. 2 aF BGB) daher – leider erfolglos – *Bydlinski* AcP 196 (1996), 276, 293 ff. Vgl ferner etwa auch Staudinger/*Peters*, BGB¹⁴, § 215 Rn 2 mwN; *Zimmermann* FS Medicus (1999), 707, 721 ff.
46 Siehe nur BGHZ 80, 97, 99 f.

§§ 158 ff; dazu Allgemeiner Teil Rn 441). Das Bestehen der Passivforderung ist nun aber eine **bloße Rechtsbedingung**[47], dh eine vom Recht selbst geforderte Voraussetzung der Aufrechnung. Dass diese fehlt, muss immer vorgebracht und dargetan werden können. Gleiches muss für Durchsetzungshindernisse gelten, da deren Existenz ebenfalls nicht von zukünftigen (ungewissen) Ereignissen abhängt[48]. Ob die Passivforderung besteht und durchsetzbar ist, ist in den problematischen Fällen schon vorweg umstritten; die Aufrechnung bloß für den Fall ihrer Durchsetzbarkeit trägt also keine zusätzlichen Unsicherheiten in das Rechtsverhältnis hinein. Überdies ist zu beachten, dass bei anderer Sicht eine Aufrechnung nur unter gleichzeitiger Anerkennung der Passivforderung erfolgen könnte; eine für den nur „im Notfall" Aufrechnungswilligen wenig erfreuliche Perspektive. Dass dem nicht so ist, zeigt ein Vergleich mit der Zahlung: Wer zahlt, kann seine Leistung wieder zurückfordern, wenn er das Fehlen eines Rechtsgrundes nachweist (§ 812). Eine Aufrechnung kann nicht stärker wirken. Bei fehlender Passivforderung geht die Aufrechnungserklärung dann sogar von vornherein ins Leere, wenn der Aufrechnende von ihrem Bestehen ausgegangen ist. Gleiches muss umso mehr gelten, wenn die Aufrechnung ausdrücklich nur für den Fall erklärt wird, dass die Passivforderung einredefrei besteht, sofern solche Einreden gegeben sind[49].

### 4. Aufrechnung durch Vertrag

Von der einseitigen Aufrechnungserklärung ist der **Aufrechnungsvertrag** zu unterscheiden[50]. Da es sich hierbei um einen privatautonomen Akt aller Betroffenen handelt, können sie sich über die von den §§ 387 ff angeordneten Beschränkungen hinwegsetzen. Auf diese Weise kann etwa auf Gleichartigkeit oder auf Gegenseitigkeit (dreipersonale Einigung nötig!) verzichtet werden. Eine solche Abrede kann bereits vor dem Beginn der Aufrechnungslage getroffen werden.

19/30

### 5. Wirkungen der Aufrechnung

Als **Wirkung der Aufrechnung** ordnet § 389 einmal das **Erlöschen von Aktiv- und Passivforderung** an, soweit sie sich decken. Darüber hinaus lässt die Norm die Aufrechnungserklärung ausdrücklich auf den Zeitpunkt der Begründung der Aufrechnungslage **zurückwirken**. Das BGB macht damit noch heute Konzessionen an die alte Erlöschenslehre (siehe Rn 19/29). Man könnte daher auch formulieren: Die spätere wirksame Aufrechnungserklärung ist bloße Bedingung für Erlöschen mit Entstehung der Aufrechnungslage. Materiell folgt aus § 389 jedenfalls: Ab diesem Augenblick entstanden keine weiteren Zinsansprüche, Vertragsstrafen wurden bei Nichtleistung nicht fällig, keine der Parteien konnte mehr in Schuldnerverzug geraten. Der Rückwirkung haftet im Recht oft etwas Künstliches an. Hier könnte sie damit begründet werden, dass der entscheidende Umstand nicht erst in der Aufrechnungserklärung,

19/31

---

47 Palandt/*Grüneberg*, BGB[65], § 388 Rn 3.
48 So für Einreden MünchKomm/*Schlüter*, BGB[5], § 388 Rn 4; im Ergebnis ebenso Staudinger/*Gursky*, BGB[14], § 388 Rn 36.
49 So auch MünchKomm/*Schlüter*, BGB[5], § 388 Rn 4; ähnlich offenbar Soergel/*Zeiss*, BGB[12], § 388 Rn 3.
50 Dazu umfassend *K. Berger*, Der Aufrechnungsvertrag (1996); ferner *Schwahn*, Der Aufrechnungsvertrag in der Insolvenz (2003).

sondern bereits im Gegenübertreten von Aktiv- und Passivforderung liegt. Mit diesem Zeitpunkt des Eintretens der Aufrechnungslage konnte sich jede Partei auf die Aufrechenbarkeit und somit darauf verlassen, dass sie nicht mehr zu leisten brauchte. Wie das Beispiel unterschiedlicher Verzinsung und Fälligkeit deutlich zeigt, verletzt § 389 aber den allgemein anerkannten Hauptzweck der Aufrechnung, nämlich die (bloße) **Vereinfachung** der Schuldtilgung: Der Gläubiger mit der besser verzinsten Forderung erhält weniger als im Vergleichsfall, in dem statt aufzurechnen von beiden Seiten bezahlt worden wäre. Schon deshalb ist die gesetzliche Rückwirkungsanordnung sachlich nicht überzeugend[51].

19/32 Eine besondere Konsequenz der Vorstellung, dass der Schuldner in seinem **Vertrauen auf die Aufrechenbarkeit** geschützt werden müsse, zieht § 406 für den Fall, dass die **Passivforderung abgetreten** wurde[52]. Nur wenn der Inhaber der Aktivforderung bereits bei Entstehen seines Anspruchs von der Abtretung wusste, scheidet eine Aufrechnung aus. Ansonsten kann er weiterhin gegenüber dem Zedenten die Aufrechnung erklären. Diese Regelung erklärt sich aus dem zentralen Schuldnerschutzgedanken, der sich insbesondere in den §§ 404 und 407 findet (dazu Rn 17/18 ff): Der Schuldner, der die Abtretung ja nicht verhindern kann, soll davor bewahrt werden, dass die Gegenseitigkeit der Forderungen und damit eine der Voraussetzungen der Aufrechnungslage durch einen Inhaberwechsel hinsichtlich der Passivforderung nachträglich entfällt. Erfasst ist damit jedenfalls der spätere Gläubigerwechsel; entsprechend dem Gedanken des § 407 aber auch jener Fall, in dem der Schuldner (= Inhaber der Aktivforderung) bei *Begründung* seines Rechts – trotz bereits erfolgter Abtretung der Passivforderung! – mangels gegenteiliger Information von der Forderungsberechtigung des (Alt-)Gläubigers ausgehen durfte.

> Die Interessenlage zeigt **Fall 44**. Wenn dem S wirklich Schadenersatz zustand, so ist es verständlich, wenn er die Aufrechnungsmöglichkeit dem ungewissen Weg vorzieht, seinerseits die Kaufpreisschuld zu begleichen und wegen seines eigenen Anspruchs auf den guten Willen und die Leistungsfähigkeit des G zu vertrauen. Die Abtretung der Kaufpreisschuld an die Bank würde den S in eben diese Zwangslage bringen.

19/33 Umgekehrt soll sich der Schuldner *nach* einer ihm bekannt gewordenen Abtretung der Passivforderung nicht eine Gegenforderung verschaffen dürfen, um sich durch Aufrechnung zu befreien. Wie gezeigt, schützt § 406 nur denjenigen Schuldner, der seine Gegenforderung im **Vertrauen auf die Aufrechnungsmöglichkeit** erworben hat. Ein solches Vertrauen ist auch dann nicht begründet, wenn der Schuldner seine Verpflichtung jedenfalls als Erster hätte tilgen müssen. Mit diesem Gedanken ist der zweite Aufrechnungsausschlusstatbestand des § 406 zu erklären[53]: Die Aktivforderung wird erst nach der Passivforderung fällig.

---

51 *Bydlinski* AcP 196, 277, 281 ff.
52 Dazu *Bacher* JA 1992, 204; *Coester-Waltjen* Jura 2004, 391; *Ulrich* WM 1991, 1581; speziell und ausführlich unter dem Aspekt des Schuldnerschutzes G. Ch. *Schwarz* AcP 203 (2003), 241.
53 BGHZ 19, 153, 160; BGH NJW 1996, 1056, 1057 f.

## 6. Gesetzliche Aufrechnungsausschlüsse

**Gesetzliche Aufrechnungsausschlüsse** werden aber auch aus anderen Gründen normiert. Sie beruhen auf durchaus unterschiedlichen Gedanken. So soll § 393 den Täter einer **vorsätzlichen unerlaubten Handlung** zwingen, den Schaden durch eine für ihn spürbare reale Leistung wieder gutzumachen. Der – zweifelhafte – pädagogische Gehalt des Verbots trifft aber nicht den Gläubiger des Schadenersatzanspruchs, der daher aufrechnen kann. Soziale Erwägungen liegen § 394 zu Grunde: **Unpfändbare Forderungen** wie bestimmte Teile des Arbeitseinkommens (§§ 850–850i, 851 ZPO) und Sozialversicherungsansprüche sollen ausschließlich dem Lebensunterhalt des Schuldners und seiner Familie dienen. Dieses Ziel würde verfehlt, wenn eine Befriedigung durch Aufrechnung möglich wäre.

19/34

## 7. Aufrechnungsausschlussvereinbarungen

Größere praktische Bedeutung haben **Aufrechnungsausschlussvereinbarungen**. Immer wieder findet sich auch der Terminus „Aufrechnungsverbot". Dieser Begriff ist ähnlich ungenau wie der des „Abtretungsverbots" (dazu Rn 17/12 ff): Die entsprechende Rechtshandlung ist aufgrund der entsprechenden Abrede nämlich nicht (nur) unerlaubt, sondern schlicht *unwirksam*; sie geht ins Leere. Vertragliche Aufrechnungsausschlüsse sind nicht unbedenklich. Sie zwingen den rechtstreuen Partner, seine Schulden zunächst zu begleichen und anschließend seinen Gegenforderungen hinterherzulaufen. Daher ist insbesondere die Aufnahme derartiger Aufrechnungsausschlüsse **in AGB** problematisch. Nach § 309 Nr 3 ist allerdings nur eine Vertragsklausel unwirksam, die dem Vertragspartner des Verwenders die Möglichkeit nimmt, mit *unbestrittenen* Forderungen gegen den Verwender aufzurechnen; im Übrigen ist der Ausschluss der Aufrechnung also grundsätzlich zulässig. Die Praxis macht hiervon aber eine Ausnahme, wenn die Durchsetzung der Gegenforderung des Kunden wegen Vermögensverfalls des Verwenders gefährdet ist: In solchen Fällen kann trotz der Klausel aufgerechnet werden[54]. Zum gleichen Ergebnis gelangt die hA sogar regelmäßig bei individuell vereinbarten Aufrechnungsausschlüssen, da von einem entsprechenden Parteiwillen ausgegangen wird[55]. Methodisch liegt darin eine Einschränkung der Abrede im Wege ergänzender Vertragsauslegung.

19/35

Zuweilen stellen sich auch **Auslegungsfragen**. Nicht immer ist nämlich ganz klar, ob die Aufrechnungsmöglichkeit durch Vertrag tatsächlich ausgeschlossen wurde. Die bloße Vereinbarung von Barzahlung ist zu wenig. Anders ist aber etwa die Abrede zu verstehen, der vereinbarte Kreditbetrag werde zur Abholung bereit oder auf dem Konto des Kreditnehmers zur Verfügung gestellt. Hier soll die Bank die freie Verfügung über das Darlehen nicht durch Aufrechnung mit fälligen Gegenforderungen

19/36

---

54 BGH NJW 1975, 442; NJW 1978, 2244; NJW 1984, 357; Staudinger/*Gursky*, BGB[14], § 387 Rn 240; MünchKomm/*Schlüter*, BGB[5], § 387 Rn 64 aE.
55 BGHZ 23, 131, 136; BGH NJW 1989, 124, 125; BGH WM 1991, 731, 733; Soergel/*Zeiss*, BGB[12], § 387 Rn 15.

§ 19 *Erfüllung und Erfüllungssurrogate*

aus anderen Geschäften verhindern können[56]. Auch aus vielen **Handelsklauseln** (zB „netto Kasse gegen Rechnung und Verladepapiere") werden Aufrechnungsausschlüsse herausgelesen[57].

### 8. Zusammenfassung

19/37 Zu den **Voraussetzungen** und zur **Wirkung der Aufrechnung** sollte man sich auf Dauer zumindest Folgendes merken und auch verstanden haben (Details kann man nachlesen):

---

**Voraussetzungen:**
- Gleichartigkeit der Forderungen
- Gegenseitigkeit der Forderungen
- Durchsetzbarkeit der Forderung des Aufrechnungswilligen (Ausnahme: Verjährung)
- Bestand der Forderung des Aufrechnungsgegners
- Zugang einer (unbedingten) Aufrechnungserklärung beim Aufrechnungsgegner

**Wirkungen:**
- Wegfall beider Forderungen, soweit sie sich decken
- rückbezogen auf das Entstehen der Aufrechnungslage

---

## III. Lösung Fall 44

19/38   I. Die Bank könnte die Forderung von G erworben haben.

1. Das geschieht gemäß § 398 durch formlosen Abtretungsvertrag.

2. Nach dem nicht ganz eindeutigen Sachverhalt hat S möglicherweise bereits vor der Abtretung auf das Konto von G bei der Sparkasse geleistet. Gleichwertig wäre wegen § 407 jedoch auch eine Zahlung nach Abtretung, da die B-Bank erst nach Zahlung auf die Zession hinweist. War die Überweisung des S schuldbefreiend, so hätte B in der ersten Variante von vornherein nichts erhalten; in der zweiten hätte B den erworbenen Anspruch durch die Überweisung verloren (§ 407).

3. Es fragt sich aber, ob die Zahlung zur Erfüllung gemäß § 362 führte.

a) Die grundsätzliche Erfüllungseignung der Überweisung ist zu bejahen; insoweit sind Bar- und Buchgeld gleichwertig.

b) Fraglich ist jedoch, ob die Angabe bloß des bei der B-Bank unterhaltenen Kontos des G auf seiner Rechnung die Erfüllungswirkung einer auf ein anderes Konto geleisteten Zahlung ausschließt. Da der Gläubiger bestimmen kann, in welcher Form er das Geld bekommen soll, ist dies zu bejahen. Somit hat S nicht erfüllt.

II. Die Zahlungspflicht von S könnte aber durch die hilfsweise erklärte Aufrechnung gemäß § 389 erloschen sein.

---

56   BGHZ 71, 19, 20; Staudinger/*Gursky*, BGB[14], § 387 Rn 209.
57   *Canaris*, Handelsrecht § 22 Rn 18; MünchKomm/*Schlüter*, BGB[5], § 387 Rn 63.

1. Hinsichtlich der Aufrechnungslage bestehen Zweifel an der Gegenseitigkeit der Forderungen. Wenn aber, wovon auszugehen ist, die Schadenersatzforderung des S gegen G schon vor der Kenntnis des S von der Abtretung und vor der Fälligkeit der Forderung des G fällig wurde, so kann S gemäß § 406 auch der B-Bank gegenüber aufrechnen.

2. Die Aufrechnungserklärung darf nach § 388 nicht unter einer Bedingung abgegeben werden. Hier hat S zwar nur „hilfsweise" aufgerechnet. Diese Erklärung hat er aber erst abgegeben, nachdem ihm B vorhielt, er habe gar nicht schuldbefreiend bezahlt. Man könnte daher davon ausgehen, dass S ohne jede Einschränkung die Aufrechnung erklärte. Doch sogar wenn die Auslegung zu einer bloßen „Eventualaufrechnung" führte, hätte S sinngemäß nur gesagt, er rechne für den Fall auf, *dass* eine Aufrechnungslage gegeben sei. Eine solche „Rechtsbedingung" schadet jedoch nicht. Da hier tatsächlich alle Aufrechnungsvoraussetzungen vorlagen, führte die Erklärung des S zum Wegfall der Passivforderung. Er muss daher nicht mehr an B zahlen.

# Sachverzeichnis

Die Zahlen beziehen sich auf die Paragrafen des Buches sowie die Randnummern innerhalb der einzelnen Paragrafen (12/4 = § 12 Rn 4). Die **Hauptfundstellen** sind durch **Fettdruck** gekennzeichnet.

Abbruch von Vertragsverhandlungen 11/10
Absolutes Fixgeschäft 7/14; 8/6
Abstraktions- und Trennungsgrundsatz 1/15; 1/49; 18/8
Abtretung 15/4; **17**; 18/47
–, Ausschluss 17/12–16
–, Begriff 17/1
–, Bestimmtheitsproblem 17/11
–, Einwendungen des Schuldners 17/19–20
– gesetzliche 17/2
– als Kreditsicherungsinstrument 17/22–23
– rechtsgeschäftliche 17/2; 18/45
–, Schuldnerschutz 17/18–21
–, stille 17/18
–, Wirksamkeitsvoraussetzungen 17/10–11
–, Wirkungen 17/17
– verdeckte 19/13
–, Verschlechterungsverbot 17/21
Abtretungsausschluss 17/12–16
Abtretungspflicht 18/31
Abtretungsverbot 17/12
Abzahlungskauf, finanzierter 19/12
Adäquanztheorie 13/11–12
Affektionsinteresse 14/1
Aktivforderung 19/22
Akzessorietät 18/11; 18/13; 18/16; 18/36
– limitierte 18/36
Alles-oder-Nichts-Prinzip 13/7
Alternativverhalten, rechtmäßiges 13/16
Altgläubiger 17/1
Anlageberatung, fehlerhafte 11/33
Annahmeverzug s. Gläubigerverzug
Anspruch 1/8
– gestundeter 19/18
Äquivalenzstörung 12/8; 12/22; **12/24**
Äquivalenztheorie 13/8–10
Arbeitnehmerhaftung 13/7
Arbeitnehmerprivilegierung 18/50
Arbeitskraft, Ausfall 14/32–34
Arglisteinwand 4/14
Atypische Verträge 2/43
– Inhaltsbestimmung 2/45 f

Aufklärungspflichten 11/6
–, Verletzungen 11/22
Aufnahme von Vertragsverhandlungen 11/1; 11/3; **11/8–11**
Aufopferungsansprüche 6/48
Aufrechnung 17/16; 19/2; **19/22–37**
– nach Abtretung 19/32
–, Aufrechnungsausschlussvereinbarungen 19/35–36
–, Aufrechnungserklärung 19/29
–, Aufrechnungslage 19/24–28
–, Aufrechnungsverbot 19/35
–, Begriff 19/22–23
–, gesetzliche Aufrechnungsausschlüsse 19/34
–, Rückwirkung 19/31
– und Verjährung 19/28
– durch Vertrag 19/30
–, Wirkungen 19/31–33
Aufwendungsersatz 7/87; 8/63
Ausgleichsanspruch 18/38–39
Ausgleichsfunktion 13/2; 14/7
Ausgleichsgesamtschuld 18/40
Auslegungsregeln 15/7

Bedingung 12/3
Bedingungsfeindlichkeit 19/29
Beratungsfehler, ärztlicher 14/38
Bereicherungsverbot 14/7
Besorgungsgehilfe 16/8
Bestimmung des Vertragsinhalts 2/50
– durch Dritte 2/54 f
– durch eine Vertragspartei 2/53
– gesetzliche Lückenfüllung 2/51
Bewahrungsgehilfen 14/24
Beweiserleichterung 14/15
Bewirken der Leistung 19/6–7
Billigkeitshaftung 6/19
bloße Rechtsbedingung 19/29
Bringschuld 3/12
Buchgeld 3/20; 19/10
Bürgschaft 18/11; 18/13–14; 18/16

cessio legis 18/39; 18/44
clausula rebus sic stantibus 12/3
conditio sine qua non – Formel 13/10; 13/18
culpa in contrahendo (cic) 2/26; 5/5; 5/11; **11**: 14/4
–, drittgerichtete Ausdehnung 16/28
–, dogmatische Einordnung 11/4
–, Eigenhaftung Dritter 11/16
– und anfänglich-objektive Unmöglichkeit 7/89
– und Nebenpflichtverletzung 9/7
–, Einstandspflicht 11/2
–, Entstehung 11/1
–, Funktion 11/1–3
– und Gewährleistung 11/34
–, Haftungsreichweite 11/2
–, Haftungsvoraussetzungen 11/7–23
–, Minderjährigenschutz 11/36
–, Rechtsfolgen 11/24–32
–, Schaden 11/20–23
–, Schadenersatzformen 11/29–31
– und andere Regelungskomplexe 11/33–36
– und vertragsfremde Dritte 11/14–18
culpa post contractum finitum 2/27

Dauerschuldverhältnis, Kündigung 12/19–20
debitor cessus 17/1
Deckungsgrenze 17/26
Deckungsverhältnis 15/9
– unwirksames 15/17
Deliktshaftung 13/14; 16/2
Differenzmethode 7/87; 14/11; 14/33
Direktkondiktion 15/17
„dolo agit, qui petit, quod statim redditurus est" 4/13
Dombrand-Fall 18/46
Dritte
– als Leistende 19/14
– als Leistungsempfänger 19/12
Drittleistung **3**/31–35
– Ablehnungsrecht 3/34
– qualifizierte 3/39 f
– persönliche Leistungspflicht 3/36 f
Drittschäden, vertragliche 16/16 ff; s. auch Drittschadensliquidation
Drittschadensliquidation 13/5; 16/3, **16/16–27**
–, Abgrenzung vom Vertrag mit Schutzwirkung zugunsten Dritter 16/3
–, Berechnung des Schadenersatzanspruchs 16/27
–, Fallgruppen 16/20–25

–, Rechtsfolgen 16/26–27
–, Voraussetzungen 16/18–19
Drittschutz, vertraglicher 16/1–15; s. auch Vertrag mit Schutzwirkungen zugunsten Dritter
Durchgangserwerb 17/30

Eigentumsvorbehalt, verlängerter 17/23; 17/32
Eigenübliche Sorgfalt 10/35–38
Einrede des nichterfüllten Vertrages
– Leistungsverweigerungsrecht 2/10
– Unsicherheitseinrede 2/15
– Verjährung 2/13
– Verzug 2/12
– Vorleistungspflicht 2/14
– Zug-um-Zug-Verurteilung 2/11
Einwendungen/Einreden 8/10
Einzelwirkung 18/36
Einziehungsermächtigung 17/9
Empfangszuständigkeit 19/7
entgangener Gewinn 14/2; 14/14
Entschädigung in Geld 14/8–9
Erfolgsort 3/29
Erfüllbarkeit 3/23
Erfüllung 19/1–21
–, Beteiligung Dritter 19/11–14
–, Einstandspflicht 14/24
–, Erfüllungssurrogate 18/33; **19/15–21**
–, Erfüllungstheorien 19/6–8
–, Erfüllungswirkung 18/33; **19/1**
–, Erfüllungszweck 19/9
–, Rechtsnatur 19/3
Erfüllungsgehilfe
– Abgrenzung zum Verrichtungsgehilfen 6/41–44
– Begriff 6/23–27
– Haftungskonzeption 6/21; 22
– Handeln bei Gelegenheit 6/28; 6/31
– Post als 6/34
– Verhandlungsgehilfe 6/27
– Verschuldensfähigkeit 6/29
Erfüllungsinteresse 11/25–28; **14/4**; 16/15
Erfüllungsübernahme 15/7; 18/10; 18/12
Erlass 18/34; 19/2
Erlöschensgründe 19/2–10
Ersatzfahrzeug 14/35–37
Ersatzpflichten
– deliktische 13/1
– vertragliche 13/1
Ersetzungsbefugnis 14/8; 19/21
Erwerbsaussichten 14/16

Erwerbsschaden, abstrakter 14/32
Eventualaufrechnung 19/29
Ex-nunc-Wirkung 12/19
Ex-tunc-Wirkung 15/1

Factoring 17/7
Fahrlässigkeit s. Verschulden
Fälligkeit 3/25; s. auch Verzug
finale Leistungsbewirkung 19/6
Fixgeschäft
– absolutes 3/28
– relatives 3/26 f
Folgeschäden 14/13
Forderungen
– unbestrittene 19/35
– unpfändbare 19/34
Forderungsmehrheit 15/9
Formfreiheit 1/30–32
Formmangel 11/9
Formularverträge 17/14
Fortfall der Geschäftsgrundlage s. Geschäftsgrundlagenstörung
Fortkommen s. Erwerbsaussichten
Freigabeklausel 17/26
Frustrationsgedanke 14/37

Garantiehaftung 6/49–57
– Beschaffungsrisiko 6/52–54
– durch Gesetz 6/51
– durch Rechtsgeschäft 6/50
– Gattungsschuld 6/52
Garantievertrag 18/11
Gattungsschuld 3/1–20; 7/32
– Beschaffungspflicht 3/2
– Inhalt 3/5 f
– Konkretisierung 3/7–15
– Rekonkretisierung 3/14 f
– Beschaffungsrisiko 6/52; 7/33
– Leistungsgefahrübergang 8/100–103
Gebrauchsvorteil 14/36
Gebrauchtwagen, Inzahlungnahme 19/21
Gefährdungshaftung 6/20; 6/47; 13/4; 14/23
Gefahrübergang 16/23
Gefälligkeitsverhältnis
– Abgrenzung zur Gefälligkeitsvereinbarung 2/32 f
– deliktische Haftungsprivilegierung 2/34 f
– Leistungspflichten 2/28 f
– Schutzpflichten 2/30 f
Gegenforderung 19/22
Gegenleistungsgefahr 7/50
Gehilfenhaftung 16/3

Gehilfenzurechnung 16/8
Geldersatz 11/29; **14/8–9**
Geldkredit 17/32
Geldschuld 3/16–20; 6/55–57; 7/35–39; 8/103; 10/19; 18/20; 19/26
Gemischte Verträge 2/43
– Inhaltsbestimmung 2/44
Genehmigung der Schuldübernahme 18/4; 18/10
Generalklausel des § 242 BGB
– Fallgruppen 4/10
– Funktionen 4/2–4; 4/37–40
– Konkretisierung 4/5–9; 4/23
– Kritik an der Fallgruppenmethodik 4/17–42
– Wertungsmethode 4/43–48
Gesamtgläubigerschaft 16/22
Gesamthandschuld 18/19; **18/27**
Gesamthandverhältnis 18/27
Gesamtschuld 18/17–51
Gesamtschuldner 13/20
Gesamtschuldnerausgleich 18/40–45
– gestörter 18/49–51
Gesamtschuldverhältnis 18/17; 18/19; **18/21–26**
–, Abgrenzungen 18/25–27
–, Außenverhältnis 18/33–37
–, Entstehung 18/21–24
–, kraft gesetzlicher Anordnung 18/23–24
–, Innenverhältnis 18/38–45
–, Merkmale 18/28–32
– unechtes 18/46–47
– kraft vertraglicher Vereinbarung 18/22
Gesamtvermögensvergleich 14/11
Gesamtwirkung 18/34; **18/37**
Gesamtzurechnung 13/17
Geschäftsführung ohne Auftrag 18/32; 18/46
Geschäftsgrundlage 4/15
– objektive 12/3
– subjektive 12/3
Geschäftsgrundlagenstörung 12
–, Entwicklung des Rechtsinstituts 12/1–4
–, Fallgruppen 12/21–26
–, große Geschäftsgrundlage 12/25–26
–, nachträgliche 12/7–8
–, Rechtsfolgen 12/11–20
– und andere Rechtsinstitute 12/27–30
–, Regelung nach der Schuldrechtsmodernisierung 12/5
–, Störungen im Einzelnen 12/6–10
– Subsidiarität
– ursprüngliche 12/9–10

373

*Sachverzeichnis*

Gestaltungsrechte 12/18; 15/19
Gewährleistung
– und Geschäftsgrundlage 12/29
–, Verhältnis zur cic 11/34
Gewohnheitsrecht 14/36
Gläubigerinteresse 18/29; 18/48
Gläubigernähe 16/11
Gläubigervertrag 18/15
Gläubigerverzug 8/77 ff; 16/23; 18/35
– und Unmöglichkeit 7/61
Gläubigerwechsel 17/1
Gleichbehandlungsgesetz (AGG) 1/25–29
Gleichstufigkeit 18/31
Globalzession 17/23
–, Gültigkeitsschranken 17/31–32

Haftpflichtversicherung 13/3; 14/27
Haftung 1/11
– aus geschäftlichem Kontakt 11
– Erleichterung 8/98–99
– für technisches Versagen 6/40
– ohne Verschulden 6/45–57
– Verschärfung 8/73–76
Haftungsbeschränkung 13/12
Haftungshöchstgrenzen 14/19
Haftungsrisiko 16/3
Handeln für fremde Rechnung 16/21
Handelsgeschäft, beiderseitiges 17/15
Handelsklauseln 19/36
Handlungseinheit 13/17
Hauptforderung 19/22
Hauptleistungspflichten 2/37
Hinterlegung 19/2
Holschuld 3/9; 8/88

Inhaberschaft an Sparforderungen 15/6
Interessenabwägung 11/6
Interzession 18/16
Irrtum, beiderseitiger 12/23

Kausalität 11/24; 13/8–21
– adäquate 13/11–12
– alternative 13/20
– äquivalente 13/8–10
– haftungsausfüllende 13/8; 14/22
– haftungsbegründende 13/8; 14/22
– hypothetische 13/19
– kumulative 13/18
–, Sonderformen 13/18–21
– überholende 13/19
Kausalverlauf 13/11

Kfz, Nutzungsausfall 14/35–37
„Kind als Schaden" 14/38
Kommissionär 16/21
Kommissionsgeschäft 16/21
Kommittent 16/21
Konnexität von Ansprüchen 2/18; 2/20; 19/25
Körperschaden 16/15
Krankenversicherung 13/3
Krönungszugsfall 12/24
Kündigung, außerordentliche 12/30

Lebenshaltungskosten 3/15
Lebensrisiko, allgemeines 13/15
Lebensversicherung 19/21
Legalzession 18/31; 18/48; s. auch cessio legis
Leistung an Erfüllungs statt **19/16**; 19/18; 19/21
Leistung erfüllungshalber 19/17–20
Leistungsbereitschaft 8/92–94
Leistungsbewirkung 19/6–7
Leistungserfolg 19/4
Leistungsgefahr 7/41
Leistungshandlung 8/14; 19/4
Leistungshindernisse 12/2
Leistungsnähe 16/10
Leistungsort 3/29 f
Leistungspflicht 8/80; 8/95–97
–, Erweiterung 12/16
–, Herabsetzung 12/16
–, Veränderung 12/17
Leistungsstörung **5**; 18/36; 19/4; 19/18
– Arten 5/2–6; 5/9; 5/12
– Begriff 5/1
– Prüfungsreihenfolge 5/18
Leistungsverweigerung 8/25
Leistungsverweigerungsrecht 2/10 ff; 2/18; 12/12
Leistungszeit 3/21–25
Lieferantenkredit 17/32

Maximalzession 17/11
Mehraufwendungen 8/106–107
merkantiler Minderwert 14/18
Mitschuld 18/2
Mittäterschaft 13/17
mittelbar Geschädigter 16/19
mittelbare Stellvertretung 16/21
Mitverschulden 11/32; 14/19; **14/20–27**
Mitvertragspartner 18/13

Motivirrtum
- beiderseitiger 12/23
- doppelter 12/27
- gemeinsamer 12/9

Nachfrist 5/10; 8/50–52
- Entbehrlichkeit 8/53–55; 8/68–71
Naturalherstellung 11/30; 13/2; 14/1; 14/7; 14/8
Naturalobligation 1/12
Naturalrestitution s. Naturalherstellung
Nebenpflichten 1/5
- Klagbarkeit 2/42
- leistungsbezogene 2/38
- „Leistungstreuepflicht" 2/41
- nichtleistungsbezogene 2/39
- Umfang 2/40
Nebenpflichtverletzung 9/1–5
- Abgrenzung zu cic 9/7
- Abgrenzung zum Gewährleistungsrecht 9/8–11
- Abgrenzung zu Unmöglichkeit 9/6
- Abgrenzung zu Verzug 9/6
- Äquivalenzinteresse 9/9
- Integritätsinteresse 9/9; 9/22
- leistungsbezogene 9/13–14; 9/24
- Obliegenheiten 9/26
- Rücktritt 9/28
- Schadenersatz neben der Leistung 9/20–22
- Schadenersatz statt der Leistung 9/23–27
- sonstige Verhaltenspflichten 9/15–18
- Unzumutbarkeit 9/23
Nebentäter 13/17
negatives Interesse 14/4
- bei der cic 11/5–6
- bei anfänglich-objektiver Unmöglichkeit 7/78–90
neu für alt, Ersatz 14/27
Neugläubiger 17/1
Nichterfüllungsschaden 9/22–23; **11/25–28**; 14/4
Nichtvermögensschaden 14/3
-, Abgrenzung vom Vermögensschaden 14/30–38
normativer Schadensbegriff 14/11
Normzwecklehre 13/13
Nutzungsentschädigung 10/28
-, abstrakte 14/35

Obhutspflicht 16/8, 16/24
Obhutsverhältnis 16/24–25
Objektschaden 14/2–3

Obliegenheit 1/14; 14/21
obligatorische Gefahrentlastung 16/22–23
Obligatorische Rechte und Pflichten 1/4; 1/15

pacta sunt servanda 12/3
pactum de non petendo 18/34
Parteiwille, hypothetischer 16/5; 16/7
Passivforderung 19/22
Personenkreis, begünstigter 16/8
Personenschaden 14/10; 14/12; 14/16; s. auch Körperschaden
Pflichten
- zur Neuverhandlung 12/12
- obligatorische 1/4
- primäre 1/5
Pflichtverletzung 5/9; 15/19
positive Vertragsverletzung (pVV) 5/5; 5/11; 9/2–3; 16/4
positives Interesse 14/4; s. auch Erfüllungsinteresse
Prävention 13/2
Primäranspruch
- Erlöschen bei Verzug 8/60–62
Privatautonomie 1/19–29
- Abschlussfreiheit 1/19
- Diskriminierungsverbot 1/24–29
-, Durchbrechung 15/1
- Grenzen 1/22–24
- Inhaltsfreiheit 1/19
- Kontrahierungszwang 1/22 f
- Kontrolle der „Vertragsrichtigkeit" 1/21
- und Verbraucherrecht 1/41
- Vertragsfreiheit 1/20
Prospekthaftung 11/18
Prozessaufrechnung 19/23; 19/29

Rechtsfolgen der Mitverantwortlichkeit 14/25
Rechtsgeschäfte
- einseitige 2/4; 2/21
- gegenseitige 2/2; 2/6–15
- unvollkommen zweiseitige 2/3; 2/16
Rechtsnachfolge 18/7
Rechtsverletzung 13/5; 13/9
Rechtswidrigkeit der Pflichtverletzung 6/12–19
- Rechtfertigungsgründe 6/14–15
Regress 13/3; 18/1; 18/43; 18/51
Relatives Fixgeschäft 8/7
Rentenneurose 13/11
Reparaturkosten, fiktive 14/12
Reserveursachen 13/19
Richterrecht als Rechtsquelle 4/32–34

Richtigkeitsvermutung 12/22
Risikoverteilung 12/21
Rubel-Fall 12/4
Rückabwicklung 15/17; s. auch Rücktritt
Rückgriff s. Regress
Rücksichtnahmepflicht 9/16–17
Rücktritt 10/1–6
– Anfechtung 10/6
– Ausschluss 8/105
– Ausschlussgründe des Wertersatzanspruchs 10/31–41
– Äquivalenzinteresse 10/40–41
– bei Leistungsverzögerung 8/64–72
– bei Nebenpflichtverletzung 9/28
– bei Unmöglichkeit 7/88
– eigenübliche Sorgfalt 10/35–38
– Geldsumme 10/18–19
– Herausgabeanspruch 10/21–22
– keine Unwirksamkeit 10/11
– Nutzungsersatzansprüche 10/42–44
– Rückgabeansprüche 10/15–19
– Rückgewährschuldverhältnis 10/12–14
– Rücktrittserklärung 10/10
– Rücktrittsrecht 10/8–9
– Schadenersatz 10/45–51
– stellvertretendes commodum 10/52
– Verschuldensmaßstab 10/51
– Verwendungsersatzansprüche 10/54–57
– Wertersatzansprüche 10/20–41; 10/43
– Widerruf 10/30

Sachschaden 14/10; 14/12; 16/15
Sachwalterhaftung 11/16
Salvatorische Klausel 8/26
Schaden 14
–, Arten 14/2–4
–, Begriff 14/1
– immaterieller 14/31
–, System der Ersatzansprüche 14/5–29
Schadenersatz wegen Rückgewährpflichtverletzung 10/45–51
Schadenersatz neben der Leistung
– bei Nebenpflichtverletzung 9/20–22
Schadenersatz statt der Leistung
– bei nachträglicher Unmöglichkeit 7/93–100
– bei Nebenpflichtverletzung 9/23–27; 10/48
– bei Rücktritt 10/46–48
– bei Verzug 8/47–59
Schadenersatz(pflicht) 13/1–22
Schadensberechnung 14/17–18
–, anspruchsmindernde Faktoren 14/19–29

– anteiliger 13/21
–, Inhalt 14/6–16
Schadensminderungsobliegenheit 14/24; 14/33
Schadensrecht 13
–, Funktion 13/1–7
Schadensrechtsänderungsgesetz 14/12; 14/31
Schadensteilungsabkommen 13/3
Schadensteilungsgedanke 14/21
Schadensverlagerung 16/3; 16/11; 16/17; 16/19; 16/27
Scheck 19/10; **19/19**
Schenkungsvertrag 15/12
Schickschuld 3/10 f
– Transportperson 3/11
Schmerzensgeld 13/6; 14/3
Schuld 1/10
–, gemeinschaftliche 18/19; **18/26**
Schuldbeitritt 18/2; **18/11–18**
–, Abgrenzungen 18/13–14
–, Begriff 18/11–12
–, Formvorschriften 18/13
– gesetzlicher 18/18
–, rechtliche Behandlung 18/15–16
– zu Sicherungszwecken 18/16
Schulden, teilbare 18/20
Schuldnermehrheit 18/1; **18/19–37**
–, Erscheinungsformen 18/19
Schuldnervertrag 18/15
Schuldnerverzug 8/3
Schuldnerwechsel 18/1
Schuldrechtsmodernisierung 5/6–17
– Unmöglichkeit 5/14; **7/1–7**
Schuldrechtsmodernisierungsgesetz 5/8–19; 11/1; 12/1; 12/5
– Gewährleistungsrecht 5/16; 5/21
– Rücktritt 5/10; 5/15
– Unmöglichkeit 5/14; 7/1–5
– Verzug 5/13
Schuldübernahme 18/2–10
–, Abgrenzung vom Schuldbeitritt 18/2
–, Arten 18/4
– befreiende (privative) 18/2
–, Begriff 18/2
–, Einwendungen 18/8
–, Genehmigung 18/4; 18/10
–, Genehmigungsverweigerung 18/9
– kumulative 18/2
–, Rechtsfolgen 18/7–8
– und Sicherheiten 18/9
–, Voraussetzungen und Folgen 18/3–8

Schuldverhältnis
- als Sonderverbindung  1/1; 1/3–5
- aus vorvertraglichem Kontakt  1/6 f; 2/26
- einseitige  2/21
- gegenseitige siehe synallagmatische
- gesetzliche  1/2; 2/23–25
- Relativität  1/17 f
- synallagmatische  2/6–9
- und Anspruch  1/8
- vertragliche  1/2; 2/2–22
- ohne primäre Leistungspflicht  7/78; 11/3
- ohne Vertrag  11/1
- aufgrund von Vertragsverhandlungen  11/1; 11/7; **11/8–11**

Schutzbedürfnis, besonderes  16/14
Schutzbereichslehre s. Normzwecklehre
Schutzgesetzverletzung  13/5
Schutzpflichten  5/1; 11/6; 11/35; 16/4
Schutzzweck der verletzten Norm  13/13–15
Sekundärrecht  15/19
Sicherungsabrede  17/25
Sicherungsnehmer  17/24–25
Sicherungszession  17/22
Sorgfaltspflichten  11/6
Sphärengedanke  12/8; 12/30
Sphärentheorie  8/82
stellvertretendes commodum  7/47–49; 10/52; 16/26
Störung der Geschäftsgrundlage  12; s. auch Geschäftsgrundlagenstörung
Stückschuld  3/1
Substitution  6/35
Surrogation  7/48
Surrogationsmethode  7/83
Systematik des Schuldrechts
- AGB-Kontrolle  1/40
- allgemeines Schuldrecht  1/33–36
- besonderes Schuldrecht  1/42–47
- gesetzliche Schuldverhältnisse  1/48
- Spezialitätsgrundsatz  1/47
- Verbraucherrecht  1/37–41
- Verhältnis zum Sachenrecht  1/49
- Verhältnis zum übrigen Schuldrecht  1/50 f

Tätermehrheit  13/17
Teilabtretung  17/11
Teilrückgriff  18/40
Teilschuld  18/19–20
Theorie der finalen Leistungsbewirkung  19/6
Theorie der realen Leistungsbewirkung  19/6
Tilgungsbestimmung  3/32
Tilgungsgemeinschaft  18/28

Transportgefahr  7/65
- Verschärfung  8/73–76
Treu und Glauben  **4**; 14/21; 16/7; 16/14

Überdeckung  17/27
Übereilungsschutz  15/11
Übernahmeverschulden  6/7
Übersicherung  17/26
Übertragungsabrede  17/28
Überweisung  19/9–10
Unabtretbarkeit  17/4
Unfallversicherung  14/27
Unmöglichkeit  **7**; 12/28
- Abgrenzung zum Verzug  7/8
- anfänglich-objektive  7/78–90
- anfänglich-subjektive  7/91–92
- anfängliche  7/58; 7/82
- Aufwendungsersatz  7/91
- Begriff  7/10
- bei Gattungsschulden  7/32–34
- bei Geldschulden  7/35–39
- faktische  7/18–21
- Gegenleistungsanspruch  7/50–76
- Leistungspflicht  7/40–49
- Leistungsverweigerungsrechte  7/18; 7/24; 7/29; 7/43–46
- nachträgliche  7/59; 7/93–100
- objektive  7/6; 7/82
- persönliche  7/25–29
- physische  7/11–13
- qualitative  7/15; 7/57
- rechtliche  7/14
- Reformkonzept  7/1–5
- Rücktritt  7/92
- sittliche  7/30–31
- stellvertretendes commodum  7/47–49
- subjektive  7/7
- Systematik  7/22–23
- teilweise  7/58–60
- Unzumutbarkeit  7/16
- vom Gläubiger zu vertretene  7/71–74; 7/98–99
- vom Schuldner zu vertretene  7/9; 7/70; 7/95–97
- von beiden Parteien zu vertretene  7/75–76; 7/99
- von keiner Partei zu vertretene  7/60; 7/95
- vorübergehende  7/57a–d
- wirtschaftliche  7/18; 7/22
unteilbare Leistung  18/26
Unterhaltsaufwand  14/38
Unwirksamkeit, ursprüngliche  15/17

377

*Sachverzeichnis*

Unzulässige Rechtsausübung 4/10
Ursachenverlauf 13/12

Valutaverhältnis 15/9
„venire contra factum proprium" 4/11
Verbraucherrecht 1/37–41
Verdienstausfall 14/32
Verfahrensgarantien 13/16
Vergleich 12/23
Verkehrssicherungspflicht 16/28
Verletzung echter Vertragspflichten 11/6
Vermögensfolgeschaden 14/2
Vermögensgesamtlage 14/11
Vermögensschaden 11/20–23; **14/3**; 14/10; 16/15
–, Abgrenzung vom Nichtvermögensschaden 14/30–38
Verrechnungsscheck 19/9
Verschulden 6/1; 11/1; 14/21
– bei Schuldnerverzug 8/58
– des gesetzlichen Vertreters 6/36–39
– des Gläubigers 7/46–78
– des Rückgewährschuldners 10/51
– des Schuldners 6/3
– eigenübliche Sorgfalt 6/11
– Fahrlässigkeitsarten 6/8–10
– Fahrlässigkeitsmaßstab 6/5–7
– Grenzen 6/20
– Verschuldensfähigkeit 6/16–19
– von Hilfspersonen 6/21–35; s. auch Erfüllungsgehilfe
– Vorsatz 6/4
Verschuldensfähigkeit 6/16–19; 14/22
Versendungskauf 7/65; 16/22
Versicherung 13/3
Versicherungsvertrag 15/7
Versprechender 15/2
–, Einwendungen 15/14–15
–, Pflichtverletzungen 15/19
Versprechensempfänger 15/2
Vertrag mit Schutzwirkungen zugunsten Dritter 16/4–15
– und drittgerichtete Ausdehnung des vorvertraglichen Schutzbereichs 16/28
–, rechtliche Einordnung 16/4–8
–, Rechtsfolgen 16/15
–, Voraussetzungen 16/9–12
Vertrag zugunsten Dritter **15**; 19/12
–, Abwicklung der Rechtsbeziehungen 15/13–19
– und Bereicherungsrecht 15/17
– echter (berechtigender) 15/3–8

–, Einwendungen 15/14–17
–, Formvorschriften 15/10–12
–, Grundstruktur 15/1–12
– und Leistungsstörungsrecht 15/18–19
– unechter (ermächtigender) 15/3–8
– und Versicherungsvertrag 15/7–8
–, Zurückweisungsrecht 15/1
Vertrag zulasten Dritter 15/1; 18/3
Verträge
–, Rückgängigmachung 11/30
– typengemischte 19/21
Vertragsanbahnung 11/12
Vertragsanfechtung 11/23
Vertragsanpassung 11/30; 12/11–13; 12/15–17
Vertragsauflösung 12/18–20
Vertragsauslegung 18/14
– ergänzende 16/5
Vertragsbeseitigung 11/30
vertragsfremde Dritte 11/14–18
Vertragshaftung 16/2
Vertragsrisiken 12/25
Vertragsstrafe 2/55 f
Vertragstheorie 19/6
Vertragstyp 2/37
– atypische Verträge 2/43–48
– neue Vertragstypen 2/49
Vertragsübernahme 18/6
Vertragsverhandlungen, Abbruch 11/10; 11/28
Vertragsvorbereitung 11/13
Vertrauensschaden 14/4
– bei der cic 11/5; **11/25–28**
Verursachung 14/22
Verursachungsprinzip 6/2
Verwirkung 4/12
Verzug **8**; 19/18
– s. auch Gläubigerverzug
– s. auch Schuldnerverzug
– Annahmeverweigerung 8/89
– des Gläubigers 8/77
– des Schuldners 8/3
– Einwendungen/Einreden 8/10
– Entbehrlichkeit der Mahnung 8/19–34
– Erfüllbarkeit 8/84
– Fälligkeit 8/9–14
– Haftungserleichterung 9/98–99
– Haftungsverschärfung 8/73–76
– Leistungsbereitschaft 8/92–94
– Leistungsgefahrübergang 8/100–103
– Leistungspflicht 8/80; 8/95–97
– Mahnung 8/15

## Sachverzeichnis

– Mehraufwendungen 8/106–107
– Nachfristsetzung 8/50–57
– Ordnungsgemäßes Angebot 8/86–91
– Preisgefahrübergang 8/104
– Rücktritt 8/64–72
– Verschulden 8/35; 8/58
– Verzögerungsschaden 8/36–46
– wirksame Leistungspflicht 8/4 -8
Verzugsschäden 15/19
Vorausabtretung 17/11; 17/23; **17/29–30**
Vorratsschuld 3/3
Vorsorgepflicht 16/11
Vorteilsausgleichung 14/11; 14/19; 14/27–29
Vorvertragliche Informationspflichten 7/84

Wechsel 19/17–20
Wegfall der Geschäftsgrundlage 12
– s. auch Geschäftsgrundlagenstörung
Wertersatzansprüche 10/20–41
Wiederherstellung s. Naturalherstellung
Willensmängel 11/33
wirtschaftliches Eigeninteresse 11/17

wrongful birth 14/38
wrongful life 14/38

Zahlstellenabrede 17/25
Zedent s. Altgläubiger
Zession s. Abtretung
Zessionar s. Neugläubiger
Zufallsereignis 13/21
Zug um Zug 10/15
Zurechnung 6/16
Zurechnungszusammenhang 13/15
Zurückbehaltungsrecht
– aus § 273 BGB 2/17–20
– aus § 320 BGB 2/10–15
– und Verzug 2/12; 2/20
– und Vorleistungspflicht 2/14; 2/19
Zurückweisungsrecht 18/5; 18/34
Zusendung unbestellter Leistungen 2/36
Zweckbestimmung 19/6
Zweckerreichung 7/17
Zweckfortfall 7/17
Zweckgemeinschaft 18/30
Zweckstörung 12/8; **12/24**

# *Setzen Sie die richtigen* Schwerpunkte *im Öffentlichen Recht*

**Staatsrecht I**
**Staatsorganisationsrecht**
Von Prof. Dr. Christoph Degenhart, Leipzig. 22., neu bearbeitete Auflage 2006. XXI, 330 Seiten. € 21,50
ISBN 978-3-8114-8003-2 (Bd.13)

**Grundrechte. Staatsrecht II**
Von Prof. Dr. Bodo Pieroth, Münster, und Prof. Dr. Bernhard Schlink, Berlin. 22., neu bearbeitete Auflage 2006. XVII, 315 Seiten. € 21,50
ISBN 978-3-8114-8010-0 (Bd. 14/1)
**Mit höchstrichterlichen Entscheidungen auf CD-ROM:**
€ 25,50 ISBN 978-3-8114-8020-9 (Bd. 14/2)

**Verfassungsprozessrecht**
Von Prof. Dr. Christian Hillgruber und Christoph Goos, Bonn.
2., neu bearbeitete Auflage 2006. XVI, 339 Seiten. € 21,50
ISBN 978-3-8114-8004-9 (Bd. 22)

**Klausurenkurs im Staatsrecht**
**Mit Bezügen zum Europarecht**
**Ein Fall- und Repetitionsbuch.**
Von Prof. Dr. Christoph Degenhart, Leipzig. 3., neu bearbeitete Auflage 2005. XVII, 399 Seiten. € 18,50
ISBN 978-3-8114-7314-0

**Staatsrecht III**
**Staatsrecht, Völkerrecht, Europarecht.**
Von Prof. Dr. Michael Schweitzer, Passau. 8., neu bearbeitete Auflage 2004. XXV, 280 Seiten. € 21,-
ISBN 978-3-8114-9024-6 (Bd. 15)

**Europarecht**
Von Prof. Dr. Rudolf Streinz, München.
7., völlig neu bearbeitete Auflage 2005.
XXXVIII, 481 Seiten. € 22,50
ISBN 978-3-8114-7336-2 (Bd. 12)

**Allgemeines Verwaltungsrecht**
Von Prof. Dr. Franz-Joseph Peine, Frankfurt/Oder. 8., neu bearbeitete Auflage 2006. XXX, 350 Seiten. € 21,-
ISBN 978-3-8114-8007-0 (Bd. 16)

**Besonderes Verwaltungsrecht**
**Kommunalrecht, Polizei- und Ordnungsrecht, Baurecht**
Von Prof. Dr. Peter J. Tettinger †, Prof. Dr. Wilfried Erbguth, Rostock, und Prof. Dr. Thomas Mann, Göttingen.
9., neu bearbeitete Auflage 2007. XXVIII, 556 Seiten. Ca. € 24,-
ISBN 978-3-8114-9219-6 (Bd. 17/1)

**Polizei- und Ordnungsrecht**
Von Prof. Dr. Wolf-Rüdiger Schenke, Mannheim. 4., neu bearbeitete Auflage 2005. XXIII, 435 Seiten. € 22,50
ISBN 978-3-8114-7321-8 (Bd. 19)

**Verwaltungsprozessrecht**
Von Prof. Dr. Wolf-Rüdiger Schenke, Mannheim. 10., neu bearbeitete Auflage 2005. XXVI, 408 Seiten. € 21,50
ISBN 978-3-8114-7302-7 (Bd. 18)

**Klausurenkurs im Verwaltungsrecht**
**Ein Fall- und Repetitionsbuch zum Allgemeinen und Besonderen Verwaltungsrecht mit Verwaltungsprozessrecht.**
Von Prof. Dr. Franz-Joseph Peine, Frankfurt/Oder. 2., neu bearbeitete Auflage 2006. XXIV, 360 Seiten.
€ 19,- ISBN 978-3-8114-8009-4

**Steuerrecht**
Von Prof. Dr. Dieter Birk, Münster.
9., neu bearbeitete Auflage 2006. XXXIV, 438 Seiten. € 26,50
ISBN 978-3-8114-8012-4 (Bd. 17/3)

**Bilanzrecht**
**Handelsbilanz, Steuerbilanz**
Von Prof. Dr. Jochen Thiel und Alexander Lüdtke-Handjery, Köln.
5., völlig neu bearbeitete Auflage 2005. XXV, 383 Seiten. € 24,-
ISBN 978-3-8114-7309-6 (Bd. 17/4)

**Klausurenkurs im Steuerrecht**
**Ein Fall- und Repetitionsbuch.**
Von Prof. Dr. Dieter Birk, Münster, und Prof. Dr. Rainer Wernsmann, Hamburg. 2006. XXI, 203 Seiten.
€ 18,50 ISBN 978-3-8114-7312-6

C.F. Müller, Verlagsgruppe Hüthig Jehle Rehm GmbH, Im Weiher 10, 69121 Heidelberg
Kundenbetreuung München: Bestell-Tel. 089/54852-8178, Bestell-Fax 089/54852-8137
E-Mail: kundenbetreuung@hjr-verlag.de. Internet: www.cfmueller-campus.de

**C.F. Müller**
www.cfmueller-verlag.de